AHLEI
AMERICAN HOTEL & LODGING
EDUCATIONAL INSTITUTE

美国酒店业协会教育学院系列教材

○ 酒店资产管理原理与实务
  Hotel Management Principles and Practice, Second Edition

○ 当代俱乐部管理
  Contemporary Club Management, Second Edition

○ 当今饭店业，中文第二版
  Hospitality Today: An Introduction, Sixth Edition

○ 饭店业人力资源管理，中文第二版
  Managing Hospitality Human Resources, Fourth Edition

○ 饭店业督导，中文第二版
  Supervision in the Hospitality Industry, Fourth Edition

○ 餐饮经营管理，中文第二版
  Management of Food and Beverage Operations, Fifth Edition

○ 收益管理：饭店运营收入最大化
  Revenue Management: Maximizing Revenue in Hospitality Operations

○ 饭店设施的管理和设计，中文第二版
  Hospitality Facilities Management and Design, Third Edition

○ 饭店业管理会计，中文第二版
  Accounting for Hospitality Managers, Fifth Edition

○ 饭店客房经营管理
  Managing Housekeeping Operations, Third Edition

○ 前厅部的运转与管理，中文第二版
  Managing Front Office Operation, Ninth Edition

● **会议管理与服务**
  Convention Management and Service, Eighth Edition

○ 国际饭店的开发与管理
  International Hotels: Development and Management, Second Edition

○ 饭店与旅游服务业市场营销，中文第二版
  Marketing in the Hospitality Industry, Fifth Edition

会议管理与服务

Convention Management and Service, Eighth Edition

Milton T. Astroff, James R. Abbey 著　　张凌云　马晓秋　主译

中国旅游出版社

作者简介

阿斯道夫（Astroff, M.T.）在当今美国酒店业中享有很高的知名度。他是《会议与会展》《旅游大师》和《培训》等书籍的策划和第一撰稿人，还著有多篇酒店业管理的文章；同时，他还多次参加酒店业专题讨论会、管理发展研讨会、销售培训和会议发展研讨会并做主题发言。阿斯道夫曾就任于许多著名公关公司和专业行业报刊的行政和营销职位。

阿比（Abbey, J.R.）,CHA。曾任内华达州拉斯维加斯酒店市场营销管理大学教授并具有俱乐部、餐厅和酒店的管理经历。身为顾问和研究者，他与众多的知名公司在销售和策略研究方面保持着密切的关系；同时还积极参加与专业公司会议协会（Socieyof Company Meeting Professionals）和国际酒店销售与营销协会（HSMAI）的业务活动。阿比曾获得美国旅游研究协会、国家食品指导研究人和斯塔特勒基金会奖励。

译者简介

张凌云　教授，博士生导师。北京联合大学旅游发展研究院院长，旅游学院副院长，《旅游学刊》执行主编。中国旅游研究院学术委员、中国旅游研究院旅游学术评价研究基地首席研究员。兼任对外经济贸易大学、西南财经大学博士生导师；中国社会科学院旅游研究中心特约研究员；《旅游科学》学术委员、人大报刊复印资料《旅游管理》执行编委、国外旅游学术期刊 *Journal of Tourism and Cultural Change, Journal of Heritage Tourism* 国际编委；中国地理学会旅游地理专业委员会副主任、中国自然资源学会旅游资源研究专业委员会副主任、中国旅游协会教育分会常务理事等职。

马晓秋　毕业于英国萨里大学（University of Surrey），获硕士学位，主攻旅游电子商务。在旅游行业有 20 多年的从业经验，先后从事旅行社、景区和会展公司的市场工作，曾任中国国际旅行社总社市场部媒体主管、北京工体富国海底世界公关经理、深圳华侨城旗下的世界之窗景区项目经理、中旅会展公司市场总监等职，现任大新华会展公司副总经理，在会展业工作达 10 年之久。翻译出版了《旅游业市场营销》《旅游电子商务》《饭店业人力资源管理》等。

再版前言

    由美国酒店业协会教育学院编写的酒店从业人员职业教育培训系列丛书于 2001 年第一次被引进中国，距今已经过去 13 年之久。回首这套丛书初次被引进中国的时节，正是中国酒店业走向一个新阶段的起点。彼时，国际竞争国内化、国内竞争国际化是国内酒店业对行业发展趋势的共识，而面对这种趋势的国内酒店管理教育在培养职业人才的系统性方面仍然存在着明显的短板，其中教材方面的缺失尤其严重。鉴于此，中国旅游出版社在考虑中国酒店业的现实情况，经过细致地比较之后，认可了美国酒店业协会教育学院的职业教育教材体系和职业培训体系，引进了这套在国际上颇有影响力的酒店管理教材。可以说，这套教材的引进，相当及时地补充了国内酒店管理教育在国际化经营方面的不足。

    今天，中国酒店业的经营环境及运营管理等已然发生了巨大的变化，曾经认为的趋势已成为现实，但是又出现了一些无法预想的变化。在 21 世纪之初，酒店行业已经预见到了国内国外酒店企业集团的同场竞技，如今则早已习惯了共同存在和竞争。曾经，中国酒店行业看到了自身未来的繁荣，而如今，中国酒店业经过十几个春秋的洗礼，已经形成了国内市场、国际市场和出境市场三分天下的格局，业态进一步细分完善。与此同时，酒店企业经营的科学性和创新性不断提升，在吸收国际酒店管理经验的基础上，进一步开展本土化创新实践，本土集团成长非常迅速，其中许多已经进入世界酒店集团 10 强。中国本土酒店集团的发展将改变世界酒店企业的格局，同时将带来国际酒店企业运营与管理的话语基础。

任何对未来的预测都不会是全面的。在 21 世纪之初，中国酒店业已经看到了很多，但是没有看到和无法看到的更多。在十几年中，大众旅游蓬勃发展，经济型连锁酒店趁势而起，把控了大众市场的半壁江山，中端酒店蓄力而发，在中产阶级成长的东风下开始风生水起，而高端酒店却遭遇了意外的困境。中国酒店行业一直梦想着走向世界，而如今我们看到了一个接一个的海外并购，其势不敢称大，但是根苗已生，令人产生星星之火可燎原的期待。在酒店业之外，先是互联网技术运用的风靡，其后又是移动互联网的夺人眼球，这些技术风潮席卷各行各业，而作为和流行"亲密接触"的酒店业自然不可能置身事外，于是，互联网思维和智慧酒店大行其道，这是酒店业对技术风潮的回应。

比起 13 年前，现今的中国酒店业可以说是令人眼花缭乱。一群非传统酒店行业人士进入，以他们的外部眼光突破着酒店行业经营的传统思维和惯例，而传统的酒店行业人士也在借鉴着他山之石，思考现代科技在酒店业运用的可能，进行着自我突破。在信息爆炸的今天，我们每天接触海量的大数据，但是如何分辨信息的价值，为创新提供有效的指导，这已经成为必修课。当我们意识到这一点的时候，仔细审视，会发现自身知识结构的完整才是支撑这一切的基础。实际上，比起 13 年前，如今的酒店业管理更加需要完整的知识结构和良好的思辨能力，因为环境不确定性进一步加强，外部干扰更多了，内部系统更为复杂，如果无所凭借、无所支撑，必然难以驾驭更加复杂的环境。

著名科学家钱学森曾反复地问："为什么我们的学校总是培养不

出杰出人才？"而酒店行业的教育者和从业者也在问："怎样培养一流的酒店管理人才？"曾经如此疑问，如今更加急切。不积跬步，无以至千里。系统而深入、兼具理论和实践的酒店管理教育仍然是酒店业人才培养的基础。秉承这样的理念，回顾过往，我们发现了这套书籍的闪光点。

一部书籍是否能被称为经典，而不是昙花一现的时髦，是要靠时间来检验的。只有当书中的观点和逻辑，在时间的浪潮中被反复地印证、扩展和应用的时候，被相关的从业人员和研究人员在实践中认可的时候，这才有了被奉为经典的资格。这套出自"名门"的酒店业管理教材背后是整个美国酒店业的职业教育体系的支撑。美国酒店业的管理水平毋庸置疑代表目前国际的标杆，我国诸多酒店企业在发展过程中亦是多有借鉴。本套书将理论和实践进行了较好的结合，既有理论的深入，又有实践上的指导，能够使读者通过编写者的切身体会看到真实的酒店工作，帮助读者提升酒店行业的思考和实践能力，同时其系统性和全面性也是诸多其他教材无法比肩的，涵盖了国际酒店的开发与管理、酒店业督导、酒店业管理会计、酒店客房经营管理、酒店前厅部的运营与管理、酒店业人力资源管理、餐饮经营管理、酒店设施的管理与设计、会展管理与服务、收益管理、酒店业市场营销，以及当今酒店企业多个经营的环节。读者借助这套教材既能建立对酒店的全面认识，又能各取所需，有针对性地进行深入的学习。本套丛书的译者均为本行业研究和实践的专家，确保了翻译的准确性和专业性。

本套丛书在出版之后就广受赞誉，但是编者仍然以一颗谦谨之心，根据酒店业管理的新变化对书籍不断地进行修改和补充，加入很多新

再版前言

材料、新理念和新的实践方法，为的是尽力缩小教材的滞后性，为酒店业的从业人员和学习者提供一个了解酒店业，建立起自身完整知识结构的最佳途径。

本套丛书的出版和再版多有赖于中国旅游出版社的远见和坚持，同时也是中外酒店教育及出版机构通力合作的结果，谨对他们付出的努力表示诚挚的感谢。

谷慧敏

2014 年 8 月

AHLA
序 言

　　自《会议管理与服务》第一版出版以来，会议业发生了翻天覆地的变化，很多变化甚至是发生在 2006 年该书第七版出版以后。很多重要趋势对会议业有深远的影响，这要求酒店管理人员必须与时俱进才能适应不断变化的市场与竞争格局。

　　新技术是会议业的销售和服务领域变化中最主要的一环。今天的酒店业从业人员能更高效地联系上会议组织者并向他们推广自己的酒店，同时新技术也对会议的销售、跟进和执行起到至关重要的作用。技术不仅对酒店管理人员是重要的，现在的会议组织者和参会人员也都期望在会议上应用最新的技术，包括复杂的音响和视频设备，以及会议室内的各种高科技设备。

　　今天的会议组织者都非常有经验，见多识广而且非常专业，不像以往的会议组织者那样难得遇上几个有经验的。有越来越多的会议组织者接受过专门的培训并获得相应的证书。他们会深入会议销售和执行的每个环节，而且他们希望每个环节都能做到最好。

　　要保持高品质的服务，满足当今会议组织者的要求，酒店高管必须完全掌控会议销售和服务的所有环节。掌握相关知识不仅能让你成功进行会议的销售和服务执行，还能提升酒店的赢利能力，而且能让你的职业生涯充满机会，让你享受到成就感并体会到无限的潜力。

　　《会议管理与服务》首先是针对那些以会议业为职业或有意以此为职业的人士。本书之前的七版已经被广泛应用于世界各地的教学和酒店销售一线，世界各国的业内人士也对本书给予了高度评价。国际酒店销售及营销协会（HSMAI）前主席、获得美国饭店业协会 CHSE 认证的 Neil Ostergren 认为：

"《会议管理与服务》是我在酒店业 35 年以来，看到最全面、最跟得上时代的一本教科书。这 18 个章节里都是些非常实用的信息，不仅能让学生更好地了解这个行业，对从业人员也大有裨益。如果想在当今的酒店业内让自己的职业生涯有所发展，这本书是必读的，否则他们在这行业里的潜力不会完全发挥到极致。"

为了保持本书的水准，第八版对内容做了大量的更新，包括从最新杂志、会议记录、书评等处获得的信息，并吸纳了业内专家的见解。涉及的话题更加广泛，加入了会议业委员会（CIC）提供的、被行业普遍应用的各种规范表单文件。

本书的前半部分介绍了各类会议、会议组织机构，以及如何去销售这些重要的团组。这部分内容深入介绍了如何制订营销计划（成功销售和营销的基础），分析了酒店如何成功锁定目标团组市场，对于如何针这些团组市场进行销售给出了切实可行的建议，说明了如何有效执行销售战略，以及怎样最终完成团组项目的谈判并达成最终协议。

第 1 章：对当今的会议市场现状和趋势，以及影响这个市场的要素做了一个概述。

第 2 章：介绍市场营销计划的组成部分以及如何将计划付诸实施。

第 3 章：介绍各类销售组织结构和定位，说明如果管理销售队伍。

第 4 章：重点介绍协会会议市场的特征以及如何找到关键决策人。

第 5 章：介绍企业会议市场的需求以及如何针对不同类型的企业客户进行销售。

第 6 章：介绍如何接触非营利性组织、SMERF 组织、政府机构、工会和奖励旅游市场。

第 7 章：介绍销售策略，包括销售拜访、电话销售、销售闪击战、专业展会销售，以及与会议局协同销售。

第 8 章：介绍如何制定广告策略，最大限度提升广告效用，包括纸媒、电子广告和印刷品。

第 9 章：深入介绍合同的谈判和合同／协议书涉及的细节要点。

本书的后半部分介绍了各类会议服务。要确保会议活动的顺利进行，必须执行有效的会议服务流程，也要求执行服务的员工具备足够的能力并对活动的各个方面有一定的知识。这部分内容涉及会议团组对服务的各方面要求，包括客房、会议室、音响视频设备、餐饮，以及涉及会议的其他环节的服务，如会议注册、安保等。

第 10 章：会议服务职能概述，介绍大型和小型酒店承接会议的几种管理方式。

第 11 章：介绍如何通过预订系统、入住和退房流程和客房情况面进行客房管理。

第 12 章：介绍会前会和关键人物名册的重要性，解释宴会订单、通信和跟进。

第 13 章：详细介绍了会议室、会议室的布置以及如何管理会议室，并说明了会议室的未来发展趋势。

第 14 章：深入介绍了餐饮服务，包括餐饮活动类型、定价和会后事宜。

第 15 章：介绍现今常见的音响视频设备要求，包括常用设备类型和价格政策。

第 16 章：介绍一些会议团体的其他要求，包括注册、会议安保、参会邀请的客人／家属和孩子的安排。

第 17 章：介绍展览需求，重点话题涉及展览类型、关键人物和展览结算流程。

第 18 章：深入分析会议的结算流程和如何有效地进行会后总结。

章节的最后包括很丰富的附录，如范例市场营销计划、会议服务调查问卷、专业展会的幕后和会议服务执行时的问题清单。全书最后的案例研究重点介绍了一些现实问题，让学生有机会将学到的知识应用于现实问题的分析与思考。

本书特点

每个章节都有很多图表、行业案例和成功的酒店销售和服务管理人士的引言。另外还有：

每章都有行业的"最佳案例"和规律性出现的"复习题"，让学生根据书本知识学着制定销售和营销战略并运用书中提到的一些概念和理论。

"互联网体验"让学生对行业案例进行评价，从而提升其对书本知识的认识深度。

章节后相关材料

每章最后除了章节内容小节之外，还会简要介绍下一个章节的内容，章节后相关材料还有：

参考文献——其他能加深对本章节内容理解的材料；

网址——列出本章所涉及的企业和组织的网址；

复习题——关于本章的基本概念和知识设计的一些问题，让读者了解自己的看法会如何影响管理原理的应用。

主要术语——每章正文出现的术语解释。

本版新增

第八版增加了会议业的一些最新发展，包括：

行业的最新趋势，包括会议业的"绿色"走向、社会责任、最新技术的应用、社交媒体以及二线城市的崛起；

最新的热门话题，包括精品酒店、独特定位的会议中心、未来的会议室，以及会议服务经理人的一天；

更新的图表和数据；

更新的广告范例、照片和图示；

全球化视角，更多的案例来自加拿大、墨西哥、欧洲和亚洲；

更多对于业内精英的访谈，包括 D 视听 id Brudney（给销售新人的建议），Don Freeman（专业行业展），Dindy Estis Green（数据库营销），Anne Hamilton（迪士尼会议）和 Roger Helms（第三方会议组织者）；

35 个互联网体验，涉及话题包括会议合同、酒店新闻发布稿、会议新闻发布、宴会菜单和定制团组活动。

教学参考

本书附有教学参考书，教参中有教学计划、课上活动，包括推荐客座讲者、备选测验、个人／团体活动（包括一些章节涉及的案例讨论）和演示课件。

新版《会议管理与服务》是学生和酒店从业人员的一份无价资源，让你了解最先进的且不断变化的会议业。笔者希望本书能成为帮助使用者在这个充满挑战的行业里走向职业巅峰的有力工具。

James R. Abbey 博士

内华达州拉斯维加斯

目　录

账与授信·支付方式·终止/取消条款·责罚: 赔偿与损失·损耗条款·仲

裁/争议的解决·授权担保·保险/损害赔偿·其他合同问题

10. 服务职能 290

会议服务经理·提高认知度·会议服务员工·会议旅游局的会议服

务经理

11. 客房 312

信笺回复/传真回复卡·免费预订电话·酒店网站预订·分房名单·会

议中心预订处·第三方客房预订公司

房价结构·免费客房安排·优先级·客房类型·团组历史记录·抵

达入住/离店模式·其他酒店

临时取消/超额预订·损耗·历史记录

登记入住流程·退房流程

预订·登记入住与客房分配·退房和结算·报表分析应用

第 1 章

概　要

今天的大会及会议产业

今天的会议市场范围

　会议类型

　谁在召开会议

　客户群类别

　会议设施类型

会议业的趋势

　持续的全球化

　二线城市越来越受欢迎

　第三方会议组织者的增长

　新技术的应用呈上升态势

　收益管理的广泛运用

　复杂的合同谈判

　"绿色"会议与社会责任

小结

学习目标

1. 了解当今的会议业现状、行业的专业度和相关组织机构的提升与变迁。
2. 了解会议市场的范围，包括各种类型的会议。
3. 找到组织各类会议的机构，了解客户群体。
4. 了解各类会议设施。
5. 了解会议业的发展趋势。

会议市场：会议顾客的种类

Keith Patrick，北卡罗来纳松林公司（Pinehurst Inc.）会议服务总监

"会议术语很重要。投身酒店业立志成为这行里的专业人士的人必须了解不同的会议组织者。作为会议销售或服务的专业人士，你必须跟越来越多的专业人士打交道，这些专业人士被称为会议承办人或会务经理。只有了解这个群体并了解他们组织会议的目的，从业者才能更好地帮助他们实现他们办会的目的。"

大会、会议及展览业导论

会议在协会、企业、非营利性组织、社会机构、技术社团和一些社会团体的工作中起到了重要的作用，人们需要聚到一起分享信息、接受产品知识的培训，或者进行同行业交流。因此，会议业务几乎占到了美国各大酒店销售额的 70%，对于中小酒店来说，这部分业务也带来 15% ~ 20% 的营业收入。

在加拿大，会议也是个重要的产业。加拿大的会议接待量是 7020 万人，会议带来的直接收入达 322 亿美元，一年就创造了 235500 个就业机会（表 1 – 1）。超过 75% 的会议在酒店和度假酒店内举办。欧洲和亚洲也能看到同样的现象，在那里，人们普遍用一个缩写词 "MICE"（会议、奖励、大会和展览）来称呼这个行业。

会议业当然不仅涉及酒店，要有效地针对这个市场进行销售和服务，从业者必须了解会议的类型、会议主办者、会议设施的类型以及各细分市场的不同需求；还要实时掌握这个行业的最新动态，才能保持自己在市场中的位置。本章我们将对当今的会议市场做一个概述，并讨论未来影响会议市场和酒店业的趋势。

表 1-1　加拿大的会议业

会议数量	671000 个
参加人数	7020 万人
全年就业机会	235500 个
直接收益	322 亿美元

资料来源：多伦多的加拿大国际会议专业人士基金会（MPIFC）对会议业影响的调研报告。要了解更多 MPIFC 的调研结果，请访问 www.mpiweb.org。

今天的大会及会议产业

根据会议业委员会（CIC）的研究，协会会议代表平均每天的花费是 283 美元，也就是说，每年会议、大会、展览和奖励旅游带来的总消费约为 1223.1 亿美元（图 1-1）[①]。从这个数字可以看出，仅对美国而言，这个行业对经济的影响达 3154 亿美元，带来了近400万个就业机会,给当地巴士公司、酒店、零售商店等行业带来收益(图1-2)。

图 1-1 会议代表的钱花到什么地方了

资料来源:节选自《目的地市场营销协会国际消费调研》(EXPACT)。

会议旅游局国际协会测定,协会类会议代表在全国性会议和国际性会议中的花费为平均每天283美元。值得注意的是,这项调查仅限于协会类会议代表。据估算,公司类会议代表每天要多消费20~30美元,其中多数与会者的差旅费可以报销,并且在会议期间通常要招待自己的客户。

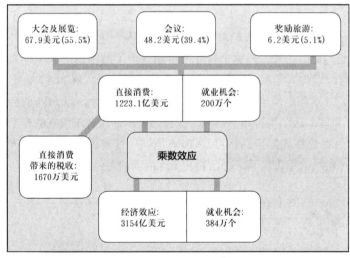

图 1-2 会议业的经济影响力

资料来源:ProCusWright 公司出版的《会议机遇再定义》。

会议业的直接消费总额为1223.1亿美元,创造了200万个就业机会,对国民经济的总体影响更大、更深远。会议业带动和刺激了附属商品及服务的需求,间接收益达3154亿美元,带动就业人数384万。

虽然休闲旅游者是酒店业较大的消费群体,但是那些旅行费用可以报销并且经常出差的会议代表才是为酒店业带来最大收益的客源群,他们为酒店带来的好处绝不仅仅是填补空房和充当口头宣传员。因此,利润丰厚的会议市场正在变成越来越重要,并且成为各酒店激烈争夺的目标市场。

会议参加者不再以男性为主,根据最近的数据,44%的协会会议参会人和39%的公司会议参会人是女性,因此现在的随行家属常常是丈夫而不再是妻子。

在现今的会议代表中，单身者与已婚者数量无明显差异，与会人员更趋年轻化（25 ～ 40 岁）。同 20 年前的与会者相比，今天的与会代表更加富有。然而，相对于越来越高的消费能力，参加会议已经不单是寻求享乐，与会者在更多的情况下会权衡花费时间和金钱离开办公室去开会是否值得。

经济因素也在会展业的变化中发挥着重要的作用。以工作餐及交际费为例，过去美国 80% 的所得税扣减额现在已经降至 50%，这就迫使会议策划人以及与会代表以最经济的方式办事，加上航空业的开放，以及酒店对会议业务的争抢日益激烈，会议团体在交通、折扣房、低价或免费使用会场以及全包价方面的议价力度越来越大。签署酒店服务合同是现在的通例，许多公司类会议和协会类会议都更愿意签署"一揽子会议合同"。这种形式的合同不仅为机构节省费用（这种"一揽子会议合同"通常都承诺一些折扣与优惠），而且也更加便利，因为一个合同就涵盖了多个活动项目。

现在很多酒店合同是由会议承办人 / 策划人来谈的，而不像以往是由会议客户自己（会议客户往往在如何成功组织一场会议方面的专业知识非常有限）来谈。25 年前，会议业委员会（CIC）组织了第一次会议承办人 / 策划人认证考试，只有几个人参加了培训，今天持有 CIC 颁发的会议经理人证（CMP）的会务专业人士达 14000 人，另外还有很多同类的培训与认证（表 1 - 2）。这个行业内也涌现出了很多由会议承办人组成的专业机构，如国际会议经理人组织（MPI）、专业会议管理协会（PCMA）、奖励旅游管理人协会（SITE），这些组织也有很多培训和同业交流的机会。以 MPI 的会议管理认证（CMM）项目为例，这个项目始于欧洲，源自会议承办人要求设立的一个综合培训项目，现在这个项目也在美国得到认可。CMM 培训项目被视为会议承办人的研究生课程，作为一种高层次的培训，其证书已经在全球范围内得到广泛认可。

表 1-2　认证 ABC

CMP——会议经理人证	国际展览及公关活动协会	www.ises.com
会议业协会	www.iaee.com	CMM——会议经理证
www.conventionindustry.org	CITE——奖励旅游经理证	国际会议职业人士协会
CHSP——职业酒店销售证	奖励旅游经理人协会	www.mpiweb.org
美国酒店业协会	www.site-intl.org	CPCE——职业餐饮经理证
www.hsmai.org	CDME——目的地经理证	全国餐饮高管协会
CHME——酒店营销经理证	国际目的地营销协会	www.nace.net
国际酒店销售及营销协会	www.destinationmarketing.org	CGMP——政府会议职业经理证
www.hsmai.org	CSEP——专项活动组织人证	政府会议职业经理人协会
CEM——展览经理证	国际专项活动协会	www.sgmp.org

越来越多的业内人士愿意为自己的职业技能获得某种"证书"。当然证书不是

最重要的，很多会议承办人和供应商都认识到了培训的重要性，他们通过专业协会的培训提升自己的专业能力，了解更多的最新知识。会议业很多人是通过参加协会区域会议或研讨会的培训获得证书，也有通过互联网进修课程获得。为本书贡献内容的很多业内领袖也都通过上述方式获得了一个或多个认证。

会议业委员会（CIC）认为酒店行业需要一种统一的行业规范去指导现实工作，并在 APEX（可接受的商业行为）范围内制定了一系列标准化表单和工具。其中，对于学生和从业人员最实用的就是酒店业术语库（表 1－3），要学会如何有效地面向会议市场做销售和服务，强烈建议读者参考这个词汇表和其他 CIC 制定的工具。

表1-3　APEX 行业词汇

> 可接受商业行为（APEX）是会议业委员会（CIC）制定的一套会议业术语库，旨在明确会议承办人的需求并在最终合同谈判和项目安排时更加精准。
>
> 这些标准化术语确保每个人都在读"同篇文章"，当会议承办人提出某种需求时，不论是话筒还是讲台，这种标准化术语能确保不会有人产生任何歧义。更重要的是，标准化定义规定了一般会议合同表述的意义，如仲裁、审计和失误。
>
> 词汇表里有约 4000 个术语，学生或初入行的会议承办人可以直接在词汇表输入要查找的术语进行搜索。对于业者来说，这个词汇表也是一个有用的工具，因为这个词汇表是不断更新扩充的，会定期补充新的术语。要了解更多术语，请浏览 www.conventionindustry.org/glossary。

今天的会议市场范围

尽管交通和酒店成本越来越高，但是会议的数量仍在增长。这些会议有各种不同的目的：实时了解最新的技术；确保销售目标不会走偏；团队激励和奖励；等等。现在的会议不再局限于由一个大会和几次宴会组成的大型年会，或一个演讲者在会议室里用白板和马克笔主持的小型会议了，现在的参会人和会议承办人都对会议有更高的期望。有计算机、传真机和各类复杂的通信设备的酒店商务中心已经让人习以为常了，人们期望会议室里有先进的视听设备，很多会议上还会有更多精良先进的设施、精致的食物和高雅的装饰，所有这些都会吸引参会者。

跟其他行业一样，酒店业受经济形势和其他外部因素影响很大。"9·11"事件以后，会议市场受到重创，因为很多人害怕长途旅行，特别是乘飞机旅行。另外，全球经济衰退也会严重影响商务和休闲旅行。很多会议承办人不得不调整会议时间和预算，砍掉一些奢侈的活动。协会会议和社团会议的组织人也必须要重新考虑会议的选址和议程的安排，以适应这种经济形势下参会人与团组缩减的差旅预算。

尽管会议规模越来越小，会议承办人可能砍掉一些看似奢侈的环节，但当今的会议需求仍然呈缓慢上升的趋势。喜来登集团公司的销售副总裁 Beverley Kinkade 指出：

"小会和培训会越来越多，各个行业的国际大会的参会人也越来越多，世界各地的会议需求在增长。"②

现在的会议承办人非常清楚经济的波动对酒店业的影响，会议需求虽然在增长，但高端奢侈酒店的增长却非常有限，结果是：

- 旺季住房资源紧张；
- 餐饮的折扣空间更小；
- 免费房的灵活度更低；
- 其他条件的谈判更困难。

全美最大的独立会议规划公司 Experient 的前总裁 Bruce Harris 认为：

"酒店不再提供一些'可笑'的让步，这些让步是指那些他们认为尽管会损害酒店的收益但为了争取业务而不得不做的事。"③

受全球经济环境不稳的影响，会议承办人必须面对更高的价格和更严厉的空房损失，因为酒店也因各项成本越来越高而在拼命避免损失。不过，酒店业有很强的循环性和延续性，聪明的酒店业者都知道今天的生意损失可能带来明天当酒店需要生意时机会的丧失。酒店希望与会议承办人密切合作，争取未来长远的团组机会，因此酒店通常会给出一些灵活的日期建议，如果团组希望得到经济实惠，最好也选择淡季安排会议。

在今天的会议市场上，要想销售你的酒店和设施，你仍会面临巨大的竞争。当争得了一个业务时，酒店也要很深地介入以确保会议的成功举办。如果会议组织成功并获得了赞助商和参会人的认可，会有更大的机会获得会议回头客，而且更有可能被推荐给其他会议承办人，这对于任何一个在酒店行业工作的人的职业生涯来说都是非常重要的。要想在这个高度竞争的市场中胜出，了解下面几点非常重要：

- 会议的类型；
- 谁是会议组织者和承办人；
- 将要打交道的团组承办人的类型；
- 能成功接待会议团体的酒店类型。

会议类型

为简单起见，我们用大会业（convention business）这个词组，实际上我们所讨论的范围是所有类型的会议，较简单的做法是将各类活动都称为"会议"（meeting），这些活动的基本特征是相同的。不过事实上，不同名称的会议是有区别的。

大会、年会（Convention） 这是这个领域中最常用的词。词典中的解释是，就某一特定的议题展开讨论的聚会，议题可以涉及政治、贸易、科学或技术等领域。

现在年会通常包括一次全体大会和几个小型分组会。大会可单独召开，也可以附带展示。多数大会是周期性的，最常见的周期是一年一次。年会常有的内容是市场分析报告、介绍新产品和筹划公司策略等。全体会议召集所有与会者，因此通常要租用大宴会厅或大型会议厅。具体问题则在分组会议上讨论，所租用的是小会议室。

专业会议（Conference） 专业会议是大会的另一种说法，通常意味着更多的分组研讨会和更多的参会人数。大会在业界常指出于一般目的的周期性召开的会议，而专业会议常指科技或科学领域的会议。因此两者并没有实质意义上的区别，仅是惯用语不同而已。专业会议的议题常涉及具体问题和某个领域的发展，可能有分组会也可能没有，参会人数规模也可大可小。

国际大会（Congress） 这个词在欧洲比较常见，指大型国际会议，性质上与专业会议类似。奇怪的是，这个词只有在美国才被用于指立法机构。国际大会的人数规模参差不齐。

论坛（Forum） 论坛的特点是反复深入地讨论，一般由小组组长或者演讲者来主持。有不少听众参与其中，各种各样的问题分别由小组组长和听众提出并讨论。两个或更多的发言人可以就各自的不同意见向听众而不是向对方，进行阐述。

论坛主持人会总结各方意见并引导讨论；听众可以提出各自的问题。因此，酒店需要提供一定数量的话筒。

专题学术研讨会（Symposium） 专题学术研讨会与论坛相似，唯一不同的是办会方式比论坛更为正规。在大会和分组讨论中都会有一个人或多个人做演示；会有一定数量的听众参与讨论。但相对而言，专题学术研讨会中较少有观点和意见的交流。

讲座（Lecture） 讲座则更加正式或者说组织得更严密，通常由一位专家单独做演示。会后有时安排听众提问。讲座规模大小不定。

研讨会（Seminar） 研讨会很少由一个或多个主讲人站在讲台上向听众做演讲或演示。研讨会通常由一位主持人协调各方，具有充分的参与性。这种模式显然适用于相对小型的团体。当会议人数增加后，就变成了论坛或者专题学术研讨会。

讨论会（Workshop） 讨论会要求各小组参加全体会议，就专项问题或任务进行讨论。参加者实际上互教互练，交流知识、技能以及对问题的见解。显然，讨论会的特点是面对面互动，让所有与会者充分参与进来，通常被用来进行技能培训和训练。

讨论分析课（Clinic） 讨论分析课常用于培训项目，就某一课题进行指导和操练。形式基本以小组为主。

静修会（Retreat） 静修会通常是小型会议，一般在边远地区召开，其目的或是增进了解和友谊，或是集中进行策划，抑或是纯粹为"躲清净"。

学会（Institute） 学会经常举办专门会议、研讨会和讨论会。为某一行业或专业而设立的这种学会是提供进一步教育培训机会的教学机构。这一词语常指为了同一论题而举办的延续性会议。例如，学会可以在每个季度举行深造性的培训活动。

专题讨论会（Panel） 专题讨论会要求有两位甚至更多的发言人讲述其观点或传授专门知识技能。小组成员之间、主要发言人与组员之间都要进行讨论。专题讨论会一般有一个主持人，也可以是大型会议的分组会。

展览和行业展会（Exhibitions and Trade Shows） 展览一般指与会议或大会相关联的小型展览，通常是卖家的产品和服务的展示，而且有固定的观众群，因为这一般是会中展（图1-3）。

这张照片是加拿大国际汽车展的现场，这是在多伦多城市会展中心举办的一个大型展会。展会主办方会出具一个展场总体分布图，各参展商会在划分给自己的展区内设计展台做产品展示。

图1-3 行业展会中的展览

资料来源：多伦多城市会展中心提供资料。

行业展会一般指独立组织的展览，在欧洲这种纯展览也被称为交易会。

另一个常用于指交易会的词是博览会（exposition）。许多工业的、专业性的以及科学性的展示会都是非公众的。大型的对公众的展览被称为展销会（consumer shows），如家居展、园艺展、车展、船展等，其特点是收取适中的入场费。由于展销会专为吸引当地消费者而设计，因此当地酒店不会赚取大量客房收入。

行业展会的概念通常很吸引会议承办人，因为以这种形式，会议成本可以通过吸引展商、卖展台来消化掉。通过展示形成一种"开放市场"，让新设备、新技术和新概念有机会向参会代表展示，这也可以带动参会人数的增加。如果会议议题能引起广泛兴趣，加上相关展示，往往能使会议活动像磁石一样吸引更多人的参与，这对组织者、展商和参会人是多赢的。

近几年，行业展会规模不断扩大，出现了一些超大展会，如消费电子展（CES）

以及家居年展或双年展，这些展会能吸引数千人观展。这也带动了一批新的衍生行业，如行业展会规划专家、大会策划服务，以及供应行业展会设备和人力的附属公司。

行业展会的赞助商和管理商通常是国际展览活动协会（IAEE）的成员，每年IAEE 的 3000 多个成员在全球会组织 5000 场展会。

会议（Meeting） 上述所有词都是会议大类中的一种。当一个活动找不到更恰当的词来命名时，人们就会简称为"会议"。这个词更多的是指所有与会人员均属于同一机构，而且会议所要讨论的是机构内部事务，如股东会议、董事会会议等。这类会议既可以吸引当地客户又可以吸引外地客户，而且与会人数从几个到非常大型的团体不等。了解这些词汇之间的区别有助于争取到客户所要举办的活动并帮助会议承办人成功办会。这在相当程度上与树立形象的计划有关。虽然各类会议的叫法不明确而且模糊，常常可以互换，但是恰当的名称还是能够帮助人们共同努力为某一活动创造出一定的气氛或者形象。就这一点而言，术语很重要。例如，"研讨会"意味着较之年会更学术一些的活动。在芝加哥举行的专业会议在日内瓦可能被称为国际大会。专业会议给人以不拘形式的小组气氛，而讲座则形象地反映出由聚精会神的听众形成的更为正式的环境。会展活动需要精确的信息交流，因此恰当使用这些专业术语的能力是十分重要的。业内人士应当了解并能正确使用这些会议术语，这样才能达到当今苛刻的会议承办人所期望的专业水准。

谁在召开会议

一旦认定会展业是值得从事的行业，接下来的问题便是确定谁是会议的举办方。公司和协会代表了两种主要的会议主办单位。然而，非营利性组织，如政府机关、工会、联谊会和宗教团体等也举办年会、会议和展览。为方便起见，我们将当今的会议业分为三大类：

- 公司类；
- 协会类；
- 非营利性组织类。

公司类 公司类会议极其重要。可以把这种会议比作冰山。露出表面的仅仅是其顶部的一小部分，大部分在水面以下。公司会议没有进行宣传的必要，然而它们的确在召开会议，而且非常频繁。公司召开的会议有小型会议、大型会议以及中等规模的会议。企业管理人员强调的是信息传递，而公司内部信息传递的最基本方式之一便是会议。公司类会议是市场的主要组成部分而且发展迅速。

参加年会和专业会议绝对是专业和商业活动的一部分。相关的费用如交通、住宿、餐饮、客户招待以及注册费都是可以抵税的。企业为经销商和员工组织会议的成本也可以作为经营成本抵扣税款。这一点是对企业组织年会和会议的一种刺激。会议的选址也是一个重要元素，很多人把参加企业会议的商务旅行也视为一种准假期。

医药、金融和保险公司是酒店的重要收益来源，因为这些企业每年都组织很多的会议。它们要不断地组织培训，对销售的奖励就是奖励旅游。奖励活动的规模和时间长短不同，但这类活动的花销比较可观。这类活动的参加者都不必自己花钱，但这种活动并不完全是为了被认识和娱乐。大部分保险公司都会在奖励旅游中安排销售技能培训和交流。奖励旅游通常在一年前就开始对内部推广，因此需要更早开始规划。现在保险公司很多，而且它们组织的会议和活动也很多，规模类型不同，因此对于各类酒店来说，会议承办人是它们应该主要接触的人。

协会类　协会类最常见的国际大会组织者是全国甚至全世界的各类协会组织。协会规模和性质各不相同，它们的管辖范围也从区域性、全国性到国际性。协会可以分为以下几类：

- 行业协会；
- 专业和科学协会；
- 技术协会。

行业协会：被认为是会议业最值得争取的市场，因为协会的成员多为业内成功管理人员。协会类会议常常与展览结合举办。

例如，酒店业的全国餐饮协会，该协会每年在芝加哥举行会议，参加者有 11 万人之多。会议期间，大型厨房设备供应商和餐厅用品供应商会前来进行展示。

很少有哪个行业只有一个协会。许多行业有多全国性协会，这些协会代表了不同层次的企业。比如，制造商有自己的协会，批发商和经销商也有自己的协会，零售商亦如此，因而形成了三个层级。

摄影界也有这种协会模式。摄影营销协会的成员是零售商和摄影用户。他们每年召开全国性会议，6 个月之后再召开一次地区性会议。全国摄影制造商协会完全是由国内制造商组成的小团体。其会员每年聚会一次，而协会的委员会却要经常开会。摄影制造商和分销商协会有着更为广泛的成员基数，由国内外公司组成。除此之外，还有一大批独立相机经销商地区协会，分别举办地区性的展览和会议。上述这些机构都是行业协会。

专业和科学协会：在专业和科学界有很多协会，每种专业都有自己的全国性学会以及各地的分会。它们也是由来已久的会议主办者。议题涵盖的范围既深远又广泛，而且它们都热衷于开会。

美国医学学会和美国律师协会是家喻户晓的机构。国际酒店业销售营销协会（HSMAI）是一个很好的专业协会的例子，这个协会每年召开一次全体成员会议，并且全年都会组织一些地区性会议和州级的研讨会。

技术协会：各专业技术领域也都有自己的协会。电影和电视技师协会每年举行两次全国性会议。美国专业摄影师每年召开全国大会，多数州都设有分会并且举行自己的年会。除此之外，还有专业团体如婚庆摄影师和报刊摄影师协会，它们均有自己的协会年会。凡是想到的专业，就会有至少一个协会组织。图书管理员、教师、医院管理者、工程师等，都有各自的协会组织。

拓展阅读

会议服务市场上成功的职业生涯

佛罗里达奥兰多迪士尼世界度假酒店销售副总裁 Anne Hamilton

　　我生长在酒店业世家，我父亲在迈阿密海滩拥有几家小酒店，所以我在很小的时候就开始接触和了解酒店经营的各个方面。后来我从佛州大学酒店学院毕业以后就参加了凯悦集团组织的一个培训课程。那时我已经有了客房服务的经验，所以我就选修了餐饮服务，让我自己的能力更全面。

　　1996年，我进入迪士尼，现在我全权负责迪士尼世界度假酒店各方面的销售，包括会议和奖励活动。我非常幸运，因为在迪士尼世界度假酒店有一个非常棒的团队，每个人都全心希望每个来开会的人在这有印象深刻的体验。我要做的就是让这个高能团队高效地运转起来，让他们每天来工作都非常兴奋。

　　这份工作让我最中意的地方就是每天都不一样。会议行业是一个不断变化的行业。会议承办人也越来越专业了。我们可以花更多的精力去丰富参会者的体验，让会议实现预期的目标，并让办会机构的投资得到应有的回报。

　　从职业生涯发展到现在，我发现成为行业人士的良师益友是非常重要的。我从帮助别人把会办成功的过程中获得了巨大的成就感和乐趣。我愿意告诉别人从事会议服务行业能给自己带来的好处，我也经常和罗森学院的学生们打交道。对于那些刚刚涉足酒店/会议行业的人，我的建议是，去寻求多元化的工作体验，要深知你的职业生涯将是一个持续学习和拥抱变化的过程，这期间你会经历大起大落，但你会从这些经历中学到东西（这是从我的个人体验中总结出来的）。我热爱这个行业，因为没有比这更精彩的人生了。

非营利性组织类　有许多非营利性组织不能归入上述任何一类，然而就会议而言，它们的业务量毫不逊色。许多人在电视上看到过政治性会议。虽然电视镜头中显现的是主会场，但是不难想象不显现在的电视中的小型会议、宴会及住宿的需求会更多。各州和地区级的会议会更加频繁，因此非营利性组织的会议数量非常可观。

　　酒店接待的周末研讨会从两性问题、婚姻问题、妇女的社会地位到其他社会问题五花八门，这些非营利性组织的会议与协会会议有类似之处，因此在销售和服务方面可将这两类会议同样对待。

非营利性组织可以分为以下三类：

• 政府机构；

• 工会；

• SMERF 组织。

政府机构：许多政府部门需要在异地召开会议。农业部门、商务部门、世界卫生组织、联合国下属机构等是多产的会议组织机构。

这些机构有不同的资金来源。商会通常是由私人资助的会员制机构。农业部自然使用公共基金。名称并不重要，重要的是了解这些机构的运作方式、会议的需求以及如何更有效地向其销售并提供服务。

协会和政府机构喜欢使用首字母的缩略语，这些缩略语常常使外人不明所以。每个协会似乎都觉得全世界在关注自己，而其专业的精髓也应是家喻户晓的。这种思维方式也能导致误解。AMA 可以指美国医学协会，也可以指美国管理协会，两者都是会议大户。翻译首字母缩略语时要谨慎，既要细心聆听又应当详细记录，仔细考虑上下文。

工会：工会已经成为世界上最重要的经济力量之一。最大的工会组织是在建筑业、制造业、矿业以及交通领域中。

美国的工会有四级组织：地方工会、州和地区工会、全国工会以及国际工会组织。每一级组织代表着数不清的会议和年会，是酒店业市场的沃土。多数工会成员的消费力略逊于一般年会代表，但是他们提供给酒店的业务量仍然很可观。

大型工会的年会与政治会议相类似，每年召开一期或者每两年召开一期，包括委员会会议、辩论会、演讲和客座讲座。

SMERF 组织：会议业为某些非营利性组织创造了首字母缩略语，SMERF，即社会团体、军人组织、教育协会、宗教组织和联谊会。SMERF 已经成为许多酒店的主要细分市场，这些团体大多在每年的淡季带来大量的业务。

SMERF 团体有三个共同的特征：对价格很敏感；更易在酒店的淡季预订会议；经常由非专业人士策划会议，且策划人年年变化。

以宗教组织为例，它们通常不是消费大户，却是一个有生命力的市场。各种宗派除了本身地区性的会议和全国性的会议外，还经常赞助研讨会和牧师讨论会。这类会议经常在周一开始，周四结束，为周末度假酒店提供了工作日的生意。

教育协会往往对价格非常敏感，不过它们也是一个重要的业务来源。教育协会也通常会组织一些全国性的会议，各州的教师协会也定期组织会议。另外教育团体类会议之所以引起众多酒店的特别关注，原因之一是它们在一年中举行会议的时间通常是在夏日淡季。

退伍军人和现役军人协会也是很好的业务来源，特别是对于度假村，这类组织会举办大型年会，也会组织大型或小型的重聚联欢，参会人往往比其他 SMERF 类协会的参会人有更高的消费能力。

尽管这类团体的客人对价格敏感（与会者倾向两人或三人挤住一间客房，多在酒店外用餐，很少去酒吧消费），但是酒店公认他们是越来越重要的市场。

喜来登公司芝加哥销售办事处的全国客户经理 Barbara McDonald 认为：

"SMERF 会议过去是不被看好的生意。人们的感觉一直是：这种会议如同联谊会的活动，只是到酒店来喝大扎啤酒而已。事实并非如此。SMERF 市场与公司市场以及其他类型市场一样重要，因为它们为酒店填充淡季。事实就这么简单。而且小规模的 SMERF 会议可以带来更大的生意。如果一位首席执行官来参加联谊会的活动并且喜欢上这家酒店，酒店就已经为另一笔生意打下了基础。"[④]

凯悦酒店集团全国销售副总裁助理 Warren Breaux 指出：

"酒店的出租率至少需要达到 70% 才能获得对酒店硬件的投资回报率。长达四个半月的周末、假日以及季节性淡季是很难弥补的价值，恰恰是 SMERF 市场可以帮酒店填补这一缺口。酒店当然宁愿用较低的房价来出租客房，也不愿让这些客房空着。但是酒店也不会一年 365 天都这么干。"[⑤]

SMERF 组织的日程有别于正常的会议业务，而且总要寻求最好的价格；然而这类团体是淡季营业收入的绝好来源。对有能力提供折扣房的企业而言，如果愿意向大量的非专业会议策划者提供帮助，那么 SMERF 组织还是能对酒店营业收入产生相当大的影响。

客户群类别

由于会议客户群涵盖了很多不同类型的组织，从行业到专业协会，再到企业和 SMERF 组织，酒店可能需要跟不同类型的会议承办人打交道，这些会议承办人的专业水平也参差不齐。会议承办人可以分为以下四个基本类型：

全职会议承办人 大型全国性协会和企业在寻找会议场地和组织会议方面很可能会找全职的会议承办人。这些会议承办人对于如何组织一次成功的会议活动非常熟悉，能及时地给酒店提供信息并提出服务指导意见。

单个会议或兼职会议承办人 这类会议承办人一般服务于一些小规模的公司或协会，因为这些企业或组织没有足够多的会议活动去支撑一个全职会议承办人的工作量。这些会议承办人的经验差异很大，有些几乎没有任何会议组织经验，他们会向酒店寻求帮助。在这种情况下，酒店需要提供活动操作时间表，提出明确的酒店要求，并规定反馈时限以确保活动能按部就班地推进，使会议活动最终能顺利完成。当然，有些兼职会议承办人对会议的流程非常了解，并拥有充足的经验和知识。因此，了解会议承办人的能力水平和经验非常重要，这可以让酒店能有针对性地做出回应和跟进。

委员会 很多协会和非营利性组织有自己的委员会可以介入会议的初期方案建议，筛选会议场地，并进行实际的会议执行。和单个会议或兼职会议承办人一样，委员会成员的经验和能力水平差异很大，酒店必须因人而异提供不同的服务模式，这样可以把出现问题的概率降到最低，而且可以通过提出建议帮助决策体现酒店服务的专业性。

第三方会议承办人 现在越来越多的会议预订人是第三方机构，如会议管理公司、协会管理公司和旅行社。在这种情况下，酒店在跟中介打交道而不是直接面对组会的企业、协会或非营利性组织。这些第三方承办人大部分都是专业会议承办人，当然可能有个别情况酒店需要给中介提供建议和帮助。如果出现问题，酒店必须首先与中介沟通，必须判断出中介团体所代表的团体的性质，在遇到困难时尝试所有解决办法后提出一个最佳方案并论证方案的可行性。

拓展阅读

会议承办人资料

现在，会议承办人每天花数千小时在做会，从简单的培训到吸引数千代表的大型会议及展览。这是一个非常刺激的、多元的职业，是一个值得长期从事的职业。那么谁是现今"典型的"会议承办人呢？

根据《会议与大会》杂志的调查，今天的专业会议承办人具有以下特征：

- 女性（62%是女性，38%是男性）；
- 与10个同事共同工作在同一个部门内；
- 在同一个岗位9年以上；
- 年收入5.5万美元（年薪为2.5万~10万美元或更高，50%的会议承办人的年薪为3万~6万美元）。

会议承办人的职责包括：制定预算；与酒店、航空公司和其他场地谈判；议程规划；专业展会和展示区规划；餐饮选择；酒店和地面交通的安排；会后总结评估，包括参会者调查和各环节设施及服务的评价。

为了能长期在这个圈子里立足，大部分承办人属于一个或多个专业协会，以下技能是这行所必需的：很强的口头和文字沟通能力，很强的组织协调能力，领导力，灵活应变、承受压力的能力。

Joan Eisenstodt 是个有30年经验的会议承办人，她建议新人入行之前先问问自己以下几个问题：

- 你喜欢策划晚会、准备工作计划、安排一天的日程吗？
- 你有记下未来一个月或一周要做的事情的每日记事本或个人电子助理（PDA）吗？
- 你喜欢整理你的卧室、车内、办公室吗？你喜欢替别人布置小屋吗？
- 你是一个非常有条理的，甚至有点强迫症的人吗？

Joan Eisenstodt

上面的信息可以帮助你确定酒店需要对会议承办人提供多少协助，每个团组和每个承办人都是不一样的。不论水平高低，所有会议承办人都希望酒店能了解他们，同时也了解他们的团组，以及他们所承办的会议的目标，只有这样你才能更好地满足他们的需求。

会议设施类型

人们一提到会议场地，会自然而然地想到酒店和度假村（70% 的会议是在市区、市郊和度假酒店内举办的）。不过酒店也有很多的选择，如度假酒店、市区酒店、市郊酒店、机场酒店以及大型汽车旅馆，不同的会议适合在不同类型的酒店内举办。例如，机场酒店就比较适合那些会议代表需要从各地集结到某地开一个一天的过夜会议的情况。度假酒店就比较适合于年会和奖励旅游，因为会议代表在开会的时候，他们的家属能有地方打发时间。

现在酒店类型又多出了很多细分的产品。今天的会议承办人有了更多的选择，如全套房酒店、精品酒店或其他"非传统"场地，如会议中心、邮轮以及大学校园。在这一部分中，我们将详细介绍这些不同类型的会议设施，并介绍这些场地是如何影响酒店业的。

全套房酒店 全套房酒店最初是针对两个市场群体的，需要"不止一间房"的商务客和频繁搬家的人。全套房酒店的所有客房都带有起居室，而且附赠早餐和餐前酒，给人的感觉更像家，可以作为"临时居所"，而且相比只提供标准客房的酒店来说，全套房酒店的价格更有竞争力。很多会议承办人也是被全套房酒店的这些特征所吸引。

第一，全套房酒店是董事会和小型培训会的理想场所，因为套房可以用作小型分组会会场，而且气氛更有助于组织商务和私人性质的会谈。第二，全套房酒店能吸引那些不被大酒店重视的小微市场，大酒店通常对于 200 人以上的团组更感兴趣，而 50 人以下的会议则常被忽视。第三，在全套房酒店开会，会议代表的分房不会产生问题，因为每个人都可以住套房，有 VIP 的待遇。另外，小型宗教会议的承办人发现参会人员更愿意花等同于一般酒店一间客房的钱来住更物超所值的套房。

很多酒店连锁针对小型会议市场开发了一些全套房酒店，如希尔顿旗下的"大使套房酒店"（Embassy Suites）就是这方面的先驱之一，这个品牌还专设了一个全国会议服务部，专门接待 300 人以下的会议团体。万豪集团针对小型企业会议也推出了全套房产品，它旗下的全套房酒店有约 280 平方米的会议室空间，能接待 300 人以内的会议。

精品酒店 精品酒店这是一种比较新兴的会议场地，精品酒店的概念是由 Ian Schrager 在开办 54 号工作室（Studio 54）时创立的。Schrager 把这个概念植入酒店的第一个例子是摩根酒店（Morgans Hotel），这家酒店给整个行业带来了很多新东西，包括"大堂社交"和"都市水疗"。

精品酒店一般都有独特的建筑风格和装修风格，主要针对的消费群是 X 代和 Y 代的年轻旅行者，他们追求的是高科技的设备应用、像家一样的舒适，以及一种与众不同的旅行体验（图 1-4）。这类酒店一般规模较小（一般总房数不超过 150 间），很受 50 人以下的小型会议承办人的欢迎。

图 1-4　精品酒店

资料来源：Joie de Vivre 酒店管理集团提供资料。

精品酒店以其独特的建筑和装修风格为主要特点，另外酒店规模较小，一般不超过 150 间房。这些酒店能吸引那些想避开大酒店的会议承办人，会议承办人可以把整个酒店包下来，从而获得专属服务，酒店员工不会因同期的其他业务分心，从而使参会者获得独一无二的体验。照片上的企业会议参会人员正围坐在 Ventana 温泉旅馆的火堆旁交流，Ventana 温泉旅馆是由 Joie de Vivre 酒店管理集团管理的加州大苏尔的一家精品酒店。

小型精品酒店的一大卖点是企业可以把整个酒店包下来做活动，酒店的全部员工只为一个企业的一个活动服务。规模小的另一个优势是整个酒店的氛围可以根据企业和活动的需要快速变装，如酒店的房顶、大堂、地面、餐厅和酒吧等区域都可以根据客户要求改变装潢风格。

随着精品酒店越来越受欢迎，这类酒店的数量也开始增长。Bill Kimpton 是精品酒店圈内的另一个领袖。Schrager 后来加入到了万豪的团队中并开发了万豪旗下的"精装酒店"（Edition Hotels）品牌。其他酒店集团也纷纷涉足精品小酒店市场，如选择酒店集团的 Cambria 套房酒店系列，凯悦集团的凯悦之地（Hyatt Place），洲际集团的英迪格酒店（Indigo），以及喜达屋集团的阁楼（aloft）和元素（element）两个酒店品牌，希尔顿也在经营着几个精品型的酒店。

会议中心　会议中心一般被设计为用于接待 20～300 人规模的会议，平均会议规模为 70 人，它跟酒店有以下区别：会议中心的设计与酒店的会场有区别，会议中心的地理位置一般远离闹市，这是为了减少对会议的干扰；而且会议中心通常有很多小的会场以方便大会后的分组会。由于大型会议中的每次会议都长达几小时，因此会场一般设计得比较舒适，能让人久坐，而且通常都配备各种视听设备（图 1-5）。

左图是得克萨斯州奥斯汀的Dolce酒店及Lakeway度假村内的董事会型会议室。这是IACC的一个成员会议中心，它不是以往传统意义上的会议中心，它在提供精致的会议室的同时，也具备高档餐厅、酒吧、咖啡厅，以及水疗、水上活动、网球、高尔夫球等度假村的休闲活动设施。

图 1-5　兼顾商务及休闲活动的会议中心

资料来源：Dolce 酒店集团媒体中心提供资料。

会议中心以会为主，也会附带提供一些客房和其他活动空间，包括小型办公室、图书馆、计算机中心等。就连餐厅也一般都设计成能打成隔断开小会的形式。会议场地内有很多大型隔板、隔断、绿植和其他用遮挡用的装饰物，以便让场地切割转换更加灵活。另外，会议中心一般都是自助餐而不是桌餐。

会议中心与酒店的定价政策也不一样，一般会议中心都用美式定价法，提出每天或每人的会议包价，包括场租、用餐、不间断茶歇以及会内自带的视听设备等。这种"一站式"的会议包价模式能控制额外花销，对于很多会议承办人来说确实比较实惠。

会议承办人通常认为会议中心是可以提供 24 小时的会议室预订的，因此即使会议超时，也不必担心会发生额外的场租费用，或必须按时结束清场以便场地接待下一场活动。

Dolce 酒店及度假村在会议中心内增加了餐饮、度假村休闲活动等设施，目前该酒店集团已经是最大的会议中心运营商之一了，在美国、加拿大和欧洲经营着 20 多个此类会议中心。基准（Benchmark）国际酒店管理集团是另一个主要的会议中心运营商，其他比较活跃的会议中心运营商还包括希尔顿、万豪和温得姆。

国际会议中心协会（IACC）是针对会议中心市场成立的协会组织，其会员包括会议中心和会议中心供应链中的相关企业。要成为 IACC 会员，企业 60% 的活动或收益必须与商务或会议活动相关，会员酒店必须能提供一个"完整均衡的会议环境"。

互联网体验

IACC 会议中心

访问国际会议中心协会（IACC）网站 www.iacconline.com，点击"了解 IACC 会议中心的差别"，浏览网址后回答下列问题：

1. 会议中心和会议酒店在以下几个方面的区别：

（续）

> - 目标市场；
> - 设施设计；
> - 内部装修和设备；
> - 餐饮服务；
> - 人员配备。
>
> 2. 会议中心的行业标准和原则有哪些？
> 3. 对会议中心会员的环保倡议是什么？
> 4. 这个行业协会给学生提供哪些奖学金和奖励？

其他非传统设施　会议承办人常用的其他非传统设施包括酒店式公寓、邮轮以及大学。以邮轮为例，越来越多的奖励旅游会议选择在这里举办，跟会议中心一样，邮轮会议餐费是含在包价里的。雷迪森酒店集团近日推出雷迪森钻石号，一个专门针对团体市场的邮轮，虽然这条船是从七海邮轮公司收购的，并不是专门针对会议市场的，但会议业务占到了邮轮总体业务量的1/3。

预算比较紧张的会议可以选择在大学里办会，当然各大学的设施特点不同，各学校的餐饮条件和娱乐设施也各不相同，但是在学校办会的好处是环境能给人一种轻松的感觉和校园的氛围。

当今会议地点的选择多种多样，各有利弊优劣。不论会议承办人选择了何种场地办会，本章所介绍的原则可以用于所有场地。

会议业的趋势

会议业的发展受诸多因素和趋势影响，作为酒店业者，要想在会议市场有所作为，必须了解这些趋势的影响并密切关注这个影响要素的走势。

持续的全球化

在过去的20多年里发生了很多大事，东欧解体，新酒店在中国、印度和中东不断涌现，北美自由贸易区形成，欧洲经济共同体成立；仅上面随意列举的几件事就对整个会议业市场有着深远的影响。我们现在面对的市场不再仅仅是美国的3亿人，而是一个拥有70亿人口和经济不断发展的地球村。全球化对会议业的影响主要体现在以下两方面。

一方面，尽管经济增长普遍放缓，但随着贸易壁垒的消除，世界范围的旅行和商务活动增长迅猛，这也带动了各类会议数量的增加和参会人数的增长。

位于康涅狄格西港市的PWN国际展览公司总裁Peter Nathan认为：

"全球化对会展业的影响程度是无人可以预见的。今天，互联网的巨大能量和所带来的巨大商机是无人可以小觑的。几乎所有会展公司都在海外设有办事机构，帮助处理一些曾经需要本部员工亲力亲为的事。"⑥

另一方面，成熟的经济促使外国酒店业对购买本地酒店产生兴趣。这就意味着国外会议业也加入了国内这一行业的竞争，为了既保住国内会议市场，又吸引国际会议，国内酒店更加需要创新的营销手段。

二线城市越来越受欢迎

由于许多大城市的客房租金上涨，交通费用升高，严格控制预算的会议承办人便寻求更为经济的会址——尤其是小城市或大城市的郊区。密尔沃基、威斯康星、伯明翰、亚拉巴马、夏洛特以及北卡罗来纳等只是业内人士所熟知的几个二级城市的例子而已（图1-6）。

像北卡罗来纳州的夏洛特之类的二级城市因费用更经济、服务和体验更独特及本地

图1-6 推广二级城市

资料来源：夏洛特旅游局提供资料。

化而越来越受会议承办人的青睐。夏洛特旅游局对夏洛特的推广仅用了夏洛特这个地名中所有含有的一个词"很多"（a lot），推广口号是"夏洛特有很多"（夏洛特可以带给你很多），这个口号所传递的意思就像城市本身所带给人的感觉：你越走近它，越能发现令人愉悦的惊喜。

对于会议承办人而言，向与会者"销售"这些看上去缺少异国情调的地点是一种挑战，但他们还是发现了有吸引力的卖点。在西弗吉尼亚州的查尔斯顿，会议代表们可以在闲暇时间乘木筏闯急流或乘坐西弗吉尼亚"美女号"游船——这些活动是芝加哥或纽约所无法提供的。绝大部分与会者对这些不同种类的活动反映良好，他们同时也体验到这些二级城市中的古朴民风。一般而言，所有上述消费都要比在大城市开会的花销低得多。

除了房价较低，并且相对而言交通费用也不高以外，二级城市经常提供更好的服务。二级城市不仅对新生意充满热情、隆重接待，而且许多酒店在同一时间只集中接待一个会议。

对二级城市越来越多的选择，促使其中许多城市修建了会议中心，以便更好地为较小规模的协会会议和公司会议服务。这些会议中心都配备有大型会议设施、现代通信以及视听设备。

第三方会议组织者的增长

现今，要找到会议决策人可不是件容易的事。以往，酒店销售一般都只针对企业、协会和非营利性组织的会议策划人，但现在第三方会议承办人（独立的个人或会议管理公司）已经在这个行业中占据了主导地位。

企业要压缩行政人员规模和设想，会议的组织和谈判过程变得越来越复杂的现况，以及互联网技术广泛的应用，这些都促使各类办会机构寻求外部人员提供会议策划和组织的服务。随着这种雇佣机构外中介的趋势越来越明显，行业内形成了一个新的术语——服务外包。企业一般把这类服务外包给旅行社、目的地管理公司和奖励旅游承办公司。协会和非营利性组织一般找会议管理公司或协会管理公司来帮助它们完成会议的策划和组织工作。因此，作为一个酒店销售人员，你的客户可不仅仅是协会或企业的高管，也可能是会议管理公司的代表。

这些第三方组织者起到了一个协调人的作用，他们带来了客户对客房、餐饮和会场的需求。佛罗里达棕榈港的威斯汀因斯布鲁克度假村的 Jeff Heckard 指出：

"我们的酒店预订很多是通过第三方策划人完成的，这些策划人代表了全美国各地的企业、协会、SMERF 和非营利性组织。"[7]

第三方组织者可以分为以下几类：

- 会议管理公司；
- 协会管理公司；
- 目的地管理公司；
- 奖励旅游承办公司；
- 旅行社。

会议管理公司这类公司直接给客户提供会议策划和组织服务。有很多原来在协会和企业内的会务组织者脱离自己所属的企业或协会，开办自己独立的会议管理公司。这些公司往往比较好合作，因为它们的人员专业而且有经验。它们是作为中介存在的，根据服务内容收取不同的服务费。有些会议策划人仅仅起到了替代企业内部会议组织者的作用，有些则能完全承接会议的全部策划和组织工作。有意思的是，这类公司中的员工很多都曾是酒店的销售，因为这样他们可以更有效地与酒店进行谈判。

美国最大的几家会议管理公司有经验公司（Experient）、会议直通车（Conference Direct）和 HelmsBriscoe。2014 年，经验公司（及其所代表的客户）是喜达屋、凯悦、万豪和雷迪森集团的最大团体客户，这充分说明了会议管理公司的重要性。

会议管理公司做的主要是帮它们的客户寻找合适的酒店会场，并承办会务活动

（拓展阅读《委托职责》说明了第三方组织者给会议提供的服务内容）。第三方组织者的赢利模式是向客户收取会务服务费或从酒店获得返佣。

协会管理公司 协会管理公司主要为那些没有专业全职员工的较小型的协会提供服务。这些管理通过协会的董事会提供会务规划和管理服务。一般这类公司为两家以上的协会提供管理服务。

SmithBucklin 伙伴公司是协会管理公司中最大的一家，它管理着几个会议及活动组织的年会和其他活动。展览业调研中心（CEIR）——一家提供展览业数据和培训的组织，且奖励旅行经理人协会（SITE）都由 SmithBucklin 进行管理。

目的地管理公司 目的地管理公司主要在会议举办城市提供会议服务。这类公司的服务项目包括订房、预订餐厅、安排机场接送车辆、娱乐项目、技术服务（电视会议、视听演示等）以及会议代表及配偶的特别活动。

许多目的地管理公司的活动属于"幕后操作"，即协助会议承办人从事细节性工作。这类公司熟悉会议举办城市，可以提供关于目的地的详细信息，既有供应商的信息，又有会议附属活动的信息（特别是观光游览）。

　　奖励旅游承办公司　这类公司为那些希望奖励和激励其员工或经销商的企业安排奖励旅行。这些包价项目通常为"一流"的产品，如安排有异国情调或高知名度的度假酒店，安排一些特殊的惊喜项目，这是一般旅游包价产品所不具备的。

　　旅行社　有些旅行社已经从传统的卖包价旅游和安排交通与酒店预订转型到为会议和企业客户提供服务。大旅行社，如美国 BTI（有 100 个会议承办人）和美国运通（48 个会议承办人）可以为从董事会到大型专业展览的各类会议提供服务。

　　这种转型来得很自然，因为旅行社必须不断适应航空运价和线路的变化，很多企业开始把从安排交通到订房订会场的所有安排都委托给旅行社。不是所有旅行社都有会议接待方面的专业知识和能力，因此企业必须谨慎选择那些具备这种专业实力的旅行社，如果供应商是新入行的旅行社，则需要办会企业给予更多的关注和指导。这种组合对于办会企业和旅行社，以及酒店来说都是非常有益的。

新技术的应用呈上升态势

　　计算机、电话和视频方面的新技术给酒店业带来了很大的改变，这种改变主要表现在酒店经营和与客户沟通方面。这些新技术包括：

- 互联网；
- 传真和电子邮件；
- 视频会议；
- 客房内新科技的应用；
- 社交媒体。

　　当被问及过去 10 年中会议业最突出的变化时，Y 合作伙伴公司（Ypartnership，一家经营营销咨询、广告代理和公共关系的公司）的 CEO, Peter Yesawich 回答道："是互联网和新技术对会议策划和组织的影响"[8]。

　　目的地（Destination）酒店集团的市场营销副总裁 Maureen Callahan 指出：

　　"新技术对会议业起到了革命性的作用。在会议调研、策划和预订过程中，网站几乎无所不在。当今的网络技术使客房能方便地了解到酒店信息、互动三维现场效果、酒店价格、场地对比和场地体验。网络摄像机可以让人实时看到场地状况，随着 Travel 2.0 的出现，会议承办人之间可以相互'聊天'、交流对不同场地的感受、收集信息、获得参考意见。随着这些技术工具的发展，会议策划和预订变得越来越透明了。"[9]

　　会议承办人现在用互联网搜索符合要求的酒店，虚拟"游览"酒店，甚至在网上要求酒店进行竞价以获得最优性价比的场地。例如，在 conventionplanit.com 这个网址中有 14000 个会议场地的数据，会议承办人找到合适的场地后可以直接在网上针对符合要求的酒店发出 RFP（询价）邀请。本章的最后还列举了一些可用于场地搜索的数据库网站。有些网站只提供会场搜索，有些网站则连接了各类服务供应商，包括地面接待公司和其他服务供应商。

尽管很多会议承办人仍然要先考察完场地后才做决定，但也有越来越多的会议承办人在酒店网站上通过"虚拟游览"了解酒店的情况，这些虚拟游览的功能视其复杂程度各有不同，但这种功能已经有效地部分取代了酒店介绍册和 DVD，而成为最有效的酒店演示工具。如果会议承办人喜欢他们所看到的场地，只要点下鼠标就可以联系酒店索要更多信息或进行询价。

越来越多的会议承办人用互联网推广自己的活动，特别是国际大会。活动信息可能在办会组织的网站上发布，也可能是会议承办人单独为活动建立的网站，或者酒店在自己的网站上辟出一个页面来介绍活动。这类活动网站给协会会员和会议承办人都带来了很大的好处和便利。会员或参会人员可以通过网站了解会议议程和住宿安排等方面的信息，还可以通过网站很方便地完成注册付费。会议承办人也能通过网站注册及早获得现金收入，尽早获知参会人数及人员信息以便提前准备会议资料，如胸卡、资料及相关活动的入场券等。

另一个趋势是互动活动网站成为会议的一部分，这些网站能让参会人员从中获得会议资料，参加人员也能随时通过博客在群体中进行互动。以这种方式也可以减少会议所需的纸质资料。

酒店也通过互联网提高自己的曝光度，与各会议企业进行连接，同时在网上进行市场调研。酒店集团与企业网站建立链接，会议承办人可以通过企业网站进入酒店集团页面。就连很多小酒店也认识到网站的重要推广意义，它们也都开发了自己的网页。

除了推广外，很多酒店还通过网络与其他企业结成联盟以更好地服务会议市场。酒店常与目的地网站、当地会议旅游局网站或其他本地会议接待组织进行连接，也会与行业网站如 Expedia 进行连接。

最后但也是非常重要的一点：互联网是非常有效的搜索工具，酒店用互联网搜索自己的竞争对手、寻找目标市场、了解当前经济形势及其对自己所处行业的影响。点击进入竞争对手的网站可以获得大量关于竞争酒店的设施及会议接待能力的信息。进入某些企业或协会网站可以了解它们的联系方式以及以往办会的历史资料。另外，通过互联网酒店可能也接触到一些以往没有接触过的新客户。

要做到与时俱进，现在的酒店销售人员必须是懂计算机的，不仅是使用互联网，在销售和服务过程中，他们也会用到计算机的各种应用软件和系统。

传真和电子邮件　尽管人们越来越多地用互联网传递信息，但传真仍然是与会议承办人沟通的最有力工具。群发传真可以定期向会议承办人提供酒店的最新信息。按需求发传真可以向会议承办人提供会场的尺寸信息、档期、宴会菜单及其他与会议有关的信息。传真仍然是一种便捷高效的文件传输方式。

电子邮件是公司内部与外部会议承办人和其他外部机构沟通的一种常见方式，相对于传真，电子邮件的优势在于可编辑，例如，合同可以通过邮件发给会议承办人，对方修改后再回复给酒店，这是一种最简便的方式。

电子邮件的另一个好处是可以随时保持联系，即使酒店销售或会议承办人不在办公室也不影响。邮件的自动回复可以告诉发件人对方目前不在办公室，大概何时能回来，同时告知紧急事宜联系人及联系方式。

视频会议 视频会议又称视讯会议，它利用卫星连线会议团体与演讲者。这个技术应用已经有一段时间了，最新的技术大大提高了影音传输的效果和清晰度，另外提升的视讯技术也能传输演示文件和视频文件，提升了演讲者的演示效果。另外，视频技术也实现了实时的"现场直播"（通过镜头拉近使演讲者能与听众距离更近）。最令人兴奋的技术发展是现场连线，即利用特殊的视听设备让在不同地点的人好像在同一个会议室内，这种技术最适宜用于现场听众坐在会场一侧，对面一侧是大屏幕的半会议室（图1-7），营造面对面的效果，投影的人物面对听众，与现场听众互动，而且投影位置也在对面听众的视线平视区域，甚至现场和视频中的环境都完全匹配。

图1-7 现场连线——视频会议的高科技

资料来源：TANDBERG提供资料。

有现场连线设备的会议室像一个"集散地"，通过高科技的影音系统把不同地方的参会人通过连线设备集中到了一个会议室空间内。这种体验是把真人大小的画面投影到与人们平视角度的屏幕上，屏幕内外完全一样的布置使整个会议室内的人仿佛在隔着半边会议桌照镜子，让人恍惚觉得另外一半屏幕中的参会人仿佛也在会场内。

由于视频会议设备比较贵，以往多用于大型跨国企业的会议。尽管很多酒店没有足够支撑这种设备的费用，但是万豪、喜达屋等酒店集团还是配备了这种设备，一般租金为每小时500美元；虽然听起来比较贵，但比起从中心城市邀请演讲者的机票、差旅和住宿费用，这其实是一种更经济划算的会议方式。

客房内新科技的应用 客房内新科技设备包括传真机、语音留言和计算机连接设备。很多会议承办人现在还要求客房内有无线网络和高速网络连接。其他应用还有客房内录像退房、声控或电子控制的暖气和光线强度、客房内电视频道具有酒店及会场的虚拟旅游画面等。

声控系统供应商 Brian Beamish 指出：

"很快普及度很高的电话就与会计算机网络连接进入信息高速路。电子邮件带动了电话语音留言系统的发展，人们进入房间后电话上的亮灯显示有人留过言，这个技术也可以把语音转换成文字，人们可以通过在电话上说话把信息以文字形式通过互联网传输给对方。"[10]

Wit 酒店，芝加哥的一家希尔顿逸林旗下的精品酒店的客房内有通过触摸屏获得一系列服务的设备，客人通过触摸屏可以设定叫早服务（或者选择祝贺留言）、联系泊车司机、叫客房服务、预订餐厅餐位，以及查询航班信息和天气预报。拉斯维加斯的 MGM 大酒店也有很多高科技设施，该酒店翻新项目的首席信息官 Scot Campbell 是这样描述酒店的客房内体验的：

"一进房间，客房灯会逐步亮起、音乐响起、窗帘自动拉开向客人展现都市景观或山景。人们无须钥匙进入客房，迷你吧上有电视屏或幕，床头有一个晚安键（一键关闭所有灯光和音响），总之这家酒店的客房科技是'智慧'奢侈家居的典范。"[11]

社交媒体 今天，酒店和会议承办人都广泛地使用社交媒体，既用于工作也用于平日的社会交往，人们通过博客和其他社交媒体手段在网络上分享信息并建立各种联系，常见的社交网络包括 Facebook、LinkedIn 和 Twitter，在这些网络上人们可以分享信息、照片、视频和音乐。随着社交媒体越来越普及，它已经成为一种与"朋友"和"支持者"保持联系的有效手段，现在很多酒店把它们在社交媒体上的链接也放在酒店的网页上。

社交媒体与传统广告不同，在社交媒体上酒店要能引发与顾客的对话，社交媒体营销战略是如何与客户交谈而不仅仅是告诉他们信息。

亚特兰大的咨询公司 BeOne Now 的 CEO，David Nour 指出：

"社交媒体的大忌是企业文化，因为两者的思维模式是完全不同的。很多企业不敢发微博因为它们不知道顾客会怎么说；它们应该从另一个角度想：要如何向这么广泛的大众学习，让他们的态度成为企业的参考。"[12]

尽管社交媒体、电子邮件和网络等新技术让酒店销售人员、会议经理和会议承办人能更有效地分享信息和交流，但 Greenbrier 的市场销售副总裁 Jerry Wayne 下面的这段话仍然发人深省：

"以我从事市场和销售的30年经验来看，没有什么能替代人际交往。在今天这种电子通信手段发达的时代，人际交往频度在减少。我们是身处于一个以人为本的行业中，如果我们已经跟客户建立起了很深的个人交往关系，我们仍将获得他们忠诚和一如既往的支持。"⑬

收益管理的广泛运用

在过去的几年中，酒店也与航空公司、邮轮公司一样开始运用收益管理系统来根据需求设定销售价格，在今天的技术环境中，价格可以根据资源数量和可靠的需求量实时更新。

这种方式可以比较有效地填充客房，不过现在的酒店越来越深刻地意识到酒店的收益是来自多方面的。现在的酒店销售已经不仅仅局限于房价、日期和会场空间，这种根据需求量定价的方式可以应用于酒店的各个收益中心，而不仅是客房。酒店现在会根据团组在酒店的客房、会场、餐饮等多方面的消费能力评估团组的价值。

伦敦 Savoy 酒店集团的收益总监 Kostas Trivizas 对此解释道：

"酒店服务是综合了会场、餐饮、客房等服务项目的，这些服务项目能带来不同的边际利润，因此在进行收益管理时既要考虑每个单项目的利润最大化，也要综合考虑其他收益部门的利润，这就要求比较精准地预测，包括带会场的客房需求，带宴会的会场需求，或单独的宴会需求或单独的会场需求。通常收益经理做的战术性的收益最大化策略是最后一分钟优惠价。收益管理归根到底是准确的公式化定价问题。"⑭

Trivizas 认为收益管理是这个行业里最具挑战性的工作，而且他预言收益管理总监这个职位将在酒店行业内变得非常普遍，因为这是真正市场驱动的职位。

酒店连锁已经可以通过软件来管理会议团的收益，销售人员可以把预计的团队每晚客房收入、每晚餐饮收入、套房收入、抵离模式、平均每晚的客房面积及会场面积以及预计的会议日期等信息输入系统，软件就可以根据目前酒店的预订情况、历史趋势和预订预测等信息评估出这个团体的价格。会议团的价值主要看其餐饮消费、设备租金、娱乐消费甚至是商品消费是否能达到预期的收益值。

复杂的合同谈判

Roger Dow 曾长时间担任万豪酒店集团的高管，25 年前他曾是一位会议承办人，目前是美国旅行业协会的总裁，他提出了三个基本问题："你的会场空间看起来怎么样？我的会适合吗？你会给我良好的服务吗？"今天的酒店会更关注自己的协议底线，用损耗条款等将临时取消等情况的团队损失降到最小。

Dow 指出，现在双方都会花更多的时间和精力协商合同，而不像以往更关心场地和服务，现在双方关系最紧张的时候是在合同签署之前。Dow 认为："双方仍然保持合作关系，大家仍然会握手合作，但是前提是一个长达 30 页的合同约束。"⑮
Howe & Hutton 有限公司总裁及合伙人兼 MPI 法律总顾问 Jonathan Howe 补充道：

"谈判变得越来越复杂了，因为合同变得更复杂且涉及面更广了，我们有一整套询价和报价流程。整个流程中律师介入得更多了，几乎是从合作一开始到最后的结算。"⑯

现在，有不少会议承办人觉得在法律问题上花去了太多的时间。为美国图书馆协会的会务提供服务的 Deidre Ross 认为：

"我觉得自己像个律师，随时在看合同，这跟我刚入行时有很大差别。那时候合作双方的关系更像朋友，现在即使大家都是朋友，但合同就是合同，我们现在已经开始习惯用这个词了。"⑰

很多机构现在请律师来帮忙审酒店的合同，更多的会议承办人现在已经学会如何进行合同的谈判，特别是关于取消和损耗条款。

"绿色"会议与社会责任

很多酒店，特别是在偏干旱地区的酒店现在都采取了节水措施，如减少床单和毛巾的更换与清洗频度，使用节水淋浴器、水龙头和坐便器，用餐时只有客人要求时才提供水。现在人们更加关注环保，酒店住客也会主动寻求采取环境保护措施的企业，"走向绿色"已经成为酒店业的一个热门趋势，其中也包括"绿色会议"。

战略酒店集团（Strategic Hotel & Resort）董事长兼 CEO，Laurence S. Geller 指出：

"顾客在驱使酒店业走向绿色，如果一家酒店现在还不明白这一点，它很快就会看明白的，整个行业都必须对此有所准备。每个会议团的承办人都会检查酒店的碳排放量，酒店或者采用更绿色的能源或将碳排放转化掉，因为如果不这样做客户就不会光顾这家酒店。"⑱

酒店对这一趋势的回应是在以下几个方面采取环保措施：

- 提高能源利用效率和保护能源：采用更节能的供暖和空调设备、食品处理设备，以及照明和交通运输设备。采用更环保的能源，包括风能、太阳能和地热等。
- 水资源利用与保护：这方面的措施包括安装节水马桶和淋浴器，以及用循环水浇花。
- 可持续食品：更多地采用有机食品、本地自产食材，降低农业对环境的污染以及食品运输工具燃料对当地环境的污染。
- 可再生与可降解：玻璃、塑料、金属、纸张、墨水和动物脂的循环再利用，食品垃圾在现场和在其他场地的降解。
- 建筑中的环保措施：建筑中采用环保材料，如石料或可再生材料，采用自然能源，如自然采光、太阳能板等。

- 教育：让酒店员工和住客都意识到环保的重要性并自觉配合再生利用等环保措施，如会议承办人要知道很多会议职能是可以无纸化实现的，如电子指示牌、在线注册表、电子速记、文件下载和在线问卷调查等。

为了获得最先进的环保技术和产品，同时也宣传企业在环保方面所做的努力，很多酒店都加入一些协会，以获得更多的指导和宣传机会，如绿色酒店协会（www.greenhotels.com）有一份135页的手册——《环保指导原则和环保产品目录》。这个协会的网站与很多酒店和一些环保产品的供应商有链接，同时还有一些旅游须知。

加拿大酒店协会也为酒店提供了一套有五个绿色钥匙的环保管理指导原则，这五个绿色钥匙包括室内空气质量、固体垃圾、有风险的垃圾、土地使用和社区意识。你可以在 www.hacgreenhotels.com 网站上查到绿钥匙环保评级计划的内容。

酒店采用了环保绿色措施后，把这一点宣传推广出去是很重要的，不要忘了在广告上说出你的环保措施和因此获得的证书（图1-8），并要通过新闻稿和活动，如捡垃圾和清理公园之类的环保公益活动，向所在社区广而告之，这类活动现在越来越常见，因为人们更愿意在环保活动中起到更积极的作用。

这是班芙中心的广告，班芙中心是加拿大艾伯塔省的一个IACC会议中心，广告的内容是推广会议中心的绿色会议承诺，这些绿色会议举措不会多花会议承办人一分钱。广告还重点提及会议中心是位于联合国教科文组织的世界自然遗址地，地理位置非常独特。

图1-8　推广绿色会议

资料来源：加拿大艾尔伯塔省班芙中心提供资料。

💻 互联网体验

绿色会议

　　酒店已经意识到推动环保型会议的重要性，下列酒店集团都有自己的环保政策或行动措施，点击下列网址了解情况然后回答后面的问题。

- www.fairmonthotels.com
- www.kimptonhotels.com
- www.rosenhotels.com

　　1. 了解费尔蒙的《环保会议：绿色会议和大会策划指南》，费尔蒙在外部委托、垃圾处理、水

（续）

资源保护、空气质量、节能这几个环节都有哪些建议举措？

　　2. Kimpton 精品酒店都有哪些"关爱地球"的产品和举措？ Kimpton 精品酒店是如何把"关爱地球"项目与会议活动结合的？

　　3. Rosen 酒店是如何通过推广绿色会议降低环境风险的？

　　社会责任　人作为环境的一部分也希望有个"好邻居"，更多的会议开始关注社会责任问题。社会责任活动一般指与会议议程相结合的志愿行动。

　　与其在游泳池边或当地景点打发时间，不如为当地社区做点事。酒店集团为了顺应会议的这个趋势也为客户提供了一些这方面的活动安排，如费尔蒙的"会议与我有关"行动，丽思卡尔顿的"志愿团队"项目，这些都是志愿行动与团队拓展相结合的活动项目。

　　传统的团队拓展更多涉及的是户外体能运动，如攀岩、溜索、激流皮划艇等，而志愿活动也是一种能有效把团队团结在一起为一个共同目标努力的活动，如一个团队一起为当地的儿童做自行车，或完成一项让当地社区或全国慈善组织获益的公益活动。

小　结

　　从本章对于会议业的介绍，能看出很多因素在影响着会议决策，也影响着这个利润比较丰厚的市场的走势。要成功地承接会议，酒店必须了解各种类型的会议和各种办会组织，以及能够面向会议市场销售的设施类型，同时还了解影响这个行业的一些重要趋势，只有这样才能制定出有效的策略，赢得会议业务。

尾注：

① EXPACT 2008 Convention Expenditure and Impact Study.

② Amy Tiebel，"What Buyers Need to Know in a Seller's Market"，Convene.

③同上。

④ Dara Wilson，"SMERF GROUPS：Second-Class No Longer"，Association Management.

⑤同上。

⑥ "Expert Voices on 30 Years"，Meeting News，January 29，2007.

⑦ Barbara Ann Cox，"The Third-Party Meeting Planner Is an Asset to the Hotelier"，Florida Hotel and Motel Journal，June 2002，p.32.

⑧ "Winds of Change：Four Trends that Will Change the Meetings Industry"，posted on www.meetingsnet.com，January 31，2007.

⑨ Maureen Callahan，"Confidence，Integrity，and a Competitive Spirit"，Meeting Planners Guide，Spring 2007.

⑩ Deborah McKay-Stokey, Future Hotelier.

⑪ Jay McDonald, "Hotel Tech 2.0", Elite Meetings (www.elitemeetings.com).

⑫ John Buchanan, "How Social Networking Is Changing the Hospitality Marketplace", HSMAI Review, February 2009, pp. 28, 29.

⑬ "Leadership: A View From the Top", HSMAI Foundation, July 2009, p.15.

⑭ "Profit Performance: A Primer for Mastering Revenue Management", World Hospitality, February 2000, p.4.

⑮ D视听e Kovaleski, "The Meeting Industry Grows Up", Corporate Meetings & Incentives, March 2005, p. 28.

⑯ "Expert Voices on 30 Years", Meeting News, January 29,2007.

⑰ Ginny Phillips, "Legal-Sized Planners", PCMA Convene, June 2004, p.55.

⑱ Jim Butler, "Green Gems from the Los Angeles Hotel Investment Conference", ehotelier. com, February 13, 2008.

主 要 术 语

全套房酒店（all-suite hotel）：酒店特征是所有客房大于一般酒店客房面积，除卧室外，所有客房都有相对独立的起居和商务办公空间。

精品酒店（boutique / lifestyle hotel）：小型时尚酒店，通常有独特的建筑和装修风格，经常被会议包下整个酒店以确保会议的私密性和服务专属性，从而让与会者有一种独特的体验。

商务中心（business center）：为商务客提供各种主要办公设备和服务的地方，这些办公设备一般包括计算机、传真机和复印机。很多商务中心还提供文秘、快递之类的服务。

会议包价（complete meeting package）：会议中心提供一种含住宿、会议期间所有用餐和其他会议支持服务的全包价方式。

会议中心（conference center）：专门设计用来接待团体会议的设施。会议中心常常位于都市以外的地区，可以提供多种休闲设施。

消费展（consumer shows）：对公众开放的展览，一般会收取入场费，也被称为公众展。

不间断茶歇（continuous breaks）：茶歇区域一直开放，在会议进行时也同样开放并不断添补食材。这种茶歇方式能让参会者随时享用茶歇。

大会 / 年会（convention）：与会代表为了某一特定的议题而举行的聚会。通常有全体大会和分组会，这种会议并不总是附带展示。

目的地管理公司（destination management companies, DMC）：利用本地知识、专业技能以及关系来专门设计会议活动和会外活动，安排游览，配合会务人员，安排地面交通的专业管理公司。

绿色会议（green meeting）：会议的执行、产品和服务过程中尽可能少地对环境造成不利影响，包括用电子方式传递信息减少会议用纸，更多地使用可再生材料，会议室的建材更多地使用天然材料或更多地运用自然采光。

奖励旅游公司（incentive travel houses）：专业的旅游公司，专门根据需求为企业定制奖励旅游安排。

会议管理公司（meeting management companies）：代表客户企业的办会公司，工作职责包括会场选址、场地谈判以及其他活动支持。

外包（outsourcing）：把会议活动的一部分职责分包给外部供应商。

专业会议组织者（professional congress organizer, PCO）：欧洲对于 DMC 的叫法，在会议举办地进行会务组织、管理和接待服务的当地供应商。

二线城市（second-tier cities）：可以向会议策划人提供有吸引力的会址，同时住宿和交通相对廉价的大城市的边缘地带以及较小的城市。

社交媒体（social media）：人们在线发表意见和相互交流见解的工具和平台，包括博客和豆荚广播以及各类用于照片、视频、图像、阅读等内容分享的网站。

社会责任（social responsibility）：带有志愿行为和团队拓展活动的会议。

现场连线（telepresence）：一种高端视频会议形式，利用特殊的视听设备让在不同地点的人好像在同一个会议室内，投影的人物面对听众，投影是真人大小，用视频模拟让现场的人与投影中的人有面对面会议的感觉。

行业展览（trade show）：只面对业内人士的展览或展示，不对公众开放，可以单独展览也可能与会议结合。

复习题

1. 为什么说酒店从业人员了解不同类型会议的区别很重要？这些会议类型都是同义词吗？
2. 国际大会（congress）和专业会议（conference），专题学术研讨会（symposium）和讨论会（workshop），行业展览（trade show）和消费展览（consumer show）有什么区别？
3. 酒店销售和会议服务人员都会跟哪些会议承办人打交道？如何针对不同的会议承办人提供服务？
4. 会议中心与酒店的区别是什么？
5. 为什么很多会议承办人选择二线城市办会？
6. SMERF 的团组有什么特点？
7. 介绍全套房酒店在会议市场的竞争优势。
8. 简要描述第三方会议承办人在会议市场上的重要性和作用的变迁。
9. 说明技术是如何改造会议承办人和酒店销售之间关系的。
10. 什么是收益管理？收益管理是如何影响酒店对会议行业的销售和服务的？

参考文献

1. Fundamentals of Destination Management and Marketing, Richard Harrill, Editor, Educational Institute, American Hotel & Lodging Association, 2005, www.ei-ahla.org.
2. Meetings, Expositions, Events, and Conventions, G. G. Fenich, Pearson Prentice-Hall, 2008.
3. Professional Meeting Management, Fifth Edition, Professional Convention Management Association, www.pcma.org.

网址：

若想获得更多信息，可访问下列网址。网址变更恕不通知。若你所访问的网址不存在，可使用搜索引擎查找新网址。

1. Benchmark Hospitality: www.benchmark-hospitality.com
2. 英国展览议定人协会：www.beca.org.uk
3. 欧洲会议城镇联合会：www.efct.com
4. 绿色会议行业协会：www.greenmeetings.info
5. 加拿大独立会议承办人协会：www.impaccanada.com
6. 国际职业会议组织者协会：www.iapco.org
7. 国际会议及大会协会：www.icca.nl
8. SmithBucklin: www.smithbucklin.com

第 2 章

概 要

销售与市场营销的差异

市场营销的重要性

市场营销计划

制订市场营销计划的四个步骤

　第一步：进行市场调研

　第二步：选择目标市场和产品定位

　第三步：确定目标和执行计划

　第四步：对市场营销计划的监控与总结

市场营销计划的执行

小结

学习目标

1. 区分销售与市场营销，阐述市场营销的重要性并能够列述市场营销组合的"4 个 P"。

2. 概述制订市场营销计划的益处，了解确定市场营销计划时所需考虑的因素。

3. 学习如何选择目标市场，定位产品，确定市场目标和执行计划，监督营销计划的执行与调整，使营销计划切实执行。

Charles Walhaven, 田纳西州纳什维尔 Meetings.com 公司会议业总监

　　"了解你的会议设施是非常重要的，任何营销计划的基础都是产品分析。产品分析是指一份书面的、客观的酒店优劣势自我评估。要了解自己的酒店，并从会议承办人的角度去感受自己的酒店设施。如果你了解会议承办人的办会目的、会议形式和需求，而且能有效说明你所工作的酒店的设施能如何满足他们的需求，那你与会议承办人的沟通互动会更成功有效。你的创新能力和对产品的透彻了解能帮你的酒店满足目标市场的需求。"

制订营销计划

会议业务是个利润丰厚的市场，几乎任何类型的酒店都可以为这个市场提供服务。当然，这并不是说一家酒店可以一头扎进会议市场内捕捉自己能承接的所有会议业务。如果不清楚知道自己的产品特征，盲目地寻找会议业务可能会造成代价极高的错误，包括方向错误的广告、完全无效的销售拜访，甚至是最糟糕的服务。

国际酒店销售与市场营销协会前主席，著名培训师和顾问 Tom McCarthy 指出：

"酒店肯定需要一份书面的市场营销计划。如果计划是口头的，它会经常变化，从而在团队中引起混乱，误导结果。制订出书面的全年营销计划能帮助酒店更准确地安排预算，而不是想起什么做什么，不过依我看来，75% 的酒店市场营销计划毫无价值，只是为了做计划而做计划。"[1]

本章中我们将一步一步地介绍如何制订市场营销计划，Rolling Green 度假酒店的案例可以更好地解释说明营销的一些关键概念。本章有很多图表和例子都与这个案例有关，因此详读这些例子能更好地帮助读者理解这些营销概念的应用。很多照片是现在酒店行业实实在在使用的文件，这样，读者从本章不仅能学到理论，还能看到在现实中营销概念是怎样实践的。

市场营销计划是我们营销的基础，我们经常会提到它，因此必须透彻地掌握其中的概念理论。

销售与市场营销的差异

在我们探讨会议销售与市场营销的基础原则之前，有一个十分重要的问题需要明确：究竟什么是市场营销？有人认为市场营销和销售是同义词。另有人认为市场营销与长久以来的销售及促销没有概念上的不同。他们认为销售、广告以及推销的总和便是市场营销。上述看法都不正确。

市场营销和销售有着明显的区别。它们并非同义词，而且实际上并不相同。市场营销涵盖的范围远大于销售。市场营销意识强的人远胜于销售意识强的人。市场营销具有策略性和方向性，是目标导向型的工作，这种目标具体而且量化。市场营销涉及基础工作、调研，其计划是销售工作的基础（拓展阅读《销售与市场营销的区别》）。

几年前，酒店客房的需求远大于供给，由于酒店客房奇缺，因此不论业主盖什么样的客房，顾客基本都没有太多的选择余地，以顾客为导向的市场营销计划似乎对于产品的销售没有太大帮助。

然而，当今的酒店业大不相同了。过去只有一家客栈的城市如今已经拥有 4 ~ 5 家新型酒店了，而且各具特色。过去供不应求，现在情形则恰恰相反，至少在多数市场如此。

要在竞争中取胜，酒店必须具有市场营销意识。酒店业现在开始意识到，自己所面临的问题与专营有形产品的公司并无不同。许多酒店依照市场营销原理来经营，得以逐步认清市场营销的真正含义。未来属于那些以顾客为中心的酒店和适应公众不断变化的需求的酒店，而不是仅仅保养维护客房的酒店企业。

拓展阅读

销售与市场营销的区别

市场营销	销售
以市场分析、计划以及对市场变动因素的控制为中心。	以现场工作和案头工作为中心向顾客进行销售。
以长期趋势为中心，为未来的增长创新产品、刺激市场并制定策略。	以短期效果为中心——注重眼前的产品、市场、顾客以及策略。
注重利润计划，包括确定最合适的细分市场组合。	注重产量、指标、当前的销量、奖金以及佣金。

市场营销的重要性

如同其他行业一样，酒店业的销售效果要经受可控因素以及不可控因素两个方面的影响。外部因素如天气条件、燃料短缺、航空人员罢工等皆属于不可控因素。然而，其他市场因素则与所有的企业相关联，是可以控制的，这种控制来自所制定的市场营销策略，用以吸引和保持客源并争取回头客。

这些可控因素被称为市场营销组合，包括"4 个 P"——产品（product）、场所（place）、促销（promotion）和价格（price）。产品在酒店业中既包括硬件要素——客房、宴会厅、会议设施以及娱乐设施，更包括软件因素——服务、度假经历或者与会经历。由于酒店产品大多是无形产品（酒店经常是在销售其气氛），因此，许多市场营销策略便着重强调利益而非酒店所能提供的更为有形的特点。场所指酒店产品与酒店客人产生关系的过程。酒店产品当然不会被分销到客人手里，相反，客人必须旅行到所下榻的酒店。客人是通过会议承办人、旅行社等中介的营销战略被送达酒店的。

促销既包括说服（促使客人购买）又包括沟通（与客户建立关系）的含义。在酒店业，沟通起着特别重要的作用，它关乎能否明了会议承办人到底想要购买什么，它与说服的作用不相上下。价格是与会议市场打交道时经常要考虑的重要问题，在为不同细分市场确定房价时，应当考虑这一变动因素（图 2-1）。

预算之内 超越预期

万豪酒店具有优良的传统，能够以惊人合理的价格提供成功而无风险的会议。我们是您可依赖的人，帮助您策划任何活动的每一个步骤。您的任何特殊要求都不在话下。有专业人员与您共事，他们会竭尽全力使您的会议独具风格。只管拨打电话过来，保证花费会比您期望的更少，得到会比您期望的更多。

万豪酒店集团

1-800-831-2878

Marriott.

图 2-1 价格在促销服务业产品时的重要性

许多团体类的客源如协会、政府团体以及小型公司对价格非常敏感。这则广告针对客户对价格的关注——以合理成本向其促销企业提供服务。

许多酒店聘请一位市场营销经理负责与所有这些因素有关的计划、指导和控制工作。他们的工作是制订能够适应顾客不断变化的需求的计划、政策和目标。市场营销经理必须知晓并且理解以下概念：资本市场、盈亏平衡分析以及成本控制，因为他们的职责包括制定长期以及短期销售目标。

市场营销经理的工作始于计划。他们必须经常去尝试新的方法和活动以适应顾客变化着的需求，同时还要与酒店保持一致，提高其形象及销路。

市场营销计划

酒店业持续不断快速变化的特性似乎更适合短期销售行为而不是长期市场营销战略，然而，具有长远意义的市场营销计划仍然具有许多优点。一个详细的书面计划可以为企业提示所要面临的问题和障碍，并且使管理人员具有前瞻性思维，更好地利用企业的资源。除此之外，书面市场营销计划使职责明确无误、使工作有条不紊、并且有助于对市场营销和销售成果进行评估。市场营销计划初始阶段的调研可以带来如下好处：在某些细分市场找到提高营业收入的机会，发现以往所忽略的细分市场。

最有效的市场营销计划应当跨越 3 年时间。尽管许多企业感觉年度计划足够用，然而为期 12 个月的计划会限制对现有客源的销售工作。很多公司和协会的计划远远超过一年，要在丰厚的会议生意中争取更多份额，短期销售计划是做不到的。

一项 3 年期计划当然可以按照不同时期的不同目标分解成年度细分计划。对计划的阶段性修正是必要的，当经济形势或者人员状况发生重大变化时尤其如此。阶段性修正可以使广告以及直销工作适应这种变化。

市场营销计划对企业而言相当于"行车图"，应当包含企业的每一个经营中心——客房、宴会设施、餐厅等的招揽生意的方案。鉴于这些方案之间是互补而不是相互竞争的关系，有必要为每个经营中心制定具体目标并且确保这些目标及其实施策略得到所有员工的理解。

尽管销售总监或市场营销经理对企业的市场营销计划负有最终责任，许多企业还是意识到协作在制定有效的销售策略中的作用。在市场营销小组或"销售委员会"这类架构中，来自每个经营中心的代表详细介绍各自部门的工作情况并且提出具体的策略供讨论。这种类型的协作不仅会激发出销售总监或市场营销经理头脑中更好的促销方式，提高每日工作质量，而且能够找到最好的企业整体销售方案。

举个例子，Hassa Yampah 客栈的总经理 Tammis Anderson 每年都聚集酒店所有部门的部门经理一起制订市场营销计划，每年这个时候酒店的部门经理们都会找个地方躲几天清净，大家一起总结过去一年的经营情况，介绍自己部门未来一年的计划，之后各部门经理就负责去落实本部门的目标，并共同监督市场营销计划的实施情况，根据变化的市场条件定期修正营销计划。这种市场营销委员会的办法确保了酒店的各个利润中心在过去的两年中持续不断获得收益增长。

制订营销计划的四个步骤

无论使用何种方式，营销计划都包含四个基本步骤（图 2-2）：
• 进行市场调研；
• 选择目标市场和产品定位；
• 确定目标和执行计划；
• 对市场营销计划的监控与总结。

为了更好地理解这些步骤，我们将使用虚构的 Rolling Green 度假酒店进行案例分析（拓展阅读"Rolling Green 度假酒店案例分析"）。

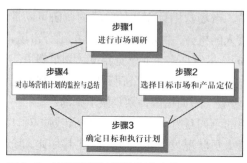

图 2-2　市场营销计划的四个步骤

在当今竞争激烈的酒店业中，有系统地提高销售额显得尤为重要。一个缜密的市场营销计划是销售工作的蓝图，可以最大限度地减少不必要的劳动并且提供有效的工序。因此，市场营销计划的制订过程是循环往复的。完成了一个市场营销计划环节，就要对其成效进行评估并且重新回到市场调研环节，以确保市场销售原则和策略能适应最新的形势。

第一步：进行市场调研

在销售任何产品之前，必须对产品的优缺点了如指掌，以便确定最佳的促销方式。因此，市场营销计划的第一步——进行市场调研便成为十分重要的环节。在销售酒店产品时，仅仅知道本酒店可提供的产品是不够的，还必须了解所要面对的竞争对手以及可能影响未来销售的市场营销工作的市场趋势。酒店员工通过以下三种类型的调研获取此类信息：

- 酒店分析;
- 竞争分析;
- 市场地分析。

这三种类型的调研结果是企业做出最为有效的市场营销策略的基础，使企业得

拓展阅读

Rolling Green 度假酒店案例分析

Rolling Green 度假酒店有 320 间客房，坐落在拥有 300 多万人口的城市圣路易斯市北部 64 公里处。酒店毗邻 Pritchard 河，位于一个知名的度假区内，该度假区有高山、密林、景色优美的果园、牧场、种植园、具有历史意义的战场以及国家公墓。附近的 Forest Glen 是一个规模不大的社区，购物中心为谷地内约 1200 个农庄的居民提供服务。

度假酒店旁边约 3 公里处是美国第 16 号国道，该国道是连接南北的四车道主公路，游客冬季南下、夏季北上时十分拥挤。过往的车量为度假酒店带来很多生意，夏季几个月的旺季以及冬天的几周时间无不如此。然而生意通常在春季、秋季和冬季结束前的几个月便萧条起来。

Rolling Green 度假酒店目前的营业收入主要来自散客的住房。尽管在一层有非常好的餐厅，在二层有能够容纳 600 人的大宴会厅，酒店的宴会收入仍然很少。餐厅和宴会厅均面对 Pritchard 河，窗外是宜人的就餐平台。平台下面是一些大小不等的房间，目前仅仅用作库房。

（续）

> 酒店的娱乐设施包括一个大游泳池、三个照明网球场和一些马厩。酒店距离那些跑马场、徒步旅行区和自行车旅行区很近。Forest Glen 社区有自行车租赁业务。除此之外，虽然酒店并不提供有组织的水上活动，附近却有一个小型船坞，可以停靠 3 ~ 4 条小船供游人垂钓时使用。
>
> 酒店的总经理年事已高，虽然通晓酒店业务，却对如何提高酒店的住宿率一筹莫展。酒店的董事会已经聘用你来担任市场营销经理。你的工作是制订市场营销计划，以完成酒店吸引更多游客的目标——可能还包括会议生意，这一点是前所未有的——以及提高淡季住宿率。

以选择不同的细分市场并制定出针对各个细分市场的产品营销策略。

酒店分析　指针对酒店所提供的产品进行诚实的评估。这种分析事实上为每一个市场营销和广告决策提供了信息基础。在这个阶段，任何一个判断错误几乎都会造成市场营销和广告策略的失误。为了最为客观地评价一个酒店，可以从不同渠道获取信息，包括员工和客人在内。也可以以初次到访者的眼光描述酒店，从客人的角度去体验酒店。在随后对其他功能进行评判的时候，可以试着以一个初次光临酒店的会议承办人的角度去观察它。

优势及劣势分析。虽然表面看显得多余，但这种分析还是应当以书面形式完成（即使你觉得对酒店已经了如指掌），并且应当针对酒店所有的经营中心。分析还应当列出酒店的优势和劣势，并且留有空间就需要改进的部位提出意见（表 2-1）。

表 2-1　酒店分析表范例

地点	优势	劣势	建议
外观	美观、吸引人、新近设计改造的酒店入口。洁净、保养良好、重新粉刷一新	入口附近的休息区缺少座席；从西楼可以看见垃圾堆放区	摆放更多舒适座椅的厅廊会显得更加吸引人；修建栏杆以遮挡垃圾区
会议室	大会议厅可以容纳 600 人，大会议厅面对河流	大堂层的空间未被利用起来	将库房改造成会议室
停车场	有通道便于进入客房区。停车场四周有护栏，周围景色宜人	车道需要修补；停车场护栏太低，不利于安全；酒店入口处的车道太窄；由于交通条件的限制，不便进入车道	对道路上的沥青裂纹进行修补；就拓宽入口进行可行性调研
客房	舒适、装潢现代、易于清洁，提供有线电视，进入方便，每间客房备有冰箱，空调效果好	安全尚有缺陷；房门钥匙系统时有差错；卫生间面积较小	安装高质量的窗和门门装置；最后出租不太理想的房间。
声誉	好客、洁净的酒店；现代、宜人；员工彬彬有礼；房价适中	定位尚在一般水准；散客生意多于团队；未达到闻名退坡	利用口号或者市场营销策略更多地参与和支持社区活动。
位置	邻近河流；靠近高速路；知名的度假区	距离市中心和机场较远；距离主路有 3 公里	为团队客人开辟定期班车；在公路上竖立广告

（表头：酒店分析——Rolling Green 度假酒店）

为了尽可能全面地了解本酒店状况，酒店分析应当形成书面文件并且客观地列

举出优势和劣势。这个范例只是酒店分析报告中的一页，每个关于酒店有赢利的区域都应当进行类似的比较，例如餐厅、大堂吧、送餐服务、餐饮、会议服务、商店、娱乐设施、客房部、礼宾部、预订部以及财务和结账处，还要列出其他影响因素，如当地景点、价格以及品牌知名度。这类分析能为评价酒店的产品特征、需要改进的地方以及需要采取什么措施趋利避害。

先要分析酒店的硬件设施。由于顾客，包括会议策划人，会从酒店的外观得出不好的或良好的第一印象，所以外观经常会在促销中起到很大的作用。一家外表优美、引人注目的酒店（图 2-3）较之平庸无华的酒店自然具有优势。

图 2-3 会议酒店的建筑

资料来源：拉斯维加斯文华东方酒店提供资料。

拉斯维加斯的文华东方酒店是在 MGM 到 Mirage 的市中心区项目中最小的一家，是拉斯维加斯大道上唯一一个没有赌场、只接待小规模高端团体的酒店。酒店希望能为拉斯维加斯树立一个"新的服务标准"，整个酒店有 150 间客房，可以接待 400～600 人，酒店同一时间只接待一个团队，整个酒店的员工包括会议服务人员和行李员都只专注于这一个团队的需求。

拉斯维加斯文华东方酒店有 1115 平方米的会议空间，包括一个 710 平方米的宴会厅，一个 75 平方米的多功能厅，以及一个可容纳 20 人的董事会型会议室。所有会场都有户外阳台和落地窗户，能俯瞰整个拉斯维加斯大道，会议的自然采光极好。

城市中心项目区中的其他有会场的酒店包括 ARIA，酒店三层有 2787 平方米的高科技会场；Vdara，酒店主要针对 150 人以下的团队，有 929 平方米的会场空间，还有天空泳池和大堂酒廊可以承接 1500 人的活动。

首先应当对酒店入口、周围区域以及外部施工质量进行严格的评估，找出需要改进的地方。整体外观怎样？是否有足够的停车场所？酒店外围的照明和安全如何？对酒店外围条件的评估还应当包括交通流量、出入便利、视觉美感以及与周边环境的和谐程度。

其次是对房间和设施进行逐一并且详细的视察。房间是否洁净？是否保养良好？酒店有何种类型的就餐设施？厨房是否具备现代化的设备并且达标？是否有酒吧和夜总会？是否有娱乐性演出，属于哪种类型？公共区域的条件如何——是否洁净、宜人、照明良好？

假定你是会议承办人，你会希望酒店能提供什么？是好的地理位置，便捷的交通，还是充足的会议室空间以及现代化的视听设备，训练有素的员工，抑或是让参会人感觉更加舒适的照明以及安全的环境？

竞争会议市场的酒店应当对自己的会议设施、设备以及本地供应商进行评估。明智的做法是准备一套现有的会议设备清单，列出设备的种类、数量以及各类设备的具体位置。这类明细表既可以作为向会议策划人销售时的工具，又可以被用作企业的存货单。

在某种情况下，如果要对一个具体的细分市场，如会议市场，进行促销，企业会为这类目标市场配备特别的设施以吸引它们（拓展阅读《适应会议市场需要的设施》）。虽然这种更新并非适用于所有酒店，分析本身还是能够为企业提供有价值的线索，使其了解要吸引某个市场需要在哪些方面做合理调整。

拓展阅读

适应会议市场需要的设施

William Cox 是佛罗里达州博卡拉顿市的 Boca Raton 度假俱乐部的建筑师。为了给会议型酒店设计出最为理想的会议室布局，他在全球开展了一项研究。他的研究发现，大致有两种类型的设施：较老一些的酒店均有许多中小型的会议室，因而缺少为大型会议提供服务的灵活性；较新型的酒店则很少有小型会议室，而是有 1 ～ 2 间专为宴会设计的大厅，仍然不适宜培训类会议。

他的研究显示，为团体而非散客提供服务的设施应当与众不同，他为博卡拉顿 Boca Raton 度假俱乐部管理层提供的建议如下：

1. 一间大厅，可以同时为相当于住店客人总数的人提供座位和就餐。

2. 会议室的规模从 20 人到 100 人不等。会议室总面积应当等于或超过大宴会厅。

3. 面积不等的会议室要比较容易拆分和组合。

4. 为每间会议室安装视听设备，并尽可能为每间隔段配备单独的控制台。会议主讲人能在讲台控制灯光和幻灯投影设备。

5. 主宴会厅要有舞台设施，既适宜个别表演者，又可用于音乐演出。

6. 展览区要有充足的电、水、气供应；另一个特殊要求是入口要有足够的高度和宽度便于拖车进出。

Cox 的建议适用于任何想投身会议业的酒店。

资料来源：William Cox：《会议型度假酒店的设计指南》（节选自美国酒店协会的度假酒店委员会会议上的一段讲话）。

酒店的娱乐设施怎样？是否有室内和露天游泳池？高尔夫球场和网球场是否进出方便？是否有健身房？与你的竞争对手相比，酒店的娱乐设施条件如何？

根据对 Rolling Green 度假酒店的视察，酒店的外部还是非常美观且保养良好的，尽管宽敞的门廊在增加舒适的座椅之后才会变得更加吸引人。客房、大宴会厅以及厨房设施既现代又充足，你仍然要更充分地利用底层的闲置空间。

在酒店考察过程中，你能发现一些细微的问题，如酒店门口的车道是否需要修整或拓宽，停车场是否足够，游泳池是否够大、够清洁，或可能利用率不高，以及游泳池是否足够靠近厨房使池畔能作为户外宴会的举办地。

除了分析酒店的硬件条件外，酒店分析还要考虑一些不可见因素，如酒店的声誉和服务品质。声誉包括市场对酒店的看法，如是被归为客栈、酒店还是度假村，是被视为高端型的、经济型的还是家庭型的，酒店给的氛围感觉是放松的、拥挤的还是商务型的。

以 Rolling Green 酒店为例，该酒店被视为现代的、宜人的，但是可惜它"藏在深闺无人识"，除了在高速路边设立广告标识，没有其他方面的宣传，因此把消息散出去是最重要的。

酒店的地理位置也是一个重要卖点，是否靠近机场或主要的高速公路，交通是否便利，附近有没有重要历史遗迹或景观、娱乐中心等，当地是否有什么节庆能吸引人到此地来。

Rolling Green 酒店的一个优势就是位于一个度假区内，而且靠近一条河的景观也是一个卖点。但两个不利之处是远离机场和高速公路，因此不是全年都是有非常好的可进入性的。

业务现状及趋势分析。通过对酒店以往销售业绩以及目前客源群的详查，评估酒店在目前市场上的位置。这部分调研，即业务现状及趋势分析，以酒店过去、现在和潜在的经营数据为线索，概括 3 ~ 5 年的销售方式（表 2-2）。这类分析有助于找出"弱点"——淡季——这是一直存在于酒店业销售中的现象，并且能够发现销售领域中需要改进的地方。

表 2-2 按月列出以往所有利润中心的住宿率和经营绩效。没有这种数据，很难为来年制定目标和行动策略。

表 2-2 业务现状及趋势分析

	月出租率和平均房价					
	1995 年		1996 年		1997 年	
月	平均房价（美元）	出租率(%)	平均房价（美元）	出租率(%)	平均房价（美元）	出租率（%）
1	69.00	50.5	74.50	46.7	86.70	59.6
2	61.50	52.4	71.00	52.6	85.45	62.0
等						

（续）

月出租率和平均房价		
1995 年	1996 年	1997 年
宴会食品及饮料收入（千元）					

	1995 年		1996 年		1997 年	
月	食品	饮料	食品	饮料	食品	饮料
1	7691	761	6541	531	14126	1646
2	10250	1614	4694	1911	17120	3361
等						

餐厅食品和饮料收入（千元）						
	1995 年		1996 年		1997 年	
月	食品	饮料	食品	饮料	食品	饮料
1	15461	8761	18640	7640	21013	9641
2	20911	11411	22611	11311	23415	11421
等						

多功能厅收入（千元）						
	1995 年		1996 年		1997 年	
月	食品	饮料	食品	饮料	食品	饮料
1	1290	330	1700	410	2690	491
2	810	240	1423	467	2870	502
等						

团体预订客源地			
密苏里州	城市接待量	州总量	州百分比
堪萨斯市	51		
斯普林菲尔德市	36		
乔普林市	32		
杰斐逊市	24		
总计	143		34%

各会议细分市场的间天						
细分市场	1 月	2 月	3 月	4 月	5 月	6 月	至 12 月
公司类						
保险	621	541				
计算机	29	59				
奖励	43	122				
其他						
协会类						
全国	330	461				
州及地区	461	296				
其他	69					
SMERF 类						
等						

　　这项被称为住宿率及经营绩效分析的市场调研，以企业过去和现在的经营统计为线索，为预测工作提供了依据。尽管大部分企业都存有客房统计数字，还是要参照其他经营中心，如餐厅和宴会厅的经营状况来确定企业的顾客主体从何而来——何时下榻酒店。在制定有效的、针对现有市场和新市场的市场营销策略时，这些统计数字起到了事半功倍的作用。

　　除了分析客房统计数字外，还有必要搞清楚酒店的客源构成，包括客人的年龄结构、婚姻状况、收入水平，他们是否喜欢运动、饮酒等。这些信息对于制定营销战略非常重要。这些信息可以通过面向客人的调查问卷获得，这些调查可以设置一些小奖品（如一次免费的两人晚餐、一间周末免费房等），确保客人的参与。下文拓展阅读中的《客人档案分析：拓展市场的关键所在》一文就是以一名客人的入住登记卡来说明如何获得客人的信息，当然调查问卷能涉及更多的内容。

　　这种能了解客人的历史记录并预测客人未来信息的分析方法被称为顾客调研，这种调研可以有很多形式。新加坡康莱德世纪（Conrad Centennial）酒店的销售及营销总监 Theresa Choo 在她的一份顾客调研中指出了一个常被人忽略的信息收集渠道：

　　"在电梯里，我做自我介绍并尽量多地了解客人的需求，我每周邀请 10 个客人跟我一起喝茶，告诉他们酒店给他们一些他们想要的增值奖品。"[②]

　　另一个重要的调研项目是客源地域分布分析，因为酒店不仅要知道谁是它的客人，还要知道他们从哪里来。找到"客源城市"或集客区域可以有效节省时间和金钱。所划分的区域越小越好。比如，知道一位客人来自芝加哥市就要比只知道他来自伊利诺伊州更有用。这种按照城市或邮区划分的方式可以帮助酒店将广告直接针对最可能产生客源的区域进行投放。

　　地域和邮区方面的信息可获自不同渠道，首先是顾客登记记录。其他的信息渠道包括对广告或直邮活动的反馈。这类信息应当实时更新，以避免年末时处理数以千计的顾客登记卡并找到准确的目标客源区。

拓展阅读

　　客人档案分析：拓展市场的关键所在

　　客源市场调研是制定策略时非常宝贵的工具，其意义不仅在于使企业保住现有客源主体，还在于开发新客源并吸引回头客。虽然其他客源市场调研，如客源地调研，可以从广告或直邮促销的反馈中以及对离店客人的调查中获得，然而，最有价值的信息源还是在酒店内：客人登记卡。客人登记卡是确定酒店客人地理来源地的有效途径。登记卡还提供许多其他的信息，如：

（续）

- 客人数量和类型（商务散客、家庭休闲游客、商务团队客人等）；
- 预订途径（旅行社、会议承办人、客人推荐等）；
- 预订日期（预订日期可以帮助确定行程的提前量）；
- 停留天数；
- 房价和所产生的营业收入（房间、餐饮、礼品商店、洗衣等）；
- 个人资料，如姓名、地址、城市、州以及邮政编码（现成的邮寄名单）。

这方面的资料有助于酒店确定最具潜力的细分客源市场，而且锁定客源市场的准确区位，酒店可以有针对性地投放广告（或争取回头业务，以及开拓未涉足的新客源区域）。

明确了客人的来源地、消费形式及其需求后，酒店才能制定出争取潜在客源的策略和计划。例如，如果客源市场调研显示酒店80%的客源来自本州，并且这些客人平均每年有3个周末外出旅行，酒店就可以考虑季度性特别包价邮寄活动以刺激回头生意。可供采纳的策略中有垂钓锦标赛和周末放松活动。满意的前顾客不仅是回头生意的重要潜在市场，他们的口头宣传还能刺激宝贵的新生意。由于这种推荐作用，与客人保持联系就变得格外重要了。获取新顾客的费用是很高的，因此头等重要的任务是争取回头客。

竞争分析 除了分析酒店外，了解酒店的竞争对手和它们的相对优劣势也很重要，要强化你的酒店优于竞争对手的地方。因此你不仅要做到顾客导向，也要做到竞争导向。

一般来讲，你的竞争对手指在同一个区域内与你设施条件相当的酒店，即针对同样的市场提供类似的服务并且价格接近。对于大型会议酒店来说，最近的竞争对手也可以相距几百公里（如奥兰多的 Rosen 中心酒店可能会与佐治亚的 Cloister 海岛酒店是竞争对手，它们都在竞争美国东海岸的会议）。你的竞争范围可能包括 4 ~ 6 家最主要的竞争酒店。主要的两个竞争分析表是竞争对手房价分析表（表2-3）和竞争分析表（表2-4）。

表2-3 竞争对手房价分析

酒店 价格（美元）	Rolling Green 酒店			Arrowhead 会议中心			希尔顿旅舍		
	单人间	双人间	套房	单人间	双人间	套房	单人间	双人间	套房
门市价	84 ~ 92	94 ~ 102	130+	100 ~ 105	105 ~ 110	160	102 ~ 116	102 ~ 118	140+
公司价	80	80	120	98	104	140	88	88	130
旅游团	62	72					85	92	
会议团	78 ~ 90	88 ~ 100	120+	85 ~ 100	90 ~ 105	140	88 ~ 98	94 ~ 104	130+
行政层	90	100					115	125	
政府团	68	78		85	90		85	90	

此表将本酒店与竞争对手的房价进行比较。请注意，所有类型的价格都包含在内——门市价、公司价、旅游团队价、会议团队价、行政层价格以及政府价格。除

基准房价外，酒店还在其他方面对竞争对手进行评估：入住率、团队预订、客户关系、促销计划、广告利用、销售方式、市场渗透以及市场细分组合。为了进行相应的调整，经常要把每个竞争对手的情况汇总成表。这种综合分析可以看出本酒店区别于竞争对手的特点并有助于确定房价以便更好地去争取某个特定的市场。

表2-4　竞争分析——满足不同细分市场的需求

目标市场的需求	竞争对手			评价
	Rolling Green 酒店	希尔顿旅舍	Arrowhead 会议中心	
公司会议市场				
视听设备	1	3	3	我们对外界视听公司的接触是有限的
安全	3	2	2	
培训气氛	2	2	2	
会前会的场所	3	2	3	本酒店僻静的位置符合公司会议承办人的意愿
隔音会议室	2	2	1	
总账簿记	3	2	3	
入离店手续快	2	2	2	
叫早、留言	2	2	2	
餐饮服务	2	2	3	
协会会议市场				
免费房政策	3	2	2	
展览场所	1	3	1	
出入通道	1	3	2	
人流疏导方案	1	3	2	
协助安排住房	2	2	2	表解：
配偶计划	2	3	2	3 = 优秀
理想的房价	3	2	2	2 = 一般
娱乐设施	3	1	1	1 = 不良
会议协调员	3	2	2	

　　竞争分析有多种表格，其中包括相互间简单的、逐一的特点分析。评价本酒店在特定市场区域内的表现可以获得最有用的信息。上表用于对各类细分市场所享用的服务进行比较。市场细分是在整体市场范围内圈定不同的顾客群体。找出目标市场并且确定本酒店将在多大程度上满足各个细分市场的需求，这对确立自己的竞争优势是极其有用的。一旦确定无疑，这些优势便可在市场定位中形成本酒店的独特之处。此表展示的仅仅是两个细分市场。你应当了解所有被圈定的细分市场的需求——公司散客、旅行社市场、奖励旅游团、家庭市场等。关键是找出各目标市场与众不同之处。

　　要完整地评价你的竞争环境，一定要准备一份信息表进行对比，信息表的内容包括客房价格、会场租金、宴会价格、会场面积和档次、留给团队预订的客房数量，以及针对会议团队提供的服务（如影音设备、机场巴士、快速入住等）。

竞争分析至少要一季度做一次，而且信息要多渠道收集，最有效的资源来源就是观察竞争对手，到竞争对手酒店内去实地观察。要更详细地了解竞争对手酒店的情况，甚至在对手的酒店里住一次，跟它们的客人和员工聊天，拿它们的宣传材料，研究它们的广告。看看它们的留言板和活动提示板（有些酒店会在外面立欢迎牌，也有些酒店会在大堂或会议区入口列出当天所有的会议名称）。跟踪竞争对手的会议，这样你就可以制订一个博弈计划，争取这些会议团体未来在你的酒店里举办会议。如果你不能定期去查看竞争酒店的会议告示板，你可以从 Knowland 集团（www.knowlangroup.com）处获得同样的信息。

你还可以从当地会议局或商务部获得资料。通过查阅电话黄页、酒店目录和旅游指南，你可以了解其他酒店面向什么人在宣传自己的什么特点。互联网搜索也能找到大量的信息，大部分会议酒店都有自己的网站，从中你可以快速地获得大量的竞争对手信息。"Smith 旅游研究"是另一个能提供大量竞争对手信息和历史趋势的网站，在收取一定费用的情况下，该机构还可以为企业提供定制化的数据，如针对你的本地市场和竞争环境的相关数据。

互联网体验

市场情报

这项练习旨在说明现有调研方法可以获得什么样深度的信息。很多公司是专门提供市场咨询的，这些信息能帮助酒店制订营销计划。以 Smith 旅行调研为例，它有一个数据库全面介绍全球酒店的经营情况，点击网站 www.strglobal.com，进入"产品"，然后选择"收入、销售与营销"，找到下列报告：Star 计划、利润/主办报告、住宿业市场数据银行。浏览"北美案例"后回答下列问题：

1. 在竞争报告中，用哪三个数据来评价你的酒店与其他竞争对手的区别？
2. 在酒店中，客房收益会在酒店收入中占到什么样的百分比？
3. 收入中应该有多少比例的费用花在市场营销上？
4. 说明"住宿业市场数据书"能提供哪些信息帮助酒店制订销售及营销计划。

重要的是知道单据的数据是没用的，酒店营销人员必须根据这些数据做出决策并付诸行动。

对竞争环境的分析也有助于酒店找到自己尚未涉及的细分市场，提供有价值的线索，使酒店调整市场营销策略以获得更多的生意。

在 Rolling Green 度假酒店的案例中，显然没有住宿方面的地方性竞争，这在酒店业中是少见的。多数情况下——即使在小城镇——至少也要有一家（常常有许多）竞争对手，它们可能提供另一类产品，也可能瞄准了你所忽略的细分市场。Rolling

Green 度假酒店已经确认，Arrowhead 会议中心和希尔顿客栈是自己的竞争对手，两家酒店均位于圣路易斯市郊。

市场地分析 市场地分析即形势分析，指对酒店所处的经营环境（表2-5）及酒店在环境中所处的位置。市场地分析所针对的是影响酒店生意的因素，如旅行费用及政策规定，还有对酒店周围环境的调研。后者包括人口、当地的发展规划、受当地产业影响的经济趋势、附近公路和机场的交通量、本地的娱乐设施及景点，还有当地独特的节庆活动——例如，交易会、节日、竞技表演等——可以吸引成群结队的人前来。所有这些优势都可以纳入到酒店的促销宣传中。

市场地分析所需的数据可以从以下几个方面获得：人口普查资料、行业报告、商会定期更新的数据，甚至当地的报纸。参与本地社区的活动提供了另一种渠道，以了解当地情况以及趋势对生意的影响。

在 Rolling Green 度假酒店的案例中，市场分析发现人口几乎没有增长，经济上也无大的变化。然而，假定你发现附近有一个轻工业区正在筹建当中，那么，它将对你的酒店产生很大影响。

尽管市场营销计划的调研阶段非常重要，然而动作的重点绝不仅仅是收集信息数据，而是要筛选出有关企业、竞争以及市场方面的情报。关键在于"浓缩"所收集的统计信息以便选择合适的细分市场并且制定出获取客源的策略。

表 2-5　市场地分析

机会	对企业的影响
圣路易斯机场正在扩建，有两家新的区域性航空公司进入市场。 本地的学院已经与几家公司做出安排，计划在今年春秋两季召开几期电子学研讨会和讨论会。 考古挖掘者在 Mejestic 峡谷发现了古印第安人墓地。 科学家和历史学家涌入该地区展开大规模调研。	进出该市更加方便。这些航空公司在本酒店的几个客源地都有航线。 学生和教师可能带来客房收入，会议、课程以及研讨会要使用会议室。 那些不想睡在现场的人可以带来酒店的客房收入。 白天可以出租钟点房供挖掘人员事后淋浴和洗涮。 更多的餐饮生意。
问题	对企业的影响
此处距圣路易斯之间的公路计划在5月整修。 一家新的喜来登酒店已经立项。工程将于明年晚些时候动工。	会影响5月的客流量，不过工程结束后，修整一新的道路和新增的车道将会使交通更加方便和快捷。修路期间酒店的餐饮生意将因修路而红火。 新酒店在本酒店和圣路易斯之间。建成之后将加剧竞争；而且喜来登酒店在公司市场上有优势并享有盛誉。

这个市场分析统观酒店所在的经营区域，对政治、经济、社会以及技术因素（所谓的不可控因素）进行了评估。市场分析一般有两项内容：一项名为"企业所面临的

机会和益处"；另一项为"企业所面临的问题及影响"。其中详细阐述了可能对本酒店产生影响（正面和负面）的因素以及这些机会和挑战将在哪些方面影响酒店。你应当用这种环境扫描法进行相应的调整以制定避开潜在威胁、利用市场机会的策略。

💻 互联网体验

酒店营销计划

本练习中你要分析一个范例酒店市场营销计划。进入网址 http://www.mplans.com/sample_marketing_plans/hotel_marketing_plan/ 看看河景酒店的营销计划范例。

1. 河景酒店的定位是什么？

2. 酒店的目标市场是什么？

3. 你看过营销计划后，觉得其中有重复赘述的部分吗？

4. 你认为营销和财务目标是具体和可测评的吗？

5. 是否有针对每个细分市场的行动计划和费用预算？

6. 对比河景酒店营销计划的第四部分中的行动计划和附录中的 Rolling Green 酒店的行动计划，看看有什么区别。

还是以 Rolling Green 度假酒店为例，调研显示，如果制订出利用大堂层"空闲"的场地的更好计划，酒店很可能会在会议市场中占有一席之地。也许，较为可行的是将 1 ~ 2 个房间改造成会议室，或者增加一个商务中心或其他设施——如健身房或托幼中心——以便吸引这部分生意。

可以看出市场营销计划的调研过程是很费时费力的，因此也有不少酒店请外部专家帮助制订营销计划，外部专家能从一个新视角分析你的酒店并争取销售最大化。例如，茂宜岛的 Kapalua 丽思卡尔顿酒店就请了酒店业顾问 David Brudney 来制定酒店的销售战略。他指出：

"我跟市场部和销售部的每个人都谈了差不多一个小时，跟总经理谈了半天，花了一整天的时间走访竞争对手。我还走访了奖励旅游承办企业，了解为什么奖励游业务在下降。"[3]

Brudney 认为他的评估解决了以下这些问题：客户覆盖面，如何对待 SMERF 市场，团队销售策略（是否进行主动销售？做多少次销售拜访？考察多少场地？）。他还评估了业务需求的来源，哪些第三方会给酒店带来生意，销售人员是否被指引到了正确的方向上。

第二步：选择目标市场和产品定位

怎样挑选目标市场呢？首先要做的当然是针对酒店已经获得的市场。如果从客房预订卡上获得的信息可以显示出你的顾客中大多数来自都市圣路易斯。那么就在那里展开广告。

其次，将酒店现有细分市场所积累的间夜列成表格（图2-4）。例如，假定你在协会或者体育团体生意中拿到很高的出租率，就在这两个细分市场上花费更多的精力。

州及地区协会会议用房总间夜数

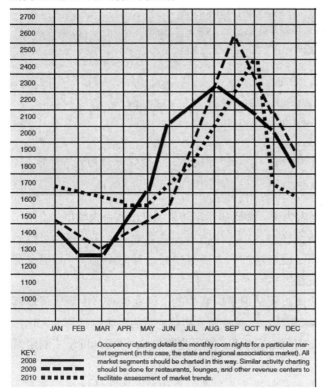

KEY:
2008 ————
2009 ----
2010 ········

Occupancy charting details the monthly room nights for a particular market segment (in this case, the state and regional associations market). All market segments should be charted in this way. Similar activity charting should be done for restaurants, lounges, and other revenue centers to facilitate assessment of market trends.

图2-4 州及地区协会入住率

入住率表详细标明某一特定细分市场的月间夜数（在本例中指州和地区协会会议市场）。应当为所有的细分市场列出表格。餐厅、大堂吧以及其他经营中心当按照此例进行登记，以求能对市场趋势进行推测。

要制定最为有效的市场营销策略，酒店应当将所接待的每个细分市场的间夜数列成表格。这张入住率曲线图显示出的是州和地区级协会子市场的信息，如客人数和入住高峰月。表格有助于预测趋势并对广告有指导作用。

你当然会把目标锁定在给酒店带来最大利润的市场，这种利润来源不仅是客房，还有会场租金、餐饮和其他利润中心。通过分析以往客人的消费模式可以分析出每个细分市场的赢利能力。举个例子，你的酒店可能已经以体育团组为目标市场了，但如果锁定消费能力极高的高管团组（包括入境的和国内的）是否更有赢利潜力呢？在选择目标市场时，你一定要记住客人结构的均衡是很重要的。对于一个服务设施齐备的酒店来说，通常需要同时锁定几个目标市场：周一到周五面向会议团组，周末面向本地客人，酒店餐厅的午餐主要针对一些企业客户，晚餐则主要针对住店客人。

要设定营销目标，要训练酒店销售人员针对潜在业务和利润较高的业务进行销售。例如，你的酒店可能不能从协会会议团上获得足够的收益，因为它们对价格更敏感，那么你应该转而针对那些可能在餐厅、娱乐设施和纪念品店花费更多的商务旅行者。

然后，确定你的酒店更适合服务于哪些其他市场（拓展阅读《挑选目标市场》）。像 Rolling Green 这样的酒店会对蜜月客、商务客和家庭这类市场有吸引力。酒店的位置和氛围对于"打发周末时光者"或一些专题学术培训或寻求私密空间的人来说是非常理想的。

要定期对酒店的客人结构进行分析，因为挑选目标市场是为了让业务结构能保证最大限度地创造收入和利润最大化，一年的不同时间这种业务结构是需要定期调整的。不断定义目标市场是一个持续不断的过程，不断调整营销计划以适应市场环境的变化也是必要的。

会议业已经被证明是值得争取的、利润丰厚的细分市场。尽管 Rolling Green 酒店在接待大型会议上可能力不从心，然而，会议业中还有什么其他的细分市场可以涉足？酒店可以满足会议承办人的哪些具体需求？酒店远离闹市区，这对本市那些想要找个僻静而方便的地方进行培训的圣路易斯商务界可能是很理想的去处。其实，许多会议和研讨会并不需要大型设施——甚至不需要餐饮设施。有没有国家或地区级的协会可以作为目标呢？是 SMERF 团体，还是其他你完全有能力接待的团体？

拓展阅读

挑选目标市场

市场营销计划调研阶段的主要目的是发现企业自身 3～5 个重要的需求并且找出满足这些需求的办法。而对企业、竞争和市场的分析（特别是企业的业务档次和趋势概述）有助于市场营销委员会发现需要吸引的市场区域以及合适的销售时机。

一旦确定了企业最重要的需求，就要挑选能够满足这些需求的细分市场。所有酒店都在尽力优化自己的顾客结构，它们必须定期评估顾客结构以便放弃低回报的细分市场并扩大优质的市场。

著名的行业市场营销顾问汤姆·麦卡锡建议企业就下列 5 个问题进行研究以便更准确地选定目标市场：
- 企业能够满足这个细分市场的需求吗？
- 竞争对手如何满足这个细分市场的需求？本地区竞争对手的数量和实力在决定选择某个细分市场上是否起到十分重要的作用？
- 这个细分市场是否符合企业的利益？参照企业的各项需求，看一看该市场能否满足企业的需求。
- 目前本企业从这个细分市场获得了多少生意？如果确有生意来自该市场，那么是否还会有更多的机会？
- 从长期潜力来看，需要花费多少时间和金钱来争取这个市场？

当今的市场对酒店很有利，可供选择的机会更多，不仅有已经选定的细分市场，甚至还有现有顾客。散客的房价比团体客人要高，因此，在旺季某些会议生意受到"冷落"。团队的类型也要仔细分析，比如，

（续）

> 附带豪华宴会的团队就会受到酒店的偏爱。

> 凯悦集团全国客房总芭芭拉·贝斯特认为："聪明的酒店经营者不希望生意单一，我们需要学会更好地管理不同的生意。"由于需求量大，酒店的确可以有不少选择——但是选择的代价常常是牺牲会议业。得克萨斯州休斯敦市的国际会议经理人协会主席 Lynn Tiras 说：

> "酒店扫描整个市场以寻找对自己有价值的那部分生意。它们推掉不能带来足够餐饮或其他收入的业务。在某些情况下，这是可以理解的——比如它们不想让没有客房或餐饮消费的团体占用酒店的所有会议室。但是有的时候它们的确做得没有道理。"

> 显然，酒店必须做出明智的业务决策，酒店目前与会议业的关系和市场的趋势，都会影响到酒店如何管理和调整自己的顾客结构，既要明确重点，又不能伤害未来的利益。

> 为了表明这些策略是如何被用于实际的，还是回到 Rolling Green 度假酒店的案例中。由于政府散客过于计较房价，这家酒店的营销委员会决定不考虑这个细分市场。委员会还发现休闲性的钓鱼比赛市场并未创造出丰厚的客房收入，营销委员会因此确定出以下优先项目并同时列出可以满足企业需求的细分市场。

满足企业需求的目标市场

优先需求	目标市场
需求 1： 全年周中业务 这是获得大幅增长机会的时间段，我们现有一些企业商务散客，如果这个市场能扩大并通过他们带动企业会议市场，那就能形成一个强大的企业业务基础填满周一到周五的客房	• 公司个人； • 公司会议； • 集中培训； • 会议
需求 2： 平、淡季团队业务 早秋和晚春是企业的平季，而冬季则没有生意。协会市场（特别是州和地区级协会团体）过去一直是我们的强项。我们将着力争取这个市场和 SMERF 市场以吸引团体填补平、淡季需求	• 州及地区协会； • 教育团体； • 政府团体； • 宗教团体以及圣诞节复活节庆典； • 医药协会； • 退伍军人团体
需求 3： 宴会业务 过去并没有足够的重视。现在开始将努力保持现有客源，提高其平均消费，同时提高宴会酒水收入，争取周末生意	• 本地公司团体； • 结婚典礼／婚宴； • 联欢会； • 市民团体

由于 Rolling Green 酒店地处具有历史意义的环境中，它对研究历史类的社团、教育团体以及退伍军人团体可能也具有吸引力。在婚宴、颁奖宴会以及其他社区活动方面，附近城市的 Forest Glen 社区也是个不能忽略的潜在客源地。也许这家度假酒店还可以利用本地特色进行促销，如奶酪节，或者赞助本地的体育团体以吸引观光客来此地度假。

一旦选择了目标市场，你要确定如何让你的酒店能更有效地针对这些目标市场进行定位。这种定位指酒店在这些目标市场客人心中的位置和形象、酒店的声誉如何，以及酒店在客人心中与其他竞争对手之间的优势比较和区别。简单地说，就是酒店的形象和独特之处，这就是你能向客人展示的卖点。千禧酒店营销副总裁 Kathleen A.

Girard 指出：

"了解你的酒店及其定位是在酒店业中取胜的基础要素，自你的酒店开门之日起就要有自己的鲜明的个性，而且你要保持这种个性的完整和统一。否则会混淆你的客人。你要知道你所面对的顾客是谁，很多酒店不知道自己的顾客是谁，它们希望能针对所有人提供所有的服务，这会导致它们在某些市场上形成冲突，如会议市场和商务散客市场就是相互冲突的。做好几件事远比每件事都做成中等要强得多。"④

要有效地销售你的酒店，你对酒店的看法必须与顾客对酒店的看法相吻合（拓展阅读《为酒店定位》）。这种定位的一个很好范例就是梅赛德斯·奔驰汽车，人们听到这个名字就马上想到一种豪华轿车的形象。

拓展阅读

为酒店定位

品牌实质上是公众对企业名称的认可度，这一点对企业的成功至关重要。"金黄色的双拱形"会立即让人联想到麦当劳，在当今竞争激烈的酒店业中，酒店必须树立起一个容易识别的形象。

Omni 酒店的精致会议计划就是这样一个例子。这家酒店连锁的定位置非常独特，不仅提供会场，还为会议营造以下三种氛围——活力、富于挑战和被认可。这些氛围的营造是通过专门设计的菜单和根据客户的会议目标和会议类型量身设计的会场环境实现的。

这家连锁酒店于 2005 年曾在 J.D.Power 公司评选的"客户满意连锁酒店"中拔得头筹，被认为其定位和市场推广能获得客户理性和感性的一致认可。Omni 公司的企业交流总监 Christine Connolly 说："我们努力服务于一个介于奢华和简洁高端之间非常细分的市场。在这里你所获得的服务是跟丽丝卡尔顿或四季一样的豪华五星级服务，而付出的费用却相对更合理。"

不过市场定位不仅仅是吸引眼球的标识。在当今这种竞争激烈的市场中，恰当的定位能让你：

1. 发现可能的竞争优势。

2. 挑选出正确的竞争优势。

3. 将确定的酒店形象传递给精心挑选出的目标市场。

要想有效地为企业定位，必须考虑以下几个因素：

- 物质因素：酒店有没有骄人的历史？酒店属于"古典型"酒店吗？酒店的建筑是否独特：正规花园、瀑布等？它与本地其他酒店有什么不同？

- 服务：酒店的入住和退房手续是否快捷？客人需要在餐厅等待多长时间？

- 员工：客人对一线员工的看法如何？员工是否彬彬有礼、好客待人？他们能否与客人毫无障碍地沟通，能不能满足客人的需要？

- 位置：酒店的位置在哪里——海滩、山区、市中心，还是机场？位置是否交通方便（或相反，很偏远）？酒店的位

（续）

> 置有没有竞争上的优势？
> • 形象：公众（豪华型、家庭型、商务旅行者）对酒店的看法如何？酒店有什么与众不同的形象？酒店是否名不符实？
>
> 酒店有意树立的形象必须有效地满足每一个目标市场的需求。你必须抓住机会搞清楚每个细分市场的需求而后进行促销。客人寻求的是什么利益？目前有什么需求尚未被满足？可以提供什么超值服务？有什么新方法可以用来吸引尚未争取到的细分市场？最重要的是，这些新的细分市场是否值得去争取？

酒店定位在广告中起到很重要的作用。它使酒店能够在广告中创造所需要的形象。以 Rolling Green 度假酒店为例，它定位为一个宜人的小型会议目的地；这可能是想"渲染"当地的历史资源或僻静的环境以吸引协会和寻求私密空间的业务。

第三步：确定目标和执行计划

会议生意的一个诱人之处是它可以同时使用许多客房，而且常常可以填补淡季比较容易空置的客房。然而，要最大限度地利用市场机会，就必须确定出具体的目标并制订实现目标的计划。没有销售，市场营销目标就无从谈起，明智的做法是为每一个经营中心订立指标。

市场营销目标 每年年初都要利用调研数据为各个细分市场制定具体的目标。要完成目标，需要考虑下列问题：

• 酒店的旺季在哪几个月？酒店哪个月的生意需要提高？
• 哪些经营中心需要更加强有力的销售举措？餐厅的生意是否在某个月比较好？提供家庭房价是否有助于提高入住率？
• 开辟哪些新的细分市场可以提高营业收入？每个细分市场应当给予什么特别关注？
• 应当采取哪些步骤进一步增加每个细分市场的营业收入？

应当为每个细分市场、经营中心和能够产生营业收入的服务项目（洗衣房、代客泊车、礼品店等）制定出市场营销目标。这些目标必须以书面形式清晰地表达出来，这样每个与此相关的人员便能够得到同样的信息。除此之外，目标必须切实可行并且具有挑战性；如果一家酒店最近的平均入住率是 65%，对于销售人员而言，要确定 100% 的目标就不切实际。80% 这个目标在某些月份既切合实际，同时又具有挑战性。

订立目标有助于监控计划的执行进程，可以通过定期了解间夜数和餐厅上座率监控市场目标的完成情况。

制订行动计划 目标一经确定，必须有相应的行动方案来保证目标的实现。这是市场营销计划的实质内容。每个细分市场和经营中心都应当有具体的行动计划，而且由于行动计划被视为"迷你"的市场营销计划，因此应当包含以下六方面的内容：

第一，既定目标细分市场或业务类型的综述。计划所瞄准的是商务旅行者、本地协会，还是蜜月客？

第二，目标顾客的详细描述。如果目标细分市场是本地协会，行动计划的这部分内容应当包括姓名、地址、本地联系人、电话号码。

第三，房价、特别活动或即将举办的促销活动。它应当包括针对协会群体的所有折扣房价、旅游批发商可能享有的免费房以及团队特别包价房（含住宿、餐食和娱乐）。

第四，具体目标。行动方案中的目标要明确具体，不仅将"增加房间入住率"作为目标，还应当列明一年当中每个月要达到的间夜数和营业额指标。销售部因此能够制订出达到目标的策略方案。

第五，行动步骤。行动计划的这个部分指实现目标所应采取的具体行动步骤。可能要起草一些促销宣传稿。为了吸引本地会议承办人前来，酒店可能需要举办"公众日"活动，以 Rolling Green 度假酒店为例，针对那些只需驱车两天就可以前来下榻的休闲旅游者，酒店可以策划一个广告攻势（图 2-5）。

第六，预算。仅确定目标是不够的。达成目标还需要足够的资金作为基础。应当逐项审查策略和行动步骤以确定所需的成本。

由此可见，行动计划很具体并且需要个性化的关注。我们建议每个经营中心的行动方案都有专人实施，这个人可以负责自己的局部营销工作，同时兼顾整个部门的达标进程。

财务计划可以使获利性最好的区域得到足够的资金，应当为每个经营中心和每个细分市场制定出具体的预算。

预算方式有不同类型，其中最常用的是零基预算法。这种资金的配置方式以"任务法"为基础。为了完成工作，资金的预算被分成等级，但是每一笔开支必须合理。

由于预算以既定的任务为基础，因此只能在行动计划成型之后预算才能完成。酒店因此才能确保充足的达标资金。例如，假设酒店认为在圣路易斯地区每个月需要增加 6 次销售访问，那么会很容易计算出完成计划的这部分工作所需的资金额。

这个体系的另一个优势是：在为某个部门或细分市场划拨了款项之后，还可以进行调整。比如，如果广告费用低于预算数额，酒店可以选择要么增加广告密度，要么将余额转移到更多的销售访问上。然而，要想对资金情况一目了然，必须做出预算表以提供即时信息。

计算机的应用在制定预算方面对酒店销售起到了非常重要的作用，计算机可以根据以往的花费记录对未来花费做预测，而且可以马上打印出营销预算在各处的花费情况。

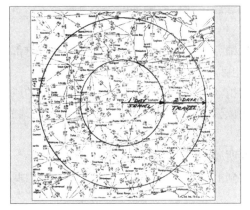

类似的地图可被用来确定距酒店1～2天车程的客源目标。这部分行动计划可以用于直邮或文字广告，来吸引最可能来此度假的商务客或休闲游客这一类客源目标。

图 2-5　瞄准潜在顾客

资料来源：地图制作获 Rand-McNally 公司许可。

第四步：对市场营销计划的监控与总结

虽然计划周全，外部影响（如能源危机、自然灾害等）或市场营销计划自身的缺陷（如不切实际的目标、人员流动导致后备匮乏等）使得企业必须对营销计划进行定期的调整。这种评估应该按照固定的时间周期——每个月、每个季度，或在一个广告计划结束时来进行——以确保没有偏离市场目标，并且所用资金也没有因为策略失败而造成浪费。

最佳西方酒店集团的培训与多元文化总监 John Hogan 指出：

"一个行动计划一旦通过评审和管理层的签批，跟进监督机制就要立即启动。每个月都要对行动进行评估。只有管理层、业主和销售团队都重视营销计划并把这个计划的执行视为一个不断改善的过程，这个计划才能真正有效。定期评估具体行动策略是否可行是确保计划取得长期成功的基础。"⑤

必要的时候，对清晰明确的目标进行修订是很容易的。比如，所设定的具体目标如果是将冬季客房出租率提高 15% 或在 6 月增加 10 场婚宴，只需简单地通过计算间夜数和宴会活动就可实现。其他监控方式还包括：根据市场细分来记录间夜数；在广告活动的前后制表并比较间天数或餐厅的就餐人数，然后测定出哪个区域是最具商机的区域。

以 Rolling Green 度假酒店为例，可以通过报纸广告来测定哪些城市会产生更多的商机。如果看到广告在芝加哥的效果不佳，可以将广告资金调整到更可能产生利润的市场，如圣路易斯市的市场，或者尝试在旅游指南或者专业杂志上做广告以取得更好的效果。

　　然而，在对市场计划进行细分之前，必须适时评估确保有足够的时间实施这些策略（一些公司和协会提前几年就开始预订，一次性直邮并不能带来直接的效益），还要搞清是否有其他原因导致市场反应冷淡（如芝加哥地区寒冷的天气会阻碍人们的旅游）。某些时候，只要定期评估，对策略采取调整性措施，便可增加商业机会。例如，在某个细分市场更有可能预订的月份进行针对性工作。要争取某个特定的细分市场，需要一个更加有效的营销策略。例如，也许房价过高，难以吸引"价格敏感群体"；或者，所提供的特别利益没有足够的吸引力。定期的评估可以发现这些弱点，并使酒店得以修正策略或目标，或者对营销目标做方向性调整。

　　监控、评估和校正的过程是整个市场营销循环中的最后环节。之后，整个循环又再次回到调研阶段，如此，才能与发展趋势保持一致，发现获取市场和保持市场份额的新办法。

表2-6　客人再次惠顾一家酒店的原因

酒店名称:						
营销 / 销售方法		去年			明年	
商品 / 店内促销	实际花费	预算花费	变化	预算	目标市场预算分配	备注
a. 展示物品	$—	$—	$—	$—	$—	—
b. 特色活动	$—	$—	$—	$—	$—	—
c. 免费样品	$—	$—	$—	$—	$—	—
d. 奖品	$—	$—	$—	$—	$—	—
e. —	$—	$—	$—	$—	$—	—
小计	$—	$—	$—	$—	$—	—
旅游市场	$—	$—	$—	$—	$—	—
a. 印刷品	$—	$—	$—	$—	$—	—
b. 旅游行业展	$—	$—	$—	$—	$—	—
c. 考察提示	$—	$—	$—	$—	$—	—
d.	$—	$—	$—	$—	$—	—
e.	$—	$—	$—	$—	$—	—
小计	$—	$—	$—	$—	$—	—
其他营销方案	$—	$—	$—	$—	$—	—
a. 营销研讨会	$—	$—	$—	$—	$—	—
b.	$—	$—	$—	$—	$—	—
c.	$—	$—	$—	$—	$—	—
小计	$—	$—	$—	$—	$—	—
总计	$—	$—	$—	$—	$—	—

一份预算概要应该是各个细分市场计划预算的总和。这种样板对市场营销计划极为有用，因为它列举了前一年的预算和实际发生额，还配有变化一栏。使酒店得以将目前预算分配到不同的细分市场。

市场营销计划的执行

营销计划并不是做出来束之高阁积灰尘的，而应该成为销售和促销活动必不可少的组成部分，应该经常作为工作的参照依据。市场营销计划一经完成，应该马上下发到各个部门，并向每个将参与到市场营销活动的成员解释其目标以及如何去实现该目标。威斯汀酒店总裁 Juergen Bartel 就其集团的市场营销计划有如下论断："这不是纸上谈兵，它是活生生的，我们每天都依据它来行事。"

由于市场营销计划是销售活动的基础，因此全体销售组人员谙熟既定的目标就显得尤为重要。销售目标和指标就是根据这些目标制定出来的，并据此划定目标细分市场。销售人员还要透彻地了解自己在市场营销活动中的角色，利用所获得的调查结果对企业进行定位，争取潜在市场。

市场营销计划的贯彻实施，不只是销售部门的工作，它对酒店的每个成员都有影响。每个部门都应对部门目标进行评估，评估的内容也包括实现这些目标的策略。各部门也应意识到自己的工作在整个酒店成功销售中所发挥的作用。如果采用小组合作的方法来制订市场营销计划，每个部门的代表都可以作为"小组领导"来确保其部门按"轨道"运行。

要获得长期的成功，销售与运营之间的有效和全面的沟通是基础。销售团队要像对潜在客人销售那样对酒店内部的其他部门"销售"，因此要定期与前台、客房、财务、工程部、厨房、礼宾部的人员开沟通会。会上讨论的话题可以包括团队和散客是如何预订酒店的，争取团队业务是如何费时费力的，未来的业务和回头客是如何依赖于现在的服务的，酒店员工的反应效率对整体客人满意度的重要性，市场的竞争情况，每个员工的努力都能让销售和服务显现出不同。[6]通过这种方法，一线员工可以理解让客人满意是酒店获利的关键，结果也会同样惠及员工自己，他们能自觉自愿地成为酒店整营销力量中的一部分。曾有市场营销教材这样总结一个好的营销计划：

"一个好的营销计划为运营指出了方向。它告诉你要去哪儿，以及怎样才能到那里。它树立起员工和管理层的信心，大家共同努力朝向共同的目标前进。它让你认识到自身的缺陷，指出你的优势所在，并针对这些给出切合实际的解决方案。它寻找和利用机会。最后但也是最重要的一点，一个好的营销计划让每一个人都行动起来。"⑦

小 结

当今的会议承办人有无数的选择，所以会议市场的竞争非常激烈。要吸引和留住一个客户需要企业有计划的、认真的调研并全力以赴做出努力，一个书面的市场营销计划是每一个酒店企业所必备的。本章我们讨论了制订营销计划的四个步骤以及如何实施市场营销计划。尽管市场营销计划需要整个酒店的所有员工的投入，但它的主要责任还在销售部。

尾注:

① Tom McCarthy, "Better Late Than No Plan At All", Lodging Hospitality, January 2007, p.3.

② "Marketing Research Includes Talking to In-House Guests", World Hospitality.

③ Harvey Chipkin, "The Sales and Marketing Audit: A Proven Way to Build Business", HSMAI Marketing Review, Summer 2003, p.33.

④ World Hospitality, May 2000, p.10.

⑤ John Hogan, MBA, CHA, MHS, "Marketing Plans Must Be a 'Living Being': They Cannot Sit on Shelves!" hotel-online.com, June 2004.

⑥ John Hogan, MBA, CHA, MHS, "Everyone Should Know What the Sales Department Does", hotel-online.com, September 2004.

⑦ Stowe Shoemaker, Robert C. Lews, and Peter C. Yesawich, Marketing Leadership in Hospitality and Tourism, Fourth Edition (Prentice-Hall, 2007), p.569.

主要术语

行动计划（action plan）：实现市场营销目标的具体步骤。

业务构成（business mix）：酒店客人的构成结构，如 20% 的协会会议、15% 的企业会议、15% 的 SMERF 团组，40% 的休闲游客和 10% 的中转过夜客。这也被称为顾客构成（customer-mix）。

业务现状和趋势分析（business status and trends summaries）：通过检查酒店的销售业绩以及目前客人状况来对本酒店目前的市场位置进行评估的报告，是酒店分析的一部分。

竞争分析（competition analysis）：对竞争对手进行评估，以便对比彼此的优劣之处。是市场调研的一部分。

竞争环境（competitive set）：对本酒店来讲，是在某个市场上最主要的几个竞争对手。

顾客调研（customer research）：关于当前客人构成和未来客人构成的调研。

客源城市（feeder cities）：地理意义上的客源区域，本企业在某个客源城市没有酒店。例如，加拿大艾伯塔省的卡尔加利酒店的一个客源城市是不列颠哥伦比亚省的温哥华。

客源地研究（geographic origin study）：通过了解住客来自的地区找到客源城市和客源区域。这是业务现状和趋势分析的一部分。

市场营销（marketing）：将影响销售的因素组合起来并且对其进行控制的工作。

市场营销组合（marketing mix）：营销中的"4P组合"——产品、价格、场所和促销——用以达成针对一个目标市场的市场营销目标。

营销计划（marketing plan）：书面文件，为酒店如何吸引客源所制定的销售、广告和促销计划。

市场分析（market place analysis）：针对酒店所在的市场环境进行的评估。评估不仅涉及环境中的机会，还要找出存在的问题并确定它们对企业的影响。是市场调研的一部分。

定位（positioning）：在顾客心目中树立产品和服务的独特形象的策略。定位力求使企业区别于其他竞争对手。

酒店分析（property analysis）：对酒店的设施、服务及其计划的评价，以判断其优势和劣势。是市场调研的一部分。

收益中心（revenue center）：酒店的一个部门，可以通过向客人出售产品或服务直接为酒店带来收入，也被称为利润中心（profit center）。酒店的收益中心包括餐饮往点、客房送餐服务、零售店、娱乐设施，以及洗衣和代客泊车之类的其他服务。

销售（sales）：通过面对面的拜访、电话沟通以及邮件来进行直接推销。

细分市场获利能力（segment profitability）：某一类客人或某个细分市场的获利能力，这是通过对各类客人和各个细分市场的销售量和销售额的分析得出的结论。

目标市场（target markets）：企业筛选出最具潜力的那些细分市场，并且有针对性地对其进行营销活动。

零基预算（zero-based budget）：始于零的预算，需要计划者审查每一项活动开支的合理性。

复习题

1. 销售和市场营销之间有什么区别？
2. 市场营销计划的时间跨度应当是多长？
3. 请列举出制订市场营销计划的四个步骤。
4. 在制订行动计划之前，应当针对哪些区域开展调研？
5. 挑选目标市场时应当考虑哪些因素？
6. 零基预算的含义是什么？
7. 找出两家酒店，分别评估每一家酒店在市场中的定位。讨论以下内容：硬件设施、服务、人员状况、位置以及形象。

参考文献

1. Heads in Beds: Hospitality and Tourism Marketing, Ivo Raza, Prentice-Hall, 2004. www.prenticehall.com.
2. Hospitality Marketing Management, Fifth Edition, Robert Reid and David Bojanic, John Wiley & Sons, 2010. www.hospitality@wiley.com.
3. Hospitality Sales and Marketing, Fifth Edition, James R. Abbey, AH&LA Educational Institute, 2008.

网址：

若想获得更多信息，可访问下列网址。网址变更恕不通知。若你所访问的网址不存在，可使用搜索引擎查找新网址。

1. 会议营销高管协会（ACME）：www.acmenet.org
2. 最佳西方酒店集团：www.bestwestern.com
3. Boca Raton 度假村及俱乐部：www.bocaresort.com
4. D.K. Shifflet & Associates 公司：www.dksa.com
5. 国际酒店销售及营销协会（HSMAI）：www.hsmai.org
6. J.D. Power and Associates 公司：www.jdpower.com
7. Y Partnership 公司：www.ypartnership.com
8. Smith 旅行研究：www.smithtravelresearch.com

附 录

市场营销计划示例

这是一家酒店的市场营销计划的节选，内容是针对商务会议市场的细分计划。Rolling Green 度假酒店为每一个细分市场和经营中心制订了详细的行动计划。营销计划的第三个步骤是其核心所在。前两个步骤所收集的有关酒店、竞争对手、市场以及目标顾客的统计数据可能会占该计划书的不少篇幅。然而，成功取决于合理的行动计划和实施。

阅读这个行动方案时，它的完整性和详细程度为来年提供了"行车图"。成功的市场营销计划来自企业所有员工的支持。因此，与酒店骨干员工一起集思广益是制订行动方案的关键。

细分市场计划

公司会议

一、概述

Rolling Green 度假酒店希望扩大在公司会议市场上的份额。希望争取的会议类型有公司销售会议、培训会、经销商会、行政会议、产品推介会、股东会议以及董事会和管理层会议。酒店应当将目标对准那些在本地区召开会议的本地公司、州一级的公司和国家级的公司。

二、目标客户

1. 目前本地客源状况

2. 优先客户——现阶段消费量高的客户以及那些迄今尚未使用本酒店的、公认的会议量大的本地客户：

- Prichard 数据服务公司；

- Harper and Associates 公司；

- Steward 集团；

- Stubs 房地产投资公司；

- Adam and Bre 公司。

3. 圣路易斯市的潜在客源：

- 从下列邮政编码区域的 SIC 数字中挑选出的拥有 50 名以上员工的公司：63111，63137，63128，63104，63121；

- 从市区的其邮政编码 SIC 数字中挑出的拥有 100 名以上员工的公司。

4. 圣路易斯地区三县（上述区域以外的地区）所有拥有 100 名以上员工的公司，以及下列公司（即使员工不足 100 名）。

- 位于前 10 位的法律公司、证券经纪人投资公司、租赁公司、选址公司、保险公司、广告代理公司、房地产公司总部；

- 《财富》500 强的分公司以及地区办事处；

- 拥有 50 名以上员工、从 Montcalm 县以外迁入的公司。

5. 堪萨斯市、斯普林菲尔德市、芝加哥市（一天的驱车路程）：

- 拥有 100 名以上员工的所有制造公司和保险公司；

- 《财富》500 强的所有分公司和地区办事处；

- 这些城市中的国际会议专业人员（MPI）以及公司会议专业人员团体（SCMP）会员。

6. 三州地区：

- 位于前 30 位的研讨会公司；

- 《财富》500 强的公司总部；

- 在四州地区的美国培训和开发团体（ASTD）成员。

目标客户总数

三、房价、特别计划、包价和促销

1. 研讨会 / 培训 / 公司团体包价

可以挑选的具体日期

最少包含 25 间客房：

	单间	双人间
客房（每人）	$80.00	$40.00
税（7%）	5.60	2.80
会议室	4.00	4.00
欧陆式早餐	3.50	3.50
午餐	7.50	7.50
上 / 下午茶歇	3.00	3.00
所有食品税（7%）	0.98	0.98
所有就餐服务（15%）	2.10	2.10
	$106.68	$63.88
以上包价包括正餐	106.68	63.88
正餐	15.00	15.00
税	1.05	1.05
就餐服务	2.25	2.25
	$125.00	$82.18

2. 延住 / 早到

如果延住到周六以后，可以免费、无限制使用高尔夫锦标赛场地和网球设施，并且享有免费香槟早午餐。在星期天，而非星期一抵达的新客人将享有免费的欢迎饮品，酒店还要赠送当地表演门票。

四、目标

基于对酒店、竞争对手和市场环境的考察，我们发现来年的秋季和春季是最为优先考虑的季节。公司市场是我们所对准的满足这种季节需要的细分市场。我们的目标是将公司团体用房从总出租率的 6% 增加到 10%，并将年度客房销售额从 622542 美元增加到 669400 美元（增长 7%），还要将这个细分市场的每日平均房价从 72 美元增加到 79 美元。

Room Nights and Revenue Goals From Corporate Meetings												
	J	F	M	A	M	J	J	A	S	O	N	D	Totals
Room Nights	700	850	900	800	700	600	550	550	600	750	900	600	8500 room nights
ADR	78	78	80	80	80	75	75	75	78	82	82	78	$78.75
Room Rev (000)	54.6	66.3	72.0	64.0	56.0	45.0	41.3	41.3	46.8	61.5	73.8	46.8	$669.40

五、行动步骤

1. 销售 / 直接邮寄

步骤	方法	目标顾客	数量	细节	季度	销售天数	负责人
1	电话	目前本地现有客户	98	通过电话调查他们的满意度。对那些不满意的客户提供一夜免费住宿	1	5	AH/JM
2	电话	优先客户	5	每月至少与这些客户见面一次。可以安排观看酒店内的演出，参加体育类活动或其他可以沟通关系的本地活动	1～4	20	AH/JM
3	面谈	圣路易斯市以及圣路易斯大区四县地区的潜在客户	287	销售部员工所做的推销访问，他们需要简要介绍酒店的服务并赠送诸如商务笔之类的礼品	2、4	15	TS/AH/JM
4	电话	在主要客源地芝加哥市、堪萨斯市、斯普林菲尔德市以及四县地区的会议承办人	1539	促销酒店的包价产品，使那些公司熟悉我们的产品	1、3	25	AH/TS/JM
5	直邮	以往的公司会议客户	250	向客户邮寄个人的感谢信，感谢他们过去所给予的生意并通过已付邮资调查表请客户进行评价	1	4	AH/JS
6	电话	以往的公司会客议户（没有回复调查表）	最多70人	通过电话调查满意度，向那些不满意的客户提供免费住宿	1	3	AH/JS
7	电话	圣路易斯四县地区、萨斯市、斯普林菲尔德市以及芝加哥地区的超过100名员工的企业	340	通过电话、初步调查这些客户是否具备建立档案的资质（每年至少30个间天数）安排双方面谈	2	6	JM/TS
8	直邮	四县地区的美国培训和开发团体成员	1000	促销酒店的包价项目并使客户熟悉酒店的产品、特别房价等。请客户邮寄反馈卡	2	25	TS/JM/AH
9	电话	四县地区的美国培训和开发团体成员	100	反馈邮件	3	25	JM/AH

2. 广告

媒体

《贸易日报》杂志（2个专栏 ×5"）12次

《公司会议市场概述》（5个专栏 ×8"）6次

《圣路易斯指南》年刊

3. 促销

制作下列宣传册和传单：

	总计
《会议策划人信息专刊》，4 页 4 色	1500
《酒店信息》（团体），8" × 11" 2 色	5000
《会议包价》，4 页 4 色	5000

4. 公共关系和宣传

与本地电视台、主要报纸以及会议局合作，着重宣传公司会议。

5. 互联网

在 Facebook 和 Twitter 上加酒店网站的链接	2000
开发博客为企业客户提供建议	2000

六、预算

1. 销售

应付款和订阅费

《贸易日报》杂志	$500
《公司会议市场概述》	$350

2. 广告

媒体

《贸易日报》杂志

2 个专栏 × 5" @ $800 × 12 ×	9600	
《公司会议市场概述》		
5 个专栏 × 8" @ $750 × 6 ×	4500	
《圣路易斯指南》		
年刊	1000	$15100
直接邮寄		
美国培训开发团体（ASTD）		$3000
宣传册与传单、信息册子	1650	
酒店信息	1200	
会议包价	2400	$5250
制作成本（广告和宣传册）		$5000
其他销售辅助工具 / 访问用小礼品		$6000
总团体费用		$35200

七、总结

公司会议是我们下个年度的重要市场之一。测算出的 8500 间夜是房间销售总数的 1/10，总额达 35200 美元的费用是市场营销总体预算的 9.2%。

第3章

概　要

销售结构
    销售办公室
销售如何与其他部门沟通互动
销售和市场营销员工
    销售部的职位
    销售团队的补充
管理销售团队
    标准操作流程
    销售会议
    客户划分与维护
    评价销售业绩
销售资料归档系统
    酒店档案系统
    控制手册与销售表单
销售办公室自动化
    先进的自动化设施

酒店计算机系统的新发展
    "虚拟"办公室
    其他自动化应用
小结

学习目标

1. 组织会议销售时需要考虑的要素。
2. 说明销售和市场营销部员工的职位结构，介绍区域销售、全国销售办公室以及独立酒店代表的作用。
3. 从以下几个方面阐述如何管理销售工作：标准化操作流程、销售会议、客户维护和销售评估。
4. 介绍各类销售记录和文档系统。
5. 说明技术在销售部的应用。

组建销售部

Beverly W. Kindade, CHME, CMP, 喜达屋集团行业关系副总裁

"在会议行业中，销售部的作用至关重要。在当今竞争激烈的酒店业经营环境中，要有完善的政策和流程确保销售部内部以及销售部与酒店其他部门之间的有效沟通。要想达到入住率和收入目标，销售部必须配备有热情、知识水平高的员工，要有高效的管理，还要有高效的文档系统、书面流程和有效的监控系统，包括会议室和客房。"

组织大型会议销售

　　酒店业总收入中大约有 50% 来自会议市场，但是在当前竞争激烈的市场中，仅仅派销售人员去招徕各种会议生意是不够的。打开这样一片可以获得巨大利益的市场需要具备高效和管理严谨的销售工作。

　　本章将讨论如何通过设立销售部来组织销售工作——包含部门有形设施和人员配备——以便最大限度地挖掘酒店潜力，以及向会议市场进行销售并为之提供服务。我们还将讨论销售部内部的某些职位，看看要达到最佳效果，销售工作应如何被分工并管理。

销售结构

　　有两个趋势改变了整个酒店行业的商业模式。第一个趋势是购并与整合，酒店行业的购并整合速度已经达到了历史最高水平，酒店企业发现直接购并多个品牌，同样职能的部门合并起来是一种非常经济有效的管理方式。近年来购并案例很多：万豪收购了万丽和丽思卡尔顿；喜达屋购并了喜来登、艾美和威斯汀；费尔蒙收购了德尔塔；希尔顿收购了逸林、红狮、大使套房和汗普顿旅舍等酒店品牌。

　　现在，少数的几个企业拥有了近 100 个酒店品牌。为了提高效率，这些酒店企业对酒店的运营进行整合，更依赖于区域和全国销售办公室。不用一家一家酒店地去拜访客户，而是一个销售人员同时代表企业所管理的多品牌的几十家酒店统一去对客户进行销售。这个概念会在本章的后面进行详细阐述。

　　第二个趋势是市场营销的职能越来越密切地与销售结合在了一起。越来越多的酒店现在更关注收益保本点，而不仅关注会议团给酒店带来的客房收入。尽管房价、日期和场地仍然很重要，但现在更多的酒店评估团队的价值是看它在酒店内的销售模式和能为整个酒店带来的潜在收益。这种趋势被称为收益管理，酒店成立了专门的部门和设立了这样的职位进行收益管理，这个趋势正在整个行业迅速普及。本章后面也会深入讨论收益管理。

　　小酒店。酒店不论大小都需要销售部门指导销售。在小酒店里一般一个销售人员处理多类业务，他需要拜访会议承办人、旅行社和其他潜在客户。再小一些的酒店可能把销售和运营合并在同一个部门里，甚至由酒店的总经理承担起销售任务，总经理可能要每天抽出一段时间去做销售拜访。

不论规模大小，每个酒店都有很多充当销售职能的"非销售"人员。例如一个餐饮员工和两个前台员工每人每周打五个电话介绍新酒店，总计每周15个电话，每年需要打750个销售电话。

大酒店。大酒店一般都有专门的销售团队和销售人员。最好是能有一个销售人员专门针对会议业务进行销售。再大点的企业可能会有更细的专业分工，不同的销售针对不同的细分市场，一个人专门针对协会会议业务，另一个人针对企业会议市场，再有一个人针对奖励市场。显然，这样的精细分工只有连锁酒店可以做得到。当然这样的分工不是成功销售的基础，但这至少可以说明每个细分市场都有自己的个性化需求。

销售办公室

销售部通常是客户与酒店之间的第一道联系，而第一印象是销售成功与否的关键。为了卓有成效地工作，必须合理设置销售部的结构和业务。销售部的销售理念以及办公室陈设都应当有益于扩大业务量。

销售部的职能 如上所述，销售部的建立和运作必须符合酒店市场营销计划的总体目标。酒店经理必须以争取团体生意为目的来设置销售部机构，并使其工作易于得到控制以获得利润（图3-1）。

各酒店的组织架构都有所不同，但右图是一般大型会议酒店的典型组织架构。在这个例子中，预订部经理、销售总监和收益管理总监都会直接汇报给市场销售总监，所有这三个职位都是以销售为导向的，他们的职位是平级的，他们需要定期相互沟通。现

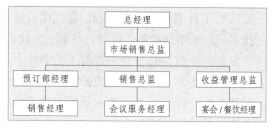

图3-1 典型的会议型酒店组织结构

在销售总监的地位越来越重要，他有权限管理其他相关部门，如宴会和餐饮，这些部门能帮助销售员工更好地给客户提供所承诺的服务。

无论销售部的机构设置是何种类型，至关重要的是让所有员工了解他们在实现市场销售计划目标中的作用。酒店销售人员应当专业化、知识面广而且具有服务意识。所有的酒店员工，无论销售人员还是销售部接待员，都应了解自己在市场营销活动中的重要性。例如，接待员或者秘书应当及时招呼未预约的客户，令其感到宾至如归，

并且能够解答客户可能问到的任何问题。在小型酒店里，接待客人的职责可以由前台员工来承担，他们在回答问题方面训练有素；大酒店则要依赖受过专门培训的接待员、秘书或销售助理来迎接、款待客人。

销售部的有形配置 销售部办公室的位置和外观同等重要。销售办公室绝不应当设在不为人知的地下室或闲置不用的客房内，也不能放在远离大堂的"金鱼缸"般的狭小空间里。对经营会议和宴会服务的酒店而言，理想的做法是将办公室设立在邻近多功能厅的位置。

销售部办公室看上去要有品位、专业性强，避免杂乱无序；照明和通风良好，有舒适的座椅和可读物。摆放物中要有酒店的宣传页和宣传册、菜单样本；可能的话，还要有承办过的会议活动的图片或是关于酒店的新闻剪报，这些都能提供大量信息——并且是很好的销售工具。销售部办公室的装饰物除了酒店以往所获奖励荣誉外，还可以配有客房和宴会厅的照片以及销售人员和酒店管理人员的照片。这种类型的布置有助于客户熟悉酒店所提供的种种设施，同时也有助于增强对酒店的自信心。

销售如何与其他部门沟通互动

在酒店业开始重视市场营销之前，销售部通常是作为独立实体存在，仅仅负责客房和会议室的销售。然而，如今的销售总监及其下属必须成为酒店日常经营中的主体。

对于会议业务来说销售尤为重要，除了要保证会议用房外，销售总监和他们的团队还必须与很多其他部门密切合作，特别是：

- 会议服务；
- 宴会/餐饮；
- 收益管理。

会议服务。要赢得回头客，必须有一个优秀的会议服务部，会议承办人必须对会议的场地、操办能力、设备供应以及员工的服务态度感到满意，才能成为日后的回头客，或是将酒店介绍给其他客户（图3-2）。

皇冠酒店集团把自己定位于"聚会之地"，酒店定制了一系列的广告

你不能计划每一件事，但一些细微的帮助能让你更接近目标。

皇冠会议总监

如果说我们从数千次会议承办中学到了什么的话，那就是认识到有一个值得依赖的专家帮你解决一切会议需求的重要性。那个专家就是皇冠会议总监。

为了你的下次活动，请相信我们的会议专家，就在聚会之地。

图3-2 会议服务部的重要性

资料来源：Lexington 皇冠酒店。

推广本集团酒店在会议方面的努力与投入。其他广告推广还有酒店对会议需求2小时内的反馈，每日会议情况汇报。这个广告是这个系列广告中的一个，介绍酒店集团的皇冠会议总监。这些会议总监是会议承接方面的专家，他们能帮助会议承办人解决在各方面的问题。

会议服务经理所充当的是会议策划人和酒店之间的现场协调人。他们的工作就是监督合同条款的履行，并随时准备应对各种要求，还要应对会议即将召开时或正在召开时所发生的紧急事件。这是一个绝对不能忽视的重要岗位，会议服务经理必须要有足够的授权来处理突发事件（图3-3）。

喜来登也认识到了专业会议服务人员的重要性，它们是这样定义专业会议服务人员的：

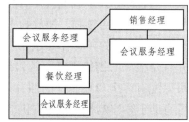

图3-3　局部组织结构

"专业会议服务人员是一个外交官、财务专家、心理学家、杂技演员、读心者和善心大使，能关注到所有细节。这是酒店行业内最有挑战性和最有成就感的工作。

这个工作之所以这么有挑战性，是因为他身兼数职，他要面对很多个性不同的人，这些人对他有很多的要求，他每天的工作都要关注无数的细节，满足无数的完成时限和节点。

这个工作之所以这么有成就感，是因为你能从头到尾跟随一个项目，他把这个活动从设想变为现实。他要24小时连轴转地开无数的会议，而正是因为他的出色工作，客户会一次一次地来找他。"①

会议服务经理是销售经理的承诺和会议承办人的期望之间的中介，是督促酒店运营部门对会议活动承诺落实情况的执行人。会议服务经理必须非常注重细节，而且能在活动执行过程中承受高强度的压力。

宴会／餐饮　虽然有些人觉得宴会部或会议部并不隶属销售部门的管辖范围之内，我们仍然认为对会议场地的控制应当划归一个人——销售总监。这有助于消除误解和沟通上的麻烦，因为有时必须就某个夜晚谁来租用会议室做出决定。这样的决定必须由一位能够统观全局的人来做，这便是销售管理人员的职责范围。

为了便于讨论，我们不妨看看不这么做的情况下其后果如何。局部组织机构图（图3-3）显示出：宴会部经理的顶头上司并非经理助理。当一位客户需要租用宴会厅时，宴会部经理会为其预留出宴会厅。虽然表面上这种做法显得很有效率，然而实际上一旦有会议团体来预订，销售部常常也需要这些功能厅。

当沟通不畅时，这种情况就会发生。如果宴会部已经出租了多功能厅，而销售部在不知情的情况下将同一个厅出租给一个培训研讨会，酒店就会面临两难境地，很可能会失去生意。

收益管理 当今酒店业的趋势是把销售和市场营销结合起来，收益管理对于酒店来说变得越来越重要了。以前酒店主要依赖营销总监和销售总监来实现利润最大化，现在收益管理这个新职位主要作用就是对需求和供给进行预测，发掘出团队的潜在赢利能力。

举个例子，瑞士酒店（Swissotel）就聘请了一个收益经理来根据市场竞争态势和团组赢利能力确定不同日期、不同季节、平日与周末的价格政策。收益管理的决策核心是一套精准的计算机系统，可以对未来一周甚至未来一个月的供需情况进行预测。虽然酒店的收益管理这个职位还是新近出现的，而且可能未来会发生变化，不过国际酒店销售及营销协会（HSMAI）预计未来几年收益经理这个岗位会与酒店的销售部互动越来越密切。[②]

销售和市场营销员工

销售部人员是大多数客人最先接触到的酒店员工。公司和非营利性组织与协会的会议承办人首先通过销售部与酒店建立联系，他们对酒店的最初印象来源于销售人员的态度、个性和待人接物的方式。

销售部的职位

尽管销售工作由销售部总监来统一协调，但是销售部内部却有着许多不同类型的职位。虽然每个员工有着各自不同的职责，但重要的是牢记销售是一种团队合力。每个成员所做出的努力必须与销售团队中其他成员协调一致才能获得最大限度的利润。

市场销售总监 市场销售总监通过设定目标和调整行动方案来领导销售工作，他与销售总监密切合作，以确保目标的实现，并力求将销售工作控制在预算范围内。

销售总监在某些酒店中也被称为销售副总裁，负责执行由高层管理人员制订并一致通过的市场营销计划。其任务就是协调并指导销售部员工的工作。所有销售促销计划必须由销售总监进行报批。销售总监要密切配合总经理或市场营销总监，确定目标市场并为各细分市场确定预拨款项。

尽管对这个职位的权限范围时常有争论，我们仍然相信销售总监应该被给予一切必要的权限以确保销售目标的实现。这种权限可以涉及广告和公共关系、预算以及酒店中任何直接或间接影响销售工作的职能业务。不同类型的酒店对这个职位的工资也不一样（表3-1）。

表 3-1　销售总监的薪资与奖金

酒店类型	中等基础薪资	中等奖金
全套房型酒店	$70355	$4200
配备有会议设施的商业型酒店	$94551	$11165
会议中心和会议型酒店	$105270	$881
面向休闲和会议客的度假型酒店	$111650	$12982

上述数字显示了不同类型酒店的销售总监的中等年薪水平和奖金标准。影响工资标准的因素很多，包括酒店的收入、地理位置和类型。

根据酒店的规模和类型的不同，销售经理职位有很多种。会议销售经理，负责为酒店招揽会议业务（表3-2）。其职责就是确定和联系有可能会在酒店召开会议的那些协会、公司以及联谊会组织。会议的销售通常是通过个人的拜访来实现的，因此，会议销售经理必须要与那些潜在客户建立密切的联系，让客户对酒店的产品和服务有信心。由于筹备时间长，会议销售经理可能要花上 3 ～ 5 年的时间来争取这些业务。

表 3-2　喜来登会议销售经理的岗位职责描述

职务名称： 会议销售经理

部　　门： 市场营销部

上级主管： 销售总监

业务范围： 销售经理是负责长远会议团体的主要人物（6 个月之后的业务）。

工作内容： 开发潜在新客户；管理当前客户，根据酒店的营销计划使现有客户的预订客房间夜数量最大化；完成前两项工作带来的行政事务。

1. 这个职位的任务额：

每月销售间夜数	1200
销售达成率	20
每周电话销售：	
销售跟进：	20
潜在客户：	25
每周客户个人电话	10
每周新客户	10

个人需要提交的销售周报、月报和年报表支持业绩产出评估

2. 调查顾客需求：客房、套房、所选日期、周内计划、计划议程、餐饮要求以及上述内容的弹性范围。

3. 如果需要，从团体过去的记录中获取信息——以前的客房类型、抵达 / 离店方式以及超售百分比。

4. 根据客户挑选的日期和备选日期确认场地档期。向客户建议的日期既应满足客人的需要，同时又能使得饭店获得最高入住率和平均房价。

5. 与客户进行磋商：单日 / 星期几，连续几天订房，团体房价（在销售总监允许的范围内）、免费房以及多功能厅。

6. 按照销售部的规定接受未确认客房预订和未确认会议室的预订。

7. 书面确认所有会议方面的问题。检查所接合约是否已经签字。

（续）

8. 要接到签字合同时，发出确认预订单，预订会议室同时申请信用。

9. 督察、管理以及跟踪预订的程序。

10. 在客户下榻饭店期间定期与其联系，以确保一切顺利。

11. 在客人离店前安排会晤，判定其满意度，争取进一步的业务。

12. 向客户发送感谢信。

下　　级： 管理并与人共有一位秘书。

上　　级： 接受销售总监直接的监督与管理。根据需要制订培训和再培训计划，还可以请销售总监进行培训，指导客房销售。

责任/权力： 在圆满完成客房推广计划并且接受了业务培训的前提下，有权与客户确认日期、锁房和定价。

基本要求： 文科或理科学士学位——最好是商科、饭店或餐馆管理专业。还必须具备专业所需要的气质和素质。

经　　验： 至少两年饭店销售经验。

销售能力：

1. 谈判能力；

2. 制订客户开发战略计划；

3. 市场挖潜能力；

4. 判断新客户赢利能力；

5. 了解本饭店的产品；

6. 了解竞争对手；

7. 进行演示介绍的能力；

8. 组织和计划的能力；

9. 利用推销技巧的能力；

10. 解决争议的能力；

11. 解决问题和做出决定的能力；

12. 较强的文字能力。

　　工作岗位职责是每名员工的工作职能和行业间关系的描述。本岗位职责表明此岗位的各项重要细节和要求。请注意，在"工作内容"条例下，间夜和行动目标都清晰地罗列出来。高层销售人员都愿意以这种设置目标来衡量自我的工作。销售访问的质量远重于数量，因此，间夜/收入是十分重要的。然而，坚持行动目的，如销售电话、个人销售访问和每周争取的新客户都能带来更多的间夜和利润。

　　会议服务经理。虽然这个职位很少被认为属于销售团队，但是其工作与销售经理必须紧密配合。其职责是为酒店所获得的会议进行协调并提供服务。会议服务经理在销售成交后接手各项工作，并开始与会议团体共同研究办会的细节。另外，在会议期间出现的各种问题都将通过会议服务经理来协调解决。会议服务经理必须与

图3-4 会议服务经理的沟通职能

会议服务经理是在会议现场维系会议团组和主办酒店之间的纽带。

所有部门建立密切的工作关系（图3-4），协调餐饮、前台以及宴会等部门的人员，确保展区或活动区域一切运转正常。

这个岗位太重要了，会议服务经理要对会议的成功与否全权负责，因此行业内普遍要求会议服务经理持证上岗。这方面的认证培训项目也很多，这些培训和认证主要是为了确保会议服务经理能为会议团组提供最好的服务。后面的"最佳案例"列举出了这种认证培训项目中的一个例子——由德尔塔（Delta）酒店集团与PCMA合作推出的会议专家计划。

最佳案例

德尔塔（Delta）酒店集团与PCMA合作推出的会议服务经理（CSM）会议专家计划

德尔塔酒店在全加拿大境内有很多酒店，酒店集团与PCMA共同出资推出了德尔塔会议服务经理（CSM）会议专家计划。这是一个全面的三天培训课程，专注于介绍会议服务经理复杂和多变的职责，重点讨论的话题包括建立客户关系、成人学习、餐饮和科技应用。

所有德尔塔会议服务经理都必须参加此培训，确保作为服务中心的会议服务经理们能成为PCMA培训的专业人士，能与会议承办人建立起个人关系，同时确保德尔塔酒店能提供行业内最快捷的服务和反馈速度。德尔塔酒店的培训发展总监Sharon Bolan说：

"我们希望大家知道，如果你想在德尔塔酒店办会，跟你合作的将是一个受过专业培训的人士。我们希望每个人都受过统一标准的培训，因此一个统一的标准化培训是必要的，而PCMA能量身定制这样的培训。"

开发这个课程的Darrin Stern指出，这个课程是由会务经理设计的，也是为会务经理设计。Stern指出，培训中讨论最热烈的一个话题是关于成人学习，特别是会议的设置会如何影响学习效果。

德尔塔Centre-Ville的会议服务经理Danny Champagne认为：

"这个三天的课程让我们认识到我们的客户是在体验我们的酒店。我想它让我们重新认识客户服务。他们已经知道他们对我们来说非常重要，但不同的是，现在他们能肯定地知道所有德尔塔酒店的会议服务经理都会全心全意地投入到他们的会议中去，确保他们能得到应得的服务水准。"

旅游销售经理。其职责是负责为酒店开发旅游团队和包租业务，其工作与旅行代理人、旅游批发商、旅行社和交通运营公司紧密相连。位居此职的人通常善于组合旅游包价团，并且必须在包价团队的定价和促销上具有专长。旅游销售经理可能也会组合奖励旅游团组。

有些酒店可能聘用广告及公关总监，其职责是组织所有的促销资料并协调公共关系，并且最终决定广告投放的媒体（广播、电视、互联网、社交媒体、杂志、报纸、广告牌及直邮）。

销售部员工 酒店的销售人员是销售成功与否的关键。他们寻找客户、安排约会，向潜在客户进行销售拜访。他们必须十分专业，必须对本酒店、竞争对手以及各自的市场有充分了解；他们必须有极好的组织能力和口笔头沟通能力。现在的销售人员还必须懂得使用计算机，因为大部分酒店都已经使用了计算机销售系统。

讽刺的是，越来越广泛的技术应用有时也影响了销售人员和客户之间的关系，会议承办人更多地用互联网去了解场地，"虚拟浏览"可以看到场地的全貌，其他技术的应用（如合同的电子传输）等有时减少了会议承办人和酒店销售人员之间的面对面的沟通机会。

销售人员与客户建立起长期的关系变得越来越重要，关系营销——与客户建立和维持长期的关系——在当今的竞争环境中显得尤为重要。会议承办人更愿意与以前合作过的、服务和配合良好的酒店销售联系，这种相互之间的熟悉与信任会胜过价格等其他因素成为影响决策的主要因素。

拓展阅读

关系的重要性

争取和获得稳定会议业务的一个关键是建立稳固的客户关系。《会议》杂志最近对酒店销售和会议承办人就如何建立关系进行了一次调查。右图显示，84% 的会议承办人认为与酒店销售的关系"总是、经常或有时"影响他们对会议的预订。有约 40% 的受访会议承办人会跟着销售的工作调整将业务从一个酒店迁往另一个酒店，因为他们更看重双方的关系。有 65% 的受访者认为酒店的

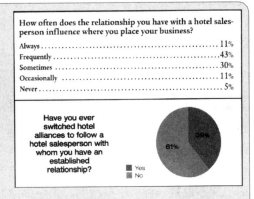

会议服务经理对他们选择场地起到了重要的作用。这个调查说明销售人员必须与客户建立私交，成为他们的顾问和伙伴。而且很有可能你的客户同时也是竞争对手争夺的目标，因此一开始就与客户建立关系和交情就更是极为重要了。

在高科技时代建立客户关系就更重要了。目的地酒店集团的区域市场销售总监 Jack Smith 认为："互联网和电子分销渠道的应用让人们距离越来越远了——现在我们在跟机器和信息做生意，而不是跟人。这会让销售变得越来越非人性化。现在建立与客户的人际关系更难了，因为你很难越过电子邮件和语音信箱跟会议承办人会面。曾经的关系现在变成了交易，新技术让我们效率更高了，但是效果不佳。"

培植关系让销售人员能更有效地捕捉和发掘未来的潜在生意，销售人员都应该以 Bob Keilt 为榜样。Bob 能与客户建立起终生的交情，他为客户想得非常周到，如果会议承办人来考察场地，他会去机场

（续）

接承办人，他的努力所获得的回报是会议承办人每次办活动选场地时都会想到 Bob。他的努力让他实现了自己的人生目标："我努力与我的客户发展起紧密的关系，这让我赢得了客户的所有生意"。

可惜的是，会议承办人有时不能跟上一次合作过的销售经理再次合作，因为酒店的人员流动要远高于其他很多行业，根据 Dartnell 的销售队伍补充研究显示，一般行业的销售人员年流动率是 14.1%，而酒店行业的流动率是 30.5%，翻了 1 倍多，而实际的数字可能更高，因为酒店不会把内部的部门间的调动视为人员流动。礼品及家居用品协会的会议策划人和执行总监 Greg Marshall 就曾经历过人员频繁流动带来的问题，他是这样描述他的经历的：

"从签合同到会议执行，我先后经历了两个销售人员和四个会议服务经理，我要不断地从头开始，告诉新接手的人我的活动目标和要求。现在我在做场地考察时要问的第一句话就是'你们的员工流动情况怎样？'"[③]

对于已经与销售人员和酒店其他员工建立起良好关系的会议承办人来说，员工的流动尤其令人头疼。Accenting 芝加哥会奖公司的一个合伙人 Jackie 说：

"酒店的人员流动太大了，我已经很难记住谁是在哪儿工作的，有时一个人会提前几天告诉你他／她要换工作了，这样真的很难跟这些人建立起关系。"[④]

一些酒店的补偿激励机制可能有助于解决这一问题。有些酒店为了激励销售，给出更高的销售提成而不是工资，这对于销售，特别是年轻的销售人员来说，他们可能为了拿提成更关注新业务而不会去努力维护现有的客户关系。

文员为了辅助销售人员完成他们工作中最重要的部分——销售，酒店必须聘用优秀的文员来妥善保存详细的档案，并且精于运用这些数据，协助事后查询。虽然各个酒店的职责会有所不同，文员的主要职责却是一样的，那就是在店内提供支持，并在销售人员外出时接待未经预约的客户。

如果以节省办公室的辅助性开支为代价来支付增设销售人员所需的大笔开支，则不能不说是一种"小事精明、大事糊涂"的行为。在真正拿到一个会议之前，销售工作很可能需要一个漫长的过程，而且销售人员必须不断地与会议策划人进行接触。面对现今销售拜访的高额成本，由受过良好训练的文员通过系列信函和电话进行追踪是至关重要的。文员还要妥善保留客户的会议记录、人员变动以及其他有助于获取生意的信息。

销售团队的补充

对于酒店来说，由店内的员工对所有市场进行营销常常是不切实际也是不合算的。为了铺设全国销售网络，连锁酒店以地区销售办公室作为销售团队的补充，而独立酒店则依靠独立酒店代理人助其开发地区性和全国性销售工作。

区域和全国销售办公室　很多全国性的连锁酒店自己组织区域销售，万豪、希尔顿和喜达屋等已经把很多酒店的销售集中到一个比较中心的位置。当然，仍有一些独立销售在继续增加，因为会议承办人能通过互联网和电子媒介直接了解和联系到酒店。未来，独立销售将主要针对单体酒店的大客户进行，而单体酒店的销售队伍人数会逐渐减少，他们的职能部分地转移到了区域销售代表身上（拓展阅读万豪新的销售结构——1 号销售队伍）。

拓展阅读

万豪新的销售结构——1 号销售队伍

万豪国际的总裁最近在他的一篇博客中介绍了集团的创新销售构架，这样的销售团队不仅能为客户提供集团内酒店的信息，更重要的是能与公众发展起关系。下面是从这篇博文中节选的片段，主要介绍集团这个销售战略的目标和动作方式。

"酒店行业是人的行业，是人与人交流的体验，整个行业的精髓就是建立关系，了解需求，以顾客希望的方式向他们销售产品。

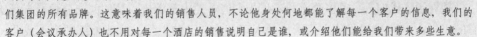

我在伊利诺伊的林肯郡开了一家酒店，酒店开业几年后，我去走访了这家酒店并问他们是否了解销售流程酒店经理告诉我，'我的销售经理上周去拜访了一个大客户，他走进客户办公室时，里面有一位万豪原住酒店的销售经理和一位万怡的销售经理，看起来我们集团下面的三个品牌在争取同一笔生意。'他表示，'我不想这样销售，应该让位同事去代表万豪旗下的所有品牌。'

这就是我们启动 1 号销售队伍计划的起因。这个计划能让我们的销售人员与客户建立起一对一的关系，而这个销售人员在面对客户时能代表我们集团的所有品牌。这意味着我们的销售人员，不论他身处何地都能了解每一个客户的信息，我们的客户（会议承办人）也不用对每一个酒店的销售说明自己是谁，或介绍他们能给我们带来多少生意。

这个新的构架把我们的主要销售人员从单体酒店中拨出来，调动到位于中心城市的中央销售办公室。会议承办人能就近找到区域销售，一个联络点能帮助他们在所有万豪集团品牌和酒店内找到合适的会议场地，这些品牌包括万豪、J.W. 万豪、丽兹·卡尔顿、万丽、万怡和 Residence Inn"。

资料来源：Bill Marriott 博客（www.blogsmarriott.com）以及 Robert Carey，"Sales Force One' Alters Marriott's Reps Structure"，Meeting News, January 2008, p.1。

区域和全国销售办公室成功的主要原因之一就是这些机构中有公司客户销售这个岗位。区域销售办公室是会议承办人和单体酒店之间的一个中介，是一个信息中心，它能根据需求把会议承办人引向合适的单体酒店。

公司员工在向酒店集团询价时，区域销售办公室的存在是有很大优势的。首先，如果客户在某个酒店集团中的某个酒店体验过比较好的服务和成功举办过一次会议，他有可能将下一次会议也放在同一个酒店集团的酒店中办，即使会议可能在全国范围内移动或人数不断增加，承办人仍可以使用同一家酒店集团。其次，会议承办人如果有 10 个类似的会议在国内不同城市举办，他通过一个销售人员一次性把这 10 个会议的预订都解决，这会更高效便捷。一旦区域销售达成了一单销售，他获得集团内其他地区酒店的预订机会就更大了。最后，如果会议承办人在某一家酒店在会议日期订不到场地，酒店集团可以协调另一家酒店的场地给这个会议，而这一点单体酒店是肯定实现不了的。

拓展阅读

会议承办人对区域和全国销售办公室的评价

- "他们太有价值了。他们为我们打开了门。"
- "他们提供一站式的服务，能通过一人了解集团旗下的所有品牌和酒店。"
- "他们了解我们的公司、我们的历史、我们的文化、我们的参会人，而且知道某个酒店是否适合我们的团组。"
- "他们把我们的情况介绍给每家酒店，这样我们就不用每次都重复地告诉每家酒店我们是谁。"

很多酒店连锁，包括文华东方、泰姬酒店、东方快车和凯悦都已经建立了计算机系统将本品牌所有会议酒店与区域和全国销售办公室相连。这个系统能很方便地根据会议团组的需求查询场地档期、价格和备选日期，另外也可以查到客户的预订历史记录，以及该客户在集团范围内的业务记录。通过这套系统，很多区域销售代表也可以锁定会场，给客户出某个酒店的报价，最终完成预订并以电子方式通知该酒店的销售总监完成合同的签署。区域销售办公室还能帮酒店在集团覆盖的所有地区进行促销和公关。

独立酒店代理人 很多酒店并不认为它们单凭内部销售人员便能充分顾及自己所有的市场。它们常常用独立酒店代理人来补充自己的工作。这些外部的个人或公司是销售部的延伸，对外代表着酒店。

由于各酒店的需求不一，独立酒店代理人所提供的服务也各不相同。某些情形下，代理人可能仅仅受雇作为实地销售员来招揽酒店员工无法接触到的客户。其他一些酒店可能使用大型代理公司，这类公司的服务范围除了销售以外，还包括咨询、市场分析、广告以及公共关系。

由于经济上的原因，独立酒店代理人通常为不止一家酒店服务。这就使很多酒店对这类公司心存顾虑。这非常合乎逻辑，它们怀疑同一家公司也在为自己的竞争对手做代理。酒店代理对这种怀疑的回答是："我们所代理的酒店具有不同规模和不同的市场侧重点，而不是替相似的酒店寻找同样的客户。"

酒店是否应该聘用独立酒店代理人呢？如果你的酒店有经济实力派出自己的销

售人员并且任务完成得令人满意，那当然不错。如果酒店的销售经费有限，那么独立酒店代理人会开辟另一个空间。重要的是所创造的销售额。

酒店应该对独立酒店代理公司所提供的利益进行调研。这类公司通常专注于某个特定的市场，同时兼顾其他市场。如果酒店的目标市场是会议业，就要仔细挑选，毕竟专攻这一领域的公司并不多。除此之外，由于多数协会和贸易会议的组织在芝加哥、纽约和华盛顿特区设立总部，假设酒店在上述任何一个城市有代理处的话，那么触及会议市场的机会就会大大增加。下面两个公司就属于这类机构，总部设在华盛顿的 Krisam 集团及以纽约市为基地的世界一流酒店组织（The Leading Hotels of the World）有限公司。

有几个因素需要在做决定时加以考虑（拓展阅读《如何选择独立酒店代理人》）。此外，酒店可能还想咨询正在聘用同一代理公司的同等规模酒店。调查一下这家代理的工作成效，重点调查酒店认为可能很棘手的工作领域。

如果酒店选择与一家独立酒店代理公司合作，切记它们通常是要签订聘用合同的。除了收取一般费用外，它们还按为酒店预订的业务量收取固定比例的提成。酒店必须明确代理所需争取的业务类型以及能够接受的房价。

换言之，酒店代理人应该在酒店市场营销计划的框架之内进行工作，作为销售成员之一，他还应该对酒店的设施、房价以及经营程序烂熟于心。应该鼓励代理公司的管理人员前来访问和巡视。应该为代理人配备酒店组织机构图、经营手册以及会议室、客房和其他设施的详细价目表。最重要的是，代理人应该有一份酒店的市场营销计划书——里面有为他们明确规定的详细指标要求。

拓展阅读

如何选择独立酒店代理人

挑选独立酒店代理人可不是一件易事。选聘一名这样的代理人所花的精力不亚于招聘店内管理人员。下面这些问题有助于您对某个人或者某个公司做出判断，看看是否符合您对销售工作的要求：

1. 这家公司代理着几家酒店？它的业务量是否太大以至于无力达到本酒店的要求？

2. 这家公司是否在为本酒店的竞争对手提供服务？若是的话，在它与本酒店的客户接洽时会发生什么情况？

3. 在本酒店所追求的目标市场上，代理人是否具有专长？他或她是不是了解这种团体或会议生意？这家公司是否与本酒店的目标机构有业务往来？

4. 这家公司是否在本酒店的主要客源城市设有办事处？

5. 代理公司的员工对本酒店的业务类型是否了解？他们是否具有酒店从业的背景？

6. 代理人是否重视服务？本酒店是否想使他们成为酒店销售人员的外部力量？他们是否愿意成为你们之中的一员？

7. 他们有无能力提供本酒店所需要的辅助性服务，并为本酒店的宣传册和其他印刷品提出建议？

除了聘用独立酒店代理人外,很多独立酒店结成全球联盟,如优选酒店(Preferred Hotels)、世界酒店(World Hotels)、世界一流酒店(Leading Hotels of the World)、城堡酒店(Relais & Chateaux)、世界小型奢华酒店(Small Luxury Hotels of the World)。这些公司提供的服务类似代理公司,包括销售、广告、促销和公共关系,另外,这些酒店联盟企业有中央预订系统和积分管理网络。

对于很多独立酒店来说,这些酒店联盟的中央预订系统是一大卖点。很多独立酒店是家庭式的,根本没有资源在华盛顿特区、多伦多、伦敦或米兰这些大城市里设立办公室,加入联盟使这些酒店跻身国际市场成为可能,而且可能与一些联盟的知名酒店搭上关系,共同销售。另外,酒店还能通过联盟强大的采购量获得采购折扣。这些联盟的网络和培训也都非常有价值。

互联网体验

独立酒店代理人

独立酒店经常用到独立酒店销售代理人或代理公司帮助它们进行销售。这些公司一般在大型城市如华盛顿特区、芝加哥和渥太华有办公室,而且有自己的客户资源,能延伸独立酒店的销售力量,其作用类似大型酒店集团的区域和全国销售。

通过酒店代理不仅可以有效扩大销售涉及的地理区域范围,而且可以通过专业展会接触到更多的会议承办人。在这些专业展会上,酒店不用单独购买展台,而是可以与代理公司代理的其他酒店一起分担展台费用,从而在专业展会上亮相。这非常有吸引力,因为这些面向会议承办人的专业展会的费用很高,可能高达每场2万美元。

在谈及酒店代理公司时,Ambrose酒店的营销总监指出:

"它们是我们销售团队的助手,就好像我们多了一个手臂能触及更远的地方,这是我们自己所无法企及的,代理能涉及很多我们无法覆盖的地方。"

请浏览如下网站,并回答下列问题:

• Krisam 集团——www.krisam.com;

• David Green 组织——www.dgoinc.com;

• Hyland 集团——www.hylandgroup.com;

• Hinton & Grusich——www.hintonandgrusich.com。

1.各代理公司都代理哪些类型的酒店?

2.各代理公司都有哪些区域办公室? 这些办公室都在什么位置?

3.它们都会代表所代理的酒店参加哪些活动和专业展会?

4.它们怎么收费?

5.对比这些公司,每家公司的优势之处是什么?对于有意开发会议市场的酒店来说,哪家公司最好?

6.说明聘请酒店代理的独立酒店在哪些方面可以与"品牌"连锁酒店相媲美,而同时又可以保持自己的独立性。

管理销售团队

尽管招聘优秀的销售人员——无论作为内部员工还是独立酒店代理人——是完成销售目标的重要环节，销售工作本身同样必须分工明确且管理得当以获得最大的效益。对销售工作的管理涉及几个方面：为销售人员和会议服务员工确定标准操作流程（SOPs）、定期召开销售会议、讨论达标情况和面临的问题、确定客户的等级、准确地完成存档工作，最重要的内容是调整和评估整体销售进度。

标准操作流程

有效的销售始于严谨的标准化操作流程，这个流程详细规定了销售和服务流程中的每个步骤。每个销售人员都要非常熟悉这个标准操作流程（SOPs）。这些流程说明了不断重复的业务活动应该如何被处理。

每个酒店销售人员都要在案头备好一本装订成册的酒店标准操作流程，以确保大家在讨论销售和操作时，大家的思路是同步和一致的。带有标准操作流程的工作手册是销售部和宴会部工作人员必备的，也是新员工的基础培训材料。标准操作流程手册要包括以下内容：

- 会议活动的管理流程；
- 客房管理流程；
- 预订政策；
- 淡旺季房价政策；
- 信用／押金／取消政策；
- 贵宾政策和免费房政策；
- 会议场租和租用程序；
- 宴会和客房预订的截止日期；
- 会议服务标准和流程；
- 销售部的组织结构图和各岗位的责任描述。

销售部的标准操作流程在形势需要时可以被增添和修正，但是参与销售工作的每个员工都应当了解这些变化。这类书面标准工作程序能够使销售人员在为团体进行预订和提供服务时遵循同一标准，从而有助于避免代价巨大的错误。

销售会议

书面程序固然重要，良好的沟通对于销售成果同样关键。销售会议是确保所有销售人员获得同样信息的最好办法；这类会议还能尽早发现问题、处理问题并最终消除问题的隐患。

虽然各酒店召开销售会议的数量和方式不同，最常见的会议还是周会、月会、活动周会、每周收益管理委员会会议、市场营销团队会议和定期（年度或半年）全员销售会议。

- 每周和每月的销售会议或员工会议通常由销售协调人来召集，协调可以是营销总监、销售总监，或是较大规模酒店的销售经理，也可以是小酒店的总经理。召开会议的目的是讨论在销售和促销工作中发生的变化，在某些客户那里取得的进展，新预订和不确定预订，销售目标和潜在问题，通常所有销售员工以及与此有关的部门领导（会议服务部、宴会/餐饮部、前台等）都要参加这类会议。由于相互之间观点和信息的交流对销售工作至关重要，这些定期的销售会议还应该留出自由讨论和集思广益的时间。
- 每周活动通报会通常只限于那些负责会议销售和会议服务的部门经理参加。这些内部会议确保对团队的业务承诺没有任何细节被遗漏，而且有助于明确所需要的特别服务并保证服务质量。
- 每周收益管理委员会会议一般的参加人员有总经理、收益总监、营销和销售总监、餐饮总监、管控人员、预订经理和前台经理。这个会议现在越来越重要了，因为现在新的市场现状是：不是所有的收益都要平等对待的，需要所有人共同努力使得收益最大化。简单的团队预订已经远远不够了，经理们必须明确他们的客户在现在和未来的价值。现在，定价战略是根据不同的日期预测旺季、平季和淡季。收益会议的目标是根据新的需求信息、竞争关系、预订情况不断地调整预测和修正定价政策。管理层可以据此通知销售团队根据不同日期的预测如何给会议团队报价和议价。
- 很多酒店召集全体员工参加年度或半年销售会议，向全员介绍营销计划——每个员工可以在会间讨论具体问题，如广告和促销活动以及与各部门和员工的关系。这类会议对员工和经理都有益处。它使经理有机会听取一线部门员工不同的想法和建议。

客户划分与维护

让销售人员了解当前的信息和目标只是销售管理工作的一部分。销售总监的职责是将客户进行分配并确保销售人员以最有效的方式接触客户并创造最佳效益。

在对客户进行分配时有许多因素需要考虑。有些销售总监认为应当按照细分市场对客户进行分配。举例来说，总监下辖三名销售人员，一名被委派负责公司会议，另一名负责协会业务，第三名则专管奖励旅行。虽然表面看起来很实用，但是在细分市场之间却可能有着很大的差别。例如，负责分管公司会议的销售人员会因业务量过多而应接不暇。

此时，销售总监迫于这种不平衡会分派两个人来负责这个最为丰厚的市场。这种方法同样会产生问题，因为多数公司宁愿只同酒店的一名联系人打交道。

解决问题的办法是为每个销售人员分配不同的客户，而非不同的细分市场。如此，一名销售员就可以全部包揽某个机构的所有业务活动。这种客户分配对销售员和客人都有益处。由于只有一位联系人，就有助于建立双方的关系从而带来回头客。如果采取这样的方式，在分配客户时就要特别注意客户的数量、他们所在的地理区域以及他们所属的细分市场类型。数量方面，通常最好均衡分配客户。比如，假设酒店要在下个年度争取 900 名客户，那么酒店的 3 位销售员每人应该负责 300 名客户。

这个数字可能会因客户所在区域而有所差别。例如，酒店如果面向附近的工业园区促销，销售人员就比较容易完成任务；反之，如果这些客户散布在两个州区内，销售人员要完成这个业务量就勉为其难了。这种情况下，负责本地客户的销售可以多负担一些客户。

当确定每个客户所带来的业务量时，才需要考虑细分市场。例如，负责分管一家大公司的销售员可想而知会接到更多生意——会议、颁奖典礼、年度会议等——相形之下，负责一家协会的销售员只能接到一次年度会议。鉴于这种情况或考虑到销售员在某一细分市场上所具备的专长，可以对客户进行重新分配以创造最佳效益。

大客户管理　完成了客户分配后，销售人员会发现他所面对的是 300 ～ 400 名潜在客源。向这些客户销售和提供服务意味着要进行预约拜访以及后续跟进——所有这些活动都会产生成堆的文件。那么，销售员如何才能有效地完成如此巨大的工作量并向其客户进行销售呢？办法是对关键客户的管理。

大客户管理指按照客户的创利潜力排出等级档次。这很重要，因为销售员 20% 的客户会创造 80% 的业务量。要逐个分析客户以确定其中哪些客户最具潜力，然后把时间分配好，以便向这些重点客户进行推销并提供服务。对于关键客户的管理就是要为客户评出等级。通常可分为五个等级：

第一等级：包含所有潜力很大的新老客户。这些客户值得高度关注。通常的做法是每年至少要对这些客户进行 5 次个人拜访和 5 次电话联系。

第二等级：包含那些已经给了大量业务的颇有潜力客户。当然，这些优质客户必须继续跟踪，但他们不需要你花费与第一等级同样多的精力，通常每年 4 次个人拜访和 4 次计算机联络即可。

第三等级：包含具有中等潜力的新客户和那些没有达到期望值的中等潜力客户。这些客户每年通常需要 3 次个人拜访和 3 次电话联系。

第四等级：列入其中的是那些具有中等潜力且提供了足够业务量的客户。每年给予这些客户2次个人拜访和2次电话联系即可。

第五等级：指那些潜力很低的新客户和那些不需要花费大量时间维护的老客户。这些客户只需要给予象征性的关注。例如，在拜访一个大客户时顺便走访一次，或者在处理了所有其他生意后拨个电话过去。

客户的等级可以通过填写客户情况表（表3-3）和与销售总监进行讨论后确定。确定了客户等级后，销售人员的工作优先级会随着客户地位和潜在业务量的变化而变化。一个企业原来可能因为地理位置较远而是酒店的一个等级较低的客户，但该客户企业可能因业务发展而在酒店邻近的区域设立分支机构而成为酒店更重要的客户。或者，一个协会原来一直租用另外一家酒店开会，但由于对原会议酒店的服务不满而需要寻求一个新的会议场所。这些情况都很常见，要通过不断评估每一个客户（拓展阅读《家庭型客户》）来确定要实现销售业绩最大化需要在每一个客户身上花多少时间和精力。

如果销售人员考察自己的所有客户并用统一标准进行评估后能很容易选出客户的优先级，那么这样的表可以让销售人员一目了然地看到每个客户的潜在赢利能力。销售人员对自己的300～400名客户的基本情况都列在这样的表里，根据这个表销售总监定期跟踪每个客户的销售（一般在半年底或年初）对客户的优先级不断进行评估。

表3-3 客户再次惠顾一家酒店的原因

客户名称及主要联系方式	过去一年客户拜访次数	期望今年客户拜访次数	客户潜在产出间夜数预估	潜在餐饮消费预估	潜在会议室收入	客户总价值	客户重要级别（1～5）
Stubbs 保险公司 Mark Steward	4次个人拜访 4次电话联系	5次个人拜访 5次电话联系	25个间夜×12个月×$75=$22500 20个间夜×12个月×$80=$19200 30个间夜×4个月×$72=$17280 125个间夜×3天×$75=$28125 总计 $87105	客房收入的40% 客房$87105 =$34842	4个研讨会—免费会议室—产品展示—展厅 会场$10000 平方米=	客房$87105 餐饮$34842 会议$10000	1级——高潜力客户

给每个销售人员设定的目标也会影响他们如何管理和维护自己的客户。大部分酒店根据营业额和间夜数来评价每个销售人员的业绩并据此确定奖金和其他激励方式。如果仅凭间夜数来评价销售人员的业绩，销售人员可能以任何价格销售客房，而不是以尽可能高的价格销售更多的客房。有些酒店会设定淡季销售目标和旺季销售目标。有时一些量较小的客户可能在淡季提供一些比较有价值的业务，从而帮助销售人员实现销售任务。同样重要的是，保持维持老客户和开发新客户之间的平衡。有时销售任务会根据现有客户的产出和潜在新客户的预订量来制定。所有这些能让收益最大化的因素都是在客户管理过程中要考虑的。

评价销售业绩

为了确保销售部能够高效运营，有必要定期对销售人员和本部门的组织机构进行重新审查。应当检查销售人员，看其是否完成了各自的指标。还应对销售人员的总体销售能力进行评估——他们是否挖掘并发展了牢固的客户？是否保持着联系？他们的服务态度是否令人满意？他们是不是恰当地分配自己的时间？这些评估至少应该每季度进行一次，以便部门管理人员能够将严重的困难消除在萌芽之中。一位季节性销售人士指出：

"对销售人员的定期评估能了解销售人员都做了些什么，个人业绩是否与企业或酒店销售政策和流程相契合。与销售人员进行每周的销售情况汇报，还要检查每名客户的跟进情况，根据汇总出的相关文件了解客户关系是如何被维护的。"[3]

新销售人员要更频繁地被检查和评估，以确保他们的销售工作在正确的轨道上。为了便于评估，每个销售人员都有一个档案卡，这个档案卡中包括销售人员所有销售拜访和电话销售的情况记录。销售总监要每周检查每个销售人员的档案卡。

要对销售部的组织机构进行定期审查，以确定当前的工作是否充分发挥了员工的优势并为酒店的最佳经营成果做出了贡献。这就需要考虑几个因素。销售部员工与酒店其他部门的信息往来是否畅通？是否有清晰明确的授权——是否明了权利的范围？是否履行了职责？是否按规定进行了销售后续工作——信件和电话联系等？是否有称职的辅助人员？

销售资料归档系统

酒店销售部应该有一套高效的销售资料归档系统。销售促销的有效性便在于此。大量的客户信息只有在形成文件并被准确和整齐地归档后才能发挥应有的作用。同样，报表和记录只有在便于查询时才具有价值。如果销售人员不能很快找到所需信息，那么档案系统就有问题。

现在，大部分酒店都用计算机系统来保留和管理销售文档，但有些小旅馆仍是手工管理档案。即便使用了计算机系统，保留"纸质"文档也是必要的。合同、往来信函（传真和电子邮件）等可能是电子版的，但仍需要打印出来放入客户档案中。

在这部分，我们将介绍一些销售部常用的表单。虽然计算机系统应用广泛，但这些书面表格也是基础，而且它们能帮助我们更好地理解这些表单的用途。本章的后面我们会说明在会务服务中计算机的应用，以及新技术是如何提升销售工作的效率的。

酒店档案系统

已故的 C. Dewitt Coffman 曾说："对任何销售而言，唯一重要的人工劳动是保障档案系统的准确性并实时更新。没有精密准确的档案记录，销售部便没有'弹药'。"[④]在销售时，特别是针对团体销售，销售人员需要随时获得最新的信息。

存档方法　大部分酒店的档案系统（不论是人工存档还是计算机存档）可分为三类：第一种方法是按字母顺序存档，即根据机构、企业或协会（或联系人）的名称归档，这是酒店最常用的一种归档方式。很多酒店认为这是最简便易行的一种存档方式。

第二种方法是按名称的关键字归档。当不清楚机构的确切名称时，这类归档法便体现出了优势。举例来说，石油和石油产品协会可以被归入石油（petroleum）这一档案内。也可以使用几个关键字（此例的客户还可被归入"油"名下）。

第三种方法是数字法。每个档案都有一个指定的客户号码。然后相应地，一组档案卡片按客户号码和名称被归入档案。这种方法常常用于大型档案系统，而且很有效果，虽然这种方法不是最受欢迎的，但随着计算机技术更多地用于档案系统中，这种方法开始变得越来越普遍。大部分计算机系统能让销售人员通过多个查询条件找到同一份档案，如通过档案编号、编者姓名、关键词和其他搜索路径。

档案系统的要素　大部分酒店的档案系统包括以下三个常见要素：

• 主档案；

• 客户档案；

• 备忘录。

下面将分别介绍这三个要素，不过要记住每个酒店的档案系统都会有些细微的不同。

主档案：主档案的作用相当于销售工作汇总。细节内容有联系人姓名、头衔、地址、电话号码、会议召开的月份、团队人数、过去的会址、谁是选址的最初和最终决策人以及其他相关信息（表3-4）。主档案如同客户的数据库，为了表明不同的性质而常常用颜色加以区分。例如，销售员负责某一区域的团体生意，可以用颜色区分地理位置。如果酒店的工作时间表有空当，他也可以用颜色区分会议的月份。团体的规模也可以用颜色标准，其他关键要素亦然。

表 3-4 主档案实例——人工档案

1月	2月	3月	4月	5月	6月	7月	8月	9月	10月	11月	12月	1 ~ 100	100 ~ 250	250 ~ 350	350 ~ 500	>500
会议团体	National Livestock Dealers Asso.								N - 02197							
主要联系人	David Pritchard								头衔：	协会经理						
地址：								电话：								
城市：																
其他联系人：																
如何做出决策				何时												

日期	城市	酒店	参加人	酒店客房数
				展览
				会议活动

主档案的卡片 13 厘米 × 20 厘米大，主卡可以用色彩区分客户或业务的地理位置、会议月份或其他目录信息以帮助销售人员追踪客户或争取业务。

拥有几个部门的大型公司通常需要主档案和数张跟踪卡（trailer card）。主档案上列出的是详细公司及综合情况，而跟踪卡上则填有联系人姓名、会议日期以及各部门的类似信息。例如，通用电器这样的公司就会有很多这样的跟踪卡片。

电子版本的主档案能让销售人员迅速找到客户档案并针对这个客户添加无限量的新增信息。文档可以在多个屏幕（或多个视窗）中显示，让人一目了然地看到更多的信息，如客户历史、联系人姓名等（图 3-5）。用计算机系统管理主档案可以在很多信息栏添加备注，而且相关信息能很快显示在计算机终端。

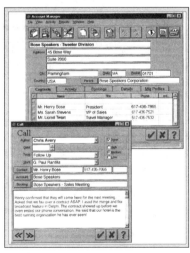

图 3-5 主档案电子版

资料来源：Delphi 7/ 新市场软件系统公司，Durham，New Hampshire。要了解更多信息，请浏览该公司网站 www.newmarketinc.com。

客户档案: 客户档案的功用是作为团体生意的基础档案，档案夹中存有全部的信件以及相关材料（合同、过去的会议方案、专业性报纸上的插页等）。客户档案通常是标准的档案夹（图3-6），与主档案一样，也是可以用颜色来突出一些具体数据信息的。

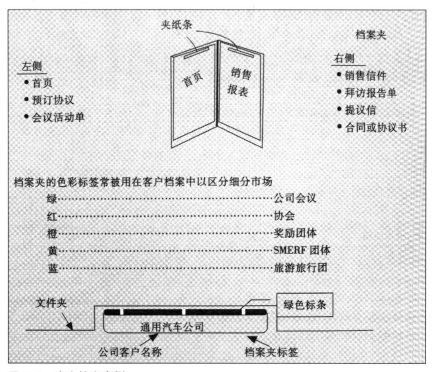

图3-6 客户档案实例

客户档案通常被存放在一个标准档案夹中，上面记录着团体的全部信息，包括拜访客户报告、未确认预订和确认预订情况、已举办过的会议活动单以及信件。所有信息都应当以时间顺序放在档案夹中（最近期的放在上面），用夹纸条固定以防丢失。如同主档案，档案夹也可以用色彩区分不同的特点。

如果需要从档案柜中把档案取走，就要用一张索引卡来替代其位置，上面详细注明团体名称、档案号、取走档案的日期以及使用人的姓名首字母。这样可以使销售人员得知档案的去处。

备忘录: 也被称为追踪文档、提示文档或跟进文档，这是一种有效的跟进工具。备忘录可以有多种形式；有些是按月划分的卡片档案，中间的分隔卡标明日期1～31（图3-7），其他还有复袋式的风琴档案夹。另外，还有专门设计的信笺大小的档案柜系统。在所有的系统中卡片都是按月和天进行归档的。

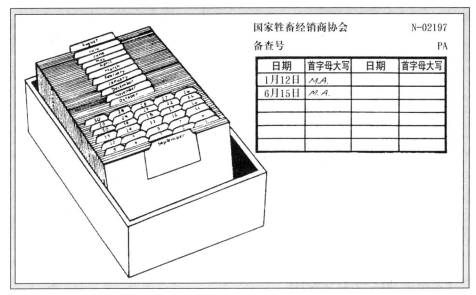

图 3-7 备忘录实例

按照月份和每月日期分类，备忘录便于对客户进行跟踪。销售人员利用备忘录来提醒自己在某月某日要做的拜访或要发出的信件。

备忘录档案如果使用得当不仅有助于工作，而且成本很低，几乎不用花费时间去整理。运用的方式如下：7 月间，你与一位潜在客户进行联系，该客户表示在 10 月之前不会敲定会议方案。你显然希望在那时之前与该客户继续联络——也许是 9 月上旬——于是你将一张卡片或其他提示标记放在 9 月 15 日这一栏内。这种方法消除了对记忆力的依赖并确保了良好的后续工作——只要你记得每天取走当天的提示。

电子版备忘录有很多版本，专业的酒店软件公司如 Delphi 等开发出的软件不仅能在一些重要日期提醒销售人员，而且还有更多的帮助工具。表 3-5 显示的电子版追踪报告，系统能把当天的业务列为几个类别，销售人员可以用这个工具优化自己一天的工作时间安排，尽最大可能争取销售机会。即使销售人员无法进入酒店专用的软件，也可用其他工具管理自己的工作安排，如微软的 Outlook 软件中的任务表和日历管理。

表 3-5 电子版备忘录实例 Durham 度假酒店

Ralph Johnson 早报，1999 年 9 月 21 日							
需要收住房名单							
团组名称	日期	星期	客房类型	年龄	锁房数	变动	新增锁房
Mt. Hope 放射部协会	2/2/00	三	任意房型	25	25		
	2/3/00	四	任意房型	25	25		
	2/4/00	五	任意房型	300	300		
	2/18/00	五	任意房型	25	25		

（续）

需要收订金				
团组名称	抵达日期	追踪日期	新状况	新状况发生日
Acorn 干洗	3/20/00	1/10/00		
口头协议——需要签订合同				
团组名称	抵达日期	追踪日期	新状况	新状况发生日
Jacobs 婚礼	9/1/00	1/15/00		
潜在业务——客户决策				
团组名称	抵达日期	追踪日期	新状况	新状况发生日
自驾旅行协会	3/24/00	11/20/99		
亚利桑那建筑公司	4/30/00	12/20/99		
询价——客户决策				
团组名称	抵达日期	追踪日期	新状况	新状况发生日
汽球工业公司	2/1/00	11/1/99		

资料来源：Delphi 新市场软件系统公司，Durham, New Hampshire。

控制手册与销售表单

除了档案之外，销售部在团体销售过程中还会用到许多控制手册和销售表格。

控制手册 在向会议团体销售公共区域和宴会厅时，销售人员必须能够肯定所指定的场地未被出租。使用酒店的会议活动簿可以避免重复预订（图3-8）。

会议活动簿可以说是预订会场和宴会厅的“指南”，因此整个酒店应该只有一本会议活动簿，以免订重。

最常见的会议活动簿很大，在一页上就可列明一年中的每一天。会议活动簿有

团队名称＿＿＿＿＿＿ 备注＿＿＿＿＿＿

联 系 人＿＿＿＿＿＿ ＿＿＿＿＿＿

地　　址＿＿＿＿＿＿ ＿＿＿＿＿＿

电　　话＿＿＿＿＿＿ ＿＿＿＿＿＿

入住日期＿＿＿＿＿＿ ＿＿＿＿＿＿

日程安排

周日 / 日期	时间	会议活动	布置	人数	房类

场租

销售代理＿＿＿＿＿＿

日　　期＿＿＿＿＿＿

截止日期＿＿＿＿＿＿

填表日期＿＿＿＿＿＿

填 表 人＿＿＿＿＿＿

图 3–8　会议预订单

销售或餐饮经理必须填写这个订单并提交给负责管理酒店会场的人。另外，这个表的一个复本要存入客户档案，另一个复本要存入销售人员的纸质文档册。

几个垂直栏，可以填写下列信息：

- 预订场地的机构名称或个人姓名；
- 联系人（姓名、职位、地址、电话）；
- 活动类型；
- 活动时间；
- 活动时长（包括搭建、拆卸、清洁）；
- 参加人数；
- 摆台要求；
- 场地租金；
- 合同进展情况；
- 其他备注。

会议活动簿上应当为每个会议或会议室留出至少一处空间，用以填写每天当中不同时间段的情况。为了确保最有效率地利用会议活动簿，所有的预订都应该用铅笔记录，所记录的团体名称应当与档案中的完全一致，以便日后参考；还应当记录会议开始和结束的时间以便酒店在可能的情况下预订另一个活动。

为了防止可能的错误，会议活动簿只应由一个人来控制。可以是会议销售经理或是员工众多的酒店中的高级销售经理。会议活动簿必须由专人管理，没有这样的管理，会议销售就会没有效率。

有时可能两个团组都看上了同样的场地，在这种情况下，销售经理要决定哪个团队是最适合酒店的。在做这个决定时可以考虑预订落实的可能性、团队的预计利润情况、客户情况（老客户还是新客户）、重复预订的可能性、长期的利润可能性、改变场地的可能性和团队的历史记录。

除了控制会议场地外，客房控制也很重要。酒店用客房控制簿来进行客房预订管理，有些酒店也把这个册子称为客房控制指南。这个册子可以方便销售了解客房资源是否可以承接某些团组，也可以让销售部随时了解客房的销售状况和待销售的房数，因为酒店通常会限定团队占房数——可用于团队销售的客房——以此来确保酒店业务结构（团队、旅行团、散客）的平衡。随着需求的季节性和周期性的波动，酒店的团队可占房数量也会随之变化，如夏季是会议的淡季，因此酒店会留出 25% 的房给商务和会议团组，75% 的房留给散客和游客。

尽管在会议旺季的春秋两季这个比例可能会倒挂，但酒店很少会把所有客房包给会议团组，因为商务散客和游客是全年都有订房贡献的市场部分，如果把所有客房都包给会议，会让酒店远离这些常年有预订的市场。

客房控制簿通常包含月度报表，上面填有团体名称和每日客房确认情况。这种预测表上有日期标注并且被装订成册，形成未来几年的趋势预测。

会议活动簿的记录都应当用铅笔填写。通常情况下，已确认预订会被登记在一页的上半部，未确认预订被填在下半部。

有一点是格外重要的，即酒店销售部要与前台或预订部之间保持良好的信息沟通。因为双方都有预订业务，有必要避免重复预订。传统的做法是要向前厅部经理汇报预订情况，但是在许多会议型酒店中越来越倾向于将预订部设置在销售部之下。

很多酒店用计算机完成会议活动簿和客房控制簿（图3-9），这种方法仍然能实现有效控制，因为只有有权限的人才能对信息进行增加和修改（更新后的文件将成为一个"只读"文件）。当然，销售人员可以随时查到信息，不论销售人员是否在酒店内。⑤

RIVERVIEW 饭店

打印日期: 1997年10月1日   打印时间: 11:59am

德尔菲——会议场地总况
1997年10月1日至1997年10月31日报表

会议室 名称	Period	We 1	Th 2	Fr 3	Sa 4	Su 5	Mo 6	Tu 7	We 8	Th 9	Fr 10	Sa 11	Su 12	Mo 13	Tu 14	We 15	Th 16	Fr 17	Sa 18	Su 19	Mo 20	Tu 21	We 22	Th 23	Fr 24	Sa 25	Su 26	Mo 27	Tu 28	We 29	Th 30	Fr 31
WASHINTN	M				D	D	D	D					D	D					T	T	T											
	L				D	D													T	T	T											
	A																		T	T	T											
	E																		T	T	T											
ADAMS	M																		DD	DD												
	L																							DD	DD							
	A			T	T	T			T	T																						
	E								T	T																						
JEFFERSON	M			D	D	D			VD	VD	VD		VD	VD	VD																	
	L												VD	VD	VD																	
	A																															
	E																															
MADISON	M								VD	VD			T	T	T					DD	DD	DD					T	T	T			
	L								VD	VD					T	T	T										T	T	T			
	A																															
	E																															
MONROE	M																		T	T	T											
	L																		T	T	T											
	A																		T	T	T											
	E																		T	T	T											
JACKSON	M						VD	VD	VD				D	D	D																	
	L						VD	VD	VD				D	D	D																	
	A																															
	E																															

（接下页）

图3-9（a）　电子版会议活动簿和客房控制簿

　　许多酒店正在用计算机化的会议活动薄和客房控制薄为销售人员提供快速获取信息的便利。销售人员常常要立即给予会场档期和客房情况的答复。这些报表与许多酒店的手工报表非常相似。主要的区别在于：计算机是通过已经输入系统中的预订信息自动生成表格。这些报表是由专门的酒店行业设计的软件Delphi系统生成的。

RIVERVIEW 饭店

打印日期: 1996年8月27日　　　　　　打印时间: 11:41早晨

DELPHI—团队用房控制报告1997年6月

	1 日	2 一	3 二	4 三	5 四	6 五	27 五	28 六	29 日	30 一	房间 总数	客人 总数	平均 价	房间 营业额	确定 价格 日期	价格 代号	标准	输入 日期
团队确定																		
D.E.C.											500	500	124.00	62,000.00	8/27/96	TRB	D	8/27/96
Mass Bay Co											200	200	118.00	23,600.00	8/27/96	TRB	D	8/27/96
I.B.M.											90	90	125.00	11,250.00	8/27/96	TRB	D	8/27/96
Coastal Inc.											15	15	128.00	1,920.00	8/27/96	TRB	D	2/13/96
团队	0	0	0	0	0	0	0	0	0	0	805	820	122.69	98,770.00		D		
团队暂定																		
Lotus Dev. Co.			5	5	5	5					20	40	145.00	2,900.00	8/27/96	SB	T	8/27/96
Crimson Trvl						6					24	48	118.00	2,832.00	8/27/96	RWH	T	8/27/96
Eastern Inc.											35	70	130.00	4,550.00	8/27/96	RWH	T	8/27/96
Lotus Dev. Co.											15	30	121.00	1,815.00	8/27/96	RWH	T	8/27/96
Intel Corp.											9	27	121.00	1,089.00	8/27/96			
Eastern Inc.											4	4	145.00	580.00	8/27/96			
团队	0	0	5	5	5	11	0	0	0	0	107	223	128.65	13,766.00		T		
协会确定																		
Travel Assoc.	25.	25	25								75	75	108.00	8,100.00	9/30/96	KL	D	3/10/96
N.A.F.E.											30	60	127.00	3,810.00	8/12/96	CRW	DD	8/12/96
U.S.ASSOC.											120	240	120.00	14,400.00	8/1/96	TS	D	8/10/96
U.S.ASSOC.							7	7	7	7	63	126	112.00	7,056.00		TS	D	8/10/96
U.S.ASSOC.							5				20	20	120.00	2,400.00				
协会	25	25	25	0	0	0	17	7	7	7	308	521	116.12	35,766.00		D		
协会暂定																		
Vets Assoc.	2	2	2								6	12	121.00	726.00	8/25/96	TRB	T	8/25/96
N.A.R.R.P.	10	10									20	40	120.00	2,200.00	8/25/96	TRB	T	8/25/96
Data Systems				6	6	6					48	96	131.00	6,288.00	8/25/96	TRB	T	8/25/96
D.P.A.			10	10	10						30	60	145.00	4,350.00	8/25/96	TRB	T	8/25/96
Mutual Assoc.					3	3					24	48	131.00	3,144.00	8/25/96	TRB	T	8/25/96
Mont Ward Co.											40	80	100.00	4,000.00	6/24/96	EP	T	6/24/96
Newsweek											16	32	131.00	2,096.00	8/25/96	RWH	T	8/25/96
N.A.F.E.											36	72	127.00	4,572.00	8/12/96	TRB	T	8/25/96
Int'l Assoc.											8	16	118.00	944.00	8/25/96	TRB	T	8/25/96
Womens Assoc.											4	8	110.00	440.00	8/25/96	TRB	T	8/25/96
Manufact. Assn											48	96	127.00	6,096.00	8/25/96	TRB	T	8/25/96
N.A.T.C.O.							45				270	540	234.00	63,180.00	8/25/96	TRB	T	8/25/96
Dental Assoc.								2	2		4	8	110.00	440.00	8/25/96	TRB	T	8/25/96
Central Assoc.									30	30	60	120	120.00	7,200.00	8/25/96	TRB	T	8/25/96
US Yacht Club									4	4	8	16	131.00	1,048.00	8/25/96	TRB	T	8/25/96
协会	12	12	18	16	19	6	45	2	36	34	622	1244	171.58	106,724.00		T		

图 3-9 (b)

　　会议活动薄和客房控制薄中的潜在预订单和确认预订单要定期检查。在周销售例会上，主要议题是预订情况以及如何最好地管理客房和会场资源。电子版会场和客房控制簿能让销售部员工随时从中看到业务进展情况并更有效地管理资源，这对酒店和会议承办人都有好处。

关于计算机会议活动簿，凯悦酒店集团的信息系统管理副总裁 Gordon Kerr 这样说道：

"每个酒店都要有一大本记录，记下会议室和客房的预订情况。如果一个顾客打电话给位于芝加哥的凯悦集团总部，要求预订旧金山的一个会场，总部必须打电话给旧金山的酒店销售经理了解会场档期。急切等待答复的客户要等几个小时，甚至几天才能获得答复，这时很多潜在客户可能已经在别家酒店找到会场了。用了计算机系统以后，凯悦用户可以在网络上直接查询任何一家酒店的会场档期。"⑥

西雅图喜来登酒店的市场销售总监 Wendy Bonvechio 指出：

"自动化对于我们的业务来说非常重要，在手工记录时代的一个问题——重复预订——被彻底消灭了，自动化的计算机系统是不可能让酒店被重复预订的。我们的顾客也要求自动化，因为它更快捷高效，而且有更高的准确性。在当今的市场上，自动化已经不是一种选择了，而是必需。"⑦

销售表单一旦给出了销售承诺，从销售到执行的过程中就会有很多表单。潜在预订单是用于日期未确定或细节未确定的活动预订（图3-10）。

正常的活动预订流程中，会议组织者可能会先就某个日期进行场地预订，有时在确定日期时还需要解决一些前提条件，如企业会议

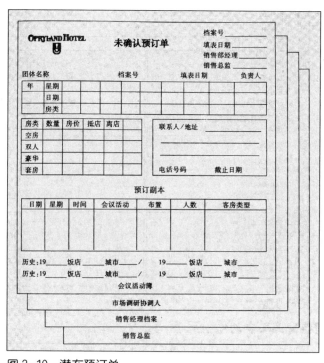

图 3-10　潜在预订单

此表单是用于等待活动的最后确认。潜在预订单通常是在客户对场地有意向，但需要获得审批通过时用的。在这张表单上，要记录活动的细节以及需要确认的内容（要标注出会场留到什么时候，即最终需要确认预订的时限）。

需要管理层授权通过。因此，会议承办人通常会选出一个备选日期，并暂时控房。

这意味着酒店已经同意将待定日期的房暂时留给客户。有些酒店对待潜在预订非常谨慎，因为他们不想因为一个还没"最终确定"的可能生意而推掉其他生意机会。因此，限定潜在预订的控房时长是非常重要的。达到一定的时限，客户就必须确认或放弃控房。如果这个时段太长，酒店的销售空间就受到了很大的局限，但这个时段要足够长让客户去通过活动审批确认预订。一个典型的暂控房协议的说法是：

"作为第一意向控房者，客房和会场将会预留至'截止日期'。超过了这个日期，以上所有会场和客房将无法保证，除非在日期之前有更新协议签署。"

确认预订表是在业务确认后要填写的，在活动确认了日期并签完合同后要提交此表单。表单内容包括酒店要为活动提供的各项服务的细节，如参会人数、摆台要求等。日期和细节要求都要录入会议活动簿（如有客房还要录入客房控制簿）中去。

团体预订一旦"确认"，就要为会议活动建立工作档案。工作档案与客户档案不同；它只包含与活动相关的信息并且是会议服务部的工作依据。活动结束时，工作档案被分为细目，相关材料会被放回到客户档案中。某些酒店按时间顺序存放档案，但是由于会议活动部已经用这种排序方式记录所有活动，采用字母顺序反而更为方便。要紧的是酒店需用时间顺序法排列未定会议活动以作提醒。

会议预订后，还会需要其他表单。在某些情况下，一些细节的东西如日期、对房间的要求或客房数可能会发生变化，这就需要填写变动单以保证落实这些变动项目。时常发生已经确定的生意被取消的情况，这时就要填写取消单并存档。由于取消预订的原因很多，一些酒店在填写取消单后，还要在丢失生意报表上登记，列明取消的详细原因。

某些酒店用一张总表取代了上述这些表格。除了通用的销售部表单外，销售人员在向客户推销的过程中还需要用到一些表单供自己跟进客户线索用。

销售办公室自动化

在过去几年中，酒店销售方式发生了巨大的变化。当今先进的技术已经免除了销售工作自身大量的"苦差事"。过去要花几个小时绘制、更新和分析报表，现在靠计算机很容易就能完成制表、视图和编辑。本部分将介绍当今的计算机是如何使销售部的面貌发生巨大变化的——它不仅消除了耗时的文书工作，还使推销性陈述独具个性，它帮助创建潜在客户名单，并可以预测出对客房和会议室的需求。

先进的自动化设施

过去，酒店业的专业人士认同这样的说法，即销售人员用在非销售活动中的时间高达 70%，如查寻供租房、预留客房和会场，以及来来回回到档案柜查找信息。计算机改变了这一切。再也不用手工寻找丢失的档案或准备报表了；这些数据就储存在个人的计算机终端内。

除此之外，计算机把销售人员从办公室中解放出来。当一位销售员外出拜访客户，而又恰逢紧急情况时，其他销售人员或文员可以调出所需信息。需要的话，其他部门（宴会部或餐饮部、预订部等）可以立即获得相关信息（常常是报表形式）。

计算机很容易就能使合同和信函这样的重要文件具有不同风格。它们简化了大宗邮寄的过程；用计算机可以制作邮寄标签（经常按邮政编码或团体类型分类），而秘书则要从档案中进行筛选，将某些目标客户的标签打印出来，所用时间是计算机的几倍之多。销售管理人员可以用计算机对个人和部门的业绩进行评估——计算机可以提供以往拜访客户的详细报告、预订的数量以及未来工作的潜在区域。

酒店计算机系统的新发展

尽管几年前酒店就已经使用计算机系统进行预订，但是销售部最近才开始利用自动化办公为销售人员和销售部管理人员提供最新的信息。喜达屋酒店集团的区域市场销售总监 Tim Grover 指出：

"自动化对于任何酒店来说都很重要。Delphi（酒店销售和餐饮管理软件）目前在市场上占有 80% 的份额，它被称为酒店销售和餐饮系统中的'微软'。它们有一个基于视窗系统的销售合同、客房预订和餐饮空间的管理系统，用户体验友好，而且可以生成各类报表。Delphi 软件在合同管理方面的功能也非常强大，整个销售团队可以把每一次跟客户就某个项目的沟通记录到系统中。最重要的是，这套系统能帮酒店有效地管理收益，实时更新客房和餐饮空间的预订情况，这对客户和酒店来说是双赢的事。"[8]

除了获取信息，计算机的最重要功能之一是帮助销售部对有关会议团体的信息进行归类和分析。数据库管理计划使所有预订都有了服务档案，包括预计和实际参会人数、预订客房数、预订的活动类型、平均房价以及人均餐饮消费等。再也不用花费几个小时去搞清哪些团体要预订团体房或者哪个团体要在本国西部地区开会；计算机将为销售代理提代一份客户名单供其联系（拓展阅读《数据库营销中蕴藏的机会》）。

"虚拟"办公室

计算机能够免除大量枯燥乏味的文档整理工作，并且为会议市场的销售和服务工作提供必要的信息。除此之外，在提高酒店销售人员的效率方面，计算机正在发挥越来越重要的作用。不用花费数天时间就能回复客户的询价或查看可租日期。销售人员也不再局限于从本酒店进行销售。当今的销售人员中有许多正在利用先进的技术创建"虚拟"办公室——配备有笔记本电脑、电子邮件地址和黑莓手机，哪里有生意他们就可以到哪里去——同时仍然与酒店保持着密切的联系。手机上面有日历、地址簿、任何清单和备忘便笺，而且还能作为公司数据库的终端进入酒店客户关系管理（CRM）数据库或了解其他相关公司数据信息。这意味着销售人员可以在千里之外随时更新酒店的销售信息，而且可以实现在家办公，这都拜新技术所赐。喜达屋集团估计它们每 100 位销售员中大约有一半的人员是在家办公的，而且这种趋势会延续下去。⑨

笔记本电脑是虚拟办公室的一个重要组成部分。它轻便、易携带，可以与酒店连锁集团的计算机系统联通以查看供租房、房价以及其他潜在客户需要了解的信息。多数笔记本电脑都配备有传真调制解调器，使销售人员能够给会议承办人报价并立即发传真。

瑞士酒店（Swissotel）是一家在美国、欧洲、亚洲和中东均建有酒店的连锁集团，它是最先"走向虚拟"的酒店公司之一。它们的美国全国客户部配备有笔记本电脑和个人掌上助理（PDA），使销售人员能实时获得客房档期和价格信息。笔记本电脑还被用于发送和接收传真，由于笔记本电脑内保存有酒店客房和会议室图片以及详细信息，可以随时给会议承办人做酒店演示。

瑞士酒店集团总裁兼首席执行官 Andreas Meinhold 对这个系统是这样评价的：

"从某种意义上说，瑞士酒店所做的就是利用特别设置过的笔记本电脑和网络系统把酒店产品打包到销售人员的公文包里。由于我们的销售人员与酒店管理系统实现了联网，他们便能够在虚拟办公室里进行操作，就像站在任何一家瑞士酒店的前台里一样。

我们的客户经理将把时间全部用于销售，而不是用于行政事务。他们可以在所需要的任何时间和任何地点工作，从而真正把他们的时间集中在处理我们的客户需求上。"⑩

电子邮件（E-mail）为销售人员带来了很多好处。首先，速度快，去信和回函不再需要几天的时间。通过电子邮件，销售人员可以在很短的时间内完成一系列动作，发送信息或建议，收到回复，再反馈给客人（与电话通信不同，人们在收到电子邮件时可以直接反馈给对方，而不必先同总部联系，挂断电话，查找客户的号码后再拨打电话）。其次，电子邮件虽然并非公用工具，却可以一次性群发同一信息（例如，销售人员如果要通知新的促销活动，只需一次性输入信息，然后用电子邮件同时发给多个潜在客户）。最后，电子邮件考虑到了灵活性。数条信息——不论相同的还是不同的——可以被同时编辑并且同时发送出去。反之亦然，接收者可以一次性收到所有的来信，并根据时间和优先次序给予回复。电子邮件所传内容可以是询问某个具体问题的短信，也可以是整个的文件和图表，甚至可以通过电子邮件传输软件应用程序。

拓展阅读

数据库营销中蕴藏的机会

　　数据库市场营销使酒店得以与客户建立长期的个人关系。因此有时也被称作关系营销或忠实度营销，这种方法不同于大众营销，而是长久以来被用于针对会议承办人的销售。很少有哪个行业像酒店业一样保存客户的详细信息——档案中不仅有客户所提要求的记录，还方便地显示出将来与客户联系的线索。

　　每家酒店都有客户档案，内存所接待过的团体的情况以及散客的登记卡。最经常被问到的问题是，"这些档案要保存多久？"更重要的问题，"这些档案信息对我们有什么用处？"档案中保存的这些原始材料是数据库市场营销的基础。

　　在过去的五年至十年间，竞争越来越激烈，酒店市场营销者们因此比以往任何时候都更加计较营销的支出。他们发现争取一个新客户所需的花费要比保住现有客户高出 5 ~ 7 倍。您的最佳客户是那些最近光顾酒店的人、经常光顾酒店的人以及那些为酒店营业额带来大幅增长的人。

　　客人账页、登记卡以及会议承办人团体情况表构成了酒店数据库的核心；这些信息资料能够使您提供个性化服务来满足客人的需要，从而优化客人的实际体验并增强客人的忠诚度。

　　酒店专门利用数据营销方式来分析细分市场的旅行和消费形式。数据库程序使您轻易就可以查找到客户并维持对客户的管理；快速调出任何客户的档案；制定出回复电话的时间表，起草跟踪信函，形成邮寄名单；也可以利用信件合并功能为个人或大批客户发信。

　　与客户建立关系、开展对话正在迅速成为酒店业的生存之道。无论酒店是否继续只依赖于客史档案系统，还是决定花费时间和金钱去建立一个复杂的数据库系统，有一样是肯定的：了解顾客，并能利用资源去快速回应挑战和机会的酒店经理将在未来竞争激烈的 10 年中获得巨大的优势。如果酒店的动作不够快，那么酒店的竞争对手必定不会放弃这个机会。

资料来源：Driving Revenue 公司的创始人和 Estis 集团的管理合伙人 Cindy Estis Green。

　　还有很多其他新技术在缓解当今酒店销售人员的压力，节省他们的时间，包括计算机 Rolodexes、"备忘录"机、个人管理软件、电子字典、拼写检查和翻译机。这些新技术提高了销售人员的效率和专业度，让销售人员有更多时间去做自己的主业——客房和会场的销售，寻找业务机会和线索，发掘潜在客户。

　　华盛顿特区喜来登酒店的销售经理 Mike Mulcahy 随身配有笔记本电脑和黑莓手

机，他每周有 4 天在为酒店跑会议业务，他觉得这种安排既有利于酒店，也有利于会议承办人。他认为：

"底线是，我通过实际的拜访和面对面的会晤给会议承办人更多的个性化服务，没有什么比跟客户一起在屏幕上看会场档期更高效和令人信服了。还不止这些，我甚至可以现场出合同，在我离开客户公司之前合同就已经签好了。效率真是极大地提高了。"

其他自动化应用

计算机和其他的技术使销售部存档实现了自动化，并且提高了酒店销售人员的工作成效，除此之外，它们还被用来提高下列几项工作的生产力和效率：

- 完成每日、每周和每月的报表；
- 维持客房和设备的储量；
- 生成邮寄名单；
- 利用文字处理功能撰写合同、提案、日常信函等。

个性化 由于具有文字处理功能，计算机时代已经迎来了个性化时代。当今的会议承办人绝不希望仅仅是得到一个客房号码。利用计算机数据库很容易就使信函具有个性化，甚至使日常合同个性化。

下面是使用文字处理系统的诸多好处：

信件只需起草一次，就可以保存成电子文件留作后用；
- 计算机系统中的字典可以进行拼写检查，大部分系统还提供语法检查；
- 会议策划机构的邮寄名单可以与酒店内的名单合并（删去重复的名单，形成一份干净的档案）；
- 标准化内容的段落可以被调出来，以便插入提案和合同；
- 上次会议的信息可以被用在追踪信件中——例如，"今年的颁奖宴会您还想使用蒙特卡洛的房间吗？"
- 可以自动归档，既准确又快捷，省去了办公室最令人厌恶的文书工作。

用收信人的姓名及其所在机构的名称可就可以有效地实现个性化。姓名和名称可以被用到例行的销售信件中，使人感受到人情味。至于数字化的销售档案，它把销售部文员解放出来以从事其他更有成效的工作，如预约或为销售人员做针对客户的后续工作。

收益管理 用于市场分析的计算机应用软件使得酒店的经营方式发生了重大变化。营业收入管理亦即众所周知的收益管理，已经成为越来越重要的填充会议场所和客房的工具——同时为酒店增加盈利。

收益管理是在预测会议室和客房的需求基础上进行的。价格在供不应求时当然趋于上升，反之则下降。收益管理这一工具将影响生意的诸多因素加以考虑，预测何时酒店可以用更高的价格销售会议室和房间。

今天，大部分酒店都要持续不断地监控酒店的业务结构（商务散客、休闲游客和会议业务）以期使收益最大化。可以预测某些日期的房价，以及在哪些日期期望看到多少会议团体。

芝加哥凯悦酒店的销售副总裁 Fred Shea 指出：

"根据我们预测的业务需求量，系统会给出一个最大量，但系统会不断地重新评估市场情况，我们越接近团队预订的最大量时，我们越会重新评估价格是否应该涨或降，这当然是根据酒店的总体销售情况来定。"[11]

精明的会议承办人了解酒店在某些日期的业务结构目标，他们会提早下订单以确保场地，或等到需求量下降时再谈个好价钱。他们还知道酒店内部的预测工具是根据以往的数据得来的某个具体日期的团组业务量数据。如果他们的团组一般都有比较高的利润，酒店会把这些团组视为比较受欢迎的业务，这时会议承办人就可以谈出一个更好的价格。

现在的收益管理（revenue management）比以往的产出量管理（yield management）更进了一步，它不仅评估团队带来的客房收益，还要评估团组对酒店整体保本点的影响。亚特兰大皇冠假日酒店的品牌营销副总裁 Kevin Kowalski 认为，随着需求的增长，酒店要认真审视业务结构以期提高赢利水平。他的解释是：

"我们能更关注争取价格更高的企业，少一些 SMERF（军事、教育、宗教、联谊会之类的社团）团组，因为它们带来的附加收益很少。"[12]

收益管理要综合考虑团队规模、消费历史（包括客房及在酒店餐饮和娱乐设施方面的消费）和未来对酒店的收益（附带的团组和个人预订，其他业务的介绍等）。

互联网体验

酒店收益管理软件

IDeaS Revenue Optimization 是酒店行业最主要的收益管理系统软件供应方，其系统可以辅助预测团组和会议业务的价格体系。

请进入该公司网页 www.ideas.com，点击"On-Demand Webinars"，作为一名学生进行注册，把学校名称输入公司名称栏，之后点击"Resources"，然后再点击"On-Demand Webinars"，学习其中一个网络研讨会和报告，看看你能从中了解哪些关于收益管理的应用。

随意浏览任意一个你感兴趣的网络研讨话题，不过下面两个话题非常有用，而且直接与本章内容相关：

• 如何组织一次有效的收益管理会；
• 团组/公司业务——充分开发这个市场。

案例研究

Breakers 引入销售及餐饮系统

成立于 1896 年，并被列为国家级历史遗址地的 Breakers 棕榈滩度假酒店是美国的一个富有传奇色彩的度假目的地。度假酒店有 560 间客房，属于意大利文艺复兴时期风格的建筑，坐落于佛罗里达棕榈海滩中心地带，是一个滨海度假酒店。酒店在业主的支持下，在过去的 20 年间，投资 2.5 亿美元重新装修改造了整个酒店设施，最近还把酒店海滩改造成了一个豪华的海滩体验区。

变化的原因

多年来，Breakers 采用自己的家族式管理体系来管理自己的销售和餐饮流程。酒店的销售总监 Jim Mostad 觉得这套体系已经不再适用了，酒店急需一套解决方案来满足越来越多会议业务的管理需求。另外，酒店的销售、餐饮和会议部门必须协同运作，这需要很高效的组织和管理，只有这样酒店才能给顾客提供他们所期望得到的服务。

简单地说，Mostad 和他的团队要把度假酒店带入一个新技术时代，应用一整套新的销售和餐饮系统。Breakers 选择了 Delphi 系统，一个功能强大的酒店应用软件系统，它能让 Breakers 的员工快速、方便、准确地生成为客户定制的会议活动平面图。

Mostad 对这种变化是这样说的：

"和任何软件的升级一样，销售和餐饮部的员工开始对这个系统是有点恐惧的，但推行几个月后这种恐惧感就消失了。Breakers 从这个先进的系统应用中获得了利益。"

Jim Mostad

Breakers 棕榈滩酒店销售总监

资料来源：节选自 Newmarket International's 网站（www.newmarketinc.com），感谢 Breakers 提供图片。

拓展阅读

实时信息带来了新的收益机会

自新系统执行以来，Breakers 棕榈滩酒店的收益有了巨大的增长。销售和餐饮的反馈和提交方案报价的时间也大大缩短了，而且销售人员可以实时生成合同，在销售拜访时与客户共同审订合同。这些改善既对顾客有好处，也提高了整个流程的效率。

除了管理日常销售和餐饮运营外，Mostad 还认为这套系统大大缓解了收益管理的压力，这是最令他兴奋的，他说道：

"知识真是力量，我们的自动化系统让销售团队有足够的信息让他们能独立工作，给我们带来了前所未有的便

（续）

利。"Breakers 现在可以分析每个市场在不同时间的效益情况。我们现在能清楚地掌握客户预订了什么，为什么预订，而且我们能够准确评估每个业务或团组的收益。通过预测分析了解哪里有机会，哪些机会对于饭店来说是利益最大化的。

系统让我们看到了我们在什么地方，业务预订情况，真实地了解我们在市场上的位置。这都得益于更科学的预测，更好的销售战略和认清饭店的新机会所在。

资料来源：节选自 Newmarket International's 网站（www.newmarketinc.com），感谢 Breakers 提供图片。

小　结

要想抓住利润丰厚的会议市场，酒店必须要组织销售。本章介绍了各个层级的销售，详细说明了销售办公室的布局，销售部与酒店其他部门在服务团队业务方面的相互关系，介绍了销售部内部各个职位的构架，以及补充销售队伍，包括区域销售办公室和独立酒店代理人。

各级销售管理包括用一系列表单来跟踪业务预订和团队活动的执行。介绍了很多表单，包括活动和客房控制簿，以及能让销售人员管理时间和客户的表单。还介绍了计算机是如何改变这个行业里销售人员的工作模式的，提高他们的效率并使他们有更多精力去接触和服务客户。

在很多方面，技术让业务交流变得非人性化了，销售人员借助技术手段可以提供 24/7 的服务了，互联网是寻找潜在客户的重要工具。不过，酒店业归根到底还是人的服务，正是这种人的服务让一个销售有别于另一个销售。酒店业仍然是个"关系"行业——与会议承办人的面对面或电话的交流，人与人的互动，仍然是赢得业务的最有效途径。

尾注:

① Sheraton's Convention and Conference Services Standards Manual.

② Lalia Rach, Ed.D., "The Current and Future Marketing Professional", HSMAI Marketing Review.

③ Peggy Swisher, Andrea Dole, and Michelle Russell, "Driven by the Bottom Line", PCMA Convene, June 2007, p.32.

④ Megan Rowe, "15 Things That Drive You Crazy and What to Do about Them", Corporate Meetings & Incentives, October 2003, p.17.

⑤ Howard Feiertag, "Educated Sales Effort", Hotel & Motel Management, April 7, 2003, p.16.

⑥ Courtesy of Hyatt Hotels Corporation Sales Automation System, Datamation.

⑦ William Dunean, "Booking Streamlined by Next Generation of Hospitality Software", Convene.

⑧ "How Technology Is Refining Hotel Operations", Convene, December 1999, p.124.

⑨ Beth Rogers, "Working at Home", HSMAI Marketing Review, Spring 2000, p.34.

⑩ Laura Ross-Fedder, "Computers Empower Swissotel Sales Staff", Hotel & Motel Management.

⑪ Cheryl-Anne Sturken, "As They See It: How Hotels Evaluate Group Business", Meetings & Conventions, May 2005, p.49.

⑫ Ibid.

主 要 术 语

客户档案（account file）：一种标准文件夹，其内存有对客户服务所需要的信息。

数据库营销（database marketing）：管理客人档案、入住登记卡和会议承办人的团组历史记录的程序，它能让企业发展与顾客的关系并与顾客形成对话。

重复预订（double booking）：同一个场地同一时间预订给了两个团组，造成合同无法兑现。

会议活动簿（function book）：对所有宴会场地的总控簿，每一页上按照宴会厅分别列项，每年当中的每一天都有专页。

客房控制簿（guestroom control book）：控制团队控房情况的总控簿。

独立酒店代理人（independent hotel representatives）：个人或者公司，作为酒店内部销售人员的补充力量。

大客户管理（key account management）：根据客户各自的利润潜力将其分成不同等级。

主档案卡（master card）：是记录销售工作所需一切要点的索引卡，包括机构名称、决策人、关键的联系人、地址、电话号码等。卡片可以用彩色标签区分关键的内容。

意向预订（option）：为会议团组预留的会场或客房，但这并不是基于合同的，酒店可以要求预订方在规定时间内或确认或把空间放给第二个订定方。

备查档案卡（reader file）：存放销售人员收、发信件影印件的档案，便于考查销售人员的业绩。

区域销售办公室（regional sales offices）：各酒店位于不同地区的销售部门。它们的作用是进行酒店促销活动并且销售酒店产品。

关系营销（relationship marketing）：市场营销认为客户是资产，强调维系客户和保持与客户之间的关系。

收益管理（revenue management）：评估团队整体利润情况的行为，不仅要评估团队对客房和会场空间的影响，还要评估该团对酒店其他赢利点（从餐厅到零售）的影响，以及能带来的未来潜在业务。

标准化操作流程（standard operating procedures, SOPs）：介绍经营活动正确方式的书面材料。

备忘录（tickler file）：跟踪档案，用以提醒销售人员必须在某一天发出信件、拨打电话、拜访客户或进行其他业务活动；有时其内容被称为跟踪卡。

工作档案（working file）：预订被确认后立即建立起的档案，内有会议相关信息。

收益管理（yield management）：一种用来为酒店获取最大利润的技术。

复习题

1. 一线部门和员工支持部门的区别是什么？销售部在酒店的整个组织机构中占据何种地位？为什么必须给予销售部高于其他部门的权力？
2. 组建销售部有哪三个关键因素？每个关键因素的重要性何在？
3. 简述销售部内不同职位的工作说明。这些职位在大型酒店和小型酒店中有何不同？
4. 何谓独立酒店代理人？选择个人或公司代理您的酒店时需要考虑哪些问题？
5. 酒店档案系统的关键因素有哪些？为何每个因素都很重要？
6. 阐述会议活动簿和客房控制簿的重要性。为什么必须有专人管理每个簿子？
7. 计算机是如何使销售部发生变化的？如何利用自动化强化销售工作的效果？

参考文献

1. Convention Tourism, Karin Weber and Kaye Sung Chon, The Haworth Press, Inc., 2002.
2. Hospitality Sales: A Marketing Approach, Margaret Shaw and Susan Morris, John Wiley & Sons, 2000.
3. Journal of Convention and Exposition Management, K. S. Chon, The Haworth Press, Inc., www.haworthpressinc.com.

网址：

若想获得更多信息，可访问下列网址。网址变更恕不通知。若你所访问的网址不存在，可使用搜索引擎查找新网址。

1. Delphi/Newmarket 软件：www.newsoft.com
2. Delta 酒店集团：www.4deltahotels.com
3. 希尔顿酒店集团：www.hilton.com
4. 国际酒店销售与营销协会（HSMAI）：www.hsmai.org, www.revmanagement.org
5. 酒店业技术与会议：www.hitechshow.org
6. 国际酒店财务协会（IAHA）：www.iaha.org
7. 喜达屋酒店集团：www.starwood.com

第 4 章

学习目标

1. 解释会议对协会组织的重要意义，指出协会会议承办人所要寻找的会议地点的特征和益处。
2. 描述不同种类的协会会议。
3. 指出协会市场上重要的协会会议的特征。
4. 了解是谁决定在何处举行协会会议，以及会对些决策产生影响的人物。
5. 描述销售人员追踪协会及找到有关协会会议信息的工具。

协会市场的重要性

Kathy Dixon Leone, Boca Raton 度假村销售副总裁

"协会市场是一个巨大的会议市场，包括在酒店举办的会议以及由此给饭店带来的企业会议机会。如果协会会议服务得好，它能成为一个业务基石，为饭店来年兴旺的生意铺平道路。"

针对协会市场的销售

在前面 3 章中，我们学习了会议业务的重要性以及会议市场的主要趋势，介绍了作为销售基石的市场营销计划以及如何构建销售部和管理销售部的运营。在接下来的 3 章中，我们将分市场介绍各类细分会议市场的特征。会议市场上最主要的两个目标市场是协会会议市场和企业会议市场，这几个章节的介绍将依据如下结构：

- 影响会议承办人的选址的因素；
- 会议的类型和各类会议的特征；
- 关键决策人；
- 如何检索和锁定业务源。

根据会议业委员会的研究，协会每年在会议方面的花费高达 819.4 亿美元（图 4-1）。无怪乎那些在大城市里有酒店的各大酒店集团都指望协会市场每年能占到酒店客房总销量的 30% ~ 40%，这些酒店集团包括费尔蒙、四季、希尔顿、凯悦、万豪和喜达屋。在较有历史的 Boca Raton 度假村，酒店每年的销售量中有 65% 是

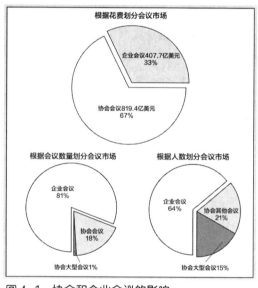

图 4-1 协会和企业会议的影响

虽然从会议数量和人数上来看，企业会议是个更大的市场，但是协会的花费几乎是企业会议花费的两倍。两类市场的主要区别之处在于协会会议一般都带有展览展示。

资料来源：会议业委员会最近组织的"会议与奖励旅游经济影响研究"，以及《会议与大会》杂志最新的会议市场报告。

由会议和团队贡献的，其中 40% 的会议是来自协会市场。如此大量的业务来源，协会市场值得酒店认真研究以确保能最大限度地争取这个利润丰厚的市场。

收益的产出者

会议对于协会来说非常重要，它是协会的最大收入来源（图 4-2）。根据《会议》杂志的会议市场调查，协会年收入的 32% 来自所组织的会议和展览。协会的会员费在 25 美元到几千美元之间不等，但几乎所有协会都把会议和展览视为支柱型收入来源。

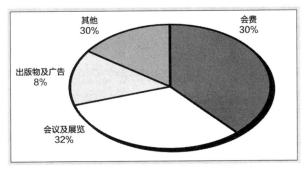

图 4-2　协会的主要收入来源

资料来源：《会议》杂志最近的会议市场报告。

协会能从组织会议方面挣很多钱，这方面收益构成来自几部分。展览是其中之一，会议会在酒店或附近的会议中心租展场，展场的租金成本一般为每平方英尺 1 ~ 3 美元，具体金额取决于需求量和季节因素。协会可以很高的费用把这些展场面积转租出去，有时展位面积的出租价高达每平方英尺 50 美元。

会议注册费也是协会会议收入的来源之一，有时注册费只有几美元，但有时也会高达几百美元。如果包括餐食，每个代表花费几百美元的注册费也不鲜见。酒店只按实际收到的餐券数或会务承办人给的最低保证人数收取费用，而这又给协会带来了更多的利润，因为缴费的代表并不是每餐都参加的。

协会还可以从出版物广告和其他赞助项目中获得更多的收入，有时参与会议的公司会赞助一部分项目，这更会减少协会的成本。

因此，考虑到会议对维系会员和收入两方面共同的重要意义，会议对于协会的发展来说是至关重要的。它是协会工作中的一个组成部分，也是协会存在的意义之一。

协会会议的要求

选址是会议成功与否的一个关键要素。威斯康星州麦迪逊的联合信用执行委员会（Credit Union Executives Society）的执行董事 Mike Welch 曾说过：

"我们想要的是良好的设施、宜人的天气、优越的地理位置和就近多数参会人员的城市。我们还要考虑到那里有谁去，他们什么时候去。例如，如果我们在一个城市举行年会，我们在一两年内不会再在那里举行研讨会。"

表4-1细述了会议承办人在选择会址时所考虑的一些因素。以下对这些因素做详细说明：

表4-1　协会会议承办人在选址／酒店时考虑的重要因素

重要因素	大型会议 (%)	协会会议 (%)
会议室数量、大小和品质	90	67
房价、餐饮价格灵活，可协商	84	70
酒店或会议设施的成本	83	76
客房的数量、大小和品质	78	59
食品及餐饮服务质量	70	61
是否有会议支持服务和设备（如视听设备）	54	43
是否有展示空间	53	28
出账单结算的速度	50	52
设施以往的经验及员工的经验	49	40
高速互联网的接入	47	46
指派一名专人对接会议的各个方面	46	45
入住与退房的处理速度	42	39
会议室是否有高速电话线和计算机终端	38	38
是否邻近购物、餐饮区，以及周边是否有娱乐设施	28	19

尽管会议目的决定了会场选择的标准，但上表列出了一般来讲协会会议承办人认为重要的要素。可协商、灵活的价格和成本仍然是会议选址的重要因素。

资料来源：《会议与大会》杂志最近的会议市场报告。

- 适当的会议空间：会议组织者通常对酒店举行一般大型会议和小型会议的能力比较关心。他们在意的是：是否有足够的空间举行专题讨论和委员会会议，以及酒店是否能够驾轻就熟地提供餐饮聚会而不会影响到会议的正常进行。
- 客房充足：会议组织者希望把所有与会者都安排在同一家酒店里。除了需要单间和双人间，也需要套间。如果不能把所有与会者安排在同一家酒店里，则最好把剩下的人员安排在就近的酒店里。
- 适当的展示空间：对协会而言，展览即意味着收入，也是吸引会员的一种方式。因此，会议承办人寻找的是靠近会场的合适的展示空间。如此，有展示设施的酒店便有优势。举行大型展示活动，就需要有展厅，最好是在酒店附近。与会者不希望在酒店与会场之间来回穿梭。

- 优越的地理位置：为了吸引不同层次的协会，酒店不必位于风景区。芝加哥因其中心位置吸引到不少生意。中心位置对很多业务繁忙的协会来说是非常重要的。

其他团组可能将展示与业务结合到一起。你所在的城市可能是他们的业务中心。如果人们不需要远距离旅行，可能也会刺激更多的人参加会议。近距离可能还意味着多增加10%的注册费收入。很多协会确实喜欢风景区，你也可以提供这样的场所，或者也可能你的酒店就在一个旅游区内。简单地说，你必须能向每个组织提供能够吸引他们的东西。

- 服务：最后一个很重要的因素是，会议承办人想要的是服务。必须能够使他们确信你们的员工经验丰富，并能够将这项工作做好。每次会议活动都是一项量身定制的工作，很多事情可能也确实会出现问题。会议承办人面临这些风险，他们很公正地认为你们的员工拥有足够的专业知识和意愿让这些活动进展顺利。服务是带来回头客和赢得口碑的因素。

图 4-3　香格里拉的微笑服务

客人的满意是会议承办人非常看重的。香格里拉酒店集团的这张图片突出的是集团的"微笑服务"承诺。

资料来源：感谢香格里拉酒店集团提供照片。

协会会议的类型

经常召开的是董事会和委员会会议，最常见、最大型的是年度大会。协会组织很多类型的会议，在大会召开前期需要做很多的准备工作。大部分协会在一年中还举行地区性年会、专项会议、研讨会和专题讨论会等（表4-2）。对酒店来说，这些都是非常好的生意来源。这么多会议，一般的酒店或多或少都能承接其中的一些。你不一定要承接那些大型会议，还有很多其他协会活动可以承接。

表 4-2　协会会议的主要类型

会议类型	会议总量	平均会务组人数	平均参会人数	平均会议天数	平均预订提前量（月）
董事会	68100	3.4	28	1.8	5.6
培训会 / 学术研讨会	56800	9.5	119	21	7.0

（续）

会议类型	会议总量	平均会务组人数	平均参会人数	平均会议天数	平均预订提前量（月）
专业/技术会议	40900	4.6	163	23	7.1
地区/本地分会	27200	6.5	153	1.9	6.1
其他会议	34000	5.6	507	3.3	9.9
总计/平均	527000	15.5	146	2.0	7.1

一般协会会议承办人每年办 15 个会。

资料来源：《会议与大会》杂志最近的会议市场报告。

年度大会

几乎每个协会都要举行年度大会。年会对于各类协会都是一种不可或缺的仪式，包括国际性、全国性、州和地区性的协会。

当然，年度大会的人数是不一样的，有些大会是真正的大型会议，如化工协会的年会能吸引 200～300 人参加，而有些会议的参会代表人数不足 100 人。平均的协会年会参会人数是 1500 人。年度大会虽然人数差异很大，但会议的组织理念和动机是基本相同的。

因为约 60% 的全国性会议和展会的平均参加人数不足 300 人，因此即使酒店规模不大也可以争取这个市场的业务。小酒店可以通过与邻近酒店合作，承接分流出来的大型会议活动的一部分业务。

展览是协会会议的一个重要组成部分，对行业和专业技术性社团来说尤其如此。2/3 的年会都与展览一起举行。年会平均吸引 265 个参展商，平均展示面积 5200 平方米。展览是协会的主要收入来源之一，而且对于展商来说也非常重要。

当然也有不举办展示的会议，也有的协会大会在一家酒店召开，与展示在一起，在另一家酒店举行小一点、不带展的会议。有时某些活动的举办是由一些大型带展的会议衍生出来的。

几乎所有的年会都有一次大会（也被称为全体会议）要求每位参会代表参加，同时还有很多小型会议。这些小型会议经常被称为分组会议，与会者分成各个小组，就不同问题平行展开，互不影响。有时召开大会的同时也有展览，有时大会与展览的举办时间是错开的，这样展览不会与大会竞争参会代表。

年会参加人数	占协会的比例（%）
少于100	32
100~149	6
150~299	22
300~900	17
1000以上	23
	100%
参会代表中：男性	830
女性	610
	1440

会议大多带餐，很多协会的注册费是包价的，即注册费中含会议期间的用餐和一些活动费用。

很显然，一次会议，尤其是大型会议，需要很多不同类型的场地。大会、展览和用餐需要用面积很大的场地；委员会和董事会会议、专题讨论会和小型餐会需要面积较小的场地；有些甚至需要套房类型的会场。

通常情况下，由于会议太大，一家酒店无法承接整个会议，因此需要由好几家酒店捆绑在一起协同销售。酒店业中有一个很奇怪的现象，即竞争对手常常在一个项目上成为合作伙伴，而彼此又因而可以获得更多的业务。即使是会议活动的一小部分也会有很丰厚的利润，并成为酒店将来获得更多潜在业务的敲门砖。

全国性会议还有另一个变化，即只有展没有会。这些活动常被称为展览、博览会或行业展，有时这些展甚至不是协会组织的，而是企业个体或企业主个人组织的。即使你的酒店不能承接展览，这些业务也会带来收益，很多展览会成为行业的热门活动，从而引来更多同行企业参加展览并附带召开更多的销售会议和经销商会议。

拓展阅读

会议中心品牌再造

Dolce 海景度假酒店

1981 年，Andy Dolce 创建了 Dolce 国际集团，现在它已经是一家在美国、加拿大和欧洲拥有 26 家特色酒店的酒店连锁集团了。酒店非常关注环境，并关注客户对环境的要求，希望获得一个能激发灵感的学习环境，Dolce 发展出了一种独特的会议服务模式，提供那些常规会议中心不能提供的豪华服务，并创立了全面会议包价（CMP），即为会议承办人提供一种包含所有细节的全包式会议包价。

集团下的每一家酒店都主要针对商务客，会议室、公共区域和客房内均有无线网络，有 7/24（7天 24 小时）的技术服务台，有设施齐全的商务中心，在房内有商务套装用品。当然与此同时，酒店也配备了常规酒店的必备设施，包括豪华的床垫与睡枕、优雅的餐厅、健身中心和水疗，以及高尔夫场地。还可以提供团队建设的方案。

尽管酒店有上述特色服务，会议承办人还是觉得"会议中心"这个名字太易令人混淆了，他们觉得会议中心好像只提供会议场地。为了更好地解决会议承办人的这种疑虑，Dolce 国际集团于 2008 年更名为 Dolce 酒店集团。这个新名称能更准确地反映企业给客人所提供的服务内容，而且可以兼顾会议商

Dolce Hayes 楼的宴会摆台

（续）

务市场和休闲市场。

会议中心只能占到会议市场的 10% ~ 11% 的份额，而酒店能占到差不多 90% 的份额。Dolce 指出：我们在过去的 20 年一直在为争取这 90% 的份额而努力，我们觉得最好的办法是加入它们，改变我们的形象，把我们的名字改为酒店集团。我们的口号是"灵感会聚"。

会议仍是公司的主要业务来源（公司 3.5 亿美元的收入中 80% 来自会议相关收益），不过公司的目标是把商务客与休闲客的比例达到 70 ：30，同时提高总体入住率，另外集团还计划在未来的 5 年内把酒店规模扩大一倍，其中第一个扩张项目是斥资 7000 万美元的德国慕尼黑的会议酒店。

拓展阅读

在 Dolce 酒店集团办会让你信得过的几点

• 包价价格：每家饭店都有会议包价，其中含场租、客房、三餐、不间断茶歇、会议服务和基础会议技术支持。

• 有经验的会议策划人：为每个会议团指定一位专职的会议策划人。

• 科学摆位：Dolce 有很标准的座椅，有精准的长、宽、高尺寸，室内装饰、调味瓶摆放等都有统一的标准。

• 舒服的书写平面：桌面不反光，书写表面硬实，而且必须至少 76 厘米宽。宴会桌没有台裙。

• 不间断茶歇：茶歇台位于会议室外面。

• 技术支持：现场有技术人员对任何技术问题进行快速反馈。

• 物料存放的安全：多天会议的团组可以把会议物料和设备安全地存放在会议室内过夜。

州会和地区会

全国性和国际性大会是大型酒店争取的利润丰厚的目标市场，而州和地区级的会议则是各种规模的酒店争取的目标市场（表 4-3）。

表 4-3　州和地区级会议市场一瞥

位　置：	这部分协会市场是全国或国际性协会的一个分支，协会常在州或地区内的几个主要城市之间轮流举办会议，比较依赖地方参与和协助。在全国性大会举行前后 4 ~ 6 个月内举办。
设　施：	最好有免费的大面积停车场，因为很多与会者开车前来，公共交通不太重要，因而一般使用郊区饭店。大多数会议要求全体大会和宴会厅，以及分会场。
价　格：	双人居住很普遍，因此饭店要考虑提供单双同价比较有竞争力。与会者是自愿参加的，因此对价格很敏感。协会一般将会议安排在饭店的淡季，并安排周四或周五抵达周日离店。
服　务：	最好的服务应包括商务服务，如传真、办公室复印机、打字服务和文字处理服务。其他服务包括说明会中必备的音像设备，以及有时必需的桌面展示所需的展示厅等。
决策者：	这些组织通常没有专人或固定办事机构负责会务，而是由志愿者或委员会兼任会务工作。协会地区分会经常通过招标和邀标方式决定会议的承办人。由于志愿者每年都换，因此必须不断更新决策人信息。

（续）

> **进军市场的最佳方式**：查看协会涉及的所有主要城市的电话黄页（由于涉及游说需求，一般设在首府）。大部分州都有美国协会经理人组织（ASAE）的分支，它们都出版会员名录。地方会议局和商务部也会提供本地的专业协会名录。个人联系和直接邮寄的方式是与决策人接触的最有效方式。

　　一个全国性大会和一个州或地区级的会议的不同之处在于资助者的不同。州级的协会会议一般在本州内召开，很多全国性的协会，即使有各州的会员参加，也会举行地区级的会议作为全国性大会的补充。近年来，地区级会议数量的增长势头强劲。资金短缺时，很多组织会员放弃大型的年度大会，选择出席离家近的小型短期会议。一般地说，地区级活动无论从参会人数还是从展示会的规模上而言都比全国性的活动要小。另外，一些地区性会议有展示会，而一些则没有，也没有固定规律。

　　对于酒店业者来说，关键的问题在于谁来决定活动是否要举办。拓展阅读《州和地区级协会会议承办人在选酒店时考虑的重要因素》中详细列出了影响会议选址的要素。州和地区级会议是大型和小型酒店争抢的重要业务来源（图 4-4）。

　　根据《协会会议趋势》的报告，只有 10% 的州和地区级会议的与会人超过 1000 人；17% 的与会人数为 500～1000 人，73% 的与会人数少于 500 人，这对小型酒店来说是一个最理想的市场。

　　因为全国性协会的州或地区分会都有自己的地域边界，因此这个分会市场会议比较容易接触，从以下信息来源可以比较方便地锁定州和地区级协会会议业务：

- 商务处和会议局；
- 首府的电话黄页；
- 中心城市或首府的报纸；
- 美国协会经理人协会（ASAE），酒店销售人员可以作为会员加入类似华盛顿协会经理人组织（WSAE）或加利福尼亚协会经理人组织（CSAE）之类的机构。

图 4-4　州和地区级协会的营销

　　位于美国最大的巴伐利亚度假村的密歇根 Frankenmuth 的巴伐利亚旅馆与会议中心，地处密歇根腹地的"小巴伐利亚"。酒店针对州和地区级会议市场推广自己的会议设施，特别是靠近本地景区和酒店内设施齐全的优势。

一旦确认会议的时间、地点，很重要的一点就是，在很多情况下，会议承办人可能是一个委员会或没有经验的承办人，他们选择酒店的时间很短。乐于对会议的安排给予协助的酒店会比竞争对手更有优势。

获得这类市场业务的另一个办法是提供有竞争力的房价。这也是淡季的一个重要收入来源。很多与会者自己负责开销，房价对他们而言尤其重要。因为配偶经常会出席，能提供单双同价是非常有吸引力的。

系列会

协会经常会组织系列会，作为年度大会的补充并针对新出现的一些发展问题，某个研究领域的新话题，如国民健康领域等展开讨论。

不同行业的系列会数量不同，在科技等专业领域这些会议数量会比较多。在电子处理或医疗诊断领域的新变化、企业法或税制方面的变化都可能会引发很多系列会的召开。

拓展阅读

州和地区级协会会议承办人在选酒店时考虑的重要因素

要素	百分比 (%)	排名
酒店与会场之间相邻近	71.4	1
会场容量	65.6	2
酒店整洁度	62.8	3
会场数量	61.6	4
餐饮品质	59.8	5
宴会空间	59.0	6
免费使用的会场空间	57.3	7
会场场租	56.7	8
酒店人员的友善度	56.7	9
酒店人员解决问题的技巧与能力	56.4	10

研讨会

与系列会同时进行，但规模更小的就是研讨会。协会组织的研讨会经常涉及培训和继续教育，如工匠学徒工的培训、科技工程人员的技术更新培训，或一个产业中的市场发展的介绍等。这些针对少数人员的研讨会在全国都有，这种业务几乎所有的酒店都可以承办。

董事会和委员会

协会的业务需要经常召开小型会议。董事会成员可能定期召开会议，不一定在社团组织总部所在的城市。为了鼓励杰出人士参与这些会议，这些会议一般在有吸引力的地点举行。董事会会议参与人员从 10 ～ 12 人到 200 人不等。被这种会议选中的酒店便有了争办全国性大会的最佳条件，也最有机会承办董事会员自己组织内的业务。

委员会会议由 10 ～ 50 人组成，举办频率也各不相同。只要酒店转向会议服务，很多酒店都是适合接待这类会议的。

协会会议的特征

各种协会会议分属不同的模式，理解这些模式有助于明智地做好销售工作。

轮转与模式

年会按固定的时间和周期举办。最常见的是例行年会，尽管有些社团组织每年举行两次大会，也有些两年才举行一次。全国性协会的年会常以一次、两次甚至三次小型的地区性会议作为补充。

大会一般周日开始，一直持续到周三，或周四开始，持续到周日退房（图4-5）。

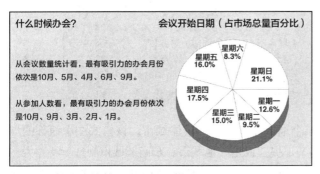

图4-5　协会会议的月度和日期模式

这种安排的主要原因是周末机票比较便宜，而且周末也是市区酒店的淡季。因此，如果会议是周一开始，一般都提早到周日签到注册，参会人能享受到比较经济的机票旅费。图4-6介绍了万豪酒店是如何吸引会议提早到周日注册的。

图4-6　争取周日会议业务

资料来源: Tom Isher, "The Ugly Meeting",《会议与大会》杂志，2006年10月，p.8。感谢波特兰市区滨水万豪酒店提供图片。

会议开始和结束的日期是酒店赢利的重要元素之一，周二到周四的会议对于很多酒店来说都是很麻烦的，为了收益最大化，酒店通常要寻求周日抵达、周三退房的团体，以及周三抵达、周日退房的团体。周日抵达对于市区酒店来说尤为重要，因为周日是一周中入住率最低的一天。洛杉矶世纪凯悦酒店的D视听 id Horowitz 说：“周日抵达的团组比周二抵达的团组有价值得多。”

会议的地域分布也有明显的特征，世界上最大的会议管理公司 Experient 公司的高管 Jeff Sacks 认为：

"精明的组织会把会议在多个城市轮转，这种方式不仅能让你接近不同地区的会员，而且也能促进会议举办地的会员招募，还能让参会人在参会的同时感受到不同地区的自然环境和独特的吸引力。"[①]

大部分协会在选址时交替选择美东和美西。最常见的变化是每两年选一个中西部城市，另外两年中交替选择东南部城市。以下是一个典型的范例：

表 4-4　协会选址地范例

	2010 年	2011 年	2012 年	2013 年	2014 年
全国性大会					
ABC 协会	纽约	洛杉矶	华盛顿	丹佛	波士顿
XYZ 协会	芝加哥	纽约	圣路易斯	拉斯维加斯	密尔沃基
地区性大会					
ABC 协会	圣地亚哥	亚特兰大	凤凰城	迈阿密	旧金山
	克利弗兰	塔萨斯	辛辛那提	圣路易斯	新奥尔良
XYZ 协会	洛杉矶	达拉斯	费城	波士顿	迈阿密
	亚特兰大	西雅图	圣地亚哥	底特律	洛杉矶

重要的因素是要选择国内某个地区而不是某个具体城市。该模式在中西部的城市可能是圣路易斯、芝加哥、辛辛那提，或是其他城市。东南部城市则选亚特兰大、迈阿密、坦帕或孟菲斯。选择基本取决于协会成员的地理偏好。若无特殊偏好，选择会址的人员心理是找有意思的地方以提供更多的吸引力。图 4-7 说明了三个不同地区的三个酒店如何联手吸引会议承办人把会议在三地内轮换举行。

地区性会务活动的日程安排中必须注意避免使与会人员为参加活动而长途跋涉。一个协会经理人说，他的会议记录中显示：不管会议在哪里举行，都有一部分人员定期参加。这部分人员大都身在距离会址 500 公里以内的地方。显然，他举行地区性会议以尽量方便会员参员为准。对会议模式的研究能提示你协会大会下次会在哪里举办。

地域限制

很多州级协会从章程上限制会址必须选择在协会所在州内。对地区性协会来说也是这样。选址受项目本身的局限性或协会业务性的影响，也许还会有更多的局限。

近年来，这种严格的局限略有变化。协会经理人打破这种模式所使用的一种武器是与另一个州级协会达成互惠协议。如此，一个科罗拉多州的协会可能一年在马

图 4-7　酒店联手为协会会议提供更多地点选择

资料来源：Maxine Golding, "Groups Reap Benefits of Bureau Collaborations", Experient Meeting Mentor, Fall 2008, p.1。

由于协会一般在国内的多个地点轮换，联合促销是吸引这类会议市场的一个很好的办法。不同地区的酒店的联手促销是由各地会议局赞助的，即匹兹堡旅游局（www.visitpittsburgh.com）、波特兰旅游局（www.tr视听e1portland.com）和 Milwaukee 旅游局（www.visitmilwaukee.org）。这样能非常经济实惠地争取一个涉及多地的多年度合同。三个联盟城市可以为这种跨年合同的会议承办人提供三个城市的预订折扣。

匹兹堡旅游局的营销副总裁 Craig David 说："针对的客户群体是在全国范围内转换地点办会的协会。联合的基础是联盟城市规模差不多，大家的客户群差不多，而且大家相互之间没有竞争关系。"

萨诸塞州办会，而同年马萨诸塞州的协会则可以在科罗拉多州办会。这样做既能满足政治方面招徕地方业务的需要，同时会址的吸引力也能刺激更多的与会人员参会。

准备期（提前量）

协会会议一般都要提前策划，通常大会提前 2～5 年筹备，其他类型的协会会议的筹备期不超过一年。即使最终决策提前 2 年做出，也是足足花费 5 年时间的调研和讨论的结果。会议越大，筹备时间越长。会务承办人很清楚并非所有酒店都适合承办他们的会议。他们在决策之前需要时间考察场地，与客户商讨，并了解其他备选场地。

对新酒店或新的酒店销售经理而言，这么长的筹会时间很烦人，但这却是社团组织会议的模式。了解这种模式能让你更好地展示自己的产品，并争取最大的成功。

选址类型

协会会议并不都在同类酒店里举办，因为协会是多种多样的，会议活动也各不相同，不可能有完全一样的需求和偏好，很少有酒店是完全不能承接协会会议的。

会议选择场地的原则取决于设施的规模、性质和会议期限。协会常用的酒店包括市区酒店、机场酒店、郊区酒店、度假酒店、会议中心、大学校园等，以及协会总部内（拓展阅读《会场设施类型》）。

选址类型能反映出协会的规模、复杂程度和会员的富裕状况。显然一个 500 人的大会不会考虑选择一家只有 200 间客房的酒店，除非这家酒店与其他酒店进行合作。必须满足最基本的要求——大会所需的会议大厅、所需的展示空间以及委员会会议和参展商会议的支持房间。

我们已经谈过地理局限性，同样还有交通便利性以及协会经理人的感觉。例如，很难找到一家交通比芝加哥 O'Hara 机场附近的酒店更便利的酒店了。如果经理人相信这样的会址可以吸引更多的与会者前来，他们就会选择这里的酒店。

另外，还有其他的地理因素。很多会议组织者希望会址地能同时满足短期休假的需求。像迈阿密、拉斯维加斯或科罗拉多泉等地就能吸引更多的与会者。虽然有很多办法可以让你的常规会议日程显得与众不同，但是那些令人激动的会议日程执行起来会非常困难，而把会议安排在一个美丽度假地内则容易得多，让会议代表们直接体验"美好的生活"。

运动也是选址的一个考虑因素，高尔夫、网球、游泳、划船

拓展阅读		
会场设施类型		
市区酒店	**62%**	**68%**
度假酒店（不含高尔夫度假酒店）	24%	36%
郊区酒店	15%	36%
全套房酒店	12%	13%
机场酒店	8%	22%
高尔夫度假酒店	7%	14%
博彩酒店	5%	5%
有住宿设施的会议中心	3%	9%
无住宿设施的会议中心	1%	6%
邮轮	1%	3%

协会会议承办人喜欢用市区酒店，协会会议的平均房价是 172 美元，2/3 的大型会议带有展览，平均展场面积 5200 平方米。

注：由于问卷回复为多选，所以总量超过 100%。

资料来源：《会议与大会》杂志最近的会议市场报告。

图 4-8　柏悦酒店外观

协会会议多选择市区酒店。

资料来源：感谢加拿大卡尔加里柏悦酒店提供照片。

等都是会议承办人要考虑的因素，当然具体需求要由承办人需要分析与会人群的需要。如果决策层或董事会内有高尔夫的热衷者，那么会议很可能会选到一个气候宜人、邻近著名球场的酒店内。

自愿参会者

协会会议的承办人要想办法吸引参加年会的代表。人们认为会议的商业意义和专业度会让会议有吸引力，这当然是主要的因素，但是有很多人是"骑墙派"，他们是参加这次年会还是跳过这次参加下次年会不得而知。对于这些人来说会议的举办地就是重要的诱因，而且会议承办人也都很明白这一点。

是否参会是会员们自己的选择，他们需要在满足商业需求的同时满足度假的需要。如果你的酒店地处度假区或旅游景区内，你一定要很好地推广自己的这个特征。林肯中心的歌剧或纽约的第五大道，还是魁北克的崎岖街道（北美仅存的城堡城市）或温哥华的漂流，这些都非常有吸引力，酒店的吸引力绝不仅指其设施和装潢。要全面了解你的酒店对于会议项目的各方面的吸引力资源。度假能够退税也有利于招徕更多的客人。

会议时长

一般会议时长为 3 ～ 5 天（图 4-9），特别是全国性大会，小型的会一般持续 2 ～ 3 天，研讨会、委员会之类一般时长为 1 ～ 2 天，带展的会议通常不会少于 3 天。大型会议通常还会带来很多延展业务，因为很多展商会在同期召开销售会议，协会董事会和很多委员会也在大会期间组织成员开一些小型协会会议，因为大型年会的代表通常一年才有一次机会聚到一起，因此这是一个非常好的时机展开各种话题的分会和讨论会。

价格

酒店的价格政策是影响协会高管决策的重要因素，我们说的

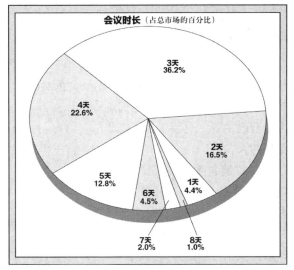

图 4-9　协会会议的平均时长

资料来源：《成功会议》杂志。

是客房价格，会议室场租和餐饮的费用相对次要，尽管这些费用也会影响总体的会议注册费。客房价格必须与参会人员的规格相匹配。在这方面所有酒店都会参与竞争。

很多会议组织者一直使用传统的市区酒店的原因就是价格，老酒店因建造时成本较低，因此房价会比较便宜。可能有些协会并不在乎，但有些协会可能因此而选用或不考虑你的酒店。价格是决定因素之一，但记住它不是最重要的，尽管人们常把它挂在嘴上。

这时，有必要研究会议团以往都在哪里办会，如果某个协会曾在旧金山费尔蒙特、纽约大厦、渥太华四季酒店里办过会，这说明会议组织者希望他的参会人住在最好的酒店里，而且已经习惯这种酒店的价格了。如果协会组织者告诉你参会人多为中层员工，而且自己付费参会，如果他选择了一个比较贵的酒店，他肯定会遭到参会人的大量投诉。

什么价格水平是合适的？没有标准答案。团体会在最适合它的价位成交。说得再直白一点，这个价位水平必须能让协会高管觉得它是适合自己或适合自己会员的。

协会会议的决策者

选择会址——包括城市和酒店——是个两步完成的过程，第一步要整理所有的建议和要求；第二步是获得最终通过。我们把这两个阶段划分出来是因为不是所有人在这两个阶段都会起重要作用。

协会总监

几乎每个协会都有一个稳定的执行高管，其称谓可能是执行秘书、执行副主席或执行总监。他们是协会的行政主管，对酒店来说是非常重要的人。

你的销售要从这些决策人开始，一个运行良好的酒店或会议局，其销售人员会非常重视每个协会及其关键人物的资料档案，这份名单一般是从执行总监开始的（表4-5）。

执行总监是最初筛选目的地的关键人物，同时也会对最终决策起

表4-5　协会里的决策人的工作职位

工作职位	协会会议组织者
执行总监 / 会议组织者 / 协调员 / 经理 / 总监	43%
主席 / 执行副总主席	20人
会议组织人 / 协调员 / 经理 / 总监	8人
执行助理	1人
财务员	3人
培训总监	3人
市场营销总监 / 协调员 / 官员	1人
董事会成员 / 项目总监 / 会员服务	1人
其他	20人
总计	100%

资料来源：《会议与大会》杂志最近的会议市场报告。

到很大的影响力（拓展阅读《执行总监评说如何做选址决策》）。毕竟这个职位上的人是长期做协会管理工作的，协会其他岗位上的人则是轮换的，一般在任 1～2 年，然后由新选出的人接替其岗位，而执行总监会长期固定在这个岗位上，而且这个岗位一般是由协会的主力会员支持的。

拓展阅读

执行总监评说如何做选址决策

Garis Distelhorst，全国大学商店协会：

"我们的流程是共同决策，会议员工筛选场地提案后选出 4～5 个候选城市。这时我的作用是看看这几个候选城市里有没有特别不合适的，或者有没有需要补充和探讨的目的地。我们会遵循在美国东部、西部、中部轮转的原则。我们一般会选二线城市，因为这些城市会非常重视我们的会。"

Ron Moen，美国牙齿矫正学协会：

"初期的筛选由会议总监负责，等选出重点的 2～3 个目标城市后由我和当年的会议主席共同去进行实地考察。董事委员会将对我们的提议进行匿名投票。"

Dan Weder，食品技术学会：

"我会做目的地推荐，我会跑去各地考察场地，最后提交执行委员会决策，30 年来他们从来没有否决过我的提议。"

资料来源：Drs. J. Dana Clark, Catherine Price & Suzanne Murrmann, "Collaborative 'Buying Centers'：How Associations Choose Destinations"，Convene。

执行总监不是独立工作的，尤其在比较大的协会组织里，由于行政工作不涉及协会的专业行为，协会一般都会指定一名员工专门进行会议组织，在特别大的协会里，这个会议组织人还会有个助手。这个专门组织会议的员工也是你要非常重视的人，一定要把你的酒店介绍交给这个人，因为他会直接向执行总监汇报。通常执行总监会组成一个选址委员会进行会议选址工作，这个委员会将会考察候选城市和酒店，并会为协会锁定会场。

小的协会可能请不起一个全职的执行总监，他们一般聘请协会管理公司帮协会做选址工作，这样协会可以比较经济实惠地获得专业管理。

现在这个行业里有大约 500 家协会管理公司，管理着 800 多个全国性协会和 1000 多个州和地区级协会。

如果协会聘用协会管理公司，那么你会发现跟你打交道的人可能同时负责几个会议的预订。跟这些公司沟通的好处是你们谈的可能不是一个未来四五年以后的会，因为他们管理的协会中可能近期就有会议需求。这类管理公司一般会专门管理 1～2 个行业内的协会，如果你的酒店要承接某个行业的会议，如汽车或计算机方面的会议，你去接近这个行业里的协会管理公司将非常明智。

行业协会代表的协会管理机构被称为协会管理公司学会（www.amcinstitute.org）。这个组织也会举办年会和专业展，是小型酒店的理想目标市场。

也有独立公司担当这个角色，如会议管理公司联盟（www.ammc.org）和加拿大独立会议承办人协会（www.impca.canada.com）就是这类独立公司的典型实例。会议管理公司一般收取固定服务费或按注册费提成，后一种办法能激励管理公司努力招徕更多的参会人。这类管理公司显然是非常重要的。它们会影响会场选址，而且也将是未来与酒店合作会议的执行方。

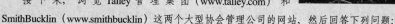

互联网体验

众多的协会管理公司

很多小型协会请不起全职的协会执行总监来管理这些会议团组，它们一般聘请协会管理公司帮它们完成这些工作，包括选会址和组织会议，这样协会的成本相对较低。

这些协会管理公司一般帮助本行业内协会的业务，也被称为协会管理公司学会，请浏览网站www.amcinstitute.org，并回答下面的问题：

1. 什么是协会管理公司？它们为谁服务？

2. AMC 学会为其会员提供哪些具体的服务？

3. 酒店能作为协会成员参加这个组织吗？

接下来，浏览 Talley 管理集团（www.talley.com）和 SmithBucklin（www.smithbucklin）这两个大型协会管理公司的网站，然后回答下列问题：

1. 每个公司大约管理多少个协会？

2. 它们分别提供哪些服务？

协会主席和行政官

不同协会主席的权力差异很大，如前面所说，主席一般只任职 1 ~ 2 个，他可能是协会一个荣誉领袖或实权人物。对于这样一个关键人物，你别无他法，必须充分重视。大部分情况下，他们会参与最初的目的地与会场选址，非常肯定的是他们在最终决策中的作用举足轻重。

在你的协会人员数据库中，还要关注副主席和秘书/财务，这些行政官员们可能是未来的协会主席。最近的研究显示：

协会每年都有一位新主席上任的情况越来越常见。通常主席比其他成员或员工有更大的权力，这些权力包括影响最初的选址以及未来会议目的地的最终决策。由于大会与行业展览的策划与组织需要足够的提前量，因此目的地通常提前几年就确定了。同时，很多协会能提前了解到会议召开那一年谁会是主席。不论是出于传统还是出于法律约定，会议当年的协会主席会有较大的决策力。因此，营销战略不仅要针对当前的协会主席，还要找出谁是未来的领导人。酒店营销人员与协会未来主席的良好关系会极大地影响他们做出有利于该酒店的决策 。[②]

委员会主席

某些委员会的头脑们会参与初期提议和筛选。这取决于协会的性质和结构，以及会务活动的主题，这绝对是影响委员会研讨会选址的主要因素。

可以看出，在会议地点的最初选择名单的形成以及会址的初期筛选过程中，有很多人参与进来。如果你的酒店在最后被淘汰，这意味着今年失去了生意，但你还有机会等会议轮转回来时争取未来的生意。你也可以有机会争取承接一些不太重要的会议活动，如委员会会议或研讨会，这也算是安慰奖。

董事会

最终的选择由董事会成员做出。需要强调的是，执行总监是你能得到协会业务的最关键人物。他可能并不专制，但他总能控制局面。你可能在董事会会议上失去生意，但没有执行总监的支持，你的酒店名字根本就到不了董事会会议的审议日程上。一般来讲，董事会总会接受执行总监的建议。

拓展阅读

协会会议承办人档案

- 75% 是女性：平均年龄 50 岁。
- 平均职业生涯的 60% 的时间是做会议策划、组织与承办活动。
- 组织承办会议的经验有 13 年。
- 决策责任：选择饭店（87%）；选择会址（78%）；确定预算（78%）；策划娱乐活动（76%）；专业展览/展示策划（66%）；会议日程安排（58%）。
- 约有 25% 的承办人拥有专业证书，大部分是 MPI、ASAE 或 PCMA 等协会的成员。

资料来源：《会议与大会》杂志最近的会议市场报告。

其他影响方

很多科技类的协会，由各地分会竞争全国大会的主办权，这种竞争不是经济意义上的，而是各地分会争取这种主办全国会议的荣誉，并说明自己将如何努力让全国会议在本地成功举办。国际协会中这种竞争更加明显，各国家分会会代表所在国对这种国际大会发出邀请并争取成为主办国。

酒店销售人员已经意识到了这种常规做法。在一些情况下，有些会议局或酒店人员会设法接近一个国际性会议的本地代表。销售人员会设法唤起他的地区归属感和其他可能对本地区的情感。在这种情况下，会议局或酒店会支付该代表的旅费，为他安排欢迎套房，并向董事会成员进行销售等情况并不鲜见。另外，让代表相信会议局或酒店将提供会议主办权竞争需要的所有相关文件。

一般来讲，出于公民自豪感和对地方事务的热心，地方代表或会员的恳请总会有一定效果。看看自己的城市，与地方协会成员交朋友，至少你可以得到机会举办一次地方性宴会或一晚的会议。

你应得到当地会员的帮助，让他们知道你和你的酒店有足够能力接待好这类业务，这是非常重要的。他们可能不愿参与，也可能怕全国性会议安排不当而出现尴尬。但你必须以各种方式让他们相信你和你的酒店的员工可以胜任，圆满完成工作。你必须告诉他们以下两点——你的员工有足够的专业知识并且愿意尽一切努力使会议圆满成功。

寻找协会业务的资源

协会一般比较容易找到，全国性的协会一般集中在纽约、芝加哥和华盛顿特区几个城市，其他协会组织总部多在费城、奥斯汀、印第安纳波利斯、洛杉矶、密尔沃基、俄克拉何马城和里士满。

目录和数据库

多种名址录上有协会组织的详细名单。一本是由位于华盛顿特区的美国协会组织经理人协会（1575 I Street, NW, Washington DC, 2005）出版的《协会名人录》，其中列出约 8000 个协会，该名址录可以买到，在某些情况下还可以邮寄出租。这是一本很有用的参考书。

其他包括《美国国家行业和专业协会》及另外一个出版物《美国州级和地区性协会》，其中包括 7000 多家协会名单。出版商是位于华盛顿特区（1212 New York 视听 enue NW, Suite 330, Washington DC, 2005）的哥伦比亚图书有限公司。出版商提供邮寄的租赁服务，并根据具体需求书目报价。

《协会大百科》（及其姊妹刊《协会地区索引》）是由 Gale 研究公司（27500 Drake Road, Farming Hills, NJ 48331，电话：1-800-877-4253）出版的，可以联系出版商了解价格。

《销售人员指南》里有协会、公司和奖励会议承办人目录（图 4-10）。每个名单中都有会议承办的姓名、职务、办公地址、以往承接会议的数量、以往会议的地点和未来会议的地点、会议举办的月份和使用的设施类型。这个指南可以联系道格拉斯出版社（电话：1-800-793-4209）订阅。

36	加利福尼亚—HuntingtoN 海滩			■会议种类	†开会的月份	★与会人数	○会场分类
协会	**会议策划者**	**会议预订**					
UNITED STATES LIFESAVING ASSN (USLA) PO BOX 366 HUNTINGTON BEACH, 92648 714-536-5263/FAX: 714-374-1500	BILL RICHARDSON（总裁） 主讲 会展空间	05/93 Florida Keys 11/93 Chicago 05/94 Seattle 提前5个月预订		C		3 B	DAR
WESTERN ECONOMIC ASSN INTL (WEA) 7400 CTR AVE # 109 HUNTINGTON BEACH, 92647 714-896-3222/FAX: 714-891-6715	ELDON J DVORAK（副总裁） VERONICA M DVORAK（会议总监）	06/91 Seattle 06/94 Vancouver 07/92 San Francisco 07/95 San Diego 08/93 Lake Tahoe 提前1~年 南太平洋 预订 OC		C M	1	3-4 E	DRC
WYCLIFFE BIBLE TRANSLATORS (WBT) P O BOX 2727 HUNTINGTON BEACH, 92647 714-969-4600/FAX: 714-969-4661	RON OLSON（协会总监） GERALD ELDER（财务总监） 主讲	OC		M	12	V 3 A	
THE ELECTRICAL MANUFACTURING & COIL WINDING ASSN INC PO BOX 278 IMPERIAL BEACH, 91933 619-575-4191/FAX: 619-575-5009	CHARLES E THURMAN（行政总监） 主讲	10/91 Boston 10/93 Chicago 09/92 Cincinnati 09/94 Chicago 06/93 Hong Kong 远东 提前2~3年 预订		C M	2-3	3-4 E 3 A	AC
AMERICAN COLLEGE OF TRIAL LAWYERS (ACTL) 8001 IRVINE CTR DR STE 960 IRVINE, 92718 714-727-3194/FAX: 714-727-3894	ROBERT A YOUNG（行政总监）	提前2~3年 预订					
INTERIOR DESIGN EDUCATORS COUNCIL (IDEC) 14252 CULVER DR SUITE A331 IRVINE, 92714 714-551-1622	CANDEE ERWIN（行政秘书） 会展空间	04/92 Alexandria		M	6	4 C	D
MOTORCYCLE INDUSTRY COUNCIL (MIC) 2 JENNER ST SUITE 150 IRVINE, 92718 714-727-4211	PAMELA AMETTE (Vp) CATHY WILSHIRE (Asst Prog Dir) 主讲	02/94 Cincinnati 02/95 Cincinnati 提前2年预订		C M	1	1 A 10 U	C C
MULTI LEVEL MARKETING INTL ASSN. (MLMIA) 119 STANFORD CT IRVINE, 92715 714-854-0484/FAX: 714-854-7687	DORIS WOOD（总裁） 会展空间	09/91 Toronto 加拿大 08/92 Orange County 欧洲 02/93 Orange County 远东 提前3~5月 预订 OC		C M	4	1, 4, 7, 2-3 U 10	AR
NATIONAL ASSN OF NAMEPLATE MANUFACTURERS (NAME) 17300 RED HILL AVE STE 100 IRVINE, 92714 714-261-9588/FAX: 714-261-2594	JAMES A KINDER（副总裁） LINDA BRADY（教育总监） 主讲 会展空间	03/93 Naples 10/94 St Louis 09/93 New Orleans 03/95 Palm Springs 03/94 Scottsdale 提前2年 墨西哥 预订 OC 加勒比海		C M	1	1-2 D 4-5 B	D DR
NATIONAL MIDAS DEALERS ASSN (NMDA) 14795 JEFFREY RD STE 202 IRVINE, 92720 714-551-1289/FAX: 714-551-0621	MYRON P GORDON（行政总监） FRANK MAGLIOCCO（协会总监） 会展空间	10/91 Las Vegas 09/94 Boca Raton 11/92 New Orleans 10/93 Colorado Springs Canada 提前2~3年 加拿大 预订		C M	10	4 C 1, 2, 3, 1-4 U 4, 5, 6, 7, 8, 9, 10, 11, 12	DR A

■ 会议种类 （C）会议数据（M）小型会议和研讨会
† 开会的月份 （1）1月（2）2月（3）3月（4）4月（5）5月（6）6月（7）7月（8）8月（9）9月（10）10月（11）11月（12）12月
★ 与会人数 （P）春天（S）夏天（F）秋天（W）冬天（V）各季
（U）50以下（A）51~100（B）101~200（C）201~500（D）501~1000（E）1001~5000（F）5000以上
○ 会场分类 （D）市中心（A）机场（R）度假酒店（C）会议中心

图4-10 名录所提供的信息示意

《全国会议承办人协会名录》可以从《销售人员指南》中找到，其中列出了超过10000个会议承办人的姓名和职务，这些承办人服务着6500个大型协会。这个名录详细列出协会每年组织的会议数量、办会月份、参会人数和会议的地域分布情况。对酒店销售特别有用的信息是，其中还有每个会议团组使用的设施类型。

资料来源：《销售人员指南》。

数据库也能有效帮助酒店向协会承办人进行营销。很多互联网站里都能找到这类协会信息。协会、出版社和独立组织都愿意公开这些重要信息和数据让有意向的酒店与它们接触，从中它们能找到更合适的会议场地。

概念市场营销集团（www.marketingsource.com）提供两个在线名录可能会让有意开发协会市场的酒店感兴趣。它们的协会名录信息很综合，包括美国 45000 个协会和非营利性组织，其加拿大名录中包括全加拿大的 13500 个协会，名录中有邮寄地址、联系人、职务、电话和传真号。

最近，国际目的地营销协会（DMAI）公开了其成员会议局的信息，从其新设置的会议信息网（MINT）中可以通过本地会议局找到所有会议的历史记录和人口统计信息。这个数据库中包括过去 4 年中的 31000 个会议的资料，以及 15000 个组织的未来选址信息。报告中包括决策人姓名、以往会议记录、会议起止日期、注册参会代表人数、使用的客房数、使用的会议室数、展览面积、已经确定和仍有待确定的未来预订。每年新增历史记录约 1500 条。这些信息非常有价值，从中可以看到主要会议组织方关于实际会议的组织记录。

大部分会议承办人都愿意为这些数据库提供信息，原因有两条：第一，这些历史记录让他们对酒店有更强的议价能力；第二，会议承办人能通过这些数据吸引酒店把自己列为销售目标，这样能更高效地接触到适合的酒店，降低酒店搜索的盲目性，减少大面积了解酒店客房情况和会场情况的工作量。

💻 **互联网体验**

会议相关网站链接

让你的酒店网站与在线会议目录做链接是一种非常经济有效的接近会议承办人的方式。下面列出的网站能让会议承办人在其中搜索酒店并发出询价，如果询价成为实际预订酒店要给网站支付一定的佣金。这些网站也向酒店出售网站广告和搜索排名优先权。这些网站带来的询价呈上升趋势，因为会议承办人觉得"在线选购"酒店是一种最好的方式。浏览下面的网站后回答后面的问题：

- Worktopia（www.worktopia.com）；
- CVB Hot Rates（www.cvbhotrates.com）；
- Cvent（www.cvent.com）；
- Meeting Broker（www.meetingbroker.com）。

1. 哪个在线市场是针对小团组的？

2. 哪个网站是属于国际目的地营销协会（DMAI）的？

3. 哪个网站宣称自己有 75000 个供应商资料，每个月有 25 万以上的会议承办人浏览自己的网站？

4. 谁是 Newmarket International 的最主要管理项目，与 Cvent、Worktopia 和 StarCite 合作直接向 Delphi 销售及餐饮系统的酒店用户发送需求？

数据库对你创建销售名录非常有价值。一个数据库订阅用户说："我们觉得这是找到合适资料的一种创新的方式。通过获得这些资料，我们能节省大量的电话咨询时间。"

专业杂志

有很多杂志是服务于协会市场的，有些直接递送给协会工作人员，有些同时递送给协会和企业人员。这些杂志的广告主要是酒店、会议局、航空公司和其他会议业的供应商。

《当下协会》是美国协会经理人协会出版的月刊。它主要面向协会成员发行。酒店可以付费将自己的信息夹递给发行名单中的一部分人员。《协会名录及采购指南》中列出了其会员的地址和电话信息，非常实用。供应商也可以会员身份加入这个协会。

《协会会议》是个双月刊，主要面向全职的协会经理人和兼职/志愿经理人发行。广告商能有机会获得需求询价。

《协会新闻》是面向级和地区级协会的月刊。如果这是你的目标市场，你可以考虑在这上面做广告。

《会聚》是由专业会议经理人协会（PCMA）发行的杂志，一年10期。

《会议与大会》也是面向协会人员发行的月刊，其发行名单也可以用于夹递直投广告。广告商可以进入读者服务卡系统，同时能有机会获得协会和企业的询价。

《医学会议》杂志是一个专业领域的杂志，一年8期。其发行面涉及医疗协会、生物医药企业、医院和医疗中心，以及政府基金组织。他们也有一个面向读者的销售系统。

以上这些都是主要的出版物，当然专业出版物远不止这些，要想了解更多会议业的专业出版物可以浏览网站 www.conventionplanit.com。进入网站后，点击"For Planners Only"，找到"Industry Resources"，然后点击"Trade Magazines"即可。很多会议行业的出版物可以免费订阅，具体信息可以联系相应的出版商。从现在开始订阅这些杂志，丰富你的专业知识和信息吧。

酒店记录

如果你是新任的酒店会议销售，你要做的第一件事是查阅过去几年的活动控制簿和其他相关记录，从中你能了解到很多信息。找到你最主要的协会客户，了解为什么他们是酒店会议业务的主要来源，以及你如何能找到类似的业务来源。有多少会议曾在你的酒店里办过，但后来再也没回来过？有很多业务是因为没人跟进而失去的，这些业务量之大是令人震惊的。

你的酒店记录会给你一些协会人员变动的线索。如果一个团组再也没有回来过，新任的执行总监可能会给你带来新的机会。你可以打电话并告诉他，他们协会以往曾来过你的酒店办会，并说服他再来你的酒店办会。你也可以找找以前在你的酒店办会的总监，看看他现在在什么地方，毕竟他们曾选择过你的酒店，很有可能再次选择你的酒店。销售人员不能等着过去的客户自己想起你的酒店，销售可不是那么容易的，你必须去争取生意。

记住最容易攻克的潜在业务机会是曾经成功在你酒店办过会的客户。满意的客户的口碑和推荐也是争取潜在生意的最棒机会。不要期望从酒店记录中找到承办人的会议活动细节，如果会议承办人对以往的活动满意，要主动要求承办人帮你推荐其他生意。有专业人士的引荐，争取活动的成功率会比没人引荐高出 50% ~ 90%。如果会议进展得顺利，你获得回头客的概率就要高得多。如果会议进展得不顺利，一定要了解原因，不要让这种事再发生到其他客户身上，如果问题已经解决，你可以再继续销售新业务。有些非常稳固的合作关系是源于很好地解决了之前的问题，如果销售人员在一开始就正确理解了客户的需求，这些问题可能本来是可以避免的。为了最大限度避免这种问题的发生，很多酒店集团在这方面特别加强对销售人员的培训（见下文的最佳案例）。

最佳案例

万豪酒店集团和 PCMA 合作帮助酒店销售人员从协会会议承办人的角度去思考

万豪认证协会销售经理人（CASE）/PCMA 项目是一个 9 周的综合培训课程，主要为饭店销售经理人设计，旨在让他们更好地对协会市场进行销售。万豪集团高级客户经理，CASE 的毕业生 Louis Nicholls 指出：

"这个专门设计的课程很适合我们这个行业，也很贴近我们的日常业务。"

CASE 项目向万豪的全体协会销售员工开放，让销售通过在线学习、课堂培训和与协会人员的第一手接触体验，有机会钻进协会客户的脑子里去。旧金山万豪的高级客户经理 Jessica van der Gaast，一个在协会做过会议的人，说道：

"我有机会从协会成员的角度看酒店销售的作用和责任，参与协会的会议，直观地了解协会的组织架构和决策过程。我有机会跟每个协会人员做一对一的交流，包括执行总监，从中了解最新的技术和协会术语的转变，以及这些是如何影响到他们的组织架构和战略规划的。"

通过这些课程，饭店销售人员能真实地了解协会是如何运作的，从而更好地帮助他们理解协会业务的价值，并为他们在这个市场上完成销售目标提出实现路径。

资料来源：Ginny Phillips, "Creating a Niche", Convene。

酒店记录还能让销售人员收获一些来自本地的小业务——一次午餐会或本地分会的一次晚宴。这种类似 20 人晚餐之类的小业务可能是你进入州和全国性协会的特洛伊木马，从这类小会上，你可以了解这些协会成员。一个跟进电话可能带来更多的业务机会。

协会市场必须要长期培育，一个大会的预订是很多小会长期积累的结果。要有一个很好地保持沟通的体系，不断跟进目标协会，这样你才能争得自己的市场份额。

小　结

本章我们讨论了协会市场对酒店的重要性，介绍了这个市场的一些特征。了解了协会会议的类型、特征（轮转模式、地域限制、筹备期、对场地类型的要求和价格因素），以及如何锁定关键决策人并与之建立联系。有准备的酒店能吸引到这些业务来填满酒店的淡季客房并给酒店带来更多的额外收益，而且可能从协会会议参会人中发掘出更多的回头业务。

尾注：

① Jeff Sacks, CMP, "Site Selection", www.pcma.org/templates/Conferon/charts/Ch2_1. htm.

② J. Dana Clark, Michael R. Evans and Bonnie J. Knutson, "Selecting a Site for an Association Convention: An Exploratory Look at the Types of Power Used by Committee Members to Influence Decisions", Journal of Hospitality & Leisure Marketing.

主 要 术 语

协会（association）：为了一个共同的目标结合起来的人群。

协会招标（association bid）：协会的地区分会争办协会的全国性会议。

协会管理公司（association management companies）：为多个协会行使协会执行总监和行政官职能的公司。

分会（breakout session）：会中的小型会，多为某个专门话题的讨论会。

同期会（concurrent session）：同时召开的针对不同话题的小会。

全体大会（general session）：协会成员全体参加的大会，也被称为主会。

筹备期（lead time）：从预订到会议实际召开日之间的时段。

当地主办方（local host）：一批本地人在当地执行协会制定的总体战略和政策。也被称为组织委员会。

场地考察（site inspection）：协会代表或企业为了选择合适的会议场地进行的现场视察。

复习题

1. 会议对于协会的财政来说是非常重要的，请解释这句话的含义。
2. 协会都组织什么样的会？哪些设施最适合哪类会？
3. 州和地区级协会会议与全国的协会会议有什么区别？
4. 说明协会月会和日会的模式。
5. 为什么说给协会执行层定价是很重要的？这对酒店的销售来说意味着什么？
6. 协会中哪些人决定会议的选址？
7. 列出找到协会的名录资源。

参考文献

1. Contemporary Hospitality Marketing, William Lazer and Robert A. Layton, American Hotel & Lodging Education Institute, 1999. www.ahlei.org.
2. Destination Marketing for Convention and Visitors Bureaus, Second Edition, Richard B. Gartrell, Kendall/Hunt Publishing.

网址：

若想获得更多信息，可访问下列网址。网址变更恕不通知。若你所访问的网址不存在，可使用搜索引擎查找新网址。

1. 美国协会经理人协会（ASAE）：www.asaenet.org
2. 《协会名录》：www.assoconline.com
3. 《协会会议》：www.meetingsnet.com
4. 《协会新闻》：www.schneiderpublishing.com
5. 加拿大协会经理人协会：www.case.org
6. 会议业委员会（CTC）：www.conventionindustry.org
7. 欧洲协会经理人协会：www.esae.com
8. 《会议与大会》：www.meetings-conventions.com
9. 专业会议管理协会（PCMA）：www.pcma.org

第5章

概　要

企业会议的要求

企业会议的类型

　全国和地区销售会议

　新产品发布会 / 经销商会

　专业 / 技术会议

　管理会议

　培训会议

　股东会议 / 公众会议

　奖励会议

企业会议的特征

　小型会议

　循环周期

　筹备期

　地域模式

　选址类型

　参加人员

　会议时长

　展览

　会议室要求

　一场会议，一张支票

　多人预订的可能性

企业会议决策人

　全职会议策划人

　公司总裁

市场营销与销售高管

广告及销售推广经理

其他企业高管

旅行及公司差旅经理

采购经理

培训总监

会议专家 / 第三方策划人

寻找企业业务和决策者的资源

　专业会议及行业杂志

　行业企业名录及出版物

　行业协会

　网站

　会议旅游局

　横向推荐和客户渗透

小结

学习目标

1. 了解企业会议承办人选择场地时考虑的因素。
2. 介绍不同类型的企业会议。
3. 了解企业会议的特征，这些特征对于这个市场的销售是非常重要的。
4. 找到关键的企业会议决策人。
5. 介绍一些工具，借助这些工具能接触到本地企业并了解这些企业的办会信息。

针对企业会议市场销售

　　Helmut Knipp，莱克星顿管理公司总裁及首席运营官

　　"品质和数量是通向所有客户需求的两个重要步骤。你必须了解客户的潜力，然后才能决定如何销售。对于我们的销售人员，我们强调客户调研的重要性。还有两点值得一提，一个是对客户的细致关照，因为争取一个新客户比维护一个老客户要付出更多代价。另一个是不断寻找新机会，一个销售在任何时候都是寻找新机会，如让你的客户给你介绍其他同行的客户，或通过看报纸或行业杂志发现新机会和新销售线索。"

针对企业会议市场的销售

　　当今的企业都是复杂的组织机构，企业的市场范围也越来越大了，现在很多公司都是全国性的，甚至是国际性的企业。大企业内部的分工比以往更细了。现在的企业高管在企业中受到的培训是认识到沟通的至关重要性。会议仍然是企业内部最基本的沟通形式，作为酒店销售人员，你需要关注的是企业组织在公司办公场所以外召开的会议。

　　如果协会会议是会议市场上最著名而且最显眼的一部分，那么公司会议就是增长潜力最大的一部分市场。销售人员必须随时了解这个市场的最新趋势和动向。当今的企业会议承办人关注的问题已经包括了会议选址、会议规模和会议活动的"风格品位"。全球顶尖的会议管理、会议采购和在线活动注册系统公司 StarCite 最近的一项调查显示，70% 的会议承办人选择离家近的地方开会，43% 的会议承办人会寻求环境优美的地方而不是寻找企业可进入性高的地方。

　　会议业新的"常规"环境要求理性、实用性和更负责，特别强调物有所值、便捷和服务。[1]这就意味着企业选择的会址或离家近（区域会将多过全国会）或是相对便宜的二线城市。受预算控制的影响，企业会议的规模也越来越小，而且为了减少差旅支出很多会议都包含一些虚拟会议的成分，如电话会议和网络会议。

　　企业会议越来越倾向于具有战略意义和实用性。会议中宴会和大型的娱乐活动越来越少，因为企业要求更高的支出回报效果。随着这种趋势，一个新的专有名词应运而生——"战略会议管理"，它反映出企业会议承办人在努力向他们的老板证明会议活动可以成为企业战略资产的一部分。

　　尽管企业会议数量比协会会议大得多，但是企业会议业务并没有更加受青睐。这主要是由于企业会议差异比较大，而且由大量不同的人控制，是个较难发掘的市场。但是企业会议所带来的庞大团队业务量是不容任何酒店忽视的。

　　所幸的是酒店销售人员不必在协会和企业会议两个市场中做抉择，这两个市场是酒店必须兼顾的，到底两个市场哪个份额更大那就要取决于你的酒店类型、设施特点，以及地理位置了。虽然有些酒店能同时满足两类市场的需求，但显然这两个市场的需求是有很明显的差异的（表 5-1）。从企业会议承办人的视角审视一下你的酒店，看看你的酒店适合企业什么类型的会议。

表 5-1 协会会议和企业会议的对比

要素	协会	企业
参会人	自愿	强制
决策	民主决策：通常是委员会	集中决策（通常是某个人）
会议数量	少，但规模大	多，但规模小
回头业务潜力	有些不多，因为会议地必须轮转	极高
占客房量	必须跟踪代表的预订量	稳定
配偶参加	很常见	非常少
展览	很常见，对配套服务要求高	很少见
选址	要让参会人觉得有吸引力，有时有政治上的因素	寻求便捷、服务和安全
地域模式	各地轮转	没有固定模式
筹备期	长时间（2～5 年）	短时间（一般都不足 1 年）
结算模式	每个人单独结算	总账单
取消风险	很小	很高，通常合同中要有取消惩罚条款并提前收取订金
抵 / 离	提前抵达的可能性很高	很少有提前抵达或很晚离开的
价格	对价格更敏感，议价高手	价格敏感度相对较低
会议局的介入	经常用到会议局	很少联系会议局
预订程序	一般凭邮寄过去的回复卡入住	提供分房名单
损耗	超过 50% 的协会会议承办人认为损耗是合同中的一个主要问题	只有 25% 的企业会议承办人认为损耗是个问题

如果你想把会议销售和服务作为自己的职业，你必须了解协会会议和企业会议之间的主要差异。这些知识对于你回应询价和在与会议承办人面对面进行销售时会起到重要作用。

企业会议的要求

那些对协会有吸引力的要素同样对企业会议也有吸引力，不过要记住企业会议在规模、范围和会议目的方面与协会有很大差异，因此要考虑酒店设施如何能满足会议承办人的要求。

高品质的餐饮服务活动是企业会议成功与否的重要因素。与会代表会很快忘了会议的其他细节，但一个典雅的晚宴、一次独特的茶歇或一个与众不同的主题晚宴会让他们记忆很久。

如果酒店能让会议承办人相信他们在餐饮活动细节服务上的专业度，那么会极大地提高承办人对选择该酒店的信心。Mark Beaupre 是佛罗里达奥兰多大湖 JW 万豪酒店的主厨，这是一家有 1000 间客房的大酒店，Mark 经常在活动之前与会议承办人会晤，他说：

"这种会面主要是建立关系，特别是如果说会议是提前 3 年之久筹备的，我可以帮助销售经理说服客户，我的存在确实能让会议承办人觉得更舒服更放心。等会议实际召开时，我已经跟会议承办人交谈或邮件往来多次了。会议期间，我每天晚上都跟承办人坐在一起喝一杯，我们交流一下当天的活动，再最后安排一下次日的活动。" ②

图5-1 皇冠宴会厅宴会摆设

资料来源：感谢加州圣地亚哥 Coronado 酒店提供照片。

企业会议承办人始终认为餐饮服务质量是选择场地的一个重要因素（表 5 - 2）。当今年承办人希望今年的会议能超过去年时，要获得回头生意，企业必须不断调整和提升菜单，想办法让活动具有独特性，给参会人营造一个难忘的记忆。

空间：会议室太大（尽管多余的空间可以隔开或做遮挡）或太小都影响会议的效果。如果你要争取企业会议业务，一定要详细了解会议室要求。主会议室需要周边有几个小会议室支持，如果你的酒店会议室是按企业要求布局的，那么你就有一个很强的卖点。人员在会议室之间流动和走向的规划也很重要。

表5-2 企业会议承办人在选择酒店／场地时考虑的主要因素

被认为"非常重要"的因素	企业会议承办人
会场数量、规格和质量	82%
餐饮和房价的可协商度	82%
会场设施的价格	81%
餐饮服务质量	75%
客房数量、规格和质量	74%
高速网络接入	55%
是否有会议支持服务，如视听设备	54%
结账出账单的速度	51%
酒店的"绿色"环保措施	51%

（续）

被认为"非常重要"的因素	企业会议承办人
会议室是否有多条高速电话线和计算机终端	49%
指定一名员工服务会议的方方面面	48%
以往的同类服务经验及服务团队	45%
入住和退房的效率	43%
是否有合适的展示空间	39%
提供特殊的会议服务，如预注册和其他特殊设备	37%
康体娱乐设施（游泳池、网球场、水疗等）	37%

　　企业的节俭风和较大比例的会议开支已经让企业会议承办人越来越看重酒店的价格以及餐饮和客房价格的灵活度。餐饮服务的品质曾经是最重要的一条，现在已经被排到第四位了。

资料来源：《会议与大会》杂志最近的会议市场报告。

　　除了会议室空间规划合理以外，现在的企业会议承办人还要求会议室和客房内的"高科技化"和互联网接入。因为这种会议以追求效果著称，而且来参会的商务人士基本都会带上自己的笔记本电脑，酒店要争取这部分生意必须提供高速互联网接入（HSIA）和无线网络（无线网络让参会人不用连线就能登录互联网网页，通常酒店在大堂、公共区域、会议室和部分客房提供这种无线接入）。

　　企业会议中常会用到互联网进行产品演示和企业应用的展示，而且繁忙的参会人在参会的路上或会议间隙也要一直保持着与客户的邮件沟通。大部分酒店对网络服务（包括有线和无线）收取一定金额的费用（这个费用可能是单独收取的，也可能是含在房费里的），也可能网费与其他一些设施和服务（如欧陆式早餐和报纸订送）打包在一起收费。

　　仍然有不少酒店有商务中心，为住客提供互联网或其他办公服务，如传真、印复和快递。有些商务中心还提供秘书服务和技术支持，也有不少商务中心是自助式的（拓展阅读《酒店商务中心》）。

拓展阅读

酒店商务中心

　　技术给当前的酒店客房带来了革命性的改变，这些变化包括高速网络、传真机、媒体中心和较大型的办公桌（一般还需要配有各种办公用品）以及人体工程学座椅等。无线网已经成为酒店必备的了。

　　尽管已经有了这些变革，但很多商务客仍然有更多的商务需求，如复印、打印、快递等。酒店针对这些需求提供了商务中心服务，商务中心一般配备计算机、扫描仪、打印机、复印机和其他办公设备，不同的酒店提供的设备有所不同，不同的服务收取的费用也各不相同。

（续）

有些酒店提供秘书服务和技术支持。华盛顿特区的 L'Enfant 大厦的商务中心每天早 7 点半到晚 6 点开放，提供邮寄、快递服务，以及制作名卡、胸卡和桌卡的服务。有些自助设备可以提供 24 小时服务。也有些酒店提供一些设备可以通过信用卡、现金或预付费卡直接启用。位于加拿大不列颠哥伦比亚省 Revelstoke 的 Hillcrest 酒店在预付卡服务方面取得了很大的成功，用这种卡可以使用商务中心的设备，费用标准是酒店设定的，按使用分钟计费。

商务中心的投资可能相当高，当然也有些酒店向一些公司寻求服务，如酒店互联网服务公司（HIS），该公司提供 Bizcenter 系统，酒店可以通过购买、租赁或分利协议让该公司提供各类自助办公设备以及技术支持。目前最佳西方、Comfort Inn、皇冠假日、逸林、JW 万豪、LaQuint、雷迪森和温德姆等酒店连锁集团均在使用这个系统。

近年来商务中心的使用率有所下降，因为很多商务客都携带自己的笔记本电脑和一些便携电子设备出差，但仍有很多商务客愿意享受商务中心提供的便捷服务（特别是那些 24 小时可用的自助办公设备）。针对很多人需要用到的复印和打印登机牌的服务，很多酒店在大堂区域设立互联网亭并以此取代商务中心。也有些酒店把商务功能和娱乐社交功能结合起来，让商务中心更有吸引力，如墨西哥坎昆的 ME 酒店，在商务中心里设立 e 空间——一间配备 10 台平板电脑的酒吧，客人可以在一天中的任何时间在查收邮件的同时点杯咖啡或啤酒。Grand Rapids JW 万豪酒店也在商务中心内提供酒吧服务。

资料来源：感谢皇冠假日酒店提供照片。

服务：企业开会需要好的服务，因为它们希望会议顺畅，不会遇到什么麻烦，它们希望酒店承诺的服务能够按时兑现，对于酒店的这种周到服务，企业会回报给酒店更多的回头生意。除了奖励活动，企业会议一旦对某个酒店服务满意，重复选择这家酒店的概率是很高的。当被问及会议选址的首要因素时，大部分承办人提及的是良好的服务。

充足的客房：没有公司愿意在会议期间被分开，因为这会存在在走向或打车去会场的途中"丢失"与会人员的风险。它们更喜欢把所有人都安排在一个屋檐下。如果你无法提供这种服务而你的竞争对手却可以做到，那这是一个很难克服的困难。酒店有时候将资源整合以便共同招徕大型会议，但是第一个选择还是不可避免地把每一个与会人员都安排在一家酒店里。

便利的地理位置：对于公司会议承办人来说，地理位置很重要。旅行就意味着公司多花钱，旅行和开会的时间就是不上班的时间。便利的地理位置便是一个强有力的卖点，尤其是地区性会议和培训会议，公司会议承办人通常会选用市区酒店、机场酒店和郊区酒店。

有吸引力的位置：公司高管对自己的公司有一个清晰的定位，他们希望在与公司形象保持一致的酒店里开会。这不一定是漂亮优雅的地方，但一定是个有吸引力的地方。精品酒店常是非常受欢迎的地方（拓展阅读《精品酒店吸引企业团体》）。

对于奖励旅游而言，酒店和它所在的地区应有旅游点。奖励旅游的基本理念是奖励那些工作出色的员工。选择的奖励应该能够刺激更多的员工为之努力。奖励会议的方案与一般的销售会议有很大不同，但两者又有很多相似点。一次销售会议只需要一个合适的酒店，而奖励会议则需要一个公众渴望的酒店。

安全：公司会议比多数会议更像私人事务。讨论会的结果不能让公司以外的人员听到，因为市场竞争日趋激烈——尤其在计算机领域和高科技领域，对公司会议策划者来说，安全已经成为一个更为重要的问题。如果你的酒店认识到这种需要并可以提供相应的解决方案，则你会更有机会得到公司会议业务。明尼亚波利斯的北美安联保险公司的会议承办人 Mary Kay Hokanson 在与酒店的合同中都会非常谨慎地加上一个条款：

我们要求在我们举办会议的同期，酒店内没有其他同类金融服务机构的会议举办。我们的代理人可能代理很多产品，但我们希望在会议期间他们能专注于安联的产品和体验。③

可折叠的隔板和将会议室安排在热闹的大堂旁边会使公司会议承办人不寒而栗，会议室和储藏设备及展示品区可随便出入也会让他们胆寒。在有些情况下，公司会议策划者可能会担心酒店的传真机和电话系统的安全性。

拓展阅读

精品酒店吸引企业团体

20 世纪 80 年代中期，夜总会企业主 Ian Schrager 建设了第一家精品酒店，酒店规模很小，但装修时尚、独特，有充足的自然采光，大堂和酒吧都设计得非常适宜社交。典型的精品酒店一般都是针对年轻人、嬉皮士，客房规模不超过 150 间，追求的是提供一种上档次的、"像家一样舒适"的轻松氛围，服务周到，而且设施中布满各种有趣的小玩意儿。

很快会议市场就开始关注精品酒店了，因为这些酒店规模小，不仅能提供个性化服务专注于一个会议团体，而且会议的安全性高，越来越多的会议承办人喜欢把整个精品酒店包下来办会。

总部在芝加哥的优选酒店集团旗下的优选精品连锁酒店的企业公关副总裁 Sarah Clark 认为：

包酒店开会能让酒店各方面都非常专注于一个会议团体的需求，酒店的所有员工都只为一个团体服务，而且会议团可以利用酒店的各个方面的资源条件满足会议的要求。

图片来源：感谢洲际酒店集团提供照片。

（续）

> 优选精品连锁的管理总监 Lindsey Ueberroth 补充道：
>
> "精品酒店的一个优势是，相对于大酒店，我们能提供更灵活和更个性化的服务。精品酒店的管理重点在于舒适与便利，会议承办人可以直接跟精品酒店的总经理打交道而不是一个销售经理或一个餐饮经理。"
>
> 精品酒店除了能给客人提供独特的体验、有很高的灵活度以外，还有很强的安全优势。Relais & Chateaux（一个总部在巴黎的高档全球精品酒店连锁）的首席执行官 Jacques-Oliver Chauvin 关于安全问题是这样说的：
>
> "我们这样的酒店的市场份额中，企业高官会议、董事会和奢侈品及汽车的公关活动占比越来越高。如果这些团组在大酒店里办会，他们的风险是可能会造成泄密。而把整个酒店包下来，显然安全性更高，因为酒店里只有你的团组一家。"
>
> 精品酒店越来越受欢迎的趋势显然已经引起大型酒店连锁的关注。喜达屋是第一个跳上这辆马车的酒店集团，它们缔造了 W 饭店这个品牌，现在还有 Aloft 和 Element 这两个品牌。洲际酒店集团推出了 Indigo 这个品牌，选择酒店集团（Choice）推出了 Cambria 套房酒店，凯悦集团提出了 Hyatt Place 这个精品酒店品牌。

资料来源：Jennifer Nicole Dienst, "All Yours: Buying out a Small Luxury Hotel", Meetings & Conventions, December 2007, p.39; Tony Bartlett, "Lofty Lifestyle: New Boutique Brands are Transforming the Hotel Scene", Meetings West, May 2008, p.24; and Steve Bjerklie, "Big Fish, Little Pond", Smart Meetings, July 2006。

若你想承办这种高水平的会议，便必须对这种需求有所准备。首先，如果某团体的会议和储藏设施需要与主要流动人员隔离，你应提供酒店的人流布局图。其次，可以提供更多的安保措施，如派 1 ~ 2 名可靠的员工保持会议室的空气新鲜并负责看管设备。最后，该会议生意可能非常重要且具有很大吸引力，有必要雇用外部保安人员或为该团体特设一条传真线。如果该公司是酒店某一时候的唯一客户，酒店便更有销售优势。这是小酒店的卖点，可以将不利因素转化为吸引力；同时，这也是旅游区酒店的一个卖点；位置偏远可能对安全意识很强的客户具有吸引力。

企业会议的类型

企业会议业务增长速度高于其他市场，每年全国有成百数千的企业会议在举办，会议类型非常广，主要类型可以归纳为：

- 全国和地区销售会议；
- 新产品发布会 / 经销商会；
- 专业学术 / 技术会议；
- 管理会；
- 培训会；

- 股东会 / 公众会;
- 奖励会。

后面我们会详细介绍每一类会议的特点,表5-3归纳了这些会议的一个主要特征。参与人数最多的是销售和市场营销类会议以及培训会,每一类的参会总人数均超过1200万人次。平均来说,单次会议参加人数最多的是新产品发布会(163人),参加人数最少的是培训研讨会(73人)和管理会(42人)。企业会议承办人每年组织的外部会议数量平均是19.4个。

表5-3 企业会议类型概述

会议类型	外部会议(场)	平均承办人数量(个)	平均参会人数量(人)	平均天数(天)	平均筹备期(月)
管理会	205276	6.2	42	2.2	3.5
奖励旅游会	75628	3.8	130	5.0	8.2
培训研讨会	302512	10.0	73	2.5	3.7
全国 / 地区销售会	226884	6.7	94	2.7	3.8
专业 / 技术会	118844	6.2	89	2.3	5.3
新产品发布	32412	3.3	163	2.1	3.7
股东会	10804	1.8	79	1.7	5.2
其他会议	108040	12.3	183	2.3	9.1
总计 / 平均	1080400	19.4	78	2.7	5.5

注:企业会议的平均筹备期都不足一年,参会人数一般少于100人,会期一般是2~3天。

资料来源:《会议与大会》最近的会议市场报告。

不同类型的企业办的会议是不一样的。保险公司、银行、投资公司、汽车企业和一些制造类企业只是企业会议业务来源中的几类。可以说,很难找到什么企业机构是不办会的。

全国和地区销售会议

销售会议是最知名的企业会议,而且也通常是企业会议市场上人数最多的一类会议。全国销售组织的性质使会议成为一种正常现象,因为销售一般都分布在全国各地,新产品和新销售政策随时在更新,因此各级销售组织必须定期开会了解这些更新。全国销售会议包括所有销售全员参加的会议、区域销售经理会,以及由区域销售经理给本地销售组织的会议。

为了节省费用同时最大限度地提升企业的产出效率,现在很多企业会把多个会议组合到一起开,或同期在同一家酒店召开不同的背对背会议。企业在同一家酒店组织多个背对背的会议时,企业在住房、餐饮方面的开支有很大节省,同时也节省了很多会议可共享资源的成本，如娱乐成本、讲者成本、产品巡展成本以及地面交通费。

有时企业会把大型销售会议与较小型的会议组合到一起，在"主会"前一天或后一天召开小型会议。有时企业还会用同一家酒店组织培训会议和奖励旅游会议。总部在俄亥俄州的会议策划公司 Experient 的前总裁 David Lutz 说：

"我们把组合会议视为一种趋势，它的出现越来越频繁，而且它出现在多个行业中。"④

全国销售会议的参会人数平均 150 人，会期一般 3 ～ 4 天，区域销售会议小一点，一般参会人数 65 人，会期 2 ～ 3 天。

召开销售会议的理由很多，通常一次会议有多重目的。年度销售会议可能包括新产品发布、宣布新的企业政策、培训新的销售技巧，或者是激励士气、总结过去的业绩、启动新的一年。销售会议规模迥异，而且可能在一年中的任何时候召开，因此这对酒店来说是一种非常好的、定期召开的、稳定重复的业务来源。

销售会议一般是由企业的市场营销部管理和掌控的。

新产品发布会 / 经销商会

销售经理及工作人员经常举行全国或地区性活动会晤代理商或分销商。在这种会议中，新产品发布也很重要。新产品发布和广告攻势要求将信息传递到后方。美国销售和市场营销理论的中心是先向你的员工销售，然后向你的代理商和分销商及其员工销售，最后掀起新的销售热潮。这种销售方式引发了全国各地的许多会议。

与销售会议相同，分销商会议规模很小，既有晚上十几个人的小型鸡尾酒会，也有涉及上千人持续 3 ～ 5 天的大型活动。福特汽车公司曾花费几百万美元在拉斯维加斯会议中心搞了一场百老汇式的现场舞台表演，并配以多媒体解说。该活动进行了好几天彩排，接送的包机连续两周往返于全国各地。该制作与百老汇任何剧目的制作花费一样，但只上演了两周。若会议达到目的，便是成功的会议，所有支出的费用也是必要而且值得的。

经销商会不仅有销售人员出席，也会有企业高层、股东和媒体出席。这种会议经常是"欢乐活动"，因此，它们提供了一个"展示"酒店的大好机会——因而从公司人员和"外部"与会人员处可以争取到更多的生意。没有比在酒店举行成功会议更能有效推销酒店的了。

专业 / 技术会议

随着技术发展的日新月异，技术人员越来越需要了解最新的技术发展。近几个世纪以来的技术发展与革新带来的变化真是难以估量，仅仅几代人的时间，人类已经创造了汽车、飞机、飞船、激光和半导体。工程师和科学家不能停止学习，否则他们就会落伍。以通用电气为例，它有 3 万多名工程师，这是需要不断更新知识结构的巨大技术人员队伍，这方面是需要不断投资的。

企业的专业 / 技术会议通常是研讨会和专题讨论的形式。经常邀请顾问、专家甚至是企业家来进行展示或讲演。

管理会议

销售和技术人员需要经常召开会议，各个层级的经理也需要召开会议。大型组织就意味着即使是上层经理人员也需要聚集到一起讨论某些问题。

这些会议可能是定期召开的会议，如董事会会议，也可能是为了解决某个特殊情况召开的会议。这些会议一般是小型会议，但它们需要最好的住宿条件和服务。对酒店来说，这些会议的一个重要特征是每个与会代表都是一个潜在的客户，他们可能带来自己部门或公司的其他会议业务。

培训会议

各级培训是大企业的一个重要活动，企业会组织技术型培训，如焊接、机械维修之类，计算机系统的普遍应用也带来了更多的培训需求。销售人员会接受执行力方面的培训。

图 5-2　培训会议

资料来源：感谢阿联酋酒店管理学院和朱美拉酒店集团
提供照片。

大约有一半的培训是在企业以外的场地进行的，这些培训会一般都是定期组织的，会期一般在 3 天，参加人数不多，大部分培训会团组不超过 100 人，一般是 60 人左右，甚至有些是 10 ~ 15 人的培训会，因此即使酒店很小也能承接培训会。

当然，这并不是说培训总监会对任何设施都满意，他们有很严格的标准。但是培训总监负责的是易于安排住宿的小团体。他们想要有固定墙而不是可拆卸隔板的会议室，适于使用音像设备的房间，会议室方便到达却不受酒店其他活动的干扰，以及快捷的餐饮服务，如茶歇和午餐。对于培训会议承办人来说，会场一般摆台形式是课桌式或 U 形（超宽的 7 米或 9 米的桌子受欢迎），照明良好、通风良好的房间和有良好照明的工作台（有书桌或大桌子）的客房都极具吸引力。

　　培训总监不需要著名的酒店和优越的周边环境。他们更愿意选择距离机场、高速公路和停车场近的酒店。他们是很好的客户，因为如果酒店将这次活动搞得很好，他们就会再来；培训总监不需要为了刺激与会代表人数或兴趣而不时改换会址。可靠性、合理的价位和良好服务对吸引回头客都很重要。

　　很多酒店和汽车旅馆在这方面做得很好，它们向某些公司长期固定地提供某些会议室和一些客房。酒店连锁也认为这种业务很好，因为很多全国性企业会在国内的几个城市进行巡回培训。

　　参加培训会的人员与酒店熟悉后还可以给酒店带来其他的固定业务。

　　培训会议的一个奇怪特征是大家通常不愿使用"培训"一词。在较低层次，员工希望得到培训并将之视为一种附加的福利，从而更愿意为能够提供培训机会的雇主工作。但销售人员和中层人员有时不喜欢这个词，因为他们不认为他们需要进一步的发展。鉴于这种状况，经常可见培训总监预订的是专题讨论会、研讨会、管理开发会或简单的一个会议。

　　另一种培训会有一个不一样的名字——企业隐逸会，这是典型的小规模会议，旨在增进关系和团队建设，这种会议上会有一些挑战性和战略性的游戏以提升参会人的沟通交流与问题解决的能力。大部分情况下，这类会议需要一个比较僻静的去处，但它们仍然对酒店的舒适度有一定要求。很多企业的隐逸会需要较高端的住宿条件和餐饮设施，而且需要酒店能提供一些娱乐选择（图 5-3）。

　　企业隐逸会通常规模较小，选择较僻静的地方召开，加州 Santa Vnez 谷的 Alisal Guest 农场度假村就是这样一个僻静的去处。度假村有 73 间套房，所有房间均无电视和电话以增强隐逸感（给住客的信息需要通过度假村员工转达递送）。度假村提供的隐逸包价中包括一个欢迎果篮和欢迎仪式、一日三餐，研讨会，以及空余时间可以享用的各种文娱活动，包括高尔夫、网球、湖上运动和骑马。在这里还可以组织类似绳索课程或迷你奥运会之类的团队拓展活动。

图 5-3　吸引企业隐逸会市场

资料来源：感谢 Alisal Guest 农场度假村。

很多企业中的培训总监的职位职责很广，现在你可能发现你的主要决策人和联系人是某个人力资源部门的人。

股东会议 / 公众会议

公司有时也召开非员工会议。其中一种是年度股东大会。有时这仅仅是一个形式，只有十几个人出席；有时却是相当活跃的活动，一般持续一天，有相当多人出席，还包括午餐和茶歇。这与当地的经济形势有很大关系。

公关和产业关系部也举行会议和展览会宣传企业形象。

奖励会议

每年公司都奖励超额完成任务的员工出去旅游——可为旅游业带来 40 亿美元的收入。这个数字中的 45% 花费在酒店里。约 80% 的奖励旅游包括会议，这些会议称为奖励会议。

奖励会议的参加者可能是供应商、分销商、客户、销售人员或其他员工。他们必须工作出色才能参加。

奖励会议的客户要得到的是什么呢？他们首先要的是一流的服务。公司向业绩出色的员工提供这种旅游作为一种奖励，所以他们希望以特别方式举行这种会议。

能够提供客户所要服务的酒店，可以得到巨大的好处。第一，可以保证预订。就是说，预测未来发展更加容易，而且与其他市场相比，更易达到收支平衡。第二，奖励会议参加者一般都使用各种酒店设施，如餐厅、酒吧和送餐服务。第三，奖励会议意味着更高的收入。平均房价更高，双人入住更普遍，而且会议参加者比其他会议人员在宴会上消费得更多。

表 5-4　团体奖励旅游

企业承办人安排奖励活动的比例	33%
平均参与活动承办与组织安排的人数	3.8
平均参加活动的人数	130
平均活动时长	5 天

资料来源：《会议与大会》杂志最近的会议市场报告。

企业会议的特征

任何会议都应有清晰的目标、一定数量的参与人员和与活动相应的会址和构架。提到公司会议的特征，其实是包括各种不同的会议类型——各种规模和模式，目标各异，并无一例外地由不同人员安排和举办。

然而，正因很难描述一个"典型"的会议，才使酒店销售人员更受鼓舞。只有毫无想象力的酒店销售人员或真正原始的酒店才想不出办法销售并服务好这个市场，哪怕是一小部分。不要想你缺少什么设施，而应考虑你有什么设施。选择你能瞄准的属于自己的那部分市场。根据你的销售战略和你所在的酒店类型，结合本章学习的知识，你就能控制局势。

小型会议

如本章前面所说，由于经济形势不稳，公众对企业的过度豪华的活动更加关注引起了更加严格的审计，这一切都使得企业不断压缩会议的规模。根据 PCMA、美国运通和 Y 伙伴联合进行的会议承办人意向调查，52% 的企业会议参加人数少于100 人，67% 的会议少于 50 人。⑤

这种趋势对于中小规模的酒店和精品酒店来说是好事，使企业会议成为这类酒店的理想市场。很多较大型的酒店也想抓住这个市场，Gaylord 酒店就想以"酒店内的酒店"的概念争取小型企业会议。希尔顿和万豪之类的酒店集团也在争取小型企业会议市场，它们的卖点是给企业更高的便利性，如通过在线工具让企业会议承办人能 7×24 地自助预订小型会议，甚至都不需要通过酒店销售人员。

希尔顿集团引入了"希尔顿会议"计划，给不足 50 人的会议提供个性化服务，包括通过 e-Event 系统让会议承办人在线预订会议服务（针对不足 25 间房的会议预订），这种在线预订可以订希尔顿旗下的几个品牌的连锁酒店（图 5-4）。希尔顿集团的 eSales 战略与业绩副总裁 Bob Brooks 指出：

"我们开发了 e-Events 以满足人们希望方便地在线完成会议策划、预订和管理的不断增长的需求。根据我们的调查，我们发现越来越多的初次会议预订者以 X 一代和 Y 一代为主，他们是在线预订的驱动群体。现在的消费者大部分都对互联网依赖性极大，我们的目标是让在线预订会议跟在线预订机票一样普遍。

通过 e-Events 系统预订了会议后，顾客能用这个工具在线预订更多会议活动需要的酒店资源，还可以通过系统管理分房名单，甚至建立自己活动的个性化网页。我们在不断完善这个系统，甚至能在线提供个性化定制菜单的可能。"

万豪在自己的网页（www.marriott.com）上有个 QuickGroup 预订网页。这个网上预订工具主要方便预订 10 ~ 25 间房的团队，最多可订 7 晚，可以通过网页预订的酒店品牌包括万豪、万丽、JW 万豪、万怡、Residence Inn、SpringHill Suites、Fairfield Inn 和 TownePlace Suites。

会议承办人能通过这个网页很方便地看到会场平面图和尺寸，还有一些电子工具帮助承办人计算面积和预算，在线编制分房名单和团队名单，生成团队网页，以及使用指南——可以 24 小时为会议承办人提供帮助。

图 5-4　用希尔顿的 e-Event 系统在线预订小型会议

资料来源: 感谢希尔顿旗下的 Embassy Suites 酒店。

e-Events 系统是希尔顿集团提供的在线预订系统，可以通过个系统预订的品牌包括 Embassy Suites 酒店，这个系统能让会议承办人方便地预订和管理他们的小型会议。在线预订越来越受欢迎，让承办人能随时了解到自己需要的信息，而不必再打电话给酒店的销售人员询问。

循环周期

公司一般在周中开会，而且一年四季不定时（图 5-5）。公司会议似乎按照需求时间表走，并没有固定的时间周期。有需求，就会安排和举行会议。毕竟公司会议不像协会会议那样需要时间扩大参与人数，只需高层领导一声令下，每个人都会出席会议。

筹备期

企业会议的筹备期相对较短，很少会超过一年。奖励旅游活动可能会提前 8 个月到 1 年做决策，如果人数特别多这个提前量可能达到 2 年，但这

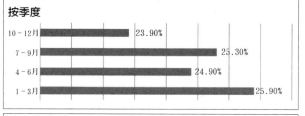

按季度

10～12月	23.90%
7～9月	25.30%
4～6月	24.90%
1～3月	25.90%

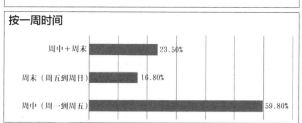

按一周时间

周中＋周末	23.50%
周末（周五到周日）	16.80%
周中（周一到周五）	59.80%

图 5-5　公司会议何时举行

资料来源：由《成功会议》杂志提供的产业报告。

仍然比大部分协会会议的筹备期短。

企业年会一般会提前 8 ~ 12 个月筹备，企业的构架使得这个决策过程非常简单。一两个中层的人提出建议并进行调查，考察场地并将建议提交给做最终决策的一名高管并做出决定。在有些公司里，这些所有工作都是由一个人完成的，这样可能筹备期更短。当然这里面还存在很多变数。

大部分其他公司会议的筹备期非常短，一般不足 3 个月。随着经济形势的变化，新产品和新公司的发布会越来越频繁、兼并、收购、分裂或扩张等，企业人士越来越经常地在很短的通知时间内开会（拓展阅读《缩水的筹备期》）。随着技术和医药行业的产品更新速度越来越快，会议的筹备期会越来越短。几乎每个会议承办人都曾经有过被临时通知过几天就开会的经历。有一类企业会议我们称为"危机会议"，只要有人说"让我们把所有人尽快召集起来谈谈这件事吧"，会议就随之召开。

等到快开会时再销售你的酒店就太晚了，如果你曾去销售过或曾为该公司组织过会议，那你有更大的机会赢得这个生意。显然，这种会议没时间去反复比较场地，谁的反应快谁就有机会，或者企业干脆就直接去以前开过会的地方，经常拜访的酒店也更容易获得这类生意。

这类企业会议能填满大型会议之间的空当，突然召开的销售会议、应对危机情况临时召开的经销商会议，或新产品推出后对服务人员的紧急培训，所有这些都是业务机会。这些会议的召开，企业高管不会跟你提前沟通。你必须给企业灌输这种概念，你可以满足它们的不时之需，只有你给它们留下了这种印象，它们才会在有需求时想起你。

拓展阅读

缩水的筹备期

根据《今日会议》的一项研究，74% 的企业会议可以被列为筹备期很短的会议，一般筹备期不足 90 天。位于波士顿的惠普公司的会议承办人 Rich Del Colle 解释道：

"今天人们的生活节奏比 10 年前快多了，以往生意人习惯于每周工作 5 天，现在则必须适应一周 7 天，每天 24 小时的节奏。这是人们的预期，只有这样你才能满足顾客并获得销售业绩。"

另一个因素是高新科技的普遍应用，互联网和虚拟技术、电子招投标系统、实时通信技术等，这些技术提高了企业会议承办人的反馈速度。新技术大量取代了电话、信函、实地考察等以往会议策划的工作流程，酒店要想争取一个市场就必须提升自己的技术包装，以更灵活高效的反应速度回应目前不断变化的企业会议市场。

多短算短期
去年短期会议的周转时间有多长？

不知道 5%
不到30天 31%
30~60天 36%
6~90天 28%

地域模式

公司会议的会址没有任何明显的地理因素。公司会议不像协会会议，不需要不断改变会址以吸引参会人员。如果公司销售副总裁某月一日宣布在芝加哥或蒙特利尔召开销售会议，到那一天所销售人员都会齐聚在芝加哥或蒙特利尔。

如果某家酒店服务良好，没有理由下次不去。选择另一家酒店的主要原因可能是会议承办人本人或他的老板想换个地方。会议选址更主要的影响因素是会议的类型。年会可能每次会议地点不同，但匆匆举行的会议却不会经常换地方。实际上，若上次举行会议的地方很可靠，则下次会议还会在那里召开，或者某酒店努力争取业务，也会使会议到那里召开。

培训总监尤其喜欢屡屡在同一个地方举行。因为他们觉得会议规模很小，只有成为回头客才能被作为重要客人对待。很多培训总监需要没有干扰的、与外界隔绝的、教室类型的房间，并可以提供音像设备和良好的服务。一旦他们找到了这种合适的酒店，他们就不愿再改变。

公司会议选择地址时涉及一个地理因素，也是一个最明显的因素。很显然，一家亚特兰大的酒店比波士顿或圣路易斯的酒店更有机会获得举办参会人员都在东南部各州的一个地区性销售会议。时间、交通成本和方便都是影响地理位置的因素。

假设一个公司的会议策划者被指派为全国销售人员安排一系列地区性销售会议，他可能计划使用纽约、芝加哥、西雅图、洛杉矶、达拉斯和亚特兰大的酒店。若你在这些城市有酒店，地理因素就对你有利，并给你提供机会得到你那部分的业务。但承办人也可能在休斯敦而不在达拉斯，在圣路易斯或密尔沃基而不是芝加哥，在波士顿或费城而非纽约举行会议。

这就需要销售了，酒店销售人员必须正面展示酒店，将可能是劣势的地方转化为优势。堪萨斯城虽然没有纽约那样耀眼夺目，却比它更处于中心地带。若酒店不在市区，则不会受乱停车和汽车噪声干扰，并更方便进入。若位于市区，则能提供更多的休闲娱乐机会。销售人员应将重点放在酒店的有利因素而弱化不利因素。

与协会会议不同，企业会议很少有对会址的约束。为了保持企业形象，公司总裁或董事长可能会偏爱某种会场而对另一类会址反感，但这和写在协会章程里的限制条款不同。

选址类型

企业开会喜欢选什么样的酒店呢？不同的公司、不同的会议可能有不同的答案（图 5-6）。会议承办人选址主要看酒店的地理位置和吸引力。适合开展奖励旅游或年会的酒店不一定适合开展危机会议或培训会。

要有一个成功的市场营销和销售职业生涯，你要帮助你的客户实现他们的目标。要吸引那些适合你的酒店的会议在你的酒店举办，让不适合的会议去其他类型的酒店办。

认真考虑你的酒店到底适合什么类型的会议。你的酒店是市区酒店吗？如果是的话请强调你的酒店位置，特别是当部分参会人只参加部分会议的情况，你的酒店就尤其适合，舒服、环境熟悉，使市区酒店成为首选。

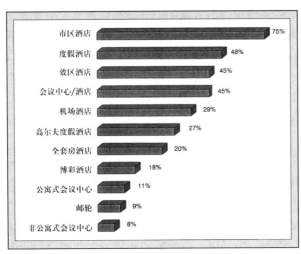

注：由于是多选问题，总计大于100%。

平均每间夜的花费是184美元，会议承办人更倾向于市区酒店，其次是度假酒店和郊区酒店。选择的主要原则是根据会议的类型和目的而定。

图5-6 企业会议承办人使用的设施类型

资料来源：《会议与大会》杂志最近的会议市场报告。

如果你的酒店是郊区酒店或汽车旅馆，说明酒店开车到达非常方便而且有足够的停车场，强调酒店的非正式感和休闲氛围。如果会议规模能包下酒店，这对很多会议承办人很有吸引力，而且他们可能因此决定选择你的酒店。

你的酒店如果位于机场附近，方便的航空纽带显然是你的优势，另外，这也说明你的酒店肯定位于郊外。以往机场酒店多为小酒店，现在的机场酒店各种规模都有。

度假酒店显然很适合奖励会议，而且酒店内的会议能不受城市的各种诱惑的干扰。度假酒店在淡季时有非常吸引人的促销价格，安全、环境优美、私密性强等都是度假酒店的卖点。

会议中心越来越受企业会议承办人的青睐，很多大型酒店集团都开始关注这个新趋势，万豪、希尔顿和喜来登都纷纷涉足这个细分市场。相比以前的会议中心，现在新建的会议中心因配备了很多高科技设备而越来越受企业承办人欢迎，会议中心的优势包括高科技的演示设备和较偏僻的位置可以使与会人受到的干扰最小化。

精品酒店对企业团体的主要吸引力在于可以全包酒店单纯用于自己的活动。

以上只是简单列出了每一类酒店的优势和特色。你应该能列出自己酒店的更多卖点，并在介绍自己酒店时着重强调这些卖点，以及这些优势如何能适应会议承办人的需要。

参加人员

企业会议很受酒店员工的欢迎，其中一个特征就是其与会代表的可预测性。不管与会人员独自前来，还是与配偶一起来，与会人数都是可靠的，而且经常是强制性的。纳比斯科的会议承办人 Nancy Holder 说：

"在公司会议策划中，如果预订 200 间客房，就会使用 200 间客房，除非有紧急情况。在其他情况下（协会），你必须得说服他人来参加会议。而在企业会议中，如果首席执行官让你来，你就必须得来。"[6]

虽然企业会议的参加是强制性的，但有一个问题就是你需要防范会议整体取消的风险。由于财务状况不佳或一些不可预测的因素，企业高管可能临时决定会议改期或取消。为此，大部分酒店都要求企业支付不可退还订金并在企业会议合同中增加严格的取消限制条款。

谨慎处理要客名单。对任何人而言，把没有经验的实习销售人员安排到幽雅的房间，而将销售副总安排到最小的单人间都是很尴尬的。若没有要客名单，你自己提出这个问题，并帮助客户列出一个这样的名单。若他们觉得无此必要，最好。但仔细核对，至少要写出几个需要特殊对待的客人名字。企业管理人员的评价可能决定这个公司将来会不会再来光顾你的酒店。

会议时长

很多企业会议时间都很短，一些会议限于一天结束，一些可能持续 5 天，但持续 3 天的会议最常见。通常是前一天晚上到达，第二天一早会议开始。公司会议还可以带来鸡尾酒会和酒店酒吧的生意兴隆。

注意酒店的离店政策并协调最后一天的会议活动，应尽量提前安排。如果无法延长离店时间，可以安排行李员领班看管行李，或在离店时间前将所有行李集中到几个房间里放置。应提前安排并决定如何解决最后一分钟出现的许多问题（或者整个团体没有与你商量而推迟离店），酒店人常会被迫临时解决这些问题。而且他们一般不会像你想象的那样将问题顺利解决。

不要闭门造车。你的客户应该得到专业指导和良好的沟通。与会议组织者提起注意事项，告诉他酒店的政策，并建议如何解决问题。可以达成双方同意的意见。

至少，你向会议组织者提醒过一个可能出现的问题。

展览

展览是协会会议的商标，不过企业会议也常带有展示。如在会议期间展示新产品或用仿真演示技术演示新产品的性能。因此，企业活动可能要求有舞台或展示空间。

根据《会议与大会》最近的会议市场报告，约有 50% 的企业会议承办人为企业安排会议期间的展示，这类展示的平均观展人数是 1210 人，少于协会会议的展览，平均展示时长与协会展览差不多，约 3 天。因此，会议团组经常会在会议期间办展，这对于你的酒店来说是个潜在的赢利点。

表5-5　企业会议展示

会议承办人介入到展览展示的比例	53%
平均策划的展览数量	9.1 个
平均观展人数	1210 人
平均展示时长	3.3 天

资料来源：《会议与大会》最近的市场报告。

会议室要求

企业会议需要的会议室的大小取决于会务活动安排。一些会议要求小会议室，如委员会会议。在很多培训会议中，大组经常分成 10 人左右的小组进行讨论，然后再集合到大会议室进行讨论。很多会议组织者希望这种分组行动使用的房间就在会议室的旁边，方便使用。

若你的酒店在主会议室附近有这种分组使用的房间，在争取企业会议业务时你便有了竞争力。团体成员如果不得已挤在主会议室各角落的几张桌子旁可能会感觉失望。如果你对分组讨论只能提供这些而你的竞争对手可以提供更多的安排，则更难吸引某个团体在你的酒店举行会议。

企业会议很少会在最后一分钟更换会议室。而协会会议则因为不同论题的参加人数确定得非常晚要求临时变更会议室或增加会场内座椅数量的可能性很大。协会会议的同期分组会将涉及不同的论题，某个议题可能非常热门，就会产生这种临需求。

一场会议，一张支票

酒店的大部分团组业务都是统一支付的，这是企业业务的一个优点。很多企业为员工支付所有会议相关开支，当然有些企业有不同的支付原则。要事先跟会议承办人确定公司支付的主账单都包括哪些费用，哪些消费是由个人承担的，这些信息必须提前知会前台。酒店的授信经理可能会提前对企业客户做一些功课，并提出支付计划建议，当然前提是一定数额的订金支付。通常的原则是企业会倾向于统一支付。

多人预订的可能性

承接企业会议是你促销自己酒店的一个机会，每个参加会议的人都已经试住过你的酒店了，如果他们对酒店有好印象，他们自己出差时可能会先想到住你的酒店。而且他们还可能在自己的企业内或企业外推荐你的酒店。要记住，企业会议参会人跟协会会议参会人一样，他们可能自己就是其他会议的组织者。

成功的会议将带来更多的未来业务，一个会议的成功能带来回头客，当然有可能是同类会议在不同城市的举办，这对于连锁酒店来说绝对是个好消息。一个人可能在多个城市办系列会，这个人负责整个系列会的组织安排，这让连锁酒店有机会销售自己在不同城市的酒店，而且推荐各地酒店空当的日期。

会议承办人也很喜欢这种解决方案，他只需要把其中一次会议的需求跟连锁酒店说明了，其他会议只是复制同样的服务。

不过，企业会议对连锁酒店并没有什么忠诚度。根据《会议与大会》杂志最近对会议承办人的调查，只有 25% 的企业会议承办人把自己策划的大部分会议放在同一家连锁酒店内。

这对于单体酒店来说意味着什么呢？为了与连锁酒店竞争，单体酒店必须说明自己是这个城市里最优的选择。强势的形象可能会让习惯用连锁酒店的团组在到达你的城市时打破习惯转而选用你的酒店。

很多聪明的酒店销售会与其他城市的单体酒店结成联盟，他们很乐意跟客户推荐其他城市里的单体酒店，并获得相互推荐的互动销售机会。单体酒店因此也获得了与连锁酒店类似的销售优势。这个概念也形成了现在的酒店销售代理网络，这些酒店销售代理稳定地销售一系列单体酒店，为客户提供了类似连锁酒店的"一站式服务"。

企业会议决策人

我们已经讨论过识别企业会议决策人的困难，但是任何销售努力如果不针对有权决策的人都是白费，会务销售也不例外。你的故事很好，但如果不讲给该听故事的人也不会取得应有的效果。

谁是该听故事的人呢？不仅不同的公司有不同的人物，即使在同一公司，这个人也可能每年都发生变化。但有些职位应该牢记，因为他们在销售渗入中可以说代表了一个起点（表 5-6）。

要找对人，所问问题必须切题。"是谁负责协调这次会议？"并不是个好问题。

表5-6 会议承办人在公司内的职务

职务或职位	企业会议承办人
企业高管	24%
会议承办人 / 会务经理	30%
销售 / 市场营销	11%
总经理 / 其他经理 / 行政	17%
其他	18%

很多企业没有专业的会议承办人，因此对于潜在业务来说，最聪明的办法是了解决策人在公司内的职务，以上就是这方面的一个汇总。

资料来源：《会议与大会》杂志最新的会议市场报告。

负责会议细节协调的人可能不是实际上的决策人，也可能不是推荐会址的人。可以问一个更好的问题"谁负责决定你们公司开会时使用哪家酒店？"这样，你便可以立即与决策人或推荐酒店的人联络而不必找"中间人"，这样很浪费时间和精力。

另外一个可能要求更多时间和精力，但也行之有效的途径是从公司上层开始向下做工作。尽管与公司总裁谈话的结果并不一定是马上就得预订，但这种接触有两点好处：一是你不必与决策层或推荐层下面的人员接触；二是，"上层"的介绍是最好的敲门砖。

一旦进行了主要接触，应该对未来决策者有所注意。因公司组织结构图的描述是固定的，应该从中识别出"明星人物"并与他们培养关系。认识可能接替目前决策者的人对将来大有裨益。

全职会议策划人

若公司集中安排会议计划活动，就会有一个全职会议策划人。这会使你工作起来更容易，因为你是在与一个经验丰富、知识渊博的专业人士打交道，他知道想要什么及如何得到。

与知道要什么的人合作更容易一些。他能帮你弥补你在安排中忽略的事情。双方都要做同样的事情——会议圆满顺利举行——若双方都是专业人士就好办多了。建立公司的良好声誉就可以让你成为会展业界成功的销售人员。

公司会务策划者有好几个组织，包括国际专业会议组织（www.mpi.org），其2.4

拓展阅读

企业会议承办人情况

- 72% 是女性，平均年龄 48 岁。
- 平均职业生涯中 53% 的时间是从事会议组织策划活动。
- 有 13 年的办会经验。
- 其办的会议大部分（58%）是 50 人或 50 人以下的会。
- 职责范围涉及：选择酒店（88%），选会址（81%），策划娱乐活动（72%），控制预算（70%），安排会议议程（51%），安排交通（航空，54%；租车，42%）以及规划展览（51%）。
- 只有 19% 是持证的会议职业人士（其中只有 4% 是持证会议经理），但有 28% 是国际专业会议组织（MPI）的成员。

资料来源：《会议与大会》杂志最新的会议市场报告。

万名成员分属全球的 71 个分会。

公司总裁

一般小公司会务活动不多，也没有全职的会议策划人员。在这些公司中，决策者是总裁，或相应职位的人员，如合伙人或主席。可以理解，像通用汽车公司这样的大型公司的总裁是不会参与会议决策的，但一个只有几百人的公司总裁可能会参与全国性销售或分销商会议的策划。别担心要与公司最高层接触，若总裁不亲身参与，他会安排适当人员负责。若你与总裁的手下合作，总裁的推荐对你没有坏处。

企业总裁的行政助理也是对会议决策有影响力的人物。凯悦和国际行政人员专业协会（IAAP）共同认定会议和活动策划是行政专业人士的第二大工作内容，而且是占用了大量工作时间的一项工作内容，81% 的行政助理每年策划 4 场会。

市场营销与销售高管

市场和销售高管是重要人物，其职位可能是副总裁、市场营销总监、经理或产品经理。他们可能在全国、国际上甚至地区性范围内运作。公司会议涉及市场营销的重要方面，因而与这些人员搞好关系很有必要。

这些高管不参加会议策划协会，他们不认为自己是会议或会务策划人，但他们确定策划很多会议，更确切地说，参与很多会议。他们召集会议，选择他们需要的会议种类，对于在哪里、什么时候举行会议他们最有发言权。对你来说，他们是很重要的人物。

广告及销售推广经理

职务稍低一点的广告或销售推广经理也参与会议的策划。一个人可能会有两个职务，因为工作责任相互重叠。除了一般的职责，这些中层经理经常处理会议策划事务。任何规模或类型的公司都可能将会议策划任务交给中层经理人员。如果公司没有全职会议策划人，这个任务就会交给一些部门经理来做，因为这涉及营销活动，因而常常选择广告或销售推广经理。

至少，这样的中层经理也参加会议的初期筛选及会议的策划和举办。他们可能是你最初的工作障碍。你需要他们推荐你的酒店。在某些情况下，这就足够了；但有时候，最终决定由他们的老板——副总裁、总监或市场销售部经理来做。如果他们权力有限，一些人无所谓，会坦诚相告，但一些人会觉得难以启齿。

要知道谁是最终决策人，但你也应明了筛选的各个层次，否则，你将永远到不了最后选择阶段。一定要使你的介绍清楚地阐明你的优势，这样在与别的酒店进行对比时，你的酒店就会脱颖而出。

其他企业高管

并非所有的会议都来源于市场部。其他经理人员也参与会议安排和会址选择。他们是公司关系、公共关系、产业关系或沟通部门的经理。这些人员可能也积极参与市场销售活动。公司组织机构图一般不会明确指出谁专门负责会议，但有很多经理人员确实负责会务安排。负责会议的经理可能在一段时间内负责这项工作，然后就由别人接替。会议策划人的角色通常是通向中层经理人员的职场之路。

旅行及公司差旅经理

很多公司都保留有旅游咨询台帮助员工安排商务旅行。如果需要预订酒店和机票，他们必须通过公司的差旅顾问，传统上这些公司的差旅顾问只负责高管的酒店和机票的预订，并与酒店和机票供应商谈一个协议价，以确保价格的最优。

不过越来越多的公司把会议和差旅结合在一起，企业的差旅顾问已经把服务延伸到了会议，因此这些顾问的议价内容已经不仅限于酒店客房，也会涉及会场和餐饮。

国家商务旅行协会（NBTA）是一个针对企业旅行顾问的协会组织，其会员一度都是企业里安排差旅的人员。现在 94% 的 NBTA 成员也帮企业安排会议。为了更好地帮助企业的差旅顾问了解会议，特别是那些介入会议业务的人员，NBTA 与会议业协会（CIC）联合组织对会员的培训。

NBTA 在加拿大和亚太区均有分会，协会每年 8 月组织一次行业展览。与此类似的组织还有企业差旅经理人协会（ACTE），这是一个全球组织，会员是来自 82 个国家的 6 万名差旅经理人。ACTE 也组织年会和展览。这两个组织的展览都会吸引很多针对商务散客市场的酒店参与，随着企业差旅顾问服务范围的扩大，这两个展览对酒店的吸引力更大了。

采购经理

企业节省费用的另一个做法是把会议规划职能放在采购部。采购部介入会议规划改变了酒店与会议策划人之间的关系性质。传统上酒店都直接与会议承办人交易，会议承办人代表企业确定会议预算，现在采购部越来越多地介入会议决策过程中了，从酒店选择到菜单的确认，再到餐饮活动的成本控制。

会议承办人对会议的成本构成有比较深的理解，例如，他们知道客房或餐饮消费高一些能免去会议场租。采购经理会把酒店客房和服务的采购等同于其他商品的采购，即他们只要最好的价格，但这不意味着他们只谈客房和会场的价格，采购经理会寻求最优的价值，他们还会考虑会场的影音设备和室内布置，因此可能会给酒店带来更多的收益机会。

这个趋势加剧了酒店之间的竞争，同时也改变了销售人员的销售方式，因为公司会议的决策人现在是采购经理了，跟采购打交道，销售必须要证明自己的产品是物有所值的，从餐饮品质到服务标准，到酒店口碑和不可见的参会人体验。

凯悦酒店集团的销售副总裁 Fred Shea 表示：

"我们的销售经理必须展示出价格背后的价值，因为价格、日期这种信息在网上就能查到。我们要培训销售人员更好地向客户的采购展示价格背后的价值，包括服务和参会人员的实际体验。"[⑦]

培训总监

培训总监会用到很多类型的酒店，机场和市郊的酒店更受欢迎，因为那里交通便利而且停车方便。小型度假酒店和精品酒店在淡季时也会用于培训会，特别是针对管理层的培训。预算紧张时，培训总监会利用二类酒店、淡季促销和全包价来满足自己的会议需求。

培训部一般都自己办会，企业可能会同时有销售会议和培训会议的需求，因此你在接触企业的销售类会议的同时，不要忽视了培训会议的需求。

培训总监的要求与其他小型会议的需求没有什么区别，他们对影音设备、隔音墙、无低垂的吊灯和周边环境的清静有更高的要求。其实这也都是高品质的小型会议的要求（图 5-7）。

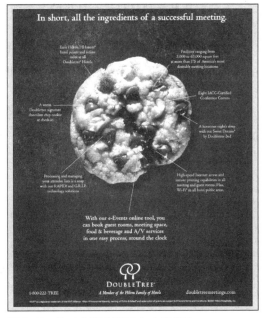

图 5-7　针对小型会议承办人的广告

这是逸林酒店连锁针对会议承办人介绍自己的会议中心设施和服务的广告。其所提供有服务还包括 e-Events 在线工具，让会议承办人可以 7×24 地预订会议所需的一切。

资料来源：感谢逸林酒店连锁。

会议专家 / 第三方策划人

几年前，几乎所有的企业会议都是企业内部的部门自己组织的，随着企业精简机构和压缩规模，很多企业也像协会一样把企业内部的会议承办服务外包给第三方会议承办人。有些第三方会议承办人只承接大型会议，也有些还承接酒店推荐、航班安排、目的地管理等其他会议相关服务。他们会为会议选址，代表企业和协会谈价格，协助会议的组织安排。有些旅行机构也会介入其中，特别是奖励活动。这些第三方是酒店重要的业务来源。

第三方公司是酒店稳定的会议业务源，根据国际会议专业委员会的调查，约有20%的会议活动是外包给这些会议承办公司做的。酒店连锁现在都把精力集中在最大的需求企业身上，因为它们知道80%的业务是来自20%的企业客户。因此，第三方公司的需求也变得越来越受重视。

希尔顿酒店集团的销售管理副总裁 Steve Armitage 指出：

"我们希望提高我们在重点客户里的市场份额，从一个机构身上获得越多的生意，我们就能越好地根据这个机构的要求调整自己，使双方成为更默契的合作伙伴，让会议活动更加成功。"[8]

第三方公司的收益或来自从办会企业收取的服务费，或来自从酒店房费中获得的佣金。显然，酒店更希望它们从办会企业获得收益，不过鉴于第三方公司给酒店带来的业务量，酒店也愿意支付佣金。

很多小型协会和企业在跟酒店谈判时没有力度，而如果它们把业务外包给较大的第三方公司时，它们能获得较大的节省，能使它们的会议更受酒店重视。现在的趋势是有越来越多的企业把会议包给第三方会议管理公司去选址和谈价。

拓展阅读

第三方会议承办人带来的销量

亚利桑那 Scottsdale 的 HelmsBriscoe 公司的创始人及首席执行官，Roger Helms

我们是一家国际旅行和会议承办公司，我们做的是"配对"的工作，把企业的需求与能满足需求的酒店客房和会场对接起来。对于会务经理来说我们是一个很棒的资源，因为我们把他们从庞杂烦琐的会议信息中解放出来，我们通过公司的批量采购优势给他们带来更大的利益，这意味着更优的价格和更宽松的合同条款（这些都是酒店业者给我们的好处，因为我们能给他们带来他们所接触不到的生意来源，而且能让他们节省开设销售办事处的费用，因为那些市场我们替他们渗透了）。

1992年，我当时是 Registry 酒店集团和市场销售高管，我看到了会议业对"资源调配型公司"的需求和当时这方面的市场空白，这让我看到了机会。就在这一年，我与在 Registry 工作了14年的老朋友——Bill Briscoe 合伙开办了 HelmsBriscoe 公司。

之后的这些年中，我们逐渐成长为世界上最大的连锁酒店客房采购商。我们的网络由1000多人组成，他们遍布在世界上的30多个国家。我们与全世界的酒店合作，它们每天都更新信息，它们会把客房销售额的一部分用于支付在我们的平台上出现的费用。我们的需求从退伍军人社团的聚会到大型企业的新品发布会，几乎涉及所有办会的人。我们开始是一家小规模的精品公司，现在已经形成了自己

（续）

的文化，成为一个庞大的组织。我们的员工非常投入而且充满激情，新技术的发展使得分布在全球的员工得以实时交流。

谈及未来你一定会谈到，永远不变的就是变化，成为行业的领头羊，了解客户的需求是我们公司成功的一个秘诀。一个好公司和一个大公司之间的区别在于：有些公司从变化中没有学到东西，有些公司从中学到了很多并让自己变得更强大。我很骄傲地说，HelmsBriscoe 公司正是后者。

互联网体验

第三方会议承办人

企业常把自己的会议外包给第三方会议承办公司，这些公司替需求企业考察场地，谈价格和合同。由于这类公司能同时代表多家客户企业，因此它们有较大采购量，能谈到更好的会议包价。这些第三方会议承办公司的员工很多都曾在酒店销售岗位工作过。

点击以下企业网站后回答后面的问题：

• Experient — www.experient-inc.com;

• Conference Direct – www.conferencedirect.com;

• HelmsBriscoe – www.helmsbriscoe.com.

1. 每家公司分别能提供哪些服务？

2. 酒店与这些公司合作能获得什么好处？

3. 这些公司是如何收费的？是由会议需求方付费还是从酒店收取预订佣金？

寻找企业业务和决策者的资源

市场真的很大，如果你非常急切地想靠一个个上门拜访去争取生意，可能真的不够经济有效。Tom McCarthy，一名酒店职业销售，认为如何争取潜在市场是需要通过计算得出的。

一个销售人员可能要覆盖 35000 个企业客户，如果一个销售能每周开发 20 名新客户，很容易就能算出这个销售人员一年可以开发 1000 名客户。

比较聪明的做法是先根据客户的类似度、规模和业务类型筛选出 1000 个客户，交给销售去跑，这要比他从 35000 个客户里任意选更有效，因为你很难说他任意选的 1000 个客户就是最合适的客户。

现在我们用计算机和最复杂的程序做的事其实是从 19 世纪就开始存在的最基础的工作，遵循的也是最基本的筛选潜在客户的原则。[9]

在今天的竞争环境中，寻找最合适的潜在客户已经几乎取代了销售人员"扫街敲门"，只要你知道哪些企业高管是你需要针对的，你有很多办法能更有效地去接触他们。

专业会议及行业杂志

企业会议行业有很多刊物已经基本上替你做了筛选的工作，因此大型会议酒店在这些刊物上做广告也几乎是个惯例了。刊物还会给广告商提供销售线索，包括业务需求、联系人和相关数据。

主要的刊物包括：*Corporate & Incentive Travel, Corporate Meetings & Incentives, Meetings & Conventions, Meeting News, MPI's One+, Smart Meetings, Successful Meetings, Financial & Insurance Meetings*。大部分刊物是面向企业读者的，所有刊物都自己的网站。

还有一些刊物可能酒店营销人员也会感兴趣，尽管这些刊物不是专门针对会议的，但在它们的读者中包括可能做会议决策的企业管理层。其中相关度最高的是Sales & Marketing Management，顾名思义，是直接面向企业销售和市场营销管理人员的，他们的会非常多。

一般性的商业杂志也可以考虑，虽然这些刊物可能不直接面对做会的企业管理人员，但它们的发行面会包括会议承办人。如果酒店有预算的话，可以在诸如《华尔街日报》《商业周刊》和《财富》杂志上投放广告。

行业企业名录及出版物

某些行业是需求比较旺的行业，你可以根据酒店的销售记录寻找最高产的行业重点关注。例如，保险行业会议团很多，这个行业的会议承办人有个专门的协会。其他行业也会有各自的名录，可能适用于你的酒店。

Dun & Bradstreet Million Dollar Database（www.dndmdd.com）曾经是本目录，现在是个在线数据库，列出了美国和加拿大最大的企业及其办公地点的分布。酒店销售人员可以通过这个数据库找到某个行业的某个企业客户。

标准普尔网站（www.netadvantage.standardandpoors.com）也是一个类似的数据库，上面列了6万家公司，有公司的地址和主要负责人的基本信息，以及作为营业规模参考数据的公司员工人数。

国际专业会议人士协会（MP）会员名录是向国际专业会议人士协会会员发放的。要想获得这本列出了几乎所有企业会议承办人联系方式的名录，酒店必须以会议承办人身份加入这个组织。

Best Insurance Reports 是由 A.M. Best 公司出版的名录，其中列出了所有保险公司的高管信息，人数超过一万。该公司也有在线数据（www.ambest.com）可以方便

酒店销售人员根据原则搜索企业名称和地址。

The Corporate Meeting and Event Planners Directory 列出了美国和加拿大 14000 个会议承办人的信息，包括地址、电话、网址、会议需求信息（包括时间、地点、参会人员和平均会议时长，以及希望的场地类型）。这本书是由 Douglas 出版社出版。该出版社还有网站（www.douglaspublications.com），网站数据是根据协会会议承办人、企业会议承办人、医学会议承办人和奖励旅游活动承办人进行分类的。

行业协会

若你认为某个具体行业值得追踪，可以拜访一下该行业协会的执行董事，争取协会的会议，同时也争取在行业内获得更多的同行业企业业务机会。它们的行业目录也是一个好的线索来源，还可以为你的联络增添新的潜在客户名单。

很多会议都在赞助公司所在的主要地点召开。因而，应该研究你所在城市、州和地区的商业名址录。商务部也提供这样的名单。

地方图书馆、商务部、会议和局及州产业委员会也都是获得地方销售线索很好的地方。在部分单位都提供出版物，其中根据 SIC 代码列出公司名称。在很多情况下，你的酒店可能已经由 SIC 代码根据服务的分类预订成册；这使得瞄准该目录内的其他公司变得更加容易。

不要忘了游说全国性组织的地方分部。可能有人告诉你会议决策一般由总部做出，但千万不要忽视地方人员。公司会议策划者向地方地区经理询问当地的合适酒店的情况很普遍。订单可能来自公司总部，但重要信息可能来自地方。

另外，地方分部自己也举行会议，尽管它们都很小。地方分销商会议、培训会议和地区性销售会议一般都由地区销售经理负责。追踪地方销售办公室分部的一般性业务也可能给你一个机会得到更大的团体业务。

网站

找到会议承办人的另一个有效途径是从网站到会员信息。这类网站中最大的一个就是国际专业会议人士协会（MP）网站，国际专业会议人士协会（MP）是总部在达拉斯的国际专业会议承办人组织。它在全球 51 个国家有 71 个分会，其中 30 个在北美地区，你可以通过分会找到你关注的区域是属于个哪个分会。国际专业会议人士协会（MP）网站提供免费搜索服务（不是会员的酒店也可以用这个搜索功能），你可以点击"会议顾问部／独立承办人"进行搜索；进入某个具体州或城市后，你可以得到一个最新版的当地会议承办人名单和联系方式。

这只是众多网站工具中的一个，LinkedIn（www.linkedin.com）是一个针对企业人士的职业社交网站，销售人员可以与以往和当前的客户在上面建立联系。Hoover（www.hoovers.com）网站上有在线企业名录，列出了 3200 万家企业的信息，这个名录中列出了企业的主要决策人姓名，酒店可以根据自己的需要筛选定制潜在客户名单。这类网站是酒店销售人员接近企业市场的重要工具，可以让他们扩大客户接触面，找到同类行业中的潜在客户。在线名录还会提供不同的服务，如企业财务数据，或下载企业财报等，有些服务是收费的。

亚利桑那州 Scottsdale 的雷迪森度假酒店的市场营销总监 Steve Tremewan 认为：

"我们习惯于通过图书馆或当地报纸寻找目标市场，但现在我们的大部分工作都可以在互联网上完成。"⑩

他还会读目标市场区域的报纸，只不过是读在线版的而不是印刷版的，这些阅读能让他确定新客户可能来自哪个镇，并且估计他们会在哪里办会。他还会利用在线工具找出目标市场企业的联系方式。

互联网体验

在网络空间找到会议需求

酒店销售可以从很多网站获得会议承办人的信息，最常用的三个网站是：

• Convention Planet – www.conventionplanet.com;

• Elite Meeting International – www.elitemeetings.com;

• Groople – www.groople.com。

浏览这些网页并回答下列问题：

1. 哪个网站提供 "RVP Valet" 工具？这个网站的招标需求（RFP）与其他两个网站有什么不同？

2. 哪个网站提供给会议承办人选择的会场设施数量最多？

3. 哪个网站要求会员付费进入网站？

4. 哪个网站针对中小会议承办人？

5. 在你看来，这三个网站中，哪一个会让会议承办人觉得用户友善度最高？

会议旅游局

很多酒店销售觉得跟本地会议局（CVB）联手是开拓企业市场的有效途径。以往会议局更关注的是协会业务，现在很多会议局也把目光转向能带来会议需求的企业市场。

几年前，国际目的地管理协会（DMAI）在纽约召开了第一次目的地展示会，向企业会议承办人推广会议局可以提供的服务。很多企业决策人以往也不用会议局，现在他们发现会议局能提供多个场地选择，是个"一站式"的解决方案。如果企业会议承办人想在奥兰多订会场，他可能只需要给奥兰多会议局打个电话，会议局就能提供企业所需要的会场和酒店信息。

酒店也发现与会议局联手推广目的地能带来更多的生意机会。很多酒店参加目的地城市介入的展会，成为会议局展台的一部分。

互联网体验

酒店销售人员的有力工具

Knowland 集团为酒店销售人员提供了很多有用的工具，进入它们的网站 www.knowlandgroup.com，找到 "Insight" 视频，浏览后请回答以下问题：

1. 网站的卫星图和互联网地图工具如何帮销售人员找到潜在新会议业务？

2. 网站的什么服务可以让销售人员找到那些已经用过你的竞争对手酒店的销售需求？

3. 在网站的团体活动数据库中，输入你所选择的城市和酒店名称，了解最近几个月正在找场地的活动都有哪些。

4. 为什么说这个网站的读者告示板是找到需求的一个有效资源？

横向推荐和客户渗透

很多酒店的人只满足于承接大型企业的会议业务，实际上这些企业在酒店里办会是为酒店争取未来的业务提供了机会。帮助企业管理人员让会议顺畅地进行，让你的酒店在未来的业务竞争中占有优势。

有些企业很大，一个部门的员工可能跟其他部门的员工没有什么交集，如果你的会议来自企业的一个产品组或部门，要关注来参会的所有产品经理，因为他们可能在公司里代表着其他部门。

很多企业的运营结构是类似的，如果企业中的一个产品经理在办会，其他产品经理也可能会办同类的会议。如果这次的活动顺利，办会经理可能会把你介绍给其他经理，或把你推荐给其他客户。即使办会的人没有其他潜在客户关系，他们对这次活动肯定的评价也会为你接这个企业更多的生意打开一道门。

这种横向推荐和对客户企业各部门的完全渗透是成功酒店销售的一个标志。一个有很多部门的大企业在你的目标市场区域内，会给你的酒店带来源源不断的业务机会，要确保你接触了所有潜在的决策人及相关有影响力的人，你可以用到一个叫"客户映象"（account mapping）的工具。酒店营销教练公司的创始人 Neil Salerno 对这个工具是这样解释的：

"客户映象是向大企业客户渗透获得更多业务机会的极佳工具。把一个决策人的姓名放到框架图内，画出他的汇报线，如果你不知道应向其他该企业员工了解。一旦该企业有人接触你，把新的接触人加到你做的框架图内，如此往复不断扩充这个框架图。最后的结果是整个企业的构架就清晰地展现在你的眼前了。这个框架图能确保你了解客户企业的每一个动向。"[11]

这个工具还能帮助你预测客户企业的业务产出，通过对某个客户企业内部架构的了解，你可以推而广之地分析同行业的其他企业，因为同行业的企业架构通常非常类似。这是你了解客户的一个起始点，了解企业的架构以及哪些职位上的人是主要的办会人员将有效提升你对客户企业的渗透度和企业业务的销售量。

在酒店层面还存在一些其他机会，当地供应商、批发商、乳品供货商、保险经纪人以及其他产品或服务的提供者都是潜在的会议业务来源。即使供应商自己可能没有会议需求，但其所在的行业、职业或机构、社团是可能有会议需求的。作为酒店的供应商，它们是非常可能把酒店作为会议地推荐给相关机构的。

一名酒店业顾问这样建议：

"从广告上看看竞争对酒店都接了哪些会，然后去争取这个机构的下一次会在你的酒店办。从报纸和行业杂志上了解哪些企业进驻了本市，或正在推广本市办事机构。所有这些都很有用的业务线索。"[12]

酒店员工也可能是会议业务源。很多员工可能参加了一些社团组织(如保龄球会、园艺俱乐部、宗教团体等)，这些社团都需要定期集会，这些集会是需要会场、晚宴或颁奖典礼的。这时，酒店员工可以影响团体选择把活动放在自己所工作的酒店内。

小 结

本章我们深入了解了企业会议市场的特点，企业会议被认为是整个会议市场中利润最丰厚的一部分，不仅因为这个市场愿意支付较高的房费(尽管很多会议是在淡季举办的)，还因为它为酒店带来很多餐饮、影音、娱乐等多方面的收益。本章我们介绍了企业会议的类型和各类会议的特征、企业中的会议决策人。这个市场由于利润丰厚，对酒店的重要性越来越强了，酒店销售必须了解企业在会议方面的需求，并努力满足它们的需求，才能成功抓住这个市场。

尾注：

① John Anderson, "In Front of the Curve", Smart Meetings, November 2009, p.39, 41.

② Terence Baker, "Coffee With...Mark Beaupre", Meetings & Conventions, May 2004, p.12.

③ www.meetingsnet.com/financialinsurancemeetings/maginsurance_leveraging_smallmetings_spend_0509/index.html.

④ Marshall Krantz, "Combo Meetings: Seeking Efficiencies", Meeting News, October 11, 2004, p.1.

⑤ Macie Schreibman, "Small Meeting Myths", Smart Meetings, November 2009, p.43.

⑥ Michael Adams, "Career Jumping", Successful Meetings.

⑦ Cheryl-Ann Sturken, "Making Inroads", Meetings & Conventions, April 2005, p.44.

⑧ "Hilton Makes Fast Progress Absorbing Promus", Meeting News, March 20, 2000, p.53.

⑨ Tom McCarthy, "Get Your Sales Management Ready for the 21st Century", Hotel and Resort Industry.

⑩ Cheryl-Ann Sturken, "Making Inroads", Meetings & Conventions, April 2005, p.44.

⑪ Neil Salerno, "Are You Being Out-Hustled by Your Competition? How to Dominate Your Hotel's Market Set", www.hotelmaketingcoach.com/are_you_being_outhustled_by_you.htm, November 1, 2009.

⑫ Howard Feiertag, "New Sales Teams Often Miss Opportunities", Hotel & Motel Management, July 21, 2008, p.10.

主 要 术 语

客户映象（account mapping）：了解客户企业中不同的人之间的关系和架构安排，这样销售人员能确认自己是否已经接触到了客户中每一个有潜力的决策者或影响者。

客户渗透（account Penetration）：在客户企业中确定新业务源的过程。

商务中心（business center）：为商务旅行者提供自助办公所需的主要设备和服务的设施，这些设备和服务包括打印、计算机网络、传真和复印。很多商务中心还同时提供文秘和快递等服务。

经销商会议（dealer meetings）：地区或全国的经销商和分销商会议。一般在会上会介绍新的销售和广告方针政策，以及介绍新产品。

奖励会议（incentive meetings）：为奖励业绩突出的员工，在分销商和经销商的奖励旅游中举办的会议。

管理会议（management meetings）：由上层管理人员组成的相对小型会议。通常要求高档的餐饮和住宿服务。

专业 / 技术会议（professional/technical meetings）：为了提高公司技术人员的技术水平召开的会议。通常以研讨会 / 讨论会的形式出现。

销售会议（sales meeting）：公司为了以下目标召开的会议：产品介绍、销售政策、公司目标、销售技巧讨论和鼓舞士气。

股东会议（stockholder/public meetings）：面向非雇员的会议。

战略会议管理（strategic meetings management）：企业在会议管理上回归基础、更关注会议议程内容，提高会议的可信度、结构的缜密性和统一性，以及更有效控制成本的一种趋势。

第三方会议承办人（third-party meeting planners）：企业外部帮助企业办会的个人或公司，他们提供的服务包括选场地、谈判，以及介入整个会议的各个环节提供支持和服务。

培训会（training meetings）：为了向员工介绍公司的新政策、方针和流程而召开的会议。通常规模较小。

复习题

1. 协会会议跟企业会议之间存在很多相似之处，但也有明显的区别，请对比这两类会议之间在筹备期、参加人数和需求场地类型方面的差异。
2. 企业会议的规模和形式各异，如果你是一家会场不多的小酒店的销售经理，你会把目标放在哪些企业会议上？
3. 讨论企业会议多方预订的可能性。
4. 跟协会一样，找到企业会议的关键决策人是非常重要的。为什么说这个问题对于企业会议市场来说更关键？列出企业架构中可能的会议决策人。
5. 企业的国际、全国或区域办事处机构会在会议选址过程中分别起到什么作用？
6. 讨论酒店如何通过额外的服务来满足商务客的需求，从而提升客房档次。
7. 列出找到企业会议的主要信息来源，并说明每个来源可以如何用来找到客源。

参考文献

1. Meetings, Expositions, Events, and Conventions: An Introduction to the Industry, George G. Fenich, Prentice-Hall, 2008.
2. Cindy Estis Green, "The Information Revolution in Hospitality: A Guide to Intelligent Marketing 2000-2020", The HSMAI Foundation Research Review. Hsmai.org.

网址：

若想获得更多信息，可访问下列网址。网址变更恕不通知。若你所访问的网址不存在，可使用搜索引擎查找新网址。

1. Alliance of Meeting Management Companies: www.ammc.org
2. Association for Corporate Travel Executives(ACTE): www.acte.org
3. Corporate & Incentive Travel: www.corporate-inc-travel.com
4. Corporate Meetings & Incentives: www.cmi.meetingsnet.com
5. Independent Meeting Planners Association of Canada (IMPAC): www.impaccanada.com
6. Meeting Broker: www.MeetingBroker.com
7. Meetings & Conventions magazine: www.meetings-conventions.com
8. Meeting News magazine: www.meetingnews.com
9. Meeting Professionals International (MPI): www.mpiweb.org
10. National Business Travel Association (NBTA): www.nbta.org
11. Small Market Meetings: www.smallmarketmeetings.com
12. Smart Meetings: www.smartmtgs.com
13. Successful Meetings magazine: www.successmtgs.com

第6章

概　要

非营利性组织

SMERF 团体

　社会团体

　军队及其他社团

　教育会议

　宗教会议

　联谊会

政府机构

工会

奖励会议

保险／金融服务会议

医药会议

小结

学习目标

1. 描述非营利性组织的市场特征以及介绍如何针对这个市场销售会议服务和产品。

2. 介绍如何找到 SMERF 组织并针对它们进行会议销售。

3. 介绍如何针对以下市场进行会议销售：政府机构、工会、奖励会议、保险／金融机构会议以及医药会议。

针对 SMERF 团体的有效销售

　　Lyn Mathew, CHSE 亚利桑那 Scottsdale 的大使，全套房度假酒店市场销售总监

　　"其他团队市场通常被统称为 SMERF（即社团、军人社团、教育、宗教和联谊会团组）以及政府、工会、医药、保险和奖励市场，这个市场是一个非常多样化和富于挑战性的市场。不同的酒店会有不同的潜在目标市场，因此了解会议承办人的需求并凸显酒店资源中有针对性的优势点是非常重要的。不同的会议需求差异很大，精明的销售会认真分析不同的会议承办人需求，并有针对性地推出酒店的资源卖点。切中需求点的卖点能让酒店有机会成为会议承办人在未来办会时的首选。"

针对其他市场的销售

本章介绍了会议市场上的第三大业务源：非营利性组织，包括 SMERF 团组、政府机构和工会；以及在前面几个会议市场中讨论过的奖励会议和保险 / 金融机构会议，这两类会议具有显著的企业类会议的特征；还有医药会议，这是协会会议中的一类。

本章将介绍各类团组，每一类都有自己的鲜明特征，不同的适用价格范围、服务需求和决策机制，以及不同的适用销售方式。通过本章的学习你能了解哪类团体最适于你的酒店，并能有效制定出针对这个市场的销售战略（本章后的附录将列出主要相关会议承办人的协会名单）。

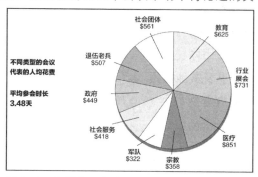

图 6-1　会议收入构成

上图说明了 SMERF 团组每次会议每位代表的平均消费情况，这正是本章要讨论的。医药团组和专业展会的平均消费最高，军队和宗教团组是对价格最敏感的而且平均消费最低的市场。尽管大部分 SMERF 团组在会议消费方面普遍低于企业和协会会议团，但这些团组一般都选择在企业和协会会议的空当期举办，因此对酒店来说是也一个吸引人的市场。

非营利性组织

尽管很多组织不能被称为协会，但它们的运作模式是类似的，它们有会员、非营利组织、出于某种共同目标建立的组织包括红十字会、男女童子军等一些慈善事业组织。这类组织除了组织会议以外，它们还需要筹款，因此是酒店的一个很好的生意来源。同属这类组织的还有政治俱乐部和党派，它们需要在酒店定期召开会议。当然这类组织还包括社会团体、军人、教育、宗教团体和联谊会等（SMERF），以及政府机构、劳工组织、医药团体等，这些组织我们会在本章一一讨论。

针对非营利性组织的销售与针对协会的销售非常类似，甚至我们很难把这两个市场严格划分开来，因为涉及的类型太多了。旅游局或会议局可能有这类的名录可以帮助你找到这些组织，另外还有一本《全国非营利性组织名录》，其中收录了26.5 万个组织并按地址邮编做了排序。

另一个接触这类非营利性组织的渠道是参加"国际经济型会议适用酒店市场营销协会"的系列展览，它们会在美国中部（芝加哥）、西部（加州的长滩）和首都（华盛顿）进行巡展。《会议与大会》杂志会组织在线调查，这种调查会面向从大型展会到小型论坛的各类活动。积极参加这类展会并参加展会期间的免费讲座能认识很多会议承办人。大部分会议承办人不是 MPI 或 PCMA 之类组织的会员，他们是一些志愿会议承办人，他们会组织特殊兴趣方面的会议和活动，也会组织退伍军人聚会、教育、宗教和联谊会之类的会议，以及政策会议。

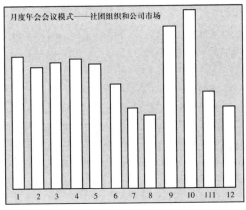

图 6-2　月度会议业务分布

该图显示出社团组织和公司业务的月度模式。可以看出，在 7 月和 8 月之间，业务放缓。SMERF 市场一般在这几个月份举办聚会，如果盯住这个市场，有助于在这些"软点"时段增加业务量。

一旦你找到了目标客户，你就可以去接触这些组织的当地分会了。一般来说，大部分非营利性组织都有一些长期稳定的雇员或志愿者。会议选址的流程会因组织而异，不过一般都是组织的董事会做最终决定，会议的筹备期会比行业协会会议短，一般是 1 ~ 2 年。

由于很多本地委员会是由志愿者组成的，因此如果你能在争取活动时一并提出你能为活动争取到哪些支持，将有利于争取让活动在你的酒店举行。

另一个卖点是，指出这个活动会给本地社区带来的经济收益，有研究表明，地区或州一级的会议的参会代表在 3 ~ 4 天中的平均每天消费是 165 美元。

一旦你通过了地区分会的评审，选址方案送达了组织的国家总部，一般就会有专业的会议承办人跟你联系了。有些组织每年都组织大量的会议，它们的工作方式会与协会非常相似，特别是这种通过分会推荐的选址方式。

SMERF 团体

非营利性组织市场中一个最重要的市场细分是 SMERF 团体（拓展阅读《SMERF 市场一瞥》），这是社会团体、军人组织、教育团体、宗教团体和联谊会的集合简称。尽管这类团体通常对价格非常敏感，但它们对各类酒店（从大到小）都是非常经济实惠的，因为它们人数固定而且能填补淡季的业务空白，特别是夏季（图 6-2）。

拓展阅读

SMERF 市场一瞥

- 很多 SMERF 会议承办人是兼职员工或志愿者。
- SMERF 的参会人一般会在住宿的酒店内消费餐饮，很多团组一日三餐都在酒店内。
- 与会人会带家属，一人参会，家属外出游览。
- 32% 的组织每年开 1 ~ 3 次会议，27% 每年组织近 10 次会议。
- 参会人数预测得比较准确，这个人数不太会受经济波动的影响。
- 70% 的 SMERF 会议承办人称参会人数不足 500 人，50% 的受访者称这类组织的最大会议人数不超过 500 人。
- 43% 的会议预算不超过 10 万美元。
- 多过半数的 SMERF 年会上会带有展览或展示。

SMERF 市场常用的酒店类型：

城市 / 中心酒店	65%	会议中心	29%
郊区酒店	44%	大学会议设施	20%
会议中心	36%	体育场馆	7%
度假酒店	32%		

资料来源：Patricia Sherman, "SMERF Events", Expo, Februrary 2008, and Howard Feiertag, "SMERF Business Ideal to Help Fill Weekend Room Nights", Hotel & Motel Management。

社会团体

从会员及其兴趣看，社会团体有很多种。美国人是积极的活动"参与者"，只要浏览一下地方电话簿中的"团体和组织"项，你就能看到诸如国际象棋俱乐部、少数民族团体（如意裔美国人俱乐部等）、园艺俱乐部和保龄球俱乐部等社会团体。这些组织可能是地方性的，也可能隶属于一个地区或国家组织。不管它们规模如何，作为潜在的业务来源，这些地方团体不可小觑。尽管大型团体是宴会和会议业务极好的来源，但即使是一个很小的地方团体也会需要会议空间或需要用餐服务。很多地方团体举行颁奖宴会或资金募集活动，也会是年度活动如圣诞晚会和就职典礼等业务的来源。像园艺和手工艺之类的团体所举办的地方展示会或交易会，不仅会带来会场的销售额，也会扩大酒店的影响。大部分社会团体的决策人在会议策划方面没有经验，Groople（一家专业从事团体网上旅行安排的代理商）的市场营销副总裁

Louise Hurlbut 指出：

"这些团体通常由志愿者组织，他们往往没有会议组织经验，因此当你面对的是缺乏经验的听众时，你要帮助他们使用一些工具以便找到合适的设施，并安排他们团组的旅行。"①

军队及其他社团

由家庭、班级和军人聚会组成的聚会市场是一个迅速发展起来的细分市场。这个细分市场为酒店带来灵活的周末业务。

军人聚会 近年来，军人聚会是一个新兴的业务，这种业务主要是因怀旧活动而应运而生的。聚会网络有限公司的董事长 Bob Brooks 估计，军人聚会市场在航空、酒店、餐饮方面的总消费为一年 150 亿美元。

图 6-3 社会团体会议

资料来源：感谢 Loews 饭店提供图片。

社会团体会议的召开通常是源于共同的兴趣爱好，这是一个非常好的会议业务来源，同时也是一个餐饮活动的业务来源。

以前，一般有 100 ~ 300 人或更多人参加的军人聚会由非专业人员安排。但是，由于这方面的需求不断增加，因此有越来越多的会议承办人介入这项业务了。

聚会网络公司（TRN）为这类聚会提供帮助和培训，该公司出版了 *TRN News*，它为聚会策划提供了一些点子和服务，如列出"欢迎聚会业务"的酒店名录。军人聚会承办人也可以参考其他一些出版物，如《聚会杂志》《军人聚会新闻》和《军人聚会手册：聚会策划者指导》。

除了这些，《服务聚会》是一本列出了 9000 多家军人团体的登记册，也能为会议承办人确定会员提供帮助。这种服务，根据州、军队编制，以及会议规模和会议月份列出会议承办人的名单，并提供电子版名单。这份名单对有意开发这个市场的酒店来说是无价之宝。当然还有很多其他资源可以帮助酒店接触到这个市场（表 6-1）。

军人聚会市场有很多独有的特点（拓展阅读《军人聚会市场一瞥》），其中最主要的特征是，这类活动一般在 4 ~ 10 月举办，一般从周四或周五开始，持续到周日，平均时长 2.5 ~ 4 天。估计每年有约 15000 个军人团体聚会，大部分团体每年或每两年聚会一次，而且他们的聚会多半需要你的专业意见和指导。

表 6-1 找到聚会业务的资料来源

有意开拓聚会市场的酒店可以从以下资料来源中找到切入点：
<div align="center">**出版物**</div>
Reunions Magazine

（续）

P.O. Box 11727, Milwaukee, WI 53211-0727

800-373-7933

www.reunionsmag.com

Reunion Research

40609 Auberry Road, Auberry, GA 93602

www.reunited.com/tomstips

该杂志的出版人还同时出版: *Family Reunion Handbook, Reunion Handbook: A Guide for School & Military Research*

聚会方面的书

Reunion: Step by Step

TRN 5688 Washington St., Hollywood, FL 33020

800-225-5044

Reunion for Fun-Loving Families

By Nancy Funke Bagley Brighton Publications

P.O. Box 120706, St. Paul, MN 55112

800-536-2665

聚会策划

聚会网络公司

5688 Washington St., Hollywood, FL 33020

800-225-5044

此外，酒店还可以参加类似聚会网络这样的组织，这个机构出版 *TRN News*，这是一个提供给聚会承办人的免费刊物，其中包括"欢迎聚会业务酒店名录"这对于那些没有经验的聚会承办人来说是非常有帮助的。除了加入聚会网络的名录，你还可以在这个刊物上面做广告。

大部分军人团体的聚会安排包括一次周六的晚宴、一次纪念服务、一个较短的商务会议。另外一个很重要的点是，这些团体一般都有住宿要求，这样参加者可以相互交流，同时也会产生更多的餐饮消费。武装力量聚会公司几乎每年都为全国各地的军人聚会订房，全年订房量超过 3 万间夜，该公司总裁 Ted Dey 指出：

"真正的聚会是在酒店客房里发生的，最理想的客房是那种足够大能装下一张大桌的房间，这样与会者可以邀上好友带上自己的酒在里面边喝边聊。"[2]

这类业务消费的客房房价一般在 75 ~ 150 美元。尽管有些比较大的团体可能用到房价更高的酒店，但大部分这类聚会都是参会人自己付费的，因此他们对房价非常敏感。而且参会人通常会与配偶或朋友同住一间。

有配偶服务项目的酒店在吸引这个市场方面有竞争优势，这类聚会的参与者一般都是男性，但他们是否能参加聚会配偶有较强的决定权。一个聚会承办人这样说道：

"所有男人都有一些共性，但几乎没有可能找到女人的共性。如果你事情办得漂亮，夫人们会在发通知的当天就寄出支票。"[3]

拓展阅读

军人聚会市场一瞥

位置: 可以提供各种休假 / 聚会服务的以家庭或军人为导向的目的地。以前这样的目的地包括加利福尼亚圣迭戈、佛罗里达代songa海滩和得克萨斯圣安东尼奥。几乎所有的地方旅游点或气候良好的城市都可以参加到这个市场的竞争中来。

设施: 活动一般包括短期商务会议、纪念活动和周日晚宴。音像设施要求不高,但必须有足够的宴会空间一次容纳组织中所有成员。通常需要服务间。

服务: 目标市场为这个市场的酒店要协助安排活动,因为很多军人聚会由非专业人士安排。一些组织可能需要安排特别的菜单。

价格: 因为许多与会者只有固定收入,该市场对价格很敏感。提供低价位、免费或低成本的会议空间或折扣的酒店最受欢迎。

决策者: 想要找到决策者,必须与具体军人单位或团体直接联系。

接触该市场的最佳方式: 加入聚会网络并在 *TRN News* 上做广告。其他广告机会包括《聚会》杂志和《军人聚会》新闻。通过军人聚会手册找到联系人,并将名单列入服务聚会的全国名单中。参加军人聚会培训会议,组织军事聚会策划人员到酒店参观。

军事城镇也有些优势,退伍老兵喜欢走访他们的老战场、曾经的军事基地、战舰和博物馆。佛罗里达 Pensacola 的会议访客中心鼓吹自己是"海军的摇篮"。阿拉巴马的蒙哥马利商务局估计军人聚会每年给当地经济的拉动值约 1000 万美元,因为这里一直是空军基地。当然,有的地方以独特取胜,例如,得克萨斯 Fredericksburg 的 Hangar 酒店是由第二次世界大战时期的飞机库改造的,酒店里有很多怀旧之处,包括一个 20 世纪 40 年代风格的餐厅和能勾起军人回忆的菜单。[④]

为了帮助军人聚会承办人选址,聚会网络公司正与欢迎军人聚会的目的地会议旅游局合作组织其会员承办人去各目的地考察。

互联网体验

酒店为 SMERF 会议承办人提供的工具

希尔顿酒店为 SMERF 会议承办人提供了一系列的工具和检查清单,因为这类会议的承办人往往不是专业人士。

进入希尔顿的网站 www.hiltondirect.com,找到希尔顿酒店的会议网址搜索服务,选择"Tools"。首先,点击"Checklists"看看希尔顿酒店都给 SMERF 市场提供了哪些检查清单,然后点击"RAPID!"和"G.R.I.P"了解希尔顿给会议承办人提供的各种网络辅助工具。

1. 什么是希尔顿的 G.R.I.P 计划?

2. 什么是它们的 RAPID! 计划?

3. 通过希尔顿的个性化团组网页找到领先的会议组织者名录。

班级和家庭聚会 班级和家庭聚会与军人聚会不同，主要是规模要小得多，但聚会频度要高，而且活动环节不同。娱乐设施是比较重要的考虑因素，另外餐饮也很重要，但会议室几乎不需要。和军人聚会一样的是这些活动的参加者自己付费，而且一般都是双人同住的。

班级聚会人数一般比较多，但通常只在酒店住一晚。而家庭聚会人数规模会比较小，但可能会住得时间比较长，一般为 2 ~ 3 晚。

尽管大部分家庭聚会都是由非专业人士组织的，但现在也有越来越多的培训课程是针对聚会策划人的。全国协会经理人协会（NARM）就是这样的一个组织，为会议承办人提供培训和网络互动的机会。另外，非洲裔美国人家庭聚会大会每周都在费城的 Temple 大学举办，这也是一个接触潜在客户的大好机会。根据全国黑人会议承办人联合会（NCBMP）的调查，非洲裔美国人是聚会业务的很好来源，特别是如果你的酒店所在城市有一些与黑人有关的遗迹或景点(博物馆、娱乐设施等)的话，这个市场可能非常适合你。

图 6-4　现场聚会合影

资料来源：感谢 Pifemaster 制作公司提供照片。

其他接近班级和家庭聚会市场的方法还有在《聚会杂志》上做广告，《聚会杂志》是一份月刊，出版商总部在 Milwaukee。另外，要与本地的会议局或商会密切合作，因为很多想要聚会的个人或团体往往会通过上述机构寻求建议和信息，并希望了解哪些酒店欢迎聚会业务（图 6-5）。

图 6-5　欢迎聚会业务的酒店

这是圣迭戈湾畔假日酒店的广告，主要推广的是酒店的员工均非常有经验，能帮助策划人组织一个"完美的聚会"，而且还有聚会特价，包括免费使用一间套房和每个房间的欢迎信和巧克力。

有些需求会来自互联网，每个月有超过 5000 名家庭聚会策划人会访问家庭聚会酒店网站 www.familyreunionhotels.com。大型聚会（www.greatreunion）是最大的班级聚会组织。

教育会议

教育会议市场是一个很宽的市场，也是夏季生意萧条时补充客源一个很好的市场。小学、中学和大学老师及其他学术项目都是会议市场的主要业务来源。它们举办很多会议，每个州都有教师协会。另外，很多州都有继续教育要求，这使教师必须参加阶段性的研讨会或研讨班。

大部分教育会议相对来说时间较短（有时只持续一天），会议策划者追求的是便利性和价值性。因为大多数与会代表都自费前来，他们对价格尤其敏感。能提供低房价、离交通主干道较近的酒店或教育中心（学院、大学等）尤其具有吸引力。

因为该市场的多样性，这个市场潜在的联系人员也很多。合作拓展服务机构经常赞助研讨会，各州的总监是决策人（各县代理名录中有很多联系人的名字）。同学会办公室和地方学院或大学的继续教育部门都是会议业务的来源，招生办公室也能提供前来参观的家长和潜在学生的生意。其他销售线索可以从地方教育机构或教育董事会的行政管理办公室取得。也可以从隶属于专业协会的大学教授和教师处得到私人联系方式和参考信息。

主要针对教育会议市场的小册子是《教育协会和名录》，内有教育办公室的名称和地址，可以从位于华盛顿的印刷办公室的档案管理员处获得（the Superintendent of Documents, U.S. Printing Office, Washington, DC 20401）。《全国大学生运动员名录》主要列出了全美国大学和学院的体育系人士，该名录可以通过写信到克利夫兰获得（Collegiate Directories, Inc., P.O. Box 450640, Cleveland, OH 44145）。也可以使用《学院体育蓝页》，由位于蒙哥马利的体育出版公司出版发行（Athletic Publishing Company, P.O. Box 931, Montgomery, AL 36101）。

很多连锁酒店每年都参加体育旅行、活动和管理年会（TEAMS）的展会，这个会是个接触这类客户的很好机会，展会上有一对一的预约面谈机会。相关信息可浏览 www.teamsconference.com 网站。

宗教会议

宗教会议包括小型的董事会、委员会会议、研讨会和讨论会，也包括大型的区域和全国的大会。大型会议人数为 1 万 ~ 4.5 万人。根据宗教大会管理协会（RCMA）的统计，宗教会议在过去的 10 年中增长幅度是 195%。如果酒店了解这类会议的特征便能很好地利用宗教会议填补酒店的淡季客房和会场，因为宗教会议一般会期是3天到一周，办会时间一般在夏季（拓展阅读《宗教会议市场一瞥》）。

拓展阅读

宗教会议市场一瞥

与会代表： 这些会议的与会代表来自美国和世界上十几个教派的上百个组织；会议的规模从小型的董事会会议到有75000名参会者的巨大型会议（见图片）。宗教会议可能包括宗教界内人士、非宗教界人士或两者兼而有之，并且经常是关于家庭事务的。

位置： 宗教会议策划者喜欢家导向的城市如奥兰多、安纳海姆和亚特兰大。他们也喜欢二三线城市或中西部城市，如伯明翰、印第安纳波利斯和圣路易斯。教堂联合会的节庆协调员 Mike Blackwell 将每个城市按以下标准进行评估：设施规模和质量，经济实惠的客房和会场，地区吸引力和娱乐休闲，城市是否友好和该地区的整体娱乐价值。

设施： 宗教团体需要各种会议和会务空间——研讨会、专题讨论会等使用小型会议室；容纳很多人的大型会议厅。他们经常需要很多分组会场，同时也会经常举行很多餐会。

服务： 第一要有餐厅。伯明翰会议局的销售副总裁 April McWilliams 说："只要人们结束会议，不管是什么时候，他们常感到饥肠辘辘。他们想找到一个吃饭的地方，所以酒店或会议中心有餐厅对他们很重要，即使仅仅让他们吃一个派或喝点咖啡。"一些宗教团体也会需要特殊的餐点（如素食或犹太戒食）。

价格： 最好是中低档酒店，因为大部分与会代表自己负担费用。常用到双人房。酒店提供的折扣和免费交通都很有价值。

决策者： 大部分全国性活动都由专业会议承办人安排。地方和地区性活动由委员会或该组织的领导安排。

接触该市场的最佳方式： RCMA（宗教大会管理协会）是一个全国性的组织，代表250多家教派和宗教组织。它们出版一份会员名录似的季刊《焦点》。

大部分大型宗教会议的主要话题都是关于"家庭事务"的，会议承办人往往选择一些家庭型的目的地办会，如奥兰多、安那海姆、印第安纳波利斯、多伦多等。教堂联合会的节庆协调员 Mike Blackwell 关于他在密苏里 Branson 组织的会议是这样说的：

"很多会员把这作为一次家庭度假的机会，所有年龄层的人都参加了，因此我们的目的地必须能满足所有家庭成员的需要。"⑤

宗教会议的参会人虽然不消费酒，但他们会用更高的食品消费补偿。Nazarene教会的会议承办人 D'Wayne Leatherland 指出：

"我们的会议历史说明我们的团体更喜欢餐饮中餐的部分。"⑥

他建议酒店在他们办会期间把酒吧改成冰激凌吧或咖啡厅，把酒水消费的损失用这些消费补回来。

大部分宗教会议参会人都自己付费，因此他们对价格敏感，而且多选择双人间住宿。尽管如此，宗教会议仍然是有利可图的，因为他们不会跟企业会议和协会会议冲突。因为这类会议寻求物超所值，因此宗教会议承办人一般都是会订酒店的淡季房，如周末或节假日期间。加州 Santa Clara 商会 / 会议局的会议营销总监 Vaughn Hall 指出：

"我们追逐宗教市场因为我们周末生意冷清，宗教会议正好可以填补这个空白。"

这个市场的另一个好处是很多宗教团体在到访一个城市时会同时带来社区服务项目，例如，在印第安纳波利斯，2000 名与会者帮助当地协会重建了 10 所房子并打扫了城市公园。还有些团体参与一些餐饮义工服务或进行献血。

很多大型宗教会议是由专业会议承办人组织的，这些会议承办人一般是属于宗教大会管理协会（RCMA）的，这个组织成立于1972 年，现在有近 800 名会议承办人会员，2100 个协会会员（他们代表酒店、会议局以及其他供应商）。宗教大会管理协会会员每年产出会议 2000 个，代表了 250 个以上的教派和宗教组织。

宗教大会管理协会的年会展览是面向这个市场直销的最好机会。协会有一本月刊杂志《宗教会议经理人》，想在宗教会议市场上寻求机会的酒店可以加入这个协会，这将是一项获得回报的很好投资。

另一个有意思的组织是基督教

表 6-2 宗教会议类型汇总

会议类型	总人数	平均会期天数
大会 / 年会	10871566	4.0
董事会	121449	2.3
委员会 / 研讨会	626571	2.2
隐逸会	465729	3.4
其他	1804442	2.8
总计	14889757	
使用会议设施类型		
市区酒店		17.2%
会议中心		16.6%
郊区酒店		12.8%
营地 / 隐逸地		11.2%
度假酒店		11.1%
会议中心 / 市民中心		11.1%
机场酒店		10.5%
大学 / 学院		7.6%
邮轮		1.9%

资料来源：RCMA 报告，Religious Conference Manager,
June 2008, p.24。

会议与大会协会（www.christianmeeting.org）。酒店可以供应商会员身份加入这个协会，协会的网站有一个供应商搜索工具条。这个协会每年春天都会组织一次年会，并有同期展会。

联谊会

联谊会可以分为两类："希腊人"是个常见的教育社团，此外还有联谊会服务团体，如麋鹿善心保护会、鹰派联谊会和美国志愿兵团等。

校园联谊会 全国性联谊会和女生联谊会是在全美排名第55和第26的社团组织。一般在夏季举行会议，它们的活动由一名支取报酬的经理人员策划。这个巨大市场的活动由三种主要团体协调：全国联谊会会议（NIC），代表48个联谊会；全国泛希腊人会议NIC的女性会议；联谊会经理人协会，其会员由很多支取薪酬的联谊会经理人组成（拓展阅读《接触联谊会市场的途径》）。

拓展阅读

接触联谊会市场的途径

联谊会经理人协会

参加人员情况： 美国顶级大学联谊会高管（执行总监和全国总裁）

项目： 联谊会相关供应商（包括酒店业）可以通过参加协会展会与上述高管沟通互动

联系方式： 联谊会经理人协会 www.fea-inc.org

全国泛希腊人会议

参加人员情况： 全美国妇女联谊组织高管和大学女生高管（执行总监和全国总裁）

项目： 酒店业供应商可以通过参加展会找到生意

联系方式： 全国泛希腊人会议，P.O. Box 90264, Indianapolis, IN 46268, (313) 872-3185

全国联谊会际会

参加人员情况： 全国联谊会经理人和学院联谊会顾问

项目： 主要是联谊会相关的活动，活动期间的展会能为业务拓展提供最好机会

联系方式： 全国联谊会际会，3901 West 86th Street, Suite 390, Indianapolis, IN 40268-1791 (317) 872-1112

大多数联谊会的大会在6～8月举行，与会代表为150～800人或更多。几人合住房比例很高，因为配偶或同学经常合住。会议议程一般包括午宴，所以希望服务于这个市场的酒店必须有足够的设施让所有代表一起坐下。筹会期经常是2～3年。

除了大会，女生联谊会和其他联谊会也举办教育休闲会和领导力培训会，主要是对新当选的管理人员进行培训。为了节省开支，这些会在大学校园中举行，能够提供较低价格的酒店可以争取这部分业务。

其他业务还有全国董事会或委员会会议，委员会一般由女生联谊会或联谊会的

管理委员会组成。这些团组规模很小，一般是 6 ~ 125 人，会议时间也短，这些会议一般在周末举行（通常在 10 月到次年 2 月之间举行）。机场酒店和离校区较近的酒店经常能吸引到这些业务。

应当特别注意的一个细分市场是非洲裔美国人联谊组织。这些团体由 8 个主要联谊会组成，举办年会或两年一次的年会，经常有 2000 ~ 20000 人参加。除了参加人数众多外，服务于这个市场的另一个优势是会员一般年龄偏大，比一般学院联谊会会员们更富有。同学会会员在这些组织中较为活跃，与会代表也比学院联谊会会员们有更多可支配收入——对酒店来说，这意味着在娱乐、餐饮方面有更高的消费收益。

除了传统的希腊人协会，还有一些专业协会或名誉协会，如 Alpha Omega，是一家专业的牙医联谊会；Sigma Delta Chi，是一家专业的新闻协会；Delta Epsilon Sigma，是一家奖学金名誉协会。这种协会有些在 8 ~ 12 月办会，轮换周期一般是 18 个月。圣诞节和新年期间举行的 12 月专业会议可以补充这个传统淡季的生意。这些团体可以通过相关专业社团组织或与美国社团组织经理人协会（ASAE）联系接触，因为这些会议承办人很多都属于这个社团组织。

服务联谊会团体　服务团体也经常召开会议和组织活动，它们很多都有自己的会议设施，如麋鹿善心保护会和美国志愿兵团，但在某些情况下，如筹款活动和年度庆典，以及圣诞晚宴时，它们也会用到酒店的设施。这些团体也可能主办地区性和全国性专题会议，那些远离自己常住城市来参会的人会带来住宿需求。

联谊会和服务团体的地区和全国会议的主要话题都是家庭事务，而且均是由参会代表自己付费的，因此常常是会议与度假的结合体，因此会议承办人会在选址时，既考虑价格又考虑周边附属的娱乐设施。

有些服务组织有自己的特殊需求，如雄狮国际俱乐部要努力帮助那些有视力障碍的人，因此该组织年会中有超过 5% 的与会者是盲人，这就意味着会议承办人必须找到一个目的地，让与会者不用走太多的路，路线简单而且能适应来自世界各国的会议参加者的需要。此会议的承办人 Renee Aubin 认为，"蒙特利尔作为一个国际化的目的地，有非常紧凑的市中心和很多会前和会后旅游选择，因此是个最佳选择"。她进一步补充道：

"这是最优选的城市之一，因为它的住房包价服务和多元化。"⑦

接触这个市场有很多渠道，接触女生联谊会和其他校园联谊会可以通过联系大学和他们的校友录协会获得接触渠道，也可以通过政府机构获得这方面的信息。服务团体的联系方式可从当地电话号簿找到，或通过商会的名录找到。

要大规模吸引这个市场的业务，你可以考虑参加以下三个主要的相关组织：联谊会经理人协会（FEA），每年 7 月的前两周会举办会议和展览；全国联谊会（NIC），每年 12 月的第一周举办会议和展览；以及全国泛希腊人会议（NPC），每年 10 月组织会议和展览，买家们能有机会见到该组织中 26 个女生联谊会的高管和组织者。

政府机构

另一个常被忽略，但其实利润很丰厚的非营利性组织细分市场是政府会议业务（拓展阅读《政府会议市场一瞥》）。这个细分市场是会议业务的理想来源，特别是如果这个政府机构是与商业团体有关的，商务部、全国城市联盟、公共卫生部就是这类机构的三个典型例子。

很难概括出政府机构业务的种类，各机构所感兴趣的方面不同，其业务也各不相同。我们对"远征垂钓"深信不疑，即走访任何一个地方政府办公室，向管理人员打听有关他的部门举办会议的信息，或国家或州办公室传达的会议信息。这需要耐心和努力，但这样你可以得到更多有关未来会议的信息。不要忽视商务部的会议，其中一些是由地方政府资助的，还有一些是由会员独立组织的，不论哪一种都是非常好的会议业务。

如果参加会议的是政府雇员，你要了解一下当地政府规定官员每天的消费标准，这是每天差旅及相关消费的固定金额，每个城市的标准不同，如果超出了这个标准，出差的政府雇员就要自掏腰包了。如果你的酒店住宿和餐饮费用能涵盖在这个消费标准之内，那你的酒店会对这个市场非常有吸引力。

在争取政府业务时，你会发现政府业务与企业业务没有太大的差异。与官员打交道与跟企业管理层打交道无异，而且两个市场都是会议规模较小，筹会期很短。政府会议一般在周中举办，因此住宿需求主要集中在周一到周四。

拓展阅读

政府会议市场一瞥

位置： 政府团体喜欢到交通便利的地方办会。有直达航班并有机票折扣的城市是首选。政府会议承办人对预订度假酒店而给公众留下不好的形象非常敏感。

设施： 政府团体喜欢能提供两张床的客房和物美价廉餐厅的酒店。大部分会议涉及培训，因此最关心的是高质量的会议室和音像支持。

服务： 会议承办人考虑的是可以提供"低成本"或"零成本"服务的酒店。如提供往返机场的免费班车、免费茶歇、免收会议室租金。这些团体要求付款灵活，因为政府付款较慢。

价格： 政府团体一般对成本敏感。会议承办人面对的是严格的投标程序和很低的每日消费标准。参与竞标的酒店必须知道如何配合政府的每日消费标准，报价必须含税。

决策者： 会议在地方、州和全国范围内计划安排。主要联系人包括机构总监、培训官员、合同专业人士和采购官员。

接触该市场的最佳方式： 加入政府会议专业人士协会（SGMP）。SGMP每月的会议、全国性通讯录、名录和年度专门会议都是结识潜在客户的很好机会。让酒店的名字出现在《官方航空公司导引——政府版》中，并订阅《商业日报》——一份列出会议需求的出版物。

大部分政府会议都以培训为目的举办，为了吸引这种业务必须满足几个主要要求。首先，交通便利很重要；在选择位置方面，是否有直达且有折扣的航班是一个主要因素。其次，大部分机构寻找免费会议空间，希望得到政府业务的酒店为了得到客房业务必须做出这种让步。最后，政府差旅严格控制预算，酒店住宿价格能控制在政府每日消费标准以内的会绝对有优势。政府机构经常付款较慢（可能需要45天才能到款）；酒店必须能够在政府付款条件下运作。因为筹会时间短（不超过一年），政府机构经常将资料保存在能够满足它们需要的酒店，这样可以在很短的时间内进行预订。

因为大部分会议是培训会议，会议承办人经常是培训官员、合同专业人士或采购官员。酒店在有关会议细节方面与上述人员进行协作并协助选择会址。价格提交方式一般基于两种方式：邀标（IFB）和方案征询（RFP）。

在邀标（IFB）过程中，酒店将密封好的投标书邮寄或亲手交付给需要它们的政府办公室；投标书在预先规定的开启日期到来之前一直放在密封的信封内，开标过程中所有竞标各方的价格都会同时公布出来。

方案征询（RFP）是一种非公开的筛选方式，政府自由与任一满足政府标准要求的供应商进行谈判。一旦最终选定，酒店必须证明它能够提供合同规定的服务（物质上的和财务上的）。

接触政府业务有多种渠道，美国各地立法委员是最有价值的联系渠道，通常会议的召开是源于立法委员会的提议。直接向各政府机构和官员发函推广也是一种方式，直邮中要包括一张针对政府会议的报价单，其他在你的酒店召开过会议的政府机构的推荐，另外邀请政府机构人员来你的酒店参观。广告也是一种方式。拓展阅读《五个步骤抓住政府会议业务》中介绍了吸引这个价值数十亿美元市场的具体行动步骤。

拓展阅读

五个步骤抓住政府会议业务

1. 成为 FEMA 的认证成员

想做美国政府生意酒店必须成为联邦应急管理机构（FEMA）的成员，你可以通过网站 www.usfa.fema.gov/applications/hotel 进行注册，进入页面后点击"注册"，然后在线填表或下载 PDF 版注册表。如果你不确定你的酒店是否已经是 FEMA 成员了，你可以用这个网站的搜索工具确定你的酒店是否已经是会员了。

2. 把你的酒店在中央合同登记处登记

想做政府生意酒店必须要在中央合同登记处登记，可以通过网站 www.ccr.gov 登记。

3. 确认并能够遵循政府的差旅每日消费标准

政府差旅的每日消费标准定额中包括了在指定城市出差每人每天的住宿费用（含税）、餐饮和其他杂项开支，这个定额根据城市的不同而有所差异，这个定额会定期有所调整。你可以通过网站 www.gsa.gov/perdiem 了解你的酒店所在区域当前政府差旅每日定额数字。

4. 把你的酒店列到政府相关的网站上

商业伙伴网络是美国政府为供应商提供的一种官方服务，在中央合同登记处登记的酒店，其信息会提供给政府会议承办人。你还可以把酒店信息列到 www.fedtravel.com 上面。这个网站上列出 FEMA 认证酒店的信息和所提供给政府的协议价格。

5. 参加政府会议承办人组织

加入以下一个或两个机构可以为你打通与政府会议决策人沟通的渠道。以下组织也均为如何承接政府

（续）

会议提供培训。

政府会议专业人士协会（SGMP），900 King Street, Lower Level, Alexandria, VA 22314, (703) 549-0892, www.sgmp.org。

政府差旅专业人士协会（SGTP），4938 Hampden Lane #332, Bethesda, MD 20814, Washington, DC 20815, (202) 363-7487, www.sgtp.org。

工会

工会组织会议市场越来越重要，很多酒店有专门针对这个市场的销售人员。美国有 150 多个工会组织，大都经常举行会议。另外，大部分工会组织都会长期使用它们满意的酒店，如此便为回头客源提供了很好的机会。

工会组织会议一般只在属于工会组织的酒店里举行，它可以分为三大类：全国年会、地区专门会议及执行和委员会会议。

全国年会一般每两年举行一次，会址在美国东西部地区轮换。全国年会有以下特征：

- 配偶参与度高；
- 人均支出水平高；
- 很多社交项目；
- 多项赞助活动，是很好的餐饮收入来源。

因为全国年会规模较大，一般在能足够容纳所有与会代表及其配偶的大型酒店举行。大会一般带有政治气氛，是年会的焦点，所有与会代表都会参加。一般需要精密的音像设施，因为有很多政治人物的发言，因此媒体会进行现场报道。

除了大会需要的大量空间，活动中举行的各种社交活动也需要足够的空间，包括全体与会人员共进早餐的宴会厅，以及关键人物的早餐会或接待室。

地区会议：地区会议一般在中心城市举办，会议一般持续 2～3 天，与会代表为 200～500 人。与全国年会情况一样，会议承办人寻找可以容纳全部与会代表并能提供精密音像设施的酒店。

管理会议及委员会会议：管理会议和委员会会议一年内可以举行四次，一般在工会组织总部所在城市举办。因为与会代表都是工会的主要人物，参加人员较少（15～20 人）。这些会议对酒店来说仍很重要，因为小型会议的成功可以带来大型会议和年会的预订。

争取工会业务需要联系工会全国会议的总干事，以及管理委员会的财务秘书。工会的会议承办人都是专业人士，而且非常严谨，在销售过程中，人际的信任和满足会议承办人的办会需求两者必须兼顾。通过以下名录可以找到工具业务的联系人，《工会及劳工组织名录》和《加拿大劳工组织名录》，也可以通过在线方式找到相关信息。

奖励会议

尽管奖励旅游是企业会议市场中的一部分，但这个市场确实是足够重要，值得特别分析，特别是这个市场对于度假酒店来说有着越来越重大的影响力。

什么是奖励旅游？这是一种旅游形式的奖励——通常是奢华的旅游包价——这种旅游形式给员工和客户一种激励，让他们能加倍地努力达到目标以争取这种奖励机会。由于这种旅行主要是针对销售（或消费）的奖励，奖励会议承办人寻求的是一流的住宿和服务，会址要有宜人的气候、充足的观光、娱乐设施和很多的餐饮网点（表6-3）。

经济环境对奖励旅游有很大的影响，如果年景不好，激励员工和客户就显得尤为重要。事实证明奖励能有效地提高员工和经销商的工作绩效。奖励旅游是奖励的一种最有效手段，同时对提升士气、减少员工流动、达成销售目标有特别好的效果。而且奖励旅游还能让经销商专注于某个品牌从而提升销量或消费量。

奖励旅游常见于汽车经销商、应用软件经销商、保险销售等行业的员工和

表6-3 影响奖励旅游承办人目的地选择的几大因素

被认为是"非常重要"的因素	奖励旅游团组比例
气候	92%
观光、文化或其他独特的吸引力	82%
目的地的安全	81%
酒店及相关会议等设施的条件	78%
目的地的价格因素	75%
目的地形象是否比较被大众认可或比较流行时髦	71%
交通的便利程度	64%
交通费用	62%
娱乐设施条件（包括高尔夫、网球、游泳等）	56%
参加者个人旅行距离	50%

注：比例总计高于100%，因为是多选题。

由于奖励旅游以激励为主，是已经完成的工作优秀的一种奖励，奖励旅游承办人会有与一般企业会议不同的要求，他们对目的地主要关注的是气候和安全性。

资料来源：《会议与大会》杂志近期的会议市场调查报告。

客户，其中保险、汽车配件、电子产品是奖励旅游使用密度最高的行业（图6-5）。

大部分奖励旅游时长为5天到一周（偶尔会更长），平均参加人数约105人，这种平均规模是确保每个人都能得到特别的关照。尽管大部分奖励旅游一般都安排团体活动，但现在的趋势是个人奖励旅行增长很快。很多达到奖励标准的人更愿意

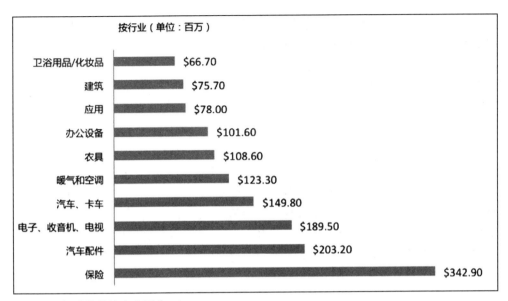

图 6-5　奖励旅游的十大行业

注：前十大行业占整个市场的份额是 56%。

*　　该图显示出对奖励旅游依赖度较高的行业，这些行业需要靠奖励旅游激励员工和拉高销量，这也证明了这个市场的利润丰厚程度。想要争取这个市场的酒店可以从购买《保险、奖励和旅游买家名录》找到切入点，这个名录是由销售人员指南公司出版的，名录上列出买家企业的名录以及它们以往的采购经历，可以帮助你更好地评价这些买家。*

资料来源：奖励旅游经理人协会（SITE）。

互联网体验

万豪推动个人奖励

　　万豪酒店集团在网站 www.marriott.com/incentives/travel.mi 上有针对个人的奖励，浏览网页并回答下面的问题：

　　1. 根据网上信息，说明为什么免费旅行比钱和礼品能更有效地激励人。

　　2. 看看网上一些有意思的案例分享，再看一两个企业的电子内刊，介绍一下你都了解到了什么。

　　3. 万豪通过互联网推广个人奖励对企业和获奖者有什么好处？

个人旅游，约 35% 的人希望奖励旅游是对个人的不是团体出游。

　　为什么奖励旅游对酒店来说那么重要？一般的奖励团组人均消费是 3600 美元，而且很多奖励旅游是允许参加者带配偶的。夫妇同行不仅能让酒店的住宿收益翻倍，而且他们能带来更多的消费收益，因为受奖励者往往愿意自己花钱享受些"额外"的服务，如购买礼品、娱乐等未含在公司奖励包价中的项目。

显然，奖励旅游需要有度假感觉的环境，所有旅游目的地都可以纳入考虑范围，优美的自然环境、宜人的气候、令人感兴趣的节庆活动，甚至与企业或行业的某种关联都可能成为吸引力。有经验的奖励旅游策划人会先认真分析参加奖励的人员构成，然后再选择对大多数参与者有吸引力的地方，可能是一个大都会的城市旅行、一次出国旅游、一次邮轮体验，或者是一次到拉斯维加斯或夏威夷的娱乐之旅。例如，夏威夷的 Waikoloa 希尔顿酒店大堂内就有潟小湖和海豚，客人是乘船到自己客房的。这种"梦幻型度假村"对于奖励旅游来说是非常受欢迎的。一个波科诺山地度假村、一个科罗拉多的滑雪小屋、一个著名的高尔夫乡村俱乐部都是小型奖励旅游的理想去处。另外，有32%的美国企业把奖励旅游目的地选在国外。拓展阅读《影响奖励旅游酒店选择的主要因素》中详细列出奖励旅游策划人会如何选择酒店。

奖励旅游的会议需求比正式的会议要简单得多，通常只是一个大会和晚宴，会议内容中实质的业务内容并不多，因此基本上所有度假酒店都能接这类业务。

如果你的酒店适合接奖励旅游的业务，最有效的市场开拓方式就是去接触奖励旅游承办人，接触的渠道很多，国际奖励旅游经理人协会（SITE）就有这些人的联系方式。SITE 在全世界有很多分会，协会网站（www.siteglobal.com）中有一个搜索引擎，能让承办人通过分类和位置搜索酒店。SITE 每年出版奖励旅游经理人名录，每年也办展会，让奖励旅游供应商（酒店、景点、航空公司）展示自己的产品。

国际市场（主要是欧洲、亚洲和加拿大）也非常重要，会议局和酒店可以参加一些主要的国际展会，如加拿大旅游展（在多伦多）、亚洲商务及奖励旅游展（在新加坡）、欧洲奖励及产务会议旅游展（在巴塞罗那）以及拉斯

拓展阅读

影响奖励旅游酒店选择的主要因素

餐饮服务品质	64%
客房数量、面积和品质	63%
可议价的餐饮和房价	61%
出账单的高效	59%
套房的数量、面积和品质	45%
酒店会场的成本	44%

资料来源：《会议与大会》杂志近期关于会议市场的调查报告。

图 6-6　水疗服务

奖励会议的参加者越来越多地希望去海边的水疗度假地，国际水疗协会的研究表明水疗被普遍视为是一种放松、缓解压力和重新焕发精力的一种方式。

资料来源：感谢泰国普吉悦榕庄（悦榕庄酒店集团的一个豪华产业）提供照片。

维加斯的奖励旅游交易会。

当然还一个渠道是与奖励旅游代理机构合作（拓展阅读《奖励旅游公司》）。奖励旅游的回头客比较少，因为可选择的目的地非常多，企业不会每年都去相同的地方，但奖励旅游公司可以同时代表几家公司，它们带来回头客的可能性要高得多，如果它们曾在一地成功组织过奖励旅游活动，下次它们很可能带另一家公司的奖励活动来同一个地点。

拓展阅读

奖励旅游公司

E.F. MacDonald 被公认为是奖励旅游业界的创新者。他曾是一家行李工厂的库管员，通过 NCR 代表来提货，他了解到这个货是要作为奖励旅游奖品给经销商的，他联想到如果一件行李可以作为奖励，那么旅行也可以。自此一家专业的奖励旅游代理 E.F. MacDonald（即今日的 Carlson，中航嘉信）出现了，很快有很多其他旅行代理加入到这个快速成长的行业中，如 Creative Group Inc., Maritz Travel, Peak Performance 等。以前，奖励旅游都是企业自己操作的，但随着奖励旅游需求的增长，它越来越需要奖励旅游公司专业人士的全职投入。奖励旅游公司可以分为三类：

1. 全服务奖励旅游公司：这类公司为客户提供全面的服务，包括行程设计、规划和执行，这类公司既提供旅游服务，也提供奖励旅游需要的物资和制作物，以及为了实现企业目标的宣传品。

2. 旅游服务公司：这类公司安排旅游，客户企业自己设计行程方案。

3. 有奖励旅游部门的旅行社：这类公司不提供市场营销类的服务，但有人员安排定制化的奖励旅游。

奖励旅游公司能照顾到奖励旅游方案的每个细节，它们与航空公司和酒店谈判，组合交通、住宿和会议、用餐、旅游、娱乐等所有环节。它们通常还准备一些推广文字，甚至直接介入整个奖励计划的设计。在团组抵达之前，代理人会提前抵达现场，与酒店沟通所有的细节。在整个团组逗留期间，代理人全程照顾，不断在团组与酒店之间沟通协调。总体来说，代理人是企业的一揽子会议承办人，全面安排团组的所有需求。美国的主要奖励旅游公司集中在明尼阿波利斯、芝加哥和圣路易斯。大型酒店集团和会议局经常安排到这些城市的"奖励旅游集中销售拜访"以保持与这些企业的沟通联系。

广告是另一种接触市场的方式，与针对企业会议的广告（强调酒店在办会方面的专业度）不同，针对奖励旅游的广告必须强调酒店位置的吸引力，以及周边丰富的娱乐休闲活动选择（图 6-7）。面向奖励旅游承办人的两个主要刊物是《企业会议与奖励》和《企业与奖励旅游》。

保险 / 金融服务会议

尽管保险公司也是划在企业市场中的，但它们也值得特别关注，因为这个市场

图 6-7 奖励旅游广告范例

　　万豪个人奖励计划让企业有一个团体奖励旅游以外的选择。万豪市场营销总监 Sharon Walters 认为："客户可以自己组合产品是非常重要的，因为没有一款产品能适合所有人的需求。我们给企业很多工具能自己定制行程，因为它们知道要奖励的人的需要，而且也知道奖励的预算。"万豪在纸媒上做广告推广这个计划，上面这个广告就是其中之一，这是在《企业会议与奖励》杂志上的广告。

资料来源：感谢万豪集团。

在会议方面比其他行业的花费都要高。此外，保险和金融服务会议承办人认为这个行业在奖励旅游、销售和培训会议上的未来花费会越来越高，因为这个行业的收购兼并非常频繁。最近一项研究表明，在过去的两年中，这个行业每三个企业中就有一个经历了兼并，企业兼并就意味着更多的会议，因为两个合并的企业必须通过开会相互学习融合对方的文化和运营模式。

　　美国和加拿大有超过 6000 个保险公司，平均每家公司每年开会 20 次，会议规模包含 20 人的小型讨论会、200 人的中型会议，以及 3000 人的大型会议，这些大会一般是全国性的，通常是年会，时间为 3～5 天，筹会期至少提前 1 年。

　　相对于全国会议，地区会议规模较小，频度较高，而且多是销售导向的，人均花费会低一些，很多这类会议会考虑度假酒店。交通的便利性是选址考虑的首要因素，一般筹会期在 6～9 个月。

　　本地会议一般在酒店内召开，主要是培训研讨会和董事会，筹会短到提前两周，地点是否临近本地公司办公室所在地是主要考虑的因素，其次是酒店服务和设施。

　　尽管保险公司主要销售两类保险：寿险和意外险，但公司的主要收益来源是寿险。因此寿险有公司最大的销售团队，而且必须定期开会培训，这个部分也常组织大型奖励旅游激励销售。

不论是大型会还是小型会，这类会议对价格都不太敏感，是否有很多娱乐设施是一个重要影响选址的因素。小型会的议程通常是上午和下午都是业务会议，晚上是娱乐和社交活动。由于大型地区和全国性会议一般都邀请配偶参加，因此能照顾到配偶的活动需求也是针对这个市场的一个卖点。

针对这个市场进行销售要从公司的总部开始，公司中可能有很多决策人（拓展阅读《保险 / 金融服务公司决策人》）。很多大保险公司有自己的旅游部，由 5 ~ 7 名会议承办人组成。在对这个市场销售时一定要记住，即使是小保险公司，从事会议策划的人也往往是非常专业的人士，他们是谈判高手而且对供应商的服务品质有很高要求。

拓展阅读

保险 / 金融服务公司决策人

《财经与保险会议》杂志最近的一项调查显示保险公司决策人的职位是：

职位	参与会议决策比例
副总裁	28%
会议总监	26%
市场 / 行政高管	25%
会议策划人	16%
总裁	5%
总计	100%

统计数据还显示：

• 80% 的决策人是女性；

• 平均年龄是 44 岁；

• 会议策划人平均从业经验是 10 年；

• 其所在的部门员工人数约 5 人；

• 79% 的人曾办过高尔夫球活动（一般每年三次）；

• 69% 的人认为水疗设施在会议选址决策中是重要和非常重要的影响因素。

会议策划的部门一般在公司的市场 / 公关部里。

由于保险公司同类的培训和销售会议曾办过无数次，而且会在很大的地域范围内办会，因此它们一般都通过酒店集团实现会议场地的一站式消费。Berkshire 人寿保险公司的 CMP, CMM, Sharon Chapman 指出：

"酒店集团的全国销售办公室真的很节省时间，我可以通过一个联系人完成预订，而不必一个酒店一个酒店去联系，而且全国销售办公室的销售了解我们的业务和需求，他们可以告诉我哪个酒店更适合我的需求，给我做推荐，并且找到最物有所值的场地。"[8]

跟其他细分市场一样，第三方会议承办人的应用在保险行业中也越来越普遍。约 1/3 的保险公司用奖励旅游公司和会议管理公司帮助它们选址和策划活动。

要想针对保险公司进行销售，销售方式一定要职业、经过充分准备而且非常真诚，不论你是通过广告还是直销渠道进行销售。保险公司一般自己选址，因此详细的意向书对它们来说很重要。要赢得保险公司的生意，你一定要非常了解这个行业，而且能够证明你的酒店能满足它们标准很高的会议需求。

大部分保险 / 金融服务高管和会议策划人都是某些行业协会的成员，其中最常见的两个协会是国际专业会议组织（MPI）和金融保险会议经理人协会（www.ficpnet.com）。寿险市场调研协会（LIMRA）也是一个重要的寿险行业协会（市场上 90%以上的寿险是出自这个行业协会的会员）。大部分协会也接受联合会员，要想接近这个市场，这是值得投入的渠道。

根据最近的调查，保险会议承办人也越来越多地依靠新技术寻找场地，约 88%的受访者称他们用连锁酒店的网站进行搜索。因此，建好网站也是吸引这个市场的一个基础。

医药会议

最后也是最重要的一个市场是医药会议，这个市场虽然也部分地与协会市场重合，但这个市场的变化和发展非常迅速，值得重提（拓展阅读《医药会议市场一瞥》）。

今天不断发展变化的科技和卫生保健改革迫使医疗从业人员必须定期了解这些影响整个行业发展的趋势，并保持与时俱进。据不完全统计，医药和医疗卫生团体的会议达每年 35000 次，而且这个数字会不断以较高的速度增长，原因如下：

- 医疗从业人员了解新的治疗方法、治愈的可能性、最新的外科治疗流程和新的医疗技术手段。

- 激光、超声波和电子诊断仪等新技术的应用改变了整个医疗行业，通过参加这方面的专业展，了解这些最新产品使医疗从业人员能随时进行知识更新。

- 医生和其他医疗从业人员必须不断积累医学继续教育（CME）学分以获得行医执照。而获得学分的最热门地方就是各类医药社团、协会、大学和私人机构赞助的论坛。

- 不断出现的新药催生了一批新的医药机构，这个趋势也带来了更多继续教育的需求。

- 全球化对医疗行业的影响，美国的医药会议吸引了越来越多的国际参会人，越来越多的美国医疗从业人员到海外出席会议。

大部分医药会议都规模不大，不足 200 人，他们愿意在靠近大型医疗机构的地方办会。尽管大部分会在旺季（春季和秋季）举行，但也有些团体在传统的淡季（夏季和冬季）办会。很多医药团体每个月都办几次会，因此回头生意的可能性较高。

拓展阅读

医药会议市场一瞥

位置： 会议平均规模为 200 人。他们要求较大的会议室和一定数量的分组会场。会议的性质比较适合一个安静的地点，靠近医疗机构。大部分会在城市间巡回，也有些是由协会赞助的。全国性协会会议经常在度假类地点举办以尽可能多地吸引参会代表。

设施： 医药会议常用现代音像设备做演示。大部分协会会议同时需要展示空间、会场和宴会设施。

价格： 这个团体不会对价格特别敏感，但也都有预算控制。医疗从业人员必须定期参加这种会议以获得学分，维持自己的从业资质。

服务： 需要传真机、语音信箱、复印机和计算机。有健身中心是一个很好的卖点。

决策者： 决策者是协会中有经验的专业人士。比较新的会议是由医院和卫生健康组织主办的会议。医疗机构的管理也要求医生参加一定数量的研讨会以了解最新的医疗技术的发展。

接触该市场的最佳方式： 很多医药会议承办人是 PCMA 的成员，会定期收到会刊杂志 *Convene*。《医药会议活动名录》中收录了超过 10000 名会议管理人员的信息。卫生保健会议与展览协会、全国医药委员会都会组织很多会议，还有医院也会组织很多会议。

医药要求高水平的演示、技术展示和与听众的互动，回答来自全世界各地的问题，甚至有时需要通过卫星通信。一个医药会议承办人解释道：

"我们在大屏幕上直播外科手术，我们的摄像机能实现微距拍摄和实时回放。忙碌的医生抽时间来开会是为了了解新技术和补充新知识的。"[⑨]

医药会议一般都要求几个分组会场进行分组讨论。大型医药会议需要展示空间和足够的电力供应。展览行业调查中心的数据显示近 25% 的展览是医药行业的。由于很多医药会议都是专业技术会议，因此办会方一般都希望找一个安静的地方，如果你把医药会议放在一个大学聚会或保龄球会的旁边，可以肯定它们下次不会再来找你了。

接待医药会议的一个难题是，它们用的会场很多，但相对而言用房量很少，因此有时它们不是酒店的好生意，特别是在酒店的旺季。针对这种两难问题，会议承办人的解决办法是找出节省空间的会议形式，如告示板会议，即在告示板上贴出最新研究成果的图片和总结文字，以此代替传统的演示。

医药会议的一个分支非常值得关注，那就是制药行业。制药企业经常办会，向医生宣讲自己的新药品，让医药在处方时可以用到这些新药。制药行业的会议与其他医药会议有很多类似之处，不过制药公司的会议通常筹会期很短，因为新品上市的速度很快。另外，要争取制药公司的会议还要注意以下两点。

第一是安全。由于制药业是一个竞争非常激烈的行业，各公司都在努力争取第一个推出新药，如果酒店能提供碎纸机和会场安保将会占有竞争优势。有些制药公司还要求在合同中有非竞争条款，即酒店在接该公司会议的同时不能接其竞争企业的会议。

第二是形象。制药公司必须在美国药品研制和生产准则（PhRMA 准则）下运行，同时受 FDA 和稽查办公室监管。因此，针对医生的会议不能在五星级酒店内，给人以制药公司贿赂医生的嫌疑和印象。当然，这并不意味着制药公司不能用合适的希尔顿酒店，关键是制药公司办会必须在合理的价格和档次范围内。

KSL 度假酒店是一个连锁度假酒店，其中包括 Homestead, Vail 山地水疗度假村和 La Costa 海滨度假村。KSL 对其全体员工（包括销售、餐饮、运营和宴会服务）进行培训如何承接制药公司会议。这个制药公司专家计划的培训话题之一就是如何避免奢侈形象，如水疗服务是个人消费项目而不能计入总账单中等。另外培训还列出哪些公司相互是竞争对手，以避免两个竞争对手企业同时预订发生冲突的现象，而不是竞争对手关系的企业则可以相安无事地共同在酒店内开会。

接触这类市场比较简单，大部分医药会议承办人都是专业人士，大部分都属于专业会议管理协会(PCMA)，一个由医药会议承办人发起的行业协会，现在向所有协会会议承办人开放。这些协会每年 1 月组织一次年会，是酒店销售与会议承办人交流互动的很好机会。你也可以在医药杂志上发布广告（图6-8）。

图6-8 面向医药会议承办人的广告

这是印在《医药会议》杂志上的广告，广告的标题非常吸引医药会议承办人，用的是一个跟医疗有关的用语——"特别护理"，而且承诺在针对医药会议需求提供"临床微调"解决方案。

资料来源：感谢 Ojai Valley Inn & Spa。

小 结

本章我们详细介绍了非营利性组织的会议类型和需求细节，其中有部分是企业会议市场中的专业市场。我们介绍了非营利性组织普遍对价格非常敏感，但可以有效地填补淡季的业务空缺，而且很有可能是回头客（在后面的附录里我们列出一些相关组织的信息，包括其会员构成、入会条件、主要的会议和出版物的情况）。我

们还介绍了工会和奖励旅游这两个利润比较丰厚的市场。本章我们重点说明的是:

- 每个细分市场的需求特征;
- 它们组织的会议类型;
- 它们一般选择什么样的酒店;
- 谁是决策人;
- 如何找到资源接触这些潜在市场。

这些都是确定你的酒店适宜接哪类市场的重要因素。

尾注:

① Beth Rogers, SMERF: A Multi-Billion Dollar Market Worth Pursuing, HSMAI Marketing Review, Spring 2007, p.22.

② Larry Keltto, Tailor-Made Meetings, Association Meetings, April 2005, p.32.

③ Fred Gebhart, Reunion Meetings, Meeting News.

④ Front Words, Reunions, February/March 2005, p.4.

⑤ Patricia Sherman, SMERF Events, Expo, February 2008, p.3.

⑥ June Norman, Moving Toward the Mainstream, The Meeting Manager.

⑦ Larry Keltto, Tailor-Made Meetings, Association Meetings, April 2005, p.29.

⑧ Regina Barban, Insight 2005, Insurance Conference Planner, January 2005, pp.22—24.

⑨ Joseph Dabrian, The Changing Pulse of Medical Meetings, The Meeting Professional.

主 要 术 语

联谊会组织(fraternal organization):因共同个人兴趣而不是工作关系而结合在一起的团体。

消费标准(per diem):政府代表出差每天的消费定额标准。政府雇员出差每天可用于餐饮和住宿的金额是固定的。

告示板会议(poster session):展示报告和论文,通常是科学性的成果,同时配有作者或研究人员介绍。也指在会议区域内的一个通过告示板进行讨论的空间。如果不是在一个专门的分组会里,这种方式也可用于发言人与有兴趣的代表之间的交流。

SMERF团体(SMERF groups):非营利性组织市场的一个缩写,由社团、军人团体、教育团体、宗教团体和联谊会组织几个词的第一个字母组成。

复习题

1. 什么是 SMERF 组织？为什么说这是一个重要的细分市场？SMERF 中哪些细分市场显示出最大的未来发展潜力？

2. 如何接待政府机构的团组？政府会与其他会议团有什么区别？什么样的酒店最适合接政府会？

3. 工会一般组织什么样的会？对于承办人来说承办工会会议最重要的因素是什么？

4. 为什么奖励旅游市场与企业会议市场是不同的？什么样的酒店最适合接奖励旅游？要吸引这个市场需要强调酒店的什么特征？

5. 保险会议的特点是什么？什么样的酒店最适合接保险公司的会？

6. 为什么说医药市场很可能会增长？请列出几个理由。

7. 本章的几个市场中谁是主要决策人？如何最有效地接近这些细分市场的会议承办人？

网址：

若想获得更多信息，可访问下列网址。网址变更恕不通知。若你所访问的网址不存在，可使用搜索引擎查找新网址。

1. 非洲裔美国人联谊会 / 妇女社团：全国泛希腊人委员会：www.nphc.org
2. 大学名录：www.collegiatedirectories.com
3. 联谊会经理人协会：www.fea-inc.org
4. 保险会议承办人协会：www.icpa.org
5. 全国重聚经理人协会：www.reunions.com
6. 全国联谊会际会：www.greeklife.org/nic
7. 全国泛希腊人大会：www.greeklife.org/npc
8. 专业会议管理协会：www.pcma.org
9. 宗教会议管理协会：www.rcmaweb.com
10. 重聚策划人：www.classmates.com

附录：接触会议承办人的方式总结

会议策划社团组织	成员人数	成员构成	成员限制	年会	出版物
美国社团组织经理人协会 www.asaenet.org	25000	84% 协会经理人 16% 供应商（酒店、会议局）	活跃的会员必须是非营利性组织的管理人员，供应商可以成为会员	8月，年会 + 展览	杂志 *Associations Now*

（续）

会议策划社团组织	成员人数	成员构成	成员限制	年会	出版物
财经保险会议承办人 www.ficpnet.com	470	全是保险会承办人，全职和兼职，供应商不能成为会员但可以参会	必须受雇于保险公司或保险行业协会	两次：11 月年会，6 月夏季论坛	内刊 *Insurance Conferfence Planner*
国际展览节事协会 www.iaee.org	3600	54% 专业展经理 46% 供应商会员	展会经理，供应商可以成为会员	两次：6 月半年会，12 月年会＋展	周刊
会议经理人协会 www.mpiweb.org	42 个国家 24000	50% 会议承办人（45% 企业，19% 协会，19% 个人，8% 其他），50% 供应商	所有会议管理人员都可以参加，供应商人数必须与承办人人数相当	两次：7 月展览，1 月培训会	One+ *Magazine* 分会领导有内刊，有特殊专题内刊
全国商务旅行协会 www.nbta.org	2500	企业旅行经理和旅行服务供应商	供应商可以作为联合会员加入	8 月年会	每天新闻汇总
全国黑人会议承办人联合会 www.mcbmp.com	1500	职业会议承办人，供应商	至少有一年从业经验的职业会议承办人	两次年会：春季一次，秋季一次	*The NCBMP Newsletter*
专业会议管理协会 www.pcma.org	5000	60% 供应商，40% 会议承办人	会议负责非营利性组织的会议，附属会员可以是供应商或个人	1 月年会	杂志 *Convene* 和 PCMA *Perspectives*
宗教会议管理协会 www.remaweb.org	2900	宗教组织会议承办人，供应商	严格限于宗教组织	1/2 月年会	杂志 *Religious Conference Manager*
政府会议专业协会 www.sgmp.org	3500	51% 供应商，49% 会议承办人	严格限于政府会议承办人和供应商	5 月年会	内刊 *The Society Page* 和会员名录
奖励旅游经理人协会 www.site-intl.org	2000	酒店、航空公司、游轮公司、旅行社和国家旅游局，以及其他支持组织	申请需要通过审批，需要有推荐信	11 月年会	每月内刊和杂志 *Insite*

第 7 章

概　要

个人销售拜访：熟练掌握商议性销售

第一步：拜访前准备

第二步：开启销售拜访

第三步：让客户参与进来

第四步：介绍你的产业 / 产品

第五步：处理不同意见

第六步：结束拜访和跟进

电话销售

电话技巧

筛选潜在客户

通过电话预约见面

电话销售跟进

处理询问

电话营销

销售闪击战

行业展览销售

与会议局协同销售

考察销售

小结

学习目标

1. 说明销售拜访的实施步骤。

2. 说明如何有效地针对会议进行电话销售。

3. 介绍会议销售技巧，包括销售闪击战、展会销售、与会议局协同销售和考察销售。

会议销售战略中有常识

Charlotte St. Martin, Loews 酒店集团运营及营销执行副总裁

"销售人员完成销售，他们做调研、跟踪，他们坚持、言出必行。我坚定地相信客户和销售人员之间的关系是达成销售的最重要因素。调研和策划是任何销售行为的基础，包括个人销售拜访、销售闪击、展台销售、考察销售和电话销售。"

针对会议市场的销售

会议市场很大，而且非常多元化，是所有类型的酒店都希望争取的市场。

争取这个市场的两个基本方式是：销售和广告。本章我们将介绍酒店可以用到的最有效的直接销售工具：

- 个人销售拜访；
- 电话销售；
- 销售闪击战；
- 展会销售；
- 与会议局协同销售；
- 考察销售。

近年来对会议市场的销售模式有了很大的改变，互联网改变了会议承办人搜索和了解酒店以及预订会议的方式，这也改变了酒店销售人员的工作模式。

个人销售拜访：熟练掌握商议性销售

最有效的会议销售方式就是个人销售拜访，这种面对面的销售对职业会议承办人是效果最好的。个人销售拜访可以让你详细介绍你曾办过的会，马上回答客户的问题，捕捉潜在客户对你介绍的反应，从而更好地了解客户的喜好需求并采取相应的举措。

雅高酒店集团的销售副总裁 Roy Stone 认为虽然人们越来越关注社交媒体、短信等电子渠道，但个人销售拜访仍然是针对会议承办人最有效的销售方式。

"你可以打电话、发邮件或通过 Skype 实时聊天，但这一切都不能取代个人销售拜访和演示，因为这说明你足够关注这个客户，愿意亲自过去并倾听他们的感受或需求。肢体语言是很重要的，而这些信息只有面对面的交流才能感受得到。

显然在今天这样一个高速变化的世界里，在线环境能极大地提高你的效率，但是销售拜访仍然是你必备的工具和能力。"①

今天这种高度竞争的环境中，销售人员要做的不仅仅是买会场和客房，他们必须成为应对客户需求和提供解决方案的顾问。尽管咨询型销售是个人销售中一种压力较低的形式，却是一种最有效的销售策略，而且适合所有酒店销售。这里的核心点是建立关系——不是一次销售成果，而是保持与客户的长期关系。

个人销售拜访由六个步骤组成（图7-1），每一步对于向会议承办人有效展示你的酒店都非常重要，下面将分别介绍每一个步骤。

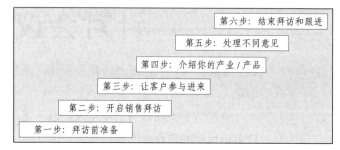

图 7-1　个人销售拜访的六个步骤

销售过程是一个系统的行为系列，它引导会议决策人走向购买决策。

第一步：拜访前准备

走出去拜访是给酒店争取会议生意的最好方式，在销售拜访之前有一个非常重要的步骤就是：拜访前准备。这种准备是非常费时和繁杂的，你的销售是否有效取决于：

- 是否充分了解你的酒店；
- 是否充分了解你的竞争对手；
- 是否充分了解你的发展潜力。

了解你的酒店可以从两个方面帮助你达成销售成果。第一，你准确地知道要卖什么，了解你的酒店优势和劣势决定了你如何根据销售需要展示你的酒店。第二，了解酒店的一些基本数据信息，这样能让你在销售拜访时充满信心。你不必担心任何问题，因为不论客户关心什么（有多少客房，会场面积和容量，有没有影音设备等）你都有答案。

万豪酒店集团副董事长兼丽思·卡尔顿酒店集团名誉主席 William Tiefel 告诫销售人员：

"从各种工作中尽可能多地学习业务，从一开始就进入销售岗位是错误的，只能通过在酒店的每一个岗位的真实工作才能真正了解整个酒店。最有准备的销售是最了解产品的人，我觉得再多的培训也比不上长时间个人的真实体验。我们（万豪）有很多的销售学校和组织各种活动，让企业不同层级的人员有机会参与和体验，这是最棒的安排。我一直都认为了解产品的核心理念是重要的。"[②]

因为你不可能记住酒店的所有细节数据，很多酒店准备了酒店数据手册帮助销售人员（不论新老）了解酒店并更好地介绍酒店。表7-1是酒店数据手册的基础框架。每个销售人员都应该知道这个重要数据。这些不断更新的实时数据是销售中的一个极佳工具。

了解你的竞争对手可以帮助你更好地销售自己的酒店。如果你知道竞争对手的价格略低于你的酒店，你能想得到客户会提出的质疑是什么，你必须说明你的酒店所能提供的更多的

表7-1　酒店数据手册基本框架

客房信息	餐厅和大堂酒吧	会议和宴会设施
重点 I 房间数 单人间 / 双人间 / 套房数 房间面积 楼层数 房间中电话情况 房间中火警 / 烟雾探测器 残疾人房间 无烟房间 卫浴用品	重点 I 座位容量 桌子的数量和台型 氛围 / 室内设计 无烟区 着装要求 餐厅价位 餐厅定位	重点 I 会议室位置 面积尺寸 / 容量 可用设施 展示空间 会议室租金
重点 II 客房价格 入住登记 / 结账时间	重点 II 菜单风格 / 主题 餐厅食物种类	重点 II 会场内家具 视听设备
重点 III 客人的混合比例 一周中每天的平均出租率 平均入住时间构成 销售预算 利润构成 团入住登记 / 结账程序 前台职员配备	重点 III 娱乐 预订政策 可提供的鸡尾酒 酒的储藏量 / 清单 大堂酒吧供应的食物 特殊的促销活动 营业时间	重点 III 宴会座位容量 宴会菜单 主题晚会 户外就餐服务 宴会特色菜种类 酒水服务 宴会员工配备标准

新进销售人员不可能在第一周内了解酒店的所有情况，为了帮助他们有逻辑地了解情况，酒店各方面（客房、餐厅和大堂、会议和宴会设施等）的问题应当按照重点顺序排列。在第一周结束时，销售人员应当掌握重点 I 罗列的所有问题，在以后每周他都应当掌握另一个重点。

设施和服务有哪些，如免费停车等其他让会议承办人明白这种价格差异的道理所在。

凯悦的销售副总裁 Fred Shea 说：

"我们的酒店希望销售人员了解竞争对手，了解我们的酒店与竞争对手相比的优势和劣势，这样我们就能因势利导地进行销售。作为一名酒店经营者，如果我要竞标一单生意，我会尽全力说明我们是最适合的酒店，但如果我知道竞争对手能提供更多的服务，那我就不得不另辟蹊径。"[③]

拜访准备的第三阶段，了解你的发展潜力，这是必须在演示时展现给会议承办人的。会议直通车高级副总裁 David Scrypinski 认为销售人员必须比以往更了解客户：

"仅知道客户的产品、业务和目标是不够的，你还必须了解客户行业的各方面情况。酒店销售人员要了解企业的决策流程、预算规模，以及客户企业的组织架构、

业务需求和经营目标。"④

很多酒店通过电子邮件、函件和电话的形式对潜在客户进行了解并收集相关信息（表7-2）。当然，不要忽视从酒店内部获得信息资料，可以通过与正在酒店内办会的承办人交谈了解他们的未来潜在的业务来源（和需求）获得信息。

如果你觉得潜在机会是一个实实在在的机会，你可以马上联系争取销售机会。在你还不明确知道对方对你酒店的兴趣程度而由你发起的客户拜访被称为"冷拜访"。这种拜访的成功概率

表7-2 潜在客户销售卡范例

联系日期：_____	跟踪日期：_____
联系人姓名：_____	新 客 户：□是 □否
公司名称：_____	业务类型：_____
地 址：_____ 电 话：_____ 传真：_____	
潜在销售线索：	
间夜数：_____ 会场：_____ 金额：_____	
对设施和服务的需求：_____	
客户企业的背景情况：_____	

要让销售拜访的效果最大化，记下一些潜在客户需求的基本信息会非常有帮助。一个潜在客户销售卡能帮助销售人员确定如何根据客户的需要更好地组织自己的演示内容。

资料来源：经密歇根 Traverse 城的 Grand Traverse 度假酒店同意使用。

比较低，而如果通过过去的客户推荐促成的拜访往往能更准确地找到合适的人。

尽管冷拜访的主要目的是找到决策人的姓名并了解潜在需求，这类拜访会议承办人往往不会见的。芝加哥的建筑公司 Owings & Merrill 的运营及活动经理 Harlan Didrickson 指出：

*"我大部分时间都在混乱中工作，冷拜访尤其让人心烦，它们浪费我的时间而且我觉这种拜访很无理。"*⑤

235 名被《会议新闻》调查的会议承办人中有 53% 持与 Didrickson 一样的看法。在调查中最令人生厌的事中，被冷拜访打扰名列榜首，因此销售人员在拜访之前做足功课非常重要，如果一家小酒店去拜访一个只预订大型连锁酒店的会议承办人，这对双方来说都是浪费时间。

拓展阅读

给新酒店销售人员的建议

加州 Carlsbad 的 David Brudney 兄弟公司的 David Brudney

今天的酒店销售人员必须面对一个更加复杂、更加专业和要求更高的会议承办人群体。销售总监的销售经理必须非常了解自己要卖的东西，这一点多强调都不过分，同时他们还必须是人际关系的处理高手，必须在任何时间对任何要求都及时准确地做出回应。

（续）

> 如果你是新入行的酒店销售，要想在这行里成功并保持成功，你必须平衡分配在计算机前工作的时间与接打电话和外出拜访的时间。
>
> 你们这一代酒店销售比以往任何一代销售都更了解新技术，你们是互联网专家，你们非常了解人们需要的是实时的、个性化的信息。历史？那都是昨天的事了。最重要的是今天。
>
> 从入行的第一天起你就要把这些"高科技"用到所有销售方式中去：电话销售和销售拜访，展会销售，考察团销售，以及一切能与客户面对面销售的机会。永远记住你生活在用科技武装的人际关系当中。
>
> 你是新一代的酒店销售，你仍然必须学习一对一的销售、电话销售，这些都是销售职业的基石。
>
> 我能给新一代酒店销售的最好建议是：这一切都是关系，与客户建立并保持非常稳固的关系能支撑你的整个销售生涯。

如果在拜访之前你能先做一些预热活动，这会极大地提高拜访的效率。你可以先给联系人寄一份介绍会议设施的册子，外加一封信。如果接下来的几周内你没有得到任何消息，你再打电话约时间拜访，如果没约上隔几天再约一次。

最有效的拜访可能是预约拜访，即你已经跟潜在客户预约好了拜访时间。当然，未预约的拜访也不能完全避免，如果你在前往另一个客户拜访时正好能顺路去做一次冷拜访也值得一试。把冷拜访与有意向的预约拜访结合起来进行，冷拜访有时也有效果，即使你这次没能找到合适的接洽人，就是几分钟的事也不损失什么。销售的成功有时就像打棒球，每次挥棒打到球的概率并不太高，但多挥动几球棒（销售拜访）就会有更多的机会打到球（达成销售）。

一旦你已经完成了拜访前的准备工作，收集好了所有需要的资料，你就可以整理出一个完整有序的演示簿，其中包括每个潜在客户需要的信息资料。销售资料夹里散乱的文件可能在演示时容易遗失和弄乱。大部分销售资料夹里包括了酒店的一些基础信息，如基础信息单页、会场尺寸单页、会议宣传册、影音设备清单、一些图片、酒店地图等。很多酒店还会把其他人的推荐信或对酒店的评语加在销售资料夹里。这些评语要稍加筛选，有些可能适用，有些可能不适用。例如，一个协会会议承办人对主题晚宴的好评可能对于一个要组织培训会的企业会议承办人没什么意义。

互联网体验

季节酒店专业人士给出的珍贵建议

拓展阅读《给新酒店销售人员的建议》中，David Brudney 指出在酒店销售中知识的传递是非常重要的。Brudney 是酒店销售行业的专家之一，他在网站（www.davidbrudney.com）上分享了他的专业经验。

要从季节酒店专业人士身上获得更多的知识，可以进入以下网站：

• Neil Salerno——www.hotelmarketingcoach.com；

（续）

- Howard Feiertag——www.hotelmotel.com（在搜索栏找 "Howard Feiertag 文章"）；
- Brenda Fields——www.fieldsancompany.net；
- Corbin Ball——www.corbinball.com；
- Carol Verret——www.carolverret.net；
- Dr. John Hogan——www.hotel-online.com（在搜索栏找 "Dr. John Hogan 文章"）；
- David Brudney——www.davidbrudney.com。

至少读两篇上述专家的文章，了解与本章介绍的内容有关的销售技巧。看看你还能从这些文章了解到其他什么技巧。

如果你的酒店同时面向了几个细分会议市场，你要考虑针对每个一细分市场做一个演示簿。如针对奖励旅游团你需要演示簿里加上一些当地景点资源的介绍，会议承办人需要一些可以直接利用的文件资料。针对会议承办人，你的演示簿里必须要有会场平面图，这种平面图尽量用胶版纸印刷，方便会议承办人在看场地时在相对应的位置上做标注。最好把会场平面图和各个会场的尺寸明细列表印在一张纸上。

除了这些"必备"资料，给会议承办人的演示簿里还要有一个关于酒店所在区域的大地图，其中明确标出抵达酒店的交通路线（这个图的设计要方便会议承办人传真或复制）。此外，还要有影音设备清单、停车场信息、交通信息（如机场班车、酒店到周边目的地景区的班车等）、餐饮网点信息（包括各个餐厅的菜系口味、营业时间）、详细的客房信息（包括房型和房内配备的物品设备），以及商务中心的信息。[⑥]

第二步：开启销售拜访

销售实质上就是帮人购买。开启销售拜访的方式要使客户感到放松，这样会建立起他对你的信任。访问的开场白应当包括介绍、陈述访问目的（以及给潜在客户带来的利益）、一段能使你切入主题的过渡性陈述。你一开始可以介绍自己和酒店（"下午好，琼斯先生，我是加州圣地亚哥金门胜地酒店的 Dan Merrill"），同时主动和对方握手，握手要短暂有力。你还可以在此说一些表示你对潜在客户非常感兴趣的言辞。例如，"我听到过许多关于贵公司在微机领域的进展情况，我希望能更多了解贵公司微芯片的新用途。"但要注意不要过于深入讨论该公司而忘了自己的目的。

介绍完之后，就立刻说明你访问的目的——你是能给这个潜在客户提供额外的会议空间还是来这里要赢得回头生意。说明目的之后，你就应当向客户展示 1～2 个对其有利的条件，使之能够有理由听你说下去。讲完本酒店的好处后，就用一个过渡句转入销售主题内容。这个过渡句主要请求客户允许你继续讲下去，因此常常以问题的形式出现："您有兴趣了解其他团体是如何利用我们的主题晚宴创意增加参会人数的吗？"或者"我给您展示一下我们先进的视听系统好吗？"如果客户做出首肯反应，你就有了"绿灯"可以继续讲下去。如果客户不感兴趣，那就感谢客户给你的时间并请求将来能够再次约见。

第三步：让客户参与进来

让潜在客户进入销售过程来，了解他的需求。要通过提问做到这一点，在开始演示之前一定要先问问题。提问分两类：直接提问和开放性提问。

直接提问需要的是具体的回答，如"你们每个月组织几次培训？"或"你们年会一般参会人有多少？"开放性提问则给客户一个机会表达自己的感受，如"你觉得去年你们的年会为什么如此成功？"或"你们在选择度假村时你觉得什么因素最重要？"通过这些问题的回答你可以了解到什么对客户来说是最重要的，这可以帮助你根据对方的需要调整你的演示内容。

有效的提问是销售的关键技巧。先把你想从客户那里了解的信息提前列出来，然后像核对清单一样在销售拜访中逐条提问。

在提问时要做记录，客户会很喜欢你花时间记下他的需求，这会让他愿意给你更多的信息。此外，你的笔记是你演示的基础，而且也是为客户预订下次会议的销售档案中的一部分。

别忘了让客户介入进来的最重要技艺就是倾听客户反馈。Dickinson 兄弟公司是一家面向销售管理人员的咨询公司，该公司总裁 Sal Dickinson 强调要做一个主动的倾听者，倾听客户的需求和愿望，对于成功的销售是非常关键的。他指出：

"成为一个好的倾听者，要比你的竞争对手更了解客户的需求。把你该做的调研和准备都做好，知识就力量，你知道得越多，销售的效果越好。来拜访时用解决方案而不是产品特征把自己武装好了，在拜访时说出你的产品价值在哪儿，这样销售起来就非常容易了。"[⑦]

第四步：介绍你的产业／产品

每个销售人员都要准备和演练针对不同细分市场准备的销售演示，如果你的演示是根据客户要求定制的，那你就会有更大机会赢得业务。只有你的介绍对他有好处，客户才会真正感兴趣。你不能把自己定位于一个产品卖家，而要定位为一个问题解决者，在介绍酒店时永远向客户说明酒店能给客户带来的好处是什么（表 7-3）。

表 7-3 把特色转化为利益

特色		利益
我们所有的分组会场都紧靠着你们开全体会议的会场	因此	会议之间换房间不会浪费时间，你们的会议就能准时举行

（续）

特色		利益
我们提供 24 小时服务客房送餐服务	因此	那些不得不很晚登记入住的客人仍然能够在客房内舒服地享用晚餐
每个房间都有一张书桌	因此	参会者有足够的空间详阅白天会议期间所发的材料
我们有一个健康俱乐部和水疗	因此	经过一整天紧张的培训会议之后，你们的受训人可以放松一下
利益		特色
那些不得不很晚登记入住的客人仍然能够在客房内舒服地享用晚餐	因为	我们提供 24 小时服务客房送餐服务

如果销售人员只展示酒店特色，会议承办人就得依靠自己来理解哪些特色对他们有利。因此，销售人员应当把特色与利益联系起来，并向潜在主顾解释这些特色会给他们和他们的会议带来什么样的好处。这样会促进会议承办人对特色的理解。可以用"因此"这个词把这两方面联系起来以帮助你从利益的角度出发考虑问题。这个句子也可以倒过来说，用"因为"这个词把利益和特色联系起来。

你的演示要直接针对客户的需要，要包括影音设备、相关图片、图表和数据，让会议承办人一目了然地看到自己的会如何用这些场地。现在，很多销售人员都能使用复杂的视频工具——PPT 演示文件或 DVD 宣传册——但最重要的仍然是如何让演示内容与客户需要求密切相关。

国际酒店业营销协会前主席，CHME，CHA，Tom McCarthy 指出，每个酒店都有几个 5 ~ 6 分钟的介绍演示文件（包括图片），这些都是常用于在客户办公室拜访，还会有一分钟的酒店介绍用于电话销售或在参观酒店过程中进行的介绍，还有一些介绍内容是用于当客户提出各种异议的时候。销售人员应该在进行销售之前不断演练这些介绍。[8]

在演示的时候，用一些其他客人的推荐信和一些媒体的正面报道，这会提升你的可信度。客户更愿意相信他的同行们没有偏见的看法，他们的话比销售的话更令人信服。来自会议决策人的第三方背书支持是给客户的最佳销售证据。在针对协会会议承办人销售时拿出与协会相关的信函，同样在针对企业会议承办人销售时拿出企业决策人的信函。

你的演示结束时，用过渡的语言（可以是"关于酒店您有什么问题吗？"）把拜访引向结束，或过渡到销售拜访的下一个阶段，处理不同意见。

第五步：处理不同意见

会议承办人几乎总是在此时提出问题或异议。因此，很重要的一点就是要事先预料到最有可能出现的问题或异议，并能够立刻对其做出反应。

价格异议 最常见的异议一般涉及价格或者产品本身，或者缺乏兴趣。解决价格异议（"你的竞争对手的价格更便宜"）时，可以指出一个补偿性的好处（"也许是的。可是我们会议包价不仅免了会议场租，还包括了免费使用高尔夫和网球设施"）。只要有可能，让讨论的焦点远离价格（"现在先把价格问题放在一边，您还有其他方面的问题吗？"）。如果你能够证明你们的酒店非常符合客户的要求，这个策略可能会奏效，这时价格就显得不重要了。

产品异议 产品异议（"对我们参会人员来讲，可能你们那个地区新开的度假村更有吸引力"）可以用很多办法来化解。试着重复这个异议然后给出一个肯定的答复异议："我想您可能觉得我们酒店不够新，不过，虽然我们是个老酒店，但我们的房间和会议室都已经完全重新装修过了，我们能提供本地区新酒店所能够提供的一切娱乐设施。客人们都说我们酒店很有特色，也很有魅力。"

缺乏兴趣 要解决缺乏兴趣这个问题（"我们和目前使用的那家酒店合作很愉快"），就要找出客户为何满足现状，然后给他提供与之匹敌甚至额外的好处。或者你可以指出更换场所可能让与会人员更有新鲜感。通过提出这样的建议，你可能已经达到了让承办人接受更换地点的目的，同时又没有任何暗示说原来的那家酒店不好。如果这时还无法动摇承办人的决心，那么请他将来再举行会议或者宴会时考虑你们的酒店，这也是一个不错的做法。有很多因素在将来的某个时间可能会起作用从而使大门为你敞开。

在解决异议时，永远不要诋毁竞争对手，这一点至关重要。这不符合职业规范，而且会议承办人可能会感觉你的话在指责他的判断力——而你可能就失去了现在或者将来生意的一切可能性。

第六步：结束拜访和跟进

虽然许多销售人员都很乐意展示他们的产品，但当真正要客户购买他们的产品时往往犹豫。然而，

图 7-2 拜访客户

人员销售拜访的一个主要优势就是获得实时的反馈和双向沟通的机会。《会议新闻》的调查发现，当被问及"你更倾向于什么样的专业互动？"时，85% 的会议承办人确认他们更愿意有面对面的交流机会。国际酒店营销协会（HSMAI）最近的调查显示酒店销售人员相信面对面的销售是所有销售和广告投入中回报最高的。

资料来源：Alan Cresto 摄影，感谢 Loews 酒店。

达成协议的技巧是可以学会的，如果销售人员意识到客户期望着你希望他在酒店预订的话，他们可能会感觉更舒服一些。结束语的形式有两种：尝试性结束语和主要结束语。

尝试性结束语 尝试性结束语用来探得客户的反应，并且通常用来建立起通往主要结束语的"协议阶梯"。换句话说，销售人员要定期地问客户一些问题（如："我们的视听设备肯定会大大增强你们培训会的吸引力的，您说对吗？"或者"难道您不认为我们的宴会厅能为你们的颁奖晚宴提供一个优雅的场所吗？"或者"难道您不觉得我们的高尔夫球场是本州最好的高尔夫球场之一吗？"）并期待客户给予肯定的答复。肯定的答复、由客人方面对好处的重复以及积极的非语言信号（如频繁的微笑、客人身体前倾等）都清楚地向销售人员表明他们可以继续进行主要结束语了。

主要结束语 这是在请求对方购买时提的一个问题或说的一句话。当客户激动到极点时就应当诱使对方做出承诺。这种结束语应当尽可能直截了当（"我可以肯定地为您预留场地了，对吗？"），然后应当停止谈话，给客户一个反应的机会。要避免尝试继续谈话——你因为疏忽而说的一些话可能会引起客户注意到原本并没有考虑到的问题!

一旦拜访结束，你要尽可能礼貌地离开。不论你的销售是否成功，一定要在销售拜访后立刻写一封感谢信。这一举动表明了你为客户提供尽心的服务，其结果可能会使将来的销售成功。

一旦客户对你进行了委托，后续服务就显得更为重要了。你需要保持与客户进行频繁的售后联系，随时告诉他活动准备的进展情况。通过各种形式的沟通（电话、传真、电子邮件或通过他们的助理）了解客户的喜好。在活动进行中也要不断地与承办人沟通并监督活动的进行状况。波音公司的一名会议承办人 Arlene Sheff，CMP，最近在一个会上说：

"会议现场我从来没见过销售人员，我在会前跟他在电话中沟通过几次，但在会议进行的时候，他一次都没过来看过，了解会议进行得如何。如果一个酒店销售想要我的回头生意，他要不断追着我并随时了解我的会议情况。这就是跟我建立关系。"[9]

电话销售

人员拜访的一个主要问题就是开销越来越大。许多酒店削减了个人访问开支而增加了电话销售，尤其是把电话作为甄别潜在客户及与客户约见的手段。

虽然电话销售不能完全替代你能做的人员销售拜访，不过你仍非常有必要熟练地掌握电话销售技巧，来增加与客户的联系，甄别潜在客户。这会使你的人员销售拜访更加有效，并且在遇到紧急情况时可以向客户提供及时的援助。

电话技巧

由于使用电话不如与潜在客户面对面谈话那样有人情味，所以要想最有效地利用这种销售手段，销售人员要提高使用电话的技巧，这一点是非常重要的。与个人销售拜访的过程一样，电话销售的准备工作也十分关键。在打电话之前，你应当对你要涉及的问题准备一个纲要，一个清晰打印出的提纲将有助于你在谈话时保证你的思路富有条理和逻辑。你甚至可以使用一个准备好的介绍词——只要听上去不像"预先录制好的"就行。除了提纲和介绍词之外，你手头还要有相关的备用信息，如房间价格、多功能厅的大小和容量、利用的可能性等，以便在查找时不必到处乱翻。另外，你一定要把纸笔放在手边以便做笔记或记下客户需要的信息。

人们很容易打发一个通过冷冰冰的电子设备发出的声音，因此你要尽可能使你打电话的时间富有成效。把你不会被打扰的时间段预留出来，因为如果你让潜在客户在通话时等候，他可能会很恼火。在很多酒店里，销售人员都有很多专门打电话的时间。

图7-3 销售演示

很多酒店销售有专门的一个房间让他们进行销售演示。一名销售跟我说："我一般都在没有会的时候用我们的董事会会议室。这个房间能看到喷泉、瀑布和高尔夫球场。如果客户还在犹豫，我就指着这个景色问他们，难道你们的董事会不喜欢这种风景吗？"

资料来源：感谢加拿大阿尔伯塔省班芙国家
公园的路易斯湖费尔蒙城堡酒店
提供照片。

使用电话必须掌握许多简单的技巧。把听筒离嘴巴稍微远一点，讲话要缓慢清晰；立即说明自己和本酒店的身份；在电话中显示你的个性——快乐而专业——总是愿意听取潜在客户的意见；如果不清楚潜在客户姓名，不要不情愿请他拼读出来，因为没人介意重复或拼读自己的姓名。

筛选潜在客户

电话让潜在客户筛选变得更容易。弗吉尼亚威廉斯堡的 Kingsmill 度假酒店专门雇了一名销售助理用互联网和电话去筛选和确定潜在会议承办人的资料档案。这个销售助理要找到决策人的姓名、联系方式、会议频度、会议时长、抵离日期、参会人数、倾向哪类酒店以及其他与会议团组有关的信息。档案以书面报告的形式交给对应的销售人员。让销售助理去做筛选工作能让销售人员100%地专注于销售。很多酒店采用销售需求表来分析会议的频度和了解会议承办人的信息。所有客户信息通过筛选后找出与酒店营销计划最适合的客户。不过同样的信息其他酒店也能获得，因此你必须在初步筛选后快速行动。因为你已经有了需求的基本信息，你的电话沟通内容可以根据客户的需求调整得更有指向性。

销售人员可以从电话报告（图7-4）中直接找到对销售演示有用的潜在客户信息。这个表可以帮助销售人员确定潜在客户的需求。有时市场调研是由酒店的文员完成的，大型酒店或连锁酒店可能有专门的部门负责潜在客户调研（见本章的电话营销部分内容）。对文员进行电话沟通技巧的培训往往会收益很大。

通过电话预约见面

对已经对酒店的条件产生兴趣的潜在客户进行访问的效果要比冷拜访效果好，电话也是安排预约销售拜访的工具。

电话约见中最富有挑战性的任务之一就是通过中间人——接待员、秘书、行政助理等——找到决策者，你往往通过这些中间人来断定谁能决定是否举行会议，谁能成为你最好的朋友或最大的敌人。他的反应或协助的程度决定你最终是否能够约见成功。这些人也可以成为额外的信息来源。因此，与这些协助人员建立良好的关系非常重要，他们应当一直受到礼遇，进一步，要想达到最佳效果，你还应当告诉他们你打电话的目的——会给他

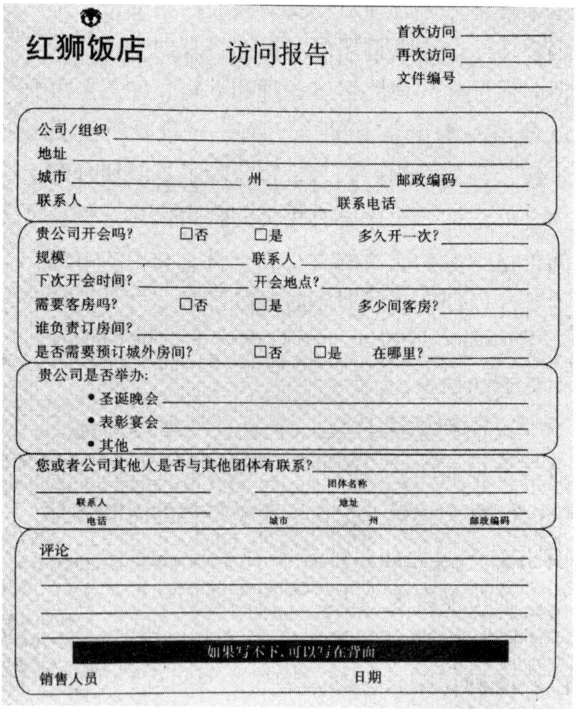

红狮饭店　　访问报告

首次访问 ______
再次访问 ______
文件编号 ______

公司/组织 ______
地址 ______
城市 ______ 州 ______ 邮政编码 ______
联系人 ______ 联系电话 ______

贵公司开会吗？ □否 □是 多久开一次？ ______
规模 ______ 联系人 ______
下次开会时间？ ______ 开会地点？ ______
需要客房吗？ □否 □是 多少间客房？ ______
谁负责订房间？ ______
是否需要预订城外房间？ □否 □是 在哪里？ ______

贵公司是否举办：
- 圣诞晚会 ______
- 表彰宴会 ______
- 其他 ______

您或者公司其他人是否与其他团体有联系？ ______
团体名称
联系人　地址
电话　城市　州　邮政编码

评论 ______

如果写不下，可以写在背面

销售人员　　日期

图7-4　电话报告样本

电话报告常用于销售人员调查潜在客户需求并跟踪每个客户。有些酒店这种调查是由支持人员完成的，获得的信息将转交给对应的销售人员去跟进。

们的老板带来什么样的好处。

会议承办人通常都很忙，时间宝贵，所以你应当记住打电话的目的只是安排约会——而不是销售。找到决策人之后，电话预约拜访有以下三个步骤：开场白、介绍、确定约会（表 7-4）。

表 7-4　预约电话标准话述样本

电话预约拜访有三个步骤：开场白、介绍和确定约会。下面是标准话述的样本：

开场白： "您好，Stubbs 先生，我叫 Diane Street，是 Oakbrook 酒店的销售经理。我们这家新酒店就在您办公室的对面。既然我们离得这么近，那么方便，我想您可能有兴趣了解一下我们的酒店和我们新面向本地企业推出的经济实惠的会议包价。"

介绍： "Stubbs 先生，据我了解，您会定期组织培训会，每次会 2 ~ 3 天，晚上也会有培训。我们这边针对像您这样的企业推出了 24 小时会议服务。您预订的会议室 24 小时都是属于您的，这样您就不必费心地每天晚上把培训材料搬出来，第二天再重新搬进去。另外，我们的复印机也是 24 小时服务的，您随时可以用来复印材料。"

确定约会： "我们会场内的设备之精良肯定能让您印象深刻的，会帮您提升培训的效果。您看中午有时间吗？我们一起讨论一下您后面的培训会安排？"

"您这周什么时候有时间呢？是不是 11 点半到 12 点这段时间您比较方便？"

"太棒了！我周四中午 12 点在我们的酒店前台等您，我的胸牌上有名字，非常好认。"

"谢谢您，Stubbs 先生。我希望后续能约时间拜访您。祝您一天愉快。"

注意在电话中，销售人员要清楚地表明自己的身份和酒店名称，说明打电话的目的并说明约会能如何帮到客户，解决他的问题。注意在预约时避免强迫性的问题，给出两种选择让承办人挑。

资料来源：感谢瑞士酒店提供照片。

电话销售跟进

电话不能像个人销售拜访那样给人留下持久的印象，因此电话销售的后续措施和随后的个人销售拜访同等重要。不论你打电话联系的目的是收集信息还是预约拜访，你都应该写一封友好、简短的复函，感谢潜在客户接听了你的电话或确认了约会时间。

把这种进一步的联系作为额外的售前手段。在你寄复函给承办人的同时顺便寄去一些他所要求的资料（如客房价目单、菜单等）或一本酒店的宣传册，让他在你到达之前就了解了你的酒店，几天后，你可以打电话确认他是否收到了你寄去的材料。

这种形式的后续措施不仅能加深客户对你的印象，而且显示了你们酒店对客户尽心尽力地服务。会议承办人，特别是那些非专业的或者经验有限的人，更可能选择一家合作意愿高的酒店。

处理询问

在今天这种高科技时代，很多会议承办人更倾向于通过电子邮件沟通业务。很多酒店（包括希尔顿等酒店集团）都给销售人员配黑莓手机，方便他们随时看邮件和及时回邮件，因为时间和反馈效率对于是客户是非常关键的，往往得到生意的是第一个回复邮件的那家酒店。希尔顿的行业关系副总裁 Larry Luterau 说：

"效率是现今市场的关键，以前两天内回复是非常合理的，后来是 24 小时之内，现在是几小时内。"[10]

酒店询价可能从很多渠道过来，包括邮件、网站、传真、电话、信函，甚至是直接步入。直接步入的需求询价要立即知会酒店销售人员，其他询价要立刻追电话过去（图 7-5）。

很多酒店有语音留言系统，尽管这个系统很方便，但是大部分承办人拒绝使用它。他们需要实时的反馈，因此销售部的电话一定要有人接听。这不仅能让客户感觉酒店在乎他的生意，而且能让销售人员有机会更好地了解客户的需求。

最近《会议新闻》的一项针对会议承办人对酒店销售最大的投诉点的调查显示，对需求询价的电话、邮件的反馈效率是最大的关注点。国际品质跟踪公司是一家酒店行业内针对团组预订提供服务的公司，该公司对 750 家

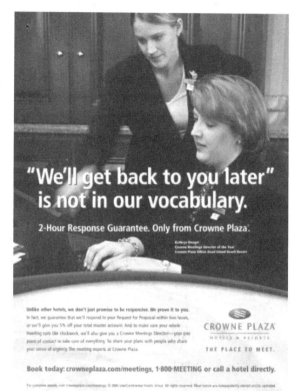

图 7-5　皇冠假日酒店对于会议需求询价反馈的承诺

现在的市场是个高度竞争的市场，对于询价的快速反馈是最基本的。这个皇冠假日酒店的广告给出的承诺是询价在 2 小时之内给出反馈，如果超过这个时限可以给予会议团组 5% 的总账折扣。

酒店进行了一次独立调查, 发现 28% 的新团组生意机会是因为销售的忽视而失去的。会议团是酒店的重要收入来源, 而 25% 的重要业务竟然是因为联系得不到回音而丧失的!

接到询价电话后应继续通过销售拜访等形式进行跟进, 而所有的询价不论是什么形式过来的, 都需要追电话。销售人员不是简单的指令执行者, 在销售拜访或电话中, 销售人员能问出更多的信息以便更有效地销售酒店。通过更深入地了解客户及其需求, 即使这次酒店可能无法接到生意, 但也建立起了与客户的关系, 为未来的生意带来更大的机会。

电话营销

除了销售拜访以外, 酒店业也广泛使用电话营销——大规模的电话筛选和调查——来找到潜在客户。较大的连锁酒店使用电话营销已经有不短的时间了, 不过这种做法现在已更加普遍了。小一点的酒店已经发现电话销售可以成为在投入大笔资金让销售人员去做销售拜访之前就接触到潜在客户的一种宝贵手段。

电话营销主要分为两类: 筛选和市场调查。如果一家酒店仅仅想要获取信息, 那么规模较小的酒店可以用秘书、前台等完成打电话的工作。不过应当注意这种类型的 "电话闪电战" 并不是真正的电话营销——电话营销是一种由能够及时提供信息渠道的技术作为支持特殊的方案。

为了取得大规模的效果, 应该培训一组专业的电话营销员按照准备好的话术脚本工作。使用这个脚本, 一个有经验的电话营销员可以联系 50 个或以上的潜在客户, 要么获得信息, 要么展示了酒店并且完成销售。由于销售预算降低, 许多酒店更加努力完全通过电话来实现销售, 尤其在与距离很远的地区的潜在客户打交道时更是如此。

一个好的电话销售脚本一定要短得足以让潜在客户不挂电话, 而同时又长得能够了解到想要的信息或者能实现销售。脚本应当很具体, 先详细说明对客户的利益, 其结构应该能把潜在客户吸引到谈话中来, 给他一个机会表达自己的观点和需要, 从而能介入到谈话中来。当迫切需要实际销售时, 就按照个人销售拜访的步骤进行。

电话营销也用于市场调查来准确地了解会议策划人的需求。这种信息用于更新设施和服务, 使销售人员在陈述本酒店时更容易满足会议承办人的需要。

无论实行何种电话营销程序, 重要的是要和任何其他形式的销售一样, 员工必须经过培训, 必须有明确的目标和后续跟进才能实现目标。

销售闪击战

销售闪击战是指在一段时间内（通常是三天）集中联系某个区域的潜在客户，是接触新业务的一种有效工具（最佳案例《凯悦击碎时光活动让销售闪击战的效果最大化》）。一次销售闪击战可能包括简单的对本地区企业和协会的"冷拜访"，不过未经预约的、随机地对会议承办人的拜访通常不是个太好的主意。承办人一般都觉得这种拜访很不礼貌和令人生厌。因此，酒店在进行销售闪击战时一定要提前认真规划，而且最好先给潜在客户发个邮件告知将去拜访。

最佳案例

凯悦击碎时光活动让销售闪击战的效果最大化

凯悦集团希望推进销售，组织了一个名为"击碎时光"的活动，活动的目标是：让可能业务成为实际预订；被推荐给新客户或新业务机会；联合集团的力量；与客户互动并拉近关系；清理数据库；共享欢乐。这个活动被转化为一个为期 12 天的销售闪击战，有 600 多个酒店销售介入其中，目标市场区群体多达 40000 个。

这个活动包括给最佳表现者奖励，最佳表现从多方面进行评估，包括拜访数量、收益、推荐数量等。整个活动从客户名单下发到各区域销售办公室和酒店开始。名单确保各办公室和酒店没有重叠的客户，整个活动是由一个名为 CRUNCH（击碎）的电子游戏追踪的，在这能刺激销售人员的兴趣同时让他们不断更新闪击战的进展情况（销售人员每三天报一次战果）。

击碎时光活动带来了 566 名员工与客户的 36219 次接触，约有 2200 个拜访直接带来了生意，创造了 3000 万美元的预订额，包括其中一单 60 万美元的订单和几个约 50 万美元的订单。另外，酒店被推荐了 1250 次，这可能会带来更多的生意机会。

这次活动不仅带来了销售成果，还拉近了销售队伍之间的战友情谊。由于此活动非常成功，集团计划每年至少进行一次同样的活动，而且还计划扩大到餐饮和商业市场。

其他销售闪击战可能需要更精细的安排。例如，一家新酒店可能会用销售闪击战迅速向本地社区推广；也可以用这种方式邀请潜在客户来参加一次特殊的酒店介绍。如果销售闪击战是用来推出新酒店的或用来推广一次特殊的酒店介绍，必须事前做广泛的研究和策划。策划的内容包括演示的音像设备、酒店参观、餐饮活动。很多时候，这种活动可能是当地和全国性的庆典，或者会请一些当地政要参加提升人气。不论什么形式，这类活动的最终目的是要证明酒店有能力承接这类活动，因此这种活动要尽可能多地邀请潜在客户参加并体验这种特别的演示。

还有些酒店会与本地会议局共同组织销售闪击战。这时可能会有多家机构共同参与，包括会议局、本地酒店、地接社和景区，这是针对某个市场的一种协同销售。

在奥兰多，会议局与 Rosen 酒店管理学院是合作伙伴，由学生帮会议局完成对潜在客户的电话调查和销售。

不论销售闪击战是请人来参加酒店的演示还是简单地对潜在客户进行调查，大部分酒店都会提前数周为此做准备。一般会先寄出销售函告诉客户销售即将来访，这种做法被称为"暖拜访"——先联系承办人，让他们对来访的酒店有个概念。充分的准备非常重要，因为这能让闪击战获得更多客户的信息并有助于建立双方的融洽气氛。

在策划销售闪击战时，要用城市企业名录和地图锁定目标区域。给每个参加的销售一份在锁定区域的潜在客户名单，这将极大节省销售路途上的时间，让一个销售在闪击战在三天的时间内可以完成 75 ～ 90 个销售拜访。

大部分情况下，销售闪击战只是为了收集信息，找到合格的客户或邀请客户参加特殊的酒店演示，因此不一定每次闪击战都要占用销售团体的时间，有些酒店用兼职销售或学销售的大学生在假期完成这项工作。

每个参与者都必须清楚地了解闪击战的目标，包括他一天要做多少拜访，问哪些问题（如果用外部团队，要告诉闪击战团队任何联络要指引到酒店的一名销售）。销售闪击战参与者必须有足够的调查单（图7-6）和宣传资料，包括酒店名片、会议册子和低成本印制的酒店名称和电话卡片，让酒店名字醒目地出现在客户面前。

```
单位名称：＿＿＿＿＿＿＿＿＿＿＿＿＿＿＿＿＿＿＿＿＿＿＿
地址：＿＿＿＿＿＿＿＿＿＿＿＿＿＿＿＿＿＿＿＿＿＿＿＿＿

           邮编：＿＿＿＿＿＿＿  电话：＿＿＿＿＿
联系人：＿＿＿＿＿＿＿＿＿  职称：＿＿＿＿＿＿＿＿＿
联系人：＿＿＿＿＿＿＿＿＿  职称：＿＿＿＿＿＿＿＿＿
1.每年你们举行多少次会议？  何时举行？
  规　模：＿＿＿＿＿＿＿＿＿  谁来策划？
  联系人：＿＿＿＿＿＿＿＿＿  职称：
  你们下一次会是什么时候？
  这些会一般在什么地方举办？
2.你们是否要求住宿的参会人员？
  是＿＿否＿＿每个月有多少？
  如果是，他们住哪里？＿＿＿＿＿＿＿＿＿＿＿＿
  你会给他们订房吗？是＿＿否＿＿（如果是，谁来订？）
  联系人：＿＿＿＿＿＿＿＿＿  职称：
```

图7-6　销售闪击战调查单

（续）

> 3.你们单位是否计划如下事项？
>
> 圣诞晚会　　　　　　　　退休聚餐
>
> 颁奖晚宴　　　　　　　　其他社交活动
>
> 你是组织者吗？还是有一个社团主席？
>
> 是___ 否___ 联系人：_____
>
> 4.你或你的同事组织这样的活动时是否会需要会场或晚宴场地？是___ 否____
>
> 姓　名：_____ 联系方式：_____
>
> 评　价：_____
>
> 调查员：_____ 调查日期：

资料来源：Howard Feiertag, Blitzes and Sales Calls: Indispenable Selling Tools, HSMAI Marketing Review.

在销售闪击战期间，调查单是用来记录客户信息的，一旦证实是合格的客户，具有很高的潜力，必须进行更多的联系和接触，除了这些重要信息外，还要更多了解，如"还有谁会参与决策？"和"选址会址的过程是怎样的？"

销售闪击战需要投入大量精力，因此必须及时跟进以扩大战果。最好每天评估销售闪击战的效果，这能让销售经理了解这个过程中是否有需求产生并能立即跟进，并且随时了解方向是否正确，是否需要调整战略（如发现覆盖的区域中有某个地方明显效果更好，就需要放更多的精力在这个地方），另外，如果有奖励政策的话，要每天找出最成功的参与人员并兑现奖励（从而激励其他参与者）。

行业展览销售

行业展会是接触会议承办人的机会（表 7-5），因为展会上你能接触到真正的买家。华盛顿特区万丽酒店的高级客户经理 Anne Marie Spatharakis 这样说明参加展会的好处：

"展会是见到大买家的最好地方，去一个一个地拜访客户会耗费大量时间和精力，而在展会上你见到的每一个人不是卖家就是买家，所以是买卖双方配对的最好地方。"[10]

表 7-5　接触会议市场的行业展会

展会名称	展商人数	观众人数
1.美国协会经理人协会年会及展览	800	5000
2.ASAE 春季展	800	5000
3.奖励旅游与会议展（激励展）	963	14319

展会名称	展商人数	观众人数
4. 宗教会议管理协会年会	688	1250
5. 国际会议职业人士年会	350	1700
6. 卫生保健会议与展览协会年会	130	600
7. IAEE 展会	125	1000
8. HSMAI 经济型会议	550	1800
9. DMAI 目的地展示	300	1150
10. IMEX 奖励与会议展	3000	7000
11. EIBTM 巴塞罗那展	3300	7500

30 年前，唯一的专业展会就是美国协会经理人协会展，现在针对会议业不同细分市场的展会很多，上面是一个精简的全国和地区展会的名单和最近的参加人数。选择哪个展会参加一定要根据你的目标市场是什么，即你针对这个市场的战略是什么。

另一个好处是在展会销售相对成本较低，尽管参加展会需要投入资金和精力，但相比其他方式有更高的回报。根据展览业调查中心的数据，在展会上平均每花 1 美元能带来 625 美元的销售额，而通过个人销售拜访需要花费 1117 美元才能真正拿回一单生意。如果你与会议局共同参展，你的酒店可以与会议局分摊展位费。还有一个好处是参加展会也是你了解竞争对手的一个绝好机会。

参加展会销售也有些不好的地方。首先，参加展会将涉及展台展示和交通运输等方面的成本支出，这些成本对于小酒店来说是比较沉重的负担，而且展台的搭建还要与大酒店展台去竞争。其次，你的竞争对手很可能也会同样参展并针对与你同样的目标市场进行销售。最后，你在展台的洽谈时间可能会被很多未必真有生意的会议承办人占据。

要想让展会销售取得最大的效果就必须事前做好规划（表 7-6）。展前行动计划包括找到潜在客户、联系策略和后续跟进，这些都能让展会销售效果最大化。要针对最有潜力的业务，要找到这些买家住在什么地方，这样你的销售代表就能在展台以外的地方见到这些买家。最好在展会之前至少两天去进行销售拜访，在展会后一天前往新联系到的客户的本地办公室做跟进拜访。

表 7-6 专业展会

展会前
• 选择展会时向展会管理者询问参会的买家和卖家的比例。
• 与以前的展商联系，了解观众的质量和潜在买家，设定量化的销售目标。

（续）

- 展前促销，通过邮寄或电话的方式把重要的潜在客户作为目标。提早到达以便在展会前在当地做销售拜访。
- 准备好给会议承办人的资料套装以备在展台上分发。
- 与销售团队沟通，明确团队目标并设个人目标。用书面销售脚本培训销售人员。演习如何应对不同的销售场景，如怎样使用销售手册，怎样把潜在客户分类以及如何从潜在客户那里获取信息等。

展会中
- 事先布置展台，安排销售人员每一班次的工作时间不超过 3 小时。
- 询问一些简短预选性的问题来帮助判定来访者有无兴趣。要彬彬有礼，态度友好，但是如果来访者不是潜在客户，就中断讨论。
- 要微笑，表情和动作要显得知识丰富，要站着，不能坐着，不能在展台吸烟、吃东西或喝饮料。
- 在潜在客户的名片上记下其具体要求以备跟踪时使用。
- 展会每天开始和结束后都要安排销售团队会议讨论问题和解决办法并对销售团队给予指导。

展会后
- 展会后的 60 天是最为关键的。分配责任跟踪主要联系人和预约拜访，确定跟踪的最后时限。
- 回顾参展目标看看是否达标。投入的每个一元钱都应当在销售中有十元钱的回报。

　　你的展台和在展台上的工作人员都要恰如其分地反映酒店的形象和专业度。展台工作人员必须始终保持友善、有礼貌、充分了解信息，展台的设计要让客户有参与感。除了在展台内摆桌外，在展台的侧面和背面摆台可能更能起到吸引人来看演示的效果。礼品数量要控制到最低，在展会上提供太多的小礼品是错误的。大部分会议承办人都喜欢轻装旅行，而不愿带太多东西，因此在现场展示录像或进行现场演示是最好的，同时给 1 ~ 2 份信息翔实的资料和你的名片。

　　不管你的展示有多简单或多翔实，重要的是要始终记得你的目的——销售。在展会上要不断评估和锁定合格的客户。如果你有酒店是度假酒店，你可能不会吸引那些找机场酒店办培训会的承办人。不要忽视以下这些承办人，他们与以前曾用过你酒店的承办人有联系，或可能在以后的日子里用到你的酒店，重要的是优先与那些有很高可能性用到你的酒店的会议承办人充分沟通。换句话说，你必须快速地确定每个承办人值得你花多长时间。用调查单或问卷是非常好的方法让你在展台上迅速确定观众是否是潜在客户。如果他不太可能对你的酒店有需求，礼貌但简洁地把他介绍给可能更合适的酒店。

　　展会销售并不复杂，只要你在展前和展中都保持明确的目标，同样会有很好的会后跟进。展会上建立的联系要在会后马上跟进加深客户对你的酒店的印象，这也体现了你的酒店对展会上的业务机会的重视程度，这可能会带来很好的效果。

与会议局协同销售

如果你代表的是一家有很多会议设施的大酒店，本地会议局是会议销售市场上最有价值的合作伙伴，甚至它们可能成为你酒店的销售。安纳海姆会议局的前总裁 Bill Snyder 指出：

"一个会议局的作用是把会议、展览和旅游者招徕到本地，第二个目标当然是为招徕到本地的会议、展览和旅游者提供必需的服务。

会议局应该是本地旅游行业的销售核心，是任何在本地有会议和展览需求客户的'一站式'消费站。会议局必须与本地的各类设施代表紧密配合才能确保招徕的成功。"[12]

各地会议局的构架各不相同。有些是会员组织，会员由本地酒店、交通运输公司、餐厅和本地商户组成，大家联合起来推动会议产业。也可通过征收客房税获得运作资金，其作用是推广一般意义的旅游业（表7-7）。也有些会议局自己经营用公共资金建设的展馆。

会议局销售办公室的设置跟酒店销售办公室很类似，但规模更大，它们的工作也被称为目的地营销，即销售整个城市，把会议招徕到本地，并让它们在本地多逗留，确保服务好它们（拓展阅读《目的地市场营销》）。当会议局接到一个会议团组的电话或函件说明本地已经被选为下次会议的目的地时，会议局会将会议需求单发给本地酒店（表7-8）。很多会议局以电子方式传递这个信息，把需求单发到酒店的网站上，酒店收到后可以直接联系接触这个会议团组。

除了向当地酒店和会务公司提供这种需求外，会议局还会帮助会议的执行，如帮助提供大会注册签到人员、导游、配偶旅游安排等服务。对酒店来说，最重要的是，针对特别大型的会议，会议局还会提供大会住宿服务处来帮助安排会议代表到本地各酒店入住。

如果你所在的地区有会议局，这个会议局很可能是国际目的地营销协会（DMAI）

表7-7 会议局的资金来源

部分展会城市的酒店床位税	
城市	**床位税**
休斯敦	17%
芝加哥	15.4%
阿纳海姆	15%
亚特兰大	15%
洛杉矶	14%
波士顿	12.5%
纽约市	13.25%+ 每晚2美元
拉斯维加斯	12%

拉斯维加斯在会议局预算方面名列前茅，几乎是排在第二位的夏威夷和第三位雷诺的两倍。

酒店客房税往往是会议局的最大收入来源。这些税收也被称为床位税或枕头税，按照酒店房价的一定比例收取，从全国的情况来看，这些税收基本占到了会议局预算的60%。这些税收有时也会引反对意见，因为这些收入并不是全部用于城市对会议团体和度假市场的推广，有些城市把这些税收部分地用于社区项目。

的成员。如果是这样，那你就幸运了，因为国际目的地营销协会提供非常翔实的信息和数据帮助你进行销售。每个国际目的地营销协会成员都会定期得到在各会员城市举办的会议数据和特征的总体报告。这个数据包括预计人数和实际人数、注册费、认证过程等几乎所有你需要从客户那里了解的信息。如果你连续五年跟踪一个会议的信息，你就可以了解这个会甚至这个行业的一些动态发展模式了，也就更知道应如何针对这个行业行动了。

　　除了保留这些大型协会和企业的会议活动组织记录以外，会议局还订阅一些主要的关于协会和企业的出版物，如《协会百科全书》《企业会议承办人名录》，这些出版物都是可以供本地酒店查阅的。这些出版物是切入会议市场的无价之宝，但对于单体企业来说购买的成本太高了。

表 7-8　会议需求单样本

旧金山会议局

1390 MARKET STREET, SAN FRANCISCO, CALIFORNIA 94102

会议需求单

日期：XXX

至：所有大型酒店

自：Matt Miller

团组：XYZ 公司

联系人：John Jones 先生　　　　　　　　　　职位：会议经理

地址：6000 K Street N.W.

城市：华盛顿特区　　　　　　　　　　　　电话：(202) 123-4567

参会人数：500　　　　　　　　　　　　　客房间数：350

展览面积（平方米）：370

活动日期：2012 年 2 月 3～6 日，2 月 10～13 日，2 月 2 日或 9 日抵达，2 月 7 日或 14 日离开

会议需求：

2/2 或 2/9	下午 6 点接待 300 人
2/3 或 2/10	上午 8 点 150 人早餐
	中午 12 点 500 人午餐
	上午 9 点到下午 5 点全体大会，500 人，剧院式
2/4 或 2/11	上午 9 点到 12 点 5 个分组会，每个 100 人，剧院式；下午自由活动
2/5 或 2/12	上午 9 点到 12 点全体大会，500 人，剧院式
	中午 12 点午餐招待会，500 人
	下午 2 点到 5 点 5 个分组会，每个 100 人
2/6 或 2/13	上午 9 点到 12 点 500 人大会，剧院式
	晚上 7 点全体晚宴 500 人

（续）

旧金山已经确定，三个月之内选定酒店
请将沟通邮件抄送会议局
历史记录：
2010 年 新奥尔良 476 人参会，327 间客房
2011 年 拉斯维加斯 498 人参会，319 间客房

　　这是一个旧金山会议局给本地酒店发出的会议需求单的样本，其中说明了即将举办的会议信息。注意表单中有会议的具体需求（房数、会场要求等），能让酒店看出自己是否有足够的接待能力。

　　不过与会议组合作最重要的是汇聚资源，会议局是大型活动的总协调方，因为大型活动当地各家酒店必须联手争取。由于会议局的主要职能是推广整个目的地，它会投入展会、广告和直邮推广本地，而这会直接让你的酒店获益，也是你获得生意的一个额外营销资源。

互联网体验

虚拟现场考察

　　很多酒店网页上现在有互动的、360°的、3D 的虚拟现实场地展示。例如，喜达屋酒店集团用模拟技术给活动承办人演示会场的各种摆台形式（课桌式、剧院式、酒会式和宴会式），方便承办人根据自己的需要定制。很多细节都可以修改，如桌面的颜色、桌椅的摆放形式，或添加舞台或舞会地板。不过大部分酒店的虚拟导览没有那么强的互动性，只是能让人 360°地环视一个空房间。

　　以一个会议承办人的角度浏览以下网页：

- www.radisonblu.com/hotel_berlin/meetings/virtual-tour;

- www.sheraton.com/virtual;

- www.mandalaybay.com。

1. 你觉得虚拟现实技术能取代现实中的实地考察吗？

2. 哪些活动承办人觉得重要的考虑因素是模拟导览无法反映的？

3. 在互联网上搜索其他酒店和会议中心的模拟导览。看看这个模拟导览最有用的地方是什么，为什么？如果你来设计一个模拟导览，你会让它包括哪些要素？

考察销售

　　展示酒店最好的办法是邀请会议承办人亲自来看酒店。这种考察可以有两种途径：邀请个人来考察（场地考察销售）或邀请一个承办人团组来考察（考察团），后者会让承办人有机会体验酒店的服务。

很多会议承办人在没亲自看过酒店以前是不会实际预订的。最近的《会议与大会》杂志和 NTM 研究机构的联合调查显示，90% 的承办人要在做最后决定前亲自考察酒店，这是一个理想的销售机会。[13]如果你遵循以下原则，那么现场考察将会实现最佳的效果：

- 永远把考察安排在酒店的旺季。这会让承办人有机会看到酒店在繁忙时的高效服务，让承办人对酒店的承接能力有信心。
- 也不能太忙，因为销售必须能全心全意地照顾承办人。像贵宾一样欢迎他的到来，让承办人见到所有他可能在活动操作中会打交道的人（餐饮经理、会议经理等）。
- 告诉员工会有这次考察，如果可能把会议承办人的照片发给员工，让员工见到承办人时能正确地称呼他的名字。
- 承办人抵达时要有总经理的欢迎函，必要时总经理在考察过程中亲自出面是一种非常积极的姿态。很多承办人表示，当总经理在场时，他们会讲很多关于酒店如何接好会议的话。
- 只给承办人展示他感兴趣的项目，如果承办人关注的是娱乐设施就不要浪费双方的时间详细介绍影音设备。

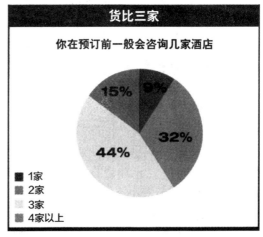

图 7-7　货比三家

- 培训一些能当"导游"的员工，万一销售人员外出了这些员工可以顶替。这些员工可以回答关于酒店的问题，能突出展示酒店各项设施的好处。当然，如果他们手里能有更多资料更好，如以往的活动照片、第三方的表扬等，这些都能引起承办人的兴趣。
- 记住考察的目的是销售，因此了解自己的酒店、了解竞争对手和了解客户是关键。遵循本章开篇介绍的六个步骤。Alder Droz 公司的会议承办人 Laura Anevedo 指出：

"关于现场考察，我最喜欢的是它能让我实际看到我下次会议的场地。一般酒店销售都会尽最大努力争取生意，因此能有机会让他们展示自己的酒店他们都非常兴奋。如果销售人员对我以往的项目做好了功课，他的确会影响我最后选择场地和预订的决策。"[14]

现在很多会议承办人，特别是大量承办小型会议的承办人没有时间每一家酒店都去亲自考察。针对这种情况，酒店会提供虚拟考察，很多酒店在网站上有可移动视角的照片，关于客户和会场，这是一种非常有用的工具，特别是与酒店销售的电话沟通结合。通过这种方式，酒店销售可以了解承办人的需求和偏好，同时解答一些问题。

如果酒店同时针对多个细分市场，就要考虑根据具体细分市场的需要定制虚拟考察。有些酒店有电子图片库开放给一些重要的潜在客户。这些文件可以放在网站上，也可以 E-mail 给客户，当然这些都不能取代"真人"代表与潜在客户实地走进酒店的考察，后者显然会有更强的吸引业务的效果。

考察团比起接待单人的考察需要更详尽的计划，因为这样的接待对于酒店来说花费更高，考察团成员要是合格的潜力客户。奥列跟波特兰旅游协会的会务销售总监迈克尔·史密斯指出：

"我们不会邀请那些偶尔做会的人，除非他们目前正打算在波特兰办会。我们的会员需要知道我们邀请来的人是对路的，而且这种考察团的接待是一种有回报的投资。"⑮

邀请合格的会议承办人要提前进行电话和邮件的沟通，要给出合理的提前量（一般提前 4 ~ 6 周），所邀请的承办人应该有基本类似的业务需求。一名承办人说：

"我讨厌参加一个全是协会会议承办人的考察团，其中只有我一个是企业会的承办人。他们带我看的所有东西都是协会会议需要的，我们的需求是有很大差别的。"

酒店要让参加者了解考察团都涉及哪些内容、时间长度、包括的项目（餐、交通等）以及受邀者可带谁（配偶、同事等）。当会议承办人抵达时要有个欢迎仪式并安排一次活动体验，这种活动体验能让考察团了解你的酒店能做什么样的活动（最佳案例《San Marcos 喜来登酒店令考察团客户满意》）。一般是酒店员工组织安排考察团在酒店内的活动，另有一名外部人员（如本地会议局的人员）安排酒店以外的本地休闲和文化活动行程。

最佳案例

Sheraton

San Marcos 喜来登酒店令考察团客户满意

亚利桑那州 Chandler 的 San Marcos 喜来登酒店的销售总监 George Mittler 相信考察团要邀请合格的客户，而且他在接待半年考察团时获得了很大的成功。他是这样介绍的：

在 San Marcos 喜来登度假酒店，我们发现考察团成功有个公式。两次半年考察团我们共花费了 4

（续）

万美元，从考察团直接获得的预订是 90 万美元。酒店一般力争考察团投入有 10 倍的回报，但我们基本上都争取到了 20 倍以上的回报。实际上，在过去的两年中，每次我们组织的考察团都在考察团成员还在酒店的时候就开始预订了。

我们这个地区的竞争是刚性的，因此你必须得找好自己针对的超细分市场。我们的目标就是在会议服务方面超过竞争对手。我们培训我们的员工，从总经理到餐厅的送餐员，我们的理念是酒店的全体员工都是销售，这也是为什么我们能把很多考察团员转化为客户的原因。

为了吸引考察团成员，我们在他们逗留期间安排了三个主要活动：一个会议承办人高尔夫邀请赛、一场沙漠晚宴和一次博彩主题晚会。这样的安排主要是为了向承办人显示 San Marcos 酒店可以承接各类主题活动。

要接待考察团，每个人的成本在 400 ~ 500 美元（不算机票），我们必须预先审查考察团成员的资格。那种随便招待客户来吃吃喝喝的年代已经一去不复返了，我们要确保我们邀请的客户是合格的。为了节省成本，我们还与本地航空公司合作招待客户考察团。

跟个人考察一样，酒店销售一定要努力在客人离开之前争取得到会议需求的业务承诺，如果做不到（有些承办人必须先回去汇报考察结果然后才能做决定）一定要在考察结束后马上跟进。很多酒店会在考察后的跟进邮件中加入一个调查问卷，了解参加者的喜好，这种调查问卷不仅可以帮助酒店以后更好地安排考察，也能让酒店深入地了解他们每个人的需求和喜好。

邀请考察团不仅参加者能带来生意，而且考察人员能影响他们的同事。现在，很多酒店扩大了考察团的邀请范围，一个考察团针对一个具体的细分市场。考察情况会被摄像下来并放到酒店网站上，这样既可以提升团员的参与感，又可以为酒店制作一个真实的"虚拟考察"，而且还能参考考察者的反馈，这对其他会议承办人也是有帮助的。

小 结

你可以看出，人员销售——不论是销售拜访还是电话销售，或是在展会上销售——在会议销售方面起到了举足轻重的作用。本章我们介绍了个人销售拜访的六个步骤，介绍了如何利用电话对会议市场进行销售，讨论了其他直接销售工具，包括销售闪击战、展会销售、与会议局协同销售、现场考察和考察团销售等。

尾注：

① Yeoh Siew Hoon, Don't Forget the Power of the Sales Call, Hoteliers: Hospitality, Hotel & Travel News, December 9, 2009.

② Interview With Marketing Leaders, HSMAI Marketing Review, Spring 2002, p.35.

③ Rayna Katz, Planners as Honest as Relationships Dicate, Meeting News, May 3, 2004, p.1.

④ A New Approach to Selling, The Meeting Professional, February and April 2000, pp.43, 46.

⑤ Rayna Katz, Planners, Sales Reps Often Out of Sync, Meeting News, March 15, 2004, p.10.

⑥ Joan Barker, Stand Out in the Crowd, HSMAI Marketing Review, Fall 2002, p.17.

⑦ Robert Gilbert, Mastering the Basics, Lodging, October 2003, p.33.

⑧ Tom McCarthy, Don't Forget to Rehearse, Lodging Hospitality, January 2005, p.22.

⑨ Becky Cumming and Melina Legos, Squaring Off, Successful Meetings, June 1999, p.37.

⑩ Rayne Katz, Hilton Eases Buying Process Via Package of Web Enhancements, Meeting News, January 31, 2005.

⑪ Ruth Hill, Lost and Found, HSMAI Marketing Review, Spring 2003, p.47.

⑫ From correspondence with Bill Snyder, Past President, Anaheim Convention and Visitors Bureau.

⑬ Art Pfenning, Site Visits Still Key, Meetings & Conventions, April 2004, p.24.

⑭ In the Trenches, Meetings in the West, July 2000, p.6.

⑮ Suzanne Miller and Ross Weiland, Planners Want Better Fam Trips, Meeting News.

主 要 术 语

预约拜访（appointment call）：与客户预先安排的拜访，在拜访中介绍酒店的特色和优势。拜访中销售人员可能会实现真实的预订。

拜访报告（call report）：人员销售的结果汇总文件，其中包括客户的基本信息（地址、联系人等）和团组的需求信息，以及要采取什么步骤针对团组销售酒店的产品和服务。

直接提问（close-ended question）：一个需要具体答案的问题，这个答案可能就是几个字。

冷拜访（cold call）：一种以了解情况为主要目的的拜访，这种拜访对客户的了解非常有限，通常是没有事先预约的拜访。有时这也被称为挨户推销。

顾问销售（consultative selling）：一种定制的销售演示方法，即销售人员被作为专家为客户提供咨询建议。这里包括了解客户需求并根据需求提供最佳解决方案的建议，解决方案中可能未必包括销售所代表的产品和服务。

会议需求单（convention lead form）：会议局给酒店和其他可能的供应商出具的会议需求信息流转单。

目的地营销（destination marketing）：把本地整个地区作为一个会议和旅游目的地进行的推广。

考察团（familiarization/fam tour）：给会议承办人、旅行社、旅游媒体和其他同业考察团提供免房或优惠房，这种考察团一般是由当地旅游局或会议局组织的，用以刺激同业将活动放在本地。

结束语（major close）：在销售演示结束时的问题或话语，希望获得听众对酒店的肯定表态。

开放性问题（open-ended question）：让客户有机会表达自己的看法和对酒店的感觉的问题。

客房税（room tax）：酒店客房收的税，一般来讲，这个税金收入会全部或部分地用于会议设施。也被称为床位税或枕头税。

演示文件簿（presentation book）：有时也被称为销售文件包，里面有所有酒店的设施和服务的信息，包括会场平面图、客房图片、菜单、其他客人的表扬信和正面的媒体报道。有时还包括给会议承办人的邀请信，邀请来酒店考察。

酒店数据书（property fact book）：酒店所有信息的汇总，包括：客房数量和房型，房价，预订政策；餐饮网点，菜单，座位数，营业时间；会场和宴会厅的描述、平面图、尺寸和容量；娱乐设施和区域。酒店数据书可以成为销售人员的一个工具，让他们能把酒店的特征翻译成对客户的好处。

销售闪击战（sales blitz）：销售人员在选定的区域内，在一段时间内集中拉选票，收集潜在客户的需求信息，争取订单。

现场考察（site inspection tour）：潜在客户参观酒店，由酒店销售带着参观酒店的客房、会场、餐饮设施和娱乐设施等，甚至是酒店的停车场、穿梭巴士等服务。让客户了解酒店的优势所在，从而赢得客户在场地选择时的优先考虑。

电话营销（telemarketing）：系统地使用电话进行市场营销活动或销售。

试探语句（trial close）：销售人员在销售演示时用以引起客户正向反应的语句或问话。

复习题

1. 个人销售拜访有几个步骤？为什么说这是非常重要的？

2. 列出电话预约拜访的步骤。为什么电话联系后的跟进非常重要？需要做什么样的跟进？

3. 电话还能在销售和服务客户的过程中起到什么其他作用？

4. 什么是销售闪击战？为什么销售闪击战是比较经济的销售工具？

5. 什么是专业展会？酒店如何利用展会实现销售最大化？

6. 与会议局合作争取业务有哪些好处？

7. 什么是考察团？应采取什么措施让考察团获得成效？

参考文献

1. Fundamentals of Destination Management and Marketing, Rich Harill, AH&LA Educational Institute, 2005.
2. Hospitality Sales: A Marketing Approach, Margaret Shaw and Sussan Morris, John Wiley & Sons, 2000. www.hospitality@wiley.com.
3. Hospitality Sales and Marketing, Fifth Edition, James R. Abbey, AH&LA Educational Institute, 2008. www.ahlei.org.

网址：

若想获得更多信息，可访问下列网址。网址变更恕不通知。若你所访问的网址不存在，可使用搜索引擎查找新网址。

1. 芝加哥会议旅游局：www.chicagoil.org
2. 国际目的地管理协会（DMAI）：www.dmai.org
3. 国际酒店销售与营销协会（HSMAI）：www.hsmai.org
4. 国际销售与营销经理人（SME）：www.smei.org

第 8 章

学习目标

1. 介绍酒店企业如何用纸媒做广告。

2. 了解酒店印刷品广告的类型和目的。

3. 介绍如何进行直邮广告。

4. 介绍制定广告战略的规划流程。

5. 说明如何通过公共关系和宣传帮助酒店接触到会议承办人。

承办人对于广告的看法

Ed Griffin Jr., CAE，佛罗里达奥兰多，佛罗里达酒店与汽车旅馆协会总裁

"如果广告能让会议承办人明白了产品的独特之处和好处，那这个广告就成功了。酒店必须要说明自己的产品能满足承办人的需求，要做到这一点，广告商必须了解对于承办人来说什么才是最重要的。承办人要知道客房数量、价格、服务保障、规则和最合算的季节。广告要不断与承办人的时间和承办人的垃圾桶抗争，因此广告信息必须直接、简单和准确。广告必须直接递送到承办人手里，让他一眼看到的是好处而不是产品特征。"

针对会议承办人的广告

广告是一种重要的销售手段，其主要功能就是引起公众对你的酒店的兴趣。广告可以成为销售的一种补充，也是针对以往没有注意到你的酒店的承办人的一种无价的工具，对那些已经知道你的酒店的承办人，广告可以提供更多的信息。

酒店做广告时，信息是面向一个很广的观众或听众的，随后的销售会带来潜在的需求。市场营销中的广告和宣传推广必须经过认真的策划和执行。

广告的一个好处是：跟销售演示一样，它可以根据潜在客户的需求定制。例如，酒店针对没有经验的企业会议承办人投放的是一种广告，针对规模不断扩大需要帮助的协会会议承办人投放的是另一种广告（图8-1）。

图8-1　印刷品广告范例

这是凤凰城温德姆酒店的印刷广告，针对的是协会会议承办人，这些承办人必须要应对董事会、参会人和展商。一个专业人士的服务能确保承办人的活动取得成功，广告除了强调了上述一点外，还推广了酒店针对会议预订给出的特殊奖励政策。这个广告基本上包括了一个成功印刷品广告的所有要素：（突出卖点的）标题／点题语、一张呼应标题语的图片突出卖点、标识和广告下方的联系方式。

广告媒体有很多种，报纸、行业杂志、旅游指南、直邮、印刷品、户外广告、广播、电视和互联网，但不是所有的媒体都能用于针对会议承办人的，因此你必须根据自己的目标客户、营销目标和预算选择媒体。

印刷品广告

接触会议承办人最有效的方式之一就是通过印刷品广告，因为大部分会议承办人是在寻找信息的。印刷品广告是最可能被会议承办人看到并提升业务机会的媒介。

尽管有些酒店的广告也会出现在《华尔街时报》这种报纸和《财富》《时代》之类的杂志上，但最可能被承办人看到的印刷媒体是行业杂志，特别是会议专业出版物。

行业杂志

杂志做广告有几个好处。第一，广告是彩色印刷的，图片效果和品质好。第二，很多杂志有比较长的阅读寿命，过期刊物也常被保留和重复阅读，这就让广告有了更长的寿命。第三，也是最重要的，杂志可以让酒店有机会针对有选择的读者群体做推广。

如果你选择了做印刷品广告，你要认真了解广告的效果。好的印刷品广告不是天上掉下来的，都是经过精心策划的针对某个特定群体的（图8-2）。

要让广告达到效果最大化要遵循"AIDA 原则"，即注意力（attention）、兴趣（interest）、欲望（desire）和行动（action）。要吸引人的注意力，你必须要从众多同类广告中脱颖而出，特别醒目。这种效果一般是通过标题语或吸引人的图片实现的。如果用图片，图片一定要跟广告内容密切关联。如果可能，用色彩去吸引人的注意力。如果你的经费有限，做不了全彩的广告，可以做黑白加一色的广告，用非黑白的这一色去突出强调点。

要让读者保持兴趣，你的广告正文必须有针对性，重点突出。要学会用留白和加大的粗体字让人方便地阅读到正文内容。用提示点列出关键要点。文字要简洁，用短句和最容易理解的词汇，

图8-2 有效的印刷品广告提升底线

这个广告是希尔顿的获奖广告战役"旅行要找对你的地方"中的一个。这个广告是直接针对会议承办人的一系列广告中的一个，它强调旅行不仅仅是从 A 点移动到 B 点，这个系列广告中每个都在告诉人们旅行是一种转变，是经历的丰富，是一个"自我发现和自我充实的旅程"。这个系列广告带来的是整个酒店集团在线预订量、日均入住率和收入的提升。

让广告正文易读易懂。

要激起欲望，广告内容要列出你的特点和给读者带来的好处，告诉读者为什么你的酒店与众不同。如果你给会议承办人提供特殊的服务，告诉他们这对他们的好处是什么。如图 8-3 所示的印刷广告推广的一个重点是 2009 年和 2010 年两年在科罗拉多泉 Broadmoor 预订过会议的承办人所能得到的独特承诺。一个前所未有的举措是酒店承诺，当会议或奖励活动不能达到承办人预期的价值、服务和品质时，酒店将全免总账单下的一切费用。这个广告出现在了很多杂志上，包括《企业与奖励旅行》《成功的会议》《会议与大会官方设施指南》《保险与金融会议管理》《MPI 1+》以及一些在线媒体（mimegasite.com, MCMag.com, TradeshowWeek.com），还有酒店自己的网站上（数据库信息和录像资料）。

图 8-3 宣传独特优势的印刷品广告

资料来源:科罗拉多州科罗拉多泉 Broadmoor 酒店。

尽管推出一个与众不同的独特优势对每个酒店来说都非常重要，但对这家奢华酒店来说尤其重要。2009 年 2 月，Broadmoor，一家位于科罗拉多泉的高端会议酒店给了会议承办人一个独特的好处，是从来没人做的。"Broadmoor 保证"，这个好处非常清晰简单："你的会议是独特的，或者它是免费的"。从来没有任何一家美国酒店敢这么说，因为很多酒店担心客户会真的用到这个承诺，结果损失收益。但是如果酒店敢于用自己的产品担保，这传递出的一个信息是酒店对自己的产品和服务非常有信心。

你可能会在广告上用一些能体验服务专业度的图片，但一定不要使用那种只用一张空客房的图片，这种图片毫无意义。体验服务一定要会场中有人。

最后也是最重要的，你需要广告能刺激到读者去采取行动，因为广告就是为了引起反应，体现到业绩效果上。通常广告也会附带一个反馈卡或消费券（至少是个地址卡）以刺激读者的反馈或寻求更多的信息。现在，大部分酒店都会在广告上印上免费订房电话、传真号、网址和电子邮件地址，鼓励读者立即反馈。领先酒店集团广告公司老板，酒店销售与营销协会前主席 Peter Warren 指出：

"广告的目的是引发'感知、兴趣、欲望，继而行动'的过程。有些客户会错误地希望广告能做所有的事，所以他们在自己的小册子里做广告。你在一版的广告页面里不可能全面地介绍酒店的信息，要吸引广告受众去访问你的网站，找到更多的信息，或打 800 电话了解更多。"①

你的广告里必须有酒店的名称、地址和标识。醒目的广告效果最好，你的标识是最能代表你的企业的，因此所有媒体上必须有标识（一般在广告的下方）。

有了广告内容以后，你要确定广告要刊发在杂志的什么位置。杂志的广告位一般是按面积尺寸销售的（表 8-1），你需要决定多大的尺寸和在什么样的位置摆放你的广告效果最好。

表 8-1　选择杂志广告空间

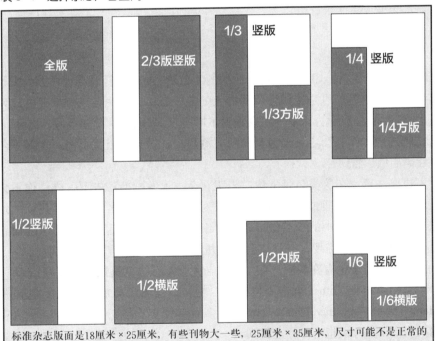

标准杂志版面是18厘米×25厘米，有些刊物大一些，25厘米×35厘米，尺寸可能不是正常的规格。较大一些的刊物广告尺寸包括全版、小内版（18厘米×25厘米）和更小的尺寸（见上图）。广告版面有很多变化和组合，如两个半版横版广告能成为一个跨页广告。上面列出的都是最常用的而且是在出版界全球通用的。"出血"是广告的常用语，意指广告图文大于刊物页边，大出的部分会被切掉。大部分刊物对于出血的广告要收取额外的费用。

　　杂志广告位是把一个杂志页面切成块状来卖，广告的位置可能有很多变化。上面列出的是一些最常见的广告位。

广告的位置很有讲究，研究表明，读者的目光一般会被右手版面的上半部分内容优先吸引。如果做不了整版广告，把广告放在右手版面的上半部分则意味着更多被看到的机会。如果你的广告能放在最前面的编者按的版面上就更好了，要尽可能让你的广告是这一页唯一的一个酒店广告。杂志如果把你的小广告跟其他竞争对手的广告放在一起，效果会大打折扣。有时你可能会忽略这些条款，有时如果你要有这样的要求可能需要额外付费才能有保证。好的位置、右手编者按的版面都能提升你的广告效果。

广告的尺寸和频度很大程度上取决于你的预算（拓展阅读《杂志广告费》），有些酒店愿意做整版的彩色广告，也有酒店宁愿做小一点的但出现的频度更高一些广告。广告就跟销售拜访一样，频度很重要。你的酒店只有在广告上反复出现才能赢得反馈。广告业权威会建议你全年至少每个月要出现一次广告，因此，如果一个出版物无法保证你一年六次的广告，你可能要考虑是否还要在这个媒体上做广告，频度对广告效果是非常重要的。

酒店名录

除了行业杂志外，印制的和电子版的酒店名录（特别是针对会议承办人发行的）和其他一些企业名录也是接触会议承办人的很好媒体。这些名录按标准模式列出了酒店的信息，让会议承办人能有机会根据不同要求（如位置、设施条件、交通和价格）进行比较选购。你的酒店可以像其他所有酒店一样被列在正文页内，大部分名录也可以让酒店做广告。

不过要注意，在这类名录上做广告跟在杂志上做标准广告不一样，你不必定期地连续做广告，而要通过一次的广告达成对销售的促动。名录的读者找到你是出于某些事实，选择名录中的一页做广告更详细地介绍你的酒店。广告给出的信息要能满足一个询价的基本需要，并且让会议承办人了解如何把反馈送达酒店。

很多酒店名录也有在线版，如《会议与大会》杂志就提供很多在线指南，www.meetingsconventions.com（点击"目的地"栏）。《酒店与旅行名录》也有在线版hoteland Travelindex. travelweekly.com，很多酒店名录都能在 www.issuu.com（在搜索栏输入"会议承办人指南"）上找到。

大部分名录都接受酒店广告，包括网站广告、排序位广告以及其他各种尺寸的广告，网站广告还包括从目录首页提供链接。

拓展阅读

杂志广告费

以下列出的是《会议与大会》杂志的广告价目表。影响费用的有多个因素，如彩色的会更贵一点，但彩色广告比黑白广告有更大的"让读者注目的力量"。广告位置也是因素，封面和封底会更贵，因为曝光度更高。酒店花更高的价钱还可以选择做特殊的插页广告。当然不同的杂志收费不一样，大部分杂志对于频繁的广告客户是有折扣的。

A. 黑白						C. 封面			
	1X	4X	7X	13X	26X			1X	7X	13X
全版	$17015	$16955	$16310	$14955	$14390	内页双色	$24870	$23200	$21095
2/3 版	12290	12205	11780	10790	10465	内页四色	27955	26330	24300
1/2 版	9655	9570	9220	8435	8195	封底四色	29340	27655	25540
1/3 版	6745	6725	6445	5920	5790	**D. 插页**			
B. 彩色						2 版	$16940	$16280	$14960
黑白双色					$1935	4 版	30495	29305	26930
部分突出色					2545	6 版	41170	39565	36355
全部突出色					4423	8 版	49405	47480	43630
部分四色					5095	**E. 佣金和付款政策**			
全部四色					8895	代理费 15%，30 天预订期，未收到费用所有版面不予保留，现金有额外折扣。			
五色					7385				

广告方面的新技术

在过去的几年中，新技术的发展让酒店业的市场营销活动发生了巨大的变化。尽管印刷品广告仍然是酒店对市场传递信息的一种重要手段，但新技术让酒店能容易地接触到新客户和用新的方式与老客户维护关系。

互联网

互联网是一个非常有力的市场营销工具，不论是对于会议承办人还是其他市场。今天，会议承办人和各类决策人可以直接从网上了解到各类旅游服务信息，他们可以独立搜索和比较各酒店的设施和服务。最近的会议市场报告显示，99% 的协会承办人用计算机策划会议。

会议承办人列出了互联网的很多好处，包括 24 小时提供信息，有大量的实时更新的会场信息，不仅有本地信息还有全球各地的信息，而且很多网站还可以互动（拓展阅读《评价网站能帮到会议策划的要素》）。用互联网可以节省时间、金钱，也让会议承办人的工作变得容易了。加拿大安大略省 Concord 的 Aluma System 公司的会议活动专员 Cathy Shurety 指出：

"互联网让我的工作变更更容易了。现在只要有个部门找我说有个会议需求，我就可以马上根据它们的要求列出很多可行的场地。在互联网产生以前，我必须挨个去考察场地，现在我可以很轻松地了解世界上任何地方的酒店资料。"[②]

拓展阅读		
评价网站能帮到会议策划的要素		
被认为"最有用"的网站要素	协会承办人（%）	企业承办人（%）
平面图	59	46
会场尺寸数据	50	44
地图/交通路径	19	32
目的地信息	33	32
图片	26	30
虚拟导览	26	35
会议管理工具	31	21
场地搜索	26	15
特殊日期/价格	25	27
录像	15	12

上表列出了协会和企业会议承办人认为酒店网站对于会议来说最有帮助的要素。

资料来源：《会议与大会》杂志最近的市场报告。

会议相关杂志能让承办人的工作变简单，他们能很快看到酒店的特色，同时能通过网站规划场地并了解更多在酒店内办会的信息。Loews 酒店也跳上了"信息马车"，酒店在网上提供了一个长达 44 页的"会议承办人用网页指南"，指南里给出了通过搜索引擎，列出行业内最大的网站，以及连锁酒店的网站和酒店情况介绍等工具窍门。

酒店网页 酒店有很多方式通过互联网接触到客户，第一种就是通过酒店自己的网站，让会议承办人和其他客户直接通过酒店集团网站进入自己酒店的网页。《会议与大会》杂志最近的"会议市场报告"显示，2/3 的会议承办人是根据酒店的网页内容做出会议选址决定的。酒店可以通过互联网做高品质的产品展示，酒店已经不用再不断更新自己的宣传册，用图文印刷品的方案展示自己的产品和服务，用网页取而代之，网页不仅图文并茂、色彩丰富，而且可以用视频和音乐方式展示，甚至是虚拟导览。

酒店用互联网宣传自己的产品可以立即向会议承办人提供如下信息：

• 会场清单和平面图（有些酒店网站有会场平面图和 360°全景照片）；
• 联系人姓名、电话和电子邮件地址；
• 有会议需求表让承办人填写，点击"发送"就可以通过传真或电子邮件方式把需求发给酒店；

- 预订系统可以直接让承办人用信用卡付保证金留房和会场;
- 会议管理工具。

网站还能提供互动电子宣传册,让承办人"考察"酒店设施或跟厨师对话,或遥控酒店的计算机预订会场和客房。大部分酒店网页有询价的互动功能,现在会议承办人几乎可以在网上跟酒店完成整个会议业务的交易和操作。

为了推广,酒店必须首先设立自己的网站并有一个自己的网址。每个酒店的网站都不一样,这取决于酒店重点要推广什么。这些网站都始于一个"首页",其中有导航条或选择菜单可以让人根据需求进入各个子页面。如果连锁酒店要针对很多市场进行推广,最好通过导航列出针对不同市场群

图8-4 洲际酒店网站页面

这是洲际酒店集团的网页,为专业人士和偶尔办会的人士提供信息。网页的链接包括客户服务、服务特色、会议及活动导览,另外还有搜索功能,帮助承办人根据国家、州、城市去寻找会场。

资料来源:感谢洲际酒店集团。

体的不同栏目,如喜来登网页上的"会议设施"栏,希尔顿的"会议与团组"栏,万豪的"会议策划"栏,洲际在自己的页面上为专业人士和偶尔办会的人士均提供信息服务(图8-4),还有凯悦还用印刷广告推广自己的在线会议管理工具(图8-5)。

做得好的首页要从视觉上吸引人,体现企业的形象和定位。跟其他广告一样,首先要吸引人的注意力。其次,首页上要有导航条(可以是文字形式、图标形式、画面形式或结合的)把承办人引导到对路的页面内容上。针对承办人的页上要有能帮助他们办会的工具,包括会议导览、特殊政策和推广活动,最重要的是如何联系你的酒店,包括询价和链接到主要联系人(如会务经理、餐饮经理等)的电子邮箱。另外,网页要设计得有互动性,信息翔实,让使用人感觉方便。网页信息要据实提供,要包括用户需要的一切信息(房价、会场面积、厨师信息等)、有趣的图片(照片、图表等)和实时更新的资料。

MEETINGS AND INCENTIVES AT YOUR FINGERTIPS.

resorts.hyatt.com

Your complete online planning tool, featuring:

- Searches based on activities, space, rooms, locations and other options
- Robust high-resolution photo galleries for use in presentations and program brochures
- Planning resources and incentive checklists
- Fact sheets, detailed floor plans and capacity charts
- Links to additional destination information

For more information, visit resorts.hyatt.com.

HYATT RESORTS

图 8-5 在线会议管理工具

　　凯悦度假酒店用印刷广告推广自己的在线会议工具，这套工具的特色包括可用于活动手册的图片库、检查清单、信息表单和详细的平面图。

　　资料来源：感谢凯悦度假酒店。

　　万豪用自己的网站（www.marriott.com）给会议承办人提供价值，网站的会议部分有很多工具，包括活动场地档期日历、费用日历、会议规划时间表、宣传推广工具和餐饮计划器。还有一个链接可以让承办人免费打印会议宣传册。希尔顿酒店集团（www.hilton.com）也给会议承办人提供一些免费策划软件（与新市场软件公司共同开发的），承办人可以在"团队与会议"栏中下载这个软件。承办人用这个软件可以在希尔顿酒店集团内的任何一家酒店的会议室内定制会场摆位图（包括座位摆放、桌位图、展示区等）。

　　大部分网站能让承办人根据一些条件搜索会场，承办人输入指标，计算机会自动从酒店集团的数据里搜索条件吻合的场地。另外，如我们之前提过的，网站上可以直接询价，而且网站也会有链接直接连到销售办公室或预订系统上，在网站上也会有电子邮件地址、酒店的免费预订电话和传真号。

💻 **互联网体验**

酒店网站

　　今天，越来越多的会议承办人用酒店网站比较会议设施后再做出决策。下面列出了四个获过奖的酒店网址，这些网站获奖的原因都是它们的在线信息能提高会议承办人的工作效率。

　　进入下列网站，进入会议和大会相关的页面浏览并回答后面的问题。

- 芝加哥柏悦酒店（www.chicagoregency.hyatt.com）；
- 多伦多中心洲际酒店（www.torontocentre.intercontinental.com）；
- 马背度假酒店（www.saddlebrook.com）；
- 温哥华华尔中心喜来登酒店（www.sheratonvanvouver.com）。

　　1. 用《评价网站能帮到会议策划的要素》的表中列出的要素对上述网站进行评价，这个表里有《会议与大会》杂志最近会议市场报告中列出的承办人认为"最有用"的要素。

　　2. 哪个网站可以选择电子邮件询价？

　　3. 哪个酒店为会议需求提供"电子即时回复"，承诺立刻回复档期和价格？

（续）

> 4. 哪个网址提供会场虚拟导览？
>
> 5. 哪个网址介绍了自己的可持续环保计划和它们的"绿色"政策？
>
> 6. 哪些网站上有以往客户和客人的评价？
>
> 7. 哪些网站跟 Facebook 或 Twitter 社交媒体有链接？
>
> 8. Kimpton 精品酒店是如何把"关爱地球"项目与会议活动结合的？
>
> 9. Rosen 酒店是如何通过推广绿色会议降低环境风险的？

会议相关网站的链接 第二种接触会议承办人的方法是把你的酒店网站和会议相关网站做链接，这些网站包括会议局网站、城市网站，以及其他一些承办人能找到信息的网站。如果你的目标是协会市场，跟会议局网站链接非常重要，最近的调查显示，3/4 的协会会议承办人用会议局网站策划会议。《会议》杂志会出版网站目录，其中列出所有国际和全国的会议旅游局、会议中心、酒店连锁、度假酒店、会议公司、航空公司和租车公司的网址。通过与这些机构的网页互联，你会有更多机会接触到有会议需求的潜在客户。

你还可以连接会议公司的网站，包括 event.com、conventionplanit.com、mpoint.com、sitevisit.com 等，这些网站中会有针对会议和团队业务的酒店数据清单。这些会议服务网站可以帮助承办人缩小选址范围，通过位置、规模和设施条件等过滤酒店，然后给酒店发询价单，提出会议需求。StarCite 的市场营销解决方案副总裁 Robert Bennett 认为：

"过去的两年中，从我们的网站分配出去的需求量增长了 428%。"[3]

酒店还可以选择在那些可能会带来需求的网站上做广告。网站广告中最热销的是标题广告，即网页最上面的标题栏上的链接位置。不同的网站广告收费不同，因此要先了解效果再做决定。但不好的地方是你的竞争对手可能会选择同样的网站做广告，因此你的广告要做到与众不同才能让你的酒店脱颖而出。

社交媒体 一个改变互联网广告面孔的是不断发展的社交媒体。现在人们加入在线网络社区已经越来越普遍了，在这些网络社区里人们可以共享信息，分享照片、视频和音乐，而酒店销售和广告人员可以利用社交媒体与会议承办人建立关系，与酒店业和广告业同行进行互动。

酒店销售人员和会议承办人都在使用 LinkedIn、Facebook 和 Twitter，这已经成为他们的第一职业网了。社交媒体也越来越多地被酒店用来作为交流工具，很多酒店网站都已经链接到了社交媒体上。

Twitter 是一种客户关系管理工具，它能让酒店与客户互动，强化品牌忠诚度，对客户关于服务的问题进行及时反馈（在"Tweets"上，发文不能超过 140 个字符）。凯悦用 Hyatt Concierge 的用户名在 Twitter 上出现，费尔蒙酒店集团的用户名是 Sweet，喜达屋酒店集团的 Twitter 页面在 Starwood Buzz 名下。

尽管面对面的沟通仍然是最好的，但社交媒体让销售人员能在上面与会议承办人建议联系并保持沟通。如果销售人员在参加行业展会，他可以通过社交媒体通知客户并安排在展会上的会面。酒店可以用社交媒体发出一些公告、音频或视频信息宣传最近的推广促销活动。酒店业顾问兼培训师 Carol Verret 认为：

"销售人员接受预订再把文件转交给会议部，而这些文件常在移交的过程中遗失，这种日子已经一去不返了。销售人员需要通过与客户的交流系统互动来推进业务，要有定期的内刊、博客，把销售人员的简历上传到社交网络上，时不常地在 Twitter 上进行一些轻松的交流。

用轻型相机把酒店的活动摄录下来，或拍下客房的毛巾或床栏上的雕花上传到优酷或社交媒体页面上，然后把相关链接发给客户。不断联系和接触客户而又不打扰到客户，这有助于把客户稳定在你的社交朋友圈里。"④

旅行相关的社交媒体，如到到网，会给消费者提供旅行建议，这个网站是酒店企业最理想的广告载体。到到网是休闲市场最热门的社交媒体网站之一，每月有超过 3000 万的访问量。另外两个针对会议承办人新创立的社交媒体是 i-Meet（www.i-meet.com）和 Meeting Universe（www.meetinguniverse.com）。尽管这些网站邀请会议承办人在线分享自己的观点，但这些网站还处于初创期，面临的主要问题是会议承办人太忙了，无暇在上面评价酒店或写出自己的观点。

游客也会上一些在线留言板，特别是跟旅游有关的话题，这些留言对于喜欢新技术的消费者是非常有价值的。为了帮助酒店企业接近喜欢新技术消费者和社交媒体的频繁访客，国际酒店业销售与营销协会（HSMAI）和旅游业协会（TIA）合作出版了一个教程《旅游营销人员社交媒体与社交网络指南》。

酒店企业可以用来进入社交媒体世界的工具是博客，一种在线软文可以实时更新和发表意见，创建很容易，可以加入图片、链接、视频和音频。喜达屋酒店集团的公众博客（www.thelobby.com）主要内容是一些与旅游相关的职位，还有一些酒店的信息，这个博客可以从喜达屋常客（SPG）计划的页面链接进入。万豪总裁马里奥特也有一个个人博客。有些业内领袖有个人博客，马里奥特的博客就一直很注重跟酒店的客人沟通，这些都是潜在的客户，马里奥特每个月都会更新博客的内容和图片。

当然，只有当社交媒体的应用与你的酒店整体营销计划契合时才会最有效。如果会议承办人是你的第一大目标市场，你需要把这个信息发布出去，建立公众认知并让公众愿意转发这个信息，对公众发布的信息还可以包括行业内幕和活动组织技巧。

电子邮件广告

根据《会议与大会》杂志最近的会议市场报告，89% 的会议承办人因办会目的使用电子邮件。酒店业者要想了解别人对自己产品和服务的反馈，电子邮件是最有效的，同时它也是一种有效的广告渠道。与传统直邮广告比起来，电子邮件更经济而且更高效。Buggsi 酒店集团的总裁 Buggsi Patel 认为：

"我们仍做直邮广告，但我们发现电子邮件是更省钱省时间的方式。互联网改变了酒店进入市场的方式。这个媒介撬动了大家对未来的看法。"[5]

跟其他广告一样，电子邮件信息的推送也必须事前计划好。首先，电子邮件的推送需要先选好地址库，入选的地址必须都是合适的潜在客户。其次，内容必须对目标群体有吸引力。最后也是最重要的，邮件必须受客户欢迎。

时间和私密性对于承办人来说是最重要的，垃圾邮件会让你丧失潜在客户。现在邮件营销人员更多地采用许可营销来确保他们推送的信息给人带来正面印象。这个战略包括征得承办人的许可后再发邮件，你可以在你的网站留一个选项表，让客户自愿留下邮件地址，并勾选是否愿意接到后续关于酒店信息的邮件。大部分承办人会欢迎那些能帮到他们工作的信息。酒店要设定邮件推广的结构，每当有应季特价或优惠推广时推送邮件提示。其他可以用邮件提示的信息包括会场的扩建、新厨师的介绍等，这些信息能帮助会议承办人更容易地做决策。只要会议承办人给了你邮件地址，你就得到了继续跟他沟通的许可。由于 80% 的业务会来自 20% 的会议承办人，因此定期发邮件给那些愿意了解酒店的承办人很重要。

邮件广告推送的反馈效果是普通直邮广告的 15 倍，而且从直接产生的业务量来说也双倍于普通直邮广告。酒店业者也认识到电子邮件是一种有效地定期与客户沟通的手段。电子邮件是培养客户关系的有效途径，能体验酒店业者对承办人需求的关注和配合诚意。

传真

传真在向会议承办人更新信息方面非常有用。传真等于提供了原文件的一个复印件，这些原文件可能是信函、报价、广告或特别声明，传真的好处是即时送达，而且承办人会比较认真地阅读传真件。传真常有以下两种推广方式：按需传真和广泛传真。

按需传真 通过传真号把酒店的最新信息直接发给会议承办人。这些信息可以随时发送，即使在销售办公室不开门的情况下也可以发送，即时提供最新信息。

广泛传真 可以自动把内容发给客户数据库里的所有可能感兴趣的客户。这种传真的内容包括特别声明、服务变更或其他需要立即通知承办人的信息。

新技术的发展，互联网、电子邮件和传真，会取代酒店的人员销售吗？国际会议经理人协会（MPI）和 PlanSoft 公司最近联合组织了一项调查，调查显示，尽管新技术是选会场的有用工具，但仍无法取代人与人关于会议场地的调查和交流。绝大多数受访者认为人与人的接触和关系的构建仍然是做会最基础的。

附送资料

附送资料是广告的附属文件，常用于直邮、杂志夹递和其他促销活动，包括大量的印刷品材料，如会议宣传册、内刊、明信片、菜单、信息卡、手册等。

附送资料与广告的最大区别是附送资料的直接性。报纸广告是短枪扫射，附送资料可能会将信息更精准地直接送到决策人的手上。

小册子

最常见的附送资料之一是小册子。大多数会议酒店都使用两种宣传册：一种是标准的门市介绍册，这是面向休闲市场的；另一种是会议宣传册。与其他形式的广告一样，这些不同宣传册的侧重点大不相同，门市介绍册通常介绍客房、餐饮和休闲娱乐设施，而会议宣传册则提供会场信息、宴会和会议服务等方面的详细信息。

印刷会议宣传册可以做成多种不同的样子，可以做成标准的三折页或四折页，也可以做成散页装订起来加个漂亮封面的册子。不论你选择哪种形式，你都要牢记它应当与酒店的整体广告形象保持一致。另外，不论哪种形式，内容一定要含有相关的信息。

设计宣传册时，要假设你的潜在客户从来没见过或听说过你的酒店，当然也没有得到过任何有关酒店会议服务能力的信息。假如你自己是一个正在为下一次活动寻找合适酒店的会议承办人，你想要的信息应该是非常清晰简洁的。会议承办人经常抱怨酒店不能提供又好又准确的描述性材料。

宣传册要给会议承办人提供在制订初步计划时所需的基本资料（拓展阅读《会议宣传册基本信息》）。

如果可能的话，用图表来体现较大的会议室，或者至少应该充分描述。富丽堂皇的宴会厅能容纳多少人？是什么样的设置（如剧院式要比圆桌式容量大）？好的宣传册要提供足够的信息让会议承办人可以把它作为工具来缩小选择范围。

策划会议宣传册的思路主要来源于当前已有的各种小册子。现在就开始收集宣传册，这个领域有些小册子是非常优秀的。把你喜欢的那些小册子归档以备参考，在你策划自己的宣传册时它们可能会给你很多的启发。

最好的宣传册应展示所有会场的平面图，一名会议承办人这样说道：

"我喜欢收到会议承办人套装资料，不过不喜欢笼统的酒店信息。我需要看到有具体座位数量的楼层设计。酒店老板要使人了解这些信息是需要花时间和金钱的，但这些资料是很有用的。"⑥

拓展阅读

会议宣传册基本信息

酒店的会议宣传册应当提供会议承办人决定会场所需的所有信息。有效的会议宣传册应该包括以下所有或至少大部分信息：

- 酒店名称；
- 酒店地址，如果可能的话，一张地理位置图用来标明饭店临近的机场、主要公路和本地主要景区；
- 酒店的电话号码（免费电话能鼓励读者回应），联系人（会议服务经理、会议协调员）的姓名；
- 酒店传真号码；
- 展示空间的照片、图表或完整的描述（尺寸大小、比例图、地板承载量、层高）；
- 可用的视听设备；
- 其他可用的会议服务（电话会议、传真设备、个人计算机、文员和登记注册帮助、商务中心）；
- 特殊服务和设施（摄影服务、鲜花、娱乐）；
- 宴会和餐饮安排；
- 主题晚宴安排；
- 客房信息（描述、楼层分布、房间区方位、预订、价格、抵离店相关信息）；
- 特殊手续（结账手续、货运和签收流程、签名和通知规定等）；
- 娱乐和休闲（酒店内景观、配偶的娱乐活动、本地景区等）；
- 交通（停车场、班车服务、旅游观光、出租车、公共交通）；
- 其他信息（天气、服装、小费、客房送餐服务等）；
- 以往会议的证明；
- 供会议承办人使用的核对清单和策划指南。

宣传册不必功利性太强，否则会导致负面印象。选择一个酒店不仅仅是因为它能举办活动，美丽的结构和环境、方便的地理位置和专业素质的员工都很重要。但是这些信息只能在不损害基本设施信息的情况下才能包括进去。因此，赠送会议宣传册时一定要一并附送酒店的常规宣传册。

设计你的材料，使酒店联系人能够完整顺利地介绍酒店情况。在销售演示、直接邮寄、展会等活动中，好的宣传册能起到很大的作用，它还可以通过会议局、航空公司和会议专业人员等中介为你服务。

电子会议宣传册很多酒店除了使用印刷小册子外，还用 DVD（数字视频光盘）

资料。DVD 又便宜又通用，而且比印刷品能更丰富地展示酒店的卖点（图 8-6）。

很多酒店现在以 DVD 作为纸制会议册和酒店宣传册的补充。这种视觉演示能让酒店更全面地展示自己的设施和服务，而且可以表现一年中不同季节的画面。在制作会议宣传 DVD 时不要仅简单地演示会场信息，必须要给会议承办人更切题的信息，如客房的尺寸、会场容量、宴会菜单等信息。

图 8-6　会议宣传册和酒店宣传册 DVD

资料来源：感谢科罗拉多泉 Broadmoor 酒店；佛罗里达迈阿密海滩枫丹白露酒店；田纳西州纳什维尔 Gaylord Opryland 酒店及会议中心。

DVD 可以展现酒店一年中各个不同时期的情况，对不能亲自来酒店参观的会议承办人来说是非常好的信息来源。它可以通过各式各样的设置（会议室和宴会设施）展现酒店的最佳状态，也可以展示其他如季节性的旅游胜地等重要卖点。

大部分 DVD 宣传片都很短，一般时长只有 4 ~ 6 分钟。它们必须在那么短的时间内展示酒店最好的方面。因此，许多酒店都不自己拍摄，而是找专门制作酒店宣传片的公司制作，这样花费可能稍多一些，但是制作水平更专业，效果更好。

跟其他广告一样，DVD 演示要展现酒店对外统一塑造的形象，能够提供会议承办人需要的准确全面的信息。前面反复提到的详细会场平面图是一个很好的卖点，同样的重要内容包括主要会议服务人员的介绍、酒店"导览"、客人满意的评价等。很多酒店在第一次做演示 DVD 时请专业人士帮助，这个演示文件一般也用于互联网营销计划中。

大部分互联网营销都包括电子宣传册，即在酒店的网站可以下载电子宣传册。在线宣传册通常都有酒店设施的"虚拟导览"，同时还能提供其他一些好处。第一，在线电子宣传册可以随时更新，如实时地加入促销信息、设施变更的信息等。第二，这种宣传册没有存储和递送的问题和成本。所有会议承办人都可以根据自己的需要通过酒店的网站在线下载宣传册。第三，电子宣传册成本要比印制宣传册和制作

DVD 成本低得多。

和小册子和 DVD 一样，电子宣传册也要内容完整翔实。拓展阅读《会议宣传册基本信息》中的内容也同样适用于电子会议宣传册。

互联网体验

电子会议宣传册

今天很多酒店用在线电子会议宣传册和 DVD 作为宣传册的补充。不过重要的是饭店一定要把会议承办人需要的信息详尽地呈现在各种形式的宣传册上。大部分承办人都喜欢宣传册"事实数据多图片少"。

一名会议承办人指出：

我以前有一个柜子全是装会议宣传册的，现在我依赖互联网去寻找以前我在传统小册子里找的资料——照片、菜单、平面图和会场尺寸。

浏览以下两个酒店的在线电子宣传册并回答后面的问题：

• MGM 酒店：www.mgmgrand.com/images/pdf/meeting_planner_guide.pdf；

• 犹他州雪鸟度假酒店：www.snowbird.com/imagelib/meetings/EntireMPK_144dpi.pdf。

1. 对比两个宣传册，哪一个是属于"事实数据多图片少"的？你觉得哪一个对于会议承办人来说最有用？

2. 根据拓展阅读《会议宣传册基本信息》中的列表对照检查后评价这两个宣传册。

3. 你觉这两个宣传册是否能取代印刷的会议宣传册？

其他附送资料

除了宣传册以外，附送资料还可能包括明信片、小传单、地图、桌卡和简报等各种散页（图 8-7）。这些东西不仅能让潜在客户记住酒店的名字和特征，还可以用来帮助销售人员提升销售演示效果。

内刊或通讯简报是相对便宜而又效果很好的酒店信息传递渠道。简报可以是酒店出的也可以是酒店集团出的，针对会议承办人发放。简报一般包括酒店事实数据、成功活动案例的图片和介绍、人员简介、特价促销和一些会议基本信息。简报常被放在会议销售文件袋里，与销售函等一起通过直邮递送给客户，很多酒店网站上也可以下载简报。

图 8-7　连锁酒店简报范例

和宣传册一样，所有这些材料都应认真策划，使之成为酒店总市场营销和广告战略的一部分。它们也应当和报刊广告一样设计得很漂亮，列出酒店特色以及可提供的好处。最重要的是，印刷的赠送材料的目标应当是会议市场（例如，应该为会议市场和休闲旅游细分市场分别设计简报）。

特殊物品

最后一点，附送材料中要包含一些标有酒店名字和免费电话的特殊物品。这些物品都是成本不高，如纸板火柴和钥匙链之类，或一些"标志性"物品，如有酒店标识的玻璃器皿、毛绒玩具或运动衫等。

连锁酒店从集团商品目录中预订这些特色物品，酒店可以按很大的折扣价订购这些物品。不过即使小酒店也可以利用这种广告工具——按照特色广告协会（SAA）的说法，这种广告甚至在 6 个月以后的电话回复系数仍能高达 40%。找到特色物品的供应商相当容易，如果大量预订同一种印花的物品，就可以保持较低的成本。

选择能体现酒店形象的物品，不一定是最便宜的。选择如台历或咖啡杯（使酒店的名字不断地出现在客户的脑海里）等会议承办人常用的物品是最划算的。

直投广告

促销人员常用的另一种方式是直接邮寄。直投广告可以用来筛选潜在客户，跟踪广告，用印刷材料的方式同时向许多潜在客户做详细的销售介绍，而成本又比报刊或广播广告低得多。直接邮寄给经过预选的客户的效果是其他媒体不能比的。

可惜的是直投广告也有一些不利之处，近些年来尤其是由于邮递费的上涨，直投的成本增加了。另外就是直投的资料往往被扔进垃圾桶。不过也可以在有预算的条件下制定一个有效的办法来克服这些困难。

影响直投成败的一个因素是，要确保你的广告是直接面向目标市场的。你的对象是谁？如果你的目标是增加 10% 的会议市场份额，那么直投的对象就是会议承办人，而不是旅行社。因此直投广告的作用实际上相当于检查邮寄名单。如果你的酒店没有邮寄名单，马上开始做一份。编一份过去曾在本酒店碰过面的人员名单。要记住酒店业是动态行业，名单得不断更新。每次邮寄之后都要预料到会有许多退回的邮件和姓名、地址的改变，然后根据退回的邮件数量再预算邮资。关键是要从名单上删除无法投递的人的名字，注明哪些人更改了地址，以免在以后的邮寄中浪费昂贵的印刷费用和邮资。

上文中讨论过，有不少目录和出版物都提供大多数协会、团体、奖励会、兄弟会和其他会议承办人的姓名、地址和电话。还有可能出资让对口杂志定期向酒店提供它们的销售名单。

由于主要的城市例会都是通过会议局来举办的，因此，会议局往年的通知也可以作为潜在客户邮寄名单的一个来源。往年结识的团体有可能举行一些本酒店可能有机会承办的小型会议。会议局的名单也可能表明有些团体在本市有重复的会议模式，这些团体在销售活动中应当给予优先考虑。

最好的办法是做两份名单：一份一般名单，一份首选名单。前者包括所有你觉得有关的潜在客户，而后者只包括筛选出来的潜在客户和老客户。对后者邮寄的频率很可能要高一些。

在寄邮件之前，还应当选定一项后续措施。如果直接邮寄能带来一份可跟踪的"热门"线索名单，那是最理想不过的了。通过直邮产生的新线索名单上的潜在客户，如果不马上照顾到他们的话，这份名单就被白白浪费掉了。你可以要求得到现成可用的后续材料，或者直接把回复的信件转给销售人员，让他们立刻去做销售拜访。

直投广告是酒店广告的一部分，应当认真计划以求达到最佳效果。直接邮寄活动必须与酒店的总体销售目标相结合，邮寄的材料应当与酒店的其他媒体广告相匹配。

一些最常用的邮寄材料有销售信函、调查表和明信片，不过也可以使用更富有创造性、更先进的直观视觉辅助品（图8-8）。在判断使用哪一种材料的效果最好之前，必须考虑邮寄目的、范围以及成本等多种因素。

销售信函是直接邮寄的主要材料，其作用是让人信服，让人购买。时间不允许销售人员对每一个潜在客户进行个人访问，所以必须用书面的形式传达信息。

图8-8　直邮的新颖东西

位于哥伦比亚河圣乔治亚景区的Skamania客栈通过直邮推广自己的世界级会议设施。这家客栈位于非常美的户外自然环境的环抱中，客栈直邮的是一个手工雕刻和彩绘的三文鱼和一本宣传册，直邮送达了2500个会议承办人。这个新颖的而且获奖的直邮行动带来了23个团组的预订，1237个间夜和212774美元的收益，另外还带来了108129美元的餐饮收入。

资料来源：感谢华盛顿史迪文森Skamania客栈。

邮寄一封精心编写的个人信件并附带会议宣传手册能达到很好的效果。用本酒店的文字处理器或在当地信件服务公司打印出来的信函表面看上去就像私人信件。如果你想要设计并完成雄心勃勃的直邮计划，那就让广告公司或当地的设计服务公司帮你制作邮寄材料。但是不要低估了私人信件称呼人姓名起到的作用。鉴于宣传手册的高成本和昂贵的邮资，明智之举是改进你的技巧（拓展阅读《令人印象深刻的销售信》）。

拓展阅读

令人印象深刻的销售信

令人印象深刻的信是一种可以提高销售量的技巧。以下是应当使用的一些技巧：

• 正确使用酒店人员和你要打交道的这个人的姓名和头衔。

• 信息丰富，但要简洁，要忠于事实；

• 写的时候要自然些，像你在说话，也要像客户就在你的办公室里；

• 用下划线或大写字母来强调要点；

• 永远都要请求对方购买——提供客户回复的方法（回复卡、免费电话等）。

记住应当用客户能理解的语言来写信：避免使用可能会引起费解或误解的酒店术语。销售信函在直接邮寄的材料中应处于主要地位。一定要具体，这样你的信函才会有意义，才会使人信服。

许多酒店发现，必须邮寄多次才能达到最佳效果。一次性邮寄不是很有效果，除非它是生日或假日问候，或者是给某一咨询者的答复。因此，直邮广告应当成为直投推广的一部分。

如果你邮寄一次以上，其频率和内容都是很重要的。没有什么必须遵守的规则，不过两次邮寄之间的最大间隔应当是两个月左右。显而易见的是，每次邮寄的内容绝不能重样。第一封信一定要抓住注意力，内容一定要吸引人，能引起读者的兴趣。以

图 8-9　直邮系列范例

位于明尼苏达州 Bloomington 的 Bloomington 会议旅游局开发了一系列的邮寄资料向会议承办人介绍执行董事 Bonnie Carlson 和她的全体员工。这一系列中的每一种资料中都特写了那些事实上帮助会议承办人策划活动的人们，在活动开始的很长时间以前就创造一种亲切和信任的气氛。每个单页或三折页的资料都含有一张插图、一张横幅跨版大照片的复印件和一张可以撕下来的回复卡。这一类的直邮系列能加强酒店在会议承办人心中的印象，如果你的做法正确并富有创意的话，承办人可能还期待收到更多的资料。

后信的内容都要围绕第一封信中陈述的主题，但是提供的信息和重点不同。有时，你可能想强调发出的每一封信的内容，在这种情况下，你信中的要点可以一样，但说明要点的方式要不同，要有创新。否则读者的兴趣就会消失（图 8-9）。

制定广告战略

你可以看到，接触会议承办人有很多方式，你必须制定一个最适合你的酒店的战略（拓展阅读《针对会议市场销售喜来登》）。制定这种战略当然就意味着所有广告活动都要遵循这个战略，并且在设定的预算范围内。

拓展阅读

针对会议市场销售喜来登

当喜来登把自己定位于可吸引会议承办人的酒店时，酒店集团开始寻找客源，对客户做大量的调查，了解什么对他们是最重要的，怎样才能使自己的工作容易一些。针对会议策划人需要更多信息以确保行业专业的要求，公司制定了"喜来登针对会议承办人的总体营销计划"。

喜来登 /PCMA 示范 I 是一个针对新会议策划人的项目（也可作为全职专业人员的温习课程）。这些业务手册讨论涉及会议计划的基础知识，包括地点选择、与酒店合作、房间布置、餐饮计划等各个方面。

喜来登还设计了一本免费的全面会议策划手册。这本手册在连锁酒店的广告中起重要作用，表明酒店愿意协助会议承办人并承诺会议举办的成功。

为了进一步提高专业水准，喜来登还发起了本行业最全面的会议和会务服务经理培训计划——它在本行业范围内激起了人们极大的兴趣，增加了酒店广告的可信度，喜来登被定位成一个保持高度专业水准的酒店，是"会议承办人的支持者"。

在制定广告战略时你要考虑一些因素，如你的目标群体是谁、你要用什么媒体，会花多少钱。很多酒店用媒体表（表 8-2）计划一年里的广告位和花费。年度规划要比临时起意稳妥得多，如果你在制订年度计划，要记住在酒店财年的预算框架内安排广告费用。出版物广告会根据全年的投放频度给出折扣。可以根据企业的财年规划广告，如 2011 年 3 月到 2012 年 2 月。另外，如果可能的话，把年内的一些特殊活动单独列出来。

表 8-2　酒店媒体表范例

客户号码：BM 100-3 媒体：会议				媒体安排01/01/99至12/31/99	
出版物	1月	2月	3月	4月	5月
协会管理 刊　号　　发行　　发行量 AS700-6A　月刊　　21120 96价格　　第二个 月的15号 发行总量　　$8372.50				页4/C $4186.00 或页4C	
商务旅行新闻 刊　号　　发行 　　　　　　　　发行量 BTN15-8A　双周刊　51064 小页或1/2SPD　3周量 发行总量　　$34000.00			小页4/C $6800.00 今日会议 22+BRC	小页4/C $6800.00 今日会议 19	小页4/C $6800.00 今日会议 10+BRC
团体和奖励旅行 刊　号　　发行　　发行量 C0605-6A　月刊　　49498 　　　　　　1个月前 发行总量　　$4764.00		页4/C $4764.00 目的地 科罗拉多			
执行人员备忘录 协会执行人员的科罗拉多协会 刊　号　　发行　　发行量 COSAE-6A　月刊　　250 　　　　　　每月 发行总量　　$12605.50				黑白页 $500.00	
执行人员更新—GWSAE 刊　号　　发行　　发行量 EU478-6A　月刊　　9000 33%折扣 发行总量　　$12605.50					页4/C $3740.00 SPGNTME PK
研讨会（CSAE） 刊　号　　发行　　发行量 10-9　　11X/年 1/2 SPD或页　6周年 发行总量　　$6262.37				页4/C $1789.25	
奖励 刊　号　　发行　　发行量 IN150-6A　月刊　　40281 　　　15号，两个月前 发行总量　　$39467.80				页4/C $4911.30+ BRC	页4/C $4911.30
保险会议策划人 刊　号　　发行　　发行量 IN500-6A　双月刊　7451 前一个月的1号					页4/C $2622.25奖励

以上列出的所有价格依据准备当日可行的价格卡，可以变动。

　　为了策划一个有效的广告战略，许多酒店都会制订一个年度媒体计划表，列出一些数据，如所使用的出版物的名字和种类、广告的尺寸（或插播广告的长度）以及广告制作开支和空间的花费。这种方法使酒店对广告投放情况一目了然，控制了预算，并且可以用来衡量广告的效果。本表展示了一份 1～5 月的计划；一个完整的计划应该是全年 1～12 月的。

受众，频度，时间与延续性

在制定广告战略时，不论是印刷、互联网广告，还是直邮广告（或几种形式的组合），都必须考虑四个要素：受众、频度、时间和延续性。

受众 这是指你的信息在某个特定时间段会被多少人看到，当然这取决于你选择的媒体。当你要针对会议市场时，你是在针对一个数量很小而且非常特定的人群，你要选择能最有效接近这个群体的媒体（如行业杂志），而不是那些无差异的大众媒体（电视广告）。你的关注点是花进去的每一元广告费能引起多少潜在客户的兴趣。

频度 这是指你的目标群体看到或听到你的消息的次数。跟销售拜访一样，广告如果只是"一过性"的几乎没有任何效果，要让你的信息反复出现，可以通过不同的渠道方式出现这些信息，包括广告和直邮，只有这样你的信息才能有效送达受众。

时间 这是一个很重要的因素，有些酒店会经常性地做广告或寄送邮件，广告的出现时间基本是每月一次。有时你需要用到广告脉冲法，这种方法一般用在酒店的淡季。例如，酒店在每年的秋末冬初有特价促销，在促销季到来之前你需要集中做广告。同时，"飞行"广告（即根据经理的需要随时做广告而没有一定之规）也可根据特价促销或大型活动期间随时安排。也许某地区要举办节庆活动，酒店可能因靠近节庆活动地而会针对节庆参加人群做广告。

大部分会议出版物都会有针对某个地区、城市或州，甚至是度假村或会议中心的会议特刊。编辑和出版商一般会提供全年的出版计划供你制订广告计划用。在你制订广告计划时可以利用这些特刊投放广告，同时又保持你的广告出现频度。在你特定区域投放这种特刊广告可能还会带来额外的效果。

拓展阅读

直邮营销

Carolyn Hamiltn-Proctor

内华达拉斯维加斯图文交流公司总裁

"直邮是有效的销售工具。研究表明频繁的直邮包产出效果优于其他印刷品广告。恰当地使用直邮营销能让你的整体营销计划更有针对性，带来更高的利润产出。

直邮让广告比较可信。给会议承办人直邮资料不能取代杂志和名录上的广告，但可以是一种非常有效的补充。把广告和直邮结合起来同步进行能起到事半功倍的效果。

邮寄名单要认真筛选，确保地址的准确性，而且客人是值得推广的。直邮要求企业不断维护和更新客人数据库，并对客人的年龄、地域等结构进行分析。你的数据库越细，直邮的效果越好。潜在客户的资料也可以从外部资源购买，补充到自己酒店的客人数据库中。直邮数据库的完善是个持续不断更新的过程。"

延续性 不论你采用什么样的时间频度计划，延续性对于广告来说至关重要。你的广告必须设计得独具匠心，特征突出——包括标识、特殊的色彩和设计等，这将有助于你的广告从众多其他刊物内容和广告中跳出来，要让你的潜在客户看到广告的第一眼就能认出是你的酒店。

你的广告不仅要特征鲜明，还要从内容上与你的其他营销计划内容保持一致，这也被称为整合营销，即广告和所有营销活动都围绕一个共同的主题，在市场上塑造一个统一延续的形象。

广告的目的是推广和带来销售业绩，因此广告战略中还要包括后续跟进和效果监控。跟进是非常重要的，特别是在会议市场上，大部分承办人都是"货比三家"的，如果他们对你的广告或直邮资料有反馈，他们很可能也同时给其他酒店做出了同样的反馈，你及时处理了反馈的需求，可以证明你的企业对这个客户非常用心而且服务非常高效。

另外，在反馈客户的咨询时要在回邮所需资料的同时附上亲笔信，如果有电话号码的话，最好打电话表示感谢，然后预约上门拜访。这可能会直接带来销售成果。

要确保广告投入是高回报的，你必须认真监控和随时评估广告计划，看哪种广告或直邮能更引起受众的兴趣，哪种出版物能带来更多的需求询价，要了解咨询转成预订的转化率，同时还要评估每个需求询价平均的广告投入是多少。如果你的系列广告投入资金是 35000 美元，而只带来了 15000 美元的业务，那你要重新审视你的计划了。

交换广告

为了控制成本，很多酒店寻求多种控制广告成本的方式，如以实物或服务交换广告。交换广告是指酒店用自己的服务（客房、餐饮或娱乐康体设施）作为广告费交换广告（报纸、杂志或户外广告位，以及广播和电视的广告时段）。这种安排也被称为置换广告或易物广告，酒店要充分了解这种广告的交易流程，在充分了解的基础上这种做法还是值得尝试的。非常重要的是，要清楚地认识这种广告不是免费的，酒店的服务也是有成本的，跟印刷品和互联网广告一样。另外，不论你的广告是否需要你直接付钱，这些广告都要明确地指向目标市场。如果你针对团体会议业务去置换一个广告牌专刊的广告，这种做法显然是不明智的。

交换广告对于传统酒店来说确实很有吸引力。跟其他广告一样，在做这类广告时也要考虑前面提及的各种因素和指导原则，这样才能实现广告效果的最优化（拓展阅读《充分利用交换广告》）。

用交换广告需要认真地做更多的记录，但同时也带来了另一个好处，即与媒体企业之间建立更密切的关系。在媒体中有个朋友对酒店来说是一笔财富（酒店必须将媒体视为重要客户）。最后，交换广告必须让双方都觉得有利可图，这种交易必须公平。

合作广告与战略伙伴

合作广告是另一种节省广告费的方式。合作广告中，几家酒店或几个相关机构——如会议旅游局、航空公司或租车公司、本地景点等——共同做广告，分摊广告费用，同时达到最佳的广告效果。图 8-10 就是一个合作广告的例子。

三家酒店（太平洋酒店、蒙特雷万豪、Portola 蒙特雷湾度假酒店）和蒙特雷会议中心联合组成蒙特雷纽带，共同向会议承办人推广这个加州城市，塑造一个理想会议目的地的形象。整个蒙特雷纽带地区有 800 个滨水的客房，5600 平方米的会场，还有一个获奖的圆形剧场——所有这一切都可以通过纽带旗下机构预订获得。

图 8-10　合作广告范例

资料来源：感谢蒙特雷纽带。

城市中的战略联盟

规模接近且会议接待能力相仿的目的地结成战略联盟共同接触和服务客户需求是近几年在会议行业内出现的新趋势，现在美国有越来越多的目的地营销组织（DMO）结成这样的联盟，资源整合，争取更多的业务进到整个区域的大桶中，从而使群体中的每个个体都能分得更多的羹。通过联盟，城市可以获得更强的市场出镜效果，整合资源使其效用最大化。一位城市代言这样说到：

协同工作的基础是参与城市的规模和接待能力差不多，大家能共享客户资源而不会相互竞争。

浏览以下网站并回答后面的问题：

• www.capitalcitiescollection.com；

• www.bestcities.net；

• www.3cityexpress.com。

1. 哪个目的地在上述三个联盟中都出现了？

2. 上述三个联盟中哪个是全球性的？

3. 每个联盟中的城市是如何共同针对会议市场进行销售的？

4. 这些联盟给会议承办人提供了哪些奖励政策？

联合广告投放既可以是"一次性"推广，也可以是分主题联合推广，后者比较常见。这种联合推广能给会议承办人提供更多的信息和选择，也能给你的酒店带来更多的收益，如除了会议收入以外的客房、餐饮等收入。

战略合作伙伴是另一种合作形式。这是指独立企业之间的合作关系，共同做广告，但同时保持各自独立形象。最常见的就是几家酒店在本城市会议局的平台上共同做推广，为会议承办人提供"一站式"服务，同时与其他城市竞争，争取更多到本地的业务（最佳案例《希尔顿与喜来登两家酒店集团形成战略联盟争取更多到纽约市的会议业务》）。

最佳案例

希尔顿与喜来登两家酒店集团形成战略联盟争取更多到纽约市的会议业务

纽约希尔顿酒店，纽约喜来登酒店和曼哈顿喜来登酒店均位于纽约曼哈顿中城，几家酒店之间相距约 45 米。三家酒店共有 100 间会议室，总会议面积超过 2 万平方米，总客房数达 5000 间，可以提供的总展位超过 425 个。尽管它们是竞争对手，但三家酒店的联手让每个酒店都获得了更多会议承办人的关注，因为这种组合使之成为一个更理想的会议解决方案。

三家酒店结成了名为 NY5000 的联盟，共同进行市场营销和销售。纽约希尔顿酒店的市场销售总

（续）

监 Christopher Perry 指出：

"我们在接会时最高峰值可以同时提供 1400 间客房。对于那些来纽约开会又不想去会议中心的客户来说，我们是个很理想的选择。在这里开会既能省去交通费，又能有更多的商业交流机会。我们的产品和服务也是延续一贯的，包括餐饮服务。"

尽管会议客户会与各家酒店单独谈判，但几家酒店的宣传推广材料上都提及了其他联盟酒店，联盟还创建了网站，各酒店的销售定期开会商讨如何让 NY5000 发挥更好的作用。

以往三家酒店平均每年联合接 8 个左右的大会，在结成联盟的第一年联合接待的大型会议数量就增加了 4 个。

资料来源：Harvey Chipkin, "Success Stories That Inspire"，HSMAI Marketing Review。

Susan Henrique 是康涅狄格州 Coastal Fairfield 县的市场销售总监，这个县靠近纽约市，她所在的会议局跟弗吉尼亚的 Arlington（靠近华盛顿特区），伊利诺伊的 Prospect Heights（靠近芝加哥）和得克萨斯的 Irving（靠近达拉斯）几个县结成了"城市边缘联盟"，共同对会议承办人进行推广。她指出：

"在一个不断变化的经济形势中，会议承办人要为自己的会议寻找更多经济划算的目的地选择。我们的这个联盟计划给他们提供了更多的选择，我们这边城市既能享有大城市可进入性强的优势，又能提供比大城市便宜得多的会议设施。我们都需要客源填满周末的客房，而且大家的会议设施的价位水平也都相近。最重要的是我们都位于一线城市旁边。"[7]

联盟成员认识到这样的结盟能让它们整合资源吸引会议承办人的关注。这种战略联盟也让其中的参与机构能以更少的广告投入获得更大的广告效益，这些机构包括会议局和酒店，既省钱又更高效地接近了目标市场。

广告代理人

自己拥有广告部的酒店应当特别针对主市场制作宣传材料和广告。对较小的酒店而言，销售经理可能不是自己的广告经理。而较大的酒店就可以建立一个广告部。

所有这些工作都可以由一个外面的广告公司来补充。合理选择并合理利用广告公司为酒店广告部门的工作资源增添熟练的专业人员。即使较小的酒店也支付得起请广告公司的费用（事实上，没有广告公司的支持，工作将会很困难）。广告公司不能替代酒店自己的销售努力，但它们有技术和资源，可以用专业的推广材料来支持销售部门。

许多会议酒店已发现用广告公司是很有益处的，但极为重要的一点是，当酒店用广告代理时，双方在广告战役的方向方面要达成一致意见。酒店对自己强项比外面的广告代理要熟悉得多。酒店必须要让代理了解自己的定位和目标，确保广告能树立酒店所希望反映的形象，广告的目标是酒店的市场目标。为了能确保酒店和广告代理合作愉快，重要的是认真选择广告公司（拓展阅读《选择广告公司》）。一个行为恰当的广告公司会对酒店的推广活动提出有经验的、客观的看法。一名广告业内人士指出：

"我们关心的不仅是如何设计客户的广告和选择广告位，更重要的是我们要帮助客户在各个市场环节做有效的营销和推广，开拓新的市场份额，拉动销售，重新设计网站，管理直邮等。我们真心希望成为客户的营销伙伴，而不仅仅是个广告工作室。"[8]

拓展阅读

选择广告公司

在选择广告公司之前应当先评估一下本酒店的需求是什么。你需要全面服务还是只需要人家协助你安排自己的推广材料？以什么方式雇用广告公司——作为酒店广告部门的补充还是偶尔用来做调查或制作，还是用来做自己广告和销售队伍的外延？你能花得起多少钱雇用外面的服务公司？

一旦确定了基本路线方针，举行一些对本酒店业务感兴趣的广告公司代表参加的非正式会议。每一个代表都得对以下问题做出回答：

1. 公司做业务有多长时间了？是否在酒店行业有可证明的以往案例记录？
2. 公司是否也代理了酒店的竞争对手？如果是，它是否会影响对本酒店的业务处理？
3. 公司可以提供什么服务？是否能提供全面的创新服务、市场调查和媒体计划？
4. 公司会安排谁来做本酒店的业务？他能花多少时间来了解酒店的需求？如果处理本酒店的业务人员不在，会由谁来接替处理？
5. 如何收费？公司是否愿意在酒店的预算范围内工作？

公共关系与宣传

尽管广告是接触目标市场的一种有效工具，但你还可以通过更多的方式向你的潜在客户展示你的酒店。广告、电子营销与公关宣传相结合将形成一种强大的组织把你的酒店推向承办人。

公共关系是一个很宽泛的名词，它包括把酒店的正面信息传达给客户的一系列方式，其目的是塑造酒店的正面形象。举个例子，Loews酒店发起了一个非常低调的公关项目——好邻居政策，结果这成了一个获奖项目。这个项目关注了社区中一些问题和弱势群体，如无家可归者、文盲和环保问题。这个项目不仅动员酒店集团内部人员参与，还动员会议承办人共同参与。酒店的合同中包括一个条款，即请会议承办人把多余产品和物料捐给当地慈善机构，这些捐赠物可以是衣物、食品，甚至是一些非常基本的物料，如告示板、遮挡带等，这些物品会捐给当地的学龄前机构。

和广告一样，好的公关项目必须有专业的人士制订计划并执行。虽然酒店的每个员工，从总经理到前台员工，其实都在塑造和维护酒店的正面形象，但聘请一位专业人士专职处理酒店的公共关系事务是非常重要的。小酒店可以雇人或用外面的公关公司。大酒店可能需要雇用专人负责与一家或多家外部公关公司沟通。不论哪种方式，负责公关的人员要履行以下职责：作为酒店的发言人，与媒体打交道推广宣传酒店，以及保持与以往的客户的联系等。

公关人员的一个最重要的职责是与媒体打交道，让酒店在公众面前保持积极正面的形象。宣传是让报纸、杂志和电台等媒体大量地报道你的酒店。做广告时，你花钱买版面或时段，而且可以说你想说的话，但读者和听众可能会质疑你的服务是否能兑现承诺。而宣传是让一个公正的第三方说出你的酒店的优点。

酒店行业有很多机会能制造良性新闻，有些事甚至会自己找上门——名人住到了酒店、酒店获奖了、行业杂志要在本地写专栏文章等。当然也有很多消息是专门制造的，如酒店赞助了某个节事，或组织了一次主题晚宴，甚至是酒店的扩建、翻新或酒店员工参与社区活动等都可以成为新闻点。

会议杂志——你接触承办人最好的资源——会对能引起承办人兴趣的消息感兴趣。创新的会议科技、会议服务方面的创新或对会议行业有影响的创新计划（如开放更多的设施等），以及重大的人事变动都会引起承办人和会议杂志的关注。有些杂志还发表"会议日历"，列出大型会议及其举办场地清单，这是免费把你的酒店列出来的绝好机会。

要想提高在会议杂志上的曝光机会，可以邀请主要会议杂志（《会议》《会议与大会》《成功的会议》）的工作人员到你的酒店住宿体验，这是让杂志积极宣传推广酒店的最佳方式。

在你酒店召开过的会议都要尽可能留下照片资料，会议杂志多半都愿意刊登图片。另外，在你的酒店办会的机构可能也需要照片做本机构的宣传，这也同时宣传了你的酒店。当演讲者在讲台上演讲时，讲台上酒店的 Logo 就很自然地显现在宣传照上了。

行业杂志的主要决策人是编辑，他们能决定做什么选题或上什么样的文章。另外，杂志还会有一个执行主编负责版面。这些人都应该在你的投递名录中，定期给他们递送酒店的宣传资料（新闻稿、内刊、信函和邀请等），另外一些投放受众是目标市场的报纸也同样需要递送这些资料。酒店的新闻如果能满足他们的兴趣点、时间点等要求，他们会考虑刊登的。

几乎所有酒店都会定期发布新闻稿，稿件中介绍一些在酒店内举办的重要活动。新闻稿的印制一般都带有酒店的 Logo 和名称、地址、网址、电子邮件地址、电话号码等信息。另外，新闻稿的内容一般包括一些事实的基本信息（时间、地点等），还会有酒店的联系人信息。新闻稿一定要赶在报刊截稿前递送到。另外要认识到，你的材料不一定都能刊发，或者会被改动。媒体的版面你没有付钱，所以你对编辑没有控制权。

如果你有了新闻稿一定要确保它能尽可能地发给更多的媒体。如果你的新闻稿是针对会议承办人的，考虑写一些会引起他们兴趣的活动和人事变动（特别是跟会议有关的人事变化）。酒店如果新进了最先进的影音设备，或酒店有了扩建计划（最好是能让会议承办人获益的扩建），这类消息会引起行业杂志的兴趣。

除了定期寄送新闻稿和宣传材料，大部分酒店公关部还会准备一个媒体资料包，既包括酒店的介绍，还有给媒体的新闻稿以及一些背景资料。媒体资料包中一般有一个酒店信息单页、酒店小册子、酒店主要管理人员的简历，以及以往的报道剪报。媒体资料包可以根据需要和酒店的目标市场定位不断更新内容，针对会议杂志的资料包肯定与针对旅游媒体的资料包内容不同。

在当今这种高技术飞速发展的时代，计算机也是宣传酒店的一个重要途径。迪士尼天鹅海豚酒店有一个"只对媒体开放"的网站，上面有各类关于酒店的报道、新闻稿、图片、酒店标识、酒店数据、餐饮和娱乐设施介绍等信息（www.swandolphinmedia.com）。网站上的信息不断更新，页面设计得非常"友善"，能让记者直接剪贴新闻稿（或节选）进行编辑。

互联网练习

提供电子版的媒体信息

现在很多媒体都更愿意要电子版的新闻稿，如通过邮件收到或直接从酒店网站上获取。因此你的网站上一定要有媒体页面。

电子版媒体资料包中一般包括所有纸质资料包中的内容——酒店信息单页、主要管理人员简历、酒店小册子、图片（内景和外景）、所获奖项以及最新消息。以往或现在的消息最好都能通过链接找到。电子文档还能通过视频展示你的酒店以及在酒店内办过的活动。很多酒店和酒店集团都有电子图片库，提供高精度的图片（一般需要密码进入）。

浏览以下酒店的网站并回答后面的问题：

- Hotel Del Coronado：www.hoteldel.com（点击"媒体室"）；
- Opryland Hotel：www.gaylordhotels.com/opryland（点击"媒体室"）；
- The Sanctuary at Kiawah Island：www.kiawahresort.com（点击"媒体室"）；
- 天鹅海豚酒店：www.swandolphinmedia.com。

1. 每间酒店的媒体资料包信息有多全？这些资料包是否涉及了酒店的所有区域？
2. 媒体是否可以从网站上下载一般精度和高精度的照片？
3. 浏览网站上的最新稿件，看看哪些是针对休闲家庭市场的，哪些是针对会议市场的。

成功的公关和宣传计划不能仅限于把酒店的名字出现在媒体上，要达到效果，公关宣传计划要与酒店的整体营销战略密切结合，针对具体的目标市场，结合酒店的淡旺季。

小 结

如你所见，好的广告战略加上精心策划的公关宣传计划能极大地提升销售效果，并实际上通过提升酒店在会议承办人心中的知名度和正面印象做到了酒店"预销售"。这些工具能帮助销售人员达成销售目标，有助他们开展下一步的销售工作——协调安排承办人的会议活动。

尾注：

① Ad Agencies Are Your Marketing Partners, HSMAI Marketing Review, Winter 2003, p.36.

② Anne Dimon, Are You E-Planning S 视听 vy? Meetings & Incentives, June 2000, p.24.

③ StarCite, PlanSoft Give Planners Faster Response from Hotels, www.hotel-online.com, April 2004.

④ Key to New Business Development in 2010 & Beyond, Hospitality Upgrade, Fall 2009, p.123.

⑤ Marty Whitford, You've Got Mail, Hotel & Motel Management, August 14, 2000, p.34.

⑥ Lauren Shababb, In-Person Inspections, Please, Successful Meetings, August 2000, p.14.

⑦ Ruth A. Hill, A United Front, Lodging, December 1999, pp.27-28.

⑧ Ad Agencies Are Your Marketing Partners, HSMAI Marketing Review, Winter 2003, p.37.

主 要 术 语

标题广告（banner ad）：放在网页上的一种广告，如在商业或旅行网站中，一般会链接到广告商的主页上，横幅广告是网络广告中最常见的一种形式。

博客（blog）：个人或企业在线报道文章，内容一般是消息和发表对人、事和活动的个人见解。博客可以让读者跟帖发表意见，因此成功的博文能引起高关注度和很多跟帖对话。

正文（body copy）：广告正文。

群发传真（boardcast fax）：传真的一种功能，能把一个信息同时发给预先设定的很多人。

附送资料（collateral material）：广告附送的资料，包括小册子、信息卡片、钥匙链、纸板火柴、明信片和视频册。

联合广告（cooperative advertising）：几家旅游企业共同投资投放一个广告，以达到提高广告效果、降低广告费用的目的。

延续性（consistency）：广告设计要保持统一的视觉感觉或音效，以提高受众的辨识度，强化效果。

直邮广告（direct mail advertising）：通过邮件直接给潜在客户寄送资料的广告形式。寄送的资料中包括刺激读者消费的资料，也可以包括回执。

电子邮件（e-mail）：通过计算机发送的电子邮件。

交换广告（exchange trade advertising）：酒店用客房、餐饮、娱乐设施等换得的广告版面或广告时段，也被称为置换广告或易货广告。

应需传真（fax-on-demand）：传真的一种，有立即反馈信息的功能，一般这种信息都是通过免费电话索要的。

频度（frequency）：广告出现在刊物或广播媒体上的次数。

头条（headline）：印刷广告中最显要的广告位。主要是为了吸引注意力，通常是推广一种承诺或一种利益。

整合营销（integrated marketing）：针对一个客户群体的，有共同主题的营销行为。每个独立的营销行为都围绕着这个共同的主题，相互呼应，并针对各自受众的特点，形成整体营销计划中的一个有机组成部分。

标识（logo）：独特的商标、名称、标志、签名或任何能将一个公司与其他机构区别开来的形象，用在广告促销中做立企业形象。

直邮名单（mailing list）：过去和潜在客户的姓名和地址清单，一般存在计算机里。

许可营销（permission marketing）：一种电子邮件营销战略，信息通过邮件送到客人手中，但这种信息只有在客户选择接收某些方面的信息时，经过许可才会投放。

媒体资料包（press kit）：关于酒店的新闻稿、信息单页、图片、剪报等资料，以及一些新闻背景资料。

新闻稿（press release）：酒店预先准备好的关于产品或服务或活动的文章，一般1～2页的篇幅，发给媒体。这些文章要有新闻点，可以"马上刊发"，而且符合刊物的截稿时间。

印刷品广告（print advertising）：用纸质媒体的广告，如报纸、杂志和名录。

公共关系（public relations）：企业为塑造自己在公众心目中的良好形象而做的各种努力。

宣传（publicity）：公共关系的一个方面，主要是通过公告、活动和新闻稿提高企业在媒体上的曝光度。

受众（reach）：在一段时期内，媒体所覆盖的区域和群体。

社交媒体（social media）：指人们用来在线发布信息和交流互动的工具和平台。这些工具包括博客和一些能分享照片、视频、图文的网站。

特殊物品（specialty items）：广告的补充物品，如咖啡杯、T恤衫、沙滩巾等。这些物品上都有企业名称和标识以及其他一些广告信息。也被称为小礼品。

战略合作伙伴（strategic partnerships）：独立机构之间的在广告方面的合作关系，同时各自又保持相对独立。

时机（timing）：在广告中，指广告排期。

行业杂志（trade magazine）：像《金融保险会议》之类的杂志，针对某个行业或某个职业的出版物。

复习题

1. 什么是印刷品广告？印刷广告中应包括哪些元素？要想最有效地接触会议承办人，印刷广告应该放在什么位置？
2. 为什么说传统小册子是会议市场上的重要销售工具？传统小册子里应该包括哪些信息？
3. 为什么说直邮是针对会议承办人的有效工具？有效的直邮广告战略中应该包括哪些要素？
4. 为什么要制订广告战略计划？要考虑哪些要素？
5. 什么是交换广告和联合广告？各有什么好处？
6. 为什么有些酒店用广告代理？酒店在选择广告代理时要注意些什么？
7. 公共关系和宣传有什么区别？它们分别对提升酒店广告效果有什么帮助？

参考文献

1. Hospitality Sales and Marketing, Fifth Edition, James R. Abbey, AH&LA Educational Institute, 2008. www.ei-ahla.org.
2. Marketing in the Hospitality Industry, Fourth Edition, Ron A. Nykiel, AH&LA Educational Institute, 2003.
3. Profits and Pitfalls in Online Marketing: A Legal Desk Reference for Travel Executives. Available in the online store at www.hsmai.org.
4. The Travel Marketer's Guide to Social Media and Social Networks: Sales and Marketing in a Web 2.0 World, Cindy Estis Green. Available in the online store at www.hsmai.org.

网址：

若想获得更多信息，可访问下列网址。网址变更恕不通知。若你所访问的网址不存在，可使用搜索引擎查找新网址。

1. 美国酒店与住宿业协会：www.ahla.com
2. 酒店市场营销：www.hotelmarketing.com
3. 酒店业主：www.ehotelier.com
4. 公共关系杂志：prweek.com
5. StarCite: www.starcite.com

第 9 章

概　要

学习目标

1. 介绍酒店销售应如何与会议承办人谈判合同。
2. 说明会议销售协议书或合同的主要组成要素。
3. 介绍会议行业的合同标准化和多会合同。

谈判与合同

David C. Scypinsk，喜达屋酒店集团行业关系高级副总裁

"大部分成功的销售人员都会花很长时间进行合同的谈判并认真研究如何通过协议让酒店和客户双赢。一个单边受益的合同可能短期会带来收益，但会断送回头生意。酒店行业跟其他行业一样，回头生意是获利的关键。这并不是说你不必努力争取利润最大化的合同，但重要的是你在谈判中要以专业的强势为你的酒店和客户寻求双方利益的平衡点。"

谈判与合同

在今天这种竞争市场中，酒店会在业务预订中寻求利润最大化。随着个人和休闲市场份额的不断提升，这部分市场普遍比会议团体支付的房价更高，这导致酒店在会议业务的房价和合同条款上的规定也越来越严格了。不过，聪明的酒店业者明白他们与承办人保持良好关系是非常重要的，在需求过盛的情况下收过高的房费虽然能带来短期的高收益，但可能会损失更多未来的业务，包括这个承办人的未来业务和他给别人口口相传时影响到的更多承办人的决策。

今天的酒店业者必须在合同谈判过程中保护酒店和承办人双方的利益。本章我们将介绍如何进行合同谈判，在签署合同时要关注哪些要点才能确保活动的顺利进行，酒店可以用哪些条款保护自己的经济利益。

谈 判

谈判涉及为了共同利益而达成协议的双方或多方。这个过程应视作一个友好地解决问题的合作关系，而并非可怕的或不舒服的场合。若能够处理得当，对酒店和会议承办人双方而言会是个双赢的局面。

第一步涉及收集资料的准备阶段，知识就是力量。好的谈判通常从研究以下三个方面入手：你的产品、你的竞争对手和潜在客户。

产品知识来自酒店介绍册。对酒店没有全面了解又想满足客户的需求并有效推销酒店的产品和服务是不可能的。

另外，要了解酒店的特色，你必须了解酒店什么时候需要团体业务，最佳客人综合指数是什么以及每个市场的平均房价。会议承办人的谈判地位会根据酒店的业务水平而有所变化，它可以分为以下三类：

- 旺季：这个时期，酒店的服务供不应求，可以收取最高的价格。
- 淡季：这个时期也被称为"谷底季节"，是需求最低的时期，为了吸引业务，谷底时期通常能给到会议承办人非常低的价格。

- 平季: 处于旺季和淡季之间。有客房资源，价位中等或略高。平季是酒店集中进行销售和营销攻势的时期。

要成功地推销自己的产品，你必须全面了解竞争对手的产品。谈判时，尽量强调自己的产品优势，而这些恰好又是竞争对手的劣势。

评估潜在客户的情况时，有以下几点因素需要考虑:

- 预算: 对会议承办人以往和现在的预算可以显示出他们在类似活动中愿意的花费，并且可以知道价格对他们来说是否是主要考虑的问题。

- 会议目的: 每个酒店自有其吸引力。若会方是以培训为目的，小型郊区酒店可以保证团队在酒店时只有这一个会，这也能吸引一些会议团组。

- 日期: 会议安排在什么时候? 这个日期是否可以灵活调整? 竞争对手是否有档期? 如果你知道竞争对手在客户需要的日期没有场地，那么你在谈判中就会处于优势。

- 入住 / 离店模式: 确定团队的入住和离店退房模式，了解这个团队的业务与你已经确认预订的业务之间是否存在冲突。例如，一个周二到周四的会可能会有点麻烦，因为你之前已经确定承接了一个团是周日抵达周三退房的。这时你可以这样建议承办人: "是的，我们周二是有些空房，但是如果您能把入住时间推迟一晚，我们可以给出一个更加优惠的特别折扣，你愿意考虑一下吗?"

- 关心的主要问题: 会议承办人关心的主要问题是什么，最重要的购买因素是什么，是你的酒店可以提供特殊服务，如快速入住 / 离店安排; 还是前台能安排专人负责或有什么特殊的餐饮服务? 这些关注点告诉你谈判的重点在哪里，并暗示出价格是否重要。显然，提到贵宾服务和特别设施对他们的会议很关键的承办人对价格不会太敏感。

- 以往问题: 承办人是否在其他酒店经历过什么问题? 若不止一次提到过劣质的食品服务，则在下一次活动中，食品质量会比价格更重要。

- 团组历史: 了解这个团以往都住在什么酒店里，这能让你对比出自己的酒店服务与之前的酒店的异同之处。同时了解这个团队在其他酒店的消费模式（包括餐饮、商品、水疗、娱乐等设施的消费情况），以及客房和会场空间的使用比例等。有些团队对会场空间要求很多，可能未必对酒店来说是合适的。

团组的历史应追溯多久呢? 一般应看过往 3 年的历史。从国际目的地营销协会（DMAI）的会议信息网（MINT）系统中可以查到很多历史记录资料。MINT 系统储存了各会议局收集的关于协会和企业会议的数据。点击 DMAI 的网站 www.destinationmarketing.org，了解关于 MINT 系统的更多信息。

- 决策时限: 酒店的谈判地位还会受客户决策速度的影响，跟一个马上就决策的承办人谈判的方式与跟一个要等未来某个时间再决策的承办人的谈判方式肯定是不同的。

谈判时，要注重"终身价值"。今天对一个客户在一次小型活动中的让步是否可以为明天带来更多的、长期的、更高利润的业务？相互交易是谈判的一部分，但只在特别需要时，才能既保证品质又做出价格让步。成功的谈判是一个取舍的过程——最终结果是双方都满意。承办人可以预期一次预算内会议的成功举办，而酒店会从活动中获益，同时从双方的良好关系中得到未来更多的业务。

协议 / 合同

合同已经是一个非常常见的词了，但这个词仍然会让很多人害怕——人们更愿意达成协议后签署一个协议书。大部分商人都不愿意签一份满纸法律条文的合同，而更愿意签一个列出所有条款的协议。从实用角度看，协议和合同功能完全相同，只是不同的说法而已。

协议 / 合同应包括用简单的语言列出所有双方谈判和约定的安排。合同要用词准确，避免用专业的"法律术语"，让任何人都能一看就明白。如果必要的话可以配上图表，这样双方都不会对合同条款产生歧义。这个文件既保护客户也保护酒店，另外，它还能起到很多其他很重要的作用。除了列明所有覆盖的条款外，协议对于双方来说还是一个非常好的核查清单。这个文件是非常关键的，因为大部分误会都是由于缺乏交流或经验不足引起的，或是酒店管理层，或是客户，或是双方。

协议 / 合同的每个条款应单列一个自然段，每个议题都要有一个标题，每个要点都要详细说明。不要把任何要点留在口头协议上，协议各方涉及的人员都有可能在会议真正举办时已经离开酒店或办会机构了。靠脑子记是不可靠的，任何事都要落在纸面上，这能在发生纠纷时减少双方的误解，也能避免会议活动被恶意破坏。

提前跟以往办过同类机构同类会议的酒店沟通一下是个很稳妥的做法。这个合同也可以作为一个需求调查问卷，了解团组以往的主办方在办会时会要求场地提供哪些服务和好处（图 9-1）。这些信息在谈判时都是非常有用的。

酒店之间的这种合作是非常普遍的，酒店之间的沟通可能提醒你意识到一些陷阱，同时也能让你保持与酒店内的行规一致。当然，在沟通时要判断这些酒店是否仍然在希望做最后一分钟的业务争取。只要保持谨慎，与以往办同类会的酒店沟通还是能获得一些非常有用的信息。

在发出协议书之前，很多酒店会先发一个方案给会议承办人，方案中会清楚地描述出客户在酒店内将获得什么资源和服务。方案一般都有固定的格式，包括的信

US Grant
HOTEL

AN ATLAS HOTEL

Post Office Box 80098
San Diego, California 92138
(619) 232-3121

亲爱的同事：

美国大酒店正与_____合作。

我们听说该团体曾在贵处举办过会议。如能得到以下信息，我们将不胜感激：

1.

日期：							
本来需要客房：							
实际使用客房：							

会议要求（任何项目）：

2.

	人数	安排
大会	_____	_____
分组会议	_____	_____

3.

	活动数量	人数
早餐	_____	_____
午餐	_____	_____
晚餐	_____	_____
接待	_____	_____

4. 评价：_____

_____

谢谢合作。

签字

图 9-1 需求调查问卷

　　了解会议团组的历史记录是一个非常好的做法，像这样的一个调查问卷可以发给以往办过会的酒店了解以往会议的情况。这个信息对于酒店的谈判是非常有价值的，它能告诉酒店客户是否能真正兑现承诺。让竞争对手酒店提供一些团队的基本信息（包括用房数量、实际入住量、双床房比例、餐饮活动数量等）是合法行为，但交换价格信息是违反《反托拉斯法》的。

息内容基本与协议 / 合同一致，但会比协议 / 合同有更详细的描述。记住，你的书面方案是一个销售文件，其中要展示酒店的很多关键的特征和服务，包括会议册子、信息单页、以往团组的推荐信和其他一些促销材料。方案中最好建议你的潜在客户尽快行动，跟你做生意。每个方案发出后一定要及时跟进。

方案一般是回应会议承办人提出的询价（表 9-1）或考察后的需求。一个书面询价包括团队日期、客房和会场需求，以及团组以往的历史。由于承办人一般会同时给几家酒店发询价，因此你的反馈一定要及时。承办人会希望 1 ~ 2 天内询价得到回复。

表 9-1 范例询价单

<table>
<tr><td colspan="5" align="center">**询价单**</td></tr>
<tr><td colspan="5">日期：20___ 年 1 月 30 日</td></tr>
<tr><td colspan="5" align="center">20___ 整形外科医师大会
由得州 Galveston 整形外科教育基金会赞助</td></tr>
<tr><td colspan="5" align="center">可选日期：20__ 年 4 月 14 ~ 18 日，20__ 年 4 月 21 ~ 25 日，20__ 年 5 月 5 ~ 9 日</td></tr>
<tr><td colspan="5">**活动介绍：**
这个会给从业三年以上的医师提供一个宣读论文的机会，为他们未来的独立行医打基础。</td></tr>
<tr><td colspan="5">**组织方介绍：**
PSEF 是美国整形外科协会的一个教育分支机构，在全国有 6000 个会员，代表了全美国 97% 的整形外科医师。ASPRE/PSEF 每年在美国和海外赞助约 40 个会。</td></tr>
<tr><td colspan="5">**参加人员介绍：**
从业三年的医师，平均年龄 30 岁出头；来自全美各地；70% 男性，30% 女性；15% 带配偶。
需求酒店类型：临近餐饮和夜生活设施的城市酒店。</td></tr>
<tr><td colspan="5">**客房需求：**
  抵达：周二晚上 5 间；
    周三晚上 120 间；
    周四晚上 130 间；
    周五晚上 130 间 +2 个套房；
    周六晚上 110 间 +2 个套房；
    周日晚上 5 间，其他全部退房。
  备注：需要平季价，单双同价，85% 单人房，15% 双人房，85% 非吸烟房，价格敏感团组。
  减免政策：2 个套房中有一个需要免费升级，给协会主席住；
      每 50 间免 1 间；
      2 间员工住房，希望给最优惠的价格。</td></tr>
<tr><td colspan="5">**会场需求：**</td></tr>
<tr><td>日期</td><td>时间</td><td>功能</td><td>参加人数</td><td>预算</td></tr>
<tr><td>周三</td><td>下午 3:00 ~ 7:00</td><td>注册签到</td><td>2 张 6 米长条桌</td><td></td></tr>
</table>

（续）

日期	时间	功能	参加人数	预算
	下午 6:30 ~ 7:30	欢迎酒会	200 人	30 美元 / 人
	晚 7:00 ~ 12:00	展台搭建	25 张 6 米长条桌	
			20 中高双面招贴画	

　　询价提供了关于主办方和活动的基本信息，包括具体的会场要求、团组的历史，以及决策日期。询价可能是通过传真、信函、电子邮件或酒店的网站直接提交的（这在现在已经越来越普遍了）。大多数情况，会议承办人会在询问酒店的同时也询问其他服务供应商，如询问展览搭建公司（如有展台）、安保公司、影音设备公司、旅游巴士公司和整体服务承包服务公司（如果活动准备外包）。这种询价一般有三个表，上面显示的只是第一张表，第二张表一般列出每天的会场需求、会议以往的历史，以及一个控房和控会场的需求单，第三张表会列出一些特殊需求，包括反馈日期、项目决策日期、会议承办人的姓名和联系方式。CIC 有一份标准询价单可以从 www.conventionindustry.org 网站上下载。

互联网练习

电子询价

　　大约 10 年以前，第一份在线询价单在旧金山雷迪森 Miyako 酒店的网站上出现了。现在，几乎所有的酒店网站上都能让会议承办人在线填写询价。事实上，酒店会收到非常多的询价，但询价都需要及时地关注和回复。要确保回复的及时性，皇冠假日酒店承诺询价在 2 小时内回复，否则就从活动总账中给出 5% 的折扣。

　　浏览以下酒店的网站并下载每个网站的询价单（一般从"团队""会议"或类似的页面中可以找到询价单）：

- The Breakers Palm Beach： www.thebreakers.com；
- 波士顿洲际酒店： www.intercontinentalboston.com；
- Peabody Hotel Memphis： www.peabodymemphis.com；
- 拉斯维加斯万丽酒店： www.renaissancelasvegas.com。

认真阅读每个询价单后回答下面的问题：

1. 四个询价单中，你觉得哪个对会议承办人最友善？为什么？

2. 对比这四个询价单和会议业委员会（www.conventionindustry.org）推荐的询价模板，进入网站后点击"Apex"，然后点击"Accept Practices，Requests for Proposals"，最后点击"Single Facility RFP"。

　　不论团组是否接受你的方案，你都要在发感谢函时附带上一份协议书。一般协议书为一式三份，并需要办会负责人签署后回传。如之前解释的，具有法律效力的合同是列出了双方都同意的条款和安排。除了一式三份的协议签署回传外，还有一种确认方式是承办人回复邮件告知接受协议条款正确并接受这个协议。

在发出合同或协议书时一定要标注日期，这在谈判阶段是非常重要的，因为这能确保双方拿到的是最新版的合同文本。在签合同时酒店方要先签，然后才是会议承办人签。不过要记住一旦买家签署了合同你就没有机会做任何修改了，双方签署的文件就是有法律约束力的文件了。合同最好是一式三份，请客户签署后回递两份，客户自己留存一份，然后你收到签署的合同原件后，签署并回递一份，自己留存一份。①

不要急于回签合同，要先仔细看一下客户有没有对合同文本做过任何修改，客户是可能做些修改以更好地约束双方的。

再次强调，一份严谨的协议是双方成功执行会议的前提，清楚准确地说明谁做什么、收取什么价格能有效避免误解与纠纷。这里不能有意外，每一个条款都要得到客户的确认，这样才能有效地保护双方的商业关系。

由于所有条款都必须涵盖在合同或协议书中，因此要确保所有基本信息都被详细记录其中，下面几节中我们将具体介绍一些基础的条款和常见的协议点。

机构和酒店的名称

协议或合同一段开头都有一段引言，说明协议双方（双方都要写明机构名称、地址和联系方式），说明双方有意达成以下协议，并说明协议涉的活动名称。引言一般还包括活动的确切日期。

正式日期

"写清正式日期"听上去非常基础，但必须要把活动日期写正确、写具体（包括活动进场时间和撤场时间）。这些日期一般被称为正式日期，不仅要写几月几日，还要写明是星期几，还有活动的具体开始和结束的时间点。这能帮助酒店将会场锁定到具体的一个时间点，你肯定不希望因为一个早餐结束得太迟而没有时间翻台而不能承接一个午餐或接一整天的培训。

客房数量和类型

明确具体控房的数量，包括套房数量、单间数量、双人大床房数量和双床间数量。有时客户还要明确规定房间的具体位置，如需要房数很多的情况，如果你能同意这一点，还要标明在 A 楼的客房数量和在 B 楼的客房数量。

很多酒店用表格的形式说明控房情况（表9-2），表上列明了日期、星期几、具体房型和房价，以及每晚每类房的数量。

还要包括房数预订的一个截止日期。参加人员如果在截止日期以后提出订房要求，不能确保有房，而且也不能确保使用协议房价不变。在截止日期以后订房的参会人员，如果酒店有房，必须按"市场价"支付房费。一般这方面的合同术语表述如下：

"大会开始前30天为预订截止日，截止日期是20__年5月1日，在这个日期以后，任何未预订的客房将被放掉，接受公众预订。在截止日期以后我们仍可以接受你们团组的预订，但是否能满足需求取决于当时的房态。

会议承办人可能要求酒店在截止日期后继续按团队协议价（而不是市场价）接受参会人员的预订，如果酒店还有房的话。酒店一般不愿继续使用团队价，特别是如果当时是酒店需求旺季时。对于一个会议承办人来说，这就意味着协议的每个249美元的房价可能飙升到429美元。"[②]

表9-2　团控房表范例

房型	标间	丽思卡尔顿套房	行政层客房	员工房	协议总房数
房价	$260	1500	260	165	
10/20 周一				7	7
10/21 周二				7	7
10/22 周三	3			7	10
10/23 周四	46	1	5	7	60
10/24 周五	46	1	5	7	60
10/25 周六	46	1	5	7	60
10/26 周日				7	7
行政套房费 $425					

一个团组控房表的样式，最左一列是日期，房型和房价在最上面两行，每一天加总就是同一房型从抵达到离店的间夜数。

资料来源：感谢拉斯维加斯湖丽思卡尔顿酒店。

要明确预订是如何确认的，常见的形式包括通过邮件寄定房回执、通过分房名单、通过会议局的订房单，以及直接到酒店预订，或通过酒店的800电话预订。还要明确谁能处理预订回复确认，酒店、会议团组还是第三方订房公司。

房价 / 佣金

具体标明每类房型的房价，如果是区间房价要标明最高和最低房价，如果谈的是均价（即所有客房都收取一样的房费）也要明确说明。如果酒店的不同位置的房价格不同，最好分别列出所用所有房型的价格。如果是套房，要注明是否带阳台，套房内有几间卧房。

很多大型会议会提前很久做计划，大部分酒店提前一年是报不出价的，在这种情况下可以谈一种房价计费公式，一般是说明在门市价的基础上打几折。例如，如果酒店当前的门市价是每间夜 150 美元，目前会议团队价是在门市价基础上打八折（即 120 美元），同样的折扣也适用于会议期间的用房，即参会代表可以享受酒店门市价的八折。其他计算公式还包括在当前房价基础上按要消费物价指数有一定比例的调高。

要列明税金，一般参加人员都必须支付州税和其他跟客房相关的税费。如果这里还包含了小费和服务费也要单独列明，以免造成令人不愉快的意外。

除了跟会议承办人谈判外，现在很常见的是还必须同时跟第三方谈。诸如 Experient 和 HelmsBriscoe 这些企业常代表团组与酒店进行议价，包括房价、餐饮消费和会场费用。由于这些企业的预订量很大，它们通常能获得较高的酒店佣金。

因此，合同中必须明确约定房价的条件，是否含任何佣金。协议各方必须非常明确哪些费用是含佣金的以及佣金是如何计算的（如有些佣金是跟着包价计算的，只有房费可以返还佣金，或者有些佣金是在总费用基础上按比例返还的）。合同中必须说明佣金支付给谁、什么时候支付。

抵达 / 离店模式

你要了解团体的入住 / 离店模式，包括会议代表入住和离店的日期和时间。如果团队控了 400 间房，基本不太可能所有 400 间房的客人都同天入住，你要做出入住时间表并根据合同做每天的客房预订。例如，协议要求 1 月 10 日周三要 100 间，1 月 11 日周二 200 间，1 月 12 日周三要其余 100 间。最好把每天入住的房型分列出来，单间、大床房、双床间和套房。你会发现锁定入住日期要比离店日期容易，但其实退房日期对你来说也同样重要。

由于所有酒店都努力让入住率最大化，如果团队客人离店早了可能造成收益的损失。很多酒店会对早离店的客人收取一定的损失费并在预订时就跟客人说明。因此合同上要明确说明提早退房收取损失费的金额和收费理由。这些规定条款也要印发在给团组成员的会议手册上（或注册登记表之类的书面文件），并列在活动的网站上。

当然，关于提早退房的条款也需要双方协商，如果客人是因为意外情况而提早离店，这个损失费应免收。或者如果客人在入住时就告知要提早退房，这个罚金可以免收（只有客人在没有提前告知的情况下在预订日期之前退房才能收取损失费）。其他合同条款规定也能免除部分人员的提前退房的损失费，如团组的工作人员、VIP 和言讲者。

会场

有经验的会议承办人都希望你能留着所有会议室和公共空间直到他确定了会议日程和人员流动交通方案。如果活动的筹备期很长，而且会议也不可能包下整个酒店的话，做到这一点是非常困难的。你需要对其他会议进行销售，要记住尽管很多活动是很大型而且著名的活动，但大部分会都不可能占满整个酒店，因此酒店同时接几个会是常有的事。酒店接的第二个、第三个会可能占用的会场比较小，但也是非常重要的收入，而且可能也是未来的回头客。

你能控多少会场是一个谈判要点，可以先预留所有的会场，但要确定一个会议日程敲定的日期时限，过了这个时限会场就会被放掉。如果你同意控会场而没规定最终预订解除的日期，你就无法再用空置的会场吸引更多的会议和宴会预订。

很多会议承办人希望能把会议室的名字写到合同里。这会让你失去灵活调整的余地。如果有可能话，尽量避免把会议室的名字写到合同里，并规定在什么日期后未确定的会场将被放掉。具体措辞可参考如下表述：

我们已经根据收到的需求预留了会场，会议最终确定的日程必须在会议开始前9个月提交给酒店，届时所有未确定的会场将被放回给酒店。在会议日程打印之前酒店将提供具体会场的名称，以便留出时间确认参加人数。

另一个考虑的因素是客房与会场的比率。团队和散客都是酒店的生意源，团队预订得早，酒店一般给团队的价格比较优惠，散客预订周期短（一般提前1～2天）但能付比较高的房价。因此根据需求情况，酒店会在全年不同的时间预留不同数量比例的团队房。

如果酒店共有400间客房，在一定时段里可留给团队的客房极限是300间，其余100间用来满足散客的需求。如果酒店就是一家有300间房的团队酒店，如果酒店接了一个用200间房的团队，但占用了所有会场，那么收入可能会有损失，因为剩下的100间团队房就没有会场可用了，因些会比较难销售出去。

会议团体都会对会场需求较高，但对客房需求不多，不过不要马上放弃这种业务机会。如果遇到团组需要比较多的会场，比较少的客房，酒店可以说服客户调整日期，改到酒店正在接另一个（如城市会或奖励活动）对房数需要量大，但对会场需要量小的团组的时期，这样酒店就能既很好地满足团组对会场的大量需求，同时又不要求他们用太多的房。

免房和折扣房

酒店提供一定数量的免房是会议行业的惯例，但提供免房的数量会有很大差异。如果在淡季，会议团组用了很多会场，酒店可能会在免房方面非常大方。比较抢手的酒店在谈免房时态度会比较强硬。大部分情况下，酒店会根据客房预订数量提供免房，比较常用的原则是每50间免1间，每100间夜免费升级1个套房。酒店的政策要在合同里清楚地表述出来：

我们很高兴每 50 间房提供 1 间免房，免房的提供取决于会期用房的累计。酒店会做总房量统计，并根据总房量统计提供免房。提供免房的前提是总账担保了所有团队客房的房费，或者根据入住时客房／套房预订量提供免房。

注意上面的条款中讲的免房计数是根据用房的累计，而不是每晚的用房。很多会议承办人会希望这样计算，即如果团组第一晚用房 45 间，第二晚用房 55 间，这样累计下来就可以有 2 间免房，而如果免房是以每晚计算，这个团就只能有 1 间免房。不论如何计算，都要在合同里清楚地写明，酒店要说明免房是否免整个会期，包括提前抵达和延迟退房的日子，还是只免活动正式举办的日期。

酒店和客户还要确认其他折扣房的数量，包括工作人员用房、VIP 用房、演讲者和表演者用房，这些都需要双方协商谈判。合同中应明确说明这类房的数量和折扣后的价格，并且尽可能说明不同的房是指定给什么样的人住的。

如果会场有特殊折扣也需要说明每个会场折扣后的费用。跟免房和折扣房一样，要在合同中标明数量和费用，并列明这些会场的用途。

前期考察

酒店通常会免掉会议组织者工作人员前期考察的房费，前提是酒店那个期间有房。最好限定前期考察的工作人员数量和房数。

工作区域

会议组织者会需要办公室、媒体室和类似的工作空间，这些是需要双方协商的。如果这些工作区域需要付款要明确说明价格，如果是免费提供的也要明确说明，并说明这样的场地最多能提供几个。很多会议承办人还要求这样的场地的位置要靠近主要的会场。

注册管理

协会会议期间，酒店一般同意清掉所有住宿需求，因此所有与会议有关的住宿需求都需要通过协会或会议组委会完成预订。所有订房都补充到协会会议的担保房数中去。另外，协会组委会一般也会要求控制套房的使用，因此协会组委会一般会在酒店内设自己的展台作为住宿接待中心。

展示空间

如果展厅是收费的，要明确说明费用中含了什么，如展示时间、用电、空调或供暖，以及一定数量的桌椅，列明哪些家具是酒店提供的，哪些需要外租。

跟会议承办人确定展会的准确日期，包括开始和结束的时间，以及展览搭建进场和撤场的时间。很多酒店提供相关表单给会议承办人确认日期、时间，包括展览时间和展商搭建进场和撤场的时间。

有些酒店根据展台数量收费，即每个展台按每天的租金收费或按整个展期收费，包括搭建进场和撤场的时间。不过，这会把酒店的收益与招展方的能力捆绑在一起，因此酒店一般收取一个最低费用，通常每平方米每天 2 ~ 5 美元。

餐饮活动

会议承办人不会让你现在就出三年后的一个活动菜单的，大部分承办人都知道物价水平是随市场情况波动的，餐饮经理不可能提前太早报价，一般要到活动开始前 6 个月才能报价。但会议承办人必须要做预算，因此有经验的承办人一般会根据当前的菜单给出一个固定餐费浮动比例，或把当前的菜单作为合同附件，谈定一个每年价格上浮比例上限。

明确写明餐饮活动的保证人数，最常用的是最终保证人数在活动开始前 48 小时告知，不过很多酒店要求提前 72 小时。如果你需要更多的时间，或中间跨周末，一定要事先谈定并写入协议。菜单必须有定价并由客户确认。大部分酒店同意在保底人数以上提供一定数量和备桌，以备接待人数增加，一般备桌的数量是总人数上浮5%，也有些是 3%，也有根据具体的人数说明备桌的具体数量或人数。一般这方面的条款会表述如下：

所有餐饮活动保证人数需要提前 48 小时通知。必须通知你的宴会部经理能保证付款的确切就餐人数。安排在周日或周一的用餐活动，必须在前一周周五中午以前通知才能得到保证。

酒店安排如下：

20 ~ 100 人	保证人数上浮 5% 的备桌
101 ~ 1000 人	保证人数上浮 3% 的备桌
超过 1000 人	保证人数上浮 1% 的备桌

若没有收到保证人数的通知，将根据原定就餐人数准备餐食并对其进行收费。

销售人员在报餐饮价格时要注意标明"价格 ++"，这个价格是人均的餐费，两个加号代表税和服务费，这两个费用是在人均餐费的基础上额外增加的。实际的人均花费要根据州税和酒店的服务费率而定。例如，加州的 Carmel 谷酒店的餐费报价是人均 20 美元 ++，人均总价是 25.45 美元，20 美元加上 1.45 美元的销售税（7.25%）再加上 4 美元（20%）的服务费。

APEX 合同报告

2006年12月16日，会议行业委员会（CIC）旗下机构APEX（可接受交易行为）发表了一篇题为《APEX可接受的合同行为》的文章。和其他APEX原则一样，报告主要针对合同问题，提出了七点建议，这与其他APEX的文章有所不同，其他文章一般只提供标准模板范例。Tyra Hilliard，一名资深的律师、发言人和会议顾问，曾是APEX合同分会的主席，她指出：

"合同都是谈出来的。这是一个教育文件，不能拿它来取代谈判，销售人员只是帮助人们更好地了解合同，从而更好地谈判合同。"

分会认为不可能制定一个"标准"合同，因为它会涉及很多不同行业、很多不同类型的供应商、很多不同行业的客户、不同的酒店和不同的需求，不论从法律的角度还是从竞争的角度都不可能提出这样的一个标准文件。虽然不能出一个标准的饭店合同（尽管文章列出了很多条款的建议和框架），但APEX可接受合同文件中还是以字母顺序列出了23个酒店合同中的常见条款，介绍了每个条款的目的和涉及的需要关注的细节要素。

可以进入CIC网站（www.conventionindustry.org）看这篇文章，进入网站后点击"APEX"栏，然后进入"Accept Practice"，鼠标向下滚到"APEX Contract Accepted Practices"即可找到此文。

资料来源：APEX Contracts Accepted Practices, 2006, Convention Industry Council; Corrie Dosh, CIC Prepares to Issue Educational Paper About Meetings Contracts, Business Tr 视听 el News, September 11, 2006, p.22。

茶歇

令人吃惊的是，很多争端源自茶歇安排。很多会议承办人以为应按咖啡店的标准收费。有时他们不明白酒店运作的状况。这种误解可能遭致很多不满。所以，当酒店提供茶歇时，将所有包括在内的项目进行解释非常重要。这也包括糕点、饮料、果汁的价格，让客户认为酒店收费合理是很重要的。

酒水

说明酒店关于酒水服务的政策，大部分酒店禁止会议承办人自带酒水或食品。清楚地说明这些政策以免会议期间产生误会，一般这种条款的表述如下：

不经酒店书面允许，不得从外部带进任何形式的食品和饮料。对于违反此规定带进酒店内的食品和饮料，酒店保留收取服务费的权利。若必须在酒店内使用任何酒精饮料（或在其他酒店酒精饮料许可证涵盖范围内的酒精饮料），酒店要求必须由酒店服务人员派发这些饮料。酒店酒精饮料许可证要求酒店：对年龄有怀疑的人员要求出示身份证件（有照片的身份证件），如果此人不到法定年龄，或不能提供适当身份证明，则拒绝供应；拒绝对任何酒店认为饮酒过量的人提供酒精饮料服务。

如果酒水供应商按瓶收费，要做好记录，在会后按实际开瓶数量与会务组结算。对于酒店和客户来说，确定谁能授权继续开酒非常重要。

互联网练习

评价合同模板

在电力与电子工程学院的网站，（www.ieee.org/web/conferences/organizers/contracts.html）上，你可以找到以下各酒店集团的合同模板：费尔蒙、喜达屋、凯悦、迪士尼（加州）、希尔顿、迪士尼（佛罗里达）。

下载其中一个酒店集团的会议合同，找到合同中以下条款：

仲裁与争议的解决	损耗	取消
免房和折扣房	小费和服务费	客房拾得品回顾
罚责	总账与信用卡担保	终止

根据上述条款的信息回答以下问题：

1. 什么条款能确保机构可以获得最低的团队价格？
2. 合同能允许多大范围的灵活度来规避损耗费用的产生？
3. 什么样的信息需要酒店在会后报告中提供？

小费与服务费

小费与服务费应事先谈好，落实到协议中。大部分会议承办人把小费看成会议成本的一部分，尽管这是一个敏感的问题，但在一开始就把原则规定好是个好的开端。关于小费的条款一般做如下表述：

行李员小费每人 3 美元，含往返行李搬运，这是团队抵达时强制支付的。客房服务生小费每间夜 1 美元，这是自愿的，但建议给。

关于所有服务的条款一般表述如下：

所有餐饮及相关服务都需要额外收州税，每个餐饮网点会自动在消费上额外加收 17% 的服务费。

注意以上条款说明服务费也是要收税的，服务费的税率各州不同，服务费的税率也要清楚地在合同上写明。

拓展阅读

会议产业委员会

专业的客户是最好的客户，专业的客户希望跟专业供应商做生意。会议行业发展非常迅速，但是这个行业的专业度提升速度却非常迟缓。所幸的是，1949 年，四个专业协会的负责人聚合到了一起并致力于改变这种现状。组合之后的组织中包括买家和卖家，大家共同组成了一个委员会，制定了一系列为行业所普遍接受的标准。

这个组织就是现在的会议产业委员会，委员会有四个基本目标：

1. 让行业内的各方相互包容和理解；

2. 制定会议执行和服务流程的一些基本准则，并进行培训；

3. 就大家共同感兴趣的话题进行研讨和培训，吸纳个人和机构参加；

4. 让公众认识到会议对产业发展、经济发展、社区和国家发展都有重要意义。

委员会的四个发起组织是美国饭店业协会（AHLA），美国协会管理人协会，国际饭店销售及营销协会，国际会议旅游局协会。

现在委员会内有 34 个组织，其中约一半代表买家，一半代表卖家。

多年来，这个委员会一直是行业培训的领头羊，它创建了会议职业认证（CMP）体系。1961 年发表了《会议产业委员会指南》，书中详细介绍了会议所涉及的三方的权责，这三方分别是会议赞助方、酒店和会议局。本书现在已经出到第八版了，书中有很多实用的核查清单、表单，还有会议业词汇表。委员会还对会议业对经济的影响进行研究，最近还完成了 APEX 项目，制定行业可以普遍接受的行为准则。

会议产业委员会的 36 个成员组织：

会议及活动总监国际协会（ACCED-I）

AMC 研究院（原 IAAMC）

会议管理顾问联盟（AMMC）

美国酒店业协会（AH&LA）

美国协会管理者及中心协会（ASAE & The Center）

会议运营管理协会（ACOM）

目的地管理者协会（ADME）

工程及科学社团管理者委员会（CESSE）

展览行业研究中心（CEIR）

国际目的地营销协会（DMAI，原 IACVB）

展览设计及输出协会（EDPA）

展览服务及协议协会（ESCA）

财经及保险会议承办人（FICP，原 ICPA）

绿色会议产业协会（GMIC）

医疗会议及展览协会（HCEA）

国际饭店销售与营销协会（HSMAI）

国际集会管理者协会（IAAM）

国际会议中心协会（IACC）

国际展览及活动协会（IAEE，原 IAEM）

职业会议组织者国际协会（IAPCO）

国际讲者局协会（IASB）

国际会议及大会协会（ICCA）

国际特殊活动社团（ISES）

国际会议职业人士协会（MPI）

全国餐饮管理者协会（NACE）

全国商务旅行协会（NBTA）

全国黑人会议承办人联盟（NCBMP）

全国讲者协会（NSA）

专业会议管理协会（PCMA）

宗教会议管理协会（RCMA）

政府会议专业人士协会（SGMP）

奖励及旅行管理者协会（SITE）

行业展览协会（TSEA）

美国旅行协会（U.S. Travel）

影音设备

一些酒店从自己的库存中提供音像设备；也有些酒店使用当地经销商。不管是何种情况，标明设备和服务的价格或说明会议团体应自行安排影音设备很重要。你也可以提供与客户直接联系并直接收取客户费用的地方服务公司的名称。一些酒店会接受地方经销商的账单，再收取客户的费用。但是弄清楚谁负责提供必要的影音设备给客户是很重要的。

工会规定

会议组织者对工会的规定习以为常了，但是你应该列出基本的工作日、价格和加班费。你还要列出你的劳动合同中任何超乎寻常的工会要求，让你的客户意识到这些可以为日后省去很多麻烦。

很多敏感的会议承办人在核对工会条款前不会在确认书或协议书上签字。酒店在会议前有责任提醒会议承办人地方劳动合同有可能终止，也可能出现劳动力价格上涨和劳工纠纷等。

总账与授信

会议承办人应建一个总账，他必须向酒店提供一个有权签单的人员名单，签单的费用计入总账。客户还应说明会议组织将为演讲者和表演者承担哪些费用。客户可以选择只支付房费，个人支付所有其他费用。公司会议要搞清楚每个与会代表的支付安排。在客户离店前一定要核对总账无误后让客户签字。

在对一个公司团体或协会提供信用时，酒店销售人员经常要求客户提供一份完整的信用申请表（表9-3）。可以向承接过该机构以往会议的酒店咨询以往的信用情况。借鉴以

表9-3　直付账单申请

很多酒店不能自动给新客户授信。会议团体如果在酒店没有信用历史记录，必须填写授信申请表。请注意这个申请表通常要求附上其他酒店和银行的推荐信。

往的经验，加上邓白氏（Dun and Bradstreet）的信用调查，这些都可以用来决定给予某个会议团体多高的信用限度。

支付方式

清楚说明你需要的付款方式。若需要预付款，清楚说明并给出具体日期。对需要支付的其他款项和最终支付进行谈判。很多会议组织者愿意离店前先核对总账，但是有些酒店却不能那么快将它准备好。通常的做法是如果有些项目需要协商或没有完成，暂不支付这些项目。但多数酒店坚持在客人离店前确认总账，因为这时候所有事情依然清晰而且也有相关人员可以查问。可以用以下条款进行表述：

为了保证会议成功举办，酒店将立即投入服务。因此，我们的政策是在你离店前先支付总账的 75%，余下的 25% 将直接计入账单。

终止 / 取消条款

终止 / 取消条款有时也被称为不可抗力条款，这个条款是指双方任意一方因自己无法控制的因素可能取消整个协议行为。终止指双方在什么情况下取消合作是可以免责的。例如，在罢工、城市封锁或火灾，以及停电、停暖或自然灾害的情况下，酒店无法履行合同是可以免责的。如果酒店更换业主、管理集团或进入破产程序，会议承办人可以终止合同。其他双方无力控制的因素情况下，如天气突变、大型灾害事件或骚乱暴动也可以终止合同。

表 9-4　四家酒店的取消政策示例

Anetole 酒店取消政策

如果在会议实际日期 _____ 天内必须取消会议，您必须支付预期客房收入的一半作为取消费。这个费用将被用作弥补不可取代的收入损失。如果能将预订房间的全部或部分售出，我们将做一些调整。

如果是因为您方无法控制的全国紧急状态或不可抗力因素而导致会议取消，以上段落将视为无效。如果在会议取消一年内，您能重新预订该会议或要求相同的会议，我们会很高兴将取消费用用在后订的会议上。

因合同取消或合同违约而导致或产生的任何矛盾或索赔都将按照美国仲裁协会的规定进行仲裁，仲裁人所做的决定可以由任何有裁决权的法院进行裁决。

南海种植园取消政策

收到取消通知时间	取消费
预订入店日期 0 ~ 60 天前	支付约定会议期间的全部费用
预订入店日期 60 ~ 90 天前	以上费用的 75%
预订入店日期 90 ~ 120 天前	以上费用的 50%

（续）

> 预订入店日期120 ~ 180 天前　　　不退还预付款
>
> 注意：同样取消政策适用于约定的会议期限缩短的情况。
>
> 　　另外规定，贵方仅因欲在其他城市或设施举办该会议时，无权终止合同。南海种植园同样无权因其他大型团要求同样的空间和时间而取消贵方的客房预订。
>
> **Opryland 酒店取消政策**
>
> 　　如果贵方必须取消会议，我们会很难把贵方预订的房间重新销售出去，而贵方的取消无疑会为我们酒店带来额外的收入损失。但是我会尽力将为您方预留的房间重新销售出去，对在约定的日期内没有重新销售出去的房间收取消费。这些费用以没有售出的房间乘以与贵方商定的会议期间房价计算得出。
>
> **科罗那多酒店取消政策**
>
> 　　若因特殊或不可预见情况而必须取消团体会议的不幸状况出现，该团体同意：第一，若取消在预订日期一年内发生，支付一晚所有已确认数量的房间费用，该晚应为确认房间数量最多的那晚；第二，若取消发生在会议约定日期3个月前，支付所有确认数量的房间费用。

资料来源：经过 Anatole 酒店、Opryland 酒店、南海种植园度假酒店和科罗那多酒店法律部总顾问 Timothy R. Binder 允许使用。

　　终止条款之后应该是取消条款，在合同中取消和终止是不一样的，终止意味着双方均无义务继续执行合同，而取消意味着一方不执行合同，这种情况下不执行合同的一方要支付对方损失。很多大型会议都是提前几年筹划的，因此取消活动的风险是存在的。合同中必须准确说明如果因终止条款中列明的原因以外的原因，其中任何一方取消会给酒店或团组带来的损失。酒店合同中的取消条款一般是收一定的取消费用的，金额是随着时间的临近递增的（表9-4）。取消罚金中还要包括预订的餐饮活动的损失。损失费指的是利润的损失而不是收入的损失，因此损失费的比例不能超过酒店利润率（一般来讲，客房是70% ~ 80%，餐饮是30% ~ 40%）。

　　最近，凯悦集团执行了一套新的标准合同，其中最主要的变化就在取消条款这部分。凯悦用公式计算取消损失费，越临近会议开始期损失费越高。如果签订合同到活动开始前2年之前取消，收取客房总金额的40%，餐饮总金额的15%以及会议室订金；如果在会议开始前6个月取消，收取客房总金额的80%，餐饮总金额的40%以及会议室租金。如果是酒店方取消，则以同样金额的罚金支付给团组方。凯悦旗下的酒店都是自己管理或既管理也是业主的酒店，凯悦集团对各酒店均有掌控力，因此在这120多家酒店内统一执行这个标准合同是完全可行的。

责罚：赔偿与损失

　　为了在取消时保护自己的利益，大部分酒店合同中都有损失赔偿条款。损失赔偿条款是指承办人和酒店双方事先同意好的取消罚金原则，即取消后的损失赔偿。

有了损失条款，但赔偿金额是无法事先确定的，只有等会议日期过去后才能计算出实际损失的金额。但是由于追踪记录和计算实际损失的过程太复杂，而且收取损失的时间要拖到很晚，因此大部分酒店更愿意采取另一种方式，即直接收取预估损失费。

这种预估损失赔偿条款是指协议双方事先约定一种损失计算方式在取消时支付。通常这种预估损失的金额要低于酒店计算的实际损失金额，但这至少是一个有保障的金额。预估损失金额的设定往往在会议开始之前很长时间，酒店还是有机会再卖掉一些客房的，而这种收益不必返还给支付损失的一方。

表 9-5 预估损失与实际损失对比

预估损失	实际损失
• 事先确定	• 必须等到会期过去以后
• 酒店有风险	• 团组有风险
• 不用提供损失金额支持文件	• 很难证明 / 计算

预估损失是一种减少双方损失的妥协办法，酒店不必证明其实际损失金额也不必提供任何证据支持文件。

损失赔偿条款一般也是按比例随日期的推近递增的。下面是这类条款的表述范例：

根据协议条款，酒店已经根据需求预留了房间和会场。如果这些预留的房间和会场不使用，酒店会蒙受巨大的经济损失。

您有权取消预订，但要以书面形式通知酒店并按以下要求支付酒店损失罚金：

在 2010 年 12 月 15 日前通知取消，收取预估利润的 15%，即 183060 美元；

在 2012 年 11 月 15 日前通知取消，收取预估利润的 30%，即 366120 美元；

在 2013 年 11 月 5 日前通知取消，收取预估利润的 70%，即 854280 美元；

在 2013 年 11 月 5 日后通知取消，收取 1220400 美元。

拓展阅读

计算损失

实际损失和预估损失的区别在于预估损失是预估的，会少于实际损失。例如，一家酒店以每间夜 100 美元的价格接受了一个 200 间夜的团体预订，预计此团的客房收入是 2 万美元。

锁定客房数：　　　200 间夜

团队客房均价：　　100 美元

客房利润率：　　　70%

团队取消后会发生什么情况呢？根据预估损失条款，酒店有权收取损失总收入的 70%，即 14000 美元，因为损失指的是酒店损失的净利润而不是收入，利润是指总收入减去可变成本。

酒店需要从各个收益点追踪损失，行业的平均标准是客房利润率 70%，餐饮利润率 35%，酒水的平均利润率是 80%。

如果预估的取消损失，还要加上其他消费总额的 20% 的取消损失费，上例的取消损失费应该是

（续）

> 2800 美元。
>
> 实际损失费   预估损失费
>
> 20000 美元 × 70%=14000 美元   20000 美元 × 70%=14000 美元
>
>   14000 美元 × 20%=2800 美元
>
> 根据实际损失条款，如果酒店能再卖出取消房中的 50 个间夜，则需要再退还 3500 美元给团组：
>
> 卖出 50 间夜：50 × 100 美元 × 70%=3500 美元 14000 美元 － 3500 美元 =10500 美元

万豪酒店团的法律总顾问 Carolyn Colton 提醒大家，在计算损失时要考虑客房以外的其他利润损失。她指出：

"当一个团组取消某个活动时，酒店的餐饮、宴会和会场收益损失也是可观的。此外酒店还会在其他方面有损失，如纪念品售卖、客房收费电视和客房送餐服务等消费方面的损失。" [3]

大部分会议承办人更愿意接受实际损失条款，因为这种条款要求酒店必须努力寻找新业务卖出取消的客房，以减少损失。酒店如果认同这种条款，损失费要在活动日期过后，计算再度售出的客房收入以后才能根据计算出的实际损失结果收到损失费。因此损失费收款会很慢而且计算复杂。

比较常见的是会议承办人要求把两种条款结合起来。Conference Direct 公司的副总裁 David Scrypinski 提醒说：

"合同中要有实际损失或预估损失条款，但决不能两个都有。实际损失是你的酒店把取消的房重新销售的过程，实际损失只有在活动日期以后才能收取。预估损失则可以在取消时就收到。显然预估损失条款对于酒店来说是最合适的，这是需要你去谈判争取的。有时客户坚持要实际损失条款，理由是不论实际损失还是预估损失，酒店的收益都是打了折扣的。但如果你的合同中包括了两个条款，就意味着酒店被损失了两次。" [4]

总之，如果合同有预估损失条款，就不会有取消房再销售的要求，酒店没有义务去争取损失的最小化（重新销售客房和会场）。法律在这方面的规定非常明确，如果合同中包括了预估损失条款，有损失一方不必证明其损失金额，也不必去争取损失最小化。即使酒店重新销售了取消的客房，会议团体也必须按合同支付损失费，因为酒店接受了比实际损失低的预估损失费。

损耗条款

损耗与取消不同，损耗是指预计数量不足，即合同承诺的保证数量与实际客房、餐饮、会场消费量不符。如果会议团体或酒店取消了活动，这意味着完全没有与合同活动有关的任何消费。合同中损耗条款一般是用来规定会议团体有责任履行预订承诺的条款，酒店可以根据这个条款在会议团体的实际消费量没能达到保底数量时仍然按保底数量收费。

客房损耗 以前酒店为会议团体控的房如果没有用掉，会议团体在活动开始前30天前可以把房退还给酒店重新销售而不承担任何损失，这种状况直到最近才发生了改变。

尽管有些酒店仍然执行这种行业惯例，但大部分酒店（特别是在客房供不应求的时候）都在合同时加上了损耗条款，根据损耗条款，如果实际使用客房数量与预订数量相比大幅减少时酒店会收取一定的损失费。已经实际用掉的预订客房被称为"实租客房"，没用的预订客房被称为"漏损客房"。

损耗条款保护酒店免受过多漏损客房的损失，一名精通会议业务的律师 John Foster 指出：

"漏损条款要求会议承办人在预测会议参会人数时更加精准。现在的情况下，你把人数估少一点要好过多估人数。因为订超再找酒店要房要相对容易一些。"⑤

保底房数是可以协商的。达拉斯温德姆酒店的销售总监 Kristy Sartorious 指出，他们一般允许有 20% 的房数减少不收损失费。不过威斯汀连锁酒店各城市的分店在这方面的规定都不一样，如旧金山市区的圣弗朗西斯威斯汀只接受 5% 的减少。这种差异的原因是市中心的酒店更容易重新售出给商务客，而度假区的酒店则主要依赖度假客。

损耗费一般是梯度递增的，即实际用的房数越少，损耗费越高（表9-6）。损耗费条款的谈判最好落实到具体金额上，同时要给出几个双方共同梳理控房情况的日期节点。例如：

酒店同意为协议团组控房，为此酒店将拒绝其他同期团组的预订，因此酒店对预订房数的减少将收取损耗费。

在团组抵达前 9 个月到一年，酒店允许在预订房数减少不足 20% 时不收任何费用，超过 20% 的减少（含 20%），酒店将收取每间＿＿＿＿＿＿美元的损耗费。活动前6 个月到 3 个月酒店允许预订房数减少不足 10% 时不收任何费用，超过 10% 的减少（含10%），酒店将收每间＿＿＿＿＿＿美元的损耗费。

餐饮损耗 除了客房要收损耗费之外，有些酒店还要求承办人保底会场和餐饮的人数，少于保底人数也要收取损耗费。一般关于餐饮的损耗条款表述如下：

餐饮保底人数参照客房人数。如果餐饮活动取消，团组将承担 50% 的餐饮收入损失，收入损失的计算方法是餐饮的人均基准价乘上计划人数。

为了规避用房不足和餐饮活动人数不足的风险，很多酒店都与承办人谈审计条款，即收集信息证明团组实际的参加人数。

审计数据包括核查活动前的记录和活动期间的记录，这些数据有助于会议承办人计划以后的会议，同时客观的数据也能有效地规避纠纷。例如，如果酒店认为实际用房量少于预订量的80%，通过审计可以了解实际入住情况，即对比团队的住房名单和酒店的团队名单，来确定团队的实际入住用房量。如果经过审计，实际用房量满足了损耗条款的要求，则团队无须再支付任何损耗给酒店。

如果用了审计条款，条款要清楚地表述出如何审计以及审计信息如何解决双方分歧。合同还要明确审计什么时候进行，由谁来进行审计（酒店员工、会议员工、外部审计员），都要审计哪些要素（控房量与实际用房量，餐饮承诺与实际餐饮消费，其他辅助场地等），以及谁来支付审计费用。

表9-6　损耗费用计算

| | （最低承诺80%） | | | | | | | | | |
	6-26	6-27	6-28	6-29	6-30	7-1	7-2	7-3	7-4	7-5	合计
合同预订	20	40	80	120	80	40	20	—	—	—	400
80% 承诺	16	32	64	96	64	32	16	0	0	0	320
实际用量	10	20	40	60	40	20	10	5	0	0	205
A. 每晚用量	6	12	24	36	24	12	6	− 5	0	0	115
B. 可供销售房量	0	10	25	40	10	6	10	10	0	0	87
差额（扣减A和B）	0	10	24	36	10	6	6	− 5	0	0	87

客房利润率 75%

差额：单间房价 $200 × 87；间夜 × 75% = $13050

* 酒店总房数减去免房和所有当晚售出的客房

上表列出了团队每晚的控房数量（第一行）。在这个例子中，酒店允许低于20%的减少不承担损耗，但每天必须承诺80%的用房量。每晚用量指的是实际用量的最低值。B行列出了酒店每晚可用于会议销售的房量，团队需要支付每晚客房利润的75%。例如6月26日，酒店的房全部售罄，因此这一天团队无须支付损耗。不过整体来看，团队需要支付酒店87个间夜的损耗，每间夜的房费是200美元，即总计损耗费是13050美元。

资料来源：经允许，摘自《会议》杂志的 "Experient Guide"。

会场损耗　会场租金损耗条款可以表述如下：

酒店根据附件活动议程预控了会议室，如果您要取消会场或主要活动参会人数少于预计人数的25%，则酒店有权按以下比例收取损耗费用：

- 活动开始前 60 ~ 120 天前收取预计餐饮及会场利润的 50%；
- 活动开始前 60 天以内收取预计餐饮及会场利润的 75%。

这些损耗条款清楚地说明了团队有义务按合同执行，以及如果不能完全执行合同需要支付的损耗费用。很多会议承办人都会口头抗议这些条款，认为损耗条款迫使他们把活动预测得像水晶球一样精准。全美财经的会议承办人 Richard Granger 指出：

"5 年前合同里还没有损耗条款，现在如果你的活动参加人数只缩水 10% ~ 15%，那你是非常幸运的。损耗条款不仅非常苛刻而且覆盖也非常广，以前只针对房损，现在还要包括餐饮消费。"⑥

酒店觉得自己必须在财务上没有风险，认为这种条款非常合理，能防范会议承办人不道德地过度估计用房量以求控制更多的资源。

仲裁／争议的解决

仲裁是最常用的争议解决办法（其他办法还有调停和诉讼）。仲裁条款是比诉讼更有效、更节省时间和费用的争议解决方式。用仲裁而不是诉讼的方式解决争议既符合酒店的利益也符合会议承办人的利益。典型的仲裁条款一般表述如下：

与合同有关的任何争议将仲裁解决，仲裁依据是美国仲裁协会法规，仲裁结果可由任何一个法庭的仲裁员裁定。

授权担保

《代理法》原则明确指出，如果双方是会议协议的授权签字人，即使任何一位签字人已经离开原雇主，酒店与会议团组之间的协议仍然对双方有约束力。授权担保条款说明签字人被授权代表自己的机构签署协议。由于酒店行业和会议行业的人员流动性都很强，而且协议签署到活动执行的时间跨度也比较大，因此这个条款是非常有必要的。

标准的授权担保条款表述如下：

某团组（团组名）和本协议签署人代表了协议一方机构，签署人是某团组的指定授权签约人，授权人全权处理和执行本协议的所有涉及条款和内容，其他人无须体现在本协议中。

本协议将在某团组执行期间一直保有效力，包括针对授权人及其继任者和委派者。

保险／损害赔偿

很多酒店规定，会议团体必须购买相应的责任险以弥补酒店因接会而导致的损失能获得赔偿。在承接协会会议和展览时，因有展台搭建，酒店可能要承担更多的风险，因此，如有机构租用空间用于展览搭建时，酒店一般会要求参展商签署一份"免受损失"的文件或免责协议，确认酒店对材料和设备的损失和失窃没有责任。一些酒店将这种协议的范围延伸到所有不是因酒店过失而在公共区域出现的事故概不负责。

会议酒店还要求会议团体在分发参展商合同之前将合同发给酒店的会议服务部门确认，使会议团体和酒店都受到保护。保险条款一般表述如下：

团体深知，酒店及其拥有者对参展商带进酒店的财物不进行保险，对这些财物投保是参展商自己的责任。团体应当以书面形式告知各参展商。

赔偿是出现在很多会议合同的一个术语。进行赔偿意味着进行保护，大多数赔偿条款是针对双方的，酒店和会议团组互相赔偿。赔偿条款一般表述如下：

根据本协议，各方同意对由于赔偿方、其代理人和员工在履行职责和责任时的疏忽或故意的错误行为而造成的丢失、损失或由此产生的费用（包括律师费）对另一方进行赔偿，使其免受损失。

该条款说明，各方将对自己的疏忽大意负责，而且如果由于一方的行为而导致另一方被诉讼或蒙受损失，各方同意使其免受损失。

其他合同问题

除了上述问题，会议承办人可能还有其他关心的问题，或特殊要求。在这种情况下就需要增加条款约定这些事项，作为附录或附件条款让双方签署，成为对双方都有约束力的法律文件。

这些附加条款可能包括：
• 《美国残疾人法案》要求；
• 超售和转移散客；
• 扩建／整修翻新。

《美国残疾人法案》（ADA）要求是活动中的重要关注点，特别是当参加会议的人中有视障、听障和肢体残障人士时。根据该法案，酒店和会议承办人都有责任确保残疾人代表能无障碍地通行于活动所有相关场所。一般来讲，酒店负责公共区域、客房和卫生间的无障碍通行，会议承办人确保会场内有相应的残疾人设施和相关标识安排（针对听障人士的语音标识或大型标识等）。

《美国残疾人法案》条款明确说明必须关照特殊需求人士，而且这些条款要求酒店必须遵守该法案，这是酒店对住店的残障人士的承诺。

超售和散客转移条款是指酒店在无法满足所承诺的预订时要做的替代安排或支付赔偿金。有时，酒店需要提供多个酒店选择方案，如给散客免费换到一个相当的酒店去住，提供一些增值的特殊服务，如每天提供免费班车送客人往返于新换的酒店和本酒店之间，或者给客人免费升级到高一个级别的客房。

装修条款是指如果活动合同签得非常早，合同一般会在签约时就默认酒店会在会议服务时提供与签约时完全一样的设施和服务。通常，如果酒店在这期间有装修，特别是如果装修会涉及合同约定的会议团组会使用的场地时，酒店要提前通知会议团组。这个条款对双方的约定是双方有义务保证任何变化都不会干扰到约定会议的正常进行。

合同的标准化

为了简化以往耗时的合同谈判程序，满足会议承办人在与酒店打交道时对一致性有了更高要求，酒店行业推出了一种重要做法：合同和其他会议相关文件的标准化。继万豪推出会议网络（图 9 - 2）后，很多连锁酒店开发出了自己的标准化表格和服务（拓展阅读《合同标准化》）。

标准化的合同，在筹会时间很短的小型会议中应用最普遍。通过标准化的语言，涵盖所有相关问题，使沟通更加顺畅，因此大多数会议策划者反应良好。位于纽约的 McGraw-Hill 公司活动策划经理 Blanca Diaz 指出：

"如果我收到一份对客户不友好的合同，我不得不拿给法律部门看，这会推迟签署合同的时间。真是不敢想象，现在我看一眼就可以批准合同。"[⑦]

当然这些都是缺陷。有些会议策划者在独立策划时，喜欢使用他们自己的格式。根据他们的观点，每个活动都是独特的，没有任何一个表格可以满足每个团队的需求。但是前景黯淡，因为很多策划者不仅喜欢标准化合同，也喜欢其他标准化表格和服

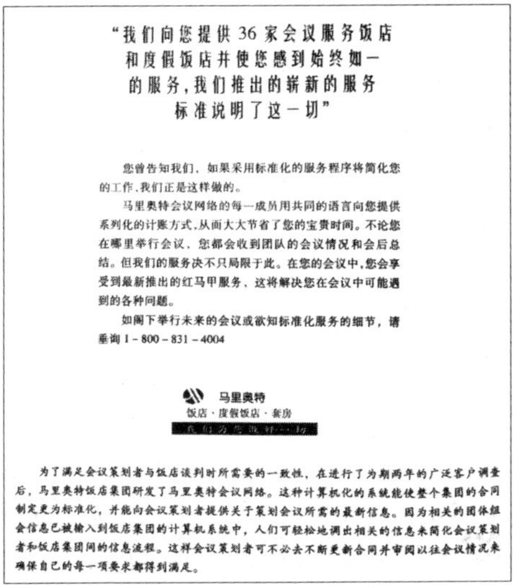

"我们向您提供 36 家会议服务饭店和度假饭店并使您感到始终如一的服务,我们推出的崭新的服务标准说明了这一切"

您曾告知我们,如果采用标准化的服务程序将简化您的工作,我们正是这样做的。

马里奥特会议网络的每一成员用共同的语言向您提供系列化的计算方式,从而大大节省了您的宝贵时间。不论您在哪里举行会议,您都会收到团队的会议情况和会后总结。但我们的服务决不只局限于此。在您的会议中,您会享受到最新推出的红马甲服务,这将解决您在会议中可能遇到的各种问题。

如阅下举行未来的会议或欲知标准化服务的细节,请垂询 1 - 800 - 831 - 4004

马里奥特
饭店·度假饭店·新房

为了满足会议策划者与饭店谈判时所需要的一致性,在进行了为期两年的广泛客户调查后,马里奥特饭店集团研发了马里奥特会议网络。这种计算机化的系统能使整个集团的合同制定更为标准化,并能向会议策划者提供关于策划会议所需的最新信息。因为相关的团体组会信息已被输入酒店集团的计算机系统中,人们可轻松地调出相关的信息来简化会议策划者和饭店集团间的信息流通。这样会议策划者可不必去不断更新合同并审阅以往会议情况来确保自己的每一项要求都得到满足。

图 9-2 会议行业标准化服务

为了满足会议承办人与酒店谈判时所需要的一致性，在进行了为期两年的广泛客户调查后，万豪集团研发了万豪会议网络。这种计算机化的系统能使整个集团的合同制定更为标准化，并能向会议承办人提供关于策划会议所需的最新信息。因为相关的团体组会信息已被输入酒店集团的计算机系统中，人们可以轻松地调出相关的信息来简化会议承办人和酒店集团间的信息沟通。这样会议承办人不必去不断更新合同并审阅以往会议情况来确保自己的每一项要求都得到满足。

务——活动简况、宴会活动订单（BEOs）、结账程序和房间清单等计数字的一些文件。负责过美国各个城市 28 个活动的会议行政主管 Diana Johnson 说：

"一旦你看过标准宴会活动订单（BEO），你就知道它的格式。你知道应该到哪里找到同样的东西；会议安排、保证政策及既定菜单；你无须特别费神。"[8]

拓展阅读

合同标准化

希尔顿：作为标准化程序的先驱，希尔顿早在 20 年前就制定了标准化的团队信息卡；希尔顿集团目前在 52 个本集团所属和代管的酒店中使用标准的合同书和会议组织表格。

凯悦：凯悦在早期开发了会议网络项目，当时与不到 100 个团队实行了标准化的合同签订；目前，104 家凯悦集团的酒店都与大型团队会议实现了标准化合同签订。凯悦集团还以光盘的方式发出标准的会议承办表格，使会议策划者极为方便地输入会议数据并寄回或以电子邮件方式回传相关资料。

万豪：万豪以其会议网络而引导着酒店会议的标准程序。这一计算机化的网络系统向人们提供了标准化的合同签订程序、总账支付的模式、团队信息和会议后的工作报告（图 9-2）。在美国、墨西哥和加拿大的 36 家万豪酒店都有这种服务。

丽思卡尔顿：所有与会议相关的文档——合同、团队信息、宴会、预订、付账方式和会后报告都在丽思卡尔顿所属的 30 家酒店中以标准化方式运行着。

万丽：美国的 49 家万丽酒店全部采用标准化会议模式运行（包括合同、付账方式、团队信息和会后报告）。

威斯汀：威斯汀有标准化的会议活动表格和集团互联系统，这种计算机系统能让会议承办人自行输入会议的所有需求。

对这些耗时较长的会前文件和程序的标准化使得会议策划者和各个酒店负责会议的员工集中精力为活动服务，从而不仅节省时间和金钱，也提供了另一大好处——会展效应。万丽酒店的团队销售副总裁 Jack Breisacher 解释说：

"毕竟，客户经常在我们这儿花费好几千美元，他们想知道的是在每个地方他们花了多少钱。这样，下一年他们会带着同样的信息到另一家酒店说：'我们以前就是这样，这也是我们这次需要的。'这成为一个非常坚实的谈判工具。"[9]

多会议合同

业界中另一个新的趋势是多会议合同的谈判。这些合同，把一年期或好几年的业务安排下来，现在变得非常普遍——尤其是对于公司会议承办人，他们认为这样做不仅省时而且省钱。例如，一位卫生保健协会的会议承办人说，她为她的团组每年在全国各地举行的 200 多个教育研讨会与一家主要酒店公司签署了一份多会议合同。该合同保证给予的价格比各酒店的门市价格低 1%。

对于会议承办人来说另一个好处是一揽子会议解决方案，如果承办人手里有大量的生意，酒店通常都是愿意在谈判中让步的。世界上最大的会议管理公司之一的 Martiz McGettigan 的一名会议专家 Judi McLaughlin 指出：

"在很多公司里，会议策划是分散在各个部门的。我的一个客户发现他们公司一年在芝加哥开 70 个会，用到 29 家酒店。通过集中策划管理，这家客户只选用了芝加哥的 10 家酒店作为该城市的首选会议酒店。

这种做法对企业的好处是在价格上获得了更大折扣，整体协议确保了服务标准的统一性，提高了会议策划的效率，缩短了会议策划组织的时间，同时提升了会议服务的品质。那些入选的酒店也获得了更多的生意，在企业会议业务方面取得了更高的市场份额。"[20]

当然这种做法也有些短处，对于会议承办人来说，准确预测与会代表人数是非常困难的，除非参加会议是硬性规定的，或会议主题涉及未来发展，如公司裁员或兼并。但有些会议会被合同"套牢"，会议承办人即使知道其他酒店的价格更低，但由于已经签署了多会议合同而无法改用其他酒店。

对于酒店来说，多会议合同的一大好处就是能保证业务，但也有一个缺陷，如果另一个团组能为酒店带来更高的客房和餐饮收益，但因为已经将场地包租出去了，酒店也只能眼睁睁地看着很好的生意机会白白溜掉。因此，酒店一定要对多会议合同谨慎从事，考虑多会议合同可能带来的价格，在合同中保持一定程度的灵活性，尤其对于那些距开会还有一年或几年的合同。在签署多会议合同的过程中，其他因素，包括历史、团体和稳定性、团体未来的业务发展（如团体将来可能面临被兼并）或酒店方面未来的业务走势（未来的业务可能更多，利润更丰厚）都应当纳入考虑的范围，引起重视。

最佳案例

万豪与大都会人寿签订为期两年的协议承接后者的 15 场奖励会议

大都会人寿是一家很大的保险公司，它们以往都在不同的酒店办会，现在它们与万豪酒店集团签订了一份协议，两年内在万豪旗下不同的酒店内（包括万豪、JW 万豪和丽思卡尔顿）办 15 场会。这份协议包括了 15000 个间夜，是大都会人寿最大规模的几场会，企业的管理层认为这些会非常重要，因此才希望能整体委托给统一品牌的酒店集团。

这样的协议，既可以节省总体费用，也能保持会议水准的统一性，大都会人寿通过一次性 15000

（续）

> 个间夜的预订量一下子提升了自己与酒店集团的预订量和议价能力。正如纽约的大都会人寿的会议承办人 Bob Pizzute 所说的：
>
> "我们在会议策划时采用企业常用的方式，即让所有渠道的销量都集中到一起，这样我们就成了市场上的一个大买家。"
>
> 这个合同的条款谈判历时几个月，因为涉及太多细节，包括会场、价格和特许权。大都会人寿的会议活动策划总监 CMP Jeff Calmus 指出：
>
> "价格会因季度变化和会场及客房的空置程度而变化，而且我们必须谈出让所有酒店都认可的特许权。"
>
> 成功的签约对双方都是有利的，大都会人寿一次性搞定了从 220 个间夜到 15000 个间夜的所有会议预订，而万豪不仅获得了一大单生意，而且也赢得了更多随之而来的业务，因为 Pizzute 称已经在向酒店集团进行更多未来的业务询价了，这让酒店集团与大都会人寿之间的纽带关系更加牢固，交易更加密切。这种双赢的结局是双方签署的多会议合同所带来的。

资料来源：Alison Hall, "Big Deal", Insurance Conference Planner。

小　结

　　如果签合同 / 协议是一件看起来非常复杂和烦琐的事，可以把本章的格式文本作为一个检查清单。会议安排要比客房预订复杂得多。协议告诉酒店业者，客户希望看到他的责任所在，如果无法花时间与心思去思考这些细节，合同会帮助会议的实施。

　　第一份合同 / 协议写起来会比较困难，一旦文件经过润色已经比较完整了，请留存作为模板。如果把润色修饰过的文本或某些条款存下来，这将极大地帮助你制定出下一次的合同文件。

　　你可以看出，酒店业正在努力为会议承办人制定出一份更专业的，而且保证双方利益的合同文本，既保证活动双方实现双赢，又能让会议服务真正标准化。

尾注：

① Howard Feiertag, "We're Into a Seller's Market Again, So Watch Those Contracts", Hotel & Motel Management, June 21, 2004, p.12.

② James Goldberg, "Seller's Market Means Tougher Terms", Corporate Meetings & Incentives, June 2006, p.28.

③ Carolyn Cotton, "Liquidated Damage Provision Reflects Compromise on Hotel's Part", Convene.

④ Correspondence with David C. Scypinski, senior vice president of industry relations, Starwood Hotels.

⑤ Mary Ann McNulty, "Be Prepared for a Slippage Clause", Meeting News.

⑥ Melinda Legis, "Killer Contracts", Successful Meetings.

⑦ Kenneth Hein, "Standardization Efforts Paying Off", Meeting News.

⑧ Ibid.

⑨ Ibid.

⑩ Alison Hall, "Fewer Suppliers, Better Deals", Corporate Meetings & Incentives, July 2004, pp.16—20.

主 要 术 语

合同附件（addendum）：书面的补充文件。作为合同附件必须相关各方均签署后方生效成为有约束力的法律文件。有时也被称为修正案。

仲裁（arbitration）：通过仲裁人而非法院的审查和裁决解决争端。

抵达 / 离店模式（arrival/departure pattern）：预计团队成员抵达入住和离店退房的日期和时间。

损耗条款（attrition clause）：若实际使用的客房数量远远少于预订客房数量，允许酒店收取罚金。

审计条款（audit clause）：这个条款让合同一方或双方都可以对合同条款的执行情况进行审计。理想的情况下，审计应参照合同的约定进行，以规避覆行合同过程中产生问题。

控房（block）：团体预订的客房数量。

取消条款（cancellation clause）：任何一方终止合作要赔偿给对方带来的损失。取消就是违约。

消费物价指数（consumer price index）：商品与服务的当前价格与之前的一个固定基准时间的价格相比的变化，反映这种价格变化的指数。

消费者终生价值（consumer lifetime value）：可以从一个消费者未来的购买行为中获得的利润价值。企业或协会会议承办人如果对你的酒店服务感到满意会在你的酒店订好几个会的，他们在你酒店的终生消费要比一次性购买要价值高得多。

截止日期（cutoff date）：买方必须承诺会场和客房使用量的最终日期。

争议的解决（dispute resolution）：协议双方在分歧和纠纷时解决争议的方式。解决争议的方式包括调停、仲裁、诉讼或其他解决问题的方式。

提前离店费用（early departure fee）：客人比预订时间提早离店，酒店或会议中心对提早离店的客人收取的固定费用。

流程图（flow chart）：表明会议代表入住和离店模式的流程图。

团队封顶人数（group ceiling）：某个指定日期能给团队的最多客房数。有时也被称为团队控房数。

责罚（indemnification clause）：合同中关于伤害、损失或损坏的赔偿规定条款。有时也被称为确保无害条款。

需求调查问卷（inquiry questionnaire）：向某个具体团组使用过的酒店寻求会后评价的调查问卷。

协议书／合同（letter of agreement/contract）：买方接受酒店的方案和报价的书面回复。只有双方均签署同意的酒店方案和报价书方可以称为协议书或合同。

预估损耗条款（liquidated damage clause）：提前明确的违约补偿金的条款。

总账（master account）：包括所有团组消费项目的总账单。

实际损耗条款（mitigation of damage clause）：活动取消后，根据实际损失，双方定损后确定补偿金的条款。

实住客房（pick-up）：预订客房中实际使用的客房数量。

++，加税加服务费（plus, plus）：在餐饮标准价格基础上加税加服务费。餐饮合同条款上的一种缩写。

序言（preamble）：合同开头的介绍性叙述。介绍协议双方、双方意向合作的活动名称以及活动日期。有些合同也把这部分内容称为背景介绍。

方案书（proposal letter）：在签署合同之前，酒店发给客户的方案，其中详细介绍了客户将从酒店获得的服务。

询价书（request for proposal, RFP）：会议承办人提出需求并要求酒店参与招标。

解除预订日期（release date）：超过这个日期后，酒店可以自由地将没有使用的场地租给其他团组。

漏损（slippage）：虽然有提前预订，但实际没有使用的客房数量。

终止条款（termination clause）：合同的条款之一，如果会议因协议双方不可控的因素而取消，双方的责任义务的规定。这个条款有时也被称为不可抗力条款。在这种情况下终止合同，协议双方均不违约。

复习题

1. 意向书和协议书的区别是什么？
2. 在编写合同时应考虑哪些要素？
3. 什么是总账单？如何记入总账？
4. 什么是损耗条款？什么是预估损耗？损耗与终止和取消有什么区别？每个条款的适用范围是什么？
5. 什么是会议行业委员会？哪些组织是这个委员会的会员？它们在会议行业能起到什么作用？
6. 什么是标准化合同？一般哪些酒店用这种标准化合同？使用标准化合同的利弊所在。
7. 多会议合同的利弊所在。

参考文献

1. Hospitality Law, Third Edition, Steven Barth, John Wiley & Sons, 2008.
2. Meeting Manager Standards and Meeting Coordinator Standards, by the Meeting.
3.Professionals International Canadian Council and the Government of Canada, Human Resources and Skills Development Canada. www. mpiweb.org

网址:

若想获得更多信息，可访问下列网址。网址变更恕不通知。若你所访问的网址不存在，可使用搜索引擎查找新网址。

1. 美国律师协会纠纷处理部 : www.abanet.org/dispute/drlinks.html
2. 会议行业委员会 : www.conventionindustry.org
3. 国际酒店销售与营销协会 (HSMAI): www.hsmai.org

第 10 章

概　要

学习目标

1. 说明服务好会议团组的重要性，并说明谁应该负责协调酒店的各个部门为会议团组服务。
2. 介绍会议服务经理的职责。
3. 介绍各类会议服务员工的职责，以及会议局的会议服务经理的职责。
4. 介绍在服务会议团组的过程中，职责从销售向酒店的服务团队的移交。
5. 说明在会议策划、执行和评估的过程中会议服务经理的作用。

会议服务专业人士的作用

亚利桑那州喜来登酒店会议服务经理 Devan Walter

"会议服务专业人士只有一件工作，那就是办成一次最好的会议。成功办会的关键就是沟通和策划。会议服务人员和会议专业人士会组成一个团队，这个团队成员之间的沟通是非常重要的。提前策划是会议成功的重要因素，会议在执行现场总会出各种小状况，但只要会议的整体运行顺利，处理这些小状况是很容易的。要让会议在现场整体运行顺利靠的是提前规划好所有细节。会议服务专业人士在会议执行阶段可能在会场一周工作超过 40 小时。如果团组在现场有晚上的活动，会议服务专业人士可能会在现场工作到很晚，巡视签到、晚宴和舞会的各个环节。不过，当会议服务专业人士与客户坐下来总结会议时，客户觉得这是自己办过的最好的一次会，这种评价让会议服务专业人士之前付出的一切都获得了巨大的回报。对于那些喜欢每天与不同的人打交道，了解不同的机构组织，努力工作，同时处理很多头绪的工作，管理协调和创意细节的人，这是一份理想的工作。"

10

服务职能

　　赢得一个会议的主办权仅仅是工作的开始。与得到会议相比，我们更应该总结那些失去会议的原因。当今的会议代表都具有丰富的旅行经历，他们与散客旅行者一样，都应受到我们的关注。

　　为了获得会议的举办权，艰苦的工作和大量的资金被投入广告和促销资料中。然而，愉快和满意的顾客才是最好的、最经济的广告载体，因为他们会迫不及待地同朋友们分享旅行经历。如果你的酒店为他们留下了绝好的印象，有机会的话，会议代表定会在今后再次光顾你的酒店。

　　没有什么比令人满意的会议更能招揽另一笔生意的了。因而，兑现销售承诺是成功的关键。对比会前的承诺，酒店任何小小的超值服务都会给人留下深刻的印象。

服务是关键

　　人们常常对会议销售给予高度的重视，而把会议服务放在次要位置上，事实上服务的失误往往代价更高。酒店是否能兑现承诺是会议承办人评判会议是否成功的关键。缺乏交流、员工培训不到位、缺乏差异化服务、不关注细节、对现场需求反馈不利，这些都会导致酒店丧失生意机会。

　　酒店如何能更好地服务会议团组呢？最重要的是员工培训到位，做到礼数周全和树立服务意识。酒店业归根结底是关于人的行业，而酒店成就会议的意愿是通过销售和服务过程中的人传递给客户的（拓展阅读《销售和服务于小型会议》）。必须让所有酒店员工都意识到会议代表的重要性，要让员工理解会议代表期待得到的是最精致贴心的服务。

　　你还可以通过其他途径表达你的善意。如在展示期间安排更多的人手，协助会议通过政府相关部门（如消防）的审批，协助安排当地交通，帮助会议代表安排他们的时间，告知他们酒店内可以提供的服务设施，帮助他们预订娱乐活动，安排游览，提供高品质的餐饮服务。总之，要让会议代表有充足的理由留在你的酒店并在未来回到你的酒店。

无论方案设计得多么完美，最后时刻还是免不了会突然冒出意外和问题。如果你的酒店能在此刻帮助会议承办人解决现场突发问题，可以说将来的生意几乎是不成问题的。有时必须对会议室进行调剂；在紧急关头找来替补扬声器；或者为董事会主席的妻子准备特殊的主菜。你对这些琐事的态度将在很大程度上决定明年的会议是否还会在这个酒店举办。员工所表现出的职业水准是针对会议组织者手中其他会议的最好促销，同时增加了商业推荐的机会。如果你在会议遇到障碍的关键时刻能够处理好危机，那么客户在同你握手道别时将可能会说："明年再会！"

拓展阅读

销售和服务于小型会议

右面的漫画幽默地说明酒店设置一个专人服务会议的所有相关需求的重要性，特别是针对小型会议。万豪曾做过一个调查，发现万豪旗下的大部分酒店的团队预订业务是依赖于小型会议的。而且通过调查万豪发现，大部分这类会议的需求包括住房、早餐、茶歇和一个午餐。根据这个需求，万豪设置了一个职位——会议执行经理，这个人负责小型会议的

所有预订和服务执行，对于小型会议客户来说这个人提供的是一站式的服务。

其他酒店集团也纷纷效仿，或是指定专人一对一地服务于会议承办人，或是制订专门的方案服务于小型会议承办人。例如，凯悦的"凯悦会议连线"，即设立一个专属的免费电话号、一个传真号和一个网址，让会议承办人能快捷地接触到酒店。会议承办人提供了会议日期和规模信息以后，凯悦的会议连线经理会联系承办人协助处理会议的一切相关细节。

希尔顿的安排是"希尔顿直线"，这是针对没有经验的会议承办人专设的服务。喜来登的"一站式"项目也是同样的安排。这些方案都是为了简化会议的销售和服务流程，同时也是为了吸引更多的回头客和争取更多的营业收入。

万丽酒店的"会议快车"服务安排了一个销售经理处理承办人的各种会议细节需求，包括客房、会场影音需求。还有威斯汀的"威斯汀一次性电话"、Omni的"Omni快车"和温德姆酒店集团的"温德姆的唯一"等计划。

谁提供服务

一个常被提及的问题是在会议管理过程中，销售人员应在多大程度上介入会议执行服务中，酒店的员工架构设置是根据这个问题的答案而定的。

有些酒店认为销售人员只负责销售，因此不应介入执行服务中，原因是会议执行服务与销售工作内容差异很大，而且如果销售人员能专心去做销售会提高客户的忠诚度和重复预订的比例。酒店销售培训师 Howard Feiertag 指出：

"我认为，销售人员并不是跟进会议的各项细节的最好人选。大酒店应该在会议执行阶段把服务工作移交给会议服务经理，小酒店应把餐饮服务执行转交给宴会或餐饮部，把客房预订相关细节转交给客房部经理或前厅经理。尽管销售人员往往不愿意放手业务，但他们应该把团组的细节记录转给营运人员，让自己从执行细节中脱身出来，让自己更专注于去争取更多的业务。"[1]

也有些人认为会议销售人员应完整地操控销售和服务全过程。他们认为销售人员在接受了预订以后，还要在团组在店期间全面协调所有相关的服务。这种观点认为，销售经理除了销售以外，还要从头到尾地安排协调会议的各个环节。如果销售人员不这样从头至尾地介入服务过程，可能导致的结果是销售人员只管销售，结果给出很多兑现不了的承诺。

你的酒店应采用哪种方式呢？我们的经验是"哪种方式有效哪种方式就是最好的"。没有一种流程能解决所有问题，不过，如果酒店规模允许，设置一个会议服务经理职位，在此基础上我们支持将销售和运营团队的职能分开。

拓展阅读

会议服务历史

20 世纪 60 年代——会议服务岗位的设置之初，但授权有限。销售人员要面临的问题是花费大量的时间服务会议团组，他们觉得有必要集中更多的时间和精力在酒店销售方面，很多销售经理把会议服务职能转给销售助理或较低职级的销售人员。

20 世纪 70 年代——会议服务经理的作用日益显著。随着会议数量越来越多，复杂程度越来越高，会议服务经理的地位也在上升。会议专业人士协会将会员向会议服务经理开放，他们的地位得到了进一步提高。

20 世纪 80 年代——赢得了行业的尊重。会议服务经理形成了自己的协会组织（会员达 700 人之众），会议运营管理协会（ACOM）。会议承办人越来越依赖于会议服务部门的投入程度、专业知识和敬业度。

20 世纪 90 年代——进入酒店高管层。现在大部分酒店连锁在高管层中都设有与会议服务相关的职位。在单体酒店中，会议管理经理以往要跟市场营销经理或餐饮经理汇报，现在一般都直接向总经理汇报。在会议型酒店中，酒店高管中一般都设一个会务总监的岗位。

（续）

> 21世纪初——成为会议顾问。会议服务经理的作用已经超越了单纯服务会议，越来越多的会议承办人寻求通过他们的专业建议去解决会务方面的问题。大部分酒店集团提高了这个岗位的入职门槛，要求他们接受相关专业教育和培训并获得相关的执业资格证书。

会议服务经理

本书所持观点是会议服务应由会议服务经理来执行，这个做法能确保协会、企业或非营利性组织办会时，不论它们有任何会议相关需求，都会有一个人能帮助解决预订、宴会、会场布置方面的所有问题。

不是所有酒店都有会议服务经理的，很多酒店称为会议服务协调员、会务经理、活动协调员，有些小酒店称为宴会或餐饮经理。

不论是什么称谓，这个职位的人都承担着很重大的责任，同时也非常有威望（表10-1介绍了会议服务经理的岗位描述，说明了这个职位的人承担着无数职责）。如果说有一个人能成就或毁掉一个会的话，这个人就是会议服务经理，他们也被称为"成就奇迹的人"。他们是会议承办人的对接人，也是会议现场解决一切问题的人。简单地说，他们是会议承办人和酒店之间唯一的交流通道。

会议服务经理应不仅满足于客房和餐饮的销售，他们必须能解决现场问题，同时也是一个出色的沟通者。会议服务经理要对酒店的所有环节非常了解，要给客户传递精准的信息数据。

丽思卡尔顿前总裁 Horst Schulze 指出：

"酒店业者必须了解会议承办人为什么会选自己的酒店。会议服务经理（CSM）必须给客户提供一个高品质的产品，这个产品是有专属性的，个性化的。CSM必须把自己视为会议承办人的真正伙伴和忠诚助理。要办成一个毫无瑕疵的会议，承办人和酒店业者必须保持顺畅的沟通，这种沟通能帮助酒店业者理解承办人的需求和期望会议达到的目标。"[②]

有些酒店的会议服务经理的作用已经超越了服务而成为会议顾问了（图10-1）。迪士尼世界海豚酒店的资深会议服务经理 David Kassel，指出：

"我努力地教育承办人如何在活动中加一点小创意使活动办得更加成功。我的经验是把自己放在承办人的位置思考会议的真实需求，这也意味着我通过换位思考帮承办人省钱。"[③]

理想的情况是，会议服务经理有足够的授权高效地处理事情。例如，Loews 酒店连锁把会议服务经理提到了酒店执行管理层的位置（执行管理层是由酒店高管组成的，其成员直接向酒店总经理汇报，执行管理层由餐饮总监、驻店经理、营销总监和会议服务总监构成）。Loews 酒店集团的首席执行官 Jonathan M. Tisch 指出，这个变化来自他听取了会议承办人的建议。会议承办人觉得，如果跟他们联系的人是酒店的高管，他们会觉得更放心，因为对方能真正有效地解决他们的问题。

表 10-1 会议服务经理工作岗位职责描述

> **职务**：会议服务经理
>
> **上司**：会议服务总监
>
> **部门**：会议服务部
>
> **岗位综述**：在会议服务总监的领导下，负责所有会议团队的服务。计划、协调所有同会议团队有关的准备工作（如高尔夫球场的预订、所需视听设备的准备等），以保证会议的成功举办，并对今后的会议进行促销。
>
> **工作范围**：负责向酒店各部门确认并传达客户的需求，从而保证酒店对特定的团队自始至终提供恰当的服务。
>
> **目标／职责**：
>
> 1. 作为指定团队的主要客户对接人，计划、实施会议的各项活动。占总工作时间的 25%。
>
> 2. 协调、分配所有部门，制定会议执行所需的文案。占总工作时间的 15%。
>
> 3. 作为会议承办的现场对接人，监控团队的各项活动。占总工作时间的 15%。
>
> 4. 协助会议服务总监做好会议协调人的培训工作。占总工作时间的 15%。
>
> 5. 除了团队安排会前会外，还要出席每天和每周由会议服务总监召集的例会。占总工作时间的 15%。
>
> 6. 协助做好预测和预算工作。占总工作时间的 3%。
>
> 7. 完成会议服务总监委派的其他工作。占总工作时间的 2%。
>
> **监控职能**：直接监管所辖办事员；间接监管会议协调员、楼层经理、后勤人员、活动预订协调员。
>
> **直接领导**：对会议服务总监负责。
>
> **责任／权限**：
>
> **雇员方面**：负责传达、贯彻酒店的管理条例，确保销售合同的履行。派发有关客户需求的文字资料（客户背景资料、会议预订单）及销售合同。同各部门负责人及销售和服务人员保持有效沟通。
>
> **材料或产品方面**：保管团队的最新档案资料以保证销售过程的有效协调及客户要求的最大满足。保证档案追踪系统的正常运行。
>
> **设备方面**：协助管理会议设备，使其正确使用并保持充足的库存，以保证各项活动的服务正常进行。
>
> **财务方面**：除负责最大限度利用多功能区空间外，还负责最大限度地增加所承办会议的收入。
>
> **业务方面**：保证团队、店外销售代理及店内服务人员的正常联系，同时负责建立同客户的联系。
>
> **所需知识／资质**：
>
> **文化程度**：大学学历（或相应的会议服务经验）。
>
> **经历**：至少两年的会议协调经验并熟悉办公软件，有会场布置和服务经验以及较强的人际沟通和组织能力。
>
> **所需知识**：了解会场空间结构、会场布置、空间最大利用，掌握谈判及销售技巧，拥有酒店管理、经营和酒店设施管理的综合知识。

图 10-1　会议服务经理也是活动策划者

今天的会议服务经理不仅仅是销售会场和餐饮活动，酒店已经认识到其作为大大小小会议承办人助理的重要作用。今天，大部分会议服务经理（CSM）都在活动的策划和执行过程中起着非常积极的作用。万豪集团的这则广告向会议承办人推广亚利桑那州 Tempe 的万豪度假酒店，说明这家酒店有训练有素的员工协助会议执行的每个细节，确保活动的成功。

资料来源：感谢万豪酒店集团。

全国汽车协会的管理人员 Leroy Smith 建议会议管理部应直接向酒店总经理汇报，而不是销售总监。④他建议酒店的组织架构要给会议服务经理更高的权限，能够统筹协调前厅、客房、宴会和餐饮等所有会议相关部门。

会议服务负责人的工作时间很长（拓展阅读《会议服务经理的一天》）。Bill Tobin 回忆自己时任拉斯维加斯恺撒宫酒店会议服务经理时的经历说："我当时给会议承办人的印象是我从来不回家。"每次活动的前一个小时，他都同团队的协调人一起检查设施情况。这是一个值得赞扬的做法，但是当酒店同时住有几个团队，一个正在举行的鸡尾酒会和一个正在策划次日的早餐时，会议服务经理可能分身乏术。由于会前和会后的工作经常被安排在周末，因此会议服务经理甚至在假日也不能休息。

但是超时的工作是有回报的。除酒店支付的基本工资外，会议服务经理或许会收到会议承办人赠送的礼物或小费，以对其长时间的工作进行补偿。对于工作的圆满完成，协会或社团的负责人却只会极为慷慨地说声"谢谢"，这种情况已为众人所知。酒店有时会对会议服务经理给予进一步的奖赏。考虑到会议服务经理的重要性，夏威夷怀基基喜来登酒店在店内为会议服务经理安排了一个套房。像越来越多的连锁酒店一样，喜来登酒店也设立了由会议承办人组成的顾问组，以帮助酒店员工对会议承办人的需求做出及时的反馈。会议承办人所关心的问题之一就是会议服务经理。通常会议承办人顾问会建议酒店给予会议服务经理更大的授权，以确保会议的所有细节能通过一个联系人就得到解决。希尔顿集团的销售副总裁 Brian Stevens 认同这种观点：

"当今的酒店比以往任何时候都需要保证尽可能向客户提供最有经验且受过高级培训的会议服务经理为他们服务；否则，用不了多久，它将失去顾客。"⑤

拓展阅读

会议服务经理的一天

Melissa LaBarbera 是芝加哥费尔蒙酒店的会议服务总监，她会介入每个销售部转交给会议服务部的活动。她的工作是这样的，LaBarbera 打电话给会议承办人做自我介绍；发出活动所需信息，如展示区域、会场空间和菜单；安排会前会和会后会；与酒店的各个部门协调会议活动的各项细节。在活动期间，她必须亲临现场，方便会议承办人和会议代表随时找到她。

LaBarbera 说："我要确保从会议代表入住时起我就在，一直到他们离店的那一天，我必须一直在场并介入每个环节。有些酒店有楼面经理服务会议现场，在这里，我们——会议服务经理——就是楼面经理，跟宴会部员工一起服务会议现场，因为我们的工作就是确保会议承办人的会议成功出色。"

为了说明会议服务经理是如何工作的，《会议与大会》杂志跟踪记录了一名会议服务经理的 6 月的一个周四的一天工作。Patrica Sousa 是纽约 Omni Berkshire 酒店的会议服务经理，这是一家拥有 319 间客房的酒店。Sousa 早上 9 点开始工作，一到办公室她先处理日报和今天需要打的电话并处理的电子邮件，然后把会议相关细节转发给酒店后台的各相关部门。由于酒店里已经有两个财经会议正在进行中，还有一个医药客户的活动当晚开始，她必须每天跟厨房和餐饮员工开会，还要跟员工开周会，安排后两周的活动。

到早上 10 点时，马上要进店的医药会议已经调整过无数次了，需要不停地给各部门打电话更新变化情况。因为这个团增加了一个欢迎酒会，Sousa 必须在中午会前会之前亲自跟大厨做一次沟通。会前会结束后，Sousa 把自己的名片（上面写了她的个人手机号）给到会议承办人，并告诉她"你可以随时给我打电话，任何时间任何事"。

下午，Sousa 跟宴会和会议员工一起过所有的相关材料，同时还要处理其中一个财经会议超时的突发状况，要求宴会员工必须在 17 分钟之内完成翻台提供午餐服务。

下午 4 点的员工会上，Sousa 必须再度处理入店团组的突发需求。一个中国团组需要一个翻译，另一个团组要给 VIP 提供额外的电源。

下午 5 点 15 分，Sousa 的一天终于尘埃落定，尽管她还必须坚守在岗位上（完成各种书面工作）直到 6 点，医药公司的晚宴开始。之后她必须一直监控在酒店内举办的各项活动，直到差不多晚上 8 点半。尽管每天要工作很长的时间而且要处理每天发生的各种状况，但 Sousa 不愿对此做任何改变，她说："这项工作肯定不适合所有人，强度大而且节奏快，但我非常热爱这个工作。"

资料来源：Lisa Grimaldi, "Miracel Workers: Profiles of Top CSMs and How They Make Meetings Shine", Meetings & Conventions, December 2005; Cheryl-Anne Sturken, "A (Hectic) Day in the Life", Meetings & Conventions, August 2008。

如何才能成为一名会议服务经理呢？多数的会议服务经理来自宴会部或前厅部，在那里他们经常要处理团组遇到的各种问题，因此被明智的老板提升到这一重要岗位。会议服务经理在集团中升迁的下一个职位通常是会议销售经理。具有团队服务经验的销售人员知道可以向客户承诺什么，以及酒店可以提哪些服务，因而是最有价值的雇员。然而许多人不认为做销售工作是一种提升，越来越多的经理依然偏爱会议服务。

另一个职业升迁是被晋升为驻店经理。这是一种很自然的升迁，因为会议服务经理几乎每天都与酒店的所有部门打交道。希尔顿的企业会议服务经理 Joyce Inderbitzin 在最近的发言中指出，希尔顿 70% 的总经理曾是会议服务经理。

提高认知度

会议服务经理在酒店的地位已经得到了稳步提高。公司会议专业人士协会邀请会议服务经理成为其会员，而成功的会议杂志也均设立了年度最佳会议服务经理的奖项。

会议服务经理现在已经有了自己的组织——会议经营管理协会（ACOM），其成员包括酒店的会议服务总监、经理和协调员以及来自会议中心和会议局的大型活动服务经理。酒店会议服务经理还可以加入职业会议管理协会（PCMA），这个组织提供会议行业的专业培训和同行交流的机会，每年这个协会的年会上都会有针对会议承办的 100 多个培训会。

市场营销专家指出，将来最好的客户就是你现在所拥有的客户，酒店应重视会议服务经理开发回头客的作用。酒店已经强化了会议服务部门的权利和责任，以表明其对会议服务从业人员的重视。

会议运营管理协会的会员资格认证从侧面支持了这一观点。会议服务经理的平均任期为 5 年，他们中不到 10% 的人随后转到销售和市场营销部门工作。很多会议服务经理由总经理直接领导，并且与市场部、餐饮部及运营部的总监一道，同是所在酒店的高管层成员。很多酒店集团设立了会议服务经理一职便于统一管理，并且每年组织各酒店的会议服务经理一起开会，进行客户服务经验的交流。如今，希尔顿、凯悦、万豪和喜来登都已经设立了集团会议服务总监一职。

很多酒店集团都花大力气培训自己的会议服务经理，以便他们能更好地协助会议承办人（拓展阅读《培训会议服务人员》）。万豪集团最近引入了"网络计划"，要求所有会议酒店必须至少有两名持证会议专业人士（CMP）。万豪全球销售与营销副总裁 Mary Berth Jones 指出：

"我们对会议服务经理的基础培训是个 2 ～ 4 周的课程，包括课堂培训和现场培训。我们经营的成功之处就在于我们所有酒店都能保持一致的服务水准。所有万豪品牌酒店的成功都取决于集团经营的四个基石：成为最容易做生意的企业；成为客户成功的顾问与伙伴；对任何细节都给出完美的呈现；认识和回馈最忠诚的客户。"[⑥]

参加培训并通过会议业委员会进行的会议专业人士考试是凯悦集团"学习环境专家"（LES）计划中的一部分。凯悦集团与专业会议管理协会（PCMA）一起推出了一个为期 6 天的培训课程，课程涉及会议策划的所有环节。希尔顿酒店集团也有自己的培训计划，顾客导向会议服务技巧（CFCSS）培训，让会议服务经理更加精于会议服务技巧。

拓展阅读

培训会议服务人员

很多酒店集团都认识到活动服务的重要性，而且引入了各种培训计划培训会议服务经理和其他关键的会议服务人员。这提升了会议服务人员的专业知识和水平，让会议承办人更放心地把会交给这些会议服务人员，这也成为当今竞争激烈的会议市场上的卖点之一。

会议服务员工

会议服务部的员工配备数量取决于酒店的规模，会议团组占酒店业务的比重，使用酒店的会议团组的规模以及酒店的会场数量和面积。图 10-2 给出了一个会议服务部的组织架构范例。

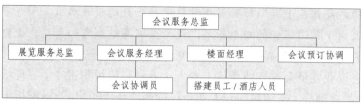

图 10-2　大型酒店会议服务部组织架构

有些酒店把会议服务部扩大，产生了新的职位更好地服务于会议承办人（拓展阅读《引入会议管家》）。

除了会议服务经理，下面列出的职位是会议服务部或更大的会议型酒店内服务于会议的人员和职责。

拓展阅读

引入会议管家

随着会议业的发展，会议服务经理投入工作中的时间越来越长。酒店已经意识到曾经只占到用房量 25% 的会议团组现在已经用到了 40%～50% 的酒店客房间夜，即使再能干的会议服务经理也难以应对这样大的工作量增长。

为了应对这种变化，喜达屋酒店集团（拥有喜来登、威斯、福朋、奢华精选和 W 等酒店品牌）和凯悦等酒店集团开始引入一个新职位——会议管家。会议管家的职责从会议团组抵达之时开始，保持着与会议承办人不断的联系，处理承办人临时需要的复印或快递。随着这个职位的引入，会议承办人在现场有两个人协助，其受关注的程度也明显提高了。

这个新职位的引入也部分地解放了会议服务经理，使之能花更多时间提前规划即将执行的会议。这个新职位也让希望进入会议服务业的人有机会进入这个行业。喜达屋的会议服务副总裁 David Dvorak 称："这个新职位成为新人的入门点，因为会议管家能监管会场搭建，与会议承办人共同处理突发事件，并习惯多头绪并进的工作方式。"

会议服务总监：从各方面管理会议，同时监控、培训和协助会务员工。给会议客户分配会议服务经理，在员工中平均分配每个人每天的工作量。一般是向销售/营销总监汇报，但在大型会议酒店，直接向总经理汇报。

会议协调员：会议服务部的入门级员工，主要负责小型会议的服务和协助会议服务经理工作。

楼面经理：负责本楼层所有会场和餐饮活动的服务和搭建。监控搭建员工确保搭建是按照预订指令进行的。有些酒店，特别是小酒店，这个职位也被称为宴会布置经理。

搭建员工/酒店人员：负责所有会场和宴会厅的实际搭建。

展览服务总监：当活动用到酒店的展览设施时，与会议展示经理密切合作进行展览区域的相关安排。

会场预订协调员：负责根据会场预订更新会场使用情况数据，确保会议预订册中信息的准确性。此人需要与销售人员和会议服务经理密切配合。

会议服务秘书：履行秘书职能，包括打字、回复信函、制表等会议服务部的日常文秘工作。

会议旅游局的会议服务经理

除了酒店的会议员工外，会议局也会雇用会议服务经理，但与酒店不同的是，会议局的会议服务经理要同时服务于三类客户——外部客户（会议经理）、内部客户（会议局合作伙伴）和雇主（城市机构或会议局）——他们的工作通常在会议实际召开之前。会议局的会议服务经理通常是销售的一部分，往往在所代表的城市入选为会议举办地之前陪同主办方考察，评估会议需求并与承办人保持良好的关系。由于会议局的会议服务经理对本地情况和资源非常了解，能有效地帮助会议承办人找到符合他们要求的产品和服务，如会议是在一家酒店举办还是在市内多家酒店举办，或需要运动场、大学校园或游乐场之类的特殊场地，从而有效控制成本。会议局的会议服务经理一般能节省会议承办人的时间，建立起会议承办人与多家本地酒店和供应商之间的联系。会议局会议服务经理的职能可能还包括一些非传统服务，如帮助会议承办人在主办城获得相关许可，协助争取赞助，以及在会议推广宣传方面给出更富有创意的建议。

互联网练习

进入会议运营管理协会（ACOM）主页 www.acomonline.org，点击"About ACOM"，然后进入"Whatis ACOM"，了解会议服务经理（CSM）的历史。

浏览整个网站后回答下面问题：

1. 为什么酒店、会议中心和会议局的会议服务经理要加入会议运营管理协会？
2. 会议运营管理协会能为其会员提供哪些培训机会？
3. 这个组织能如何帮助学生？

工作交接

在会议管理上经常发生的争论是：如何以及何时将会议承办人介绍给酒店内部负责会议协调的人员？交接的时间在很大程度上取决于会议承办人、会议的规模和类型以及会议预订的提前量。以下是工作交接时间的四种可能性：

第一，在现场考察期间：在会议承办人预订会议时，酒店的销售人员是主要的联系人，但一些会议承办人在进行现场考察期间要求会见会议服务经理，他们声称同负责会议细节的人员尽早接触可以增加成功的保险系数。

第二，在签订合同之前：一些会议承办人在签订合同之前要求会见会议服务部门的有关人员。这一步骤有助于保证场地、环境布置以及会议服务的承诺得以兑现。

一位会议承办人曾经指出：

"在签约之前我要会见会议服务经理，我需要他了解我的与会者以及我的会议情况。销售人员可能会宴请我，但只有会议服务经理才能使策划成为现实。他才是我那三天会议中的'伙伴'。"

第三，签约结束后：如果会议规模很大而且复杂，一些承办人在签约结束后，要立即同会议服务的有关人员开始工作。

第四，在会议开始前一年：许多承办人认为没有必要提前一年多就开始同会议服务人员进行正式的会议筹划。短期预订的会议不需要这一步骤，因为它需要会议承办人和会议服务经理立刻接触。

互联网练习

进入会议运营管理协会（ACOM）主页 www.acomonline.org，点击"Resourses"，然后进入"CS 工具与清单"，然后点击"会议服务 24 个月清单"，这个清单是印第安纳波利斯会议局用的核查清单，不是酒店用的，酒店用 Convention Services 24-Month Checklists 的核查清单一般与本章附录的清单类似。

这两个清单是会议局和酒店会议服务经理在会议服务过程中非常有用的工具。看过清单后请回答下面问题：

1. 找出三个相似之处并说明。

2. 找出三个不同之处并说明。

3. 说明为什么会议局要用 24 个月的检查清单而不像酒店那样用 12 个月的。

完全将销售人员同服务分离开来是困难的。交易成功之后，如果销售人员立即对客户撒手不管，认为会议服务经理将接手以后的麻烦，那么他是不会招来回头客的。科罗拉多 Englewood Inverness 高尔夫俱乐部酒店的销售总监 Jim Hill 采用了一种独特的方法，使得会议承办人对销售人员和会议服务经理同样重视和信任：

"我们用的是兄弟合作式体系，每一名销售人员都和一名会议服务经理合作，他们实际共同参与销售的全过程。从第一天起我们就将销售人员所熟知的，并且有过一年合作经验的会议服务经理纳入进来。"[⑦]

让会议服务经理与销售结对工作能成为一个高效的会议服务团队，同时这样的结对工作也能让双方各自有更多时间专注于自己所擅长的领域。而且这样的结对能更深入地服务于某个特定的行业会议，如某个销售比较了解医药公司，与他合作的会议服务经理也应对如何服务这个行业的会议有比较深入的了解。

最佳案例

皇冠酒店的"会聚之地"项目

为了更好地满足会议承办人的要求，洲际集团旗下的皇冠酒店连锁推出了"聚会之地"的项目，项目内容包括承办人的询价要在两小时之内得到回应，设立皇冠会议总监（CMD），另外还要确立每天的现场沟通会。

皇冠的北美品牌副总裁 Kevin Kowalski 说，酒店管理层的顾问委员会提过"会议承办人希望有一个经验丰富的人作为酒店的唯一会议对接人，并且能全程跟进"。于是该酒店连锁采取措施确保会议服务经理与其他酒店有所不同。市场运营经理 Tina Lyle 这样形容：

"我们希望他们（皇冠会议总监）有职权处理和解决任何服务问题。当我们讨论皇冠会议总监与买家结为合作伙伴时，我们开始寻找合适的证书，我们发现会议专业人士这种证书能让我们的员工把关注焦点放到会议承办人的需求信息上，而不是只关注酒店的需求。这样可以把他们提升到另一个层面，这样他们能非常智慧地跟会议承办人沟通。"

皇冠会议总监必须有至少 8 年的会议服务经验，必须持有或正在考会议专业人士证书。为了让更多的员工通过会议专业人士考试，酒店连锁经常对员工进行会议专业人士相关知识内容的培训。

皇冠会议总监都是酒店的高管层成员，这意味着他们每周都要参加管理周会，能随时了解酒店的最新变化、酒店的业务和收入情况，而且能调配酒店的各个部门，从客房部到工程部，满足客户的各种要求。在很多酒店中，皇冠会议总监直接向总经理汇报，而不是向酒店的销售或餐饮总监汇报。

业务从销售向会议服务经理的移交必须非常顺畅。很多会议的承办人在会议之前已经与销售人员打了 2～3 年的交道，已经对销售有了充分的信任，销售人员退出后，如果会议承办人还不能对会议服务经理感到很放心的话，承办人会觉得很痛苦。

拓展阅读

最好的会议服务经理

会议行业委员会告诉会议承办人，"最好的"会议服务经理是这样的：会议一旦预订就开始与承办人一起工作，有足够的权限解决问题，能预料到问题而且有现成的解决方案，能对会场布置、议程安排、餐饮和娱乐活动提出创造性的建议，把自己当成承办人的外部员工，灵活而且足够诚实，不会过度承诺也不会太过保守，能平衡酒店的需求和承办人的需求，能尊重承办人并且对所有承办人一视同仁。

很多会议服务经理觉得这种描述"好到不真实"，特别是一天几乎 24 小时工作，因为大部分会议

（续）

服务经理都工作时间非常长，自由时间非常少。很多会议服务经理后来成为会议承办人，而反过来的例子很少，承办人不愿进入酒店行业，因为工作时间太长而且工作压力太大。

酒店的会议服务经理成为会议承办人后，把很多知识带入了新岗位，因为他们知道酒店是如何运作的，懂各种术语，而且也了解什么条款对于会议来说是最重要的，因此知道如何更好谈判合同。

会议服务经理帮助会议承办人把会场布局图变为一次成功的会议。
资料来源：感谢洲际酒店集团。

　　我们建议，一旦生意成交，销售人员即把会议移交给服务人员。但是我们认为销售人员不应该对客户放手不管。我们还建议，当团体抵达酒店时，可能的话，销售人员要去迎接承办人，使其相信："一切都在顺利进行之中"。此外，销售人员还应该在会议过程中同承办人保持联系，并在会议结束前争取下一次会议的承办权。对于销售人员来说，同现有客户保持密切的关系无疑是为今后的生意奠定了良好的基础。

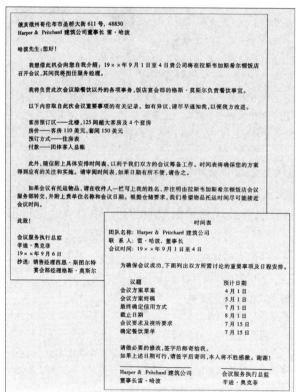

　　会议服务经理和会议承办人应以书面形式频繁沟通，从会议移交给会议服务经理之日开始。现在，会议服务经理和会议承办人通常在会议策划阶段就交换电子邮件地址。在会议前期策划阶段与会议承办人的书面沟通，详细了解会议需求细节对于有效地服务会议团组是非常关键的。大部分会议服务经理告诉我们他们在服务过程中面临的最大问题往往根植于初期的沟通，在于他们当初及时掌握了足够细的需求信息。左图列出的时间倒推表告诉我们什么时候需要了解哪些具体信息。

图 10-3　引荐信和时间倒推表范例

服务职能概述

我们已经介绍过服务的重要性、会议服务经理的作用、其职位在酒店架构中的位置。为了帮助你理解整个服务流程和会议服务经理的职责，本章附录列出的核查清单里，更详细地介绍了会议服务每一步的相关细节。

第一步：团队一旦预订了，会议服务经理要翻看所有往来邮件和文件，了解哪些文件已经确定了，哪些信息还没有提供。他往往要翻看 2 ~ 3 年的客户资料。现在有很多酒店都用移交表方便销售与会议服务经理之间快速有效地交接会议资料。用比较简短的表格归纳销售谈及的所有细节，包括计划使用的客房、初步会议议程、最终确认日期等。有了这些信息，会议服务经理就可以整理会议服务所需的工作清单了（见本章附录，第 1 ~ 5 项）。

第二步：预订已经列在会议预订簿里了，联系方式可以通过一封引荐信把会议承办人介绍给会议服务经理（图 10-3）。在这封信里，要明确说明团组在酒店期间的服务将由会议服务经理承担，同时列出活动的一些关键时间节点。会议承办人非常强调书面的时间节点，他们觉得这样能给人一种活动是受控的感觉，而且能确保他们保持与酒店的联络人（会议服务经理或指定的助理）保持及时的信息沟通。至此，销售人员开始退居幕后，会议服务经理开始与承办人沟通以下三方面的事宜：预订、议程和账单（见本章附录，第 6 ~ 10 项）。

第三步：跟进。用邮件、电话和上门拜访等形式与会议管理人员保持沟通，建立起双方的信任和合作的默契。沟通邮件要尽可能表述清晰，并且涉及尽可能多的细节。现代科技让这种沟通变得更加高效和轻松，以往会议服务经理需要依靠电话和信函，现在的电子邮件和传真极大地提高了沟通效率（见本章附录，第 11 ~ 27 项）。

第四步：项目的细节需要通过与会议承办人面对面沟通了解，这沟通需要在活动开始至少 6 个月之前。在这个时间，会议承办人一般会给参会代表发邮件要求对方明确住宿需求，从而准确推断具体所需客房数（见本章附录）。

第五步：在月度会务会议上，要与酒店内所有部门说明即将在酒店召开的会议的相关细节，包括会议的背景和宴会预订细节（见本章附录）。

第六步：会议召开前两三天，要与前台经理、会场布置负责人、餐饮经理和会议承办人一起开会前会。梳理整个活动的流程，再次确认菜单，检查会场布置。

第七步：在活动期间，会议服务经理必须随时出现在现场。在每次会议开始前一个小时，会议服务经理要去检查会场布置和影音设备以及布展情况，并检查安保措施是否到位（见本章附录）。

第八步：会议结束后要开会后会，检查所有费用是否已经计入总账，请客户签字确认总账。会后会的参加人员应该与会前会一样，请大家从各方面对活动进行回顾总结。此时，销售人员需要介入，跟团组进行下一次会议的销售。如果会议服务部门任务完成得好，第二次获得预订的机会可能高达 70%（见本章附录）。

小 结

你的态度和服务专业度会让你的酒店在竞争中脱颖而出，而你的专业度是基于你所掌握的知识。你必须了解会议承办人需要的产品和服务，知道如何能为他们提供成功会议所需要的服务。

本章我们概括描述了会议服务的组织架构，以及在满足会议承办人需求方面的重要性。有了这些知识的武装，你就可以很有信心地去实现你工作中的最重要的一个方面：建立客户的信任，让客户感到满意并再次光顾你的酒店。

尾注:

① "Five Tips to Help the Sales Staff Perform at Their Best!" The Rooms Chronicle, Volume 8, Number 5, p.6.

② "Building Loyalty", Convene.

③ Robert Carey, "Leaders of the Pack", Successful Meetings.

④ Speech given at a Hospitality Sales and Marketing Association International (HAMAI) meeting in Las Vegas, Navada.

⑤ Brian Stevens, "A New Commitment to Convention Service", Convene.

⑥ Terri Hardin, "Convention Services 101", Meeting News, December 18, 2008, p.20.

⑦ Connie Goldstein, "Productive Meetings", Corporate Meetings & Incentives.

主 要 术 语

客户文件（account file）：销售部整理的文件，包括所有往来函件、拜访报告和其他团组销售过程中记录的信息。其他信息还包括联系人及联系方式、会议日程、控房信息等团组相关信息。

引荐信（letter of introduction）：会议服务经理给会议承办人的信，说明团组在酒店期间的酒店对接人。

销售服务移交表（sales to service turnover data sheet）：销售人员整理的移交表，其中归纳了客户档案中的主要信息（预控客房、会议日程、相关截止日期等），这张表要交给会议服务经理以便后者准备自己的工作清单。

跟进（tracing）：通过邮件、电话和个人拜访与客户建立紧密的联系。

工作清单（working file）：在预订确认以后，由会议服务经理整理的文件，其中包括客户档案中的主要信息。随着服务经理与会议承办人的沟通深入，不断补充更多细节信息，如团组的背景和宴会需求细节等。在会议总结阶段，工作清单资料根据需要进行分解存档，以利于对客户的未来业务进行销售。

复习题

1. 销售人员是否应介入团组的服务过程中？
2. 会议服务经理在酒店的组织架构中应处于什么位置？
3. 现在有哪些培训是针对会议服务经理和会议服务员工的？
4. 说明会议服务部由哪些职位组成，它们各自的称谓和职责是什么。
5. 移交意味着什么？移交可以在哪四个阶段进行？
6. 什么是跟进？如何与会议承办人建立起联系和信任？
7. 请简要说明会议服务的八个步骤。

参考文献

1. Hospitality Marketing Management, Fourth Edition, Robert Reid and D 视听 id Bojanic, John Wiley 2006.
2. Marketing for Hospitality and Tourism, Fourth Edition, Philip Kottler, John Bowen, James Makens, Prentice-Hall 2006.

网址：

若想获得更多信息，可访问下列网址。网址变更恕不通知。若你所访问的网址不存在，可使用搜索引擎查找新网址。

1. 四季丽晶酒店及度假酒店集团：www.fshr.com
2. 希尔顿酒店集团：www.hilton.com
3. 凯悦酒店及度假酒店集团：www.hyatt.com
4. Loews 酒店集团：www.loewshotels.com
5. 万豪国际酒店集团：www.marriott.com
6. 专业会议管理协会（PCMA）：www.pcma.com
7. Successful Meetings 杂志：www.successmtgs.com

附录：会议服务的项目核查清单

　　详细的项目核查清单可以作为策划指南，可以避免遗漏重要的事项，使会议举办成功。帮助会议承办人避免遗漏的项目核对清单数不胜数，但专门为会议服务经理所做的项目核查清单寥寥无几。以下是 Penta 酒店的核查清单格式，可谓是迄今为止本行业中最好的项目核查清单。

Penta 酒店
会议服务核查清单

团队名称：＿＿＿＿＿＿＿＿＿＿＿＿＿＿＿＿＿＿＿＿＿＿＿＿＿＿＿

会议时间：＿＿＿＿＿＿＿＿＿＿＿＿＿＿＿＿＿＿＿＿＿＿＿＿＿＿＿

会议承办人：＿＿＿＿＿＿＿＿＿＿＿＿＿＿＿＿＿＿＿＿＿＿＿＿＿＿

团队客人总账邮寄地址：＿＿＿＿＿＿＿＿＿＿＿＿＿＿＿＿＿＿＿＿

电话号码：＿＿＿＿＿＿＿＿＿＿＿＿＿＿＿＿＿＿＿＿＿＿＿＿＿＿＿

销售经理：＿＿＿＿＿＿＿＿＿＿＿＿＿＿＿＿＿＿＿＿＿＿＿＿＿＿＿

宴会经理：＿＿＿＿＿＿＿＿＿＿＿＿＿＿＿＿＿＿＿＿＿＿＿＿＿＿＿

会议开始前 12 个月＿＿＿＿＿＿＿＿＿＿＿＿＿＿＿＿＿＿＿＿＿＿＿

＿＿＿＿＿＿＿＿＿＿＿＿＿＿＿＿＿＿＿＿＿＿＿＿＿＿ 完成日期

　　1. 销售经理将会议文件档案移交给会议服务部，其中包括生效合同的复印件、认可预订的通知复印件、认可预订房的复印件、信用单复印件（如果尚未确定信用，用 3 天时间查验，并继续追踪）以及过去两年间的用房记录。

　　2. 检查主档案。

　　3. 核实既定方案，确认需要的场地、场租、展场租金、会场布置费用以及全部占用空间的转租日期（如果适用）。

　　4. 同前厅部一道确认用房数量，对团体用房进行精确地控制，根据以往情况锁定贵宾套间。决定确定房价的时间，如果尚未确定房价，预测房价趋势。

　　5. 核实合同中有关展览的条款是否齐全，提醒客户会议平面图和参展商合同须经批准，需要签署承担免责条款，保险额为 25 万美元。

　　6. 初期联系人和介绍信——索取其他主要会议人员的名单。

　　　①索要近期的会议记录。

　　　②核查授信程序及账户地址。

　　　③核查预订程序，如果有协调局介入，在邮寄前，要确认预订单已经过批准。

　　　④核对是否需要会议接待室，何人使用，如果是年会还要查清以往套房的需求量。

⑤询问有没有新闻点，如知名人士、特殊活动等值得报道的事件。

⑥询问账户是否免税，索要免税文件。

7.依据公司政策，讨论团体外部保安的需求。

8.递送Penta会议承办人报告书。

9.递送Penta会议成套计划。

10.办理预订卡（如果销售人员已完成此项工作，索要预订卡的复印件）。

会议开始前6个月

11.动用公共关系进行协调宣传工作，（如果可行）安排公关总监同会议承办人联系。

12.向客户解释，要得到良好的服务，有必要尽早向酒店提出详细的要求。

13.讲解做出会议摘要的程序。

14.再次确认工作人员和贵宾用房的要求，复查所预订的套房。

15.核实视听设备的需求情况。讨论会场布置的细节。推销酒店内部视听设备公司。

16.介绍办理入住登记的人员及程序。Penta酒店必须保持店内工作的协调性。所有水牌的印制必须非常专业。墙壁上不能出现告示。未经经理批准，大堂不许放置水牌。

17.确定宴会部的联络人，为其提供名单和电话号码，帮助宴会代表联系客户。

18.确认客户对办公用品的要求，如打印机、电话，是否需要装饰或聘用装潢人员和花匠。

19.确定运输公司的名称。了解工会有关劳务人员的要求。

20.索要未来合作伙伴的工作计划、预估乘车旅游团数。核准乘车旅游人数。

21.将会场和展览场地平面图最终稿送审报批。

22.审核最终的会议日程及检查日志。

会议开始前3个月

23.再次同客人确认所需的套房，并与前厅部确认对工作人员的要求。

24.检查账目计划，检查所有团体客人总账以及授权签字人。

25.提醒客房预订的截止日期。

26.如果房间数量尚未确定，销售人员可能要先拟定租金额（如果合同没有约定租金或漏损比例）。

27.要求正式印制日程。将印制出的计划与场地要求进行对比，查看时间、布置时间、茶歇等事宜。

会议开始前6周

28.起草贵宾信件。

29.核实所有活动的出席人数，根据合同协议确定租金多少，建立团体客人总账，拟定账目要求并附授权签单人名单。

30. 如果有必要，在团队抵达前的 30 天收押金，除非店方提出特定的支付日期。

31. 以各部门为单位对档案进行核查，以便负责人掌握人流汇集情况以及特殊要求。

32. 核实对麦克风的要求。

33. 根据用房要求和截止日期，同会议服务经理一起检查客房的预留情况。

34. 检查免费客房。如果用房数量没有达到客户的预期，就会引起免房数量争议，找出令顾客满意的最佳方案。

35. 确认完整的会场布局图。

36. 检查客房登记和入住手续的安排。

37. 如果条件许可，核实客房是否需要提供特别服务。

38. 索取团体客人总账授权签单人的签名复印件。

39. 核实是否需要现金预支。

40. 核实是否需要保险库。

41. 检查物品的运输准备。

会议开始前 3 周 _____

42. 拟出摘要报告并与宴会部检查菜单准备情况。

43. 向酒店各部门分发摘要报告并附上活动内容。

44. 确定会前会的日期及时间，准备内部备忘录。

45. 询问客户是否希望对未确定的客房进行保留。

会议开始前 2 周 _____

46. 是否需要租用豪华车。

47. 根据日志对计划进行复查，看看会议室是否需要迅速轮排，并为所有活动标注准确时间。

48. 检查免费客房的准备情况。

49. 询问入账方式。

会议开始前 48 小时 _____

50. 检查接待室、免费房以及贵宾预订情况。

会议期间 _____

51. 检查会议室的布置（上午、下午、晚上）。

52. 公共区域经理或经理助理按照核查清单对第一个会议室进行检查。

53. 协助餐厅预订部做好贵宾的预订。

54. 检查会后的物品运输。

55. 检查免房的情况。

56. 根据免房名单检查客房的实际使用情况，看是否需要调整。

57. 布置会后会的会议室。

58. 同客户一起现场勘察展位和展区的情况。

59. 如果按展位计算租金，确定展览的收费。

60. 确定回头生意的潜在市场并向销售经理提出建议。

61. 在例会上，同授信部门一同检查团队总账。

会议结束后

62. 催款并寄送感谢信。

63. 完成会议报告和收益表并发送各相关部门。

64. 在会后备忘录中备注异常情况。

65. 会后总结报告要在备注一栏填写对此次酒店工作的客观评价。

66. 将文件报会议服务经理审阅。

会后 1 个月

67. 分拆工作档案，将相关信函归入总档案。

第 11 章

概 要

预订系统
　信笺回复 / 传真回复卡
　免费预订电话
　酒店网站预订
　分房名单
　会议中心预订处
　第三方客房预订公司

客房分配
　房价结构
　免费客房安排
　优先级
　客房类型
　团队历史记录
　抵达入住 / 离店模式
　其他酒店

管理客房预订
　临时取消 / 超额预订
　损耗

历史记录

登记入住 / 退房
　登记入住流程
　退房流程

计算机的影响
　预订
　登记入住与客房分配
　退房和结算
　报表分析应用

小结

学习目标

1. 说明参会者的会议酒店预订模式。

2. 说明酒店员工进行会议用房分配时要考虑的因素，如何管理团队控房，并说明高水准的入住登记 / 退房流程的重要性。

3. 描述计算机能如何协助前台进行客户服务。

承办人对客房预订的看法

Sara R. Torrence，国家标准技术协会特殊活动中心主席

"我所负责的会议使用各种各样的预订系统——从分房名单到信笺回复卡，到电话预订、客房预订局。我们甚至综合使用各项服务，曾经因一个相对较小的国际会议使用了四家酒店（800 人的会议——因规模太小而不能使用目的地会议局的客房预订部），通过旅行社，我们创立了自己的客房预订处。任何酒店预订系统最重要的一点都是，合同一旦签订，酒店销售经理必须立即将详细的会议预订信息传递给预订部门，同时尽快将这些详细信息录入计算机预订系统里。不知道有多少次我让参会者给酒店打电话咨询预订信息却发现预订部门根本没有相关的会议记录。"

客 房

　　合同签署后，客房使用日期便确定，同时，客房相关信息在合同中也需进行详细说明。此时，很多部门和组织作为服务部门参与进来并被分派到不同领域提供服务。这些领域中的一个便是客房分派工作，它在是否能成功举办一场会议中扮演重要的角色。预订部门与前台和客房员工的合作对于确保参会者顺利参与会议是至关重要的。

预订系统

　　酒店会在大会召开前3～6月将客房预订信息发送给团队成员。现在主要被应用的系统包括：
- 信笺回复／传真回复卡；
- 免费预订电话；
- 酒店网站预订；
- 分房名单；
- 会议中心预订处；
- 第三方客房预订公司。

　　使用互联网让参会者和其他客人更方便地进行预订。使用如传真回复卡和酒店网站这样的技术进行预订更能吸引参会者，因为这样使预订程序变得更方便快捷，并且几乎能得到立即确认（或者在出现问题时会得到及时的通知）。

信笺回复／传真回复卡

　　此类客房预订方式需要会议承办人将酒店预订表和会议相关的宣传资料一同邮寄给他的会员。这些由酒店印刷并批量递送给已签订协议的团体总部的答复卡，可以是回寄信笺回复卡（表11-1）或者可以传真回与酒店相似的信息卡。

　　会议总部依照它的邮寄名单将宣传资料和预订卡邮寄给参会者们。尽管长期以来参会者们习惯使用信笺回复卡，但是传真回复卡在酒店和参会者中变得越来越受欢迎。参会者欣赏传真的便捷性，同时酒店希望得到立即回复，而无须等到邮件送达后再得到回复。

一份有效的答复卡模板对加速预订流程是至关重要的。如果你想研发或修正一份模板，可以参考我们给出的样本或者全部从头做起，但都要考虑到以下因素：

第一，清楚明晰：

• 简明扼要；

• 要求客人打印或计算机录入，并为手写留有足够的空间；

• 为方便处理和储存使用标准尺寸的表格。

第二，相关信息：

• 留出空间让对方填写回复；

• 抵达和离开的日期；

• 抵达和离开的时间；

• 房费要求（除非协议规定使用均价）；

• 所需客房类型；

• 宴会人数；

• 指明客房将被使用多长时间；

• 指明过去这间客房是否并且如何被预订的（担保或押金）；

• 指明是否所有预订都需要押金；

• 使用自主回邮表或者将预订资料送达指定地址。

第三，保持简单的形式：

• 按惯例使用术语，指明套房里的床位数；

• 不要询问不必要的数据。

如果团体使用它自己的客房预订模板，那么酒店必须核准预订卡以确保全部信息都能够传递给与会者，从而尽可能地减少误解。芝加哥希尔顿酒店的预订卡相关信息如下：

芝加哥希尔顿酒店将免费为您提供一套印有您所属协会名称的预约卡，此预约卡上同时印有会议时间和回邮地址。如果贵公司或协会打算使用自己的客房预订模板或者打算使用芝加哥会议旅游局的模板进行客房预订，那么芝加哥希尔顿酒店必须在最终模板印刷之前核准副本信息，并且发送给各成员或部门以确保模板上列出的有关希尔顿酒店的全部信息是正确和完整的，因此，在所有的参会成员收到它们最后确认时，要消除任何价格差异。

免费预订电话

有些参会代表们会选择使用酒店的免费预订电话进行预订。遇到这样的情况，酒店应该事先通知这些会议代表们，当他们做预订时，必须指明他们要参加的会议。另一种选择是，酒店为团体提供专门的免费预订电话（特别是当团体规模很大或者几家团体同时参加会议时）。

这些方法可以消除很多潜在的问题。由于酒店和会议承办人同意预留一部分特定的客房，如果不将个人预订归于团体负责，那么这种承诺就变得不切实际。最终，酒店可能会因有大量未出售的客房陷入困境，而协会也无法得到它们应该得到的客房赠予量。

表 11-1　信笺预订回复卡样例

回复卡正面	如在美国境内邮寄无邮费

业务回复卡

一流的　许可证编码 5216（PERMIT NO 5216）　佛罗里达奥兰多

由收件人支付邮费

注意：　　　　　　　　　　奥兰多万豪

预订部门经理　　　　　佛罗里达 32819 奥兰多 国际大道 8001

奥兰多万豪大酒店欢迎您

抵达日期：＿＿＿＿＿离店日期：＿＿＿＿＿当天客房价格 单人间 $＿＿＿ 双人间 $＿＿

抵达时间：＿＿＿＿＿航班号：＿＿＿＿＿　　　　　　　　　　套房 $

客房数量：＿＿＿＿＿宴会数量：＿＿＿＿＿儿童与父母入住同一件客房不需要付费。

成人＿＿＿＿＿＿＿儿童 & 年龄＿＿＿＿＿所有客房按 8% 的税率收取费用。

特殊要求＿＿＿＿＿＿＿＿＿＿每间客房最多入住人数：5 人。

姓名＿＿＿＿＿＿＿＿＿＿＿预订只是暂时帮助接受订金或美国运通或大来卡

地址＿＿＿＿＿＿＿＿＿＿＿数量＿＿＿＿＿有效期＿＿＿＿

＿＿＿省＿＿市＿＿县　　　　位置、连通房等特殊需求将被注明，但不保证一定能够满足。

电话号码＿＿＿＿＿＿＿　　在预订价格以上的套房需求，将由预订经理确认

入住时间：上午 4 点以后离店时间上午 11 点

如果离店时间超过上午 11 点，礼宾主管须对行李进行检查

这是一份预订申请，同时需要预付一晚订金。在收到订金后，会邮寄给您一份确认书。＿＿必须收到所有的请求。在协议时间后，将在客房容量基础上接受预订。

回复卡反面

这是已经由参会代表们填写好并邮寄回酒店的一份自动寄回的信笺回复卡。回复卡的其他形式可以包括印有回执地址的信封（通常在需要订金时使用）或者一张卡片，这张卡片可以传真回酒店。无论使用何种形式的回复卡，回复卡中应该包括的相关信息有会议名称和时间及房价。许多协会邮寄详细信息的回复卡一般都包括大会流程、活动和费用等信息。

资料来源：由奥兰多万豪酒店提供。

酒店网站预订

现在，互联网已经变成会议团体预订酒店的主要方式。由《会议》（*Convene*）杂志所做的一项最近的研究显示，仅仅在几年前，相比互联网，大多数的策划者更愿意选择预订卡、表单或者传真作为他们最喜欢的预订方式。然而，在今天，互联网成为客户最喜爱的预订方式，它以便捷优势赢得了胜利（图 11-1）。

希尔顿酒店公司是众多连锁酒店中的一家，它在希尔顿网络网站上为团体提供预订。在希尔顿酒店预订了客房的策划者可以连接进入希尔顿的网站上属于他的专用网页。这个网站不仅提供关于会议的详细信息，而且与会者可以获得进入团体预订模块的密码。在这里，参会者可以在特定时间以团体协定价格预订客房。希尔顿的系统追踪这些预订信息，策划者能够通过有密码保护的网站区域查看收集到的数据。连锁酒店业提供那些被要求收集的有关客房的数据，这些数据都是独一无二的、难以被复制的。

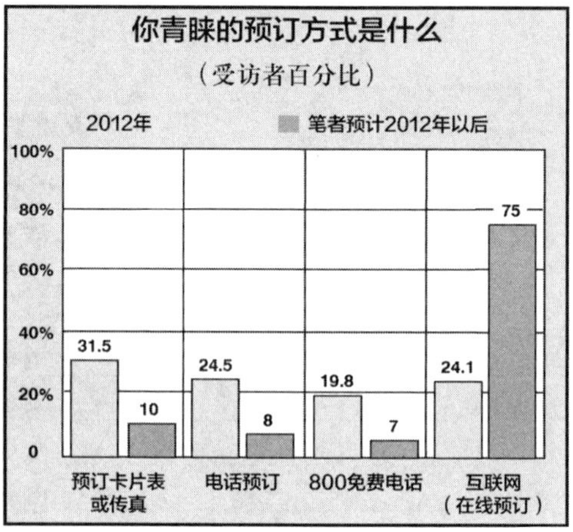

图 11-1　预订方式调查

分房名单

很多酒店都愿从策划者那里获得一份统一的分房名单（表 11-2）。当使用分房名单时，通常不是与酒店做预订，而是与策划者总部客房预订员工进行预订。会议承办人从接受的预订中准备分房名单，并且在截止日期前把分房名单交给酒店。当酒店收到分房名单时，前台负责从预留给团体的和提前登记的参会者客房中为参会者分派客房。

最重要的是，无论团体预订是个人单独预订还是由组织者统一预订，前台工作人员都应该清楚。标准的预订程序是应预留充足的时间来提醒预期分房名单上所列出的顾客有关集团预期的分房名单的相关信息。

表 11-2　分房名单样例

好时娱乐度假公司

住宿和会议中心

分房名单

团队名称：_____　发送给：_____

日期：_____

团队编号：_____

为保证预订的客房数量，分房名单在客人到达前的 30 天就需要准备好

到达时间	离开时间	房间类型	姓名	同屋合住的人（请在下一行列出同住人的到达离开日期）	占床位人数	儿童数量	注释

　　通常是小型公司会议使用分房名单，在这种情况下公司将支付房费，而参会者自己支付额外的费用。然而，有些协会也使用分房名单，它们和酒店直接联系处理预订事宜，而不是要求参会代表进行个人预订。在会议承办人从参会代表那里得到住房信息后，他会整理出一份明细，并在约定的日期前发送给酒店。信息主要包括参会者姓名、所期望的房型（一间客房有几个人入住）以及到达和离开的日期。

资料来源：好时住宿和会议中心提供。

　　通常，公司客户和奖励旅游组织的会议规模比较小，出席的人数可以预测（有时候是强制性的），并且组织者通常支付客房费用，所以他们最常使用分房名单。会议服务经理都应该尽可能地鼓励使用分房名单，因为这样可以减少酒店预订部门的负担。

会议中心预订处

　　当同时需要预订几家酒店时，这样的会议通常被称作全市范围会议，并且由会议中心预订处负责预订酒店（案例研究《城市客房预订部》）。

　　然而，会议承办人指责城市客房预订部出现的一系列问题。很多时候是人手不足，尤其是在举办大型会议时。会议承办人讲述他们经历的"恐怖事件"，如电话持续占线，电话最终接通时的超

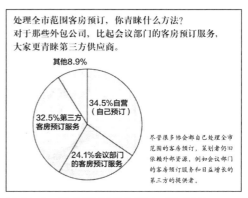

处理全市范围客房预订，你青睐什么方法？
对于那些外包公司，比起会议部门的客房预订服务，大家更青睐第三方供应商。

其他8.9%

34.5%自营（自己预订）

32.5%第三方客房预订服务

24.1%会议部门的客房预订服务

尽管很多协会都自己处理全市范围的客房预订，某些与会者仍旧依赖外部资源，例如会议部门的客房预订服务和日益增长的第三方的提供者。

图 11-2　"最受欢迎的预订方式"调查

长延迟以及延迟预订信息确认。尽管一些城市会议局为解决这些问题推出了在线客房预订系统，但是越来越多的会议承办人正在寻找其他的外部资源来满足他们预订客房的需求。

案例研究

城市客房预订部

当会议同时需要几家酒店时，这样的会议通常称作全市范围的会议，通常由城市客房预订处负责客房预订工作。我们将以这个假设的国家爆米花协会为案例研究来阐述更复杂的预订系统。

国家爆米花协会

国家爆米花协会（NPA）拥有 3550 名会员。协会执行委员会和选址委员会已经即将到来的年度大会举办地点缩小至芝加哥、迈阿密或拉斯维加斯。对于这样的大型团体来说使用多个酒店是必要的，所以策划者要和每一个城市的大会部门保持联系。

NPA 的工作人员亲自访问每一个地方并挑选酒店。然后整理每个城市预计入住酒店的清单，并请会议部门与酒店签订客房预订承诺书。

通常使用如表 11-3 所示的由拉斯维加斯旅游局提供的竞标单。收到竞标单后，酒店销售部门查看在指定日期客房使用情况，然后将酒店可使用的单间、标间和套房分类整理并给出每种类型客房的价格区间。注意，酒店会规定一个截止日期，在这个日期前协会必须寄出一份酒店报价的书面接收函。然后将填写完整的接收函再寄回给大会部门。大会部门为协会选址委员会提出合理建议供他们分析参考和做决定。

基于价格、地理位置和服务综合考虑，协会选择拉斯维加斯作为大会召开的地点，同时也挑选出一家酒店作为总部并指定其他 4 家酒店接待剩下的参会人员。

大概在大会召开前 8 个月，协会执行委员会就从拉斯维加斯客房预订处寻求协助，要求它们建立预订系统。协会和客房预订处共同准备发送给每个参会人员的预订表单，参会人员依次进行填写表单、订金支票并将它们邮寄回客房预订处。每个参会人员指出对酒店的第一、第二、第三、第四偏好，并且指出所期望的房型。客房预订处将表单进行分类整理并按先到先得的原则满足需求。当预订信息获得批准后，就将表单返回给发送者，指定他在大会期间入住哪家酒店。如果参会者的选择都不能得到满足，那么就将附带解释函和新选择请求书的表单返还给他。

每批准一批新的预订，相关信息都会发送至各自的酒店，然后酒店的预订部门再对其进行处理。在大会召开前的每个周，由客房预订处整理的客房预订报告（表 11-5）都会发送给酒店和协会，用来指明酒店客房的预订状态。这份报告对酒店来说极其重要。如果预订的客房并不像预期那样多，酒店可能会联系协会重新商定预订客房的协约。尽管客房预订处规定为期 30 天的预订期限，但如果只有一半的客房得到预订，那么 5 家酒店预订剩余的客房可能是困难的。

如果协会自己收取订金，并且分别付给每家酒店费用，那么就不需要客房预订处介入。这可能是一些团体使用的唯一的方法，但绝对是酒店的首选方法。

一旦协会预订开始进行，酒店就开始进行大会预订记录并为团体管理账单。通常会制定一份分房名单（表 11－2），每个参会成员被分配一间客房，子账户设置在主账户下。当酒店收到订金时，费用就添加到子账户中。

最新的 PCMA 住房部报告显示越来越少会议承办人使用会议部的客房预订服务，转而依赖第三方的供应商为他们提供预订（图 11-2）。我们将在下一部分对这些第三方的客房预订公司和它们对会议产业的影响做深入探讨。

第三方客房预订公司

第三方客房预订供应商，主要是以互联网技术为基础为团体提供客房预订服务的民营企业，通常为举办全市范围会议同时需要几家酒店的大型组织提供服务。协会通常按地理位置轮流召开会议，而由于会议局在不同的城市不能提供连续的客房预订服务，所以这些需要一致性的协会就会求助于第三方提供者。不仅仅是会议承办人使用第三方客房预订公司，很多会议局也已经意识到使用第三方公司可以节约成本，所以它们现在都将客房预订外包给第三方公司。

互联网技术助推了第三方供应商的成长。基于互联网技术的最大、最著名的第三方供应商 Passkey.com，利用可访问的集成数据库处理客房预订交易。其系统还可以生成参会者的确认和回执信息，以及可供会议承办人来管理客房的信息报告。现在，Passkey 拥有主要会展城市中 85% 的酒店资源，其中包括那些在亚特兰大、波士顿、底特律和奥兰多的酒店。其系统还被推广给其他第三方客房预订供应商和原本只做内部客房预订的贸易展组织者和会议承办人。此外，凯悦和万豪连锁酒店已经和 Passkey 签订特许协议，使它们能在不支付额外费用的情况下将这项技术传递给会议承办人。其他使用 Passkey 的酒店和度假地有费尔蒙度假酒店、好时娱乐度假公司、洲际酒店集团、欧姆尼酒店，在科罗拉多州科罗拉多斯普林斯的布罗德莫度假胜地以及在新奥尔良的蒙特莱昂酒店[①]（拓展阅读《凯悦集团利用 Passkey 向会议承办人做营销》）也提供了 Passkey 怎样被用来吸引会议承办人的例子。[②]

现在有超过 24 家第三方客房预订公司可供策划者选择，竞争致使它们为使用这些服务的策划者们创新产品和提供更好的服务。在多数情况下，会议参加者仍然使用传真或者邮寄他们的客房预订信息，但是预计在不久的将来互联网将成为主要的预订信息接收方式。无论预订信息以何种方式收到，这些第三方的提供者都会为酒店提供一份分房名单。

第三方客房预订公司是大型会议和数量越来越多的小型会议的"首选预订渠道"，据统计，大概有 50% 的需要入住多家酒店的会议活动是由第三方公司处理的。然而，这种现象有下降趋势。不像会议局提供客房预订服务那样，民营企业通常以房价 10% 的比例收取一定费用。当会议局将客房预订外包出去时，它们将支付这部分费用，但是当会议部门或者酒店不再免费提供使用时，酒店会议承办人就必须找到一种支付客房预订补助的方式。有时候，会议承办人将与酒店交涉付给第三方提供者的费用，通过提高房价的形式将成本转移给参会者。有些酒店会回避这样的做法，坚持由承办人或者参会者任何一方各自支付服务费用，这样做是为了消除人为提高房价的现象。有些第三方承办人和酒店之间有佣金返还，就像旅行社一样。

无论使用什么方式进行预订，团体汇总的预订信息对酒店和会议团体来说都很重要，对管理团体客房预订也至关重要。理想状态下，合同里应该包含所预订客房确认回复时间表。如果没有，从会议日期开始前的三个或四个月，每周应该向会议承办人报告客房详细情况。如果客房预订部处理预订事宜，或者会议需要预订若干酒店，那么这一点就尤为重要。在这种情况下，客房预订部会向酒店或被预订的酒店以及参会者发送预订确认函，如表 11-5 所示。

当酒店接收到个人预订时，预订部门经理必须保证团体预订的客房是可入住状态。需要制作并实时更新一份所预订的客房类型的细目表。如果预订部门注意到所预订的客房并不像看起来有如此大的需求量，或者需要更多的客房导致需求量增大，都应该立即通知销售部门。然后销售部门与会议承办人联系对预订客房的数量做出必要的调整。

表 11-3　竞标单样例

拉斯维加斯会议局

天堂路　会议中心

邮编 14008

内华达州拉斯维加斯 89114

日期：20___ 年 5 月 15 日

来自：会议销售部 Adam James Stubbs

主题：　　　　　　**客房预订协议请求书**

国家爆米花协会请求我们为内华达州拉斯维加斯会议提供暂定/确定客房服务。会议日期从 20___ 年 10 月 18 日到 20___ 年 10 月 21 日。修道院之家酒店同意以下表所示价格提供相应的客房。会议组织者的书面同意函要在 20___ 年 9 月 15 日（日期）前被酒店接收。

　　数量：单间 100　　　　　价格 $75 ~ $85

　　　　　双人间 475　　　　价格 $85 ~ $95

　　　　　标间　　　　　　　价格

　　　　　套间 25　　　　　　价格 $110 ~ $170

　　房间总数 400

　　客房押金（是）（否）需要。（如果需要，金额为 $75）

　　签字：姓名_____　酒店：_____

　　　　　职位_____　日期_____

　　公共空间可使用性_____　付费或免费_____

（续）

公共区域使用描述在附件中（如果使用请附上小册子） 需要公共区域的预订，请以信函方式确认。 注意：填写完整的协议请一式3份。邮寄2份副本给拉斯维加斯旅游局，酒店自行留1份。

当召开大型会议需要几家酒店时，每一家酒店都必须填写一份竞标单并返还给城市旅游局。在这个案例中，表单一式3份被填写。酒店保留1份，旅游局保留另外1份，第三份作为酒店报表中一份资料给会议筹办组织。

资料来源：由拉斯维加斯会议局提供。

表11-4 典型的预订回复形式

酒店客房申请表

副本邮寄至：
国家爆米花协会客房预订处   20__年10月19～21日
拉斯维加斯旅游局   拉斯维加斯会议中心
邮编：14006   产业日（industry day）
内华达州，拉斯维加斯，89114 20__年10月18日

发送确认信息至：

公司名称＿＿＿＿＿＿＿＿＿＿＿＿＿＿＿＿＿＿＿＿＿＿＿＿＿＿＿

注意＿＿＿＿＿＿＿＿＿＿＿＿＿＿＿＿＿＿＿＿＿＿＿＿＿＿＿＿＿

地址或邮编

＿＿＿＿＿＿＿＿省＿＿＿＿＿＿＿＿市＿＿＿＿＿＿＿＿区（县）

酒店意向：

1.＿＿＿＿＿＿＿＿＿＿＿＿＿ 2.＿＿＿＿＿＿＿＿＿＿＿＿＿

3.＿＿＿＿＿＿＿＿＿＿＿＿＿ 4.＿＿＿＿＿＿＿＿＿＿＿＿＿

请提供如下客房类型（请在背面查看价格和位置）

单人间＿＿＿＿＿＿＿＿＿＿＿人 价格 $ ＿＿＿＿＿＿＿/ 每间客房

双人间＿＿＿＿＿＿＿＿＿＿＿人 价格 $ ＿＿＿＿＿＿＿/ 每间客房

套间＿＿＿＿张床＿＿＿＿＿人 价格 $ ＿＿＿＿＿＿＿/ 每间客房

补充：＿＿＿＿＿＿＿＿＿＿＿＿＿＿＿＿＿＿＿＿＿＿＿＿＿＿＿＿

＿＿＿＿＿＿＿＿＿＿＿＿＿＿＿＿＿＿＿＿＿＿＿＿＿＿＿＿＿＿

如果价格不能接受，可以签订一个较高的价格。

每类客房类型、入住者及到达离开日期表

客房类型   入住者姓名   达到 / 离开 / 日期 / 时间

1.＿＿＿＿＿＿＿＿＿＿＿＿＿＿＿＿＿＿＿＿＿＿＿＿＿＿＿＿＿

2.＿＿＿＿＿＿＿＿＿＿＿＿＿＿＿＿＿＿＿＿＿＿＿＿＿＿＿＿＿

3.＿＿＿＿＿＿＿＿＿＿＿＿＿＿＿＿＿＿＿＿＿＿＿＿＿＿＿＿＿

（续）

如果有必要，请附上额外的名单。

以上信息确认后将由酒店寄出。

请通过酒店确认，直接做好全部预订信息的更改。

拉斯维加斯酒店价格

国家爆米花协会产业日：10 月 18 日——酒店 A

国家爆米花协会展示：10 月 19、20、21 日——会议中心

客房	酒店	总统套房	双人间	1 间卧室套间 ***	2 间卧室套间 ***	
1500	A	$110 ~ $122	$110 ~ $122	$168 ~ $190	$201 ~ $235	* 预订需一晚客房押金
	（总部）	$127 ~ $130	$127 ~ $130	$194 ~ $225	$248 ~ $277	** 预订需 50 美元押金
1000	B*	$116 ~ $125	$116 ~ $125	$170 ~ $180	$205 ~ $220	*** 可用的酒店套房，所需酒店套房价格
600	C*	$104 ~ $108	$104 ~ $108	$155 ~ $170	$183 ~ $198	
250	D**	$112 ~ $1128	$112 ~ $118	$170 ~ $190	$230 ~ $260	所有价格缴纳 12% 克拉克郡房屋税
200	E*	$100 单双同价	$100 单双同价	$100 单双同价	$100 单双同价	

通常在城市客房预订处进行酒店客房预订时使用这样的一份申请表。参会成员填写好表格并返还给酒店预订处。地图和酒店客房价格包含在申请表里以协助参会成员选择他们想要入住的酒店。这是酒店能够被超额预订的主要做法，在下文会进行详细探讨。

资料来源：由拉斯维加斯旅游局提供。

表 11-5　客房预订报告

<table>
<tr><td colspan="8" align="center">拉斯维加斯旅游局　　　　会议中心</td></tr>
<tr><td colspan="8" align="right">天堂路，邮编 14006</td></tr>
<tr><td colspan="8" align="right">内华达州，拉斯维加斯 89514</td></tr>
<tr><td colspan="8" align="right">电话区号 702-735-2323</td></tr>
</table>

20＿＿ 年 5 月 2 日

国家爆米花协会

客房预订报告

20＿＿ 年 10 月 19　21 日

酒店	普通客房	套间	普通客房	套间	普通客房	套间
A	1400	70	1110	70	290	
B	200		86		114	
C	1000	11	386	11	614	
D	300		29		271	
E	400	3	167	3	233	
VIP	200				200	
总计：	3500	84	1778	84		

以上表单副本发送给酒店销售人员、客房预订部经理和协会理事。

有关所应该享受的折扣信息，请直接联系我们。

旅游局使用的这样一份表单，用于通知酒店会议团体在客房预订协议的基础上挑选出的酒店。定期给各酒店发送这份报告有助于各酒店调整它们的预订信息。

资料来源：由拉斯维加斯会议局提供。

拓展阅读

凯悦集团利用 Passkey 向会议承办人做营销

凯悦度假酒店已经在美国、加拿大和加勒比等地区的 50 多家酒店为会议承办人提供 Passkey 系统若干年，最近，它们引进了 Passkey GroupLinkSM 的增强版使会议承办人的工作更加便捷——这个系统允许会议承办人追踪到参会者的到达时间并管理全市范围内的会议活动。最开始 Passkey 系统提供预订功能，为参会者提供会议和酒店信息并提供超过 100 份的报告，提供 7×24 的信息服务，包括预订报告和实际入住报告。新研发的 GroupLinkSM 应用系统为会议承办人提供更加先进的方法有效地管理会议活动，这个系统能一直开放调整直到会议代表抵达之日，可以通过这个系统的唯一数据库对客房进行完整的存量管理。

新奥尔良的凯悦酒店市场营销部总监，Irby Morvant 说：

"Passkey 通过允许会议承办人直接获取分房名单和客房信息，把它们的服务和技术水平提高到了一个新的高度。"

连锁酒店和会议承办人都受益于 Passkey。美国石油协会会议活动经理，Arnetta Smith 说：

（续）

> "我将链接（凯悦集团提供的）放在我发送出去的电子营销邮件中，那么参会者就可以通过 Passkey 点击它，在做大会登记的同时预订他们要入住的酒店。"
>
> 除 Passkey 以外，凯悦集团还为团体预订提供了其他方式，包括为专业会议准备的自备网站（由 Hyatt.com 免费提供）、Hyatt.com 在线预订和免费电话预订。

资料来源：Hyatt.com。

互联网练习

很多连锁酒店，包括凯悦度假酒店，为会议承办人免费提供 Passkey——主要提供在线酒店团体预订技术的供应商。访问凯悦集团的网址（www.hyatt.com）并点击进入"会议活动"。然后选择"团体预订解决方案"来复习 Passkey 报告演示样例。在回答以下问题时，首先登录 Passkey 网站（www.passkey.com）：

1. 在北美顶级大会中使用 Passkey 的比例是多少？

2. 为什么有很多连锁酒店，包括凯悦集团，使用 Passkey 技术进行团体预订？

3. 提供团体预订系统对会议承办人来说有哪些优势？对参会人员？对旅游局？对酒店？

4. 解释"注册链接 RegLink"和"智能报警 SmartAlerts"的价值。

客房分配

通常前台能成功处理大部分的会议和贸易展期间的客房分配任务。但是，当出现问题时，也必须迅速顺利地处理。

在大会开始前，会议服务经理应该和客户确认以下信息：

- 不同类型客房的房价；
- 免费附赠的客房分配；
- VIP 和发言人优先选择客房的权利；
- 协议所预订的客房，包括团体需要的客房类型；
- 团体有关客房信息资料、无故缺席人员和因故取消参会的人员的历史信息；
- 团体抵达和离开的方式。

房价结构

对于策划者来说房价是极其重要的。如果协议价格超过某些参会者预算，那么他们可能会在其他地方预订客房（不在指定客房区域范围内预订）。这可能会极大地影响会议客房的租赁协议最后导致损耗费用的产生。

　　因为大多数会议都是提前计划好的，所以酒店不会对已经达成协议的价格做出任何让步。这项政策在开始的谈判中就做出明确的表示，也会包含在最终的合同内。

　　最先商定的协议之一就是参会代表们可以以什么价格预订会议酒店。理所当然地，客房价格在不同酒店之间甚至是在酒店内部都有变化。酒店价格由很多因素决定，包括季节（旺季或淡季）、星期几、团队大小、入住时间、客户类型、单间客房入住人数以及团体过去所召开的会议的已知出席率和遇到的问题。当然，如何运用这些因素取决于不同酒店自身。例如，度假酒店，在周末时因散客入住就会满房，所以在周末度假酒店可能不会为会议团体提供折扣价格，但是市中心的酒店可能更愿意在周末打出折扣价格，因为它们意识到它们的业务量最好的时候是在一周的中间时候。

　　许多酒店都是在基于管理基础上所制定的具体价格尺度范围内进行经营。主要有以下几种。

　　门市价。所有的价格都是明码标价，没有任何折扣和优惠。为方便记账，这种方式通常是酒店的首选，但是会议团体预订客房极少使用门市价，因为它们会与酒店商定一个比门市价低的团体价格。

　　均价。均价是指除套房外，不管客房等级如何、位置在哪，所有相似房型的客房在最低价和最高价之间取平均值定价。所有顾客支付相同的价格。这个也称作平价分配。

　　双轨价格。双轨价格是以客房类型为基础提供给团队的价格。例如，与行政房相比，常规客房一般以不同的价格提供。

　　折扣价格。折扣价格也称作促销价格，主要用于能带来好的商业回报的业务，鼓励开展当期业务交易，或者从竞争对手那里吸引优质团体的业务。

　　会议很可能是提前几年就开始计划，在这期间价格会发生很大的变化，明白这一点很重要。折算酒店未来支付的价格是必要的。

　　大多数情况下，酒店门市客房价格用于折算"市盈增长价格"。例如，如果当前门市价格是每晚 150 美元，团体价格是每晚 120 美元，低于市盈增长价格的百分比是 20%。这个百分比会用于决定会议期间的客房价格（参会者可能会在会议期间得到 20% 的优惠）。其他策划者坚持制定更多具体的客房价格保障，例如，有位会议承办人详细指出合同里必须包含以下条款：

　　酒店要保证在召开研讨会时的房价不超过当前房价的 85%，当前适用的房价涨幅每年不超过 5%。最终价格要在研讨会召开前 12 个月确定好。

　　小型团体更倾向于使用统一协议价格，而双轨价格或折扣价格更受大型团体青睐。除非团体规模非常小或者酒店处在高入住率时期，会议团体一般很少使用门市价。

　　折扣价格通常优惠的最大范围是门市价的 70%。理所当然地，酒店的目标是以

尽可能最高的价格招揽生意。有关决定团队折扣量的问题包括:

- 团体预算是多少?它们是否举办鸡尾酒晚会或宴会?会议展览空间要求是什么?
- 团队未来的商业机会是什么?
- 团队愿意降低客房预订的财务限制吗?

无论如何确定价格,价格表必须清晰。酒店客房有一系列定价标准,预订表应该指明所提供的服务范围和注意事项,如果所需要的服务不在这个价格区间内提供,将会在下个更高的价格区间内被提供。即使合同要求填写门市价格,也最好在预订表单内指明。

有时候协会要求酒店向参会人员收取超过协议价格的房价费用,再把多余的价款退还给协会。酒店通常会因道德因素拒绝这样的请求,尤其是当参会者没有留意这样的安排时。

开启成功举办会议活动的钥匙

你已经意识到费尔蒙度假酒店为您和参会者提供了一场特别的会议活动体验,使用全世界无与伦比的设施设备提供最棒的服务。现在我们为您提供 Passkey 服务,努力使您的会议变得更加易于管理,Passkey 可以为您收集到整个会议活动过程的资料。

Passkey 使您的会议活动达到了另外的高度。使用您自己的会议活动门户网站,它可以自动生成报告并及时更新数据,为您提供实时可见的会议活动实况,由此您可以在线监控会议客房预订情况,节省更多的时间去策划一个令人难忘的会议活动。

更多信息,请登录 www.fairmontmeeting.com。

费尔蒙度假酒店是免费为会议承办人提供 Passkey 客房预订系统的众多连锁酒店中的一家。这则广告宣传使用 Passkey 系统实时监控会议活动出席情况的优势,它可以使会议承办人有更多的时间处理会议其他方面的事宜。

图 11-3 利用 Passkey 客房预订系统吸引会议承办人

资料来源:费尔蒙度假酒店提供。

访问希尔顿酒店网站（www.hilton.com）并点击进入"会议"标签。向下找到"会议工具"部分。

1. 可用于会议承办人搜寻团体有效时间的搜索条件是什么？

2. 解释为什么对于在希尔顿预订客房的会议承办人来说客户名单管理和个性化团队网页功能是有用的。

3. 点击"了解更多"进入在线会议活动策划工具部分。然后点击进入"会议活动策划"检查表并链接进入商务会议。向下看看检查表的客房部分包括哪些因素。

表 11-6 预订信息确认表

姓名：_____ Pr. _____	
地址 _____	
客房类型_____ 价格 $_____ 到 $_____	
时间 上午_____	
到达时间 下午_____ 日期_____ 离店日期_____	
由_____ 酒店确认	
签名_____	
职位_____ 日期_____	

致酒店经理：1. 所有复印件上都要签姓名和日期。2. 页眉页脚不同标注，分开放置。3.（a）邮寄一份客人副本给申请人。（b）酒店保留两份副本。（c）蓝联和粉联回寄给：内达华拉斯维加斯天堂路的旅游局会议中心。

客人：如推迟到达和任何其他的更改或取消，将通知你的酒店。送交一份副本给拉斯维加斯旅游局客房预订中心，邮编 14006，拉斯维加斯，89114.

在入住酒店时请提交这份确认书。

客人副本   谢谢

酒店副本

客房预订中心副本

例如这样的表单由客房预订中心送交给酒店。客人、酒店和客房预订处各自持有。

资料来源：由拉斯维加斯旅游局提供。

有效的客房管理

Kristine K. Gagliardi
企业会议服务总监
希尔顿酒店集团

"在过去几年里，我有机会为整个希尔顿会议服务部门开发制订了一套质量保证计划。在开始调查阶段，我们检测了所有现有的酒店客房。我们意识到依靠技术支持，希尔顿网络预订/前台预订系统和团队/酒店合作伙伴一同受益，这正是我们的目的，即在会议的每一个阶段——前期计划、会中以及会后——为会议团体提供有效的准确的客房预订系统。

销售部门初期的预订信息对我们的调查也是很重要的。恰当地检查了团体的历史数据；这些信息和当前的预订应一一对应；到达和离开的形式和团体会议计划应一致；团体和酒店应受益于拟建的预订方式；团体给出的截止日期应给酒店充足时间应对意外事故。

为了能密切地监控预订信息，会议服务部门所提出的活动核查清单用于系统地追踪团体预订信息和其他潜在团体的预订安排。通过使用这份检测清单，如果被授权，会议服务经理就可以追踪到团队预订活动并就有关预订信息和会议承办人进行后续讨论。在截止日期前一周，会与团体接洽重新确定所有客房相关事宜。在团体到达的前 10 天，再次使用检测清单作为主要工具来进行前期安排。

备有重要客人关于预计入住和离店的相关信息，那么酒店就可以制订预案确保一切顺利进行。对到达方式、交通工具和到店入住的高峰期都有密切关注。预先登记的客房、套房和 VIP 贵宾室需要清理完备为团队到达做准备。在会议结束后，整理这些信息，形成'会议报告'。直接将这份报告发送给会议承办人并在整个希尔顿系统中备份，这份报告意在覆盖会议的各个方面，包括客房细节：预订方式、酒店预订量排序、到达/离店模式、最后预订数据、意外和无故缺席者、套房使用情况等。"

免费客房安排

为了得到团体业务，大多数酒店会提供优惠。最常用的方式是每使用 50 间客房就免费赠送 1 间客房，或者每使用 100 间客房免费赠送 1 间套房。

会议承办人提供的分房名单应该详细指出谁入住哪间房。为了避免在前台激烈争吵，策划者有责任对客人讲清楚免费客房安排的使用范围，并提供给酒店一份副本。

会议承办人应该告诉参会人员，尤其是当发言人和计划邀请的参会人员使用免费客房时，什么需要他们自己支付，什么可以计算到总费用中。由员工入住免费客房是最简洁的方式，但是这取决于会议承办人。只要知道他的期望是什么就很容易解决。

有些酒店会提供免费的鸡尾酒会或者 VIP 贵宾到达欢迎仪式、免费机场接送或者提供免费的会客场所。制定优惠策略没有通用准则，但是许多酒店都会提供免费客房，其他优惠政策会在免费客房的基础上再实施。例如，如果团队未能达到协议客房入住率的 80%，那么可能只能获得每入住 100 间客房免费赠送 1 间客房的优惠策略。没有通用的准则可供使用，酒店必须依靠合理有效的判断，并且做到前后一致。

优先级

会议承办人为酒店提供一份 VIP 名单是必要的。同时介绍客人类型并指明他们的住宿安排，还要在不同分店都有住宿安排表，这些都是相当重要的。协会行政人员，例如官员、董事会成员和工作人员通常会得到特殊优待。参展商、发言人和参演艺人可能也需要特别注意。

不管酒店客房入住率如何，预留一定客房量确保 VIP 贵宾能够入住度假酒店的海景套房和商业酒店中"最好的客房"。查看 VIP 成员的预订是否正常恰当通常是会议服务经理的职责。他或她应该在 VIP 贵宾到达的前几天建立一系列程序来检查为 VIP 预订的客房，并确保在 VIP 贵宾到达的当天所预订的客房已打扫整理完备。此外，会议服务经理应该清楚 VIP 成员的具体达到时间。

要求销售部门务必使 VIP 贵宾得到必要的关注是部分酒店的政策。销售人员对决策者魅力的感知决定了他们自主关注决策者的程度，决策者通常能在重点人员名单中被找到。

应该整理一份 VIP 贵宾名单，这样可以尽可能多地为他们提供水果、酒水和鲜花。套间的分配也十分关键，尤其是在酒店套房数量有限的情况下，与会议承办人讨论这个问题。有些协会规定没有参展商就不能配有接待室。

注意在原始预订客房区域为迟到的 VIP 贵宾保留小部分数量的客房，因为这种情况对他们来说是不可避免的。

客房类型

必须清楚会议举办期间所需的客房数量和类型。和会议承办人签订的大多数协议都要求保证客房使用的总体数量。在谈判桌上做出这样的承诺是容易的，但是当会议临近时就必须清楚单人房、双人房、标间或者套房分别需要多少间。不要忘记套房分配有多么容易混淆。到目前为止仍然有一些酒店定义套房为"一间卧室入住两个人的客房"或"两间卧室入住四个人的客房"。此外，人们也很容易混淆双床房和双人房。这个可以根据"两人一张床"或"两人两张床"来区分。题为"客房类型"的表格是行业定义客房类型通用的标准。

团体历史记录

由于很多会议都是提前很长时间预订，所以客房预订的数量是根据以往会议进行估计的。酒店和会议承办人之间的沟通至关重要，所以有必要使用定期的预订报告追踪客房预订情况。

协议应该指明一个具体的时间，即会议组织在这个时间前确定或取消预订客房信息。只有在剩余客房数量允许的基础上，才接受截止日期以后的预订，通常截止日期以后预订的会议客房价格并不适用于协议价格。所有情况下，都应该逐一确认预订信息，并发送一份副本给会议承办人。

酒店和协会应该在会议召开前的若干中间时间点重新对客房需求进行探讨，如果有必要重新调整客房数量。大多数会议中心处和酒店都提供每周客房预订报告，这个也叫作客房预订周期报告，它向会议承办人提供客房预订状态信息。除了以周为基础追踪会议预订信息，团体的历史记录（预订模式和来自之前会议的最终预订信息）都能为估计此次团体预订客房的入住率提供非常有价值的信息。例如，如果酒店经理被告知团体的参会人员直到4周之后才会进行客房预订，那么当在6周以后客房预订量只有一半时，他就不必感到惊慌。

会议承办人必须时时留意可能影响会议出席率的信号。这些信号可能是些不寻常的情况，比如协会50周年年庆、非同寻常的好年或坏年，选择一个极好的旅游度假地或者这一年招募了一些不寻常的成员。聪明的会议承办人会与酒店沟通交流他们的担忧和想法，以此保证所有参会者都能顺利地进行预订入住。相互间沟通交流将减少参会人员双重预订和酒店超额预订情况的发生。

如果你没能定期从客户那里得到公报，就不应该两耳不闻窗外事、无忧无虑地继续营业。因为在前台登记处你可能会面临众多暴怒的预订者或者遭遇大量空房情况。如果你得不到有关你的客户的信息，你就不能坐以待毙，只是一味等待。关于接受的预订信息随时保持联系，并阐明当期客房预订量如何影响总的客房预订量。

双方保持持续沟通交流，当组织团体经理确认或者取消已预订的客房时，就能顺利进行（对于周边只有少量或者没有商业街的度假地来说这是至关重要的，尤其是在淡季）。

会议承办人及负责对外联系和调整酒店客房分配的人员继续一起合作。在会议活动开始时他们在没有任何客房预订冲突的情况下共同执行会议进程。

抵达入住／离店模式

在进行客房分配时，你需要一份总体格局表，这份表指明参会人到达和离开的时间。会议承办人可能根据几年前的情况形成某些想法，但是在得到客人的预订信息时，你必须最终完成详细的模式表。即使是会议承办人有很大控制权的公司会议，由于交通情况、个人旅行安排或者当地旅游和娱乐设施吸引，参会者也经常提前一两天到达。

例如，在星期一开始星期四结束的预订 400 间客房的会议的典型抵达模式可能看起来如下所示：

日期	客房数量	抵达人数
星期五	20	会议承办人和员工
星期六	150	提前抵达的人员
星期天	360	开幕式
星期一	400	参会人员抵达的高峰期
星期二	400	参会人员抵达的高峰期
星期三	350	提前离开的人员
星期四	30	会后并延期离开的日期

明确团体所预订的客房单人房、双人房、双床房和套间各有几间也是明智的。客人抵达的日期比其离开的日期更容易获得，但是这些对你来说都是很重要的。

如果你分派某人使用某一特定的套房，那么就要额外留意。超级 VIP 套房可能由董事会主席入住，他可能会突然起兴来检测你的高尔夫球场如何，并在会议开始前的一两天到达或者在会议结束后推迟几天离开。要给你的顾客留下好印象，就必须提前留意到他们的这些计划，以确保客房的可用性，并且确保不会与其他团体所要入住的客房相冲突。

你也需要确定来会宾客的主要抵达／主要离开方式。这主要是指大部分参会人员预计抵达酒店和退房离开的日期和时间。团队资料应该为策划者提供这些信息，这对策划者来说至关重要——要分派足够的接待人员和行李服务人员以应对某一时间宾客大量抵达入住的情况。典型的分派比例是每 75 位抵达或离开的宾客分派 1 名行李服务人员和一名前台接待 / 收银人员。然而，如果团队一同抵达或离开，那么每 50 位宾客需要 1 名工作人员提供服务。

酒店应该在下午早些时候就为团体办理入住手续，所以酒店可能需要修建一个接待区，在这里参会者可以休息等候直到客房打扫完毕。对于欧洲酒店来说这可能就是一大问题，因为大多数来自美国的飞机都是在早上抵达，但是退房离店的时间是在下午。

其他酒店

就像我们在前文中提到的一样，有时候一场会议会同时需要几家酒店。在这种情况下，竞争对手变成朋友。当你的酒店超订时，如果有一家临近的酒店为你提供了足够的可用客房从而将解决了你的困境该有多好。同样地，当你仍有大量客房未销售出去时，能够接收来自其他酒店转过来的客人也是件称心的事。各家酒店一起合作是值得的。

同样地，你可能没有能力为顾客提供多功能会议室或者为当地顾客提供晚宴。但是要向你的顾客表现出你的关心，关心他们的福祉甚至当你有余力时帮助他们在其他酒店进行预订。其他酒店可能会感激这次推荐并礼尚往来；你的顾客可能会感激你的帮助，事实上，即使此时你不需要这单业务，你也不要坐视不理，眼光要放长远。酒店经营成功的关键是在专业技能和人为关怀方面都有好的声誉。

变化可能只涉及酒店设施的使用，例如，使用高尔夫球场或者网球馆。酒店内部的费用花费必须记录整理，以防其中涉及多家酒店，这种情况下可能也涉及与当地公交公司合作。

管理客房预订

为团体会议提供服务的酒店会面临潜在的困难，这个困难来自酒店客房预留库存。理所当然地，会议承办人想要确保有足够的客房预留给参会者——预订客房的数量在谈判中扮演一个重要角色，例如，可以使用免费会议室、入住免费赠送的客房。当然，酒店经营者想合理地向团队提供客房预订，但是如果过高估计预订客房量或者客房未出售出去，那么酒店就会遭受潜在的营利损失（酒店不仅在未出售的客房上遭受损失，还会遭受来自比预计少得多的餐饮量、娱乐活动、交通和其他服务方面收益损失）。

在这部分，我们将讨论涉及预订客房管理的影响因素。我们将讨论当进行预订客房管理时发生的最常见的潜在问题，并详细探讨酒店、会议承办人和客房供应商如何共同协作以确保这些问题可以被避免或者减少到最小限度。

互联网练习

Experient，一家业内领先的第三方会议策划公司，已经建立起名为"指导预订客房管理"的优质资源共享。访问 Experint 网站（www.experient-inc.com），并点击进入"知识中心"。然后点击"Experient 公共服务"查看第 64 页信息（你将不得不注册登录来获取资源）。

1. 整理编纂会议团体历史记录需要什么类型的历史信息？
2. 怎样将参会者的客房预订和登记注册信息结合使用来帮助团体预订客房？
3. 为酒店推荐哪些激励措施来增加客房预订量？

临时取消 / 超额预订

尽管已经进行客房预订但是没有入住的参会者被视为临时取消。临时取消可以是未参加会议的宾客，无论他们是否取消预订，或者是那些参加会议但是没有入住团体预订的酒店的宾客。除了临时取消，酒店的盈利还会受提前退房的宾客的影响。提前退房者是比预计离店日期更早的离店的宾客。尽管对于城市和机场酒店来说提前离店并没有多少影响，因为它们可以获得一定数量的未预订的散客业务，但是对度假地来说，提前离店会造成毁灭性的损失，因为它们通常不能从散客预订中获得任何优势。

像临时取消一样，提前离店也会给客房收入带来巨大的损失，同时在餐饮、附加消费和娱乐收入方面也会遭受损失。洲际度假酒店销售副总经理 Scott Boone 说：

"在过去 3～4 年我们已经注意到提前离店数量的增加，特别是参会人员。参会者通常会在会议召开前的几个月就预订客房，然后会调整他们的计划，但却忘记通知酒店。我们只是想要客人准确确认他们的离店日期以便我们可以对客房库存进行有效管理。"[③]

会后延住 提前离店不是酒店经营者在管理预订客房时面对的唯一挑战。另一极端的问题可能由客人临时决定多住几天而引起，这个叫作会后延住。酒店可能预留 250 间客房，但是如果有 20 位参会者决定续住，那么可能没有足够的客房预留给其他团体（这个可能是至关重要的，如果团队以某一价格预订，但是一旦他们腾出客房，酒店就可以以一个更高的价格出售）。

许多酒店要求客人在最初的注册登记卡上指明离店日期，这个就在酒店和客人之间建立了一个协议。酒店通过提供客房直到指定退房这一天来履行它的义务。退房日期一过，客人就可以被视为"违约者"。酒店有两个选择：可以以不同的价格建立新的合约关系（酒店没有义务继续保持原有会议价格）；或者，酒店可以驱逐客人（问题是在绝大多数国家，酒店把续住客人告上法院，这明显是浪费资金和时间的）。

预付订金和担保　临时取消和提前退房现象的不断增加使酒店不得不采取额外的措施降低损失。国际酒店销售与营销协会强烈推荐使用预付订金作为解决临时取消预订的方法。预付订金预订，指在客人到达前酒店至少收取第一晚的房费，同时无论客人何时到达酒店都有义务为客人保留客房。如果客人通过订金预订但是没有入住或者取消预订，那么酒店可以收取这部分订金。打算进行订金预订的酒店必须考虑控制和保留记录的必要性以及出现退款的可能性。

所提供的另外一种解决方案是提供担保预订。信用卡担保预订是使用客人的信用卡账号预留客房，因为使用信用卡支付可以得到保障；在临时取消的情况下，费用以通常形式发生。但是很多酒店发现应用这种支付方式有很大困难。对这个术语的理解有偏差，客人总是不明白他们何时已经就担保预订达成协议，而不管他们是否入住。

因为相比城镇和机场酒店来说，临时取消预订现象对高需求量的度假地来说影响更大，所以度假地酒店领导已经开始制定严格的取消预订政策。为了消除临时取消预订的现象，控制客房容量，一些会议酒店已经将取消预订的最后期限延迟到期望登记入住前的 72 小时。

超额预订　有些时候，酒店可能会有大量客人临时取消预订的经历（尤其是那些不能依赖散客销售客房的酒店），这些酒店会努力通过预订出超过它们承载力的客房量来消除损失。这种做法通常被认为是超额预订。

如果酒店超订了，那么迟来的客人到达酒店后可能发现酒店已经满房。这样酒店就构成了违约，这种情况下酒店就需要弥补迟来客人的损失。这样的客人也被称为被转移的顾客，酒店有责任为他们解决住宿问题。很多会议承办人把如何安置这些客人的要求写入合同条款。在处理超订情况时，这类条款规定了具体措施，包括：如果参会者不能入住之前预订的酒店，要在其他酒店为客人提供免费住宿安排；提供免费电话让客人通知其他人自己住的酒店有调整；原酒店要安排车去往新酒店的免费接送（或者支付往返车费）；如果参会代表回到最初预订的酒店，那么升级住房标准；如果客人回来，赠送房内礼品；为因超订而给客人带来的麻烦向客人致歉，并写封致歉信给他们。

　　酒店要降低超订风险，可以通过联系之前团队入住过的酒店了解团体临时取消情况的历史记录。如果团体能够保证全部入住，酒店可能就没有理由进行超额预订（酒店也可能仍然会在小范围内进行超额预订以应对任何一点客房销售量的下滑）。相反地，在同行间调查酒店超额预订模式的会议承办人是一个聪明的会议承办人。明智的会议承办人也会通知参会人员酒店的做法，保留预订到某一特定时间点，如下午 5 点。酒店强烈建议参会者比客房预留最后时间早到一些，或者提供担保，或者提前支付房费等，确保他们能够顺利入住。

拓展阅读

一些联合订房政策解决酒店超订问题

　　理想的情况是没有酒店超订。但是即使所有客房都"显示"已出售的，酒店仍然会不自主地继续接受预订。因为提前离店和临时取消，酒店不能确定客房是否 100% 全部销售，所以酒店不会冒险使 10% ~ 15% 的客房出现未出售的情况。

　　系统出现故障，没有人修理。考虑到全市范围会议的情景。参会者返还一张表，指明他们倾向入住的酒店。要求这些登记预订的人选出他们最想入住的前 3 ~ 6 家酒店，防止第一选择酒店满客。

　　客房预订组织努力尝试把参会者分配到他们青睐的酒店。如果第一或第二选择可用，那么有极高的可能性，参会者需要进行预订。然而，这样你入住你所列出的其他酒店的可能性就降低了。当参会者所倾向的所有酒店全部售空时，大多数客房预订组织会直接将其分配到另外的酒店。

　　在这里，真正的问题就出现了。

　　酒店得到客房预订组织的通知，但不知道它们的酒店是否是客人的主要选择或者是否是被"指定"的预订（这个信息非常有用，因为传统上大量临时取消预订的情况都发生在"被指定"客房的参会人员身上）。这些分配到"指定"酒店的参会者不会费心打电话给酒店去取消他们的预订。甚至使用信用卡提前支付房费也不能解决这一问题，因为大多数游客知道，如果他们拒绝付款，大多数信用卡公司不会将订金支付给已经取消预订的酒店。

　　最终结果是：如果在全市范围会议期间酒店不采取超额预订的方法，那么完全没有可能将空房销售出去。

　　超额预订的另外一个原因是：会议承办人预订客房多年，他可能过于自信，导致需要数百（或数千）间额外的客房。

　　如果没有过去的历史数据应用于客房预订，那么酒店将陷入麻烦中。如果团体不入住，酒店许多客房将无法销售出去。不管酒店承认与否，它们通常采用的一种策略就是，忽略协议约定的客房量，而是为团体保障小一些的客房数量。这样可以使酒店向任何感兴趣的买家售卖剩余的客房，买家可能是其他团体或个人。理想情况是到截止日期时，团体预订减少的客房数量正好和酒店超售的客房数量相同。

　　不幸的是，现实世界并不完美。当团队实际用房量超过其历史记录时或酒店销售极旺时，被转移的顾客就产生了。这就产生了超订，在这种情况下参会者不得不"走"到别的酒店去入住。

　　这种情况的解决方案是以过去预订状态为基础建立现实的客房预订机制。每年的年度会议后，应

（续）

> 调整实际的客房入住量以反映出席会议人数的实际增长（或减少）。这就产生了一种趋势，每一年客房预订量应该与前一年相比波动不超过 4%。
>
> 　这样的调整会使酒店预订出的客房数量与实际客房销售量拟合度较高。代替 10% ~ 15% 的超额预订，超额预订可能会降至 5% 甚至更少。

资料来源：美国最大的独立会议策划公司 Conferon(现为 Experient) 的创办者和前任董事长 Bruce Harris 提供。

损耗

很多酒店为了保护自己免遭临时取消、提前离店和会后延住等造成的损失，一般会在合同中加入一条损耗条款。因为客房属于易损耗品，所以如果酒店不能转售会议团体已预订但是未入住的客房，那么就必然将遭受损失。然而，酒店接受团体客房预订时，通常允许存在部分漏损。尽管客房流失量有所变化，但许多酒店期望团体能入住或支付预订客房量的 80% 的款项。损耗费用是由团队支付的，而并非单个参会者支付，当会议团体为取得特定数量的客房签订了合同，但实际入住量低于合同协定的数量时，应支付损耗费用。很多会议承办人回避这种费用，一些又因减少客房预订量而争执不休。然而，这样的做法可能引起一系列的问题，预订较少的客房量可能会削弱策划者的谈判优势，可能间接地影响会议空间或者减少团体获得免费客房的数量。

会议损耗已经在如此短的时间内变成了一个大问题，会展行业委员会（CIC）发起为期 9 个月的会议损耗研究项目。其报告成果可以在以下网上查看到：

www.conventionindustry.org/resources/project_attrition_report11204.pdf。

当会展行业委员会正试图研究适用于全行业的指南方针时，许多酒店和会议中心已经逐步帮助会议承办人尽量减少损耗。酒店并不是为了收取费用，而是希望能够达到满房状态。团体客人待在酒店的时间比其他类型的客人要多，因此在酒店可能有更多的消费，所以找到帮助团体进行预订的方法对酒店来说是重要的。万豪现场客房销售副总经理，Joel Pyser 说：

　"损耗是我们的顾客谈论的首要问题，我们想要他们看到我们提供给他们的解决方案。"[④]

许多酒店并不依赖损耗补偿，因为它并不能弥补酒店的全部损失，而是会和会议承办人合作——提供服务和建议来帮助策划者提升客房预订管理能力以避免发生损耗费用。希尔顿酒店的团体客房识别程序（GRIP）软件就提供这样的服务，这个系统与酒店预订系统相连接，提供与所预订客房有关的团体预订信息的相互参考表。该系统提供在协议范围外预订客房的及时详细的综合汇报，这样就能使会议承办人及时与参会者联系，使他们通过其他渠道进行预订，并鼓励他们重新进行正确的预订。如果参会者不愿意更改他们的预订，该系统将确保他们的客房已记入团体内，最终能获得一份精确的团体历史记录。

某些其他酒店已经创建具有注册登记和客房预订功能的会议网站。这些网站能不断提高能在总部使用的价值，包括真实反映事件和拓展网络化的机会优势。与较低的网络价格相竞争，某些酒店，如喜达屋国际连锁酒店，不管以何种方式进行预订（包括网络、旅行社、酒店自己的预订系统等），都制定统一的客房价格。

控房外预订 当参会者没有使用团体客房预订服务进行预订时，除非会议承办人指明这些预订属于团体预订模块，酒店不会将这些预订归于团队客房预订模块中。这种被称作控房外预订的做法变得越来越普遍，原因在于参会者能更加方便地在互联网上获取酒店信息，并且使用第三方供应商进行预订的参会者人数不断增加。

有时候，尤其是当召开大型会议需要在多家酒店为参会代表预订客房时，参会代表可能会在多个酒店进行重复预订，因为他们担心他们不能入住首选酒店。参会者常常会使用互联网去寻找便宜的酒店（Hotels.com、Expedia 和 Travelocity 占在线销售的 75%）。20% ~ 30% 的团体参会者在线预订酒店，这种现象已经越来越常见，无论是在指定的接待酒店还是在召开会议城市的其他酒店。

使用互联网预订的参会者可以在接待酒店内找到更便宜的价格，并且在团体协议客房外进行预订。其他情况下，参会宾客在一家酒店预订客房，是因为他们是这家酒店忠诚计划项目的会员。无论什么原因，团体客房协议预订总是受不利因素的干扰，影响着会议承办人——他们可能会失去会议空间和其他优惠条件，还可能面临损耗费用（会在这部分的后半部分进行讨论），同时当客房未能销售出去时酒店也可能遭受经济损失。

酒店通过建议策划者进行"捆绑"登记来帮助他们销售协议中指定的客房，那就是为整个会议活动向参会代表们收取一点费用（包括登记费、客房费用、报名费和其他服务的费用，例如交通费）。在协议客房外预订的参会代表将要支付更高的登记费用或者为指定特殊活动支付格外的费用，比如晚宴。会议承办人也鼓励在协议客房外进行预订，因为这些客房的预订包含在团体协议客房的宣传资料内。试图预订协议客房外的参会者可能会改变他们的想法，当他们意识到如果能保证协议客房入住数量，就能得到诸如免费会议空间、免费接待、视听设备和其他服务的福利时。

客房审计 正如我们已知晓的，损耗对酒店和会议承办人来说都是一大问题。对会议团体来说，不仅不能入住满的所预订的客房导致发生损耗费用，而且也影响在未来谈判中的团体影响优势。如果酒店的历史记录显示它们不能保障预订客房全部入住，它们可能就会失去很多优惠政策，例如，免费客房、免费或是低价格的会议室，或者茶歇期间的免费饮料。

酒店协助会议承办人使参会者在协议酒店预订并入住。希尔顿酒店集团销售部副总经理 Rob Scypinski 说：

"保证客人在协议客房内进行预订明显可以帮助协会，因为这样协会就不需要支付损耗费用。这样也可以帮助酒店，因为即使可以在损耗中得到房价的一小部分补偿，也不能使客人在酒店吃饭、看电影或者使用高速网络。"⑦

拓展阅读

全行业的客房预订做法

会展产业委员会（CIC）已经为会议活动客房预订和登记采用最佳做法，作为它 APEX 创新举措的一部分。这一创新举措可以在 www.con-ventionindustry.org/APEX/accepted.htm 这一网站上完整地查看，它可以处理有关管理客房预订的许多问题，包括收集、报告和检索完整客房预订和登记的数据。

客房预订和登记所采用的做法被有条理地分成两个部分——使用被推荐的登记和客房预订表单，并采用公认的做法。包括客房预订表单和分房名单两种形式的表单，从这上面可以获得酒店所需要的完整而全面的信息，用于合理地管理客房预订模块。可以通过会议特征来自定义这两种表单形式（例如，客房预订和登记报告可以适应任何大小的会议）。

客房锁定、管理客房预订模块、追踪房态、进行客房预订状态审计的最佳做法和会后活动报告信息都更加便捷地进行客房预订模块控制，减少在协议预订客房模块外预订客房的现象，而且帮助客户减少了损耗费用。尽管这些工具主要是用来帮助预订部门的，但也可以为酒店销售和专业服务人员提高客人服务质量提供机会。这些被采纳的做法过去也发展到形成客房预订相关术语的层面，并且在产业客房预订与登记进程中以及客房预订模块管理中，计算机技术扮演重要角色。

资料来源：会展产业委员会，APEX 客房预订与登记所普遍采纳的做法。

防止损耗发生的最有效的方法之一就是使用定期客房审计。我们已经提到希尔顿酒店的 GRIP 软件，它可以生成报告，报告详细说明了哪些参会者是在团队预订客房内进行预订的，以及诸如那些与参会者同住一间客房的人，他们是通过哪些渠道来预订客房的等其他信息。北美的喜达屋国际度假酒店在其公司内使用类似的系统，即喜达屋预订交互检查系统。Experient 为顾客提供 DQ SureMatch，一种自动客房预订审计服务。

无论使用哪种方法，客房审计工作都应该定期进行，以追踪记录客房登记和预订过程的信息。为了使会议团体和酒店都能获得客房审计的全部好处，双方的合同应该包括一些规定，这些规定陈述了将如何进行审计和这些审计将如何影响团体所做出的让步。这可以不断激励会议承办人保持客房预订最大量，并寻找能对当前会议有所优惠和对未来谈判产生影响的"红旗"。拓展阅读《全行业的客房预订做法》提供了相关指导，其目的在于使酒店客房登记和客房预订最大化，同时在客房预订和损耗中将问题最小化。

历史记录

只要有可能，找出前几年团体预订记录。最好在合同签订之后再来这样做，以便保障业务的保密性。此时不要犹豫，给过去的销售经理打电话进行询问。他们会很乐意合作，因为他们会为同样的原因想要给你打电话。

会议的历史模式会告诉我们很多东西。它可以让你早些了解这个团体经常违约，或者一直很讲信用。你可能还可以了解到比起预期是否每年会有更多的参会者出席，或提前离店的情况。你还可以发现参会者没有到场的情况，或者是一个始终存在的问题，或者是不会有太大影响的仅仅缺席一两位参会者。

别的先不说，这些历史记录能让你深入了解会议承办人，让你知道你是和能够控制会议的有足够组织能力的人合作，还是和一个没有专业知识或经验的人合作。你对你的客户了解得越深入，越能更好地和他们进行合作。

如果你了解到这个会议团体通常不能入住预订的全部客房，不要逃避这个问题。打电话给会议主管人员，告诉他们你已经了解到这个会议团体在几年前的情况，并要求他重新考虑客房预订的数量。在没有告知他的情况下不要缩减客房数量，因为策划者可能有很好的理由让人信服此类事情不会再发生。可能会采取纠正措施或者其他举措来刺激出席率。至少，你可以迅速了解客房预订情况并获得更真实的评价。

最佳案例

威斯汀的追踪团体历史记录创意方案

威斯汀连锁酒店运用三步相关联的程序试图通过观察会议团体过去的历史记录来评估这个会议团体履行承诺的情况。首先，向团体在这过去最后入住的两家酒店发出询价函，里面包含一份调查问卷。这封信主要是陈述这家团体已经在威斯汀酒店预订，想要请求它们对团体入住时的情况做出客观的评判。然后这些评判会和团体所做出的要求进行对照。如果有迹象表明团体夸大了它们的需求，那么酒店就会找到顾客弄清这些不相符的情况。

威斯汀使用的方法的第二步是询问那些提前一年或更早预订客房的会议承办人有关即将召开的会议流程。通过使用备忘录系统，酒店会在团体下次会议前的两周和会议结束后的两周提交记录。

第一次，酒店希望会议承办人能提供已经安排好的会议行程表，并建议策划者在 4 周内提交评估

（续）

调查问卷。策划者通常对酒店针对细节一丝不苟的态度印象深刻，酒店能对任何变化和趋势保持警醒，以致他们可以改变打算预订给团体的客房数量和功能空间的使用权。

威斯汀酒店使用的第三步称作"预参与"。当会议团体需要预订复杂的程序或不寻常的需求时，酒店销售人员和会议服务经理可以要求组成观察小组对团体的下次会议进行观察。通过观察会议的进程和需求，会议服务经理能更好地在他的酒店内为团体即将到来的会议进行服务。并且再一次向客户保障，会议服务经理将是他们的得力助手。

当会议承办人和酒店经理彼此相互信任时，他们就可以解决任何困难，致使所有的参会代表都在协议客房内进行预订并且预期中不会有人由于变动遭受损失。

资料来源：感谢蒙特利尔威斯汀酒店。

登记入住 / 退房

酒店应该提前确定预计的参会代表的最多人数，依次相应地安排前台的接待人员。在一开始安排时就出错往往是莽撞的。被迫排队等候很久的参会代表可能会变得很气恼，而且可能在整个排队过程中不断抱怨。

登记入住流程

如果对未预订和已预订的客人进行区分，可能会明显缩短排队等候的时间。通过预注册程序，根据团队提供的或以预订需求为基础的预订人员整理的分房名单，提前安排客房。

所有宾客越来越频繁地进行预注册。一些接受大量团体业务的酒店正在使用专门的接待桌，甚至需要专门的大厅。很多会议会设置一个入住服务处，它临近签到台，会议承办人和酒店员工可以在此迎接和协助参会代表。在这里为遇到预订问题的参会者提供服务。这些安排将最大限度地降低大厅混乱、排长队等候和缓慢登记入住现象的发生。无论是个人的还是团体的登记入住，会议服务经理应该要求在登记入住期间会议承办人必须在场。

退房流程

一次糟糕的退房手续能毁掉一个在其他方面都很完美的大会。团体可能已经顺利地进行了为期 3 天或 4 天的会议，这次会议有极好的餐饮服务，但如果参会者到收银台窗口办理退房手续而迎接他们的是一条长队——或者更糟的，收银人员尖刻的话，那么这种积极的体验可能就会遭到破坏。参会者很可能带着糟糕的心情离开，并且完全毁掉这三四天完美会议所产生的好感。团体退房流程可能是一次会议中一小部分，但是它确实很重要，尤其是如果没有高效地完成这项流程的操作的话。

酒店经常设定一个退房截止时间，如中午或者下午 1 点。如果总结会是一场午宴，那么应该提供延迟退房服务，允许与会者出席会议的高潮部分。但是如果客人抵达模式禁止延迟退房，客人应该被告知在午餐会议之前签名离开。他们的账单应该提前准备好，使团队离开之时，能够迅速退房结账，并被集合到一个便捷的储存地点检查团队行李。

计算机的影响

住宿业的一个最重要的趋势是计算机的使用量不断地增长。在这一部分，我们将会从预订到退房和结账中简单地思考计算机如何影响团队服务。

预订

在所有的前台操作中，预订和计算机联系最为紧密。计算机化的预订系统要求使用更少的劳动时间提供比人工系统更高的精确性，使得预订人员在几秒钟之内完成登记、检索、修改、预订询问。预订人员能够从会议预订的客房中查询空房情况，并在高速打印机上打印确认单和登记卡。此外，各种各样的统计表，包括追踪客房预订状况的预订记录表，可以在协调调度和预测方面协助管理者。

当预订部门收到来自参会人员的反馈时，与客人有关的所有信息都需要输入计算机中加以储存。一旦信息被录入，就无须复制数据了。同样的信息会被用于预订确认和订金收据通知、预注册、退房和结账手续。

登记入住与客房分配

计算机在准备分房名单和客房分配方面节省了大量的时间。参会者的预注册，尤其是公司团体，在客人到达前一天晚上就开始了。所需的客房被锁定了，为每一位客人提前打印登记卡，并且将房卡分类。每个参会团体中的成员按照首字母排列，并且按照他们所要求的住宿类型和价格范围来分配客房。当参会人员抵达酒店时，他们会拿到提前机打的登记卡，客人检查登记表的内容，如没有差错他们会签字确认。有些酒店会设置远离主桌的单独柜台以减轻给已完成预登记的客人带来的拥挤。

为了加快登记入住速度，伴随着凯悦酒店触摸和即时登记入住机的引领，先进的系统正在兴起。这些自助入住、退房终端机用起来更像一台自动取款机，因为这些终端机允许预订的客人刷信用卡，并能够在90秒内获得房卡、房号和其他信息，这样就减少了客人在前台排队等候的时间，因此它们被宣传为"打破排队状态技术"。

希尔顿酒店已经在它超过 200 家酒店内安装了这一系统，并且对这项技术寄予很高期望。希尔顿高级副总裁 / 首席信息主管 Tim Harvey 说：

"我们已经发现这些终端机的使用远远超过了我们早期的期望，平均有 10% ~ 12% 的顾客在使用它们，在某些情况下，甚至高达 35%。"⑧

希尔顿酒店集团为了减少前台的排队，提供了很多自助入住和自助退房设备。

新技术也已经引进到退房终端。比常规更小、更便携的终端机，可以把它们放置在靠近会议室的地方或放在客房地面上，这样就能为团队客人提供更加高效的服务——当客人去会议室或大厅的路上，或在会议中间休息时，他们都能办理退房手续。另外，一些酒店提供专用的信息查询终端，会议承办人们可以使用它来提供自定义的欢迎信息并更新会议议程。当参会人员办理入住时，可以将议程打印在参会者的发票上。

尽管这些终端机能够消除漫长的等待，并且能够节省人工成本，但它们确实存在缺点。第一，它们价格昂贵，每一台需要花费 10000 ~ 18000 美元。第二，尽管顾客越来越习惯于使用自助终端，比如自动取款机和自助登机牌打印机，但仍有一些客人不太愿意使用自助机器办理入住，而更喜欢去前台找接待员办理。为了解决这个问题，酒店正在重新分配前台服务人员以协助顾客使用这种终端机。

对于那些喜欢在家或办公室等私人空间里办理住宿安排的客人，另外一种创新服务出现了，就是使用丽笙酒店的"自我快递"计划。这项服务允许客人在他们自已方便的时间通过互联网办理入住。第一，客人通过任何丽笙预订系统预订一间客房（在线预订、电话预订、直接去酒店预订，或者通过旅行社预订）。入住前 7 天，客人会收到一封邮件邀请他们"快递"自己，即通过丽笙网站（www.radisson.com）办理入住。在这里，客人输入登记入住信息，并可以提出要求，例如，指定的客房位置、偏爱的设施（如高速互联网接口）和其他特殊服务要求。一旦客人抵达酒店，客人仅仅需要在前台确认他们自己的信息，就能迅速拿到他们的房卡和酒店资料包。

卡尔森酒店全球执行副总裁兼品牌策划人 Bjorn Gullaksen 说：

"丽笙正在为变革跨出大胆的一步。消费者研究不断显示在酒店停留期间最不称心如意的体验——排队等候入住办理或者退房办理。我们永远不会替换掉亲切友好的前台员工这一人文元素，但是'快递自己'可以取消文书工作，这习惯上是在当今办理客房入住过程中的主要焦点。将我们的员工从这些流程限制中解放出来，他们就能够集中精力迎接客人并且快速引导客人进入客房。"⑨

表 11-7　计算机生产的客房预订报告

Durham 度假饭店
预订报告节选
预计抵达日期：1994 年 2 月 1 日至 7 日

抵达日期		星期	客户名称/(总间天数)方式	预订人	等级	活动场地	平均房价	总收入
2/1 - 2/3/94	Tue Thu	Adams Point Landing	LMS	D	Y	100.67	10756.00
		(104) 2 102	邮寄对象：Adams Point Landing					
2/1 - 2/5/94	Tue Sat	Automobile Travelers Association	LS	D	N	95.00	8131.27
		(119) 20 47 44 5 3	邮寄对象：Automobile Travelers Association					
2/1 - 2/4/94	Tue Fri	Grant Retirement Party	LS	D	N	79.00	3663.10
		(70) 1 19 42 8	邮寄对象：Grant Retirement Party					
2/6 - 2/7/94	Sun Mon	Wed City Anniversary Celebration	LS	D	Y	95.00	3174.95
		(45) 20 25	邮寄对象：Wed City Anniversary Celebration					
2/6 - 2/11/94	Sun Fri	Society of Technical Writers	AJ	D	N	68.62	37964.75
		(905) 8 103 294 272 218 10	邮寄对象：Society of Technical Writers					
2/7 - 2/7/94	Sat Sat	New England Conservatory	LMS	D	Y	98.00	641.97
		(9) 9	邮寄对象：New England Conservatory					

Durham 度假饭店
按市场细分的预订报告摘要
预计抵达日期：1994 年 2 月 1 日至 7 日

细分市场	预订数	间夜数	客房收入	食品收入	饮料收入	租金	杂项租金	其他收入	总收入
国家级协会	3	180	21600	5400	1345	600	1200	800	30945
地区级协会	2	1024	112640	28160	4525	500	500	800	147125
州级协会	3	0	0	5850	890	1500	250	500	8990
大型公司	1	0	0	2450	580	250	500	400	4180
地方公司	2	70	8750	2580	1200	600	600	400	14130
旅行社	7	347	38864	9716	2500	700	660	1200	53640
总计	18	1621	181854	54156	11040	4150	3710	4100	261010

资料来源：Delphi 系统样表，纽马克特新市场软件系统股份有限公司，市场路 44 号，达勒姆，NH03824。

最佳案例

盖洛德酒店集团：利用科技为大型团队提供更好的服务

盖洛德酒店集团，在田纳西州的纳什维尔经营拥有一家 2881 间客房的盖洛德盖奥普瑞兰德度假村会议中心，在佛罗里达州的基西米经营拥有一家 1406 间客房的盖洛德棕榈树度假村会议中心，在得克萨斯州的葡萄藤市经营拥有一家 1511 间客房的盖洛德得克萨斯度假村会议中心。盖洛德酒店集团利用科技，不仅成功接待大型团队，还成功地在网上向与会者提供会议相关的综合信息。计算机被用于管理团体业务，从集中管理和分销到实现自助登记入住和自助退房。战略系统主管 Craig Ratterman 说：

"盖洛德酒店为参会者设立了专门的团体网站，可以接收来自任何团体发送的分房名单电子版表格。它们也可以利用办理入住的无线终端机实现最大灵活性，并且给每一位参与者一个个人定制的地图，这张地图可以指明客房和大会登记位置信息。使用新型盖洛德网络连接技术，参会者也可以看到他们团体成员的分机电话，并且可以核对会议日程。他们也能看到他们的团体发来的欢迎信和其他电子邮件，查看酒店地图找到具体的活动地点，参观展览厅的布局，找到展台的位置——这些信息全都连接在一起。"

资料来源："Gaylord Gets Groups", Hospitality Upgrade, Spring 2003, p. 13。

退房和结算

在会议代表们停留期间，所有费用会被发送到前台或销售终端上形成一个电子账单。销售终端设在整个酒店的赢利中心，并且与酒店的中央计算机相连，因此客人的费用可以及时地录入电子账单中。由于房券不必从销售点带到前台，这大大减少了时间延误和可能的收入损失。电子账单会在客人预计离开当天提前打印好。当参会代表到收银台窗口办理退房手续时，酒店员工快速浏览屏幕上的电子账单查看最新费用记录，只需对那些刚刚的消费打印一份账单，并把打印账单交参会代表。

当客人准备结账离店时，他们会拿到一份酒店消费交易的往来账单。计算机系统也为参会者提供主账号，并且能够将所有的费用按照具体服务地点分开。

报表分析应用

计算机在前台操作中的应用并非该系统唯一的获益点。管理信息，例如市场营销报告和特征控制，是酒店内部计算机额外的优势。一个自动化销售办事处可以快速生成清单和报告，过去可能要花费数小时的人工劳动才能完成。例如，表 11 - 7 所展现的预订报告单能够使客房销售部选择和总结重要的营销标准，例如，预订状态、抵达日期、客房过夜总数和预订模式。这些数据是一个重要工具，用于协助管理计划销售策略和瞄准促销目标。

图 11-4 友好的前台服务

前台通常是很多会议参会代表第一个接触到的对象，而友好并能高效地办理入住手续将为一次成功的会议奠定基础。

资料来源：感谢迪拜的 Madinat 朱美拉度假酒店提供照片。

计算机使员工摆脱了费时费力的记账工作并节约了纸张，让他们能够为会议团体提供更加快捷的服务。

小 结

流畅的预订流程为一次成功的会议打好基础。幸运的是，现在的技术已经简化了预订流程。科技已经使在线预订变得比以前更加容易——可以使用信用卡支付，并且可即刻将确认函送予参会者和会议承办人。另外，计算机软件已经极大地为处理注册登记和会议活动信息提供方便，尤其是当酒店充分利用了标准格式和技术的时候。

这项技术的缺点是参会者多半可以在网上比较价格并预订客房——通常越过团体指定的客房预订区间。这就需要策划者与酒店合作共同制定策略，使参会者在团体协议预订客房范围内进行预订，以避免丧失优惠条件和可能发生的损耗费用。而告知参会者在协议预订客房范围内进行预订的重要性，时而采取奖励措施，如注册登记折扣，这些都能让这一流程更加简单。酒店可以帮助策划者管理他们的协议客房，通过提供周期性的客房审计来"标记"越过协议客房或在其他酒店预订客房的参会者。

酒店和会议承办人应该尽早就预订信息进行交流沟通，同时确保能进行相应的调整。合理的客房安排和高效的登记入住、结账退房流程会加深参会代表对酒店的好感，并可能使会议承办人在未来业务中继续和酒店合作。

尾注：

① Maxine Golding, "Convention Housing", Convene.

② "The Broadmoor Simplifies Event Management with Passkey", www.hotel-online.com, May 19,2008.

③ Linda Humphrey, "Early Check-Out Fees Gaining Momentum", Business Travel News.

④ Meeting News.

⑤ Mary Ann McNulty, "Pandora's Box", PCMA Convene.

⑥ Susan Hatch, "Online Booking Blues", Corporate Meetings & Incentives.

⑦ Jonathan Vatner, "Keeping Them in Line", Meetings and Conventions, July 2006, p.64.

⑧ Ehotelier.com.

⑨ Michael Billig, "Technology Snapshot", Hotel Business.

主 要 术 语

支付订金预订（advance deposit reservation）：支付一晚的住宿费用给酒店（到达酒店之前）。不管客人到达时间是几点，酒店都有义务为其保留所预订的客房。

损耗条款（attrition clause）：合同中的一个条款，描述潜在的损害和费用，即如果当事人不能按照合同中所约定的达到最低入住率，那么就需要支付一部分费用给酒店。

竞标单（bid sheet）：当地旅游局从当地酒店获得预订客房邀约和客房价格所使用的表格，这个表格之后会转交给会议承办人或者选址委员会。

控房外预订（booking outside the block）：参会者们不是在会议承办人指定的酒店预订客房，或者在指定的酒店预订客房但不是会议团体协议预订的客房。

客房预订周期报告（booking pace reports）：列出关于预订时价格的一份报告。

退房时间（check-out time）：酒店设定的一个时间点，期望客人在这个时间点前退房。

全市范围会议（citywide）：由于会议范围或者特殊需求，需要为参会者在不同的酒店提供住宿。

免费客房（comp rooms）：免费赠送的客房；酒店免费提供给团体的客房数量和团体入住客房数量的比率。这个标准是每入住 50 间客房赠送 1 间免费客房。

信用卡担保预订（credit card guaranteed reservation）：使用信用卡进行预订，客人预订的客房可以一直预留到第二天退房时，除非有合理的取消预订的理由，否则即使没有入住，客人也要保证支付房费。

截止日期（cutoff date）：预留团体所预订的客房数量的最后期限（参会者可以从为会议所预订的客房中购买客房的最后一天期限）。一般地，酒店会在团体会议召开前的 30 天指定一个日期（也叫作预订复审日期），允许团体确认增加或减少所预订的客房数量。在客房容量允许的基础上，酒店可以接受在截止日期以后的客房预订，但是预订者不再享有团体预订客房的优惠价格。

折扣价（discounted rate）：通过降低正常门市价格，给团体的一种优惠。这样做通常针对特定的顾客或者是一年中特定的时间段。也称作促销价格。

提前离店（early departure）：参会者比预订的时间提前结账离店。酒店可能会收取一定的费用以弥补损失。也称作入住时间不足或者提前退房。

担保预订（guaranteed reservation）：确保客人所预订的客房能被预留到第二天的退房时间的预订。为此即使没有使用，客人也需要支付一定的担保费用，除非合理取消预订。

客房预订协助处（housing assistance desk）：为参会者提供服务的一个区域，在这里参会者可以获他们预订客房的相关信息。

客房预订部（housing bureau）：由城市会议局提供，当召开大型会议时，客房预订处帮助参会代表们预订酒店。

主要抵达／主要离开方式（major arrival/major departure）：会议活动的大部分参会者预计抵达和离开的日期和时间。通常是从团体与会履历中得到，这份信息可以协助酒店合理安排前台接待员和行李员。

临时取消参会的人员（no-shows）：已经预订过客房的顾客，他们没有入住酒店或者在酒店取消预订的截止日期前没有取消预订。

超额预订（overbooking）：酒店接受超过实际接待能力的客房预订量（通常为了弥补临时取消产生的亏损）。

预注册登记（pre-registration）：通常是适用于团体业务；只要参会者进行预注册登记，那么参会者一到酒店，酒店就会安排他们入住已经提前准备好的客房。

门市价（rack rate）：酒店为不同类型的客房制定的标准价格。可以根据季节而有所变化。

预订答复卡（reply card）：为大型会议预订程序而提前印制的、带有邮寄地址的卡片。

卡片上的信息包括团体名称、会议时间和客房价格。

预订信息确认（reservation confirmation）：酒店出示的接受客房住宿请求的书面协议。为使协议具有约束力，必须写明以下几部分：详细日期、客房类型和数量。通常需要信用卡号。

协议预订客房模块（room block）：为计划留宿酒店的集团成员预留出一部分客房，预留出的客房数量已经商定过。

均价（run-of-the-house-rate）：除套房外所有预订客房的协议价格。通常按照团体客房的平均价格定价。也称作统一平价。

自助登记入住、结账退房终端机（self check-in, check-out terminal）：计算机化的终端系统，通常被放置在酒店大厅，这台终端机可以允许客人查看他们的注册登记信息，并在入住时自助领取房卡。在退房时，他们可以查看他们的消费记录并使用入店登记时所用的信用卡进行结账。

漏损（slippage）：所入住的客房不是最初所预订的客房的数量。也称作"wash"。

双轨价格（split rate）：基于不同客房类型团队的客房价格，例如，常规客房 VS 顶级会所。

第三方客房预订供应商（Third-party housing providers）：被雇用来管理参会代表客房预订事宜的私营企业。

会后延住（underdeparture）：客人临时决定在此入住更长时间的情况。也叫作续住。

未预订的散客入住（walk-in）：未进行预订的客人在酒店购买客房入住。也称作瞬态业务（transient business）。

被转移的顾客（walked customer）：由于超额预订，已经确认预订信息的客人被送往其他酒店入住。如果酒店接受预订但不能提供客房，那么酒店已违反合约，并且补偿利益受损的顾客。通常的做法是为顾客提供第二家酒店入住，并以第一晚客房费用作为赔偿（其中包括报销两家酒店之间的交通费用）。

复习题

1. 详细描述处理团体预订的预订系统的类型。
2. 回顾服务于全市范围会议的过程。描述所使用的表格形式。
3. 辨别门市价、除套房外其他客房统一价格、促销价格和双轨价格之间的区别。
4. 威斯汀连锁酒店所使用的评价团体信用的三步程序是什么？
5. 临时取消参会、会后延住和超额预订之间的关系是什么？
6. 为顺利进行会议团体登记入住和结账退房程序应该考虑哪些因素？
7. 评价当今应用于会展业的计算机应用程序，并设想在未来计算机可能扮演的角色。

参考文献

Managing Front Office Operations, Eighth Edition, Michael L. Kasavana and Richard M. Brooks, AH&LA Educational Institute, 2009.

网址:

若想获得更多信息,可访问下列网址。网址变更恕不通知。若你所访问的网址不存在,可使用搜索引擎查找新网址。

1. 会展产业委员会,最好的酒店客房预订管理范例: www.conventionindustry.org/projects/hotel_BP.htm.

2. 四季度假酒店: www.fourseasons.com

3. 绿蔷薇酒店: www.greenbrier.com

4. 酒店国际市场营销协会(HSMAI): www.hsmai.org

5. 凯悦度假酒店: www.hyatt.com

6. 目的地国际营销协会(DMAI): www.destinationmarketing.org

7. Passkey: www.passkey.com

8. 项目损耗最终报告: www.conventionindustry.org/resources/project_attrition_report11204.pdf.

9. 喜来登酒店: www.sheraton.com

10. 喜达屋度假酒店: www.sheraton.com

第 **12** 章

会前会：项目议程中最关键的会议

Marilyn McIver，万豪棕榈泉沙漠温泉度假酒店会议服务总监

　　"会前会可能是项目议程中最关键的会议！对任何活动来说行政支持都是最重要的，会前会非常欢迎总经理的出席。在介绍过项目策划人并由其做项目简短报告之后，我们的职员要介绍自己及本次会议中在部门中的角色任务。不要混淆'会前会'和'前期策划'。当你将参与者集中到一起的那一刻，就意味着大部分工作已经通过活动清单完成了。我必须强调具体的活动清单的重要性，其由团队发送，在实际活动之前就应早早准备好。这些清单常转化为酒店服务模板，因此为保证转换的精准性，双方需对活动清单进行复审。详细的活动清单、分配合理而精准的团队要求规格清单以及运作良好的会前会，是我们保证合作成功所使用的所有工具。"

12

会前准备

　　双方签订协议合同并送出预订卡后，活动必须事无巨细地计划。一些会议会提前若干年开始准备；其他的会议一般是提前1年或2年。由组织中部分成员担任团队的主要协调员，小中型协会中是执行理事，大型组织中是会议协调员。可以由协会出资外聘专业会议协调员来操作活动。

　　对于酒店来说，后勤由会议服务经理掌管。就如我们所讨论的，会议服务经理是酒店员工中最重要的角色。他是客户和酒店内管理者的联络员。会议服务经理人是活动成败的关键，这一点都不夸大其词。他有责任检查活动是否计划合理，在活动期间出了错能积极主动又快速地采取行动。

　　许多小旅馆把餐饮部经理当作会议服务经理，在这种情况下，对餐饮部经理来说同时参与宴会招徕事宜是很正常的事情。如果是这样，就必须努力把握好与销售部的联系以及对活动清单的使用。当很多承诺都是口头形式的、没有公文往来记录和协议文件时更需注意。

会前会

　　会前会必不可少，有助于消除会议期间出现的各种问题。聪明的酒店销售主管会安排一个会前会来介绍酒店的会议服务人员、组织人员和团队服务中包含的所有外部承办单位（拓展阅读《会前会议程》）。在会前会中，酒店应从容不迫地把商品服务的承办单位和整个会议员工聚集起来，使其确实付诸实际。这种聚集使各方有机会逐项审查会议议程，以确保每个人都能充分了解将会发生什么并完成临时细节的修改。

　　威斯汀的Larry Stephan，同时也是底特律购物中心的前销售总监，他说他的连锁酒店用"精英操作"来服务会议。在团队主要代表团达到前1～2天，这个项目由会前会开始（许多会议服务人员觉得举办会前会的理想时间是团队会议或活动的前两天）。酒店会议服务经理应该决定会议安排的最佳时间；通常举办晨会，但是下午的会前会可以让酒店两班倒的成员都参加。这时，会议策划人和他的工作人员与会议服务经理及酒店所有参与团队服务的部门领导见面。接下来的程序是彻底的审查。

会议的与会人员也各不相同。对于简单或为期一天的会议，会前会可能只包括会议策划人和会议服务经理。对于有许多宴会、会议和组织机构的大型会议来说，以下人员可能会出席：

拓展阅读

会前会议程

会前会的举办是为了再次确认活动的口头和书面细节，讨论协议内容，回答与项目有关的任何问题，但它也应该作为一个关系建立工具。关系建立开始于酒店员工。员工应身穿职业装，佩戴姓名工牌，以帮助会议策划人识别和记住关键人物。当客户进入时，酒店员工需起立欢迎，会议的焦点应放在客户身上（这意味着不应使用传呼机、寻呼机，或对讲机）。

会前会会议室的布置应以方便与会人员之间的谈话为主（通常使用典型的U形布局，客户在U形前列上座）。

为保证会议顺利开展且包含所有细节，应制定会前会议程。大多数会前会（简要）报告包括按时间先后顺序排列的团队活动审查，但是必要时可对议程进行修改。一项议程通常包括：

- 策划人介绍（由会议服务经理）；
- 会议目的和议程项目简要回顾；
- 与会者介绍（由会议策划人）；
- 酒店员工介绍，包括每人工作职能的简要描述（由会议服务经理）。

会议要讨论的细节，包括（但不限于）：

- 会议摘要审查；
- 最新客房提取报告；
- 每项活动的宴会活动订单审核；
- 主账户审查，包括授权签单人和结账说明；
- 其他相关的团队细节，如VIP和特殊考虑、商务中心要求、休闲活动等；
- 活动中特定项目审查，例如，如果项目含有贸易展，应包含联合程序；
- 设施设备的消防、安全和应急程序审查；
- 联系人的姓名、联系号码名册。

切记会前会是对细节的确认，而不是让策划人对项目做大幅度的修改。在策划过程中与会议策划人保持随时的对话沟通可以防止最后的临时问题发生。

资料来源：费尔蒙特酒店＆度假村图像库，费尔蒙特班夫温泉酒店接待图片。

- 会议策划人和他的员工。
- 会议服务总监和负责团队服务的会议服务经理。
- 落实预订的销售人员，也可能是销售总监。
- 餐饮部经理，餐饮／宴会经理和厨师长。
- 酒店的总经理，也可能是审计或信贷部主管。
- 会展服务总监，楼层经理和会议服务秘书。
- 来自以下部门代表:

- 前厅部	- 预订部	- 公关部
- 安保部	- 制服部	- 客房部
- 话务中心	- 康体部	- 礼宾部
- 送餐部	- 停车场	- 车队

- 水疗中心总监
- 担任重要角色的外来供应商，例如第三方房产公司，目的地管理公司或者音像公司。
- 大型项目也可邀请会议和旅游局代表。

一些精明的酒店会议服务经理会向会议策划者建议邀请如公司总裁或会议总监等上司，至少参加会前会的介绍部分。这可以帮助酒店员工认识 VIP 客户，让总监对于会议管理的复杂性有更清醒的认识，促进酒店和会议团队之间的关系。

会前会结束前通常会有小型典礼。会议策划人和他的关键员工会收到 VIP 徽章。VIP 徽章有两个功能: 一是将会议策划人和员工区分开，使其认识到酒店已经意识到他们的地位及在会议中的重要性；二是一旦发生任何突发变化或要求，它可以帮助酒店员工辨识出谁是负责人。

这一理念对于 Stephan 来说非常适用，在促进会议团队服务时，他运用连锁酒店 "精英操作" 程序一步步地审查。并非每一会议中都要运行这一程序，也没必要对所有出席的部门领导都这样；会议程序决定了哪些部门领导将参加。然而，大型会议或要求烦琐的小型会议都以会前会为先导。

图 12-1 万豪给会议策划人准备的 VIP 徽章

不管谁参加会前会，会前会一旦开始就应该由会议服务经理（而不是销售员）处理与客户和酒店员工两边的事情。如果酒店想要在会议商务中取得成功，就必须与销售人员建立良好的关系，通过销售人员为自己带来合适的业务、好的会议服务人员、内部运作，以此来引导商务合作圆满完成。对于较大型的会展，会议服务经理需要一个助理，或其他方面的专家。

关键人物名册

会议策划者通常会要求会议服务经理提供一份关键人物名册，这样一旦出现问题，他们就可以找到相应的人取得联系（图12-2）。这个名册会列出酒店部门负责

酒店职员

会议期间所有参与服务的酒店工作人员联系表

期间	时间	姓名	标题	分机号码
早晨	上午__－下午__	_____	_____	_____
白天	上午__－下午__	_____	_____	_____
晚上	上午__－下午__	_____	_____	_____
周六	上午__－下午__	_____	_____	_____
周日	上午__－下午__	_____	_____	_____
假日	上午__－下午__	_____	_____	_____

酒店各部门关键人物

检查以下给出的酒店员工列表标记，这些标记显示了会议服务中与组织联系的部门关键人员。

查询	部门	姓名	标题	分机号码
_____	_____	_____	_____	_____
_____	_____	_____	_____	_____
_____	_____	_____	_____	_____

图 12-2　酒店关键人物名册

一天当中不管什么时候，会议策划人都应该有一个主要酒店员工联系人。除了关键人物名册，一些策划人强调配置双向对讲机、寻呼机、传呼机或移动电话，以确保可以立即与酒店职员取得联系。

会前会时酒店将关键人物名册交给会议策划人，同时，出于商务礼仪，会议员工与酒店员工互换名片。在位于加利福尼亚州拉古纳沙滩的蒙太奇酒店，会议服务经理为会议策划人提供了一个塑料套，以方便其储存名片。

资料来源：表单与会议联络手册由会议产业理事会出版，经允许翻印。商务名片及塑料套来自加利福尼亚州拉古纳沙滩蒙太奇酒店；经许可后使用。

人以及其他专家的姓名和电话号码（如内部音像联系人）。

如果会议服务经理一直在现场且为会议策划人服务，那么他可能接收到所有的要求。但是如果这不可行，在这种情况下就可以指定其助手采取行动。如果这不实际，就应培训部门领导，使其能答复会议服务经理的所有要求。

在年会期间，在会议策划人认为有危机时，他会在采取行动前先去找会议服务经理。在任何情况下，就酒店员工而言迅速采取行动是至关重要的；关键人物与年会服务经理的沟通交流必不可少。

芝加哥贸易协会高层论坛以及美国贸易协会委员会前总裁 Minita Wescott 认为：

"在会议期间应分配一名酒店员工到会议中。这个人应该时刻准备处理现场需求。为了保证会议更加顺利进行，协会总经理可以与酒店员工的所有管理层见面并互相认识，因为这些协会总经理和酒店员工需要一起合作工作。"①

对会议策划人的这些要求，万豪连锁要求酒店联系人对"最后一分钟"需求采取行动，并最终引进了红色制服服务介绍（图 12-3）。一些酒店年会的员工由于穿着红色夹克，可以很容易地被辨认出来，他们训练有素且被授权处理紧急关头的细节和危机。这一安排在减轻酒店年会服务经理压力的同时仍然可以保证在会议策划人需要时提供及时帮助。这些训练有素的专业人员的可达性和知名度，一方面帮助增强会议策划人的信心（即使是最没经验的会议策划人），另一方面也证实了连锁酒店对服务的承诺。

图 12-3　万豪红色制服服务

　　万豪的红色制服服务为会议和大会提供了专职服务员工。这一服务通过连锁集团独立度假单元（包括奥克兰市中心万豪酒店）来促进。

资料来源：感谢万豪酒店、经许可使用。

皇冠假日酒店及度假村提供了创新性的"热线服务"项目，这一项目为会议策划者提供了一个"热线电话"，以确保他们能够随时与皇冠假日酒店旗下分配给团队的会议礼宾部取得联系。这一互补性服务，以数字双线手机为特点，不仅使策划人通过触碰按钮来寻求帮助，而且可以与外面世界取得联系（在酒店可以拨打免费本地和长途电话）。

在大会进行的压力下，紧急问题的迅速解决带给会议策划人的安慰会是其最感恩的事。这一让人安心的举止对酒店成为会议策划者最喜欢的酒店大有帮助。

总之，我们认为向客户提供酒店关键人物名册是个积极举措，会议服务经理应尽可能采取一切措施满足客户需求。

摘要（要求规格清单）

大会服务经理负责撰写每个会议的具体明细表。这个明细表的标题可以有所不同。可以将其写成主要说明书、宝典、总结、要求规格清单或者摘要。我们采用后者（即摘要），因为这是当前产业中普遍使用的术语。

不要混淆摘要和下节会详细阐述的宴会活动订单（活动清单）的概念。摘要按照时间顺序对整个计划给出全面概述，从会议前到会议后，到酒店员工。宴会活动订单只针对某个具体的单一的活动。

当服务一天以上会议团队时，所有的酒店大会用的都是相似的摘要。摘要阐述了每一天每一小时的活动，包含会议、饭菜、茶歇、鸡尾酒、预订流程、账单、展览操作指南、特殊事件、嘉宾安排、娱乐活动和任何需要酒店员工注意的事情。摘要为会议策划和与酒店部门的联系提供了工具，这无疑是大会服务过程中最重要的元素。

摘要由大会服务经理与会议策划人协力准备。许多信息都是从与大会团队的通信与讨论中提取，从会议策划人准备的活动规范指南（ESG s）中提取（拓展阅读（《全行业活动规范指南》）。对于较大型的团队（如每年一聚的协会），大会服务经理可以索要往年的摘要复印材料，然后将团队的信息输入酒店格式，将摘要分配给每一个参与大会服务的人。这个必须提前做好以保证部门有时间向员工分配，并且可以有适当准备（大多数情况下，至少在团队到达前一周）。

当然，根据大会的规模、天数和具体每个会议的策划要求，摘要的长短也可变化。我们见过一些 40 多页长的团队摘要。但对于一个 3 天的会议来说，大多数摘要在8 ~ 12 页。简单地说，一份摘要需要足够长以包含所有的细节。

在撰写时每个细节的重要性怎么说都不为过。越详细越好。在酒店中经常会听到"没人告诉我"这句话。将每个细节都写下可以减少这种现象发生的机会。

表 12-1 展示了一个虚拟大会——国际建筑师大会的简短摘要书写。请注意，该摘要起于会前安排，止于会后会议。

摘要开头对团队有个总体描述，并为告知酒店员工有关会议的基本目的和目标做了简短陈述。收到这个信息的个人和部门名单被列在第一页的左侧。为帮助酒店员工识别会议关键人物，例如，会议策划人和其他 VIP 客户，加利福尼亚州拉古纳沙滩蒙太奇酒店在摘要中还添加了他们的照片。第一页还包括诸如免费住宿、抵店、离店时间表，预订流程和主、个人账户账单。

接下来两页提供了摘要中具体的要求指示。每项预订的活动都被记录在内，还提供了有关房间设置和饮食安排的完整操作指南。阅读该表，记住在准备这个表格时所要求的细节性记录的重要性。如上所述，必须输入大量信息——而且是经常变动的——这不仅耗时，而且可能导致昂贵的错误代价。

拓展阅读

全行业活动规范指南

由会议策划人制定的活动规范指南与酒店员工制定的摘要不同。为确保会议策划人编制的细节可以有效地与酒店摘要相结合，由会议业协会发起，APEX（可接受的商业行为）建立了一套能够用于这种重要活动的模板。

活动规范指南或 ESG（缩写）应该是行业文件使用中的官方术语，活动组织者通过文件向适当的场地和供应商清楚准确地传达关于活动所有要求的信息。文件包含四个部分：

- 第一部分　叙述——对活动的总体概述。
- 第二部分　活动明细表——构成事件整体的所有活动时间表概述。
- 第三部分 (a)　活动机构制度——构成事件整体的每个活动的规范（事件中每个活动都要有它自己的活动机构制度）
- 第三部分 (b)　活动机构制度（参展商版）——展会中每一个摊位/看台的规范。

这个 22 页的模板本质上来说是一个分期指导（如图 12-4 所示）。可在线搜索 www.conventionindustry.org/apex/acceptedprac tice/eventspecifications.htm。

新的活动规范指南受到会议策划人和酒店员工的一致好评。会议经理人，会议产业咨询公司的总裁/所有人 Vicky Betzig 认为：

"会议策划人在活动规范上花费了大量的时间。该模板几乎包含酒店经营者通常所需的所有规范。我将是第一批使用它的人。"

活动规范指南同样也极大地帮助了正在准备团队摘要的会议服务经理。会议服务经理能从其中提取所需信息，准备摘要和酒店宴会活动制度，并将其反馈给策划人批准。Richard Green，万豪国际产业关系和销售副总裁，说道：

"标准化活动规范能帮助策划人将他们的需求集中于酒店和会议中心，以便我们提供的'零瑕疵'会议服务。"

资料来源：会议业委员会，APEX 活动规范指南模板，©2004；引自 APEX 音频会议（Betzig 和 Green 是主讲人之一），发表于 2004 年 12 月 PCMA 会议。

表 12-1(a)　团队摘要样本

```
* * * * * * * * * * * * * *
        团体明细单
* * * * * * * * * * * * * *
```

名称：	国际建筑绘图员协会
日期：	19 __ 年 2 月 16 日~20 日
联系人：	Jan Bryan 首席绘图员 206 Clark – Suite 307 Lakeview，Michigan 48850
饭店销售人员：	Larry Kingsbury，国内销售部经理
抵离方式：	该团体派房 300 套。多数预计在 19 __ 年 2 月 16 日星期日晚间入店，2 月 20 日离店。单独抵达——预订登记
客房预订部经理： 助理经理： 前台： 饭店出纳：	
	房价——欧洲式价格 单人间或双人入住 95.00 美元附加 6% 地方住宿税，净价，无佣金 套房价格——单卧室 普通套房—100.00 美元 豪华套房—120.00 美元 皇家套房—180.00 美元
地理位置：	沙漠景致，喷泉景致 六边泳池景致，中央塔楼
免费住宿：	Marney Vartanian，协会会议经理 大床房间（北楼） 入店：19 __ 年 2 月 15 日 离店：19 __ 年 2 月 20 日 其他免费房间以每实际入住 50 间免一间分派（名单随后提供）
特别招待：	Marney Vartanian 夫人 Dewars Scotch w/setups 入店：19 __ 年 2 月 15 日
接受预订手续：	该团体使用本店预订回执卡
团体客人总账：	所有团体活动的账目都应计入团体总账。Marney Vartanian 夫人是法定签字人
个人账户：	个人支付房费、税费和杂费

左侧部门列表：

总经理
餐饮部总监
前厅部
陈列室
厨师长
饮料部经理（2）
咖啡厅
送餐服务
团体结账
饭店经理
经理助理（2）
食品计价员
预订部
公关部
保安部
客房部
服务员领班
宴会领班
销售人员（2）
餐饮审计
布巾管理员
门卫
Benihana 厅经理
舞台及音响（2）
公共行李员
男服务员
宴会筹办总监
团体服务（4）
工装部
采购部

　　这个虚拟的大会表格与酒店提供给团队所使用的活动概述很相似。左侧是接收该表格的人和部门列表。此外，会议服务经理通常在会前会会议开始前将该摘要提前递交给会议策划人，以确保细节正确且没有被忽略的东西。这可以节省会前会的开会时间，因为重点已经被双方接受和协商过。

表 12-1(b)　团队活动安排

```
*  *  *  *  *  *  *  *  *  *  *  *  *  *  *  *  *
                   活动安排
*  *  *  *  *  *  *  *  *  *  *  *  *  *  *  *  *
```

19__年 2 月 15 日，星期六

下午 3:00　　　　　　国际建筑绘图员协会/饭店工作人员会前会　　　大会议室

15 人

致：会议室服务员　　　"U"形

致：宴会餐饮服务员　　免费咖啡、软饮料、面包圈

19__年 2 月 16 日，星期日

下午 6:00～8:00　　　国际建筑绘图员协会　　　　　　　　　　　二层

鸡尾酒招待会

约 30 人，全部为会议官员和董事会成员

致：会议室服务员　　　歌舞表演形式

致：宴会餐饮服务员

　　酒吧经理　　　　　准备以下品牌酒：Beefeater，Johnny Walker Black，

Dewars，Smirnoff，Jack Daniels Black，Old Grand Dad，CC，

Bristol Cream Sherry@ ＄26.00 ＋＋ and ＄30.00 ＋＋. 两瓶

Chablis 葡萄酒和 Pinot Noir 酒 @ ＄7.00/瓶＋＋. 啤酒 @

＄1.00 ＋＋

致：宴会餐饮服务员

　　厨师长　　　　　　开胃菜以后，5 份 Polynesian Pu-Pus @ ＄7.50＋＋，

5 份 3# 餐 @ ＄6.75＋＋，10 份 4# 餐 @ ＄6.75＋＋，

10 份热海鲜 @ ＄8.00＋＋，10 份冷海鲜 @ ＄8.50＋＋，

一份虾碗 @ ＄100.00＋＋，冷餐台上摆放 2 个金制烛台、

6 个银火锅和白色蜡烛。冷餐由服务员递送

致：财务部　　　　　　费用计入得克萨斯仪器展览团体客人总账

19__年 2 月 16 日,星期日

下午 3:00～6:00　　　注册登记　　　　　　　　　　　　　　　过廊

致：会议室服务员　　　在登记台后面放置 6 英尺帷帘桌

2 部饭店内部电话，1 个签到台，1 个冰水台

(黑板/粉笔/板擦)

（续）

<u>19 __ 2 月 17 日星期一</u> <u>上午 9：00 ～ 中午</u> 致：会议室服务员	<u>全休业务会议</u> 500 人 剧院风格布局，平台尺寸：4 米 × 12 米 × 37 米， 距厨房墙面 6 米。要求贴厨房墙面摆放投影桌和背投式投影仪。尺寸待定。 8 人主桌摆放在平台上。平台右角置美国国旗。1 个 35 毫米转盘式幻灯机、 1 个普通幻灯机、1 个电动指示器、2 个中央立式麦克风。放映幻灯时调暗 中央顶灯。1 名译电员。
<u>上午 9：00 ～ 中午</u> 致：展厅主管 <u>下午 12：15</u>	<u>展厅布置</u> <u>展览大厅</u> 布置 20 个 2 米 × 3 米的展位，由 Scott Stubbs <u>午宴</u> <u>2 号楼</u> 500 人
致：会议室服务员	10 个圆桌，12 人主桌放置在 81 厘米高的平台上，置于南墙正中位置；桌 上燃亮蜡烛，主桌中央放置麦克风
致：宴会餐饮服务员 　　厨师长	除主桌客人以外，其他客人凭券入席。建议采用不同颜色的台布。
致：宴会餐饮服务员	为团体午宴提供 7 # 菜单和番茄汁作为开胃品。@ ＄6.10 ＋＋。
致：财务部	费用记入国际建筑绘图员协会团体客人总账
<u>19 __ 2 月 20 日星期四</u> 下午 3:00 ～ 5:00	<u>国际建筑绘图员协会 / 饭店工作人员会后会议</u> 大会议室布局同星期六

宴会活动订单（活动清单）

当安排完成后，每项活动都应该引起人员的注意。这种对细节的关注可以转化为服务的效率。这通过宴会活动订单（BEO）来进行，如表 12－2 所示。这个鸡尾酒聚会宴会活动订单展现了摘要与宴会活动订单之间的关系——摘要提供了活动总览，宴会活动订单将活动分为各种细节。

宴会活动订单和摘要一样，被赋予不同的名称：活动表单、工作表、活动清单等（我们将使用宴会活动订单这个术语，因为这是目前最常用的术语）。根据具体要求的不同，不同酒店的宴会活动订单也不同。然而，个人宴会活动订单通常从摘要中准备，是酒店时薪员工的工作表（表 12-2 中给出了酒保、会场布置员工、厨师的具体要求）。

表 12-2　宴会活动订单（活动清单）

宴会订单——食品和饮料

宴会日期:19 _____ 年 2 月 16 日	星期:日	订单号:126
机构名称:国际建筑绘图员协会		档案号:N—614
会场横幅:国际建筑绘图员协会鸡尾酒会		
付款:得克萨斯仪器协会团体客人总账,120AK,Lakeview, MI48851		
联系人:Deanne Pritchard	现场联系人:Robert Olson	办公电话:363 – 1906	住宅电话:
预测人数:30 　保证人数:30 　　准备:33	预订人:Amber S.	日期:2/1

时间　　环境布置要求　　场地	时间　　菜单　　场地
6:00 pm—8:00pm 鸡尾酒会　饭店二层 歌舞表演布局形式 带帷幕的鸡尾酒桌,提供烟灰缸,不提供椅子	5 份 Polynesion Pu-Pus @ \$57.00 + + 5 份 37# @ \$6.57 + + 10 份 4# 餐 @ \$6.57 + + 10 份热海鲜 @ \$8.50 + + 10 份凉海鲜 @ \$8.50 + + 1 份虾碗 @ \$100.00 + +
由饭店订货 ×装潢 3 热带植物 费用计入主账 ____娱乐	冷餐台上摆放 2 个金制烛台、6 个银火锅和白色蜡烛。冷餐由服务员递送 食品 @　\$6.75 + T + T 海鲜 @　\$8.50 + T + T 虾碗 @　\$100.00 + T + T
视听器材 时间:　　　地点:	**茶歇**
重要事项	
费用概要	**饮料要求**
食品:见菜单 饮料:见饮料要求 租金: 劳务: 停车场: 收取押金: 付款方式: 结账日期:	招待会 准备以下品牌酒：Beefeater, Johnny Walker Black, Dewars, Smirnoff, Jack Daniels Black, Old Grand Dad, CC, Bristol Cream Sherry @ \$26.00 + + and　\$30.00 + +,两瓶 Chablis 葡萄酒和 Pinot Noir 酒@ \$7.00/瓶 + +,啤酒@ \$1.00 时间:　　　地点:

　为使宴会取得圆满成功,我们需要您的协助。请提前至少 3 个工作日确认出席人数。如果我们在规定的时间内没有得到确认,我们将预测出席人数作为保证出席人数,此人数视为宴会保证出席的最少人数。我们将按惯例收取 17% 的服务费和营业税。少于 25 人的团体将收取 50 美元的劳务费。
我已阅读过本文件背面。
如无异议,请签字并返回。　×_____

这个表格用来详述列在说明书中的活动清单。

　　理想状态下，摘要和任何宴会活动订单都要完成，应在会议开始前 2 ～ 3 周将两份副本递交会议策划者，并提前分发给酒店员工。这些材料应附有一封信，要求会议策划者审查副本，标明改动之处，签字后在会议开始至少一周前将其中一本副本寄回酒店（如表 12-3 所示的例信）。

　　活动是全体会议还是小的委员会会议，应被记录下来。在活动清单中需具体标明基本的座椅布局、装饰、图像辅助设备和任何其他特殊的服务要求。大多数酒店为每个宴会活动订单指定一个特定的号码以供参考。在活动开始前至少 1 周，每个清单表的副本应该和摘要一起被分发给酒店部门领导。有时可能需要修改宴会活动订单。沟通这些变化最有效的方式是使用宴会活动订单附录，宴会活动订单附录通常被称为宴会订单变更或宴会变化表。这些订单变更包括号码识别和任何其他与原来宴会活动订单相关的信息识别，同时也包括要做的具体变更。在多数情况下，酒店使用颜色编码系统来快速辨别宴会活动订单状态——例如，原始 BEO 用白色纸张印刷，修改版使用淡黄色纸张，最终确定版使用粉色纸张。另有酒店减少纸张使用，通过计算机系统及时沟通变更事宜。

表 12-3　向客户转交摘要和宴会活动订单

2005 年 2 月 28 日

Colleen Abee 女士

会议团队会议经理

1605 Iron Ridge Drive

拉斯维加斯 , NV 89117

亲爱的 Abee 女士:

附件为供您审查的团队摘要副本两份、每个宴会活动订单副本两份。请仔细审阅并批注变更之处，然后签字，在会议开始前将一份宴会活动订单副本寄回。

请至少在活动开始前 10 天通知我们每个宴会活动具体的参加人数。根据我们的标准政策，我们预留了总人数上浮 5% 的备席。接收这个人数后，如果届时宴会取消或参加人数不够，也按这个人数收费，如果参加人数超过这个数字，则按实际人数或您之后跟我们确认的其他更高人数收费。

如果您有任何问题或需求请随时与我联系。期待收到您的签字副本，期待协助您举办最成功的活动。

最热烈的欢迎

Christopher Blunt

全国总部财务主管

万豪国际 - 夏威夷岛酒店度假村

　　你可能会发现，许多组织良好的协会和合作愉快的会议策划者都制定了他们所需的清单。就像之前在本章中提到的，有的会议策划人甚至会提供给你一份完整的活动规范指南（ESG）——也被叫作分期指南或规范性参考手册。活动规范指南是一份详述会议流程的简明文件（图 12-4）。宴会活动订单包括活动（按天、次数、空间、设置和要求），免费住宿安排、签单权和其他由会议策划人授权的明细。你可以用这些指南来准备自己的团队摘要，将宴会活动订单提出的要求具体化。一个会议服务经理分享了以下观点：

"大多数人认为会议服务经理所做的所有工作就是酒店内部的团队操作，而我们工作的 90% 都是会议开始前 1～2 年内各种细节的提取。我的工作是从会议策划人那里指导、制作、提取信息，并通过规范和活动清单将这一信息传达给各个部门领导。"

应建立一个总的明细表。这能帮助你在任何特定时间、任何指定地点都能确定事情的进展。可能你已经在许多活动清单上详细标出需要数字投影仪，但是总明细表能显示出在同一时间需要多少这种投影仪。

许多酒店人员认为这种明细表应该是会议策划人的责任。但是当出现危机时，还是得由酒店员工出面纠正纰漏。你可以通过良好的组织来避免紧急关头的恐慌；建立自己的清单并建议会议策划人也这么做。

如果策划人缺乏经验，没能准确预测需求，他们可能会说你没有给他们足够的重视，那你最终会变成受害者。在自责和指责你之间做选择，他们会发现想要指责你太容易了。

图 12-4　活动规范指南

不仅防御性策划很重要，你的建议和组织也能树立你的威望。客户会记住在你的酒店举办的会议总是很顺利，而这份记忆也是你想要客户在离开时带走的。

会议成功的决定因素是沟通。会议经理的策划指南有对每项活动或布局的要求，按照时间顺序编制成活页册，以利于会议服务经理制作明细。

沟通的重要性

如果沟通渠道从一开始就建立，那么就可以大幅度消除会议期间的问题。有人说，"会议服务工作是 95% 的沟通加 5% 的服务。"确定会议策划者的细节信息和期望是会议服务经理最重要的任务之一。

信件、电话、电子邮件和私人拜访是获取初始信息的常用方法。另一个建立沟通渠道的好方法是向会议策划人发送摘要调查问卷（见本章附录）。这种形式将一系列重要问题合并（在一张问卷），减少了频繁的电话往来，代替了个别项目的通信。对于会议服务经理来说其他改进沟通的方式是提供双方商定的、正规的会议细节沟通时间表。为了告知策划人酒店格式，一些会议服务经理会向会议策划人发送列表邮件，其他人则会向会议策划人发送规格清单样本。

沟通细节电子版

计算机技术已经改变了摘要和宴会活动订单的建立方式。表12-4阐述了计算机生成的宴会活动订单（活动清单）。当信息集中到一起并由销售员输入客户文件时，自动销售系统可以建立活动清单。同时，计算机系统可以创建出许多满足定制性服务需求的表格。例如，你可以创建出只包含厨师菜单信息的表格，或者只包含服务员工组织信息的表格。

表12-4　计算机化宴会活动订单（活动清单）

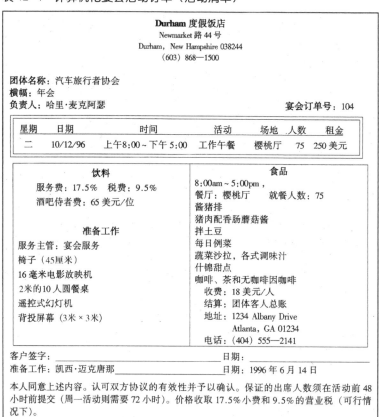

Durham 度假饭店
Newmarket 路 44 号
Durham，New Hampshire 038244
(603) 868—1500

团体名称：汽车旅行者协会
横幅：年会
负责人：哈里·麦克阿瑟　　　　　　　　　　　宴会订单号：104

星期	日期	时间	活动	场地	人数	租金
二	10/12/96	上午8:00~下午5:00	工作午餐	樱桃厅	75	250 美元

饮料

服务费：17.5%　税费：9.5%
酒吧侍者费：65 美元/位

准备工作

服务主管：宴会服务
椅子（45厘米）
16 毫米电影放映机
2米的10 人圆餐桌
遥控式幻灯机
背投屏幕（3米×3米）

食品

8:00am~5:00pm，
餐厅：樱桃厅　　就餐人数：75
酱猪排
猪肉配香肠蘑菇酱
拌土豆
每日例菜
蔬菜沙拉，各式调味汁
什锦甜点
咖啡、茶和无咖啡因咖啡
　收费：18 美元/人
　结算：团体客人总账
　地址：1234 Albany Drive
　　　　Atlanta, GA 01234
　电话：(404) 555—2141

客户签字：＿＿＿＿＿＿＿　　　　　　日期：＿＿＿＿＿＿＿
准备工作：凯西·迈克唐那　　　　　　日期：1996 年 6 月 14 日

本人同意上述内容。认可双方协议的有效性并予以确认。保证的出席人数须在活动前48小时前提交（周一活动则需要72小时）。价格收取17.5%小费和9.5%的营业税（可行情况下）。

这个活动清单，在自动化销售办公室生成，将重要账户信息和相关预订信息在一个显示屏上展示出来。这个报告是从酒店的会议数据库中检索出来的。

最佳案例

威斯汀的精英操作

对于会议策划者和酒店来说，有个正确的开端是非常重要的。一个像威斯汀的"精英操作"这样组织良好的会前会程序消除了团队内部许多固有的意料之外的危机。而这也正是成功会议和计划混乱的会议的区别。接下来，一步步的"精英操作"清单审查，是任何规模的酒店——不管是度假酒店、商务酒店还是汽车旅馆——都可以使用的会议服务理念。

图片来源 感谢纽约时代广场威斯汀酒店。

1. 会前会的时间、日期由会议策划人和酒店共同商定。一份提醒所有部门领导提前10分钟达到会场的通知单会发送给所有参与的部门。这给大会服务经理一个显示员工独特性或大会团队需求的机会。在安排会议室时使用的所有正常程序都应该在精英操作会议策划中得到应用。对细节的重视，如合理的座位布局、合适的会议室大小以及舒适的座椅等会给客户留下这样一个印象：酒店会像服务自己的会议一样服务他的会议。提供咖啡、软饮和小面包，可以烘托出一种轻松的气氛。为唤起酒店懂得如何服务会议的信心，会议服务经理应该提前1小时检查这些小物品——如灯光、垫子和铅笔以及舒适的温度——以营造愉快、有吸引力的会场安排。

2. 要坚持清查所有部门领导的姓名牌以确保客户可以在会议上找到关键人物。要向会议策划人和他的员工展示 VIP 识别徽章。

3. 会议期间部门领导可以抓住机会询问在服务会议中与自身相关的具体角色分工。大会服务经理可以一个活动一个活动地仔细检查流程。日程样本应包括：

- 审查要求规格清单和活动清单；
- 审查主账户；
- 更新房间使用报告。

如果有误区或必要的变更之处，客户应添加备注。秘书应现场记录这些变更。这些紧急关头的变更在会议结束之后打印出来分发给所有参与者。

4. 要求规格清单（摘要）包含全部的会议流程，是酒店的内部沟通媒介，不仅应该分发给那些参加精英操作会议的人，而且应该发给酒店每个部门。每个部门都应该了解情况，这样才能更好地预测员工配置需求。例如，如果特定一天没有午宴或晚宴，酒店咖啡厅和餐厅的配备员工就应该意识到可能会有较多的客人（到咖啡厅或餐厅）。同样，如果一个晚间活动被安排到酒店外，安保部人员就应该采取额外的预防措施。

为了规范摘要数据和减少误差，纽马克特® 国际建立了它的日光® "终极电子摘要"（Daylight® "ultimate electronic resume"）软件。这个电子生成的摘要包括控房信息、宴会预订信息以及一份文件中的部门信息（图 12-5 展示了一份由软件生成的摘要的第一页）。

Magnolia 连锁酒店是终极电子摘要的最初用户之一，该酒店连锁的一个代表说："就如许多酒店一样，过去 Magnolia 酒店的宴会员工需要打印 9 份宴会预订单。现在团队只运用一份报告。所有的信息都保存在一个地方，支持无缝执行。"

Stratford Portsmouth Hotel
Welcomes
LRB and Associates

Main Contact: Jared Goldman	**Arrival Date:** Sunday, July 13, 2008
Address: 100 Main Street	**Departure Date:** Wednesday, July 16, 2008
Big Town, NY 10123	**Booking No:** AA234567
Phone: 212-555-4567	**Catering Mgr:** Susan O'Hara
Fax: 212-555-2345	**Service Mgr:** Windy Hernandez
Email: 212-555-5678	**Sales Mgr:** Jim Bento

Group Profile: *Group is here to discuss next year's plans and goals. Spouses are attending and have separate functions. This meeting is the high point for the staff; they look forward to it every year.*

Room Block:

Room Type		Sunday July 13	Monday July 14	Tuesday July 15	Wednesday July 16
King	Agreed	125	125	125	125
	Pickup	100	126	126	112
	Rate	$250.00	$250.00	$250.00	$250.00
Double/Double	Agreed	50	50	50	50
	Pickup	52	52	52	49
	Rate	$350.00	$350.00	$350.00	$350.00

Total Rooms:
Agreed: 700
Pickup: 669

Billing: Master Account Number: A123456

	Billing Method	Payment Method	Notes
Room & Tax	Combined	Direct Bill	Vendors as noted – pay their own Room & tax
Catering F & B	Master	Direct Bill	
On Own Dining	Individual	Credit Card	
On Own Beverage	Individual	Credit Card	
Incidentals	Combined	Direct Bill	**Mr. and Mrs. Change have all incidentals posted**
Transportation	Master	Direct Bill	
Golf	Combined	Direct Bill	**Mr. and Mrs. Change have all incidentals posted**
Spa	Combined	Direct Bill	**Mr. and Mrs. Change have all incidentals posted**
Tennis	Individual	Credit Card	
Internet	Combined	Direct Bill	**Mr. and Mrs. Change have all incidentals posted**

Program Details
Sunday, July 13, 2008

Times	Rooms	Event Type	Post As	EXP/GTD/SET	BEO #	Rental
3:00 PM - 1:00 AM	Little Room 1	Office	Office	1/1/1	10	$75.00
SETUP	2 - 6' Draped and Skirted Tables					
	4 - Chairs					
	1 - Large Trash Can					
	Clean Daily at prior to 8 am.					
SHIPPING	Please deliver all boxes marked for AASE to this room by 3:00 PM					
Times	Rooms	Event Type	Post As	EXP/GTD/SET	BEO #	Rental
3:00 PM – 4:00 PM	ROOMS	DEPARTMENT	DEPARTMENT	80/90/92		$0.00
FRONT OFFICE	Guests will arrive by bus					
	Please have key packets ready for distribution					
GUEST SERVICES	3 Buses to arrive					
	Have Bell Staff to assist with Luggage					

Page 1 of 9

图 12-5　纽马克特®国际的日光®　终极摘要

这是由纽马克特®国际的日光®软件创建的9页电子摘要的第一页。该表格包含了所有高时效性的摘要和按时间顺序排列的所有部门的宴会预订信息。

资料来源：感谢纽马克特®国际，经允许使用。

图 12-6　一个会后讨论会

当活动结束后，会议服务经理通常与会议策划者和酒店关键人物见面，一起审查会议。通过这个机会可以很好地看出哪里做得好，是否存在需要改进之处。

资料来源：感谢洲际酒店集团提供图片。

数据库管理程序也使得存储在计算机中的会议信息被筛选、整理和分类出来回应指定要求。通过按几个键，会议可以按照地点、时间、日期、规模等分类。例如，你可以让计算机列出大会期间周一早上 7:00 到晚上 7:00 所有安排有投影仪的会议，或者这周哪个房间要求有课堂设置。这些信息可以在计算机化的数据管理程序中立刻获取，不需要大量地查找打印版摘要。另外，通过征集会议中的问题和修改个别领域或者删除记录，变更和删除都变得更加简单。

除此之外，在互联网和电子商务的推动下，新技术流程将改变规范和活动清单的信息沟通方式。通过会议策划者和酒店会议服务经理之间的直接网络联系，这些信息将更多地通过电子传送。每个人都会有所有的在线明细，能在线收集，消除了大量的纸质邮寄工作。

一旦会议策划人批准，摘要和宴会活动订单将会以电子方式分发给酒店，而不是把表格（甚至是计算机生成的那些）复制再分发。鼠标轻轻一点，严格的会议明细将会分发给团队服务的每个人。

跟进的重要性

跟进是显示你对服务团队会议承诺的重要组成部分。当然，跟进应该在与客户初步接触后开始，就如本章中在沟通部分讨论的那样。对细节的检查可以减少活动中的变数。

在会议期间，与会议策划者和他的员工的频繁接触也很重要，这样能让会议策划人看到你对他的团队的承诺。

活动结束后，应召开会后会议。参加会前会议的人应该在会议上对大会有个事后回顾。该会议可以评估活动的成功和对所有问题的处理（和确定未来解决它们的方法），这对会议策划人和酒店员工来说都是个很好的机会。

小 结

在这一章中，我们看到了在会议或大会准备期间与会议策划人紧密合作的必要性和告知所有活动中酒店部门员工其角色分工的必要性，会前会会议、详细的摘要和宴会活动订单、与会议策划人和酒店员工的沟通等都是保证会议成功的关键，同时也可以给酒店留下一个致力于服务的良好印象。本章讨论了宴会活动订单涉及策划人和酒店所商讨出的要求，以此为基调，准确完成策划人的活动。

尾注:

HSMAI Sales ManuaL.

主 要 术 语

宴会预订单（banquet event order，BEO）：单个活动的详细分解表。宴会活动订单通常被视为与客户的契约，也是与酒店部门的工作订单。也被叫作活动清单。

活动规范指南（event specifications guide, ESG）：一份简明文件，由会议策划人准备和授权，详细描述了会议或其他活动的细节。它包括活动（按天数、时间、空间、设置和特殊要求）、免费住宿安排、签单权和其他重要细节；还包含活动所有的操作过程，需要与所有关键人物分享。也被称为分期指南或规范指南。

关键人物名册（key personnel roster）：提供给会议策划人的、能帮助其进行活动服务的酒店员工列表。

会后会议（post convention meeting，post-con）：在会议或大会结束后的会议，用来评估会议前的预测和规划以及活动期间的酒店表现。

会前会议（preconvention meeting，pre-con）：在大会或活动前举办，审查整个程序以确保会议策划者和酒店明确每个人的要求和期望。为确保活动顺利开展、消除不必要的误会，这个会议由会议策划人和酒店参加活动服务的主要员工参加。

摘要（resume）：提供整个大会程序全面概述的表格。该摘要会被发送给参与活动的不同酒店部门，是供活动服务的员工使用的具体操作指南。摘要是团队所有活动的综合、账单操作、主要嘉宾、抵店离店方式以及其他相关信息。也被称为要求规格清单。

摘要调查问卷（resume questionnaire）：会议策划人需回答的与即将到来的活动有关的问题。快捷地获取有用的具体信息能减少与会议策划人的频繁联系，同时帮助酒店为会前会会议和活动本身做准备。

复习题

1. 会前会会议的目的是什么？参加者都有哪些？

2. 关于关键人物名册，会议策划人和大会服务经理的职位是什么？一些酒店已做了哪些妥协？

3. 摘要上提供的主要信息是什么？

4. 宴会活动订单与摘要的区别是什么？

5. 计算机是如何促进会议细节的沟通的？

6. 为什么说跟进很重要？阐述酒店员工通常跟进会议的关键时间。

7. 阐述威斯汀"精英操作"。列举这个程序的四个步骤，讨论每个步骤的重要性。

参考文献

1. Convention Industry Council International Manual, First Edition, Tony Carey, CMP, CMM, ed., Convention Industry Council, 2005.

2. Meetings and Conventions: A Planning Guide, Don MacLaurin and Ted Wykes, Meetings Professionals International, www.mpiweb.org.

3. Professional Meeting Management, Fifth Edition, Glen C. Ramsborg, Ph.D., ed., Professional Convention Management Association, 2006.

网址：

若想获得更多信息，可访问下列网址。网址变更恕不通知。若你所访问的网址不存在，可使用搜索引擎查找新网址。

1.《会议》杂志 www.pcma.org

2. 会议业协会 (CIC) 认可惯例：活动规范 www.conventionindustry.org/apex acceptedpractices/eventspecifications.htm。

3. Delphi- Newmarket: www.newsoft.com

4. 万豪国际：www.marriott.com

5. 会议新闻：www.meetingnews.com

6. 会议 & 大会：www.meetings-conventions.com

7. 威斯汀酒店：www.westin.com

附　录

摘要（要求规格清单）调查问卷
由会议策划人填写摘要问卷
（已获得贝尔特酒店允许）

贝尔特酒店
要求规格清单指南

1. 活动公布如下：

_____

_____

2. 办公室职员：

　　　　姓名　　　　　　　　　　　　　　　　　职称

_____

_____

3. 授权签单人：

　　　　姓名　　　　　　　　签字　　　　　　　　职称

_____

_____

4. 主账单地址，电话号码和应注意的事项明细（由信用部经理批准）

_____

_____

5. 纽约州免税：___是 ___否

（如果您的组织是免税单位，请出示大会服务部门提供的证明材料）

6. 大会总部酒店：_____

所使用的其他酒店：_____

7. 所期望的大会注册：____提前 _____现场

8. 需要为大会领导配备酒店保险箱吗？___是 ___否

（如果是）：配备多少？___需要配备保险箱的姓名如下：

_____

_____

_____

9. 货币兑换：大会期间领导需要兑换大额钞票吗？ ___是 ___否

（如果是，多大面额？）

便士_____ 镍币_____ 10 分硬币_____ 25 分硬币_____

1 美元_____ 5 美元_____ 10 美元_____ 20 美元_____

10. 预订：___酒店形式 ___自主形式 ___城市旅馆住宿协调局

___房间列表 ___电话告知

11. 抵店方式：主要的抵店方式是

_____汽车 _____火车 _____飞机 _____包车

如果是乘公交车前来，请让其和组织直接与酒店预订部经理联系。

12. 接待套房：请让赞助酒店套房的公司直接与我们客房部经理就餐饮需要取得联系，另外我们的预订部经理和信用部经理需要就他们的预订和账单需要与其取得联系。

13. 公交车接送：您已经就旅游、出行等签订了接送协议吗？ ___是 ___否

如果是，请向我们提供你们的行程时刻表以及摆台要求。

14. 名人：您的演讲者中有人会引起媒体注意吗？ ___是 ___否

如果是，请在下边列出他们的名字和演讲地点 / 时间:

_____

_____

_____

15. 安全演讲：您需要安保部就城市和酒店给出安保方面的注意事项简短演讲吗?

___是 ___否 如果是，该演讲将会在你们的第一次全体会议上进行。

（如果您的组织是免税单位，请出示大会服务部门提供的证明材料）

16. 领导、演讲者和 VIP 预订:

姓名：_____ 双人间：大床

地址：_____ 双标间：2 个单床

电话：_____

抵达日期：_____ 预计时间：_____

离开日期：_____ 预计时间：_____

房间类型：___单人间 ___双人间 ___双标间

___单人套房 ___双人套房

（合住人：_____）

到达：___ 离开：___

账单说明: ＿＿自付房间、税和其他费用

＿＿由主账户付房间和税费

＿＿由主账户付房间、税和其他费用

特殊要求: ＿＿＿＿＿＿＿＿＿＿＿＿＿＿＿＿＿＿＿＿＿＿＿＿

17. 注册: （演讲者　参展商　注册者）

天数　　　日期　　　时间　　　地点

＿＿＿＿＿＿＿＿＿＿＿＿＿＿＿＿＿＿＿＿＿＿＿＿＿＿＿＿＿

＿＿＿＿＿＿＿＿＿＿＿＿＿＿＿＿＿＿＿＿＿＿＿＿＿＿＿＿＿

18. 入场费: ＿＿＿＿＿＿＿＿＿＿＿＿＿＿＿＿＿＿＿＿＿＿＿＿

19. 展览:　　　日期　　　时间　　　地点

托运计划: ＿＿＿＿＿＿＿＿＿＿＿＿＿＿＿＿＿＿＿＿＿＿＿＿

参展商计划: ＿＿＿＿＿＿＿＿＿＿＿＿＿＿＿＿＿＿＿＿＿＿＿

开展: ＿＿＿＿＿＿＿＿＿＿＿＿＿＿＿＿＿＿＿＿＿＿＿＿＿＿

展会拆卸: ＿＿＿＿＿＿＿＿＿＿＿＿＿＿＿＿＿＿＿＿＿＿＿＿

托运拆卸: ＿＿＿＿＿＿＿＿＿＿＿＿＿＿＿＿＿＿＿＿＿＿＿＿

20. 参展商数量: ＿＿＿＿＿＿＿＿＿＿展位类型: ＿＿＿＿＿＿＿＿

提交参展商合同给大会服务部门

21. 酒店条款: 请签名后寄回。

22. 承包商: （联系人，地址，联系电话）

托运承包商　　　　　　　安保承包商

＿＿＿＿＿＿＿　　　　　＿＿＿＿＿＿＿

＿＿＿＿＿＿＿　　　　　＿＿＿＿＿＿＿

＿＿＿＿＿＿＿　　　　　＿＿＿＿＿＿＿

视听设备承包商　　　　　打字机承包商

＿＿＿＿＿＿＿　　　　　＿＿＿＿＿＿＿

＿＿＿＿＿＿＿　　　　　＿＿＿＿＿＿＿

＿＿＿＿＿＿＿　　　　　＿＿＿＿＿＿＿

签单承包商　　　　　　　复印器材 / 办公用品承包商

＿＿＿＿＿＿＿　　　　　＿＿＿＿＿＿＿

＿＿＿＿＿＿＿　　　　　＿＿＿＿＿＿＿

＿＿＿＿＿＿＿　　　　　＿＿＿＿＿＿＿

灯光承包商　　　　　　　其他承包商

＿＿＿＿＿＿＿　　　　　＿＿＿＿＿＿＿

＿＿＿＿＿＿＿　　　　　＿＿＿＿＿＿＿

＿＿＿＿＿＿＿

23. 当地会议局人员：__是 ___否

_____

_____

24. 送餐服务 / 餐厅 / 吧台：L= 少量　M= 中等　H= 大量

	早饭	午饭	晚饭	鸡尾酒会
送餐：	__L__M__H	__L__M__H	__L__M__H	__L__M__H
餐厅：	__L__M__H	__L__M__H	__L__M__H	__L__M__H
吧台：	__L__M__H	__L__M__H	__L__M__H	__L__M__H

25. 电话说明：

需要联通外部电话吗？___是 ___否

如果是：_____本地 _____长途 _____两者都有

所有外部电话的特定代码是：_____

26. 行李寄存设施：

酒店大堂有行李寄存室，你需要另外的行李寄存吗？___是 ___否

（如果是，我们的礼宾部经理会就相关费用直接联系你）

27. 包裹室：您需要在酒店寄包裹吗？___是 ___否

　　如果是，大约是多少？___基本体积 ___基本重量

28. 流程和设置说明：

下一页，请在大会服务摘要中找到格式样例。为了更好地沟通和理解我们建议这种格式。

对于细节性的说明，我们建议以图表形式。

这个信息将会包含在酒店的大会摘要中分发给所有部门。

第 **13** 章

概　要

会场

会场的类型

会场规格与布局

会议室计划

搭建及分会时间表

管理会议室

会场销售禁忌

会场费用

会场及会议室的收益管理

放出会场日期

多会议同时进行

其他人对会场的使用

员工执行手册

会场家具

会场的基本搭建

会议桌的布置

分会会场

未来的会议室

会场使用监控

小结

学习目标

1. 了解会议室以及如何管理会议室。

2. 了解不同会议室的布置，总结通常会议室在使用时是如何分配分会场的；了解会议室未来发展趋势并阐述在会场使用监控的重要性。

如何对会议室进行分配以及如何选择合适的搭建风格

D 视听 id Scherbarth,CMP，宴会会议服务总监

喜来登驰名海滩度假胜地

"会议服务部是销售部的一个延伸部分，为了实现会议目标，给与会人员提供一个舒适的环境，该部门人员应与销售部经理紧密合作以最大效率地使用会场。酒店和会议承办人之间的密切合作有利于选择出合适的会场，开出成功的会议。会场布置的类型和预期的与会人数会直接影响会议所需的会场规格。因此必须要了解不同的会议搭建类型，以及每种搭建类型的座席容量。酒店进行会场搭建工作时还需考虑其他一些因素：来自其他会议或宴会的噪声干扰；相关公共场所的交通模式；灯光需求；天花板高度；装潢；用电需求；竞争团体等。"

13

会场与会议室搭建

任何酒店都会提供客房供客人入住。会议型酒店是指那些能够提供大量会场，并能承接各种不同类型会议的酒店。

会　场

酒店业务代表起初招徕会议客户时，会向他们介绍酒店会议室的概况。多数大型的会议型酒店都有许多可供选择的会议室，适合开展多种会议活动。

通常，会议承办人会要求酒店所有的会议设施都应为他们的会议活动提供服务，至少到会议临近结束才行。而事实上，开展一场会议需要使用的设施并不是很多，因此大多数情况下酒店是不会满足此类要求的。除非客户要开展的会议规模很大，几乎要用完酒店所有的空间，酒店管理层因此无权锁藏任何一件珍贵物品，否则酒店是绝对不会答应这样做的。

因此，酒店应该和会议承办人一起商讨会议所需的房间数量，并告知会议组织者，计划的制订要基于会议活动的现实所需。如果在同一时段，酒店只承办一场会议，自然能够多应对自如，然而通常来说，大型酒店在同一时段要同时承办很多小型会议。

会场的类型

在分配房间之前，会议服务总监必须明确酒店一定要提供哪些物品。通常，他们会错误地认为只有某些特定的空间才被设计为会场。而事实上，所有公共空间都可被设计成会场，这主要取决于会议的类型及其需求。

酒店的会议手册上所描述的一些常见的会场类型有展厅、宴会厅及会议厅。除非会议组织者接受了其他提议，正常情况下，他们都会把会议活动安排在这些场所举办。然而，可以把会议室外面的大厅和走廊设计为前厅招待区。这些区域通常是夜晚宴会正式开始前的上午或下午茶歇及鸡尾酒会的理想场所。大厅、停车场、举办鸡尾酒会时所需的泳池区；配有会议桌可用于开展小型私人会议的楼上套房区；

酒店后院用于举办晚上聚会的花园区，这些区域都可为会议组织者所使用。这些区域也只是会议服务总监自己的设想而已，通常出奇才能制胜，所以酒店应牢记——凡是公共空间，都可以用作会场使用。

当会议团体需要分小组进行讨论交流时会用到分会场。人们越来越喜欢用分会场安排培训，所以酒店正尝试把一些重要会议室的临近套房也利用起来为会议团体服务。某些酒店为会议团体提供更多的可移动隔断，以便灵活组合分会场。

拓展阅读

会议空间认证

为了使会议组织者了解会议室的实际规格及不同搭建类型的座席容量，专业会议管理协会（PCMA）推行一个计划去认证酒店业会议室的规格。

酒店业借此计划得到了关于它们会议空间的详细数据资料，并获得许可能够在他们的宣传刊物上盖上专业会议经理办公的认证证明。

会场规格与布局

会场规格由许多因素所决定。当然，首先最重要的是预期的与会人数。其次是会议团体需要的会场搭建风格、视听设备的数量及类型。可能还需留出一些空间用于放置衣架、道具及分发印刷品的桌子。最后，如果会议活动中有茶歇安排的话，还要预留出更多的空间以备所需。

会议室的基本布局能显示出座席布置的类型。让每间会议室都座无虚席无疑是劳动力的浪费，但显然酒店还是要提供足够数量的座位以使会议顺利开展。因此，要明了某个特定活动时期所要开展的会议类型，以确保相关的会议布置是相符的或有足够的时间去做一些调整。通常酒店会在同一时间段承办一些类型相似的会议，以便最大限度地提高人力和设备的利用率。

会议组织者需要同酒店商讨会议所用贵宾桌的款型和大小。垫板、铅笔、文件夹、打印材料都要放在桌上以备使用。许多桌上（或服务台上）还放有水杯、茶壶以供与会人员使用。每个会议都有它的要求，例如，一些会议需要用名片。关注细节是会议服务的关键所在。

会议室计划

会议室计划对于会议策划者来说具有重要意义，它包括酒店的会议手册、网址、分类广告等。多年来，通过会议手册只能大概了解会议室的规格尺寸，但会议组织者经常由于没有足够的空间来施展会场的功能而感到心灰意冷。为了减少此类问题的发生，专业会议管理协会（PCMA）推行了一个计划，通过实际测量会议室的规格和容量来帮助酒店和会议策划者解决这个难题。用尖端的激光动力设备测量会议室之后，再用计算机软件精确地绘制出会议室的格局，进而确定会议室的座席容量。酒店在展示会场的时候可以用在计算机上得到的详细资料去介绍会场。得到空间认证的酒店会被授予印章，因此这些酒店就能在现行的宣传材料上盖上认证证明，并且能在自己的广告宣传上使用协会印章，以便于会议策划者知道该酒店是有空间认证的（看到会议空间认证标志）。协会和会议软件制造商合作为通过空间认证的酒店提供一个含有会议室三维建筑平面图的磁盘。会议策划者便可以从协会网站上免费下载该软件的手册版。专业会议管理协会和会议矩阵（Meeting Matrix）宣传道："这些软件包的结合能使酒店和会议经理将会议室在网上反复出售出去，将是一种全新的经营之道。"

除了会议室的空间大小，会议组织者还需了解不同搭建类型下会议室的实际容量。图 13-1 为一容量表，显示了不同搭建类型下会议室的实际容量。在会议室销售展示期间，会议组织者应关注有哪些可供利用的房间类型，同时，会议服务总监应帮助他们判断不同房间应该搭建的会场类型。我们将在本章后面部分就一些常见的会议室搭建风格及不同的搭建是如何影响会议室容量的问题进行探讨。

会议服务总监应关注《美国残疾人法案》（ADA）中对酒店会场的要求给酒店带来了哪些影响。虽然关于酒店的责任划分仍存在许多"灰色地带"，但酒店会场还是得满足某些方面的硬件要求的。其中包括（不仅限于这些）：充足的残疾人专用停车位，便利性设施（坡道、宽门等），便利的厕所设施，视听障碍的辅助装置。自美国在 1990 年通过该法案后，其他国家包括澳大利亚（1992 年）、英国（1995 年），

INTERCONTINENTAL · TORONTO CENTRE

Name of Room	Banquet	Theatre	Classroom	Reception	Conference	U-Shape	Hollow Square	Dimensions	Area sq. ft.	Height
Ballroom 'A'	200	275	135	275	—	50	65	60x39	2340	9' 11"
Ballroom 'B'	270	400	198	400	—	65	80	60x57	3420	9' 11"
A&B Combined	510	700	342	700	—	—	—	60x96	5760	9' 11"
Simcoe	20	20	16	20	20	—	—	21x17	357	9' 6"
Ontario	150	200	84	200	—	42	52	53x38	2014	9' 6"
Niagara	70	100	45	100	28	32	38	29x38	1102	9' 6"
Ontario & Niagara Combined	240	280	120	320	—	—	—	82x38	3116	9' 6"

Dimensions are approximate and in feet

图 13-1　会议室容量和规格

　　大部分酒店、会议中心、城市会展中心会向会议组织者提供诸如此类的数据表。该图是个很好的例子，因为它包括不同座位安排下的座席容量，以及关于房间规格、建筑面积及房间净高度等详细信息。这些数据以及现在可供利用的计算机扩展图能够帮助会议组织者对酒店满足他们开展不同会议和所需会场的能力进行评估。

和加拿大（2002 年）也相继通过了类似的法案。

　　不仅酒店要提供无障碍式服务设施（便于残疾人自由出入公共场合），会议策划者也要满足有障碍的与会者的特殊需求。为坐轮椅的与会者设计宽敞的走廊，提供加大空间的座位，为有听觉障碍的与会者提供手语提示，这些都能为残障与会者提供便利。在一些情况下，酒店能很容易做出一些调整提供无障碍服务；在某些其他情况下，我们需要弄清楚这种无障碍服务的提供者究竟是酒店还是会议策划者。

　　如果酒店没有提供会议室的完整详细资料，就有必要准备其他一些材料了。大部分酒店会提供每个房间的比例图（图 13-2），这些比例图里包括门、窗户、房梁、电梯、电源插座，以及其他影响会场搭建的障碍物。会议组织者可能也会需要每个房间的比例图，所以酒店应有每个会场的比例图，一方面为自己所用，另一方面分发给客人使用。

　　这些图纸应足够精确以便标出会议室或展厅布局。如果你在图纸上注明了客容量，切记考虑不同的搭建类型，会议室容纳的人数可是千差万别的。

　　此外，会议组织者在参加会议活动时，喜欢将每日的与会人流量可视化。图 13-3 为设施整体示意图。虽然这个规划图和会议室的比例图本身关系不大，但对会议组织者设计活动项目还是有一定帮助的。

　　会场平面图和设施布局图对于会议组织者来说，具有重要意义，因为它们能确

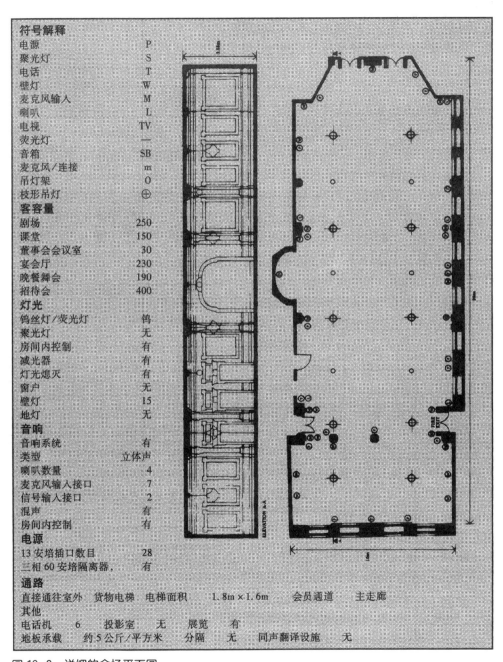

符号解释

电源	P
聚光灯	S
电话	T
壁灯	W
麦克风输入	M
喇叭	L
电视	TV
荧光灯	—
音箱	SB
麦克风/连接	m O
吊灯架	⊕
枝形吊灯	

客容量

剧场	250
课堂	150
董事会会议室	30
宴会厅	230
晚餐舞会	190
招待会	400

灯光

钨丝灯/荧光灯	钨
聚光灯	无
房间内控制	有
减光器	有
灯光熄灭	无
窗户	有
壁灯	15
地灯	无

音响

音响系统	有
类型	立体声
喇叭数量	4
麦克风输入接口	7
信号输入接口	2
混声	有
房间内控制	有

电源

13 安培插口数目	28
三相 60 安培隔离器,	有

通路

直接通往室外 货物电梯 电梯面积 1.8m×1.6m 会员通道 主走廊

其他

电话机 6 投影室 无 展览 有

地板承载 约5公斤/平方米 分隔 无 同声翻译设施 无

图 13-2 详细的会场平面图

保活动的安全性。某地举办大型活动时，当地消防处处长还需要知道会场详细的比例图以备发生紧急事故时使用。和酒店提供给会议组织者的比例图有所不同，提供给消防处处长的比例图既要包括房间的设施示意图，还要有计划用到的房间布置设施图。多数情况下，最终的比例图是由会议组织者设计完成的，而且应该是酒店和他们之间签订合约条款的一部分。例如，拉斯维加斯的希尔顿酒店表示："所在公司或协会应负责绘制出与会人数不少于 300 人的活动比例图，并且得到克拉克郡防火处处长的认可。如果在离会场使用不到 30 天的时候才将图纸提交给处长，酒店将不能保证绘制的比例图一定能获得认可。但酒店还是可以协助绘制活动比例图的。"

使用计算机技术来协助会议组织者。很多酒店利用当今的计算机技术来协助会议策划者选择出最合适的会议室布置方案。借助计算机辅助设计 (CAD) 程序比用手工绘制平面布置图（通常会发现图纸空间和实际空间不太相符）效率高很多，而且更为灵活（房间的特征——房梁、曲面空间等，当选择最佳布置方案时这些都应考虑到——而且很多会议室的搭建方案可以进行对比分析），此外，计算机辅助设计还能为会议组织者（及会议服务人员）提供一些他们没有考虑到的选择方案，使会议组织者能一眼看到不同的会议室搭建方案下与会人流量及实际客容量，并且这些资料都可以储存下来以供会议组织者在以后的会场搭建时使用。

很多连锁酒店，诸如万豪（作为网络计划的一部分，利用自身软件向会议组织者提供计算机房间绘图），逐渐发现计算机技术在为满足会议组织者多种需求方面提供了宝贵的工具。计算机技术将越来越多地为酒店及会议组织者所用，应被视为酒店协助会议组织者策划一场成功会议活动的一部分。

我们之前提到过专业会议管理协会通过计算机打印件提供了不同搭建类型下实际的客房容量，但其他一些软件也有此功能，诸如，Meeting Matrix、Room Viewer、德尔菲图，以及投影软件的创新三维产品——Vivien（拓展阅读《利用计算机技术来协助会议策划者》）也能绘制出房间搭建图。Viven 被认为是一种虚拟活动设计套件，使会议组织者能以不同的视角来观察座席或台面，使他们能够看到从与会者角度看到的真实情景。

Jim Barr, 芝加哥喜来登酒店大厦餐饮部 / 会议部经理，说道：

"Meeting Matrix 图表比较完整且易于修改和阅读，能在销售和营运方面给我们以帮助。从销售角度来讲，当我们使用 Meeting Matrix 来向客户展示会场活动状态时，他们会更加相信自己的购买抉择是正确的。从运营角度来讲，在活动的最后准备阶段，使用图表可以让我们更好地理解问题，最大限度地降低重新布置会议室的可能性。"①

加利福尼亚纽波特比奇凯悦新港会议服务总监莫妮卡·奇克斯对 Room Viewer

技术同样感兴趣，他说道：

"我们每天都在使用这种技术。过去，我们用手工绘制会议室搭建图，显然这种方法既不精确又很耗时。现在利用 Room Viewer 技术，我们可以既快又准确地按照会议组织者的要求绘制好图纸，然后打印出来交给他们和餐饮部经理。我们的销售团队在提议报告中使用这种技术，有利于交易的顺利完成。它甚至有六种不同规格的走道类型，所以它是符合我们复杂的消防要求的。"②

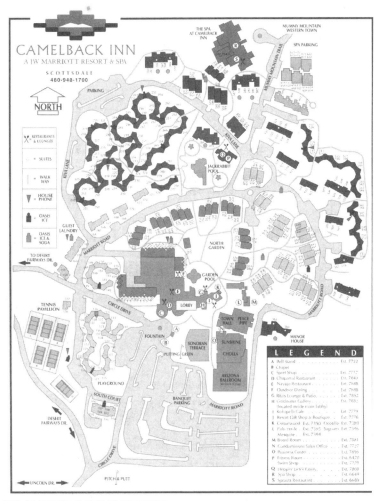

图 13-3 作为销售工具的整体设施示意图

销售人员可以借助类似上表的计划来协助会议组织者，使从客房到会议厅的与会人流量可视化。

资料来源：感谢亚利桑那州斯科茨代尔市的驼峰旅馆提供资料。

利用计算机技术来协助会议策划者

Meeting Matrix 是一种软件程序，用以使会议策划者判断哪种布置方案最合适。在获悉诸如房间维度、与会人数、特殊需求（会议桌的形状尺寸、展示所需空间等）等基本信息后，程序会绘制出一种或多种可能的房间结构图，为会议服务部提供一系列会议厅的家具和布置所需设备以供选择。

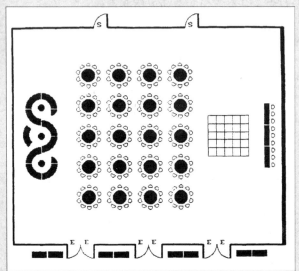

会场规格：	会议名字：样例会议	设施名字：样例设施
会议名字：宴会	所用搭建项目：QTY	项目
房间名字：舞厅	209	18" × 18" 座椅
容纳人数：209	8	6' × 30" 长方桌
布置状况：直径 1.5 米的宴会桌，共 10 个	3	8' × 30 " 长方桌
	20	5'dia 圆桌
行间距：2 米	2	5'dia 四分圆桌
中心走廊宽度：1.5 米	9	6' × 30" 新月形圆桌
边道走廊宽度：1.5 米	25	3' × 3' 舞池面积
横向走廊宽度：1.5 米		

会场分配时应考虑的因素

David Scherbath ,CMP（会议经理人证会议业协会）是喜来登驰名海滩度假胜地宴会和会议服务总监,他指出: 在决策如何高效管理会议室和搭建会场时,关注细节是很重要的.具体应考虑以下一些因素:

- 会议召开的天数: 如果某会议召开的时间超过一天,酒店应尽量使该会议安排在同一会议室. 这

（续）

样做有利于节省劳动力成本，保持会议团队的一致性。

- 会议开始和结束的次数：酒店掌握会议具体召开的次数，能有效提高会议室的利用率——有时同一会议室一天内能开展多达 3～4 次不同的会议。
- 会场搭建风格和与会人数：会场搭建风格和预期与会人数将直接影响会议所需空间大小。
- 视听和筹划要求：这两项能很大程度地影响会议室所需空间大小。对那些在很多方面都有视听和筹划要求的会议来讲，召开的时间可能长达 24 小时之久。

酒店应和议程上的会议组织者紧密合作，以选择出合适的会场，使会场的空间刚好适合会议活动的顺利进行。做到这一点很重要，因为会议室的舒适度将会直接影响会议召开的环境和与会人员的注意力。这也有利于销售团队倾尽全力去提升会场及额外预订的客房的利用率。如果酒店能释放出一个会议团体多余的会场空间，那么你的销售团队就有机会为酒店的其他入住团体提供房间，从而提升酒店的住房率和收入。

搭建及分会时间表

多数酒店的手册会在每间会议室的基本布局及房间的多种布置方案方面有详细介绍。然而，告知会议组织者会议室搭建和分会时间等方面信息的手册却不多。但是这种时间信息也是很重要的。

了解一组人员在许多座次安排的条件下搭建每个房间所需的具体时间是很重要的。许多会议之所以未能成功开展，是因为计划中没有考虑到搭建及分会时间，以至于活动安排得过于紧凑而未能给与会者提供优质的服务。会议策划者应该明白合理的时间安排对会议顺利举办的重要意义。

通常，酒店背负着管理不佳、服务不优、技术不精等骂名，所以酒店员工应有义务告知会议策划者会议室的周转时间——拆除原先搭建重新布置会场所需时间。如果会议策划者知道做什么能使活动顺利并及时完成的话，他们多数肯定会乐意不再那么紧凑地安排时间表。

我们强烈建议会议部经理持有标明这些要求的图表。这些图表应列出每种座次安排下最大容量地布置会场所需的时间。图表中应列出分会的时间，还包括工会条例中关于工作日、工作时长、加班费等其他一些可能会影响到成本和时间进度的规定。要标明所需用人员数量。虽然利用人数多点的团队会加大成本支出，但从另一方面来说，也能节约时间。有时会议策划者需要面对这种时间和成本的抉择。

管理会议室

对酒店来说，会场是一项宝贵的资产，会议服务总监的一个主要职责就是最大限度地提高会场的利用率（拓展阅读《会场分配时应考虑的因素》）。无论是客房还是会议室，这类产品都具有不可储存性。

会议服务总监是最有资格去为每项会议活动分配会议室的。经理应先与会议组织者沟通交流之后再做出抉择。因为会议服务经理了解酒店的设备状况，会议组织者了解会议的活动状况。

酒店在分配会议室时，房间的规格、特定搭建下的容量大小，以及会议活动类型、演讲风格等因素都应该考虑在内。房间规格应和预期与会人数相一致。空间太大或空位太多都会给与会人员带来不好的心理影响。在销售推广环节，酒店管理人员应在充分讨论后，将这些基本问题逐一解决掉，当然还要考虑其他一些影响因素。

酒店还要考虑会议室在酒店的分布位置等因素，诸如走廊客流量大小、直梯、扶梯和停车场的分布以及存衣间等。所有的会议活动最迟在会议召开前 60 天，应分配到相应的会场。特别是当一个会议团体需要预订一个长达 24 小时会议的房间时，做到这一点尤其重要。北美泛太平洋酒店度假村市场营销部经理，Maria Dempsey 认为承办一个长达 24 小时的会议可能会给酒店带来一些问题：

"对公共会场 24 小时的使用权，意味着即使该空间闲置一夜，其他团体也不能使用该空间。"[③]

然而许多会议团体希望在整个会议召开期间，都能拥有对会议室的使用权，特别是当会场里放有展览品，或有许多舞台布置时，或是会议有可能不能按时结束的情况下。MPI 的前任董事长，David Kilman,CMP（会议经理人证会议业协会）指出：

"会议组织者在开展长达 24 小时的会议，使用会场的时候，是在和酒店进行拉锯战的斗争。其实归根到底还是会议的总体价值问题。如果会议组织者希望或直接提出拥有对会议室 24 小时使用权的奢侈要求，他就必须要给酒店一定的经济回报。一旦会议所涉及的经济问题解决了，拥有 24 小时的会议室使用权是否合理这个问题也就轻易解决了。"[④]

因此，当酒店考虑承办一个长达 24 小时的会议活动时，一定要分析该会议带来的经济效益，包括会议本身的价值、从该会议团体中得到的后续业务带来的价值以及会议开展的日期等。例如，如果某会议团体想要在餐饮赢利很高的圣诞节时期举办一个长达 24 小时的会议，此时酒店承办这样的会议就显得不划算（详见下文的"会场销售禁忌"部分）。如果会议组织者想要开展一个长达 24 小时的会议，他们应与酒店签署一个合同担保，其中要注明会议时长 24 小时、酒店规定的会场使用禁忌等。

酒店应该向会议客户索要名单，了解客户中谁是授权对接人及其联系方式，在临时增加需求时会需要授权对接人的确认。在会议举办之前，特别是在会议举办期间，酒店必须要知道授权沟通渠道。可能会需要对会场做大幅度变动调整，而且时间又很紧张，因此在变动之前跟授权对接人的再次确认是非常必要的，很多取消和变动都可能是在最后一刻才通知和确定的。

当然，这种名单应该以书面形式记录下来。而且应该注明领导决策人的权限大小，以及具体有哪些决策权力。更换布置方案或是地点既费时又耗力。

你从大会组织者那里得到的部门领导名单应该与你给部门主管的名单大致相同。酒店和会议团体的主要负责人都应出席大会前的准备会议，以便让他们在大会正式开始前熟悉会场，缓解因陌生而带来的压力。探讨可能出现的变故，这其实是在商议会议活动出现意外变化时，酒店员工在时间和人力方面的相应解决对策。

无论是会议活动还是私人活动，协会会议的与会人数都是会变动的，为解决这一问题通常需要根据会议实际与会人数对举办研讨会的会议室进行调换。预先探讨这些可能发生问题的解决对策，有利于使酒店工作人员及会议团体组织者预知突发危机，并且提高解决危机事件的能力。

会场销售禁忌

在会场销售时，酒店销售人员和餐饮部都应参与其中。销售部门负责销售与会人员所需入住的客房。餐饮部负责向当地团体销售会场。由于客房销售赢利收入高，是酒店的主要收入来源，故而酒店销售部门在会场预订方面有优先权。

因此，多数酒店对本地餐饮销售设有限制。例如，在会场销售的旺季，酒店可能会把本地餐饮的预订限制在一个短时期内。也就是说，只有酒店在确定会议团体所需的客房得到满足之后，餐饮部才可以向本地团体销售会场。一旦酒店销售部人员完成了某天的会议团体客房销售任务，其余闲置的会场就都可以让餐饮部对外销售了。

在某些情况下，一些团体会需要预订一日包价套餐。一日包价套餐通常包括每个与会人员在全天的单一价格。该价格包括所有餐饮，而不对正餐和茶歇用餐分开计价，所以一日包价套餐对本地团体或是不需要留宿过夜的其他团体来说确实是个经济实惠的选择。

会议团体提前预订好房间却未能按时使用，这种情况发生的概率越大，餐饮部把闲置的会场出售给当地团体的可能性也就越大。这段不确定时期通常被认为是公开销售时期。通常，酒店认为节假日是公开销售时期，因为在圣诞节、感恩节、美国独立纪念日等假期期间，团体客房的销售量通常很低。在这段时期，餐饮部预订的任何酒店业务都不太可能代替大会对会场的需求。

会场费用

你是怎样制定会场收费标准的呢？酒店的手册指南上通常只有客房的收费标准，而极少有会场的收费标准。因为会场的收费标准过于灵活，它取决于多种因素，包括会议团体的类型、会议召开的时间及会场所需空间等。如果一个会议团体预订了足够多的客房，那么就能让它免费使用会场。在餐饮方面，对每个客人的要价通常已经包括客房的费用了。

对拥有独特会场的酒店来说，可能会对会场租用收取较高的费用。可能会额外收取费用的会场有如下特点：

- 无柱的大宴会厅；
- 挑高很高的天花板和缩进式吊灯；
- 阶梯剧院式座席；
- 先进的影音控制间；
- 客房到会议室非常便捷。

会议组织者需要了解酒店关于会场收费的标准，这点很重要。许多酒店的收费标准里都会有如下一条非常清晰的明文规定：

酒店通常根据会场的搭建类型及与会的人数来分配会场。如果会议团体需要酒店进行会前的布置准备、会后的拆卸工作或是需要酒店提供超大的会场空间，会议团体就需要交额外的费用了。预先分配好的会议室也有可能因为一些临时变化而不能保证届时一定能用。如果最终的与会人数少于原先的估计人数，就要及时对会场的搭建布置进行调整了。在会议承办人与酒店签订会议契约后，会议议程上的任何变动都要根据会场的实际供给状况来调整。契约一旦签订，如果会议团体想要取消用餐预订的话，那么就要按菜单实际价格或菜单平均价格来为之前的预订埋单。如果酒店能够把这些临时取消预订的会场重新销售出去，那么取消预订的会议团体就不用再为此埋单了。

在某些情况下，酒店管理人员会对会场使用者收取费用。例如，在不提供住宿客房只承办餐饮活动的酒店，会规定会场的最低销售量。也就是说，酒店可能会要求不留宿过夜的用餐团体必须达到一定的消费额，如2万美元，然后就能免费租用大型的宴会厅来开展相关活动。酒店应该在每个房间放置一个目录价格表，这样的话入住客人就能避免一些不必要的花费。当酒店确实要收取会场费用时，一系列相关的费用都会包含进去。会场的租赁费用取决于会议召开的时间。一些酒店会列出上午、下午、晚上、全天及工作日期间召开长达24小时的会议、周末等不同时间段会场租赁的价格。

酒店可能会制定一个按消费额情况来收费的价格表，标明会议团体的入住客房数量相对应的会场收费标准（表 13-1）。例如，如果一个团体预订了 200 间留宿的客房，1000 美元的宴会厅费用就可以免去，相应地，预订的客房数量在 100 间到 199 间之间的话，酒店收取 500 美元的宴会厅费用；若预订的客房数量不到 100 间的话，酒店就要收取 750 美元的费用。

表 13-1　会场收费标准指南

喜来登会场收费标准

喜来登怀基基海滨酒店会场基于以下标准来收取费用

1. 所有展厅。
2. 所有要举办长达 24 小时会议的会场。
3. 所有只在喜来登怀基基海滨酒店举办团体会议而无须客房业务的团队。
4. 所有需要与众不同或成本过高的搭建工作的会场。
5. 所有那些与原先合约预订的客房量相比成比例减少的会场。

会场 VS 客房销量（按比例浮动计算）

初始预订后减少的百分率	会议室收费价格
40% 以下	不收费
41% ~ 60%	五折
61% ~ 80%	七五折
81% ~ 100%	全价

会议室的收费除了考虑上表的定价因素，还要考虑一定量的餐饮业务。

喜来登怀威基基海滨酒店为会议策划者提供了一些定价方针，如果实际入住客房量比预订量有所下降，要注明相应的费用增加量。许多酒店在制定会议室收费标准时都会考虑到下降量——当客房入住量大幅度下降时，会场的费用就要增加。每年，1900 间会议室的租赁收入达到 2.5 万美元。

资料来源：感谢喜来登怀基基海滨酒店提供资料。

未来，越来越多的酒店会对会场收取费用。承办小型会议业务的酒店会考虑收取费用，特别是当会议团体计划在某一房间召开会议，而在另一房间用餐，并还要用其他的会议室来召开分会的时候，对这些酒店来说，收取会场费用是一个明智的决定。

在一些情况下，如果酒店觉得会议团体入住客房的营业额不足以覆盖会场搭建、服务、保洁及拆卸费用的话，酒店就会在和会议团体签订的合同中直接标明会场的费用，毕竟酒店是一个营利性行业。

当参加贸易展览的公司想要趁机开展经销商会议或销售会议的时候，酒店也会向它们收取会场费用。参加会议的人员可能已经在贸易展览上注册过了，由贸易展览而带来的会场需求会给会场的分配施加诸多压力。当然，如果此类会议业务能大大提升餐饮的销售额，那么酒店就不用再对它们收取会场费用了。但是如果只是茶歇的话，酒店还是会向它们收取会场费用的。探讨到最后，我们会发现其实并没有具体精确的会场收费标准。在制定会场收费结构时，酒店需要考虑餐饮、客房等其他可以赢利的收入情况。

会场及会议室的收益管理

越来越多的酒店正在把传统的客房收益管理方法应用于会场及会议室的管理。收益管理是基于会场的潜在需求来制定价格的。会场的租赁费用会在一定价格的基础上有所变动，最终收取的费用是上涨还是下降主要取决于会议召开的具体日期、时间长短，以及给酒店带来的整体收益等因素。例如，有几家希尔顿酒店已经开始为会场的价格制定建立了复杂的收益管理公式。Steve Armitage，希尔顿酒店的高级副总裁，说道：

"会场购买者希望会议室的收入管理能随着技术的进步而在更多的酒店得到推广。"[⑤]

采用收益管理方法对酒店和会议组织者来说是一个双赢的政策。根据预计的需求水平来制定价格不仅能帮助酒店管理收入而且为那些对价格敏感、愿意在淡季以优惠的价格购买会场的消费者提供了一个机会。然而，酒店还是需要能够识别出销售高峰期和低迷期，并告知市场，以便在不同的时期，针对不同的客户提供不同的出售价格。酒店对任何价格的提高都应是渐进性的，以便维系客户。

Fred Shea，凯悦酒店集团销售部副经理，说道：

"我们不希望会场价格变动幅度太大，如今天要价3000美元，明天就免费，这种做法是不明智的。我们想小幅度地增加或减少利润。我们不希望引致太大的文化冲击，而是要循序渐进地变动价格。"[⑥]

酒店在制定收益管理策略时，要考虑到很多因素，包括每个会议室的租用情况（例如，一个大的舞厅可能实际上不如一个能在一天内多次利用的小型会议室的租用率高），影响定价的客观因素（诸如提供的设施设备、地理位置等会提高价格的因素），和影响定价的主观因素，诸如客户特点（酒店可以对那些可能使用酒店设施，如客房、餐厅的潜在客户收取较低的费用）。

在考虑完这些因素之后，你就会想制定一个易于实施的策略。一个简单的方法就是在日历或表格上用不同色彩标注不同的需求时期。例如，可以用红色来标注需求量大的时期以便一眼就能认出哪段时期是销售旺期，用黄色来标注需求量适中的时期来代表销售平季，用蓝色来标注需求量低的时期来代表销售淡季。针对不同的需求时期，酒店都应该相应地制定一个不同的价格组合，所有负责会场销售和餐饮销售的员工都应该知道这些价格组合。这些员工还应知道何时有权给予会议组织人或会议团体一定的价格折扣（通常是在销售淡季）。[7]

放出会场日期

如果一个会议团体买下房间的全部使用权，则拥有全部会场的使用权似乎就是合情合理的要求了。这种要求和大型会议团体要求连续两年或三年的租赁并不相同。但是拥有全部会场的使用权这一要求确实很难满足，特别是在会场的销售旺季。酒店应该密切监视那些要求占用全部会场空间的会议团体，并和这些团体商讨出合适的会场使用期限。例如，1年、9个月或6个月，这样的话，如果大型会议团体实际入住人数没达到预订量的话，酒店还有时间将剩余客房销售给其他客人。

每个协议书里都应写明放出会场的日期。在能大致确定会议活动安排的时候，酒店就可以先试验性地做一些房间的分配工作。这时，如果用于开展会议的房间数过多的话，就可以把多余的房间分配作其他用途。会议室应该主要用于举办室内会议，但有时也可以用于其他用途。这里再次强调，每间会议室应只听命于一个上级的管理，这点是非常重要的。

在大致确定会议活动安排之后，酒店就可以把多余的房间销售给其他客人。通常，会议组织者总想无限期地占用每个房间，以防临时的会议活动安排会需要使用会议室。但这种行为不利于酒店开展其他方面的销售业务。

许多酒店在会议合约中会注明放出会场的时间。下面是酒店制定的一条政策：

为了保证会议的召开拥有足够的会场空间，请尽早或提前半年向会议服务部提交一个暂定的会议日程表。至少应提前90天向酒店递交最终的会议日程表。按要求，如果会议开始前90天还未安排的会议活动，届时将不分配相应的会场供其使用，多余的会场将用于举办其他会议。

多会议同时进行

多数会议都是小型会议。超过75%的公司会议的与会人数不足百人。要想招揽很多会议业务，酒店就得有能力在同一时间承办多种会议。自然地，这和实际出售房屋并不相同，通常酒店会承办很多小型的会议活动。

如果酒店要同时承办多个小型会议，那么工作人员一定要认真地安排相关事务。

酒店不可能在同一时期和多个会议团体进行洽谈，因此一定要小心，切记不要许诺让全部公共空间交由一个会议团体使用，那样你就不能向其他团体提供服务设施了。多数酒店希望会议团体轮流使用会议室，以提高其利用率，特别是当会议团体不用客房的时候。另外，通常在会议契约里会有关于会场布局安排的规定。以下是一个典型的规定：

契约中所列的关于会场布局的安排都是暂时性的，最终的会场布局在会议开始前的3个月才确定下来。在会议召开期间，为了协调不同团体对会议设施的使用，酒店保留重新安排会场的权利。

一些已经谈妥并预订好其所需会议室的会议承办人，就反对诸如上述的条款，并试图通过协调来抗议。酒店可以通过告知会议组织者合理地安排时间来解决他们的这一担忧（多数会议团体在会议正式开始前3个月还没有决定会议活动具体用哪间会议室），并且使他们放心，如果有其他可利用的房间，一定尽量满足他们的特殊要求。然后酒店就需要努力履行其许诺，满足会议团体的基本需求（诸如建筑面积、隔音墙等）。

酒店要认真设置客流模式，以避免造成混乱和拥堵。要考虑到不同类型的会议室的周边环境。酒店要记得一个会议室周边临近的是哪种类型的会议室。把一个培训课程的活动安排在一个大学校友联欢的活动室旁边，或把一个摇滚乐队的活动安排在一场演讲会议室旁边，都是不合适的。即使一个普通的会议，如果会议期间播放有声视频的话，也会给周围带来很大的噪声干扰。

酒店会发现承办小型的会议活动是很赚钱的。开始，酒店会承办很多小型会议。小型会议的组织者通常对价格要求不太苛刻，容易达成合作并带来回头生意，而且这样的小型会议不会给酒店员工带来过大的压力。承办大型会议所得的收益是很吸引人的。但毕竟还是中型会议居多，中型会议是每个酒店都想要承办的一项赢利业务。

其他人对会场的使用

一些组织团体请求或要求，在他们的会议召开期间，酒店应将服务于其他团体的会议设施和服务于它们的会议设施区分开来。他们想要控制会议活动的整个环节，不希望有同行在同一时间、同一地点和他们争抢会议设施。产业安全这个概念很重要。

酒店业也应特别关注产业安全。设想 IBM 研讨会和东芝或霍尼韦尔公司的会议在同一时间召开。当一个有竞争力的组织团体出现在自己的会议现场时，原本平日里悠闲的会议组织者也会突然变得紧张起来。酒店会发现原本一个小型轻松的会议现在却弄得紧张兮兮，还需要建立严密的安防系统来保障其安全性。

酒店只需要担心会议的具体举办日期吗？是否还要担心会议活动前后的一些事

宜呢?

在某一时间段仅能承办中型会议团体的小型酒店可以用以下对策来经营会场业务。在淡季，小型酒店可以对外宣称，未经预约的竞争性部门的业务一律不接受。达成合作意向的会议组织者可以放心地使用酒店的全部会议设施和服务，不用担心客流拥挤或不速之客的到来。

会议组织者可能会反对酒店在他们的会议活动期间承办其他会议。许多公司会在商业展示会上举办分销商会议。许多协会经理对此并不反对，认为此行为是对他们活动的重视。但也有些协会经理对此表示担忧，认为同一时期其他会议活动的举办可能会把一些商业代表吸引到它们的会场，而减少了对自己活动的关注。

可以肯定地说，如果你能够猜到会议组织者对什么人群感兴趣，那么你也可以猜到会议活动期间酒店会做哪些活动安排。

员工执行手册

正如我们所说，会议服务经理是大会的室内协调者，他们几乎和酒店的每一个部门都要打交道。他们工作时在员工中树立的权威大小，很大程度上取决于他们自身的人格魅力，以及平日里树立起的威信。许多酒店的会议服务经理对客房部和餐饮部不具有直接管理权。因此，他们是靠个人的机智和灵活应变能力来胜任这份工作的。

然而，会议服务经理在自己部门内部是有直线职权的，并真正担任起经理的职责，管理 3 ～ 10 个会场搭建人员。这些人员应能胜任不同类型的会场搭建工作。我们的经验表明，最好使用员工执行手册（表 13-2）来协助会场的搭建工作。

员工执行手册不是对工作职位的描述。它能指导员工如何完成工作，而职位描述主要是用于管理、明确职责和权利。理想上，员工执行手册上应有插图或图示。例如，在本章中用到的类似搭建图应该能在该手册上找到。手册上还应包括员工具体工作步骤的概述。

表 13-2 员工执行手册

会场的搭建服务工作		
流程	具体步骤	提示
为顺利完成所有工作流程，需要一些会议桌、宴会编排表、活动变更通知单、台布、桌边裙摆、标准的服务设施、垃圾箱、黑板架信息公告板、大头针或条形襟针		
1.搭建登记处	核对宴会编排表上要搭建的会议桌的数量和类型。 把登记处设置在大厅或按宴会编排表的布局设置在会场入口	

（续）

流程	具体步骤	提示
2．按宴会编排表来准备、桌布、桌裙和荷叶边等装饰	把桌布、桌裙、荷叶边等装配在会议桌上	
3．在登记处放置一些服务设施	在登记处放置以下一些物品： • 钢笔或铅笔； • 信息板； • 配有水和水杯的茶壶。 按宴会编排表上客人所需来布置相应物品	客人可能会提前往会场送一些物品
4．在会议桌旁边放一些垃圾箱		
5．搭建一个信息板	在登记处的附近放置一个带有黑板架的信息板以便备注会场与会人员的信息	信息板有利于会议正常进行，与会人员可在休息时查看相关信息

　　例如，这个员工执行手册，为不同会场的搭建提供了详细的指示（这个例子为登记处的搭建提供了意见指导）。提供详细的意见指导才能保障工作的各方面有序进行。

资料来源：节选自《招待技巧培训系列》《宴会厅搭建员工指南》《美国酒店＆住宿业教育机构》。

　　员工执行手册对会议服务部的员工是非常重要的，其意义就相当于菜单之于厨师一样。餐厅运营的成功主要是由于服务内容的标准化，同样这也适用于会议服务部。员工执行手册能确保会场每天的搭建工作都是按照同一个标准来进行。

　　对员工来讲，记得搭建的每个步骤以及全部所需的物品是有难度的。员工执行手册能减少不同搭建工作的冲突，并为新员工提供一个宝贵的培训工具。手册上还会列有一些搭建人员要遵守的规章制度。

　　酒店应尽力把员工手册设计得个性化一些，并以小册子的形式把它印刷出来，这样会场搭建人员就能随身携带，随时查阅。

　　没有一本员工执行手册可以一直使用。事实上，新型会议桌椅和操作技术都需要及时更新。我们希望员工自身也能提出一些好的建议来提升工作效率。

　　无论在什么样的会议室中，最基本的摆设便是桌子和椅子。会议组织者应知道，会议室的大小以及室内物品的布局方式能决定会议活动整体气氛的好坏。因此，他们应根据会议室的大小和容量设计出不同的布局方式，让每间会议室的设施都得以有序摆放，这点至关重要。

会场家具

　　通常酒店的会场使用频率较高。一天之内，一个房间要举办很多场会议活动，不同活动之间通常只有 1 ~ 2 小时的间隔。这些活动通常都是不同类型的，搭建人员需要在短时间内为不同类型的会议活动搭建相应的会场——商务会议、讲座、培训会议、时装秀、宴会等。会场里只有屏风和折叠门是可以灵活布置的。因此，会场布局的改变主要依赖于会议设施和搭建风格的改变。

"会场家具"一词主要是为服务于会议室和宴会厅的设备而产生的用语。酒店业所需家具的主要供应商亚瑟王公司的 Jacob Felsenstein 建议会场家具应具有以下四个特点：

第一，经久耐用。关注一些薄弱环节，比如容易损坏的手动折叠设备，依靠转轴或弹簧承重的牢固部件。保障与会人员的安全是最重要的。有一些简单有效地降低事故发生的折叠设备可供酒店利用。牢记，高频率的使用意味着高频率的清洗。酒店要确保，和楼梯相连的部分能承受得起频繁的擦洗，打蜡和清扫工作所带来的磨损。

第二，便于操作。所有可以折叠或可以拆卸的设备都应容易组配。重量较轻的设备可能不太耐用。酒店可以利用很多运输装置，如手推车、货车等去操作这些设备。

第三，便于存放。会场里使用的设备应该是能堆叠起来的，这样，一件设备不会损坏到邻近的设备，并且能防止易损部位的凸起。酒店在选择推车或货车类型时，要确保这些工具是能够装载运输酒店会场里的设施的。

第四，灵活性。建议酒店在购买会场家具时，应注重挑选那些能够满足多种目的的家具，这样就能减少多余的操作或存放工作。例如，一张有一个柱和底的卡巴莱桌子经过拆卸后能调整到不同的高度以供不同类型的会场交替使用，满足了会议的多重需要；一款双高度折叠台能调整到两种不同的高度，满足了不同的需求，这可以帮助节省酒店 50% 的初始支出，并节省出 50% 的操作费用和存放空间。⑧

桌子和椅子 会议室中桌椅的摆设不尽相同，但也有几种经常使用的桌椅款型。酒店在搭建会场时，通常都会使用这些基本款型的桌椅。会场的容纳人数由桌椅的摆设方式所决定。当酒店按照不同标准来布置会场时，会场容纳人数也会相应地发生改变。在小型会场的搭建过程中常会发生一些变动，例如，报告厅的一个传真机等；坐在舒适的转椅上，我们能够尽情地放松。会议中心经常以能够为与会人员提供符合人体工程学的椅子而感到自豪，这种椅子比平常的椅子大一些，是皮革面，有坐垫，并且能旋转，据说与会人员连续坐在上面 18 个小时都不会觉得累（拓展阅读《皇冠假日酒店购买大量符合人体工程学的椅子》）。

会议常用 0.5 米 × 0.5 米，椅高 0.4 米规格的椅子。可摞式扶手椅（不是上段中提到的豪华椅）比这稍微大点，例如，有 0.5 米 × 0.5 米 × 0.4 米规格大小的。多数折叠椅较小，坐起来不是很舒适，酒店会场通常在不得已时才会用到。会议组织者希望与会人员坐得舒服，那样他们才能专注于会议活动的内容。

威斯康星州德尔斯市的咔拉哈里沙漠水上乐园度假会议中心市场营销部经理

拓展阅读

皇冠假日酒店购买大量符合人体工程学的椅子

正如威斯汀连锁酒店为其客人提供了天梦之床，皇冠假日酒店为其客人提供了符合人体工程学的椅子。在皇冠假日酒店发放的一个问卷调查中，超过60%的受访者表示酒店提供舒适的座椅能让他们更专注于会议的内容，所以酒店购买了米勒公司的椅子来重新装置在美国和加拿大的酒店会议室。这种椅子凭借其符合人体工程学的靠背，网状的座椅面，能够灵活转动的滑轮给与会人员带来了很大的舒适感，这只是该酒店在满足客人座椅舒适度需求的第一步而已。皇冠假日酒店还为大型的会议室配置了有弹性后背的宴会式风格的座椅，该座椅有波浪外形的座椅面和灵活的靠背，坐起来很舒服。

资料来源：感谢皇冠假日酒店提供资料。

Kevin Shanley 说道：

"你肯定不希望与会人员脑子里想的只是自己坐在椅子上有多么不舒服或迫切希望站起来伸个懒腰吧（而不是关注于会议的内容）。"⑨

客人吃饭的时候，酒店应为他们提供硬座椅。硬座椅要比折叠椅坐起来舒服一些，折叠椅较轻巧，较低一点。所以折叠椅应该只是在座椅不够的紧急情况下或是在户外活动时才使用。

会议桌标准高度是 0.7 米，标准长度是 0.7 米或 0.5 米，当人们相对而坐时，桌长需要达到 0.7 米，当人们相邻而坐时，就像我们在教室讨论问题时那样，桌长 0.5 米就够了，能节约出一部分空间。酒店在招待贵宾时，即使人们是相邻而坐，经常也会用 0.7 米长的长方桌。这些较长的桌子通常用作展示桌，展台等其他用途。它可以调整为 1 米、2 米、2.5 米长度不等的类型，因此这种通用型的桌子用起来很方便。

圆桌通常用作餐桌或各种类型的会议桌。通常直径长为 1.5 ~ 1.8 米。1.5 米的圆桌比较适合 6 ~ 8 人的会议团体，1.6 米的圆桌比较适合 8 ~ 10 人的会议团体。1.8 米的圆桌比较适合 10 ~ 12 人的会议团体。直径为 9 米长的鸡尾酒圆桌（又叫作卡巴莱桌）通常布置酒会式风格。这种高度为 0.7 ~ 1.2 米不等的圆桌在会场里随处可见，为与会人员的沟通交流提供了便利。通常，会场里的座位是很有限的，甚至不提供座位，纵使有座位，通常也不设在会场里。

半圆桌和方桌可以组合成无限多种类型。通常用于自助餐的那种绵延弯曲的餐台是其中比较富有想象力的一种组合类型。在设计自助餐台时，你可以随意发挥将其组合成任意造型。

由于频繁的故障和长久的存放，会议桌和宴会桌的外观会有一定程度的磨损，酒店通常在桌角边会包上桌布来延长这些桌子的寿命。酒店在挑选桌布时，一定要注意会场所需桌布的准确尺寸。圆桌的桌布直径应该比圆桌的直径宽出 0.5 米，以在桌边留出 0.2 米的下摆长度（例如，直径为 1.8 米的圆桌应铺上直径为 130 厘米的圆桌布）标准的会议桌是 76 厘米高，座椅平均高是 0.4 米，0.2 米的下摆不会碰到座椅，也不会影响客人的舒适度。然而，举办正式的会议时，通常会使用垂直到地面的桌布。

一些公司开始使用外形好看且不易损坏的折叠桌，这些折叠桌不用铺桌布，省去了洗涤费和劳务成本。但是，这些折叠桌价格昂贵，同时也没有桌布给人的那种温暖和色彩。

贵宾桌，以及展台、自助餐台、舞台和演讲台都需要特定的帷帐。过去，人们习惯使用 T 形针或大头针来固定这种能垂直到地面的桌布，但是最近许多酒店开始使用维可牢（一种尼龙搭扣）来固定这种桌布了。

也可以使用卡扣式的台裙。用塑料夹夹住演讲台和桌子的上边缘，缝在裙摆上褶里的夹子迅速扣住定位。这种卡扣式的台裙一般是由化纤材料制成，便于清洗，并且不留折痕。

讲台和舞台。可折叠的讲台可用于多种用途，如发言台或讲台，这些讲台，名称也有很多：platfor、rise、stage、dais、podium, 或 rostrum。讲台的尺寸设定必须参考当地安全条例。这些讲台的台面高度通常为 0.15 米、0.2 米、0.4 米、0.6 米不等，加上 0.8 米高的支撑台。讲台长度通常是 0.1 米、0.15 米、0.2 米不等，宽度通常是 0.1 ~ 0.15 米不等。如果酒店存货充足，最好能备齐各种组合尺寸的讲台。如果讲台比较旧或是外观磨损了，可以在讲台侧面包上裙边或是在台面铺上毯子。

舞台高度是由会场的面积决定的。通常来说，舞台的高度是屋子长度的 1/50。例如，一间 30 米长的屋间，需要搭建的舞台高度是 0.6 米。一间长度为 20 米的房间，其长度除以 50 等于 0.44，也就是说，这样的一间房间需要搭建的舞台高度为 0.44 米。

发言台 发言台是一种斜面书桌，发言人讲话的时候，可以把发言稿放在上面，它有两种基本类型。小型的讲桌是放置在桌子上的，大型的讲桌是放置在地面上的。这两种类型的讲桌都应配备一个内嵌的固定灯架，以便发言人能够直接调控灯光和音响视频等设备，另外还要配备一个足够长的接线板以便能连到墙上的电源插座。

鸡尾酒桌，由 Shelby William 公司提供。　扇形曲线桌，由 Shelby William 公司提供。

舞台搭建图例。由 Sisco 公司提供。

图 13-4　桌子与舞台

许多会议室的搭建工作进展起来很艰难，因为墙上的电源插座和顶灯是在同一个电路，并由同一个开关控制的。酒店在搭建会场时，一定要确保发言台的灯光设置是连在一个独立的电源插座上的，不会受到顶灯开关的影响。接线板不用的时候应该捆扎起来，像麦克风或是灯光设置这样的连线都应该是捆扎起来的，酒店肯定不希望看到会议刚一开始，嘉宾发言人就被绊倒的尴尬局面。

酒店通常会把会议室的灯光调得暗一些，以便达到较好的视觉效果。一定要认真检查各装置的状况，明智的会议组织者为了确保会议的顺利进行，通常会亲自对这些装备设置检查两遍以上。

通往发言台（或是贵宾桌）的走道应是畅通无阻的。因为会议室的灯光通常较为昏暗，因此通往发言台的走道上应设置一些灯光。不应把发言台设置在入口或是其他人流量大的区域，以避免发言人或听众的注意力被其他走动的人群干扰。如果一个会议要展示视频或 PPT，酒店在进行会场搭建工作时，要确保发言台远离任何一个入口，以免迟到的与会人员的身影被映在大屏幕上。

酒店应该留有一个关于所有发言台、会议陈列品及配有音响设备的讲台的存货清单。发言台上应留有一片平面区域，至少是可以放下一个水杯的。这片区域应足够大，以便放置一些书写工具，诸如钢笔、铅、粉笔或电子棒等。

可以让设计者搭建一个配有视听设备的较为精致的固定舞台。多数临时搭建的会场里不会用到这种装置，但是讲者会非常喜欢这种固定舞台。无论何时在这种固定舞台上，你都可以使用这种视听装置。适用普通电源插座并配有音响设备的可移动发言台是临时搭建的会场里不可缺少的万能法宝。

多数酒店会在发言台上印上自己酒店的名字或是标识。因为发言人讲话时，通常会有电视录播或摄影拍照，酒店可以借机通过地方或国家媒体来提升自己的知名度。酒店通常都会热情地招待电视新闻工作人员，这样他们就会将发言人的镜头放大一些，以便露出酒店的标识来宣传酒店。

会场的基本搭建

会场的搭建有许多基本类型的座位布局。酒店要确定客户用词的正确性。布局图或示意图能帮助你来完成相应的搭建工作。

礼堂或剧场风格 这种礼堂或剧场的搭建风格是最常见的座位布局之一，座位依次成排地朝向发言人、舞台或贵宾座。这种布局适合那些很少做会议笔记的讲座会议，无论其规模大小都可以（图13-5）。

搭建礼堂式座位时，先在走道上放两把椅子作为标志。同排椅子之间留下5厘米的空间距离。排与排之间最少留出90厘米的距离。

几把标志性的座椅放好后自然就空出了走道的位置，这时大部分的座椅都可以依次放到相应的位置。酒店经常用0.1平方米大小的地毯铺在地板上，因为它能帮助对齐座椅，使其恰成一条直线排列。如果没有地毯，酒店员工也可以用硬木地板上的直线条纹来帮助对齐座椅。

走道的宽度和数量是由当地的消防部门决定的。如果你对此有任何疑问，可以到消防部门查看相关的规格参数说明。多数条例上规定，如果会场里有400名以上与会人员的话，走道应有2米宽；如果人数不太多的话，1.2～1.5米宽的走道就绰绰有余了。如果会议安排里有提问环节，需要听众前后走动或传递诸如话筒的物件时，最好在会场里设计出两条走道。

第一排的座椅应和贵宾席或演讲台保持大约2米的距离。礼堂式的座席经常把走道设计在中间位置，但很多经验丰富的会议组织者都不会这样安排，因为若是把走道设计到座席中间，则发言人正对的位置恰是走道而没有观众的区域。许多会议组织者喜欢把座席分成三部分，设计出两条1.2米宽的走道。消防部门要求大型的会场里的走道应横穿会场的前后，并在会场中间设计出一条横向的走道。因此酒店相关负责人要记得在消防部门核查相关规定并记录下来。

组织者有必要关注每排的座位数。让一个与会人员必须穿过 15 个座位才能在中间找到一个位子是极其难受的。许多组织者喜欢每排不超过 7 人的"迷你型布局"。也许在这基础上会有一些变动，需要占用更多的空间，设计成礼堂式的，走道在中间的半圆形布局。首排座位应和贵宾席或演讲台保持至少 4 米的间距。也可把室外的座椅放置在你需要的地方。把一条绳子宽松地系在位于两边的椅子上，然后将其拉直，就可以以此为基准对齐座椅了。

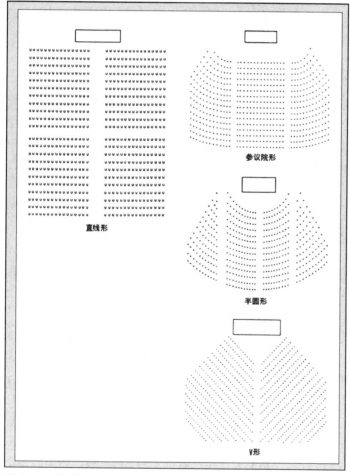

许多组织者喜欢 V 形或是半圆形的布局而非直线形的布局，因为这样的布局使与会人员更容易看到发言人。走道通常是 1.2～2 米宽，可能的话，走道应和安全出口在同一条线上。通常走道应该是一条线横穿会场前后的。当会场坐席数较大，需要坐好多排时，每隔 15 排应设置一个走道。

图 13-5　礼堂式的座席布局类型

资料来源：经许可转载自 Gerhard M.Peter 所著的会场搭建手册。由国际酒店协会市场营销部出版。

礼堂式的 V 形布局（有时又叫作雪弗龙布局），搭建方式大致也是如此。座席的两侧部分朝向中心走道形成一个角。如果空间合适的话，这的确是一个理想的布局方式，通过排排相错的方式来摆放座椅，后排座椅位置的视线不会受到前排的影响。

当会场使用扶手椅时，座位的间距和空间就不同于标准参数了。由于扶手椅 1 米宽，占地空间较大，因此座位间距要调整到 1.2 米。

当在演讲台上时，无论地板布置如何，酒店一定要确保贵宾席上的桌布是垂直到地面的。记得把水和水杯放在发言台和贵宾席上。布置台上的贵宾席时，要给每两个人配备一个玻璃水瓶。

拓展阅读

座席布置原则

1. 无论何时，尽量避免把走道设置在中间位置。应该尽量让与会人员坐在中间位置，因为这里视野最好。

2. V 形和半圆形的座席布局要比直线形布局好一些。斜角度的座席位置能让与会人员有较好的视野，后排的座位离发言人也会更近一点。

3. 如果会议室是长方形的话，应把发言台设置在较长边的位置。在会场空间不太大的情况下，发言人站在这样的位置距离听众更近一些。

资料来源：感谢温哥华费尔蒙特酒店的影响图库提供这张教室 V 形布局图。

会议桌的布置

在开展会议或客人就餐时，通常都会用到桌子和椅子。在这部分，我们将一起了解会议室搭建中常见的桌椅类型。

教室风格 无论是大型会议还是小型会议，教室风格的桌椅是会议室搭建中最受欢迎的选择之一（图 13-6）。对于一个主要由发言人讲话，与会人员做笔记、浏览活页夹信息，或需要用诸如笔记本电脑等计算机设备的会议来讲，教室风格的座椅是最好的选择。对于一个时间较长的会议来讲，这种座椅也是一种舒服的选择。然而，如果要想鼓励与会人员之间沟通交流的话，这种布置就不是那么合适了，纵使它可以用于小型会议人员之间的交流——坐在任何位置的与会人员都可以扭过头来和坐在其后面的人交流。比较常见的一种布局方式是在会议室的两侧放置桌椅。这种情况下，会议桌的宽度通常是 0.5 米，并在中间留出一条走道。给每个与会人员留出大约 0.6 米的空间。如果与会人员用活页夹或是笔记本电脑的话，就要给每个人留出 0.8 ~ 0.9 米的空间。这也就意味着一个 1.8 米长的会议桌只能容纳两名与会人员，切记最好不要让 3 个人不舒服（身体上和心理上）地挤在一起。

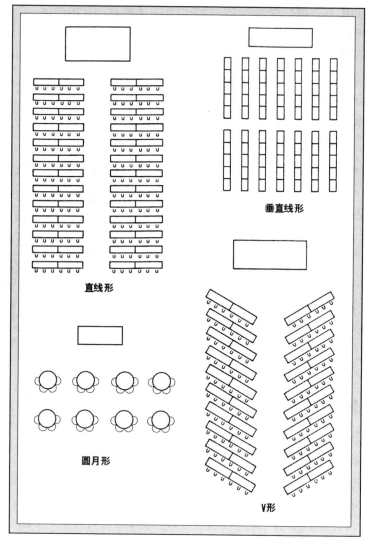

图 13-6　教室风格的桌椅布置类型

　　V 形的布置风格使与会人员更容易看到发言人。如果与会人员使用计算机的话，0.8 米宽的会议桌要比标准 0.5 米的会议桌好一些。当会议组织者想要与会人员在开会的会议室用餐，并且用餐时还设有发言环节的时候，会用到圆月形的会议桌。一旦用餐结束，桌子清理干净，与会人员就可以坐在圆桌旁边，朝向发言人，进入会议环节。

　　资料来源：经允许转载自会场搭建手册。

教室风格的会议桌有 1.8 米和 2.4 米长的。1.8 米宽的会议桌能容纳 2 ~ 3 个与会人员。2.4 米宽的会议桌能容纳 3 ~ 4 个与会人员。对于那些要求宽敞空间的会议，可让与会人员坐得宽松一点。

在搭建教室风格的会议室时，用 0.8 米长的会议桌有点浪费资源，因为人们通常只坐在桌子的一边。但在一些特殊情况下，必须要用到这么长的桌子，特别是需要完成大量文案工作时。这种情况下，排与排之间应留出 1.6 米的间距。具体的行宽度就要看会场空间的实际大小和与会人数了。

会议桌上铺的桌布应该是垂直到地面的。每张桌子上都应放有垫本和铅笔，还要为每 16 个与会人员配备一个水壶。你可以在这 16 个人的每张桌上放一个玻璃杯，或是为这 16 个人配备一个放有 10 ~ 12 个玻璃杯的托盘。酒店可以把会议桌变成垂直于发言台的方向放置。在这种布局下，需要使用 0.8 米长的会议桌，因为桌子两侧都要坐人。有必要给每个与会人员留出一些多余的空间，因为他们还需转动座椅看向发言台的方向。因此要为每个与会人员留出 76 厘米的宽度而不是通常的 0.6 米，并且会议桌之间应留出 1.6 米的间距。同时，会议桌要和贵宾席保持 1.8 米的距离，并且在会议室的两边留出两条宽度为 1.8 米的纵向走道，在会议室的中间留出一条宽度为 1 米的横向走道。

教室风格的会议室也可以搭建成有中间走道的 V 形布局。斜角形的位置能够让与会人员有较好的视野，拉近与会人员和发言人的空间距离。这种倾斜成人字形的座位布局能拉近坐在靠边侧的与会人员和发言人的空间距离。圆桌也可用于教室风格的会议室搭建。常用的圆月形会议桌的直径是 1.6 ~ 1.8 米。这种搭建布局下，与会人员通常是朝向发言人，靠一侧而坐。当在同一会议室进行用餐和开展教育大会，或是专题技术报告之后还在同一个会议室进行分会讨论时，会用到这种搭建布局。

如果会议超过 2 小时，通常中间会有一个休息时间。会议休息期间的任务也要提前设计好，以便员工届时抓住时机整理会议室。在短暂的休息期间，工作人员要在水壶中重新添加冰水，换掉弄脏了的水杯、沾上污渍或弄湿了的亚麻桌布，摆正椅子，拾起桌上和地板上一些显而易见的垃圾。这些琐碎的工作能帮酒店在与会人员心中树立一个良好的形象。

U 形布局 小型会议团体需要在开会的时候面对面地商讨事务，因此 U 形布局（见图 13-7）在搭建这种会议室时较受欢迎。这种会议通常是董事会、委员会或需要播放视频资料的分组会议，当主讲人在 U 形座席布局的开口端做展示时，所有的与会人员都可以看到（为了给与会人员提供一个优质的学习环境，团体人数应控制在 20 人至 24 人）。若在 U 形布局的内外侧都布置上座位，则这种 U 形布局的座席也可用于宴会招待时使用。

如果 U 形的内外侧都设置有座位的话，会场需要放置 0.8 米的长方形会议桌，如果只是在 U 形外侧设置有座位的话，0.5 米的桌子就足够了，但是多数组织者喜欢用 0.8 米的桌子。通常情况下，每个与会人员只需 0.6 米的空间，但是如果与会人员需要使用培训材料或是计算机设备的话，这样的技术培训团体则需要更大的空间（每人需要 0.75 ～ 0.9 米的空间）。

使 U 形布局的前部分桌布垂直到地面上。桌子用桌布铺好后，把桌边的折痕也

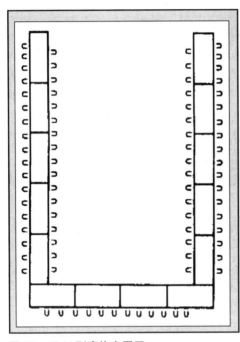

图 13 - 7 U 形座位布局图　　　　图 13 - 8 马蹄形座位布局图

资料来源：经允许转载自会场布局搭建手册。

拓展阅读

座位空间速算——影院式的搭建风格

60 人以下的会议团体，每人可分到 1.1 平方米的空间

60 ～ 300 人的会议团体，每人可分到 1 平方米的空间（分会中最常见的规格）

300 人以上的会议团体，每人可分到 0.9 平方米的空间

座位空间速算——教室式的搭建风格

60 人以下的会议团体，每人可分到 2 平方米的空间

60 ～ 300 人的会议团体，每人可分到 1.9 平方米的空间（分会中最常见的规格）

300 人以上的会议团体，每人可分到 1.6 平方米的空间

（续）

座位空间速算——U形和马蹄形 每人可分到3.3平方米 座位空间速算——回字形会议 每人可分圆桌面尺寸到2.8平方米		
圆桌桌布尺寸规格	标准型：宴会桌布长	正式型：垂直到地面的桌布长
桌子尺寸（圆半径）		
72"	90"	132"
66"	84"	126"
60"	78"	120"
36"（鸡尾酒桌）	54"	96"

给伸展好，折痕应该顺滑地沿着桌边展开。

马蹄形 马蹄形的搭建风格在布局上，除了贵宾桌的两侧桌腿以弯曲形式来连接，给人们角度上的视觉冲击缓和一点之外，和U形布局几乎是一样的（图13-8）。U形布局和马蹄形的座位布局风格较适合董事会、交流会，以及需要展现音频材料的会议。这种布局适合开展培训会议，因为讲师需要和与会人员沟通交流。而这种座位布局使所有与会人员都能看到彼此，便于相互之间的交流，但是这种会议团体的人数要控制在24人左右。

回字形和空心圆形 会议组织者希望用这种座位布局来去除贵宾席的概念（图13－9）。这种布局能充分利用室内空间，适合小组会议（30人以下）的召开，会议中可有一个负责人来组织讨论，决策或商讨对策，与会人员之间可以相互看到彼此，有利于眼神交流。而且在这种布局下，座位没有优先级之说，每个与会人员都是平等的。然而，这种座位布局不太适合需要展示音频材料的会议。

把U形布局的开口处布置上座位就变成了这种回字形布局。通常，只在回字形的外侧设置座位。小型会议团体很喜欢用这种回字形和空心圆的座位布局。这两种座位布局都应该在其内侧装饰上桌边裙摆，而且通常情况下人数不要超过30人。

布局的变动 E形的布局(E形的搭建风格）是在U形布局的基础上做出的变动。需要在椅子后留出1.2米的空间以方便过往人员通过。这种搭建布局中，会放置一张长0.8米的贵宾桌。E形边上的位置可按其需要摆放相应数量的座椅。通常桌子内侧、外侧都会设置有座位，形成一个宽为1.6米的实体矩形。

董事会式的座位布局 董事会或大会的搭建风格很受小会议团体的偏爱。这种布局下，两张桌子组成一组排成单列，铺上桌布后形成一张宽为1.6米的长会议桌（图13-12）。每个人可分到0.6米的座位空间。小型会议的组织者很喜欢这种董事会式的座位布局，因此许多会议型酒店会备有一些全木椅和豪华老板椅作为固定搭建设施。多功能的小型会议室就配有这种固定设施的套房。

在两张并排的大长桌两端各放置一张直径1.6米长的半圆桌就构成了椭圆形的董事会式的座位布局，半圆桌旁边也可以放置上相应的座椅。

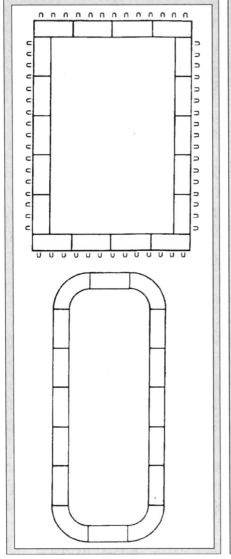

图 13-9 回字形和空心圆的座位布局

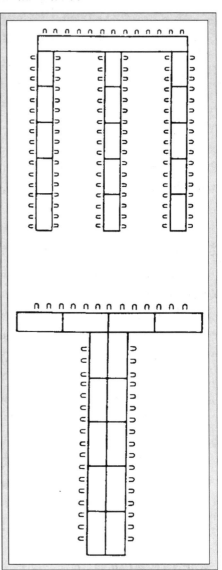

图 13-10 E形和T形的座位布局

如果会议组织者想要去除贵宾桌的概念，通常会选择这些座位布局类型。图中显示的T形布局是用双排桌组成一列来构成的。T形桌通常也可用单排桌组成一列构成。

资料来源：经允许转载自会议搭建手册。

圆形桌 当在同一间会议室进行分组讨论时会用到圆形桌（图 13-13）。客人用餐时也常用到圆形桌。

可以地毯或是地板上的直线条纹为基准来调整圆桌的位置，使其整齐地排为一列。圆桌之间应留出 1.4 米的空间，以便放置座椅，方便人员走动。

座椅应与墙壁保持 1 米的间距以便服务人员来回走动。在摆放好会议桌之后，再摆放座椅。座椅应放置在刚挨到桌布的位置。会议结束后，立即把座椅摆放在一起，以便进行清理和之后的分组会议。

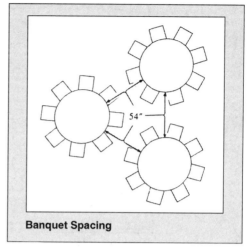

Banquet Spacing

图 13-11 宴会空间示意图

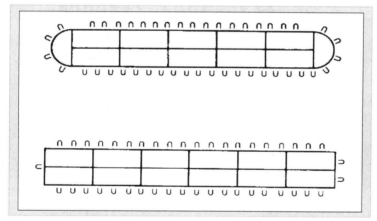

图 13-12 董事会式的座位布局

小型会议团体喜爱的椭圆状座椅布局。

资料来源：经允许转载自会场搭建手册。

圆形自助餐桌 圆形自助餐桌通常在客人用餐时使用，是由四张蛇形桌以及四张 0.8 米宽、1.2 米长的方桌构成（图13-14），组成一个6米×6米规格的大桌。可在圆桌的中心放置鲜花或陈列品。也可用一些竖板搭建出金字塔阶层的造型。

利用不同形状的桌子可以组合成不同类型的会议桌。除了时间、空间以及想象力的匮乏外，没有什么能够约束你的设计。[18]如果你设计出一个你特别喜欢的造型，就把它用示意图画出来。然后呈现给那些潜在的客户，以备以后会场搭建时参考借用。

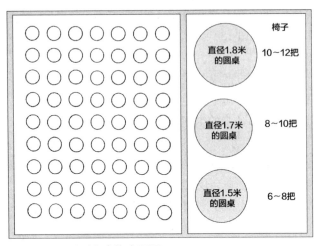

图 13-13　圆形桌座位布局图

　　圆形桌可在客人就餐或进行分组会议讨论时使用。当然，每桌座位设置得越少，坐起来就越舒适。

资料来源：经允许转载自会场搭建手册。

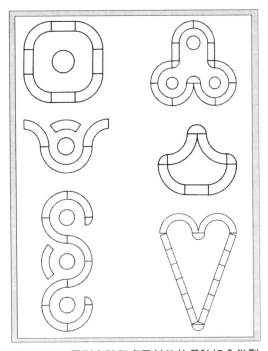

图 13-14　圆形自助餐桌及其他的各种组合类型

资料来源：经允许转载自会场搭建手册。

分会会场

会议或聚餐结束后，工作人员就该拆卸会场的搭建，开始清洁工作了。这样做的原因很明显。如果潜在的客户群体发现会议室不整洁的话，就会对酒店产生不好的印象，也许你就会因此而失去一笔生意。

桌子和椅子在不使用的情况下要折叠保管好。会议用椅要比酒店的其他设施磨损快。对于在会场搭建过程中过分关注速度而忽试了细节的员工，酒店管理人员应给予一定的指导，避免因大意而犯下错误。

会议室在不使用的情况下，工作人员应把桌椅收好储存起来。桌椅的保管工作对于会议服务部的员工来讲是一件头疼的事情。通常酒店都不会给会议所用设备足够的储藏空间。空间太小或几乎没有活动空间的储藏室会缩短设备的使用寿命。被迫储存进去的设备经常会遭到损坏。

一些酒店对设备的放置地点和储存方式有规范的要求。有一些大型的会议型酒店对所有设备和宴会物资有专门的系统管理。酒店会定期检查库存，所有不使用的物资都要储存保管好。

未来的会议室

当我们进入 21 世纪时，会议室的设计方式和装配类型就已经发生了很大的变化。例如，凯悦酒店把宴会厅顶层的石膏板换成了开放式结构的天花板，使宴会厅更具功能化，并且节约了搭建的时间。在会议室里，配有紫外线装置的控制器使发言人能够及时调整室内的光线。通过在公共区间和会议区间设置隔音挡光的门廊来减少噪声的干扰，在宴会厅的功能分区之间设置双层墙以减少邻近会议的噪声干扰。这种控制器上还装有先进的固定通信系统，配有光纤电缆、5 号数据线、大量的电话线。[①]

越来越多的酒店会议室及其他很多区域（包括大厅、客房、商务中心、餐厅）都可以为客人提供无线上网服务，并设有高速上网通道。虽说网络服务的提供已有一段时间了，但无线上网技术的确使人们比以前更容易获得诸如展览目录、会议议程等其他数据，会议组织者和与会人员也希望无线上网技术能让会议进展得更有成果。

未来会议室的另一个发展趋势是使用等离子屏幕。这种 0.08 米厚的独立装置不仅能够改变演讲的方式，也会改变会议室的外形。当等离子屏幕成为会议室的一大特色时，会议对灯光的要求也会发生变化，会议室的大小也要做出相应调整以适应新屏幕的宽度。美国亚利桑那州斯科茨代尔会议中心的媒体商务中心主任 Martin Dempsey 说道："对这种等离子屏幕来说，环境光线将不再是问题。"[②]在室内环境不昏暗的情况下，我们也可以看清楚大屏幕的内容。

该领域的建筑师认为未来会议室的变化还会体现在桌子的外观、室内的装置，以及文稿展示方式的简化上。虽然未来的会议桌看上去仍是笨重的木质桌，但实质会是中空设计、重量减轻、易于移动的。会议室墙壁的颜色会是白色等浅色色系，以便和播放的视频形成明显的反差，对于使用等离子屏幕的会议室来说，其墙壁可以涂上任意充满生机的色调。虽然高科技仍在文稿演示方面起重要作用，但我们希望未来，控制面板能隐藏起来。若想观看这些新创新的虚拟展示，可登录网址 Next Gen Boardroom(www.ngboardroom.com) 查看相关信息。

"尽管这些创新令人振奋，然而，仍有向传统会议室发展的趋势。" Debra Myers 协会的室内设计师 Cindy Carney 说道，"5 年前，每个人都想使用高科技来包装自己。"[13]

现在，客户们却喜欢传统、复古的会议风格。木板墙、皮革座椅，以及传统的灯光设置使未来的会议室营造出一种男性化、保守化、交际化的氛围。

🖥 互联网练习

丽笙度假酒店下属 150 家酒店，分布在欧洲、中东和非洲。这家酒店总部设在丹麦，在那里建有多家研究机构，其中就包括关于"未来的会议室"的研究。登录公司网址 www.radissonblu.com，点击"会议与活动"，然后点击"工具资源"，就会出现"会议与活动注意事项"一栏。在"Red Book"部分点击"下载（PDF）"，就能找到关于现在和未来的会议室的 5 个话题。

1. 为什么在设计会议或研讨会时，注重灵活性很重要呢？

2. 在一场成功的会议里，会议空间和家具起着什么作用呢？

3. 在未来的会议室里，人们将以一种怎样的创意来设计灯光、音乐、色彩？

注意：点击该网站的黄页部分，能查到 9 种学习方法，它们会让与会人员从会议中收获颇丰。

拓展阅读

未来会议室的一种感知方法

当欧姆尼酒店着手打造完美会议室的时候，它想超出会议室三个基本要素的范畴——合适的温度、听觉效果、视觉效果，提出一些新的概念，营造出一种氛围，使人们在这种环境下更好地实现会议目标。为此，酒店开展了为

期一年的调研，其间，创建了感知咨询委员会，由世界知名公司（包括伊丽莎白·雅顿、红门温泉、朱丽亚音乐学校、全食品公司）的代表担任委员。专家组专注于研究人类的五种感知，来判断色彩、灯光、声音、气味甚至味觉中的哪一种对提升与会人员满意度的作用最大。

调研之后，酒店创建了一个很棒的会议方案，用三种会议方案——活力型会议、挑战型会议、表彰型会议，来为客户量身打造会议设置。对于活力型会议，酒店通过使用富有生气活力的色彩，促进

（续）

食欲的调料来提升头脑风暴、策划和培训的效果。对于挑战型会议，酒店通过使用柔和的灯光、舒缓的音乐来提供一个轻松的环境，以减缓与会人员的压力（休息时提供绿茶供人们饮用）。表彰型会议主要是对员工以往的绩效做出奖励，为他们未来的发展塑造一个好的前景，经常伴有高昂欢快的音乐、充满生气的花卉图案，香槟酒，以及令人兴奋的香气。

络斯酒店也紧跟潮流，通过色彩提供分色选择，使会议组织者能为各自的会议室确定主题，甚至还提供食物分类选择。该项目现在有三个主题的颜色可供选择：蓝色（代表宁静、灵性、青春），激发人们的思考和交流；黄色，代表智慧、幸福，增强记忆力，帮助人们集中精神；绿色，代表自然、健康、激发灵感。

每个主题颜色涉及墙的颜色、桌面摆饰上激励人的花色和荧幕上闪光灯的颜色。配色方案有时也体现在用餐和茶歇点心的色彩上。例如，黄色主题会以甜味、健康、咸味的组合为特色——独特的菠萝菜品，黄色的巧克力豆和薯条——个别独特的菜品。

酒店和会议组织者都希望从这个新项目中受益。洛斯酒店餐饮部的创意总监 Ellen Burke Van Slyke 说道：“色彩作为一种兴奋剂的价值不可否认。会议室里的所有要素都要准备到位以呈现出最佳状态。”

资料来源：A Sensory Approach to Meetings"，Meetings & Conventions, May 2007, p. 48; Francine Cohen, "Ending Meeting Madness"，Hotel Interactive, March 25, 2008; and "Color-Coded Meetings Featured at Loews"，MeetingNews, January 28, 2008, p. 10。

会议室的另一个发展趋势是人们对环境友好型设施服务的需求日益增加，这对酒店和酒店业产生了一定的影响。酒店和会场的很多区域在逐渐走向“绿色化”。例如，在酒店建设方面，人们更倾向于使用石头、可回收材料之类的产品，以及光和能源等自然资源，包括自然采光和太阳能电池板。人们也在逐渐减少对复印纸的

图 13-15　加拿大多伦多洲际会议中心的会议现场

资料来源：照片由洲际大酒店提供。

加拿大的多伦多洲际中心被认为是技术最先进的酒店。该酒店的主题为“征服作为梦想家的新一代（董事会）”的会议室里装有可下拉的液晶投影屏幕，和1.8米的等离子智能板、高端的音响设备、视频网络会议技术。与会人员围坐在椭圆形的现代会议桌旁，坐在那种符合人体工程学并有时尚感的皮质靠背座椅上，而且会议桌为每个与会人员配有一个嵌入式的“插头与冲浪”式高速数据接口和一个电源插头。

使用——许多会议室里都配有个人计算机终端来储存数据，或者为会议用纸和其他材料成立一个再循环程序，诸如会议室里常用的碳粉盒。

无论最后是哪种趋势占主导地位，酒店都应用最新的技术来武装自己，并按照会议组织者心中实际的需求来设计会场。例如，如果酒店主要是接待 SMERF 型（社会团体、军事机构、教育部门、宗教团体、兄弟会）会议团体的话，酒店应把投资方向主要集中在等离子屏幕的应用方面，对其他类型的高科技设备不过是浪费资金罢了。然而，若酒店的接待对象是会议团体的话，则酒店还是有必要提供一些最新

拓展阅读

资源整合

这次，你可以用本章所学内容来展现应如何布置酒店的会场以达到效用最大化。你被任命为酒店会议服务部的经理，但只有相当有限的会场空间可供你利用。你的任务就是尽可能高效率地利用这个有限的空间，那样你才能规划出许多不同类型的会场供客人预订。下周四，你的酒店将举办的会议有：

1.（上午9:00～中午）：上午有一场多层级营销公司给分销商开展的培训会议。与会人员需要登记入住，参加会议之前需要得到一份信息数据包。上午10:30的时候会有一个茶歇安排。

2.（1:00）：下午有一场当地官方公布议会候选人资格的新闻发布会。预期的到场人员包括20名新闻记者，3名电视台工作人员，以及9位主要的候选人。另外，候选人要坐在公众显眼的位置。当地官方还要求会议中使用那种可自由移动的麦克风。

3.（下午2:00～4:00）：下午有一场医院社团的12位董事会成员参加的长达2小时的会议。

4.一场当地慈善机构资金募集的晚宴。晚上6:00～6:30有一场鸡尾酒会，之后7点时开始晚餐。8:30～午夜有一场舞会，预计会有300名人员参加。酒店还要满足其特殊要求，提供一个容纳20位VIP的贵宾桌和一片整个晚上都可以使用的抽奖兑奖的区域。

第二天上午（上午9:00～中午）会有另外一场会议，你必须让酒店的员工在夜里1:00加班结束之前把第二天要使用的会场布置好。

1.不同类型的房间分别适合举办什么类型的会议？在决策过程中需要考虑哪些因素？

2.不同类型的房间分别适合什么类型的搭建风格？为每间会议室设计一张平面布置图。

3.绘制会场样本表，详述每间会场的特殊需求，以及如何做才能满足他们的需求。

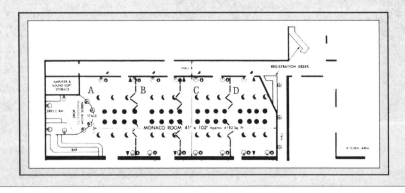

的高科技设备供他们使用。

会场使用监控

对酒店来说，了解会场的货币价值很重要。一个酒店曾计算过：1 平方米闲置的会场空间每天耗费 0.8 美元。也就是说，一间 1000 平方米的宴会厅闲置一天就耗费 800 美元。为了更有效地利用会场空间，酒店应追踪并监控以下一些环节：

- 用餐期间会场的租用率；
- 会场的类型；
- 会议团体对客房的需求；
- 独特宴会菜单的喜爱类型；
- 每平方米会议空间的销售收入；
- 不同会议类型的常见宴会支票；
- 会场闲置时间段的运营模式；
- 不同会议类型的平均与会人数。

会场使用量的统计报告是很有用的。虽然酒店的会场看似每天都在承接各种会议，但一年中的某些时段，一个会场每天只承接一场会议。对这些统计数据的收集有助于酒店建立一个关于收益管理的有效策略，我们已在本章的开头就此展开过讨论。

小 结

本章我们了解了不同的会场类型及会议团体经常用的会场搭建风格。我们一起讨论了为了使效率和收入最大化应合理分配会议室的重要性，以及分配会议室时应考虑的影响因素。我们也了解到，为了使酒店的赢利最大化，应对会场的使用进行监督。

尾注：

① Jim Barr, Catering/Convention Service Manager, Sheraton Chicago Hotel and Towers, Meeting Matrix advertising brochure.

② Bryant Rousseau, "Low-Cost Software for Room Layouts", Meeting News.

③ M. Ⅲ Wien, Holiday Holds," The Meeting Manager.

④ Ibid.

⑤ Chris David, Business Travvel News, May 15, 2000, p.39.

⑥ Chris David, "Room Rental Rising: Hotels Revisiting Meeting Room Yield Management", Business Travel News, April 26, 2004, p.37.

⑦ Information in this section adapted from Sheryl L. Kimes and Kelly A. McGuire, "Functionspace Revenue Management：A Case Study from Singapore", Cornell Hotel and Restaurant Administration Quarterly, December 2001, pp. 43—44.

⑧ Guide to Function—Room Furniture, Jacob Felsenstein；King Arthur Incorporated, Pennsauken, NJ.

⑨ Elaine Yetzer Simon, "Comfort, ease of use help determine seating selection", Hotel & Motel Management, April 7, 2003, p.30.

⑩ "Quick Calculations" charts in this section were developed by David Lutz, managing director of Velvet Chainsaw Consulting (www.velvetchainsaw.com) from the CONFERON Guide published by Convene magazine. Used with permission.

⑪ Doug Fox, "Hyatt's Improvements Upgrade Presentations", Convene. 12. Justin Henderson, "21st Century Box", Successful Meetings, January 2000, p.20. 13. Ibid., p. 21.

⑫ Justin Henderson, "21st Century Box", Successful Meetings, January 2000, p. 20.

⑬ Ibid., p.21.

主 要 术 语

隔断（air walls）：一种可以把较大的空间分离成小空间的可移动屏障。不必具有隔音功能。

美国残疾人法令（Americans with Disabilities Act）：一部关于美国残疾人的法律，它规定要对公共建筑（办公室、酒店等）基础设施的构建做些调适，以达到让行动不便的残疾人自由出入的最低标准。

无障碍（barrier-free）：指一个建筑中不存在阻碍残疾人自由出入的障碍物。

阶梯剧院式（auditorium/theater style）：指座椅朝向贵宾席、舞台或发言人的方向依次成行排列。走道的数量是不确定的。可以改造成 V 形或半圆形的布局风格。

董事会式（board of directors/conference setup）：在一张长方形桌或几张桌子组合成的长方形桌的四周都设置有座位。一些酒店有固定的董事会式的搭建，配有昂贵的家具和豪华座椅。也有椭圆形的董事会式的搭建。

分会场（breakout rooms）：大型会议结束后进行分小组讨论或分组工作的时候所用的较小的会议室。通常把分会场设在主要会议设施附近。

容量表（capacity chart）：一个注明会议室详细规格信息的图表，包括会场的名字、会议室的尺寸、不同搭建风格下（教室形、圆桌形、董事会形等）会议室的实际容量。

V 形臂章式的搭建（chevron setup）：座椅面向贵宾席或发言人倾斜成 V 字形按行排列（中心走道在 V 形的中心线上）。也叫作人字形或 V 字形的搭建。

鸡尾酒桌（cocktail round）：用于鸡尾酒会的小圆桌，直径有 0.4 米、0.6 米、0.8 米、0.9 米的。也叫作卡巴莱桌。供人们围坐使用时，此桌搭建成 0.8 米的高度，供人们站立使用时，此桌搭建成酒吧台的高度。

计算机辅助设计（computer-assisted design, CAD）：一种计算机程序，能让会议组织者生动地绘画出会议室的设计布局。

新月形圆桌（crescent-round）：圆桌半径为 1.6 米、1.7 米或 1.9 米长，在面对发言人方向的位置安排 2/3 或 3/4 的座位，背对着发言人的方向不设座位。通常这是一种用于宴会和会议混合举办时的简洁搭建方式。

讲台（dais）：贵宾席位置的升降台。

一日包价套餐 (day package)：为那些只在白天需要服务而不留宿过夜的客人设计的包价产品。该产品对于那些不在酒店留宿过夜只是在白天开会的团体来说是个最经济划算的选择。因为通常情况下，他们需要支付全天费用的价格——包括所有食物、饮品，而没有把餐饮和住宿休息分开。

员工执行手册（employee procedures manual）：指导员工做一些具体的工作。通常包括插图或图示。有利于保障工作标准的一致性。

E 形搭建风格（E-shape setup style）：桌子组合成 E 形，在 E 形封闭端的外侧和三条腿的两侧都设置有座位。

符合人类工程学的座椅（ergonomic）：会场家具，特别是桌子和椅子，需要特定设计以最大限度地使与会人员在开会的时候感到舒适，保持头脑机敏性。

会场翻台时间（function room turnover time）：拆卸旧搭建重置新搭建的时间。

会场（function rooms）：特别为开展会议或社交聚会而设计的房间。

贵宾桌（head table）：经常在讲台或舞台上升起的一种桌子，通常 VIP、发言人或其他重要人物坐在那里。

占用全部会场（hold all function space）：没有明确会议名或会场名但覆盖所有会议设施的空间。

空心圆形搭建（hollow circular setup）：除了两端是封闭的，和马蹄形搭建大致相同，仅在外侧放置座椅。

回字形搭建（hollow square setup）：桌子组合成空心的方形，仅在外侧放置座椅。

马蹄形搭建（horseshoe setup）：和 U 形搭建风格相似；桌子组合成马蹄形。内外两侧都可放置座椅。

演讲台（lectern）：能够放置发言人演讲稿的斜面书桌。有坐地式的和书桌式的。

会前会场（pre-function）：毗邻主要会议活动室；用于会前组织与会人员的地方。也用于餐前的接待或是会议期间的茶歇。

开放销售期（open sale period）：这段时期由于会议业务不多，所有与会人员的餐饮免费（用餐空间不能影响正常的会议团体所需的会议空间）。

酒会式（reception style）：该搭建设计风格有助于缓解客流量的压力，利于人们来往走动。通常这样的会议室里摆放的都是高腿桌，提供的座位数有限甚至没有（即使有座椅，通常也都摆放在墙边的位置）。

表彰型会议（recognition meetings）：会议用来褒奖人们过去的成功，为他们树立美好的愿景。通常伴有一些节日项目、颁奖环节、嘉宾发言，还有一些调动观众积极性的娱乐环节。

会议室的清洁（refresh the meeting room）：会议休息或会议结束后的清洁工作（水壶倒满水、更换玻璃器皿和其他一些常见的房屋打扫工作）。

放出会场日期（release date）：酒店或会议场所要求会议策划者在这个日期之前确定最终的会场需求，以把一些多余的会场空间释放出来，供酒店再出售给其他会议团体。

圆桌（rounds）：一种圆形宴会桌，通常直径是 152 厘米（也有直径为 168 厘米和 183 厘米规格的款型）。直径为 168 厘米的圆桌可容纳 8 人，直径为 185 厘米的圆桌可容纳 10 人。

课桌式（schoolroom/classroom style）：桌子是 1.8 米长、5 米宽，中间留出一条宽敞的中心走道，两边面向贵宾依次按行排列展开。通常两张桌子配备 6 把座椅。可以改造成 V 形或垂直式风格的搭建风格。

曲线蛇形（serpentine）：桌子组合成弯曲 S 形蛇的形状。

U 形式（U-shape setup）：桌子组合成大写字母 U 的形状；通常用于小型会议。在 U 形闭口端的外侧以及每条腿的两侧放置座椅。

维可牢（velcro）：一种尼龙搭扣的商标名称，用于固定桌布帷帐的环形织物。

复习题

1. 什么是会场？列出会场的基本类型。
2. "所有公共空间都可能是会场区域，这主要取决于会议团体的类型及其需求"这句话是什么意思？酒店还有哪些区域可以搭建成会场？
3. 对会议团体收取会场费用时要考虑哪些因素？会议室搭建时要考虑哪些因素？
4. 列出会议室搭建的基本风格并说明其适用的会议类型。用餐时通常采用哪种搭建风格？
5. 会场家具是什么？会场家具应具备什么特点？
6. 未来的会议室和现在的会议室有什么区别？
7. 用什么手段来监控会场的使用？

参考文献

1. The Americans with Disabilities Act: A Review Course for Meetings and ConventionsIndustry Professionals, by Ciritta Park, CAE, Professional Convention Management Association. Available online in the PCMA Publications Library at www.pcma.org/publications.
2. The Convention Industry Council Manual, Eighth Edition, Susan Krug, Executive Director, 2007 — www.conventionindustry.org.
3. Pocket Guide toADA, Revised Edition, by Evan Terry Associates, PC. www.mpiweb.org.

网址：

若想获得更多信息，可访问下列网址。网址变更恕不通知。若你所访问的网址不存在，可使用搜索引擎查找新网址。

1. 投影软件 : www.castgroup.inc

2. 活动略图 : www.times 视听 er.com

3. 国际会议矩阵 : www.meetingmatrix.com

4. 新一代董事会会议室 : www.ngboardroom.com

5. 专业会议管理协会 : www.pcma.org

6. 3D 活动设计师 : www.eventsoft.com

7. 节时软件 -Room Viewer: www.times ersoftware.com

第14章

学习目标

1. 鉴别用餐服务的不同类型和与宴会服务相关问题。
2. 鉴别与宴会相关的控制问题。
3. 了解与酒水宴会相关的服务与控制问题。
4. 了解餐饮宴会的会后活动，并将大小酒店的内部协调进行对比。

宴会计划

Gene Meoni，美国密歇根州大特拉弗斯温泉度假酒店餐饮部总监

"餐饮和会议服务部是任何酒店餐饮运营中最赢利的部门。一个活动如果有恰当的计划、控制、服务和创造力，它就可以是为20个人提供茶歇或是为1000人提供五道式的全体晚宴。当安排会议或宴会活动时，必须利用计划好的控制手段去保证顾客所需的服务和酒店运营的利润。当布置一个会议或宴会活动时，成功的执行需要组织和预先的计划。计划、控制、团队合作渗入餐饮服务的各个环节，但是只有有效地计划安排，才可能获得运营的成功。成功的运营我定义为超越顾客的期望，激励员工，让员工因取得的绩效和获得超过预算的利润而感到自豪。"

14

餐饮服务

　　餐饮会议在会议程序中一直起着重要的作用。但是过去几年的"传统"食品和酒水的选择（比如，在宴会上为会议代表提供一份鸡肉主食还是一份牛肉主食或者仅仅是提供一壶咖啡或一壶茶水）已经被新的选择所取代。新的选择在会议中添加了多样性和愉悦性的元素（拓展阅读《最新的餐饮发展趋势》）。

　　由传统到新选择的变化归因于公众对餐饮活动越来越了解，这部分得益于像埃默里尔·拉加斯和瑞秋雷这样的美食家。

纽约海德公园美国烹饪学院继续教育中心副院长罗伯特·布里格斯说：

　　"最近几年，人们通过阅读烹饪杂志、浏览食品网站、参加烹饪课程、外出旅行，从而加深了对食物的了解。"[1]

　　其结果是，与会者对于在他们会议中提供的饮食有了更高的期望，他们更愿意去尝试新的食物，还期待吸引人眼球的餐饮展现方式。因此，酒店利用创意菜单来应对顾客的这些需求。创意菜单包括在餐饮中加入当地的特色美食、举行主题宴会，还有提供轮换的餐饮选项。

　　例如，凯悦酒店在好几种服务发展趋势中处于领先地位。餐饮副总裁乔治说：

　　"我们正努力试图在宴会布置上创造一个具有餐厅品质的用餐体验。举办一个宴会并不意味着在宴会上有服务人员，再配置大型的服务托盘，以及以惯例化的方式分发食物。相反，服务人员记住菜单的内容，站在桌边向客人介绍菜品。他们宣布自己正在倒的是什么葡萄酒。以便可以和客人产生互动，这种情形正如你在餐馆里所看到的景象。"[2]

　　餐饮会议服务连锁公司副总裁助理·史蒂夫补充说：

　　"我们也给客人提供选择晚餐主菜的自由，这样可以给人创造一种餐厅的感觉而不是宴会的感觉，这种做法深受公司集团的欢迎。任何时候我们给客人选择的机会，都会提高他们的满意度。"[3]

　　这种观念是宴会连锁的个人偏好菜单的一部分（拓展阅读《凯悦酒店集团的个人偏好宴会菜单》）。这种观念允许会议策划者选择一份开胃菜、一份沙拉和一份甜点，还允许会议策划者在 6 种菜肴中选择 3 种作为主菜。宴会参加者享用事先选好的开胃菜和沙拉，然后从 3 种主菜选择一种（也可以选择素食主菜）。

拓展阅读

最新的餐饮发展趋势

几年前，可用于会议的食物和布置普遍都是缺乏想象力、可预知的。例如，宴会的参加者通常都是享用相同的菜肴（或者可能是选择鸡肉或牛肉），自助餐桌是典型的带台裙的长条桌，而宴会用带台裙的圆桌摆台，茶歇通常只有甜点、咖啡或茶。

今天的食物和展示方式都已经有了翻天覆地的变化。由于与会者健康意识已增强和对食物要求的提高，传统的"旁观者"的立场一去不复返。我们将在这一章对新的餐饮发展趋势进行更加详细的讨论，包含以下几点内容：

展示：带台裙的自助餐桌或宴会圆桌正快速地成为历史遗迹。从前的圆形宴会餐桌正被洁净的令人赏心悦目的餐桌所取代。例如，在费城四季酒店，优雅的、无台裙的餐桌以多样的方式被摆在一起，而凯悦酒店与度假村利用各式各样的长凳、梯子、不锈钢桌来为宴会增添气氛。

不仅如此，食物的展示方式也发生了改变。在自助餐厅，普通锅正快速地被炒菜锅、西班牙海鲜饭锅、铸铁煎锅、加热砖和大理石被石板材质的锅所取代，同时其他食物用架子装着，作为优雅装饰或可食用装饰物的一部分。今天的宴会正成为高级餐厅的竞争对手，宴会给与会者提供主菜的菜单，与会者可以自由选择菜品。其他的选择，诸如小餐点和品尝站正日益取代传统的围餐晚宴。多伦多的威斯汀海港城堡酒店把推广品尝站作为让与会者打成一片以及尝试各种各样小型食物的机会。

餐饮选项：今天的与会者不仅对食物很精明，而且具有健康意识。对此，酒店推出了有机食品、低脂食品、低碳水化合物食物多种选择，还包括无糖食物和无反式脂肪或玉米糖浆制备的食品。与会者不仅偏爱新鲜的食物，而且希望获得更少量的健康的食物——可以有更多的选择——这使得诸如餐前小吃、餐后甜点深受欢迎。"新潮"食物也受人们欢迎，诸如寿司、"泉浴套餐"和"精致配料的常规食物"（蓝莓松饼、西葫芦面包、胡萝卜蛋糕、南瓜派和香蕉坚果面包取代了含糖的甜甜圈和丹麦牛油面包）。

Dolce 酒店和度假村重视诸如新鲜水果和蔬菜汁，维生素水、水果、酸奶和格兰诺拉麦片碗、小沙拉和交互式果汁酒吧等突破性供给的营养食物；而凤凰城希尔顿酒店提供交互式餐饮站，餐饮站以为每位客人量身定做混合果汁饮料为特征，餐饮站还为顾客提供客人自制的沙拉。"冰与火"酒吧有冷餐站和热餐站，冷餐站的厨师准备生鱼片，热餐站的厨师准备新奥尔良式的辛辣食物。

其他创新举措：餐饮行业的其他创新举措包括在线宴会菜单和宴会活动的定制化服务。今天的宴会策划者很少严格要求事先印制好菜单，他们偏向于与酒店或会议部门的餐饮工作人员合作，利用当地区域菜式创造"标志性活动"。例如，在华盛顿会议和贸易中心（**WSCTC**），宴会活动使用西北新鲜海鲜、贝类、牛肉、水果、浆果、蔬菜、自酿啤酒和葡萄酒，从而为与会者提供一种独特的用餐体验。

资料来源：乔纳森·瓦特纳（Jonathan Vatner）：《宴会重生：最新饮食发展趋势深度观察》，《会议 & 会展》：2006 年 12 月，第 41 ~ 43 页；佩蒂 .J. 休克（Patti J.Shock）、公民教育委员会（CPCE）：《什么是餐饮行业的热点问题》，《公司会议和奖励旅游》，2007 年 5 月，第 22 页；Dolce 酒店及度假村和希尔顿酒店的出版物；安德烈·多伊尔（Andrea Doyle）：《今天的会议中心菜单上的高级料理》，《PCMA 会议》，2006 年 10 月，第 60 页。照片由文华东方酒店集团提供。

与会者满意度提高了意味着更多的与会者会参加下一届的组织宴会。酒店的回头客和口碑营销使得餐饮宴会更加令人难忘。在这一章，我们将讨论通常为议会和会展准备的各种类型的宴会，还将详述创造力和沟通如何在成功的宴会中起重要作用，成功举办的宴会可以是简单的茶歇，也可以是精心准备的主题事件。

食品服务

涉及餐饮的宴会、聚会和其他的商业或社会宴会可以为酒店产生额外的，有时经常是丰厚的收入。比尔·卡林《国家餐馆新闻管理》主编，陈述说：

"宴会是酒店餐饮运营中最赢利的领域。"[④]

成功的宴会有助于大大提高酒店的整体利润，因为宴会的销售利润率可以维持 30% ~ 40%，而相比之下酒店餐厅只占 10% ~ 15%。下面就是产生宴会和酒店餐厅赢利差距的几点原因：

- 以会议为方向的酒店，宴会销售量往往超过餐厅高达 2 倍。
- 宴会定价更具有灵活性。纽约牛排晚餐在餐厅菜单的价格是 45 美元，而在宴会菜单上定价是 60 美元。这种差异的合理性在于宴会的场景布置和拆除，以及短时间内为一个大群人提供服务所需的成本。
- 食物的价格低是因为需要大量的采购，且不需要大量的库存（因为可以根据需要进行订购，而且所有的与会者通常享用相同的食物）。
- 酒水的利润高，由于酒水的成本很容易控制，而且因酒水定价灵活所以收入更多。
- 宴会所需的劳动力成本大大低于餐厅，因为宴会的服务人员和调酒师都是根据需要招入的临时工。相反，餐厅员工大都是固定员工，固定员工即使在酒店经营淡季也必须要继续雇用。
- 宴会员工的生产率水平高，因为员工的水平可以预先决定好，可以保证出勤率。

宴会的类型

会议可能是早餐会、午餐会或晚宴，带有娱乐活动和舞会的晚餐宴，另外，会议期间会需要茶歇、吧台、酒会、自助餐、带有不间断茶歇的套房、会议室和展区。弗吉尼亚州家园度假地（一个温泉度假胜地）的餐饮部总监基恩梅奥尼说，宴会的菜单应该有不同的菜品选择和有差异的价格来满足酒店的细分市场。宴会菜单应该有本地区特色菜和酒店特色菜，并升级在过去宴会活动中已经使用过的菜单。

拓展阅读

凯悦酒店集团的个人偏好宴会菜单

由于人们不断要求更新宴会菜肴，凯悦连锁酒店引入了个人偏好宴会菜单，这种菜单允许与会者选择他们自己偏爱的晚餐主食，正如他们在高级晚宴餐厅一样的待遇。

凯悦酒店＆度假村的餐饮会议部副总裁，史蒂夫说：

我们想摆脱可预知的食物选择。对于个人偏好背后的部分想法是美国人对食品的认识越来越深入。这里有一个对食物的新认识："在我想要的时候得到我想要的东西"。我们正努力尝试用我们所有新的选择去满足这些对食物更高的期望。

美国新墨西哥州凯悦温泉度假酒店的会议服务中心总监，特洛伊·木补充说：

我们的顾客经常把正计划的盛大的闭幕晚宴或特殊场合作为酒店预订的一部分。那就是个人偏好菜单正符合需求的时候。当我们和客户讨论个人偏好菜单时，他们的第一反应就是"哇，你们居然还可以那样？"

这种观念在以下几方面起作用：

- 会议的策划者选择一份开胃菜和一份沙拉，这些开胃菜和沙拉将提供给客人享用。
- 会议的策划者从 6 种备选项中选择 3 种作为主食。在餐桌上，与会者可以在这三种主食中选择任何一种或选择其他素食选项。
- 酒店也会提供甜点样品。

急诊护士协会会议服务总监 海伦·S.波拉德，对酒店这一项目很感兴趣，她说：

在大型午餐或庆祝晚会上，总会有一些人不愿意碰食物——或因为他们对海鲜食物过敏，或因为他们不吃肉，或因为他们只吃鸡肉。我们的人群是变化的，所以个人偏好菜单是受与会者欢迎的。

宴会的个人偏好菜单不仅为对食物要求高的与会者提供独特的选择，而且这种体验本身是高级餐厅的竞争对手。吸引人眼球的四种颜色的菜单呈现给每一位与会者。服务员一向与会者介绍菜品的时候，宴会就开始为与会者提供开胃菜。在为与会者提供开胃菜和沙拉之间给与会者提供面包，

这样可以留给厨房工作人员足够的时间去准备主食。最后以一道菜——一组由 3 种甜点组成的甜点盒，来结束这次"高档晚宴"的美好经历。

资料来源：《多重选择：宴会用餐成为个人偏好问题》，《凯悦边缘》，2005 年秋／冬季版、第 5 页；《明确偏好：凯悦的灵活宴会菜单在会议策划者和与会者中取得成功》；《凯悦边缘》，2007 年夏季版，第 4 页。

互联网练习

登录到下面列出的酒店网站上，查看它们的宴会菜单：

- 加利福尼亚州，圣地亚哥，曼彻斯特君悦酒店（Manchester Grand Hyatt, San Diego, California）— http://manchestergrand.hyattemenus.com
- 佛罗里达州 万豪港湾度假酒店（Marriott Harbor Beach, Ft. Lauderdale, Florida）——www.marriottharborbeach.com

  （点击"Plan Events"选项，然后点击"Banquet Menu"选项）
- 希尔顿阿纳海姆酒店（Hilton Anaheim）— www.hotelfandb.com/features/images/eat_naturally_menu.pdf
- 温哥华费尔蒙特酒店（Fairmont Hotel Vancouver）— www.fairmontmeetings.com/hotelvancouver/pdf/banquet_menus.pdf

1. 每个菜单如何反映本章所呈现的菜单指南？
2. 你觉得哪个菜单最受会议策划者欢迎？为什么？
3. 希尔顿阿纳海姆酒店的宴会菜单独特之处在哪里？
4. 每个酒店收取哪些服务费用？

适用于团队的菜单有各种各样的形式和规格。为了方便起见，我们建议制作一个小手册，正如雷迪森酒店使用的一样（表14-1）。雷迪森的小册子给出了制作常规的早中晚餐自主点餐和自助餐的建议。

雷迪森菜单是有效果的，因为它们描述了各种提供的菜品项目，还用图表展示了菜单选项。然而，许多酒店的宴会菜单只是简单列出酒店所提供的食品和饮料，没有进行详细的描述和插图说明。

在设计自己群组的菜单时，菜单描述和你所提供的菜品选项一样重要。首先，在从其他公司收集样品菜单过程中产生自己的想法，你可能需要把这些想法融入你自己的设计。如果预算有限，无法负担昂贵的彩图印刷，你仍然可以用令人垂涎欲滴的词汇来传达你的观点（用诸如入口即化、滚烫、美味、薄脆等词语创造一种种词语图像，让顾客产生购买欲望）。

通过遵循基本的设计元素，诸如引人注目的封面、吸引人的设计格式和简单易读的布局，来确保你的菜单能够传达菜品的形象，从而带来销售量。菜单应该用高质量的纸料来印制。黑色墨水印在象牙或奶油纸上给人感觉很有文化品位。页面不应该看起来乱糟糟的，菜品项目和专栏之间要留足够的空白。同时不要忘记附上公司的信息，一般包括你公司的标志、名称、地址、电话号码和电子邮箱地址。原件（而不是复印件）应该提交给会议策划者（唯一的例外是，通过传真给会议的策划者发送菜单信息）。

与酒水服务相结合举行的其他类型的宴会是茶歇。茶歇越来越多地被称为补充能量的休息和鸡尾酒招待会。它穿插在会议中，通常是在上午和下午持续 30 分钟左右。理想的情况下，茶歇应该安排在与会议室相连的房间里。如果条件不允许的话，酒水和食品这些东西可以放在走廊上或会议室外的大厅里（必须确保任何设置都不会打扰到会议进程），或直接把茶歇安排在会议室里。

推车或手推的桌子可以在会议室外面使用，或者把这些东西放置在会议室外面的推车上，当会议的负责人给服务人员发出信号时，再把东西推进会议室（拓展阅读《茶歇指南》）。

茶歇通常包括诸如咖啡、茶、汽水、瓶装水等酒水，以及各种以清淡为主的食物。例如，上午会议期间的茶歇，除了酒水之外可能有松饼、低脂酸奶和水果。重口味、高糖食物可能导致与会者昏昏沉沉、有气无力，尤其是在下午会议中。

招待会通常是站立的社交宴会，它给与会者提供了社交的机会。招待会可能在会议期间的各种时间举行。有时候招待会是为了欢迎与会者的到来；有些招待会在餐宴之前举行（这样确保晚宴前所有的人都在同一个地方），或者有的招待会可能是为了让与会者能够与外来的参加者进行交流，例如，供应商、外部销售代表等。

在大部分招待会中，提供给与会者的酒水包括酒精饮料，还有清淡食物，经常是餐前点心（冷或热的手抓食物）和开胃菜（带有面包或饼干馅的冷热开胃小吃）。食物可能会放在小型的自助餐桌上让客人自取，或者由服务人员端给客人。

当以自助餐的形式提供饮食的时候，必须记住容易获得食物会导致更大的消费量。表 14-1 详细说明了不同类型的自助餐设置如何影响宴会所需食物的数量。如果宴会预算有限，或者只是想确保订购的食物能顾维持完这个活动，那样的话建议应该安排 360° 或者 180° 的自助餐桌。

配有餐前点心的鸡尾酒会应该创造一种节庆的氛围，所以许多鸡尾酒会有音乐、舞蹈和娱乐活动。而且酒会也要留有足够的空间给与会者进行社交（作为一个经验法则，每位出席者 7～10 平方米的空间，为 25% 的与会者的提供座位）。这些活动不仅使与会者保持一份好的心态，而且它们也会带来好处，这种好处就是会减少酒会的食物消耗（如果招待会在用餐之前举行，这样不仅能确保与会者有地方享用晚餐，而且有助于会议策划者均衡预算）。

表14-1 来自雷迪森使用的菜单组小册子的菜单样品

早 餐

浓香的新鲜咖啡，鲜榨果汁，现场烤制的点心，松糕和面包。

品尝着美式家庭早餐，在拉得森圣·彼得酒店开始您全新的一天。

厨师特别推荐早餐

法式　6.75 美元

西柚汁或橙汁，法式煎蛋面包片配苹果、香蕉、核桃和枫汁酱。加拿大熏肉或香肠。新鲜危地马拉安提瓜咖啡或哥伦比亚高级不含咖啡因咖啡。格兰诺拉麦片和水果什锦篮。

中西部　6.95 美元

蔬菜汁或樱桃汁。炒鸡蛋配威斯康星干酪，鲜香葱，加拿大熏肉或熏火腿和煎土豆。紫莓松糕。新鲜危地马拉安提瓜咖啡或哥伦比亚高级不含咖啡因咖啡。

全美式　6.50 美元

西柚汁或橙汁、炒鸡蛋、熏肉、煎土豆块、早餐什锦、黄油、果酱和橘子酱，新鲜危地马拉安提瓜咖啡或哥伦比亚不含咖啡因咖啡。各种高级香茶。

自助早餐（至少50人）

自助餐　7.95 美元

橘汁，西柚汁，新鲜水果什锦，炒鸡蛋，自烤土豆，熏肉和香肠，各式松糕点心和饮料。

北方风味自助餐　11.50 美元

苹果汁，橘汁和蔬菜汁，乡村炒鸡蛋，新鲜水果和莓果。自制格兰诺拉麦片，熏鱼和奶酪冷盘，核桃熏火腿。自烤甜饼配紫莓果杯，烤土豆，各式松糕点心。饮料。

鸡蛋卷（最多75人）　11.95 美元

橘汁，苹果汁，新鲜水果什锦。现点制作蛋卷或鸡蛋，自烤土豆，核桃熏火腿，酸牛奶，格兰诺拉麦片和松糕。

零点早餐

水果和果汁（选一项）

半杯西柚汁，西柚汁或橘汁，鲜水果什锦，冰瓜。

套餐

配松糕和面包，黄油，果酱，橘子酱和饮料。

炒鸡蛋，香肠或熏肉条　6.50 美元

自烤土豆。

炒鸡蛋，火腿、加拿大熏肉　6.90 美元

自烤土豆。

火腿和奶酪鸡蛋牛角面包　7.50 美元

自烤土豆。

烧牛肉块配波蛋　7.50 美元

自烤土豆。

烤牛里脊配炒鸡蛋　9.95 美元

自烤土豆。

（续）

午 餐

度过一个值得回忆的午间休闲，品尝我们的厨师特制的当日例汤或诱人的沙拉。任选四道美味主菜之一，并以精美的甜食完成全套美食。

厨师午餐特荐

鸡肉沙拉配新鲜水果　9.95 美元
当日例汤，面包，饮料。

烧牛里脊　10.50 美元
蘑菇酱，蔬菜沙拉，新鲜蔬菜，土豆，面包卷和黄油，饮料。

烧烤鸡胸　10.95 美元
罗勒香酱，新鲜水果沙拉，蔬菜。三味香米，面包卷和黄油，饮料。

精选餐盘　9.95 美元
当日例汤，烤牛肉，火鸡，火腿和意大利蒜肠。各式奶酪，小菜，土豆沙拉，各式面包，饮料。

金枪鱼，甜瓜　9.95 美元
当日例汤，硬煮鸡蛋，自制奶酪，小菜，面包卷和黄油，饮料。

烤火鸡脯　9.95 美元
肉汁和调料，苹果，橘子沙拉，新鲜蔬菜，拌土豆，面包卷和黄油，饮料。

零点甜食　1.75 美元
巧克力软糖，香草冰激凌配鲜莓，巧克力奶油冻，胡萝卜蛋糕，苹果派，奶酪蛋糕，浓香蛋糕什锦。

开心精选午餐盒　9.50 美元
任选一种：
芥末浓汁火腿，烤火鸡脯或烤牛肉
切达奶酪，熏高德奶酪或瑞士奶酪
洋葱饼，全麦面包或南瓜面包。泡菜沙拉，意大利面沙拉或小茴香土豆沙拉，格兰诺拉麦片，巧克力曲奇，花生酱甜饼，香蕉或苹果，苏打或天然泉水。

午餐自助餐

纽约精选　12.50 美元
当日例汤，烧牛肉，火鸡，火腿和意大利蒜肠，各式奶酪，各式面包，调料，沙拉，小菜拼盘，奶酪蛋糕，饮料。

野餐（至少 25 人）　10.95 美元
番茄片，黄瓜片，土豆沙拉，南部风味炸鸡。面包卷和黄油，苹果派，饮料。

烤鸡脯　11.95 美元
芥末酱，配菠菜茹米和扎拉斯伯格奶酪，新鲜蔬菜，面包卷和黄油，拌蔬菜沙拉，饮料。

烤鸡和煎虾　10.95 美元
佛罗伦萨香米，青豆和胡萝卜，午餐沙拉，面包卷和黄油，饮料。

烤橘酥　10.50 美元
鲜小茴香酱，丹麦黄瓜番茄沙拉，三味香米，新鲜蔬菜，面包卷和黄油，饮料。

烧三文鱼片　11.50 美元
小茴香，沙司，黄油生菜沙拉，三味香米，蒸花椰菜，面包卷和黄油，饮料。

开心自助餐　15.00 美元（至少 75 人）
拌蔬菜沙拉，新鲜水果什锦，当日例汤，番茄片，黄瓜片，小菜拼盘，土豆沙拉，沙拉汁，面包和黄油，各式冷盘，各式奶酪。
任选两种：
鱼和炸薯片，烧烤里脊块，烧里脊，炸鸡，烤火腿，烤鸡（半只），厨师特选鲜蔬菜，土豆，胡萝卜蛋糕，苹果派，巧克力朗姆奶油冻，饮料。

（续）

晚 餐

以精选食品结束一天的繁忙或开始晚间的活动。品尝悠闲的味道和遐想。

厨师推荐晚餐

烤上等牛排　19.50 美元
恺撒沙拉,土豆,新鲜蔬菜,面包卷和黄油,巧克力奶酪蛋糕,饮料。

碳烤太平洋三文鱼　19.50 美元
芥末小茴香汁,拌蔬菜沙拉,新鲜蔬菜,菰米饭,面包卷和黄油,巧克力奶酪蛋糕,饮料。

纽约里脊条　19.50 美元
胡椒汁,恺撒沙拉,土豆,新鲜蔬菜,面包卷和黄油,四层巧克力蛋糕,饮料。

碳烤猪排　17.00 美元
苹果,橘子,沃尔多夫沙拉,土豆,新鲜蔬菜,面包卷和黄油胡萝卜蛋糕,饮料。

烤牛里脊　16.50 美元
蘑菇汁,恺撒沙拉,土豆,新鲜蔬菜,面包卷和黄油,巧克力奶酪蛋糕,饮料。

烤鸡脯　15.00 美元
番茄浓辣汁,拌蔬菜沙拉,新鲜蔬菜,意大利面条,面包卷和黄油,浓香蛋糕什锦,饮料。

硬木烧烤鸡脯和牛里脊条　18.95 美元
桃酱,拌蔬菜,紫米和小豆,新鲜蔬菜,面包卷和黄油,爱尔兰奶油奶冻糕,饮料。

烤箭鱼　19.50 美元
薄荷番茄汁,恺撒沙拉,土豆团子,新鲜蔬菜,面包卷和黄油,面包布丁配焦糖汁,饮料。

猪里脊　15.95 美元
腰果苹果白兰地汁,恺撒沙拉,白薯布丁,新鲜蔬菜,面包卷和黄油,荷兰苹果派,饮料。

烤鸡脯和意大利番茄蒜汁虾　18.95 美元
恺撒沙拉,意大利面条,新鲜蔬菜,面包卷和黄油,四层巧克力蛋糕,饮料。

中西部风味烧烤　22.00 美元
四季沙拉,牛肉,小牛肉和羊排烧烤,脆皮土豆,新鲜蔬菜,面包卷和黄油,爱尔兰奶油蛋糕,饮料。

硬木烧烤里脊和烤三文鱼片　22.00 美元
胡椒汁,恺撒沙拉,小豆紫米,新鲜蔬菜,面包卷和黄油,意大利杏酒奶酪蛋糕,饮料。

里脊片和烤虾　24.95 美元
樱桃酒汁,番茄菠菜沙拉,菰米,新鲜蔬菜,面包卷和黄油,核桃蛋糕,饮料。

晚餐自助餐　18.95 美元(至少75人)
拌沙拉,新鲜水果什锦,番茄片,黄瓜片,小菜拼盘,土豆沙拉,沙拉汁,面包和黄油。

任选两种:
烤猪里脊;天然纯汁;鸡脯,上等奶酪,烤鸡(半只);杏仁虹鳟鱼;烧烤太平洋三文鱼,橘酱,烤牛里脊,蘑菇汁,烤火腿,烤火鸡,肉汁和调料。

蔬菜和面食
各式果派,蛋糕和奶油冻,饮料。

正餐自助　24.00 美元(至少75人)
拌沙拉,新鲜水果什锦,蘑菇番茄沙拉,丹麦黄瓜沙拉,开胃沙拉,小菜,面包。

现场切制:选择一项
烤牛排或烤火腿。

选择任意三项:
烤猪里脊,上等鸡脯,烤鸡,鳗鱼卷,海鲜汁,烤火鸡脯。

蔬菜和面食
各式甜食,饮料。

拓展阅读

茶歇指南

1. 根据与会者的人数或消费水准来给茶歇报价。
2. 合理布设取餐台，让排队瓶颈最弱化。
3. 开放餐台应该远离主要入口，让客人先进入会场。
4. 把咖啡餐台和汽水餐台分开。
5. 用标志标识出每一种热饮。
6. 以快速服务的理念设计布置餐台：咖啡杯应该和普通的咖啡、脱咖啡因、茶叶包还有热水放一起。配件、奶油、糖、甜味剂和勺子应该放在一个单独的桌子上，而且不能离酒水台太远。
7. 每 75 ～ 100 位与会者设置一个酒水台。
8. 会议茶歇时每 100 个人配置一个服务人员，招待会和自助餐上每 50 个人配置一个服务人员。
9. 从 1 升咖啡中可倒取 60 杯咖啡。
10. 茶歇快结束时，为与会者提供咖啡。

200 个人的茶歇估计消耗量	
上午	
咖啡	65% × 200=130 杯 =25 升
脱咖啡因咖啡	30% × 200=60 杯 =11 升
茶	10% × 200=20 杯 =4 升
苏打水或矿泉水	25% × 200=50 杯水 =50 瓶
下午	
咖啡	35% × 200=70 杯 =13 升
脱咖啡因咖啡	20% × 200=40 杯 =8 升
茶	10% × 200=20 杯 =4 升
苏打水或矿泉水	70% × 200=140 杯水 =140 瓶

表 14-2 自助餐招待会设置样板

圆形自助餐桌

　　如果使用这种自助餐桌来放餐前点心，桌子无首无尾。自然而然地，这样可以帮助控制食物的消费量。这种自助餐桌设置的一般是精致地增加食物陈列的高度（例如，水果、奶酪或者蔬菜），可以增加招待会的吸引力和优雅氛围。

180° 自助餐桌

　　食物获取：有餐盘每人消费 7 ～ 8 块食物，没有餐盘每人消费 5 块食物（仅提供餐巾）。

　　180° 可触及的自助餐桌有助于限制或减少食物的消费量。如果招待会的预算有限或不足以提供大量的餐前点心。这种自助餐桌设置的类型可以通过减少餐桌可触及面让食物持续更长的时间。

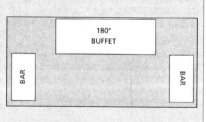

（续）

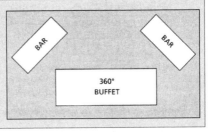

360° 自助餐桌

这种自助餐桌设置使得客人可以更加便利和容易地获得食物，因此增加了食物的消费量。

食物获取：有餐盘每个人消费 8 ~ 10 块食物，没有餐盘每个人消费 6 ~ 8 块食物（仅提供餐巾）。

自助餐招待会的物理布局控制食物的获取程度，它限制或者扩大食物维持的时间长短。这张图表利用三种最常见的自助餐桌的设置详述每人将消耗多少食物，从而让你能够帮助宴会策划者决定采用哪种设置，以及决定招待会需要订购的食物量。

资料来源：来自 Experient Guide to the Food and Beverage Experience，由希尔顿酒店有限公司赞助，Hammock 出版社出版。使用已获许可。

表 14-3 预订会场指南

零食	每人一盎司
固定的食物（奶酪、蔬菜、水果）	准备 1/3 的与会者的量。
现烤台（烧烤和面食）	准备 1/3 到 1/2 的与会者的量。
开胃小吃	所有与会者每人一份。
甜点和咖啡	准备 1/3 到 1/2 的与会者的量。

资料来源：来自 Experient Guide to the Food and Beverage Experience，由希尔顿酒店有限赞助，Hammock 出版社出版。使用已获许可。

为了帮助会议策划者为招待会预订食物，以下的指南已经在使用：

在宴会上的很多客人喜欢尝试每一种食物，因此建议宴会策划者每种食物至少给每位与会者预订一份。例如，对于 500 人的宴会，更明智的做法是预订 500 份 3 种不同类型的餐前点心而不是预订 250 份 6 种不同类型的餐前点心。如果宴会的策划者想让宴会的食物更加多样化，那么可以增加一些便宜的项目，例如奶酪、饼干、薯片、和果蔬拼盘等。

有两种基本方法用来对餐前点心和手抓食物收费：按每个人一个小时收费和按一碗或一盘收费。表 14-4 展示了这两种方法。

表 14-4 餐饮项目定价法

开胃小吃和餐前点心	
方法一：每人 6.5 美元 **熟食** 弗兰克斯烤鸡尾酒，芥末沙司 瑞典美味肉丸 克尼什馅饼 中国蛋卷 蝴蝶虾，鸡尾酒汁	方法二： 冷菜 大盘：68.5 美元 （大约能够满足 25 个人） 中盘：46 美元 （大约能够满足 15 个人） 选项：各种组合的冷点心，包括奶酪酿馅鸡蛋

（续）

开胃小吃和餐前点心	
冷菜 美味的奶酪与红甜椒 进口热那亚香肠卷筒 烟熏新斯科舍鲑鱼 带凤尾鱼的炒鸡蛋	

　　这个开胃菜单展示了两种定价方法：每人每个小时计算和按一碗或一个托盘计算。尽管群体的饮食习惯可能会改变，但两个时间宴会的行业标准依旧是第一个小时每个人8份，第二个小时每个人4份。

　　每个宴会都应该单独对待以确保细节能够顾及。且任何一个活动都应该填写一个宴会活动订单，订单上列出所有需要的信息以确保宴会顺利进行。

主题与特色活动

　　每一个会议的策划者在每一个活动中都试图去做一些不同的事情。大部分会议都有很高比例的人重复参加，所以会议的策划者希望在项目中"添加一些新的元素"，如通过在鸡尾酒会中加入新的风格或举办一个主题宴会。

　　经验丰富的会议策划者每年通过引入不同的主题来掩饰一个老的鸡尾酒会。

　　主题活动不论大小，都非常受欢迎，给与会者深刻的印象。而且，主题活动还提高了酒店的声誉。任何这样的宴会的焦点在于能够提供若干不同类型的主题菜单，酒店才能在竞争中占领优势。许多主题可以被有效实施，即使会议策划者面临有限的预算。例如，一个"古老墨西哥"的主题可以提供墨西哥式酒吧、智利酒吧、互动的法式达酒吧和带有调味汁和鳄梨色拉酱的薯条。这些菜单项大部分不仅便宜，而且因为客人需要花时间去做一个墨西哥薄饼卷，从而大大地减少了食物的消费数量。其他低成本的主题包括博览会，或者美国独立日主题（以传统的，如热狗、汉堡包等低成本食物为特色）和西方主题（用流动炊事车提供的炖牛肉或典型的烧烤食物）。

　　如果你在一个提供独特美食的场所，应该考虑以地方主题菜单为特色。例如，在卡尔加里，"地方"主题菜单可能包含阿尔伯塔牛肉、驯鹿肉、羊肉、鲑鱼、大比目鱼、山羊奶酪。加拿大卡尔加里凯悦酒店的餐饮会议服务部总监，埃米·约翰逊说：

　　"我们酒店的宴会现在最大的卖点之一就是野味。"[5]

　　在最近的一次活动中，约翰逊提供阿尔伯塔鹿肉、用橡木碗盛的阿尔野生蘑菇汤、用阿尔伯塔土豆包裹的小牛肉和加拿大的奶酪拼盘。这些菜单选项是把与会代表吸引入"美味"圣地最好的方法。

这种菜单应该以一种可以增强主题的创意方式展示出来。例如，以着装厨师为特色的现烤餐台给客人提供现烤菜肴比让客人在自助餐桌上拿取事先准备好的菜肴更让与会者难忘。厨师在老式墨西哥宴会活动中烹饪法士达（一种传统的墨西哥食物）时身着多彩服装，或者厨师打扮成美国西部牛仔的模样为西餐主题的聚会准备现烤牛排，这只是两个例子而已。服务人员的着装作为创意装饰和娱乐也可以增加活动的氛围。把主题风格渗入餐桌和服务用具中，例如，在烧烤聚会中，使用黏土碗、装饰多彩的服务盘。墨西哥主题风格的碗和杯子等。主题风格也应该在餐桌、墙壁装饰和照明灯光（例如，东方主题的纸灯笼，或者是夏威夷式的火把）中体现出来。

图 14-1　特色主厨服务

资料来源：感谢 Loews 酒店及度假村提供照片。

现场烹饪台让厨师能现场制作或切割食物，这比简单的让人自助取餐要令人印象更深刻。

许多装饰物和其他活动气氛加强物，例如泡沫机、喷雾器和其他"效果"的器具价格不贵，还很容易被储存起来以备下次宴会使用。通过诸如供应商（大部分酒水的供应商可以提供"游戏主题"的道具，如超级碗具装饰物或纳斯卡海报）、旅行社和航空公司（旅行海报的良好来源）等资源，主题道具可能也可以以低成本（甚至无成本）获得。如果你想要举办不同寻常的主题活动，与外部资源合作和租用特色宴会所需道具可以节省成本。

如果你策划的宴会举办得不错，上述举措就可以容易地推广到其他集团。一些公司和连锁集团，如费尔蒙特酒店 & 度假村，向其他酒店提供酒店的宣传册，以推广酒店受欢迎的主题活动。宣传册详细地描述了宴会的设置和装饰与宴会提供的食物和酒水，还详述了作为宴会一部分的娱乐项目和如夜晚烟花表演等其他活动。宴会的主题可以是墨西哥式聚会（与墨西哥民间传说的芭蕾舞会进行比较），或是波西米亚风格的聚会，也可以是拉斯维加斯夜晚风格的聚会。

这种类型的推广宣传材料（以及过去活动所拍摄的照片）对销售酒店其他业务起着重大的作用。如果你已经成功举办了主题活动，你的客户很可能会回应你的建议。尤其当你不仅提供专门知识，而且提供举行这种类型宴会所需的其他元素时，更是如此。虽然宴会活动的策划者通常喜欢主题活动，但是很多时候会遇到预算限制或者需要激发想法的帮助。如果你能帮助宴会的策划者举办一个让与会者难以忘怀的宴会活动，那么每个人都将获益：客人拥有一段难以忘怀的经历，会议的策划者有了计划更多、更大、更好的宴会活动的信心。由于宴会活动策划者和客人双方都满意，所以酒店可以期待未来的回头客和口头预订。除了主题活动外，会议策划者也可以把其他特色活动加入他们的计划中。这些宴会在本质上主要具有社会属性，通常是快乐的。它们可以是为与会者、贵宾、演讲者举办的招待会，还可以是优雅正式的庆祝晚宴，庆祝晚宴包括美食、音乐、舞蹈、其他娱乐活动和颁奖典礼。

无论策划的活动是何种类型，酒店的餐饮部门都将为其成功的举办发挥重要作用。这意味着餐饮部门为其提供特色的食物和饮料，以及以更优雅的方式为与会者提供食物（例如，服务人员身着晚礼服从客人旁边走过），同时餐饮部门为其创造一种背景，这种背景给与了活动一种会议策划者所渴望的"味道"。

酒店的餐饮部门对于特色活动的顺利举行至关重要。虽然一些酒店有一位室内特色活动经理，还可以提供大量的亚麻布、服务器具等，但是许多酒店依旧与目的地管理公司（DMC）或会议策划者雇用的特色活动公司紧密合作。这些公司可能可以与特定的供应商更好地合作，或为宴会安排，例如私人住宅、俱乐部和高尔夫球场等室外场地。

餐饮外卖

除了服务于酒店内部的宴会（被称为店内餐饮），许多酒店和餐馆正转向餐饮外卖（为远离酒店场所的活动准备食物和饮料）从而提高餐饮部门的收入。虽然有的活动在公司或餐馆的场地上举行，仍然由酒店的本地厨房直接提供服务。对于餐饮外卖，食物必须是部分或全部在酒店的厨房准备，然后运送到举行宴会的场地或全部在宴会活动地点准备食物。

外卖宴会，如博物馆的筹款晚宴或是艺术画展的公开接待会，可以在当地的旅游景区举办（例如，在达拉斯，一些活动在牧场举行，那里是电影《家族风云》的拍摄地），或者在别的场地举办，抑或在户外场地举办。活动的场地是决定餐饮菜单和食物准备方法的重要因素。

在酒店或餐厅涉足餐饮外卖业务之前，重要的是确定这种运作的可行性。餐饮外卖可能是一件昂贵的事情。移动的厨房设备和其他设备，如便携式家具和装饰品可能需要购买。由于餐饮外卖在有些地方可能是季节性的，因此存储量必须考虑到有的设备不能被经常性地使用。

一些酒店选择与一些目的地管理公司或特色场地合作，通过餐饮外卖获得最大的价值量。在一些城市，酒店可以和一些独特的当地场地合作，如拉斯维加斯的列勃拉斯大厦，或与接待设施公司合作（这种设施公司通常储存有自己的家具和道具；因此酒店或餐厅需要做的就是提供食物和酒水）。目的地管理公司可以在诸如设备、装饰、娱乐活动和其他服务等场外布置方面起到帮助作用。

潜在收入也可以通过设计成本效益好、容易执行且便于携带的菜单实现利益最大化。例如，烧烤菜单在当地公园或其他设施场地可以很容易地制作。或者公司可以选择为一种或两种类型的活动提供餐饮，如户外的招待会或自助早餐。

最佳案例

餐饮外卖：加拿大魁北克费尔蒙特伊丽莎白女王酒店

在加拿大魅北克省，拥有 1039 间房间的费尔蒙特伊丽莎白女王酒店利用餐饮外卖服务每年产生 160 万～190 万美元的收入，占据了酒店所有餐饮收入总额的 18%。这种服务起始于 1976 年酒店为附近的一个办公楼提供餐饮。现今酒店每年处理大约 300 项宴会活动。

酒店餐饮外卖部的总监阿曼德·阿鲁达领导下的部门准备了各种各样的美食，包括加拿大、欧洲大陆和法国的菜肴。场外活动的大部分食物，从欧洲大陆的早餐到高端的庆典晚宴都由 80 位大厨在酒店厨房准备。有一些活动，它们所需的食物都是在场外的厨房里准备的。尽管有外部帮助，包括有时是为了大型活动而雇用的服务人员，但酒店通过聘请自己的厨师来保持质量控制。

除了为本公司宴会活动提供食物，费尔蒙特酒店也为公司外的宴会提供餐饮服务，如为医院、艺术组织和其他团体准备资金筹集或颁奖的晚宴。

行政主厨 Pignard

其他的费尔蒙特酒店，如艾伯塔省卡尔加里的费尔蒙特 Pallister 酒店和加利福尼亚的费尔蒙特圣何塞酒店，也提供场地餐饮外卖服务。服务包括卡尔加里牛仔竞技表演场地的大型烤宴以及私人飞机上的情侣晚餐。

品味的转换

宴会菜单应该满足与会者对健康饮食的渴求。越来越多的人意识到他们的饮食和饮食方式影响着他们的身体健康。对此，酒店为客人提供更清淡、低胆固醇的食物，还为节食和有宗教信仰的客人提供可选择的菜单。这些菜单可能提供素食、无谷蛋白和乳糖替代品等食物，这也反映了最新的饮食发展趋势（拓展阅读《绿色宴会》）。

拓展阅读

绿色宴会

健康、天然食品对会议策划者和与会者越来越重要。应对此需求，许多酒店提供有机食物（没有使用农药和化肥的本地种植蔬菜）和没有注射类胆固醇、抗生素生长激素等药物的牛肉、鸡肉和其他肉类。

费尔蒙特连锁酒店＆度假村是第一家承诺任何时候都将尽可能使用可持续的、本地采购的有机产品作为日常食物服务运营工作一部分的公司。费尔蒙特酒店餐饮副总裁谢盖尔·斯费尔说：

"我们的客人都是非常精明的。有经验的食客越来越意识到他们的消费选择是如何影响地球的。我们希望我们的客人了解何时可以在费尔蒙特酒店进餐。他们不仅可以指望通过自己的菜肴选择获得最好的、最新鲜的配料菜和真实的目的地体验，而且可以指望有一系列可持续的选项供他们考虑。"

提供有机食品选择的其他酒店和连锁酒店包括推广"绿色菜单"的芝加哥洲际酒店，"绿色菜单"依赖提供无刺激性的、当地生产的有机产品的供应商。连锁酒店声称，他们的绿色菜单大约占他们宴会活动业务的50%。其他的公司，包括沃尔特天鹅迪士尼世界和海豚度假村也都已经引入了这种宴会菜单。

购买本地产品不总是一些公司的唯一选择。特别是在干旱的气候区。对此，有的酒店，例如亚利桑那州的巨石度假村＆金色门温泉地，创建了属于它们自己的花园。巨石度假村不仅为酒店餐厅和温泉馆提供物资，而且也已经成为小团体休憩的活动空间。然而，有些酒店不得不从外面运送有机农产品进来，而且它们的提供选择可能是有限的——例如，或许不可能为大型群体提供所有种类的鸡肉。

保持合理的成本是另一个需要关注的问题。例如，有机农产品的价格可能比传统的水果和蔬菜高出10%～50%（尽管平均水平是25%），而且所有种类的鸡肉和食草牛肉的成本是受限的。所以关键是提供尽可能多的有机的、本地种植的产品去吸引具有健康和环保意识的会议策划者和与会者。

资料来源："From the Farm to the Fork: Fairmont Offers a Fresh New Take on Menus"，ehotelier.com, August 27、2007;
"Fresh, Local & Gorgeous"，Meetings & Conventions, December 2007, pp. 61、62; and "Thinking Green"，
excerpted by InterContinental Chicago from HotelF&B Magazine, September/October 2008。

马萨诸塞州东北区域办事处的活动运营经理 CMP,CMM， 露丝·巴特勒说：

"低碳水化合物的热潮很成功。我们公司所有的会议与活动的经理正处理这事。"[6]

喜来登针对这种低碳潮流推出了"低碳生活方式"的活动，这是迄今为止酒店行业推行最广的一个低碳系列活动。最近，希尔顿酒店公司的4位高级厨师参加了约翰逊与威尔士大学广泛的为期三天的营养课程。回国后，他们创建了一套针对低碳水化合物节食者和糖尿病患者的食谱。[7]纽约斯洛酒店应对这一趋势，设计了"无碳水化合物"的酒水单，酒水单包括了诸如有利于节食的代基里酒和伏特加配绿茶等酒水。[8]万豪酒店有一个"复活平均饮食，均衡营养"的项目。

人们餐饮习惯最大的变化是早餐。纽约州奥尔巴尼的酗酒和药物滥用者协会的会议经理麦奇 · 基斯林说:

“低碳水化合物和蛋白质在菜单计划上绝对发挥了重要作用，特别在早餐中。而且在欧式早餐中如果没有为你的客人添加两种以上的低碳水化合物食物，几乎是没有意义的。”⑨

鸡蛋、土豆、培根和香肠已经被各种清淡的健康的饮食所取代，清淡食物有全麦松饼和鸡蛋卷、新鲜水果和低脂乳制品。热燕麦粥、煮熟的谷物小麦、小麦片都是非常受欢迎的传统早餐食品的替代品。午餐和晚餐也已经越来越不正式。有节食意识的与会者更青睐大量以新鲜蔬菜和低热量配料为特色的沙拉吧。家禽、鱼、牛肉、瘦肉主菜，烤而非油炸的食品十分受有健康意识的与会者的欢迎。食用大量油腻的食物会导致昏睡，所以应该提供适量的和含有高蛋白质的食物种类。

今天，新技术正被用来帮助会议策划者做决定。新技术帮助策划者提高供给餐饮的质量，以及增加餐饮的种类。喜来登的“喜来登美食”，以“雨伞”为例的文件是连锁酒店厨房软件的代表，提供了 365 道菜肴的彩色图片，它还提供了食谱和每一种主食营养成分的分析。热衷于这个项目和它下一个阶段的进程（每一个阶段记录了替代品被生产出来后的营养成分）的纽约希尔顿酒店餐饮服务总监 Scott Geraghty 说道:

“一位餐饮部经理将能够与一个会议的策划者坐下来讨论，要求形容每一个菜品的彩图，并进行替换，如胡萝卜取代西葫芦，菜色会是如何。”⑩

茶歇不再需要油炸圈饼、丹麦点心和甜点面包。重视健康的与会者知道一般的糖类提供少量的营养，还会增加腰上的赘肉。果汁、矿泉水、酸奶、松饼，以及诸如菠萝、西瓜和草莓等新鲜水果，无咖啡因的咖啡和热茶都是受欢迎的饮食。一个会议服务经理告诉我们：今天的会议中场休息也以诸如有新鲜蔬菜、坚果、能量棒和一整天维持脑力的其他食物的健康选择为特征。由于这种健康意识不断增强，许

互联网练习

Experient 公司，是一个领先的独立会议策划公司，它为会议策划者和供给者，包括酒店、会展、游客管理局和会议中心，提供了大量的信息。登录到 Experient 公司的网站（www.experiment _inc.com），然后进入“Knowledge Center”页面，再点击“Experient Publications”，然后点击“Food and Beverage Guide”，之后回答下面几个问题:

1. 解释茶歇包价与消费茶歇之间的区别。
2. 讨论酒会餐饮的计划指南。
3. 说明宴会收餐券的好处。

多酒店用能量恢复休息取代了茶歇。

服务类型

在宴会中使用的服务类型是一项重要的计划。选择哪种类型的宴会服务影响餐饮的定价、人员配备和宴会的总体效果。

美式服务／分餐上菜服务是最常见的宴会服务形式。在厨房里准备食物，再由服务员把食物端上餐桌。冷菜可能是事先准备好放在餐盘里再储存在冰箱；热菜是送桌之前才装盘，有时由厨房的餐台提供。客人座位的左侧摆放食物，右侧摆放酒水。所有的菜品都从右手边依次拿取和上菜。分餐上菜是宴会中技术含量最低的一种服务模式。

俄式服务中，所有的食物都在厨房里充分准备，直接由团队工作的服务人员用汤锅、大浅盘、艾斯可菲盘给客人上菜。俄式服务又称为银盘式服务。在俄式服务中，桌与桌之间需要更大的空间让客人可以来去自如地走动，还需要大量的熟练劳动力。服务员把事先决定好数量的食物放在客人的盘子或碗里，这种服务是控制食量最有效的方式。

法式服务，也可以称为"推车式服务"或"餐桌服务"。这种服务通常只适用于小群体。但也需要足够的空间让客人自由移动。由于要在桌边（滚动推车）准备尽可能多的食物，因此这种类型的服务需要更有经验的服务员。

预设服务经常用于需要快速服务的午宴中。在客人到来之前，将第一道菜：汤、沙拉或开胃菜放在餐桌上，偶尔甜点也可以预先准备好。尽管当时间紧凑时预设服务很有效，但在用餐时预先准备好的食物很少能与在用餐时端上食物一样有吸引力。

英式服务／家庭式服务与俄式服务相似，食物都是用大浅盘或托盘盛着端上餐桌。在大多数情况下，由宴会的主人端上食物，宴会的主人要么自己分主菜，要么让旁边的服务员做。蔬菜和其他作料都放在桌上的碗里或其他盘子里，让客人自助。

自助服务是提供若干种食物让与会者做出选择。自助服务是有效的，因为自助服务可以在很短的时间内为大量的人们提供服务，而且只需要少量的服务人员。由于提供自助餐比提供固定菜单宴会更昂贵（因为自助餐没有食量控制，必须准备大量的食物来确保充足的食物供应），所以酒店也许会建议使用若干替代选择来取代这种传统的无节制的自助消费。这些选择可以是参与式自助，这种自助餐由厨师或服务员为客人服务（这样不仅可以较好地控制食量，而且更加显得优雅）；可以是结合式自助，这种自助餐由服务员端上价格不贵的食物，例如沙拉，以及昂贵的食物，例如肉类，以便食量控制；还可以是装盘式自助，将提前准备好的食物装盘放在自助餐桌上供客人选择食用。

管家服务有时被用于招待会或高档的晚宴。在宴会上，服务员手托托盘，客人在托盘上取自己需要的食物。在正式的晚宴上，食物放在银盘或服务餐具上，客人可以从中选择自己需要的食物。

点菜餐饮是宴会的另一种趋势，可以给宴会策划者和用餐者提供更多的选择。在点菜系统中，餐饮部门制定的菜单可提供 2～3 道菜供客人选择，或提供独特的主菜组合，从而满足更多不同的口味（例如，肉和海鲜的组合或者创意的素食主菜）。

正如本章先前所提到的凯悦酒店引入了个人偏好宴会菜单，万豪连锁酒店已经广泛地使用点菜餐饮系统，甚至给在座的客人提供一份定制菜单，从而给人一种高档用餐的感觉。奥兰多的 Peabody 酒店，在一段时间内提供鸡肉和牛肉的选择，在它的以区域为目标的宴会菜肴中已将菜单点菜服务扩展到包括双拼或三拼主菜选择的服务（例如，香果烤鸡和加勒比式烤肉）。酒店行政主厨卡尔解释说：

图 14-2　管家式服务

管家式服务，正如上图服务员戴着白色手套托着装有开胃小吃的银盘，传达出一种高档的氛围。

资料来源：图片由 Jumeriah 酒店及度假村提供。

"客人正追求更加高档大胆的菜单，但是希望以经典的方式提供给他们。"[11]

大厨的品鉴

为了使宴会的策划者能够采集宴会菜肴的样品，以便他们能够提前知道菜色和口味，许多酒店提供了"晚宴品尝"，也叫作大厨的品鉴。大厨的品鉴对于正举办不同寻常大型活动或是诸如董事会晚宴这样特别重要宴会的会议策划者来说特别重要。

华盛顿特区希尔顿酒店的一名厨师戈登·马尔建议：

餐前品尝应该是宴会餐的一个复制品，还应该近似于用餐服务。

图 14-3 展示了由纽约凯悦大酒店提供的品鉴图样。

大厨品鉴可以在会议策划过程中的两个关键时期进行。有些会议策划者在他们选择好菜单后马上进行食物品尝。这样可以让他们有机会和厨师交流，告诉厨师他们希望宴会达到的标准。然后厨师可以想出其他新颖的主意来为与会者加强体验。会议策划者还可以在宴会开始前的一个或两个礼拜安排食物品尝，这样使得他们能够品尝到可能出现在菜单上的季节性食物。

酒店不收取厨师的品尝费用，但有时会限制参加者的数量。公平来说，参加试

图 14-3　厨师的品鉴

Convene 公司的员工杰米·罗伯特和米歇尔·罗素在纽约凯悦大酒店试菜。加入他们的有君悦酒店员工 James Dale，餐饮部高级主管；厨师 Arbeeny；行政副厨师长 Jerry Perez；宴会指挥 Ricardo Morales；副厨师长 Chris Reed；坐在专业会议管理协会专员 Pter Shure 旁边的是 Terry Dale(曾在 NYC & Co. 就职)。

资料来源：转载得到 Convene 公司和专业会展管理协会杂志的许可，www.pcma.org©2005。图片由纽约凯悦酒店提供。

菜的人应该是参与活动的工作人员。因此，参加者应该包括会议策划者和诸如协会的执行主管或集团活动项目主持人一样的行政负责人。一些酒店也会允许 1 ~ 2 位客人参加食物品鉴，但让这些客人直接参加会议会更加划算（将要出席宴会的董事会成员、现实中的与会者等）。

宴会定价

许多会议策划者偏向于在签署协议前详细地完成所有的谈判。一些人甚至希望选好菜单及对于价格达成一致意见。会议策划者偏向如此是因为，这样使得预算工程变得更加简单。但是提前几年计划会议，酒店不可能做出准确的报价。

大多数酒店会自豪地说它们制定的菜单价目表目前仍然有效，而这对于会议策划者来说是一个重要的参考。提前如此长时间制定菜单价目表显然是危险的。大多数有经验的会议策划者都会意识到任何协议可能会因成本的提高而需要修改。如果你去查验过去 50 年的货币价值，你会发现持续的通货膨胀。当物价螺旋大幅上升时，个人才会意识到通货膨胀，但事实上在这几年通货膨胀一直稳定持续上升。

当不得不提前几年做出价格保证时，必须非常小心。大部分酒店已经采用了对应政策，政策规定客房费用报价不能提前超过一年，还规定活动举办前不能提前 6 个月确定菜单的价格。一些酒店甚至采用了更为严格的政策，例如，奥兰多万豪酒店合同上写着：

由于市场价格的日常波动，菜单价格不可以在早于宴会前 60 天确定。公司机构授予酒店有权在菜单上做出合理的替换来满足日益增长的市场价格或商品短缺。

你不可能避免这样的政策，除非你不需要有竞争力，而且你还可以提供留有较大余地的报价。但是我们很少有人有这样的特权。为了获得竞争力，你必须精确地计算价格，还不能吸收通货膨胀增加的成本。

尽管会有些例外，但是大部分会议承办人都明白餐饮价格谈判的局限性，过度地压缩餐饮成本是会有风险的。毕竟，每一个活动是一个定制的产品，会议策划者关心他们将获得的质量。如果他们必须提前给菜单设定价格，他们明白对待菜单的灵活态度能使他们在保持酒店合理利润的同时成功举办宴会。一些精明的会议策划者在合同上附上一份酒店当前的菜单，且明确规定每年价格增长不得超过当前价格的百分比数量。

所有菜单上的协议、价格和条款必须以书面形式确定，并由双方签署。这样就可以消除误解。

出席率

会议策划者事先要估计宴会的出席率。这是至关重要的，因为它表明了活动的规模。这个数据仅仅是用于宴会的初步准备工作，且必须复核。

为了配置会议的设备，会议策划者要保持了解每一个宴会活动出席率最接近的估计。会议的策划者可能不能完全肯定，但是为了准备宴会活动，要设定一个时间计划，根据设定的时间必须给出一个确定的保证。

从事宴会业务的公司，面临一个确定公平和可行保证政策的问题。一个典型的保证条款可能这样写着：

为了更好地服务你的客人，NOON 酒店要求在宴会活动举办的 3 个工作日前给出出席率的最后确认或"保证书"。而且在 72 小时的最后期限后，给出的保证不会改变。如果没有按时给出确认，酒店将会按宴会活动单或最初的合同里所预期与会的客人收费，预期参会的客人数通常是更多的。如果预期的与会者少于 500 人，酒店将为所有的宴会预留超过预期人数 5% 的量，超过了 500 位客人，将预留超过预期人数 3% 的量。如果客人超过了原先保证的数量，可能会给他们提供一份可供替换的菜单。

会议服务经理可以通过建议他们为最终的宴会实施交换券和预留座位等措施，从而协助会议策划者确定宴会出席人数，这种通常是花费最多、需要劳动力最多的宴会。商品券是一种控制程序，它需要与会者用来自登记册的参加券来换取最终庆祝宴会的实际入场券和一个预留的座位。与会者通常在登记之后立刻交上参加券。利用这种方法，会议策划者可以设置预订的最后期限。

没有一种政策适用于所有的酒店或所有的情形。然而，酒店销售和国际协会调查了若干酒店，发现大多数酒店严格遵守它们的担保政策。这些受调查的酒店强调解释担保和与会议策划者合作设定一个实际的出席者人数的重要性。

大多数酒店要求在宴会举办的前 48 小时或 72 小时做出保证。会议的策划者同意为担保过的人数付费，不论他们是否真实出现。如果保证 200 个人参加要按人头收费的午宴，却只有 185 个人参加，会议组织仍将支付这 200 个人的费用。这是一个敏感的情况，但义务必须是明确的。

当出现有超出预期的与会者的时候该怎么办？有经验的策划者会安排能容纳超过预期人数的场地；3% ~ 5% 的超出安全界限是常见的。这对于酒店和开会公司都是有利的，因为可以避免最后一分钟仓促地摆桌椅和安置设施。

通常保证书包含在宴会订单里，而且由酒店和会议代表双方签署。酒店和客人之间的任何协议都是有约束力的。如果会议保证需要 200 人的宴会，酒店就要同意安排超过保证量的 5%，即酒店要安置 210 个人的桌椅。如果宴会出现了 210 个人，一切都准备就绪，菜单也有 210 个人的份。但如果有 230 个人参会，可以允许酒店快速地准备 20 个人的替补餐。

会议策划者还建议了其他保证方法，但是很少用到，仅仅是确保与会的人数。如果预期担保 185 人，而实际有 200 人参加，协会仅仅要支付一个服务员的费用，不用支付超出的 15 个人的餐费。显然，酒店不应该同意这样做，除非额外的食物可以用作别处。

会议组织必须以书面形式规定谁安排会议的出席率、菜单和价格等事项。一个保证单（表14-5）概括了每一天的宴会行程和保证项目。每天把保证单打印下来，然后发给有关的工作人员。

表 14-5　保证单

达勒姆酒店
保证单
2 月 8 日，20-

Time	BEO #	Room	Func.	GTD	Set	Sources	Post As
4:00A-4:00A	121	Madison	EXHB	25	28	DJ/AO/JH/CH	Kopykat Sales
7:00A-9:00A	378	Monroe	BMTG	150	165	AO/AO/JH/JH	Auto Travelers Assn
7:00A-9:00A	127	Grant	BMTG	100	110	DJ/DJ/AO/AO	Auto Travelers Assn
7:00-11:00A	382	Ballroom J	RECP	200	220	KZ/KZ/JH/JH	Kopykat Sales
7:30A-8:00A	352	Ballroom J	CONT	50	55	AO/AO/JH/JH	Kopykat Sales
8:00A-4:00P	482	Ballroom A	EXHB	20	22	ML/ML/MW/MW	Auto Travelers Assn
8:00A-6:00P	482	Ballroom A	EXHB	20	22	DJ/DJ/AO/AO	Auto Travelers Assn
8:00A-6:00P	371	Webster	EXHB	20	22	AO/AO/JH/JH	Auto Travelers Assn
8:00A-12:00P	487	Coolidge	REG	20	22	AO/AO/JH/JH	Auto Travelers Assn
8:00A-5:00P	877	Washington	GS	80	88	DJ/DJ/AO/AO	Kopykat Sales
10:30A-4:30P	472	Jackson	MTG	75	85	JH/JH/DJ/DJ	Kopykat Sales

这张保证单列出在某一天所有的宴会流程。表格的副本通常会发给行政主厨、宴会厨师、行政管家、餐饮分配人员、宴会预订协调者、会议经理和会议服务经理。

损耗

酒店必须确定一个群体所生产的餐饮收入可以维持宴会活动所需的空间。越来越多的酒店开始使用条款处理损耗和作废的东西来保护自己。损耗就是消耗的实际数量和会议策划者与酒店在合同里达成协议的数量之间的差异。当酒店预订一项业务时，它们经常把对集团的房费报价与预期的餐饮的消费数量和会议室的租金合计计算。通常，酒店参照为会议准备的宴会的类型和大小，一一定价，再加总，然后接受总数 20% 的损耗。最终的数量是酒店期望集团在餐饮上的花销和会议室的租赁数的最小值。如果集团因为糟糕的出席率或需要取消宴会，而没有使花费达到这个数，根据合同里损耗的条款，酒店可以要求集团赔偿损失费。

一个典型的条款可能这样写：

酒店赖以保护自身利益的，集团同意提供的预期餐饮收入总额 80% 的最低保证金（$ ＿＿＿），如果集团总的实际餐饮收入低于最低消费，集团同意支付违约赔偿金（但不同意构成处罚）和餐饮收入所损失的利润；支付约定的最低消费和实际总的餐饮收入差额的 30% 的赔偿金。对于确认的宴会，集团会为更大的实际出席率或保证的出席率支付价格。来自这些支付额的收入依赖于集团最少餐饮收入总额承诺的满意度。

宴会厅

用于用餐活动的宴会厅的类型取决于会议的性质，其位置与其他宴会、酒店人流量、所期望的座位安排有关。要注意宴会的布置、照明和其他装饰要求。还必须注意宴会厅冷热的温度控制。

当会议服务经理与相应的会议组织的负责人坐下来商议为宴会选择宴会厅时，所有的这些因素都必须考虑到，优先权可能决定最舒适的房间被用来举办另一个活动，但是任何用于宴会的房间必须能够为客人提供满意的服务。图 14-4 展示了酒店如何履行它的承诺，通过充分的准备和充分的人员配备在每一个宴会厅为会议参加者提供"快而热"的食物。

在订单上要提醒注意，记录下布置宴会厅的时间和宴会结束后把宴会厅打扫干净的要求。了解清理噪声是否打扰隔壁会议的进行很重要，虽然这么近的距离难免会打扰到，但是不能因为没有人注意到而发生这样的事。银具和瓷器的摔落会影响重要会议的氛围，也会影响酒店的形象。

有一次，救世军组织举行一个会议，隔壁房间夏威夷州长举办午宴。当州长在致开幕词时，救世军组织以传统的方式应着低音鼓的敲击声歌唱。毋庸置疑，酒店会议服务经理在这次事件之后会对集团的活动给予更多的考虑。

控制流程

大多数宴会都以原先的人数收取费用。每一个酒店应该制定一份人数计算程序来确定用餐提供的实际人数。在宴会账单中猜测是没有用的。收费应该以书面形式

图 14-4　拉近厨房和宴会厅的距离

确定，菜单选项应该显示出来。

许多会议策划者则偏爱只用入场券或门票的形式控制人数。每一个宴会都会给注册代表发放一本带有门票的小册子。如果使用这种方法仍需要注意一些问题。下面有收集门票最常见两种的方法。

在门口收集：在门口放置一个桌子，坐着一位来自会议的代表和另一位来自酒店的员工一起收集门票。

在宴会餐桌上收集：在这种情形中由服务员收集门票。如果与会代表没有出示门票，这是一个敏感的时刻。代表的通常反应是"我把票落在房间里了"。这是很难去监督的；如果只按收集到的票收取费用，服务员只能拒绝服务。酒店应该指导全酒店员工如何处理与会者出席宴会没带门票的情形。

提前计算将要使用的盘子是确定服务人数的另一种方法。然后厨师或会议服务经理计算没有用过的盘子的数量，用开始的数据减去这个数。可能最好的体系仅仅是计算坐着的与会者人数。会议服务经理和会议策划者应该两者都要计算。这种方法必须在上主菜后马上使用。

一些宴会，例如，茶歇和多功能套房，显然不能以这种方式收费。清楚说明使用的准则。咖啡以每杯或每升收费，果汁以每升计费，丹麦糕点以每块或每盘计费等。

一些精明的销售经理会赠送开胃小吃等礼品。在这种情况下，这种做法可以使他们以此宴会厅或餐点更高的价格完成交易。从心理上来说，这种做法可能有助于更好地展示酒店的特色；从经济上来说，它可能不具有价格优势。此外，如果有较多的人参加，更高的价格将会带来进一步的红利。自助餐和开胃小吃是固定成本，而增加的客人带来的更高价格可以增加利润。

小型的宴会经常以额外收入为目标。如果宴会不足以支付劳动力和装备的成本，酒店经常会在账单上添加项目。表 14-6 提供了宴会劳务费和杂项费用的一个事例。

人员配备

当每部分的价格提高时，酒店通常为每位客人配备更多的服务员。标准餐盘晚餐的最低服务标准是每 20 个客人

表 14-6　宴会杂项费用

宴会劳务费和杂项费用
A. 服务员的劳务费：$30.00 　 所有的宴会不少于 20 位客人
B. 超时收费，服务员：每小时 $9.00/ 小时 　 早餐超过 2 小时 　 午餐超过 3 小时 　 晚餐超过 4 小时
C. 服务收费：额外每桌 $10.00 　 每桌少于 10 人
D. 厨师：两个小时后每小时收取 $30.00
E. 料理家务费：每小时 $12.00 　 最少 4 小时
F. 宴会厅提前布置费：每位服务员每小时 $12.00 　 宴会前支付
G. 行李搬运费：每 8 小时 $80.00 　 如果没有宴会和宴会厅赠送此项服务

如果宴会规模没有足够大到支付劳务和布置成本时，酒店经常在账单上添加收费项目。除了上面列出的费用，酒店应把固定服务费应用到低于一定规模（通常少于 25 人）的餐饮宴会中。在某些情况下，酒店完全放弃劳务费或根据花费在宴会的总销中收费。任何明确的协商都应该在合同中清楚地阐明。

有一位服务员（一桌 10 人，每两桌 1 位服务员；一桌 8 人，每 5 桌 2 位服务员）。在法国和俄罗斯，通常是每 10 个客人 1 位服务员。对于自助用餐，服务标准是：早餐每 40 个人备置 1 个服务员；中晚餐每 30 个人配置 1 位服务员。法餐员工的最低服务标准是每 3 个员工服务 1 位客人。如果菜单上要求有服务员倒酒服务，最低的服务标准是每 16 个客人 1 位服务员。

餐前简报应该由宴会厅领班（一个宴会厅领班应该备置 10 ~ 12 位服务员）在所有大型宴会前完成。菜单、特殊服务要求、餐台分配和其他相关项目应该复核。第一桌的设置和服务应该分配给宴会厅领班。还必须特别注意银器、玻璃和空间设置的适当安排。

最后，服务时间必须谨慎控制。通常拉沙需要 20 ~ 30 分钟，主菜需要 30 ~ 50 分钟（从上菜到撤走餐盘），甜点通常在 20 ~ 30 分钟处理完。正常情况下，中餐完整的服务大约需要一个半小时，晚餐需要 2 个小时。然而，记住一个更复杂的宴会需要花费更多的时间，员工相应地也要增加。

严格遵守用餐时间表是有必要的，所有鸡尾酒会的时间范围应该控制在最低限度。宴会应该按计划进行。一些与会者不但不愿意参加一个超过 2 小时的宴会活动，而且过长的活动可能也会给人餐饮部门运作出现问题的印象。

单一制与双轨制

酒店处理餐饮服务通常有两种方式——单一制和双轨制。单一制体系中，会议策划者通过服务接触安排所有的包括宴会空间和餐饮项目的会议服务经理。在这种体系中，宴会或餐饮部门向会议服务负责。

在双轨制体系中，餐饮服务的责任按宴会空间的安排被分开。在这种情况下，会议的策划者为了他们对餐饮的需求必须与宴会 / 餐饮部门合作。为了他们对宴会厅的需求必须与会议服务部门合作。当使用双轨制方式时，宴会 / 餐饮部门的全体员工通常向餐饮部主管汇报工作。正如我们前面提到的，大部分会议策划者希望与酒店的一位人员联系。图森喜来登爱尔总督酒店会议服务主管助理为单一制提出了有力的证据（拓展阅读《酒店宴会和会议服务部门应合并吗？》）。

拓展阅读

酒店宴会和会议服务部门应合并吗？
图森喜来登爱尔总督酒店会议服务助理总监
诺亚·梅

单轨服务——图森喜来登爱尔总督酒店使用这个词来定义专门从事餐饮和会

（续）

议服务的经理。当宣布我们的酒店将转向单轨服务概念时，我脑海中涌现出一个非常明确的问题："全做"呢？毕竟，在我作为宴会部门总监的经历中，餐饮一项已经占据了我全部的时间，包括我个人家庭生活时间。现在，他们想增加我的责任？这看上去几乎是不可能的。

自从单轨服务的概念实施以来已经几年的时间了，毫无疑问，我认为这是管理商务的最佳途径。这一概念的积极方面远远超过它的消极方面。实际上，我想不出有任何消极方面。如下是它的积极方面：

1. **效率**。会议策划者受益于只同一个人合作。这简化了工作。而且还节约了会议策划者和单轨服务会议服务经理的沟通时间。在按分开的方法工作时，我的桌子上经常会有会议服务写来的小便条，上面写一些类似这样的东西："与 ABC 公司通电话。他们想在星期一的会议上增加大陆早餐"。明确这条信息的意思所需要花费的时间是令人难以置信的。哪个会议？日程安排上有 3 个会议和 1 个董事会。多少人？要得知，你不得不去会议服务人员处获得更多的细节，通常你还不得不给客人打电话确认。单轨服务消除了这种时间的浪费。

2. **控制**。作为唯一一个负责处理全部团队会议需求的人，更能总领全局。单轨制的会议服务经理对会议的每一个细节负责。

3. **回报**。在一个团队的会议之前和会议之中，机会和挑战不断地出现。在餐饮业中，我们无法逃避那些使我们血液不断流动的有关问题——解决的问题。它使我们的工作充满乐趣、令人激动，有时也使人疲惫不堪。在单轨制中，当团队离开时，客人开心地笑，从四面八方送来了赞许，只要仍然由你来负责他们的项目，会议策划者会为来年的会议再次预订——有回报？当然！

4. **空余时间**。这是单轨制最好的地方！在实行单轨制之前，我几乎将 90% 的时间花费在工作上。家庭生活几乎不存在。尽管这种工作使人上瘾，但每个人都有享受个人生活的权利。

单轨制允许个人生活的存在。我说这一点时很谨慎，因为这取决于如下几方面：

A. 在单轨制的部门中，必须保证充足的人员安排。喜来登爱尔总督会议服务部由 4 个单轨制服务人员组成，他们负责会议团队；一个地方餐饮经理；一个一站式服务经理，负责不超过 20 个睡房的团队的拟定、签约和服务工作。当然，各酒店人员安排不尽相同，并且依酒店所占据的市场而定。

B. 各经理之间应该巧妙地分配会议项目，以保证在各团队之间有充足的时间做文书工作，并且能有休息的时间。

C. 需培训宴会经理、宴会领班及会议楼层经理高效、自信地处理解决问题。同一个领班应该尽可能地负责一个团队的餐饮，以便会议策划者对熟悉的面孔感到舒服。在宴会开始前，单轨制会议服务经理应负责向客户介绍宴会经理、领班和宴会楼层经理。如果宴会经理、宴会领班和客人都感觉良好，在介绍完毕，检查完宴会厅的一些细节之后，单轨服务系统的会议服务经理可以离开；如果有一个客人看上去不舒服，或者你认为可能会有问题出现，单轨制会议服务经理必须在场。

D. 每日必须与酒店员工，包括主厨、宴会经理、会议楼层经理以及单轨制的会议服务经理开例会！每日例会的目的是覆盖未来 3 家新开酒店的所有的餐饮活动。所有有关团队会议和宴会的问题应该在这个会议上提出并来解决，因此来确保在房间安排布置和服务方面不存在问题。这个系统防止在宴会前或宴会中去"灭火"。如此细节化之后，单轨制的会议服务经理在将宴会移交给宴会经理、领班和会议楼层经理时，才会感到有信心。

我不能宣称单轨制系统对于所有的酒店都适用。然而，我相信很多酒店都可以运用这个系统去改进服务，并减轻那些"精疲力竭"的餐饮和会议服务经理的负担。

酒水服务

和宴会大部分因素相比，对于酒水服务和收费人们已经表达了更多的不满。宴会的所有价格政策，以及酒水安排引起了人们最强烈、最频繁的抗议。

不幸的是，会议策划者或酒店套房的房客们通常明确指定他们喜欢的牌子的酒，他们熟悉酒类零售店的价格。许多会议策划者和房客们对酒店相同牌子的酒与外面零售店相比价格更高表示愤慨。虽然一些酒店已经收取与当地酒类零售点相同的价格，但是大部分收取更高的价格——两倍、三倍，甚至四倍的价格。这是一种管理决策，通过标高价格所获得额外收入必须与将会发生常见问题相权衡。

酒水台设置的类型

大量的饮料安排用于迎合私人的聚会。下面我们将讨论会议策划者明确指定的四种常见的做法。

主酒吧，也称作开放式酒吧或赞助酒吧，它被公司的会议策划者使用最频繁。在主酒吧中，客人可以自由饮用酒店提供的饮料，然后由主办方埋单（主酒店中一个小时内每个人饮 2 ~ 3 杯）。这种类型的酒吧要储存所有类型的酒水，还要配备专业的调酒师。购买的数量几乎总是有保证的。例如，如果至少有价值 300 美元的酒水没有被消费，主办方将要支付已经被消费的酒水和额外的劳务费。表 14-7 展示了通常酒水服务的劳动力成本。

表 14-7　通常酒水服务的劳动力成本

酒水劳务费及杂项费用
A. 调酒师收费：如果消费额低于 $300，劳务费收取 $125.00
B. 酒水提供：如果公司提供鸡尾酒餐巾
搅拌棒 .... 每人 $1.00
各式水果吧、
混合汽水 .... 每夸脱 $2.50
红色玛丽混合物，橙汁，
酸甜汁 .... 每夸脱 $8.00
混合酒类 .... 每杯 $8.00
C. 额外的调酒师劳务费每小时 $20.00
最少时间 4 小时
D. 额外吧台收费每小时 $96.00/8 hrs
最少 8 小时

除了上面列出的费用，最常见的是将固定服务费应用到低于一定规模（通常是 25 个人或更少）的宴会中。在一些情况下，劳务费和其他费用都被完全免除了，或者依据宴会的总消费数量收费。有时，调酒师的劳务费都是免交的（许多会议策划者认为他们不需要为大型主办酒吧的人员配备支付调酒师费用）。任何协商的细节都应该在合同中清楚地阐明。

现金酒吧，也称为 C.O.D 酒吧或自付酒店，它是第二常见的安排。在现金酒吧，每个人只需支付他自己消费的酒水。在这种情况下，酒店也会明确规定最低消费。在现金酒吧的酒水消费通常低于主办酒吧；在现金酒吧 1 小时以内，每个人消费 1.5 ~ 2 杯。

优惠券销售多用于私人聚会。参加聚会的人提前购买门票或优惠券，当他们接受服务的时候，再把优惠券交给调酒师。酒店管理部门或主办组织可能出售优惠券。优惠券销售减少了现金的使用，同时宴会不再需要收银员。

公共会计师国家协会副执行长，斯坦利·斯蒂尔曼阐明了酒水宴会中优惠券的使用：

"我赠送每 1 个人两张酒水票和宴会入场券。实际上这些票据都被打孔存根了，把它交给调酒师以换取酒水。这种方法不仅可以把酒水的消费量控制到每人 2 杯，而且让我控制了酒水的成本。我会为交上去的每一张票据存根支付一定的金额。这种方法的唯一缺点是：我必须支付全部的价格费用，即使有人拿票据存根兑换了果汁。"[12]

加州科斯塔梅萨的南海岸广场酒店在举办私人聚会中一直使用一种不同的方式。这种领班酒吧是一种自助服务酒吧或是自制酒吧。在这种酒吧里已存满装白酒和混合酒的瓶子，这些瓶子是制作所有基本酒吧饮料所必需的。而且这种类型的酒吧通常是别人宴请的。会议策划者和会议服务经理在宴会前后开列酒吧的清单，按照消费的数量对这个集团收费。因为没有调酒师的劳动力成本，这种类型的吧台设置没有最低消费。

套房酒水布设

套房酒宴是酒宴或餐饮宴会，它由主办机构或其他团体（例如，在组织贸易展上的参展商）举办。人们通常在客楼层中的套房中举办套房酒宴，这意味着酒店套房一般由餐饮部门出售而由客房服务部门提供服务。更大型的宴会，例如，那些提供娱乐活动的宴会在公共宴会厅举行（在这种情况下，这种公共宴会厅同时由餐饮部门出售和提供服务）。

虽然酒店酒宴历来一直是晚上举办，但如今用来举办早宴或午宴活动也已经成为一种趋势。这些套房酒宴是辅助商业的活动，通常被称为酒店结合业务。这意味着酒店结合业务不一定要由会议主办方直接预订，它应该被视为公司会议历史的一部分，是由于它增加了酒店会议的价值。

一些会议策划者和参展商通过自带在酒店外面购买的酒水来避免被酒店收取过高的价格。然后他们在酒店的客房服务部订购搅拌器、冰块和杯子。对于这种行为酒店有不同的政策。一些酒店对于自带酒水收取开瓶费。

纽约市 Cipiriani 酒店的宴会经理 Katie·Kannapell 讲述了公司最近的一个活动。这次活动中，因为收取开瓶费，主办方带来的香槟比酒店内部存货价格要高 20 美元。她说：

"开瓶费是复杂的。人们通常认为开瓶费是便宜的，但是（会议策划者）不得不去问开瓶费有多少，然后把它与酒店会场提供的酒水价格进行比较。问清楚后通常他们不会再有什么意见。"[13]

酒店联盟规章常常规定任何情况下必须有调酒师。事先把这些规章告诉你的客人。解释所包含的时间、加班费用和其他相关的细节。说明在何种情况下不要这样的帮助（包括关于小费和税收的信息）。

酒水品牌

大部分酒店为会议策划者提供多种品牌的酒。品牌通常有三类：自有品牌、一般品牌和高档品牌。自有品牌是最便宜的酒水。除非会议策划者有要求，酒店一般在宴会上用它。实际提供的酒的品牌可能会因为会场的不同而有差异，所以确保告知会议策划者酒店使用的酒的牌子，以免有任何混淆。

一般品牌的酒是可以明确地叫出名字的牌子。例如，会议策划者要求波本威士忌或必富达金酒。这些牌子通常价格中档，而且必须可以要求作为自有牌子的替代品。

高端品牌是质量高的、昂贵的酒，如皇冠威士忌、芝华士威士忌，或添加了利金的酒。当会议策划者选择了一个顶级酒水菜单时，宴会的客人不再需要将就标准酒水菜单上提供的单一的牌子，他们可以在 2 ~ 3 种高质量品牌酒中选择。

确保会议策划者了解这些酒的类别、他的选择（例如，选择自有品牌，不是一般品牌）与相关的价格，以便于他可以做出明智的决定。这将避免产生对酒类费用的投诉。

定价策略

会议策划者经常询问酒水的价格是多少。当然酒的消费随着与会者的构成不同而

表 14-8 宴会需要酒水数量估计指南

<table>
<tr><td colspan="8" align="center">**宴会酒水估计**</td></tr>
<tr><td colspan="8">基于所有男性出席率和酒吧的易接近程度，如果有 50% 的女性出席率，平均消费量是每小时 2.5 ~ 3 杯，如果是 100% 的女性出席率，平均每小时是 2 ~ 3.5 杯。</td></tr>
<tr><td>客人的数量</td><td>1/2 小时</td><td>3/4 小时</td><td>1 小时</td><td>$1\frac{1}{4}$ 小时</td><td>$1\frac{1}{2}$ 小时</td><td>$1\frac{3}{4}$ 小时</td><td>2 小时</td></tr>
<tr><td>25 ~ 55</td><td>2</td><td>3</td><td>$3\frac{3}{4}$</td><td>4</td><td>$4\frac{1}{4}$</td><td>$4\frac{1}{2}$</td><td>$4\frac{3}{4}$</td></tr>
</table>

（续）

60 ~ 104	2	3	$3\frac{3}{4}$	4	4	$4\frac{1}{2}$	$4\frac{3}{4}$
105 ~ 225	$1\frac{3}{4}$	$2\frac{1}{2}$	3	$3\frac{1}{2}$	4	4	$4\frac{1}{2}$
230 ~ 300	$1\frac{1}{2}$	2	$2\frac{1}{2}$	$2\frac{3}{4}$	3	$3\frac{1}{4}$	$3\frac{1}{2}$
315 及以上	$1\frac{1}{2}$	2	$2\frac{1}{2}$	$2\frac{3}{4}$	3	$3\frac{1}{4}$	$3\frac{1}{2}$

酒水估计

酒瓶大小	酒精含量	酒水杯数
白酒		
4/5 夸脱	1 盎司	25
4/5 夸脱	$1\frac{1}{4}$ 盎司	20
4/5 夸脱	$1\frac{1}{2}$ 盎司	17
1 夸脱	1 盎司	31
1 夸脱	$1\frac{1}{4}$ 盎司	25
1 夸脱	$1\frac{1}{2}$ 盎司	21
葡萄酒		
750 毫升	5 盎司	5
1 升	5 盎司	6.7
1.5 升	5 盎司	10.2

　　虽然上述表格可以用来决定活动需要的酒水数量，但是一些其他的变化量应该加以考虑。如果活动在第二天有重要事情在晚上举行，且下午5点之前或下午8点之后有提供开胃小吃，那么酒的消费量通常比较小。或者在宴会举办地有其他的活动，酒的消费量也会比较小。如果宴会活动在会议的最后一个晚上举行，且在下午6点到7点半举行，提供干（咸）小吃，或者宴会在重大体育事件期间举行，且在大屏幕上观看，那么酒的消费量通常会增加。

资料来源：转载已获 Schenley 子品牌 Corp 公司出版的《专业宴会承办 Schenley 指南》许可。

有差异。例如，在做这些决策时表 14-8 对你和你的客人来说都是有帮助的。

　　白酒费用可以按照人数、瓶数或个人饮酒量三种方法计算。无论使用哪种方法，都要确保有指定的会议工作人员与酒店指定的一些员工一起在宴会结束之后结算酒水费用。这将有助于避免在宴会活动之后的误解，还可以避免最后一刻寻找会议管理人员中的权威人士证实会议的记录。

　　按人数计费　按照消费人数收取酒水费用时，在确定的时间段内对在场的每一人收取固定费用。这种类型的定价也成为个人消费计划或无限消费计划。有时特定的时间段的鸡尾酒会收取固定费用，超出的时间按每小时收费。在其他时候，只需要给1小时的费用。在将要提供食品服务时，提供什么食品和食品的价格必须在协议中讨论并列出。

从会议规划者的角度来看，人均固定费用定价法可以是最简单的，但不一定是最便宜的定价方法，除非酒店有很多饮酒者，不然这通常是一个昂贵的计划。

你需要一种方法来确定参加人数。在门口收集门票或邀请函是方法之一。

宴会时间的延长和没有入场券的客人的进入需要授权人的许可。与会人数和宴会时间在活动结束后通过授权人的最初记录应该马上确认。

按消费瓶数计费　会议策划者也许更愿意按消费酒的瓶数来支付费用。对大公司来说按消费每瓶计费是划算的，如果按每人每杯6美元计费，一杯是0.2盎司的量，会议承办人消费一瓶酒就要支付150美元（一瓶可倒25杯）。但是按每瓶计费可以把成本降到每瓶80～100美元。

按每瓶计费体系，在有无调酒师的情形下都是受酒店套房酒宴欢迎的。这种体系按打开的瓶数计费，无论每瓶消费了多少。一些酒店允许主办公司拿走开瓶后没喝完的酒；而另一些酒店不允许。另一些酒店同意储存来自宴会的开瓶后剩余的酒，以便酒店的下一次宴会使用。显然，酒店的调酒师必须了解酒店的安排，而且酒店的这种安排必须是酒宴活动工作指令中的一部分。

有时调酒师的费用是每瓶酒价格的一部分。如果这样的话，必须在工作指令或协议中表明；如果不是，只需列出酒的价格和宴会的时间。

确保供应的酒要安全存储。负责任的酒店会帮助客人存储。而酒店和会议组织有指定的员工专门统计和记录酒使用和归还的酒瓶的数量是必要的。会议策划者希望确保他们有一个良好的库存系统来确保合理的记账。这意味着在宴会前后要建立存货清单（核实会议酒消费总数的酒店宴会工作人员应该一直这么做）。存货清单不仅应指包含烈性酒的数量，还应包含混合酒、汽水、瓶装水的量（以及其他的公司收费项目）。汽水通常收取大约每瓶3美元，所以对这些项目设置存货清单变得越来越普遍。

当按瓶买酒时，会议承办人经常要求宴会酒吧以交错的顺序彼此靠近，即将部分饮品从一地移动到另一地（这种称为合成酒吧）。他们还经常要求调酒师给他们倒定量的酒，因为调酒师倒多了可以虚报账目。

酒会也会提供食物，但是要单独收费。在某些情况下，可能收取房费。价格取决于预期的消费量和举办活动的基本协议。

按需计费　费用也可以按需收取，即根据个人饮酒的数量。这种类型的宴会一直包括强制使用调酒师服务（经验规则是每 75 个客人不少于一位调酒师）。应该有协议规定要倒多少分量的酒，从而让调酒师可以参照协议指示。会议策划者常常明确要求使用控制测量倒酒量的方法。

有许多会议策划者使用这种计费方法，特别是对于小公司的宴会。大部分宴会策划者认为 100 人以下的宴会最经济的是按需计费，对于 100 人以上的宴会是按消费酒瓶数计费。

客人会以现金或预付优惠券支付酒水费，又或是宴会主办者为一切费用埋单。食物费用是一个单独的项目，可能还有一项房费。酒店要提前通知会议策划者有关服务员的小费、消费税和调酒师工作安排规定等事项。

酒水控制

酒店应该保持分发酒水和饮用酒量的严格程序。宴会部门通常负责分发酒水。因为无法判断要使用多少酒水或首选哪种酒，所以惯例是储存量比公司估计消费量要多出 25%。这种政策消除了短缺的情形，但是必须控制好酒水量。

宴会结束后剩余的酒水必须返还到酒店储藏室里。私人就会使用特殊宴会需求单，需求单显示了所有分发的、消费的、返还的瓶子。每一个宴会之后，应该立即统计所有的瓶子，包括满瓶、空瓶和未喝完的酒瓶。

华美达酒店使用如表 14-9 所示的需求单。宴会经理在每个宴会中使用这种需求单，它显示了起初分发的酒瓶数量、后来增加的酒瓶数量和所有返还的酒瓶数量。每一个分发出去的瓶子都被标上了明显的识别标记。宴会结束的时候，宴会经理通过确认每一种消费项目的数量和它们的价格来合计需求单，然后再做出适当的扩展。合计的需求单转换成宴会客人消费单，要经过会议策划者证实和签名。消费总数的一部分通常作为员工小费加入账单中。

自动化酒吧 一些酒店正在启动自动酒吧系统。会议策划者长期存在的抱怨是调酒师在主办酒吧布设中倾向于超量使用（倒酒不使用短小的杯子或其他称为"自由倒"的测量装置）。他们认为酒店员工被鼓励倒酒时超量，因为他们的小费被算为销售额的一部分。另一个问题是，计算和储存打开的未喝完的酒。而自动化酒吧消除了所有的这些问题。

自动化酒吧的运作与汽水吧相似，都是每一种酒水项目都有各自的按钮——如伏特加、金酒、波旁威士忌、苏格兰威士忌和黑麦威士忌等。大酒瓶被倒置在自动倒酒器中，然后由真空系统定量倒出。每一个瓶子都有自己的酒量刻度，每次按下倒酒器开关流出的酒量的多少可以由会议承办人设定，这种准确设定每次倒酒量的装置也被称为"电子倒酒器"。宴会前后分别查看和记录一下读数即可准确计算出

表 14-9　酒吧需求单

华美达复兴酒店	宴会葡萄酒/烈性酒申请单		No. 001399

日期　8~25	周　星期一	时间　6:00pm
餐饮活动　招待会	房间　通道/复兴大舞厅	
组织者名称　辛格	宴会支票　06272	
宴会订单号　02135	酒吧服务员　Bill/Cheryle	
客户账号　12948		
客人人数　275		
销售方式　■按杯　□按瓶　□按小时		
饮品类型　□特级的　■酒店内的　□特别要求的		
销售类型　■由人主持的　□售酒吧台		

编号	描　述	分发的		要求瓶数	实用瓶数	酒水数	价格	总计	烈性酒	葡萄酒	杂项	税率%
		数量	规格									
	酒店内波旁酒	3		1.7	1.3	43	3.00	#129	8.35			6.5%
	酒店内苏格兰威士忌	3	1.9	11								
	酒店内金酒	4		2.4	1.6							
	酒店内伏特加酒	4		1.1	29							
	酒店内白兰地	2		1.8	0.2							
	酒店内朗姆酒	2		1.6	0.4							
	酒店内龙舌兰酒	2		1.3	0.7							
	酒店内威士忌	2		1.8	0.2							
	酒店内白葡萄酒	18		2	16							
	酒店内红葡萄酒	6		3	3							
	米勒淡啤酒	24		5	19							
	喜力啤酒											
	特级波旁酒											
	特级苏格兰威士忌											
	特级金酒											
	特级伏特加											
	特级白兰地											
	特级威士忌											
	特级龙舌兰酒											
	特级朗姆酒											
	总计											

签发_____　　返还_____　　批准_____

接收_____　　接收_____

白色—餐饮控制　　淡黄色—宴会经理　　金色—酒水经理

　　这张表格详述了分发、消费、返还的酒瓶。同时也明确规定使用的定价方法（按需计费、按瓶计费、按时间计费），品牌的类型（高档清单、一般清单、特别清单）和酒水台设置的类型（主办酒吧、现付酒吧）。

宴会的酒水消费量。

计量酒吧提供的控制特性使得会议策划者和酒店青睐它们。它们提供一致的酒水量，消除多倒的情况，但是它们不是没有局限性。大部分的机器只能装 8 瓶酒，它限制了客人的酒水选择。一些观察者还说计量酒吧是非个性化的，给鸡尾酒会带来一种机械的氛围。

美国孟菲斯市的皮博迪酒店利用 RFID 追踪系统来监控它的酒吧和宴会运作。RFID 是"无线射频识别"的简称。在理论上它是一种与条形码识别相似的技术。使用该技术的倒酒喷嘴提供了每一种制酒程序，鉴别超量、失踪的以及未登记消费等各种清晰情形，上述所有的项目其实都是为了减少酒水成本。

酒店是否应该为无辜第三方醉酒与会者的不当行为负责。答案取决于各州的法规。但是由于与酒精相关的汽车事故，许多州已经通过了酒店法，将责任强加于非法出售的酒精分发者，且向未成年者、醉酒者或者公认的酒鬼出售酒是违法的。酒店管理者在宴会上提供酒精饮料必须给予合理的关注。应该训练酒店经理对醉酒顾客带来的潜在问题保持警惕，以及如何对待难驾驭的与会者。典型的合同条款可能这样写：

如果在酒店经营场地提供酒精饮料（或者在酒店允可酒精饮料出现的其他地方），酒店会要求只能由酒店服务员和调酒师分发酒精饮料。酒店的许可证规定酒店必须要求可疑年龄的任何人提供身份证明。如果年龄在规定饮酒岁数以下，或不能提供合适的身份证明，酒店可以拒绝服务。酒店还可以拒绝为在酒店的判断下似乎已经喝醉的人提供酒精饮料服务。

一些酒店规定更加严格，禁止与会者从外面带酒精饮料进入酒店：

酒精饮料是不能从外面带进酒店的。酒精饮料的销售、服务和消费是由国家酒精饮料委员会管理的。作为被许可方的酒店必须服从委员会颁布的规定条款，违背条款可能危及酒店的经营许可证。因此，酒店的政策规定从外面购买的酒精饮料不可以带入酒店。

人员配置与后勤管理　典型的经验法则是每 75 ~ 100 位客人配备一位调酒师。酒店也将需要为每三位调酒师配置一个酒吧后勤处（酒吧后勤处负责补充宴会期间使用的酒水、冰块、玻璃器具和装饰品）。提供食物的宴会，每 50 位客人备置一位服务员，不提供食物的宴会，每 100 位客人备置 1 位服务员。

酒吧的位置随着房间的尺寸和其他诸如舞台、舞池和自助餐桌供应设施布局的变化而变化。一般来说，每 75 ~ 100 位客人需要一个酒吧台。要避免酒吧台靠得太近。由于大型的宴会需要若干酒水台，所以要最先打开离进口最远的酒吧让客人进入宴会厅，这样有助于疏散人群。表 14-10 根据出席率总结了宴会的人员配置需求。

表 14-10　宴会服务需求量表

宴会服务需求估量表			
客人数量	调酒师数量	提供食物所需的服务人数	不提供食物所需的人数
25 ～ 100	1	2	1
105 ～ 205	2	3	2
215 ～ 325	3	3	2
350 ～ 475	4	4	3

　　酒水劳务费用　除了酒水宴会提供的白酒和其他酒水的费用，酒店还要评估宴会活动的劳务费和其他各式各样的费用。一般来说，客人必须在最低限的时间内雇用最少数量的调酒师（通常是 4 个小时一轮班）。例如，一些调酒师的费用按比例增减，如第一个小时 125 美元，第二个小时 75 美元，之后每个小时 50 美元。如果调酒师 4 个小时一轮班，宴会举办超过 4 个小时，可能要对额外的超时费用进行评估。除了调酒师，酒水宴会还需要酒吧后勤处。一些酒店包含在调酒师费用下的员工工资，除了需要额外的酒吧后勤处的情况下。

　　一些酒水宴会可能需要收银员。许多酒店不会同意让客户来安排现付酒吧，除非酒吧里至少有一个收银员。有了收银员可以不需要调酒师来处理结账的问题，不然会影响酒水的制作速度和服务，也可能产生安全问题。如果向客户出售酒水票就可以不再需要收银员，客人可以用酒水票兑换酒水。

　　会议策划者也可能希望雇用鸡尾酒服务员，尽管鸡尾酒服务员的工资几乎和调酒师一样多。于是，大部分会议策划者通过在宴会厅设置 2 ～ 3 个活动式吧台来减少对服务员的需求。然而如果客户希望有鸡尾酒服务员，那么可以通过让服务员手托装有酒或饮料的托盘在宴会厅内来回走动来获得最大利用。这样就可以避免因为饮酒者的需要而减缓酒吧台的运作。

　　酒水宴会产生的其他费用有日常用品和调酒料的成本，这些都没有看作为酒水订单费用的一部分。而且所有的费用，无论是劳务费还是日常用品成本，都应该在合同条款中明确说明以便避免产生任何误解，这一点是很重要的。

会后举措

　　在每一次宴会结束后必须采取迅速的措施来消除可能存在的计费问题，使宴会的每一个环节都有一个满意的结局。

　　如果消费账款计算是基于客人出席率，负责的主管应该记录服务的人数或收回的票据的数量，还应该让与会的授权人在账款总数上签字确认。并确保签字的人是合定中约定的。

如果宴会提供酒水，还要计算未打开的白酒和汽水的瓶数，并对于最后统计的数量要签字确认。按约返还的瓶子必须做好记录。

大部分会议公司使用和总菜单匹配的账单为宴会埋单。如果条款规定是现付，那么当消费记录被证实是准确的时候，会议应该交上现金或者是支票。如果现金由公司机构收集，酒店应该提供为这些现金提供安全的地方，或者接受付款再给他一种相配的收据。最后，将宴会的总结放在文件夹里，以便会议分析。

酒店内协调：大小酒店的差异

我们将会议服务经理当作会议协调人。然而这个人不会做所有的事情，许多部门会参与进来。部门主管的能力决定了会议服务经理的参与程度。如果预订部、前台和餐饮部经理做事都特别优秀，那么会议服务经理的烦恼就可以最小化。如果不是，会议服务经理必须花更多的时间监督宴会的运作。

餐饮部经理的职责

小酒店的内部协调通常与大酒店的处理方式是不同的。最大的差别在于餐饮经理所扮演的角色不同。在大型酒店，餐饮部经理只负责饮食，很少负责餐饮销售，也很少需要他们管理超出餐饮以外的服务。但是小的酒店责任范围非常大。

即使酒店销量不足以聘请一个专职的会议协调员，也一定要指定某人承担这样的职责。通常是由宴会经理兼任餐饮经理。

怎么区分酒店大小呢？这虽然没有明确的定义，但是拥有客房不足 250 间的酒店在这方面的处理方式肯定不同于大型酒店。

表 14-11 展示了希尔顿逸林酒店集团操作指南中关于餐饮部经理的工作描述。逸林集团下属酒店的客房有 140 ~ 300 间不等。它们是这些酒店（餐饮部经理同时是宴会服务经理）中的典型例子。

表 14-11 餐饮部经理的工作描述

餐饮部经理的工作描述
1. 基本功能 服务于公司会议 / 宴会所有阶段；协调每天日常的各种活动；帮助客户计划项目和菜单选择；招揽当地公司的餐饮业务。
2. 一般责任 维护逸林酒店的服务和声誉，作为管理代表会见公司客户。

（续）

---

3. 特定职责

(1)维护宴会预订。与销售部门一起协调所有会议空间的预订。

(2)招揽当地餐饮宴会的业务。

(3)利用所有提供的服务和设施协调所有公司会议／宴会策划者的特殊要求。

(4)与会议／宴会策划者确认有关公司宴会的所有细节。

(5)将酒店跨部门间必要的相关详细信息传达给公司各项活动的员工。

(6)监督和协调酒店餐饮、招聘和培训项目的所有阶段。

(7)监督和协调会议／宴会配设和服务的日常运营。

(8)协助菜单计划、准备和定价。

(9)协助推荐酒店销售部门和预订公司活动。

(10)设置和维护餐饮菜单。

(11)回应公司的需求。

(12)致力于实现有关餐饮部门的公司年度计划数据（收入、劳动力比例、平均费用、支出等）。

(13)处理餐宴服务的所有调度和报道。

4. 组织关系和权力

直接对餐饮经理负责。负责协调厨房、餐饮服务部门人员与会计。

逸林酒店详细规定了餐饮部经理的职责，餐饮部经理在小型酒店经常作为会议服务经理。

资料来源：由逸林酒店提供。

服务与销售

服务和销售的区别在大酒店比在小酒店更明显。销售部门在多大程度上参与服务工作在不同的酒店有很大的不同。

在小型酒店，服务和销售，特别是餐饮宴会的服务和销售更有可能由同一个人负责处理。餐饮部经理工作的一部分可能是积极招揽生意和安排公司宴会业务。通常餐饮部经理负责宴会预订。这样做是好的，只要能够清楚地明白权利、责任和沟通的界限。

然而，当"左手"不知道"右手"在做什么的时候，问题就会产生。例如，当销售部门接受了一个会议预订与餐饮部门的活动安排发生冲突时。当两个部门位于酒店不同地方时，问题很可能是严峻的。在这种情况下，销售部门很少能看到宴会的预订，而且必须依赖电话及备忘录和餐饮部沟通。甚至可能会出现跨部门争夺宴会空间，每一个部门都试图展示出更大的销售额和利润。宴会预订计算机化可以解决酒店的沟通问题。

沟通与合作

所有酒店的服务工作都需要明确的沟通渠道。在酒店有一个会议服务经理（在大型酒店中很典型），有独立个体协调其他部门活动安排的情况下，通常会有良好的合作关系，但是当餐饮经理作为协调者（在小酒店中很典型）时，餐饮部似乎有更多的自治权。然而，餐饮部经理可能不熟悉内部问题；预订部和前厅部门缺乏对餐饮经理的理解。

拓展阅读

信息汇总

一家大型的多层次营销公司的办公室经接洽了你们的公司，该公司希望举办一个大约有 600 位经销商和他们配偶参加的会议。尽管资金充裕，但是会议策划者完全没有经验，要求你帮忙策划一个成功的宴会。

此时，宴会计划并不是粗略的。会议策划者确实希望公司的"黄金计划"推广活动并入颁奖宴会和举行一个食物宴会来庆祝公司五大经销商赢得的假期。会议策划者接受你为这两个宴会提出关于创意菜单的建议，但是希望酒店为自助餐和其他餐宴提供传统工艺的美国饮食。

会议从星期三下午持续到星期天下午。目前正在考虑的活动如下：

星期三	下午	入场登记
	晚上	入场登记和入住酒店套房 晚餐自理
星期四	上午	三个研讨会（大约每个房间 100 人） 茶歇
	中午	三个研讨会（大约每个房间 100 人） 茶歇
	晚上	自助晚餐（大约 500 位与会者）
星期五	早上	同星期四
	中午	自助午餐（大约 500 位与会者） 同星期四
	晚上	董事会晚餐（24 位出席） 其他与会者：可选菜单（自费）
星期六	早上	总统早餐（大约 300 位与会者） 全体大会（600 位与会者）
	中午	午餐自理 继续全体大会
	晚上	颁奖宴会，娱乐活动（音乐和跳舞）（600 位参加者）
星期天	早上	早餐自理
	中午	告别宴会（大约 350 位与会者）

准备一份文件，你和会议策划者将在你的会议前计划大会上用到。包括以下内容：

1. 一份建议书。详细说明在宴会（包括酒店套房酒宴、茶歇、自助午餐、晚餐、董事会晚餐，总统早餐、

（续）

> 颁奖宴会和告别宴会）上可以提供的食物和酒水。包括每一个宴会如何收费。
> 2. 一份概要。概述在装饰、人员配置、会议需求（音乐家、额外的娱乐活动、舞台、照明等）方面，酒店可以提供什么。提供宴会厅设置计划，计划要详述建议的座椅、食物服务和娱乐区域选择。
> 3. 一个宴会厅设置样品。宴会厅设置用于研讨会和全体大会。包括酒店可以提供的座椅的风格、可用的视听设备列表和人员配备（包括人员供应、登记人员等）。

出现沟通问题的情形不一定是有害的，只要每个部门各司其职，且有良好的跨部门沟通。然而，当协会主管人员质疑酒店对他的会员注册的处理时困难可能会出现。

如果餐饮部经理是酒店会议策划者的联系人，对于这个问题策划者可能会发现困难减轻了一些。餐饮部经理可能太忙于即将到来的晚宴或者宴会经理不知道如何帮助客人登记注册。或者可能是一个更为普遍的问题，餐饮部经理没有权利去客房部处理问题。因此，没有权利来完成工作的结果是会议策划者的噩梦。

部门的自主性也会导致执行手册的缺失（即会议细节明细单），会议执行手册是会务服务的核心与中枢。来自销售部的备忘录和宴会经理制定的明细单及餐饮方案可以部分地取代执行手册。不过执行手册和宴会执行明细单仍是很好的交流方式，而且也是会议服务所必备的。

图 14-5 与会者在酒水台旁交流

酒水台应该设置在靠近宴会厅的最里面的地方，从而让人们能进入宴会厅。最受欢迎的酒水定价方法有：按人数计费、按瓶数计费和按需计费。

资料来源：图片由 Dolce 酒店和度假村提供。

小 结

餐饮宴会是大部分会议不可或缺的一部分。协会和公司会议策划者都把餐饮服务的质量列入他们会议设施选择中最重要的部分。在大部分会议酒店中，餐饮宴会的收益仅次于客房部。因此，尽管酒店销售和服务工作人员通常都主要关心客房入住率，但是会议销售和服务经理还应该看到餐饮领域的创收潜力，这是至关重要的。

尾注:

① Carol Bialkowski, "Emerging Trends: A Conversation with Top Hyatt F&B Executives, Unconventional Cuisine, 2002, Hyatt Hotels Corporation, p.6.

② Ibid., p.2.

③ Ibid.

④ Meetings & Conventions.

⑤ Caro Bialkowski, "Infusing Your Meeting With Local Flavor", Unconventional Cuisine, 2002, Hyatt Hotels Corporation, p.24.

⑥ Carol Bialkowski, "What's on the Menu? Staying Ahead of Attendees' Food Issues", pcma convene, April 2004, p.30.

⑦ Ibid., p.32.

⑧ Bruce Myint, "Hotels Scramble to Cut Carbs", Meetings & Conventions, May 2004, p.42.

⑨ Ruth Hill, "Association Meetings", Meetings West, August 2004, p.1.

⑩ Jeanne O'Brien, "Sheraton Reveals New Food & Beverage Program", Meeting News.

⑪ Toni Giovanetti, "A La Carte Catering Emerges as the Favored Choice of Meeting Planners", Hotel Business, August 7 20, pp.25—27.

⑫ Bob Skalnik, "Liquor Control", Association and Society Manager, Barrington Publications.

⑬ Cheryl-Anne Sturken, "Bar Codes: Understanding How Liquor Tabs Are Tallied", Meetings & Conventions, February 2004, p.19.

主要术语

点菜餐饮（a la carte catering）：是一种餐饮宴会活动，客人可以从许多不同的菜单选项中选择自己喜欢的食物。

现烤台（action station）：在现烤台上，厨师准备将菜单上的食物提供给客人。受欢迎的食物有：煎蛋、可丽饼、意大利面、烤肉或虾、现切烤肉、寿司、恺撒沙拉、甜点等。现烤台也被称为表演或厨艺展示。

美式服务／分餐装盘服务（plated service）：食物事先在厨房里准备好，放在餐盘里，然后端给客人。

辅助业务（auxiliary business）：由于会议或宴会活动的原因，将公司附属业务带到酒店。

宴会领班（banquet captain）：负责宴餐的宴会服务，管理所有服务员的工作。在小型宴会中，宴会领班也作为宴会总管；在大型宴会中，他可能仅负责餐厅某一特定区域。

自助服务（buffet service）：若干菜品放在餐台上供客人选择食用。自助服务有参与式自助（厨师现场为与会者服务），还包括餐盘式服务（事先准备好的食物用盘子装着放在餐桌上供客人选择食用）。

管家服务（butler service）：在宴会中，服务员为客人提供各种开胃点心。晚宴上，服务员手托银盘，将食物端给客人。

按瓶计费（by the bottle）：按为客人提供白酒的瓶数向客人收取费用。

按需计费（by the drink）：按客人具体消费酒量向客人收取费用。

按人数计费（by the person）：即向每一位与会者收取固定费用。收取的费用涵盖了所有食品和酒水的消费（这有时被称为每人／无限制消费计划）。在某些情况下，酒水是按每个人收费，食物是每份分开单独点的。

点叫品牌（call brand）：一种酒的品牌。区别于"自有品牌"，客人根据个人喜好选择。通常质量高于"自有品牌"。

开胃点心（canape）：带有面包或饼干的冷或热的小吃。

船长酒吧（captain's bar）：是一种自助酒吧，客人自己拿取喜欢的酒水。这种类型的酒吧常常是托管型的酒吧。

现付酒吧（cash bar）：客人为自己的酒水埋单。也被称为费用分摊酒吧或货到付款酒吧。

大厨的品鉴（chef's tasting）：在宴会活动之前，通常在酒店厨师的陪同下品尝菜单上的样品菜肴的机会。

开瓶费（corkage）：客人将从外面购买的酒水带进酒店，酒店因此对客人收取的费用。

优惠券销售（coupon sales）：宴会的与会者从酒店或宴会主办机构购买酒水票。

酒店法（dram shop laws）：酒店涵盖提供酒水的人的责任。在《酒店法》下，被醉酒者破坏了的宴会可以起诉导致客人醉酒的公司。

双轨制（duoserve）：是一种会议服务体系。在这个体系中，餐饮部负责餐饮，而酒店其他方面的服务由会议服务经理负责。因为责任是分离的，所以会议策划者有两位酒店的联系人。

电子倒酒器（electronic pour）：将每杯酒水按事先确定的量分配的一种系统。

能量恢复（energy break）：提供营养餐饮的茶歇。可能还包括某些形式的锻炼运动。

英式／家庭式服务（English/family style service）：服务员把食物端上桌，客人自助服务。在某些情况下，主人自己切肉，再把肉放在盘子上递送给客人；主人可能也会让桌边的服务员帮忙切肉。

手抓食物（finger food）：是通常在宴会上提供的一种食物，不需要使用刀叉和勺子。

自由倾倒（free pour）：一种倒酒精饮料的方式，不需要使用短脚酒杯或其他测量设备。

法式服务（French service）：在这种饮食服务中，食物在桌边的推车或桌子上准备。这种类型的服务最适合小群体聚会。

庆祝晚宴（gala dinner）：是一种晚上举行的宴会活动，客人坐着享用晚餐。晚宴会提供多种菜品和娱乐活动，例如，跳舞、演讲或颁奖发言。正式服装是黑色领带。

保证金 (guarantee)：由酒店客户支付的最小数量的用餐费，即使有一些没有被消费掉。

通常，酒店要求会议策划者在宴会活动之前不少于 48 小时以内确定好。

人数统计（head count）：参加餐宴的实际人数。

饭前点心（hors d'oeuvres）：一种小个的开胃小吃；是宴会上提供的手抓食物。

酒店套房（hospitality suite）：用来招待和举办娱乐活动的客房或者套房。通常套房内储存有酒水和清淡食物。展会上的参展商常用来招待销售代表，并向他们出售公司产品。

主酒吧（host bar）：为餐宴或其他功能的宴会提供酒水计划。且在主酒吧中，客人不要为酒水付费。主办者按需或者消费瓶数付费。主酒吧也称为免费酒吧或赞助酒吧。

自有品牌（house brand）：如果会议策划者没有指定特定的品牌，酒店或者餐馆选择的代表酒店水准的葡萄酒或者蒸馏酒的品牌。

餐饮外卖（off-premises catering）：将在酒店厨房准备好的，或者是准备了一半的菜品从酒店内运送到酒店外的场地。

店内餐饮（on-premises catering）：在酒店内的会议室、宴会厅和客房提供食物和酒水。一些本地活动可能扩展到酒店或餐厅，但提供食物和饮料的范围仍限制在公司内。

有机食品（organic foods）：没使用过农药、化肥或其他化学物质的食品。

消费超限（overset safety margin）：根据保证人数预留酒水，只有消费超量时才向客户收取额外费用。

高端品牌（premium brand）：是高质量、高价格的烈酒。也是最好、最贵的牌子。

预设服务（pre-set service）：在客人入座前，在宴会桌上放一些食物。

招待会（reception）：站立的社交宴会，有时在餐前举行，在宴会上会提供酒水和清淡食物。食物有可能放在小自助餐台上或由服务员端上来。

茶歇（refreshment break）：会议期间短暂的茶点休息。通常提供饮料和清淡的食物。有的茶点歇息是围绕一个主题展开的。也可以使能量恢复。

俄式服务（Russian service）：在俄式服务中，食物在厨房充分准备好，所有的菜肴装在餐盘里（或汤盆里）端上桌给客人享用。将餐盘放在每一位用餐人员的前面，由服务员负责将托盘或大浅盘的食物分到客人的餐盘上。

特殊事件（special events）：在某一时间内举行的独特活动或宴会。通常是为了活动参加者提供娱乐消遣。可参见主题事件。

主题事件（themed event）：是一种有让人记忆深刻的创意主题的宴会。主题宴会利用吸引五官的元素，将视觉（装饰和服装）、声觉、味觉（味道特别的食物和饮料）、触觉和嗅觉融入宴会中，从而为与会者创造出一种独特的经历。

交换券（ticket exchange）：是一种宴会控制程序，它通过客人从登记处领的活动入场券换取实际的活动门票和座位安排来实现。这种方法提高了对宴会上人数的控制，倾向于减少"不出现"的人数，从而提供更加准确实际与会人数的保证。

单一制（uniserve）：是一种会议服务体系。在这种体系中，会议策划者安排宴会空间和餐饮活动都是和一个人交流联系，即酒店的会议服务经理。

复习题

1. 解释为什么宴会的利润率远高于酒店餐厅。
2. 说出几种会议策划者通常要求的餐饮宴会的类型，并说明为什么每一个宴会都要一个单独的宴会单。
3. 什么趋势影响了宴会提供的食物的类型？酒店应该如何应对这种趋势？
4. 什么类型的服务用于餐宴？什么因素决定宴会服务的最有效类型？
5. 讨论用来建立餐宴担保单的程序。使用什么方式可以让出席率和保证单相一致？
6. 酒水账单有哪三种不同的定价方式？
7. 讨论酒水宴会的人员配置和后勤管理有什么共同之处。
8. 大小型酒店对于餐饮宴会的控制有何不同？区分餐饮部经理和会议经理的职责分别是什么？

参考文献

1. Alcohol and Meeting Planning, Meeting Professionals International www.mpiweb.org.
2. Controlling Alcohol Risks Effectively (CARE).www.ei-alha-org/care.index.htm.
3. Dining Room & Banquet Management, Third Edition, Anthony J. Strianese and Pamela P. Strianese, Thomson Delmar Learning, 2002.
4. The Meeting Planner's Legal Handbook, James M. Goldberg, MPI www.mpiweb.org
5. Meetings & Liability, John S. Foster, CHSE www.mpiweb.org.
   On-Premise Catering, Patti Shock and John Stefanelli, John Wiley & Sons, 2001.
6. Special Events Magazine, Penton Media, P.O. Box 2100, Skokie, Illinois 60076.
7. Special Events: Event Leadership for a New World, Fourth Edition, Dr. Joe Goldblatt, John Wiley & Sons, 2005.

网址：

若想获得更多信息，可访问下列网址。网址变更恕不通知。若你所访问的网址不存在，可使用搜索引擎查找新网址。

1. 餐饮链接：www.caterconnect.com
2. 厨师的储藏室：www.chefstore.com
3. 有效控制酒精风险：(CARE) www.ei-ahma.org/care.index.htm
4. 烹饪：www.cuisinenet.com
5. 食物网：www.foodnet.com
6. 网络食物通道：www.foodchannel.com
7. 国家餐饮管理协会：(NACE) www.nace.net
8. 酒水服务员干预程序培训：www.gettips.com
9. 虚拟葡萄园：www.virtualvin.com

第15章

学习目标

1. 总结决定音频设备是自备还是外包的因素。
2. 描述视听设备的类型和它们的用途。
3. 识别与提供视听设备和服务相关的问题，根据指示和标牌介绍酒店的责任。

理解音响视频设备需求

Lee Sterbens，创意服务部门，销售总监
Greyhound 会展服务公司

"在通信和信息交换领域，设备和应用在设备上的技术都在飞速地发生变化。相比较很多年前使用的幻灯片，现在越来越多的人使用带有显示器和录像放映器的计算机来交换信息。尽管极少要求会议服务销售经理是音响视频技术人员，但是他们应该能够协助会议承办人选择出合适的场所和恰当的音频设备。对能够取得理想目标效果所需的设备有一个基本的理解力可以使你更好地服务于会议团队和你自己。"

15

音频及视频要求

现在极少有会议在整个过程中都不使用音频设备进行演示。越是精通视听系统的使用者需要酒店人员的帮助就越少，他们清楚地知道他们所需要的设备和设备中需要使用的部分，他们也可以带自己的设备或者联系一家视听服务公司来提供支持。

过去，大部分会议的需求都比较简单，会议承办人一般只需要几个麦克风、一个幻灯片投影仪和屏幕、几张海报及一台临时的影视放映机。然而，过去20多年里，通信技术的发展已经使视听设备和技术极大地应用于会议市场。今天那些出色的会议承办人想要充分利用这些先进设备的性能（图15-1）。会议承办人要求配备远程会议设备、DVD播放器、个人计算机，甚至多媒体合成器、四声道音响、完全模拟的环境，这些都是再寻常不过的了。

对于不太了解视听音频系统的会议承办人来说就需要酒店工作人员提供帮助。所以酒店相关工作人员即使不能做到精通视听系统，但至少应该有所了解，这样才能为会议承办人提供相应的服务或者在某些地方帮助到他们。要求所有会议销售和服务人员熟知会议产业的方方面面是不现实的，但是应该同新技术的发展保持同步，同时掌握视听技术的相关术语和需求，这对于会议宴会业务经理来说尤为重要。

外包还是自备

既然音响视频设备在当代会议产业中扮演如此重要的角色，怎样使视听设备被最大化利用就是当下企业物资购置所面临的一个困境。企业自行购买以维持一个较大的内部库存是可行的吗？如果是，那么应该购置哪些设备？或者外包给一家视听公司专门提供需要的设备会不会更加划算？或者还是选择第三种方案，即企业备有最基本的使用设备，但对于会议承办人提出的特殊需求的设备应外包给专门的视听公司来提供？在这一部分，我们将讨论视听设备外包和自备各自的优点和缺点（拓展阅读《外包还是自备?》)以及企业购置会议视听设备的影响因素。

音响视频专家

相比企业内部自备这一领域的设备和技术，很多酒店经理更倾向于雇用当地的视听服务组织，外部租赁企业通常在以下情况被雇请：

- 酒店缺乏足够的储存空间；
- 设备不经常使用以致购买它们并不合理；
- 所需要的某些设备太重以至于酒店购置很多件并不合理，如录像放映器等。

当使用外包公司时，比起公司或者协会指定需要使用的设备，很多会议服务经理更愿意自己选择设备，有以下三个原因：第一，他们可以确保使用的设施设备有充分时间安装；第二，由于屏幕通常会设置在讲台上，所以他们能够确定讲台大小；第三，一个并不是很令人满意的原因是，视听公司一般会支付一部分佣金给酒店，让酒店预订它们的服务以此代替同行竞争对手。

外包公司会为酒店客户提供带有足够

图 15-1 当下"有上网设备的"会议室

现在会议承办人普遍会要求具有能够满足高科技会议的会议室和相应设备，所以目前酒店都以自己有能力满足会议承办人的需求来做营销。这则广告就是通过可以使与会人员在会议期间使用电子邮件并访问因特网来推销 T3 互联网。

助手的专家团队以及清册中列出的所有设备。专业人员能够维护设备并且处理现场出现的任何故障。很多酒店经理表示，只有当用于外包租赁业务的资金能够至少聘请一个全职专业人员来管理一个小部门时，他们才会考虑添置这样的设备库存。这位专业人员的工作任务是计划、安装、操作和服务。

酒店位于拥有高质量服务公司的地区时，外包看起来是相当不错的选择。但是在越偏远的地区，最近的视听服务商可能仍旧有些距离。这种情况下，最后时刻出现故障或者突然有额外的需要都可能造成严重的后果。酒店的会议服务经理，例如在内华达太浩湖度假酒店，对于选择自行配置设备给出以下解释：

"我们酒店位于一个非常偏远的地方，由于每次会议群体不同，我都需要租赁单独一套设备,其服务费用高得惊人。另外,视听公司的办公地点在35公里外的雷诺,而且一年中有9个月天气都可能成为设备运输过程中一个影响因素。"①

酒店举办大型会议时通常都会与视听服务公司签订合同,这些视听服务公司会去任何地方高效地处理会议遇到的问题。它们收取的费用通常只是会议组织者为确保视听演示顺利进行所支付的费用中的一小部分。

如果召开小规模会议聘请这样的组织就不划算了,然而有些小型会议,尤其是培训类型的,通常会使用大量这样的设备并且需要一定外部协助。

拓展阅读

外包还是自备?

酒店都面临着这样的一个决策问题,是自行购置一套视听设备并将它租赁给会议群体还是将会议群体需要的视听设备委托给其他公司。最终的决策很大程度上依赖于酒店自己的需要,做决策时以下因素应该被考虑在内。

聘请外部的视听公司的优势

1. 音响视频设备价格非凡,在盗窃或丢失零部件事件中,遭受损失是外部被聘请的公司而不是酒店。

2. 很多音响视频设备并不是经常使用以致维护库存的费用将会高昂。

3. 维护和修理设备的成本是昂贵的,并且无法估算出聘请一位专业人员来维护这些视听设备的成本。

4. 随着视听设备技术不断进步发展,一些设备可能变成老式的,这样就需要酒店追加费用成本。

自行购置一套视听设备并将它租赁给会议团体的优势

1. 可能这一地区缺少供应商,或者是租赁一套特定的设备是非常困难的。

2. 比起不得不依赖于外部承包人提供的可能并不合适的设备,酒店可以购买最能满足它们需要的设备。

3. 如果酒店拥有一套设备就能更好地控制它的质量,租赁来的设备可能会被误用或者无法正常工作。

4. 酒店可以把它自己的设备租赁给会议群体直接获利,而不是把利润让给外包公司。

自有设备

如果不能安排一家当地视听服务公司提供服务,那么酒店就要决定至少备有基本的视听设施。奥普瑞兰大酒店高级副总裁 Rick Sanfield 提示:

"在投资购买设备之前调查设备的使用情况是必要的。有足够的需求么?谁将来负责协调视听服务?这些都是需要认真考虑的重要问题。通过一年的观察记录具体设备多久会被出租一次,并且计算出需要出租多少设备才能达到收支平衡。制成图表仔细研究,因为如果设备被束之高阁将很难收回成本。"②

接下来可能会有这样的问题:"如果一家酒店打算购置一套设备,那么应该购置什么类型的设备以及每种类型需要购多少?"当然,设备型号和数量依据不同的酒店是有所变化的。没有人能够列出一份明细表来满足每个酒店的需要,每个酒店在提供各类视听设备时都应该考虑客户的需求。

　　为避免某些公司的服务标准达不到自己本公司职员的服务标准，一些酒店不愿意聘请只合作一次的当地公司。但是如果你经常聘请同一家公司，你可以要求它们提供优质服务而不是一般正常的服务。要知道，设备故障通常会在周末和晚上发生。如果你能与一家有警觉性并热情服务的视听公司保持一个良好的合作关系，你的问题就会被解决。如果没有，那么你最好能建立某些自己的部门。

　　现在一些酒店会和一家视听公司签订合约在酒店内设定一个部门并在那里配置设备，这被称作内部承包商，通常免费提供场所给这些视听公司，但当会议承办人与这些视听公司签订视听设备协议时就要支付佣金给酒店（佣金不定，通常是 30%）。鲍尔视听公司在 80 家酒店提供内包服务。其他公司，例如，AVW Audio Visual and Presentation Services/、Audiovisual Headquarters, 则和很多连锁酒店签订跨区域企业合作协议。表 15-1 展示一个例子，即一个叫作 Wasatch 视听公司的内部承包商为亚罗度假酒店（the Yarrow Hotel）提供设备的视听设备估价表。这些视听公司知道在每一个会议室的设施及它们是否能正常使用。最后一分钟紧急需求可以从就地储存的视听设备中迅速得到满足。内包公司为承办人提供方便统一的账单。

　　被使用在大会上的设备可以来自三个来源的任何一处——大会组织、酒店或者被大会组织或酒店任何一方聘用的外部视听专家。并且这些设备也可以来自这三方任意组合。

表 15-1　视听设备估价表

音响视频		
投影仪	**视频监视器**	沃斯琪（Wasatch）视听商务中心
悬挂式投影仪................$30.00	25" 监视器.....................$80.00	Wasatch 视听商务中心有现场视听专家提供设备供给和服务。
35 毫米幻灯片投影仪..............$30.00	31" 监视器.....................$150.00	一个有经验的事件顾问能够预测出你的
35 毫米 50% brighter...............70.00	51" 监视器.....................$275.00	需求并且提前安排
屏幕	**视频播放器 / 录像机**	硬件和技术支持。这
6' 三脚架屏幕....................$30.00	1/2" VHS......................$50.00	个安排可以从视频或
8' 三脚架屏幕....................$40.00	Bera SP.......................$400.00	电脑最新巨屏投影到
12' 支架屏幕....................$65.00		悬挂式投影仪和一份
麦克风	**数据视频投影仪**	简单的有彩色标识的
手持讲台话筒....................$15.00	计算机 LCD.....................$350.00	图标。
无线领夹式麦克风..............$60.00	视频 LCD.......................$400.00	
无线手持麦克风..............$60.00	2000 流明 LCD................$550.00	
对讲电话	**演示辅助工具**	
免提电话（6 人）................$30.00	只有支架.......................$10.00	
宝力通系统（20 人）............$75.00	活动挂图（衬垫 & 支架）.......$25.00	
根特纳系统（大群体）..........$250.00	白板.........................$20.00	
	软木公告板...................$15.00	

（续）

音响视频		
录音机	**推车与支架**	
便携式盒式录音机.....................$15.00	投影仪推车.............................$15.00	
立体声盒式录音机.....................$40.00	TV/VCR 推车 $20.00	
CD 播放机.................................$40.00	安全支架（可调节式）............$10.00	
摄像机	**其他信息：**	
便携式摄影机.........................$100.00	电话： （435）655-9898	
数码摄像机.............................$550.00	传真： （435）655-9899	

亚罗度假酒店和 Wasach 视听公司签订为会议承办人提供视听设备的合约。内包承包商在酒店内经营一个部门。

资料来源：美国犹他州帕克市亚罗度假酒店提供。

首先需要去协调服务。另外，为了长久地辨认酒店设备，下一步要对设备进行合理分类，可以使用贴花纸或者永久性有染料印记的蜡纸。很多有内包视听部门的酒店利用条形码来管理设备库存和设备账单处理。设备的每种类型都用它自己的条形码标记出来，这样就可以扫描生成一份报表，利用这份报表可以知道这些设备在哪里、哪些类型被使用，及时合算费用并把费用添加到客户账单里。

如果将责任分派给具体的个人，那么从安全和维护的角度，酒店自有的设备就能得到更好经营。在维护和使用这些设备，工作人员应该接受专业的培训。大会销售和服务的每个人都应该熟悉大部分会议所需要的设备。设备的供应商应该负责培训酒店相关人员，这个培训仅仅是简单的示范说明而非冗长的课程。视听设备制造商的技术代表可以通过经销商给酒店提供建议和培训援助。

视听设备的类型

现在会议使用的视听设备变化范围可以从简单的海报到复杂的计算机生成的多媒体演示。在这一部分，我们研究通常会被会议承办人使用的各种视听设备类型，并且讨论每种设备如何帮助召开一场成功的会议。

音响系统

音响系统是大多数酒店都会配置的一种视听系统。麦克风、麦克风支架、扩音器和扬声器一般是酒店员工会第一批购置的视听设备。

高质量的扩音系统是必需的。扬声器应该被分散放置以确保无声音"死点"。当音响系统和投影设备一起使用时，应该和屏幕放置在相同的区域。研究已表明，当声音和影像来自同一个方位时，对于相同内容人们能有更好的理解。

　　需要准备各种各样的麦克风、支架、长缆线以满足会议需求。在贵宾桌或演讲台上为每一个或每两个小组成员备一个麦克风，或者为提问问题的观众提供几个麦克风，这些都是必要的。理想状态是会议主持人和每个小组的每一位发言人都应该有一个麦克风；如果这样成本过高，那么只能是每 2 ~ 3 个人使用一个麦克风（这些要使用麦克风的人应该提前被提醒到距离他自己最近的麦克风那里发言）。

　　除了最新的设备外，你使用任何设备都应该做存货清查并列一份设备清单，这份清单总结了哪些设备处于良好状态能够随时使用。向咨询顾问咨询有关音响系统的信息，找出最基本的库存由哪些部分组成，与有经验的大会组织者讨论这个问题。

　　任何基本库存都应该包含各种各样的麦克风。领夹麦很受发言人们的欢迎，因为它可以用一根线勾挂在脖子上，这样手就可以空闲出来。这种类型的麦克风又叫作领夹式、鹅颈式或吊坠式麦克风，它有很多种可供选择的悬挂位置。然而最好的选择就是麦克风头部尽量靠近发言人的嘴巴——男士应该将它们放在领带或者外套翻领上，女士应该将它们放在衬衣或者外套翻领的上部分。

　　所有公共广播系统中（讲台、桌子和落地话筒）麦克风都应该是单路的。单路麦只从一个方向（发言人）获取声音，背景噪声（来自旁边或者麦克风后面的声音）被屏蔽。风屏（多孔屏幕）也可以减少噪声，如击打声和爆破声。

　　落地式麦克风是可以不依靠任何支撑物站立的，而且可以调节高度和角度。落地式麦克风有一个套筒或者颈圈，这个可以使话筒很容易地被放置在站杆上。这种多方位（指麦克风可以从多方向获得声音）类型的麦克风，一般给提问或做评论的观众使用（这种情况下一般被放置在过道上）或者给在演讲台或舞台上的演讲者或表演者使用。

　　漫游式麦克风一般用于处在不同位置之间的观众间传递，也可以放置在落地支架上。有些类型需要长的缆线以保证能到达观众位置，但是一些会议承办人在需要使用漫游式麦克风时更喜欢用无线麦克风。无线麦克风有两种类型：特高频 (UHF) 和甚高频 (VHF)。通常都更偏爱特高频无线麦克风，但是两种都可以有效地工作并且可以自由移动。无线麦克风能够很方便地在会场自由移动而不用担心缆线问题（尽管你可能必须确认这些麦克风是否有充足的电），但是在某些情况下，比起带缆线的麦克风这种麦克风更贵，如果无线麦克风没有音量调节，那么就需要音频混音器来调控声音。为了避免这些问题，给出的最好建议就是会议承办人应适当准备缆线以做备用。

　　桌面麦克风有一个短支架，可以倚靠在桌子、办公桌或演讲台上（因此，这种麦克风有时被叫作讲台话筒）。这种麦克风通常靠近佩戴鹅颈式麦克风的人，这样就能使更多的发言人使用离他位置更近的话筒。

每一个房间的麦克风都应该被检测以确保信号不是来自邻近的话筒。由于无线麦克风会产生问题，所以只有在麦克风需要自由移动时才会被使用。信号干扰有很多原因：房间内的金属组织、墙内的金属丝网，甚至悬吊式天花板都可能使声音遭到破坏或失真。即使是价格不菲的设备也可能会面临信号弱、声音质量差的问题，就像是电池没电一样。那么，如果要使用无线麦克风，最明智的选择就是备有一个支撑系统可以随时被使用（如有线颈挂式麦克风）。

所有缆线都应该贴近地面或者地毯以避免在黑暗的屋子里移动时发生意外。最重要的是要避免缆线穿过讲台。从舞台前方连接连接器，并把它们隐藏在台裙里。

在大会期间应该有一个服务人员，这样可以帮助在场人员处理大事件，也可以帮助解决小事件，例如，研习班。

所有系统都要被安装并测试好。设备不可能永远是完好无损的，所以应该备有多余的麦克风。确认大会组织是否委派某人负责音量控制和麦克风分配。扩音设备对会议成功至关重要，也是测试流程的一个重要部分。在某些情况如某些地方需要各种各样的麦克风或者当会议需要被录音时，将需要音响技术员调控一个混音板；混音板（声音板）升高或降低每一个输入的声音音量；把它放置在观众中以便技术员可以确切听到观众所听到的内容。一般来说，2 ~ 4 个麦克风需要 1 个混音器，5 ~ 8 个麦克风需要 2 个混音器。

如果酒店播放背景音乐或者使用分页系统，你要确保在每个会议室都可以控制或者消除这样的干扰。这是必要的。很多会议室被临时墙隔开，控制装置只在一个分区。会议承办人可能不知道哪部分有控制装置，应确认大会组织者的员工管理这部分。

灯光

灯光设备需要被一个专门人员负责。如果酒店有永久性的舞台，专业的服务公司应该被聘请来负责整个灯光设施。但是大多数情况下，演讲台是临时搭建的，那么灯光设备必须在架子上安装。如果演讲台总是在某个房间的相同位置，那么永久性的灯光展位可以被构架和安装。即使在较小的房间里也需要好的灯光设备以提高演讲报告屏幕的可视性。

既然技术细节是由灯光设备的专业性决定的，那么大会服务的管理者应该具备基本的工作知识和使用灯光设备的工作能力。

小房间内的灯光设备是简单的；大房间和观众席上的灯光设备要更复杂。工会条例认可这条规律。例如，当大房间使用舞台灯光时，需要分派专门人员负责光点使用等。小房间里简单的安装就不需要专门人员。不要忘记告诉客户关于联合条例和费用的相关信息。

灯光的基本类型包括侧面光、追光灯、泛光灯、特效灯光。背景效果灯又叫作椭圆柱灯光。有500～1000瓦的灯泡被安装在天花板上。碘钨灯通常用在照亮演讲台、标志和最靠近观众席的舞台区域，用于投射背景光带（滤色器被经常用于这个功能）。背景效果灯有时加上定制的遮光灯片投影效果，如打出企业 Logo。

追光灯是"大炮"形状的、可移动的照明设备，通常放置在观众席的后面。一般用来突出和追踪演讲者或者表演者，这就需要一个专业技师来负责以确保增加的这种视觉效果得以保持。这类灯光十分耀眼，可能会使用滤色器去除各种影响。

泛光灯一般用于照亮物体而不是人，通常被用于照亮背景布幕（或被称作天幕）起充当中间背景的作用。泛光灯通常用于产生分散的微弱的光，为了有不同的效果其结构内可以容纳滤色器。Par 灯最常被使用泛光灯。各类灯光的运用都可以选择这种类型的泛光灯，满足从大区域的情景和气氛的灯光到只在舞台前部分作为创造情境和气氛背景情境的灯光。另外，把凝胶插入里面能产生颜色，创造出一种喜剧效果。

特效灯同时用于照明和创造气氛。圆形舞台、闪光灯、紫外线、激光灯能创造出很多效果，这能增强特殊功能，可以为视觉效果增添色彩。

计算机灯通常被称作智能照明，可以通过触摸按钮实现多种功能。尽管相比传统灯光设备，智能灯光设备意味着要花费更多，但是由于它自身的便利性使它成为受酒店欢迎的选择，经常被用于需要复杂灯光效果的主题聚会和大型展销会。

房间灯光设备调光器对于会议室是必需的。与会人员需要局部照明来做笔记，同时要确保屏幕上的投影能看清。控制板在被用于平衡灯光的同时达到预期效果，要使用复杂调控板，这可能就需要专门技术人员。

屏幕

投影屏幕一般由酒店购买。大一些的屏幕必须是为大房间量身定制的，尤其是那些受低天花板限制的房间。表15-2提供了在不同情况下屏幕大小的选择，可以帮助你决定在哪里安装屏幕最合适。

有很多规则用于决定座位容量和屏幕位置。最常用的两种是5英尺（1英尺＝0.3米）规则和二八规则。

5英尺规则是说从屏幕底部到地面的最小距离是5英尺，坐在座位上的人的平均高度是4英尺6英寸。因此，想要清楚地看清屏幕，屏幕最底端到地面的距离最小必须是5英尺。

二八规则是说座位不应该被安排在小于屏幕高度两倍远或大于屏幕高度八倍远的地方。例如，如果会议室的天花板高15英尺，投影屏幕最大高度是10英尺，如果使用 7.5 英尺高 10 英尺宽的屏幕，那么距离屏幕最远的座位不能多于 60 英尺，最近座位的距离不能小于 15 英尺。屏幕尺寸通常先标示高，所以 7 × 10' 规格的屏幕表示 7 英尺高 10 英尺宽的屏幕。

其他指南也应该用于确定最大可见度。第一，从投影仪到屏幕的距离最小应该是屏幕宽度的 1.5 倍。第二，投影平台必须能抬高投影仪至少到屏幕的最低端。第三，投影平台应该被放置在和屏幕呈 90° 角的地方。

表 15-2　指导屏幕大小选择和座位距离屏幕距离

选择屏幕尺寸 要充分利用各类投影仪的优势，房间大小和选择一个合适的屏幕面一样重要。现在短的投影透镜和大的房间可能更匹配，相比以前能够产生更加栩栩如生的投影效果。例如，一个 4 英寸的镜头投射一个 35 毫米的幻灯片到 60 英寸高和宽的屏幕上只需 15 英尺的距离。变焦投影仪需要更大的屏幕以满足其最大的性能。以下图表精确地指导如何选择屏幕尺寸。屏幕尺寸的选择以要投影的最大尺寸的幻灯片或影片为基础确定。

16毫米影片

镜头焦距	投射距离	屏幕宽度			
		40"	50"	60"	70"
1"		9'	11'	13'	16'
1½"		13'	17'	20'	23'
2"		18'	22'	26'	31'
2½"		22'	27'	33'	38'
3"		26'	33'	40'	46'
3½"		31'	38'	46'	54'
4"		35'	44'	53'	61'

35毫米幻灯片

镜头焦距	投射距离	屏幕宽度			
		40"	50"	60"	70"
3"		7'	9'	11'	13'
4"		10'	12'	15'	17'
5"		12'	16'	19'	22'
6"		15'	19'	22'	26'
7"		17'	22'	26'	30'
8"		20'	25'	30'	35'

观众容量

最远的座位——屏幕高度的 8 倍。是选择适合任何房间的理想的屏幕时首先考虑的（假设镜头选择）。

最近的座位——屏幕高度的 2 倍。

观众容量——过道空间被扣除后每个人有 1 平方米（假定理想座位安排）。

屏幕型号	距离屏幕最远座位	距离屏幕最近座位	观众容量	座位空间面积
6' x 8'	48'	12'	150	1500
7½' x 10'	60'	15'	200	2000
9' x 12'	72'	18'	300	3000
10½' x 14'	84'	21'	500	5000
12' x 16'	96'	24'	750	7500
15' x 20'	120'	30'	1500	15000

屏幕布置有三种选择：舞台的中心、中心舞台的一边或者在角落里。在决定屏幕放置位置时，最重要的是考虑在演示过程中哪个更重要——是演讲者还是屏幕上的信息。例如，如果演讲者正在做培训，那么屏幕应该被放置在中心位置并且演讲者站在或坐在旁边。如果发言人非常有激情或者是其他特约嘉宾，那么他们就应该是重点，屏幕就应该被放置在边缘。当使用后屏幕投影时，通常作为一种节约空间的方式会将屏幕放置在角落里。

座位安排肯定想要达到满足观众能观看到屏幕的最佳效果的状态（图15-2）。最佳视角为450°~90°。22°~45°也可以接受，尤其是对演讲者来说，屏幕上演示内容被放在第二位时。小于22°的角度是不能接受的，因为这一范围的角度不便于阅读屏幕上的内容。

当放置屏幕时，也应该确保不阻塞安全出口，并且荧光出口标识或其他明亮物不从屏幕背面射穿。在屏幕上越暗的地方，投影影像越明亮。此外，因为大多数人是惯用右手的，所以将屏幕放置在演讲者的右边，这样可以使他方便地使用他的右手指示投影资料。

有很多种类型的屏幕都可用。表15-3对比了最常用的屏幕类型的优缺点：

- 快速折叠式屏幕；
- 壁挂 / 天花板式屏幕；
- 支架式屏幕。

大屏幕最受欢迎的就是快速折叠式，可以达到9米高。带有可伸缩脚架的屏幕可以调节距离地面的高度（或者可以悬挂在天花板上）。如果维护得当就可以使用很长时间，而且稍微小点的快速折叠式屏幕代表相对较少的投资。地方视听经销商提供巨大的屏幕可能有困难，但是提供小屏幕是没有问题的。

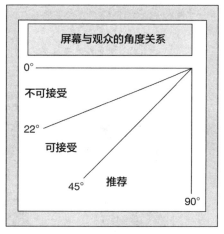

图 15-2　屏幕与关众的角度关系

如果在移动投影幕的四周装饰垂幕，那么可以移动投影幕也可以制作出"电影院"效果。放在屏幕顶端和周边的垂幕帷幔会增加垂幕的重量，不过可以用额外的支架解决这个问题。使用垂幕帷幔会增加成本费用，会议承办人要根据会议的效果要求决定是否采用，一般如果是全体大会或专业会议多半的背景设计会有这种要求。

壁挂 / 天花板式屏幕有很多型号，被设计成可以用钩子或线安装在墙上或天花板上。这种类型的屏幕便宜而且有金属管外壳使其容易存储。它们很像老式的百叶窗。

支架式屏幕，有像壁挂式屏幕一样的金属管，被安装在永久性可折叠三角支架中以使它们可以被放置在任何地方。轻便、可手提、通用，并且便宜等优点使它们广泛地被应用于小型会议中。使用支架式屏幕时，应该向前或向后倾斜以避免梯形失真，失真结果是投影出的影像顶部明显比底部宽并且对焦不准确。屏幕底部应该带有裙板以此呈现出更专业的影像效果。

当下投影布种类有很多种。最受欢迎的是玻珠幕（白色），它能提供极好的亮度。正如名字所暗示的，这种屏幕表面覆盖着细小的玻璃珠，可以呈现出明亮的影像。这种屏幕的缺点是它们的观看角度狭小。磨砂屏幕可以从更广的角度提供投射影像，这对处在小房间内的一些和屏幕成锐角关系的座位很重要，是最常使用的屏幕类型。银质金属双凸透镜状荧光幕表面结合了这两种类型的特点，提供最大的明亮度和更宽的采光角度。它们比其他类型的屏幕稍微贵些。任何当地视听经销商都能协助酒店选择适当的屏幕。

表 15-3　不同类型的屏幕优点／缺点

屏幕类型	优点	缺点	观众规模
快速折叠式	极好的展示效果 大型号可使用 可用于背投 有垂幕帷幔能美化外观效果	更贵 无抗梯形失真设备可使用 更加拥挤	6'×8'——最多容纳 150 人 7.5'×10'——最多容纳 200 人 9'×12'——最多容纳 300 人 10.5'×14'——最多容纳 500 人 12'×16'——最多容纳 750 人 15'×20'——最多容纳 1500 人
壁挂／天花板式	通常是免费的 大型号可使用	屏幕不能移动 会议室必须在屏幕周围	观众人数依据屏幕大小变化
支架式	便宜 防梯形失真 小于 2.4 米大小可安装 快速安装	最大尺寸为 2.4 米 缺乏吸引力 不能使用完整垂幕帷幔 不可背投	60"×60"——最多容纳 25 人 70"×70"——最多容纳 50 人 84"×84"——最多容纳 100 人 96"×96"——最多容纳 150 人

支架式屏幕　　　　　标准快速折叠屏幕系统　　　　　壁挂／天花板电子屏幕

不同类型的屏幕有其固有的优缺点，在决定会议演示时使用何种类型的屏幕最合适时一定要考虑这个问题。这个表格提供了一个"一眼"能看出差异的简单参考。

资料来源：由特丽有限公司提供。资料使用得到允许。

幻灯片放映器

幻灯片放映器曾一度是会议产业的支柱，但是现在它们正逐渐被高科技计算机放映系统所代替。在幻灯片被使用的日子里，最受欢迎的选择是35毫米、80片循环式幻灯机。

遥控装置经常被用于幻灯片放映器。有线或无线遥感装置都可以使用，无线遥控给演讲者提供更多的活动空间。当使用遥控装置时，需要一个助理在放映器附近以防机器失灵。

当两个或多个放映器同时使用时需要一个切换器。当两台或者更多的幻灯片放映器在同一屏幕上放映时，叠入设备能够激活幻灯片渐入和渐出，使播放有序。当只有一台放映机时，叠入设备常被会议承办人用来避免幻灯片间的空白。当多组幻灯片放映器被同时使用时，录像带和幻灯片放映器可以同时使用，在恰当的时候，磁带信号会激活幻灯片放映器。

为了确保设备的正常运行，大会服务管理者也应该具备幻灯片放映器系统组件的应用知识。例如，镜头通常是4～6的变焦镜头，但是如果需要投射较长的距离，那么大一点的镜头也是可以的。专业镜头的价格通常是不菲的，如果需要非标准镜头可以租用视听公司的。

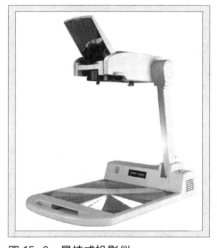

大多数幻灯片放映器使用石英卤素灯泡，但是当亮度需要提高时氙灯泡也是可以的（例如，需要长距离投射时）。然而，氙灯泡是比较危险的，它里面充满高压气体，最好是经验丰富的人员使用和维护它。灯泡的有效性对演示至关重要，在演示过程中为避免出现灯泡爆裂事件，最明智的选择就是配有随时更换的可替代灯泡。

图15-3 悬挂式投影仪

悬挂式投影仪

悬挂式投影仪（图15-3）在教学中是最受欢迎的。这种投影仪被放置在演讲者附近并投射到他或她后面的屏幕上。悬挂式投影仪可以将任何一种类型的幻灯片投射成9英寸×9英寸（1英寸＝2.5厘米）大小的。这种类型的投影仪相对便宜而且不易损坏。

在悬挂式投影仪领域中最通用的一种类型是计算机投射板面（也被称作LCD—

液晶显示器）。LCD 投影仪已经广泛取代了传统悬挂式投影仪和 35 毫米幻灯片放映器,它被应用于 PowerPoint 和网络演示。最特别的附加功能就是可以连接个人计算机,无论计算机显示器显示什么都可以显示到屏幕上。这个设备不仅可以使影像变大以方便观众观看, 也可以在操作者的控制下储存和删除数据（图 15-4）。

尽管大多数会议承办人都精通会议室布置，但偶尔会调用大会服务经理来对视听设备的放置位置提出建议。没有什么能比投影仪和屏幕不恰当的摆放位置更能破坏一场会议的效果了。

没有人想要在演讲者解释阐明图像时只能看别人的后脑勺。遮挡视线的问题可以用改变视听设备放置位置的方法轻松解决。

图 15-4　液晶显示器（LCD）技术

使用液晶显示器（LCD）技术可以使来自计算机显示器的图像投映在一个更大的屏幕上。LCD 屏幕通常和悬挂式投影仪一起使用，LCD 投影仪有内置光源。

图 15-5 演示说明悬挂式投影仪的最佳放置位置，这样放置演讲者就不会挡住观众的视线。图 15-6 展示悬挂式投影仪、幻灯片或影片放映器和电影放映器的最佳放置位置。认真、仔细、全面地学习这些设备的位置，因为带有可视化技术的沟通最重要的就是要有一个良好的可见度。

背投

背投已被广泛使用。观众依旧可以从前方观看图片（或被放映的幻灯片、影片、视频等）（图 15-7），但是投影仪是在屏幕后面被安装的。酒店可以使用挂帘或者类似于房间隔架的东西把一个房间中的一部分与其他地方分割开来。观众坐在划分开的一边，投影仪放在另一边。半透明的背投幕是由帷幕构架成的，投影设施藏在没有灯光的后边。

最常见的便携式背投设备有三种：Telex 的 Caramate、柯达的 Audioviewer 和 Bell & Howell 的 Ringmaster。这些设备类似于小型电视机，幻灯片可以提前手动放置，或通过类似录音磁带的模式提前设定无声流程控制。

背投的最主要优势是设备是隐藏的，不需要再占用过道空间。此外，投影设备在全黑的空间里，不受观众区灯光影响。缺点是房间不能全部用来安排座位（使用后视投影仪时，安排座位的建筑面积大概会减少 1/3）。另外一个缺点是背投区需要一个全黑的环境，需要用遮光幕将侧面四周全部遮住。另外，如果屏幕后面的空间是有限的，那么就需要一个价格不菲的广角镜头。然而，积极的一面是：后视投影仪使演讲者有更多的移动自由，演示效果更好，因为观众找不到背景图像的来源。

视频投影仪

当会议上要播放影片时，通常使用 16 毫米型放映器。幸运的是，任何 16 毫米的影片可以在任何 16 毫米放映器上播放。

投影仪的音响一般效果都不太理想，在稍微大些的会议室，需要用额外的音响设备。为了更好的效果，可以将来自 16 毫米投影仪的音频接到酒店会议室自带的音响系统中。

使用影视播放器时通常需要一个操作人员将影带放入播放器中，尽管有些播放器有自动收取系统（大多数大会服务部门更喜欢使用的）。然而，为保险起见，在使用自动播放系统时为防止出现失灵情况，就需要一个训练有素的投影技术人员在场。

当使用影视播放器时，另外一个需要考虑的就是照明系统。像幻灯片播放器，当放映距离较远时，就需要高亮度的灯泡。当放映效果需要更加清晰时，通常使用 MARC 播放器（mazda closed arc），但是对长距离

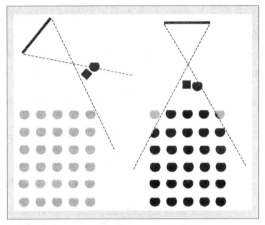

图 15-5　使用悬挂式投影仪时的座位安排

当使用悬挂式投影仪时，应该安排好房间位置以确保观众观看屏幕的视线不被演讲者和投影仪挡住。座位安排在左侧最方便于观看。

资料来源：3M 公司提供。

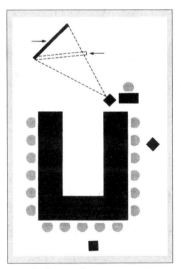

图 15-6　多媒体设备 U 形设置

在 U 形桌会议室中悬挂式投影仪、幻灯片放映器或影片放映器的最好放置位置。

放映来说 Xenon 16 毫米播放器是最好的（使用这个设备时需要专业的放映技术人员操作）。

在会议开始之前检查房间设施和视听设备的情况，对大会服务经理来说是明智的。他应该检查：

- 屏幕：检查屏幕是否在所有观众的上方以使所有观众都能在他所坐的地方清楚地看到屏幕；
- 放映器：检查放映器是否放置稳固并准备备用灯泡；
- 演讲者：确认他是否已经到位；
- 电线：确保它们不在过道上并已将其隐藏起来。

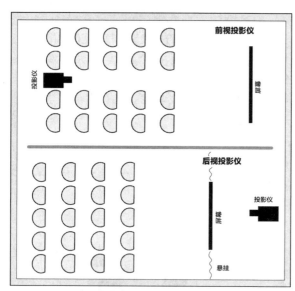

图 15-7 两种一般的投影仪系统的对比

详细地说明了两种普通投影仪的优点和缺点。前视投影仪的优点是不会占用很多空间，缺点是可能受到干扰（如当与会者从投影光束下穿过时）而且演讲者和与会者有被缆线或其他设备绊倒的危险。使用后视投影仪，因不需要在较黑的环境下进行，所有与会者可以做笔记。此类投影仪的最大缺点是它的尺寸，不仅占据很大空间（在屏幕后面 5 ~ 9 米），而且屏幕后面的区域必须是完全黑暗的，这样就减少了安排座位的面积。另外一个缺点是，需要专门的投影镜头，这又额外增加了部分费用。

录像与 DVD 播放器

随着越来越多的会议演示使用录像带和 DVD，很多酒店发现提供录像回放设备和支持是必要的。

录像放映器和 DVD 放映器对所有需要观看录像带或数字影碟会议群体都是必不可少的，不仅仅只针对小型会议。一个配套齐全的视频投影仪有 1.8 米长的弧形屏幕，能够使多达 100 个人清楚地看到屏幕。

当这些设备被用于大型会议时，在较大的会议室通常使用单独的影视或 DVD 投影仪和快速折叠投影屏幕，这样的放映效果会更好。它能提供 3.6 米宽的高质量影像，并且在前后放映器上都能使用。

在体育场和其他更大的区域所使用的投影仪必须是光阀视频投影仪。这种类型的投影仪向上投射出高达 120 米的光，生成大概 12 米宽的影像。购买这种类型的投影仪是不可取的，需要时租赁即可。

在小规模会议中可以使用电视机。电视机被分为两类：显示器和接收器。

显示器没有转换器，转码信号直接来自录像机、DVD 机或者摄影机。虽然电视显示器比电视接收器贵，但由于它们能生成清晰分明的影像，所以经常被会议承办人要求配备。下一个级别的视频显示器是高清晰度电视（HDTV）和等离子屏幕。这种显示器尺寸上有 8 厘米厚，最高达到 200 厘米厚。尽管这类型的显示器昂贵，但越来越多的会议承办人会使用它们。

接收器通常被用于转码和再生电视信号，但是如果没有录像带播放器将不能播放录像带。尽管电视接收器内有音频系统，但这只是一种很普通的特性；它出彩之处在于，可以在本身的音响系统中加入补丁音响而不是只依靠设备的音频系统。

来自录像带的信号能够分配给很多显示器和电视接收器，设备的数量取决于观众的数量。一般的经验法则是每 64 厘米大小的可以有 25 位观众使用，每 64 ~ 132 厘米大小的可以有 50 位观众使用。

既然视频播放已经被广泛地使用，那么酒店配有现成的可兼容的磁带设备对自身经营来讲是重要的。在美国基本的使用类型有：

- DVD（数码影碟）：现成的，在消费市场很受欢迎，并且可以很方便地在家用计算机和 DVD 播放器上浏览。
- VHS（家用视频系统）：使用 1.3 厘米磁带，在引进 DVD 之前是会议承办人最喜爱的类型。
- Betacam, Beta SP（Beta 带）：是演示文稿最常用的视频形式。
- U-Matic 或 Industrial：使用 1.9 厘米磁带，相比 VHS 能产生更优质的图像。这一类型通常用于教学。
- 播放视频（Broadcast video）：2.5 厘米或 5 厘米磁带，主要是被电视台和制片公司应用，极少被会议承办人使用。
- 超 8 视频（Video 8）：索尼公司另一种产品，使用小的盒式磁带（比标准的录音带稍微大些）。这种类型极少被使用，但可能在空间极其珍贵的展览会上被发现。

最重要的是，要注意到这些磁带类型没有一种与其他所有类型都匹配。如果演讲者或发言人是来自国外，那么问题可能就出现了。在美国 VHS 和 DVD 适用于美国国家电视标准委员会（NTSC）标准，但是在欧洲、非洲、澳大利亚和东南亚地区是使用帕尔（PAL）标准，在俄罗斯、法国和中东地区是使用赛康制（SECAM）标准的。购置相应的设备去匹配国外的标准是不切实际的，但是大会服务部门可以了解相应的视听设备供应商，这样在需要时这些供应商就能提供所需要的设备。

计算机演示投影设备

纵观整个会议产业，计算机演示已经处在一个飞速的发展阶段。幻灯片、胶卷和投影胶片正逐渐被计算机投影所取代。

基于个人计算机的演示类型主要有两种：液晶显示器（LCD）计算机显示板和计算机投影仪。

液晶显示器计算机显示板，在前面的章节已经讨论过，它是置于悬挂式投影仪上方。LCD显示幕和计算机相连，计算机屏幕上的图像之后会显示在悬挂式投影仪上。

在最近的改革中，很多会议承办人更加青睐计算机数码投影仪（图15-8）。这些单机投影仪内部配有自己的光源系统，计算机可以直接插入。这样在使用这些设备时就不需要悬挂式投影仪。

这种类型的幻灯片常常使用计算机程序，例如，微软幻灯片软件。这种程序允许颜色、动画和表格从计算机里中投射到屏幕上。

图 15-8　计算机数码投影仪

一种更高级的投影仪是 DLP 投影仪（数字光投影仪），在有大屏幕的大多功能室被使用。DLP 的优点是更加轻便（1.4 ~ 3.6 千克重），更加方便携带，更加明亮（光线最强的部分的输出高达15000 流明），更加清晰的画面质量。虽然更贵，但是在远距离投射时能提供更好的分辨率。

投影仪支架

投影仪需要被放置在某物体上，可以放在桌子上，但最常用和方便的是放置在专门的投影仪桌子或支架上。可以分为可折叠的和固定的等不同类型。有些带有脚轮，这样方便移动，带有支架的投影仪可以被放置在屋内的任何地方。

投影仪支架有两种最基本类型：固定支架和可移动支架。对大投影仪来说，固定支架是比较理想的，其带有四条可伸缩的支柱，可调节高度多达到 140 厘米。滚动支架有几个固定高度，81 厘米和 137 厘米高度的是最常用的。81 厘米高度的滚动支架对悬挂式投影仪是理想的，而137厘米高度的通常被用于电视显示器。当使用滚动支架时，不管高度如何，推车的较低部分应该用遮挡裙边包裹起来（遮挡裙边也可以被用于投影仪屏幕的底部）。

对大一些的房间来说，可以建造成永久的放映室。表15-2可以帮助你根据投影仪布设位置选择合适的投影仪镜头规模。长距离投射的超长焦距的镜头不需要总储备着，在需要时可以向当地视听供应商租借。要了解本地关于视频投影的相关消防和工会规定。

多媒体演示设备

这个概念是使用了视听设备的几种类型从而产生视觉/音响设备的概念。多媒体变化范围可以从非常简单的系统到高度复杂的系统，大会服务经理应该对会议承办人所需要的设施基本类型有所了解。

最简单的多媒体形式是影音同步器，即让磁带与幻灯片自动同步，以便在幻灯片演示时能有背景音响或画外音说明。

幻灯片放映器通常也会与叠入器一起使用。叠入器选择2～3个幻灯片放映器投射相同的屏幕。这些设备渐出和渐入影像共同创造流畅的多媒体演示效果。

在多媒体设备中程序设计师是最重要的。计算机控制系统可以将音轨与多个视频进行同步，制造出惊人炫目的效果。就像视频越来越多地取代了幻灯片一样，多媒体已经越来越多地作为一个互动工具被人们运用。

同声传译设备

如今会议的范围越来越国际化，很多酒店意识到提供同声传译设备是必要的。这涉及将发言者的话翻译成与会者的语言，同时需要专门的设备和人员。

在大多情况下，发言人对在隔音间的与会者和口译者发言，通过无线耳机转播发言者所说的话给与会者。隔间和所需要的耳机的数量取决于会议所需要的语言的数量。

如今的技术已经提高到这样的阶段：环状天线可以在某具体区域内使用，在这个区域内与会者可以听到他们的语言。红外信号也可以被使用来发送语言给与会者。另外一种技术就是多重频道选择，可以使与会者在不同语言频道中来回转换。

因为设备（隔音间、耳机和天线或红外辐射器）和人员（口译者和技术人员），同声传译设备很昂贵，但尽管如此，在当今不断增长的国际会议世界中，越来越多的会议承办人需要这项服务，酒店提供这项服务可以在不断发展并有利可图的市场中分一杯羹。

虚拟会议设备

图 15-9　虚拟会议

随着会议数量不断增长，会议承办人发现将所有与会者集合到一起亲自参加会议几乎是不可能的或者说成本高昂。时间冲突和高昂的差旅费是举行虚拟会议（图 15-9）最主要的因素。由《会议与公约》杂志统计的会议市场报告，最近一期显示大约有 25% 的会议承办人使用虚拟会议。

虚拟会议可以宽泛地被定义为用电子连接处在不同地方的几个人，四种最基本的分类：音频会议、声像会议、视频会议和网络会议。

音频会议，最基本的类型，通常在预算是最主要的考虑因素时使用。音频会议就是简单地利用电话线和免提电话将在不同地方的几部分参会人员连接起来。发言者能够给在不同地点的参会人员做演示，通过直接与会议中使用的电话线或远程转播站连接的免提电话或者专业麦克风和音响系统连接。

声像会议通常在规划会议、项目评审和发布会上被使用，因为它结合使用了音频交互功能和视觉功能。特别设计的会议室具有通过电视显示器向其他远程地点"展示"文件、幻灯片和物件的能力。

视频卫星会议提供全动态、面对面的网络交流，这是虚拟会议中最昂贵和复杂的类型。远程站点通过卫星技术相连接，现在很多酒店提供这一类型的网络会议。

视频会议涉及相当大的开支。第一，需要提供完整的视频制作，其中包括多台摄影机、技术人员和特效设备。第二，在每个会场都需要提供回放系统。这个设备涉及多个视频监控器或者影视放映机。第三，需要上行 / 下行链路和卫星设施。专业设备（电话线、电缆或微波系统）从起点向卫星天线（"上行链路"或"地球站"）发送信号，这样就把图像发送到卫星上了（距离地球 35000 公里或者更远）。信号被转调器（卫星上的一个接入点）接收，频率改变，在信号接收前在每一个远程站内信号被发送到卫星天线（"下行链路"），再次通过电话线、电缆或微波系统到达远程接收器内。

尽管这一过程需要巨大的前期投入，但很多酒店仍然觉得这样做是值得的，购买或者租赁上行链路系统或者寻找其他方式来提供视频会议服务。例如，喜来登度假酒店与 VueCom 公司合作，这家公司就可以提供高速光纤传输的视频会议服务。多种会议类型都适用这一系统，大概有 140 家酒店已经安装。

其他连锁酒店，例如万豪、威斯汀和凯悦，目前都提供视频会议或者正在引进这项服务。投资这项技术在未来可能得到回报，像在逆境中——燃料危机、萧条的经济趋势或者在商业界的其他消极变动——使视频会议代替需要支付高昂差旅费的会议成为可能。

最新的可供选择的面对面会议是网络会议。网络会议指的是在互联网上进行会议、活动或研讨课。基于网络的演示是利用互联网连接而不是卫星站。主办方可以节约时间、节约差旅费，"与会人员"可以不用离开他们的办公室就能参加会议，并且比起卫星上行／下行链路服务进入互联网的成本更低。

发言人连接进入互联网有很多不同的方式。通过电话线连接是最简单、最便宜但速度最慢的形式。很多承办人发现这种方式速度太慢，所以他们更倾向使用 ISDN（局域网）进行高速连接，T1 或 T3 线（T1 运行能力比 ISDN 高，并能被"分开"去同时供应几个使用者；T3 比 T1 还快，允许以更快的速度执行更多的任务）。因为这些线路可以保证网络信息可以很快地出现在计算机和投影屏幕上，所以很多酒店的会议室和会议中心都安装有这类型的缆线。图 15-10 展示了在美国亚利桑那州斯科茨代尔的 Chaparral 度假酒店是如何提供会议技术的，其中包括 ISDN、音响、基于 T1 速度的调制解调器。

备件

如果你拥有自己的投影仪——幻灯片的、影视的、视频的、基于计算机的或悬挂式的——你应该备有备用灯泡。如果酒店没有有线断路器，那么考虑备有一个熔断器。在大会服务的工作人员应该知道如何挑选合适的灯泡更换烧坏的这个，并指导其他人投影仪的操作。注意这些细节对会议承办人来说是十分重要的（表 15-4）。

其他演示设备

当然，并不是所有的演示都通过影片进行展示。很多演讲者使用黑板。虽然称它们

图 15-10　高速网络服务

现在会议承办人通常需要高网速访问展示会，方便来自其他地方的参会者观看计算机和投影仪屏幕。酒店会场和会议中心正在满足这种需求，通过安装或进行升级它们的一流设施和高网速互联网服务。

资料来源：由斯科茨代尔 Chaparral 度假酒店提供，使用经过允许。

为黑板，但目前大多数都是绿色环保材料的。黑板可以永久安装，悬挂在墙上，或者放在三脚黑板架上使用。确保黑板被清洗干净，并准备好粉笔和黑板擦。为了使演示过程更生动，彩色粉笔可能比只使用白色或黄色粉笔更能达到表达效果。为会议承办人提供一流的黑板和黑板擦是酒店的责任。这些设备如果处在需要维修的阶段，会非常不雅观而且很难使用。

白板比黑板更加干净，而且可以被用作临时性投影仪屏幕，同时更方便阅读，更容易修改板面上展示的内容。可以使用白板笔代替粉笔，很多白板像格子纸一样被标上格子，这样发言人就能很容易地在白板上沿着直线涂写。

电子版本的白板也是可用的。例如，松下 Panofax，能在它上面再现任何写过或录制过的内容。当想要得到演示稿时，在白板上的所有内容的影印件都可以通过板面上的按键获得。这样就不需要做大量的笔记，因为在做笔记时与会者的注意力会从演讲者所说的内容上分散开来。

表 15-4　为会议承办人解决问题

> 你的下次会议将会有个"没有对不起"的保证：
>
> 你曾经经历过在大型会议演示过程中投影仪灯泡烧毁的经历么？
>
> 我们不敢保证你的灯泡将永远不会烧毁。
>
> 但是我们能保证在手边备有多余的灯泡。视听和音响设备都是按照你要求的规格置办，并且都处于良好的工作状态。
>
> 同样地，我们也会按要求搭建会议会场，并在您适合的时间里以您需要的方式提供茶歇服务。如果这些个人要求没有按照签订的合约履行，我们将更正或者将已收取这些项目的费用从您的账单中删除。
>
> 以上是我们有关"没有对不起"保证的全部要点。我们对我们的能力有相当的信心，我们有能力解决您的会议需要，否则我们也不会做出这样的承诺。
>
> 会有专家来处理您的问题，这些专家在问题发生之前就知道怎么解决它们。一旦您登记，就会有工作人员每天 24 小时协同帮助您。
>
> 他们也会在您退房之前亲自审核您的费用。您要对每项达成协议的项目内容支付相应的费用，每项费用都有相应的文件支持。
>
> 有关我们"没有对不起"的会议保证的更多信息，您可以联系在任何参与活动的酒店的销售经理那里获得，或者填写资料并领取优惠券，或者拨打电话 1-800-Meeting 咨询。

很多会议承办人会担心小细节。这则度假酒店"没有对不起"的会议保证广告的特色是，向会议承办人保证每个酒店都做好处理任何可能产生的问题的准备——包括配备多余的灯泡到保证演讲能按照计划进行。

Gemini 黑板是白板另外一个技术发展产物。它具有将在它上面记录过的资料通过电话线发到另外一个白板上（有时另外一台设施在几公里以外）的能力。在越来越多的会议承办者转向电话会议的同时，这项应用也变得越来越受欢迎了。

如图 15-11 所示的微软纤维板，是这项技术的另外一个例子。微软纤维板和计算机相连，可以通过在板面上方角落里安装的红外线激光器储存所有书写过的内容到计算机里。通过使用条形码白板读取笔信息就可以生成，而且允许激光器追踪它们的位置和颜色。可以逐行扫描追踪读取到的信息，而且这些信息能以不同的速度回放，或者可以将这些信息储存在光盘、邮件或其他文件内。

表 15-5 流行的视听设备的优点和缺点

优点	缺点
幻灯片放映器 1. 可以用无线遥控设备进行操作。 2. 可以和音频同步录制磁带相连接进行录音。 3. 在幻灯片上能呈现出极好的彩色影像。 4. 可以计算机操控多个视频画面。 5. 可以放映出更大的影像。	1. 和视频放映器相比少了动画功能。 2. 可能会受风扇噪声的干扰。
影视放映器 1. 全动画功能。 2. 极好的色彩还原功能。 3. 可以放映大的高质量的影像。	1. 不能自动放映，除非配有自动处理设备。 2. 内置的扬声器通常质量较差；要达到预计的音响效果可能不得不用外接音响系统。
活动挂图和黑板 1. 非常便宜。 2. 不占用设置座位的空间。 3. 是头脑风暴和培训会议的理想选择。	1. 观众人数有限（50 人或更少）。 2. 凌乱并且通常很难清理。
基于计算机的投影仪 1. 大多数功能与便携式计算机一样。 2. 幻灯片和电子表格有助于形成出色的展示。 3. 可以提供互联网连接。	1. 分辨率（影像的清晰度）与幻灯片或影片不匹配。 2. 每 18 个月技术就会有更新，所以设备可能就变成老式的。 3. 不能产生和悬挂式投影仪一样的亮度，所以可能需要玻珠屏以提供更清晰的影像。
悬挂式投影仪 1. 可以在明亮的房间内使用。 2. 操作简单，并且幻灯片可以迅速地在影印机上复印出来。 3. 在演示过程中演讲者可以在幻灯片上通过加亮或标记的方式做重点演示。 4. 演讲者可以面对着观众，不需要背对观众时扭过身体来面向观众（像使用黑板或者活动挂图时一样）。	1. 来自内置的风扇噪声可能会分散与会者的注意力。 2. 呈现的色彩有限。

（续）

优点	缺点
影视放映器 1. 及时回放功能。 2. 全动画和彩色功能。 3. 操作简单。 4. 可以播放计算机信息生成的音频。	1. 回放设备的多种形式是不兼容的。 2. 放映给数量庞大的观众时有困难。

图 15-11 用于演示的高科技计算机设备

上图所展示的微软纤维板和一台计算机相连接，计算机可以储存用条形码白板读取笔写在白板上的信息。设备的回放模式像摄像文件的播放模式，同时生成的信息也可以储存在光盘、邮件或剪切到其他文件内。

铺在画架上的纸或者活动挂图通常使用软头笔、马克笔或者蜡笔书写标记。使用便携式的三脚支架总是很方便的。有专门的橱柜来放置它们。如果你有间经常用来做培训的教室，那么你会发现安装这样的活动挂图是方便的。Oravisual 公司从这些设施中做了筛选，选择出了那些经销商那里经常出售的现成的视听设备。

活动挂图尺寸通常是 69 厘米 × 86 厘米，应该在小会议室里被使用。在订购活动挂图时，大会服务部门需要把"带衬垫的活动挂图支架"字样列入说明书里，这将区分于普通"三脚支架"的订购，普通三脚支架只能支撑住普通的指示牌而不能支撑住较重的活动挂图衬垫。一些公司需要为衬垫和马克笔额外付钱，从而只免费提供支架；其他公司把所有演示需要的工具（支架、衬垫和指定颜色的马克笔）都包括在基本收费内。

从有长木质指示棒以来，指示棒已经变得越来越精致。很多演讲者使用金属指示棒，这种指示棒可以缩短到圆珠笔大小。还有的演讲者使用手持电子激光笔，这种激光笔可以从 30 米外在屏幕上投射一个箭头，允许演讲者有更大的移动自由。

另外一种用于演示、通信和培训的设备是个人计算机。大多数会议承办人意识到计算机在运输过程中很容易被损坏，转而寻求酒店帮助，希望酒店可以在工作间和培训会议上提供个人计算机（和大会现场登记一样）。

然而储存计算机的成本可能是高昂的，所以很多酒店在需要时会和当地的计算机租赁中心达成租赁协议。其他酒店建立了计算机系统，它们发现这样做能够产生充足的预订量，证实这样做是有利可图的。还有一种选择是，酒店可以和附近的计算机厂家合作。

酒店一般不会提供极其复杂的视听演示装置，例如，多屏幕且夸张奢华的演示装置。这些极其复杂的装置通常需要专家进行操作。如果你需要这样的装置，当地的视听经销商或者服务组织可以提供帮助。

在短时间内能提供例如幻灯片放映器、悬挂式投影仪、16 毫米音响、屏幕、黑板和画架等基础设施对于酒店来说已经足够了。除此之外，应该提前通知专家们并且邀请他们前来。会议承办者应该提前提供所有需要的视听设备清单。

总之，酒店应该和当地视听营销商 / 服务组织保持良好的工作关系。如果没有这样的关系，那么酒店就要考虑成立自己的库存部门。无论哪种情况，酒店都应该选择去购置最小数量的基本设备，并且培训员工保养和操作这些设备。

互联网练习

访问 Audio Visual Solutions（www.avwtelav.com）和 Presentation Services(www.psav.com) 这两家公司的网站。它们为酒店和度假地提供大量的视听服务。浏览这些网站并且回答下面问题：

1. 哪个网站提供视听术语专业词典？
2. 哪个网站是为一家主要的博览会服务公司——佛里曼公司（Freeman）提供服务的？
3. 你已经了解的有关视听设备的其他知识有哪些？

视听设备的收费标准

酒店收取视听设备的费用应该是多少，这样的单一标准是不能被确定的。外部公司的竞争和可用性、客房占有量、提供餐饮功能的程度和投资设备的数量额都是一部分变量，必须在制定政策时考虑在内。

有时候，如果使用外部提供者，客户可能会直接与视听提供者签约。其他时候，酒店可以与外部服务方签订合约并将费用沿袭给客户。无论是使用外部服务方或使用自备设备，都应该列一个价格清单给客户。这个表格详述了具体使用了哪些设备和每一件设备的价格，由此提供一个一目了然的视听设备价目表给客户(拓展阅读《视听设备清单 / 价目表样本》）。

记住，当核算价格时要把所有额外的费用计算进去，例如，运输费用、组装费用、人力成本（技术人员、混音师等）和其他各种各样的费用（例如，房间内产生的额外电费）。这些花费可以计算到设备价格中，在这种情况下你可以在表格内添加注释；或者，额外的费用可以在价格内被分开列出。

拓展阅读

视听设备清单/价目表样本

　　一个类似这样的清单能够使会议策划者一目了然地看到会议或餐饮活动将使用的设备及其总体费用。这个清单也会对饭店会议服务部的工作有所帮助，因为它提供特定日期设备使用的全局概览。

视听设备流程单

会议:美国小器具上蜡者协会　　　　　　　　　房间:全部
饭店:特色饭店　　　　　　　　　　　　　　　会议部分:
城市:哈特兰　　　　　　　　　　　　　　　　日期:199

设 备	基本价格		星期四/14	星期五/15	星期六/16	星期日/17	星期一/18	星期二/19	星期三/20	
三脚架屏幕 70"×70"		数量	5	8	6	6	7			
	$18.00		$90	$144	$108	$108	$126.00			$576.00
三脚架屏幕 84"×84"		数量	1	1	1	1	2	1		
	$24.00		$24	$24	$24	$24	$48.00	$24.00		$168.00
三脚架屏幕 96"×96"		数量						2		
	$30.00							$60.00		$60.00
CPE 速折式屏幕 10'×10'前面		数量	2	1	1	1	2			
	$55.00		$110	$55	$55	$55	$110.00			$385.00
CPE 速折式屏幕 12'×12'前面		数量	1	2	2	2	2	1		
	$85.00		$85	$170	$170	$170	$170.00	$85.00		$850.00
2×2-35mm 幻灯机 柯达 EKⅢ		数量	4	7	6	5	8			
	$27.50		$110	$192.50	$165	$137.50	$220.00			$825.00
2×2-35mm 幻灯机 柯达 EKⅢ Brightlight		数量	4	3	2	3	2	4		
	$48.00		$192	$144	$96	$144	$96.00	$192.00		$864.00
2×2-35mm 幻灯机 500瓦氙气灯		数量		1	2	1	2			
	$200.00			$200	$400	$200	$400			$1200.00
2×2长焦镜头		数量	7	7	7	7	8	4		
	$15.00		$105	$105	$105	$105	$120.00	$60.00		$600.00
安全锁支架		数量	5	9	7	6	8	1		
	$10.00		$50	$90	$70	$60	$80.00	$10.00		$360.00
高射投影仪		数量	5	10	6	5	8			
	$27.50		$137.50	$275	$165	$137.50	$220.00			$935.00
32"带帘推车		数量	5	10	4	8	11	3		
	$15.00		$75	$150	$60	$120	$165.00	$45.00		$615.00
16mm 放映机		数量	1				1			
	$35.00		$35				$35.00			$70.00

　　在任何情况下，想通过对会议承办人隐藏成本来使他措手不及是白费力的，他一定熟知视听预算，且事先应该已经确切知道这个会议大概花费。

　　工作日志应该被使用来控制视听设备的租赁过程。日志应该包含预订日期、租赁设备、交付日期、宾客名单和宴会数量。如果外包公司开账单给酒店，那么每张发票都应该通过大会服务经理审核并且在送给会计之前在工作日志上被记录。

💻 互联网练习

　　登录 Janus Displays(www.janusdisplays.com) 和 Four Winds Interactive (www.fourwindsinteractive.com) 的网站，回答下面的问题:

　　1.这两家公司分别提供什么类型的演示设备?

　　2.列出至少三家使用过以上公司数码设备的酒店。

　　3.你觉得哪一个网站设计得最人性化? 为什么?

工会规定

会议策划者最大的怨言之一就是工会对视听设备操作的干涉。当从外包公司预订视听设备时，技术人员通常是这一包价产品中一部分。其中技术人员通常包括幻灯片放映员、录音师、灯光师和其他精通复杂设备的专家。当幻灯片放映员确实不被需要时，问题就产生了，但是工会合同要求无论何时只要设备被使用就需要配备这样的一个人。一个大会经理告诉我们：

"来自我们所在城市的会议团体的最大抱怨之一就是他们需要按照工会规定付给技术人员极高的报酬，即使其中有些人闲坐在周围无所事事，或操作着一台任何人都能操作的机器。在一些城市会议承办人或者工作人员甚至无权启动投影仪设备，必须等工会幻灯片放映员来进行操作。"

尽管这可能有些不太可信，但是这种情况确实已经变得越来越正常。并且工会的制约不太可能会有所改善。酒店应该通知会议承办人工会的这些规定；如果违反工会规定可能会导致在会议期间工作停滞或发生其他危机。

指示和标牌

尽管指示标牌不被看作是视听设备，但是恰当的指示标志不仅能给大会增添大量的视觉冲击而且也能提供必要的信息。只有最简单的会议可能不需要准备指示和标牌。当缺少它们时是很明显的。能否确保大会顺利进行对大会组织有着极其重要的利害关系，在会议区域使用指示标志能有巨大的帮助。很多大会承办人没有经验，所以酒店应该随时准备好提供意见和需求。如果你不想在最后的时候变得手忙脚乱，你就应该提醒你的客户，这些指示和标牌是必需的并且要加紧制作它们。

酒店规定

酒店和会议场所需要有关指示牌使用的相关规定以避免因乱用胶带和大头钉破坏墙面和门。酒店在会议会场的重要区域创建指示牌夹持器是明智之举。最好的形式就是在会议室门上或者附近做一个固定的装置，里面放置标准大小的指示牌卡片纸。公告栏和其他可以移动的指示栏，可以很方便地使用它们做临时通知栏。那些固定的三脚架可以做成很好的指示牌夹持器，而且它们还有很多其他功能。

有关指示牌上所概述的酒店规定的印刷形式应该提交给会议组织者，让他们把这些规定添加到他们的会议手册中。表 15-6 展示了有关指示牌内容和它们的放置位置的规定。

有关通知函的发布酒店规定也应该描述清楚。召开贸易会议时，公司通常要求在酒店内的重要地点甚至要在每一个参会代表房间内发放印刷材料。日常会议报纸、实事通讯和广告材料也要按照这种方式发放。

酒店应该咨询组织者，他们是否愿意或者是否能胜任这样的资料发放方式，以及是否需要为这项服务向参会者收取费用。大会组织者要告知参会者有关这项服务需要遵循的服务流程。

了解召开会议的组织机构是否已经有了关于指示牌和发放报纸、杂志、实事通讯、广告材料或者其他任何印刷材料的相关规定是非常重要的。这些规定的实施应该得到酒店工作人员的辅助，并且所有这些要求都应该告知大会工作人员。酒店工作人员应该指导或者帮助贴挂海报或者标牌。

表 15-6　酒店标牌规定

- 所有的标牌都必须进行专业的印刷或绘制，不允许出现手写的标牌。
- 所有的标牌都必须在支架上展出。
- 标牌布置位置限制在会议室区域。
- 在主大堂或者客房走廊内不允许出现挂牌。在大堂，酒店有电子通知板，上面有每天会议室安排和登记信息，同样地，每个功能室外面也有电子通知板。
- 在任何酒店的墙上或门上都不允许出现图钉、大头钉或者任何形式的黏合剂。
- 在刷过油漆的墙上不允许出现胶带或者胶水。我们意识到有时不得不在会议室的乙烯基墙面上增加能增强视觉效果的物品，这时请和大会服务经理协商在乙烯基墙面上使用何种类型的胶。
- 酒店工作人员都很乐意协助悬挂任何横幅或者大的标识牌。请和大会服务经理询问限制条件。
- 请注意，如果因上述规定没有被遵守而造成任何破坏，你对此都负有责任。

标志责任

制作标牌是召集会议的组织者的责任。当会议服务经理察觉他们没有制作计划时，就应该警告或者提示他们。有关标牌问题的讨论是有帮助的。缺乏经验的会议承办人将感谢有它的存在，年长专业的承办人也不会介意有此提醒。

会议活动已表明制作指示牌的必要性。如果组织者提供标牌，那么酒店就省去这一任务。建议用备忘录或者信件记录所做的决定。但是，大部分时候是组织者更愿意通过酒店来制作这些标牌，这样他们就省去了运输的麻烦。

无论是哪一方提供指示牌，不变的是在最后一分钟仍旧要提供指示牌的准备。为了这项服务需要做某些安排。如果酒店不能在酒店内完成这项任务，那么当地的提供商必须随叫随到。考虑到实际情况，组装的工作通常在周末或者晚上完成，会议酒店自备制作标牌的选择是比较明智的。

价格表

所有指示牌需要有报价,无论是酒店自己制作还是外包给其他公司的。为每一个指示牌制定出一个工作制度,如果已经预先约定,应该标注出它的所在位置。不做任何口头预订。规定表明,无论酒店是否和会议组织者或集团进行结算都直接和当地标牌公司有合作。

位置

指示牌的目的是提供信息、指导与会人员在酒店内的活动并确保有一个顺畅的会议。因此指示牌应该被放置在合乎逻辑的位置。一步一步追踪与会者的行踪,以此来决定需要什么样的指示牌,哪里需要。

推进这一进程,对大型会议尤其重要,会议服务经理应该为会议策划者提供一份酒店平面图。这可能会使酒店和会议策划者制订一项线路查找计划,这项计划不仅可以向大会与会者展示如何在酒店周围活动,而且也帮助会议策划者确切地决定标牌将被放置在哪里、每一个标牌应该传达什么信息,以及标牌的尺寸等细节。如果大会服务经理能指出在酒店内指示牌通常所摆放的位置并提供指示牌尺寸大小和推荐使用的材料等信息(现在一般建议或要求使用对环境无害的自然的材料),那么路线查找计划尤为有用。能注意到所有指示牌都应该为一个特殊的目的服务是很重要的。巨大的、可以一眼看到的议程表标牌早已被市场淘汰,所以聪明的大会服务经理应该建议替换所选择的方式来传递这些信息,例如使用视频显示器。

巨大的横幅可能被悬挂在酒店外面的入口处或者在户外大棚上。或者在告示板上列出当天活动、时间和地点,这种告示板可以是纸质的或是电子屏。这样做的主要目的是防止与会代表在外面乱转并可以指引他们直接去会场。

在大堂、电梯和走廊中重要位置放置公告栏,上面的信息将帮助疏导人们快速移动。酒店工作人员也必须被告知有关会议活动的信息,以便他们能对参会人员提出的疑问应答自如。那些被告知的工作人员应该包括助理经理、礼宾部领班、迎宾人员和前台工作人员。

在某些酒店里,指示牌和标牌的制作和摆放位置可能依据工会合同来制作和摆放。在这种情况下,客户应该被告知所有有关工会的禁令以避免出现差错。

现在科学技术也正在被使用来传递大会信息。许多酒店拥有自己的电视频道,这个频道用来展示会议信息(在大多数情况下,提供这些会议活动日程信息是免费的,但是大会组织者或者供应商可以选择性地向酒店购买插播宣传信息的时间段,信息可能是额外的信息或广告)。在客户早上起床后,他们仅仅是打开电视机就可以了

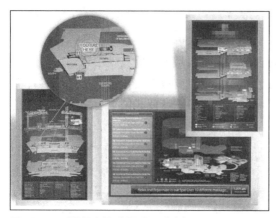

图 15-12　路径查询数码显示实例

　　这两个例子是数码指示牌如何帮助大会参会人员在大会周边找到他们去会场的线路的。酒店已经在显示器的右下角为这一设施做宣传了。

解今天的活动行程。这种交流方式特别有用，尤其是在大会行程在最后时刻有所调整时。

　　在会议室外和人流量大的区域里使用电子指示牌传递信息的酒店数量越来越多。尽管由于平板屏幕的安装或租赁费用、程序编制费用和设备需要的用电量等因素导致前期安装数码指示牌的费用很高，但是它们对会议承办人依旧有很大的吸引力，因为总体来说能够降低成本（不需要每天都更换布告，节约了人力和物力）并且降低对环境的影响。Janus Displays(www.janusdisplays.com) 公司提供动态视频、简易信息聚合（RSS）订阅和动画，这些功能能使酒店不仅促销大会活动并为酒店设施做广告。其他应用软件包括路径查询（图 15-12）和楼层平面图，以及紧急活动安排广播。

小　结

　　会议程序变得越来越复杂，通常不仅需要酒店提供服务，还要有很多外包公司提供服务，才能使会议顺利进行。当下的酒店必须拥有——或者能够得到——除了过去使用的传统活动挂图和幻灯片放映器以外的最新演示设备。现在大会的参会者都期望得到专业的演示，所以他们带有很高的期望来参加会议。

尾注：

① Hotel Convention Sales, Services, and Operations, Pat Golden-Romero, Elsevier.

② Vicki Meade, "Picture This," Lodging, September 2000, p. 94.

主 要 术 语

背景光（ambient light）：已经存在于周围环境中的来自自然光源的照亮程度。

扩音器（amplifier）：能使声音音量放大的设备。

音频会议（audio conferencing）：在两地或多地只使用语音传输功能的会议。

　　视听会议（audiographic conferencing）： 结合了可视化功能和语音传输功能的会议。

　　循环幻灯机（carousel projector）： 最受欢迎的是 2″×2″ 型号的幻灯片放映机。从幻灯片上投映影像，并在圆盘上进行预分类。

　　液晶显示器（computer projection panel, LCD）： 投影影像在计算机显示器上并显示在屏幕上的装置。自给系统设备，其中包括液晶显示器、光源、镜头，与个人计算机、多功能计算机及 DVD、VCR 和数字高清电视联合作用。

　　计算机数码投影仪（computer data projector）： 类似于带有悬挂式投影仪的液晶显示器的使用，除了它是自给系统设备和使用自己的光源投射计算机影像到屏幕上以外。

　　无线麦克风（cordless/wireless microphone）： 小的、便携式麦克风，使用时不带用任何直接的电插头连接线。通常在观众提问或者做评论时被使用。

　　数字光投影仪（DLP projector, digital light projection）： 具有极高光亮度（最高达到 15000 流明）能够扫描输出信息的高端投影仪。大多数通常应用于超大屏幕和室内。

　　数码标牌（digital signs）： 指示标志是电子显示而不是印刷本。

　　叠入器（dissolve unit）： 激活幻灯片叠入或叠出设备，可以和几台投影仪一起使用。能够创造"无缝隙"的幻灯片演示。

　　支架（easel）： 便携式的三条腿站立的架子，它通常被用于放置标牌、黑板、海报、图表、软木板、磁力板或其他物品。

　　快速折叠屏幕（fast-fold screen）： 带有框架的大型屏幕。这种屏幕在边上附有支腿，可以使屏幕折叠进一个小箱内以方便存储（有些快速折叠屏幕也会暂时放置在观看区域上方）。最受欢迎的大型屏幕。最大尺寸可达到 9 米高。

　　活动挂图（flip charts）： 在三角支架上的大型平板。被演讲者用来做说明和图示的。

　　泛光灯（floodlight）： 被设计提供全面照明的灯。

　　追光（follow-spots）： 可移动光，用来突出演讲者或表演者。

　　玻珠放映屏（glass-beaded screen）： 表面覆盖细小玻珠的屏幕，可以反射出清晰的影像给观众，但是观看角度较狭窄。

　　LOGO 灯片（gobo patterns）： 可能来源于"go between"，主板是带有酒店图案的有穿孔的全金属板，可以被投影像或轮廓，例如企业标识，放置在灯光前（更复杂的旗板能旋转创造移动图案）。主板也可以用玻璃制作，这样能产生彩色图案。

　　内部承包商（in-house contractor）： 在酒店内部的承包商，当需要时提供现场服务。在某些情况下，承办人不需要他们的服务，但使用外部承包商提供相同的服务时，可能收取附加费用或者设施费用。

　　智能照明（intelligent lighting）： 灯具可以被计算机控制在房间内移动光线，并且在屏幕、布景、墙面或者地板上投影出颜色或者图案。

梯形失真（keystoning）：被投影的影像变形。影像的上部更宽，下部更窄。倾斜屏幕的上部可以调整这个问题，很多数码投影仪允许操作者倾斜镜头来调整梯形失真。

激光指示器（laser pointers）：由可见激光组成的卡式仪器。被使用来指示可视屏幕。

颈挂式麦克风（1视听 aliere microphone）：悬挂在脖子上的麦克风，使手可以空闲出来。也称作翻领式、颈式或坠式麦克风。

双凸透镜式屏幕（lenticular screen）：被银色染料浸染的屏幕，它比磨砂屏幕能更明亮地反射影像，比玻珠屏幕有更宽的观看视角。

磨砂屏幕（matte-surface screen）：经过扁平或者无光泽处理的屏幕，它的反射效果不像玻珠屏幕那样有效，但是观看视角几乎是全视角。

混音器（mixer board）：调整来自多个麦克风的声音。也叫作音板。

显示器（monitor）：用于观看视频或计算机影像的设备。

多媒体（multimedia）：指演示时使用两个或者更多的视听设备。

悬挂式投影仪（overhead projector）：投射幻灯片到屏幕上。当放映幻灯片时演讲者可以在它们上面书写内容。

侧面光（profile spots）：调节灯光用于照亮讲台、标识和需要特别聚光照亮的区域。

阅读板（reader board）：印刷或者展示在电视屏幕上的一个标牌，上面列出了会议活动的时间和地点。

背投（rearview projection）：影片、幻灯片或者计算机影像从放置在屏幕后面投影仪投射到位于观众和投影仪之间的屏幕的背面。也称作后方投影。

接收器（receivers）：将电流或电波转化成可视或者可听信号的设备。和显示器类似，但是画面质量较差。

漫游式麦克风（roving microphone）：有线或无线的手持麦克风，能方便地在观众中传递以方便提出问题。

固定支架（Safelock stand）：视听设备放置在有四条可调的收缩支腿框架上。

裙边（skirting）：在视听设备支架和脚手架上使用的褶皱挂布。也被用于遮盖自助餐桌、接待处桌子和提供食品饮料的头桌。

同声传译（simultaneous interpretation）：当演讲正在进行时，将演讲者所说的这种语言翻译成另外一种。

落地式麦克风（standing microphone）：附着在放置在地面上的金属支架上的麦克风。可以调整角度和高度。也被称作站立式麦克风。

桌面麦克风（table microphone）：附着在放置在桌子、课桌、讲台上的小支架上的麦克风。

半透明式的后视投影仪（translucent rear-projection screen）：带有特殊灰色涂层的塑胶屏幕，能允许影像从屏幕后面被投射，观众在前面观看。

三脚架屏幕（tripod screen）： 便携式投影屏幕，带有三个可折叠的支腿和一个在背面被支杆支撑的提拉屏幕。通常大小不会超过 4 米。

单向麦克风（unidirectional microphone）： 只从一个方向收集声音的麦克风。用于发言讲话，和从所有方位收集声音的全方位设施不同。

视频卫星会议（video satellite conferencing）： 双向的、全动态的、彩色的、交互式的电子形式的通信。多种传输技术被用于连接两个或多个要沟通的团体进行面对面的会谈、研讨会或者会议。

虚拟会议（virtual conferencing）： 处于两个或更多相距甚远地区的与会人员，通过卫星或者互联网连接使用视频、音频和数据进行双向交流的任何会议。当事人可以通过电视屏幕或者计算机显示器和音响看到和听到彼此。

网络会议（web conferencing）： 多个与会者参加的在线、实时会议。

氙气灯泡（xenon bulbs）： 在追光和长距离投射时，替代碳弧光源的亮度极强的灯泡。

复习题

1. 在什么情况下酒店更乐意聘请外部视听专家而不是使用内部服务？在没有购买视听设备的多余费用的情况下，酒店应该做些什么以提供现场服务？
2. 讨论酒店通常提供的音响、灯光、演讲台和投影仪屏幕的类型。
3. 在会议演示中，通常使用什么类型的投影仪？每种类型的投影仪在什么时候被使用最具代表性？
4. 技术如何改变信息显示？高科技视听设备如今被用来做什么？
5. 工会规定如何影响会议演示？
6. 当酒店决定购买视听设备时，什么影响因素应当被考虑？
7. 指示和标牌如何提高会议流量的通畅性？一般情况下标识被张贴在哪里可以提高会议体验？还有其他什么方法用来向会议代表提供信息？

参考文献

1. The Boston Handbook on Meeting Technology, Doug Fox, City of Boston and PCMA. Contact PCMA at (877) 827-7262.
2. Meeting Professionals'uide to Technology. Contact EventCom Technologies by Marriott, 9550 West Higgins Rd., Suite 400, Rosemont, IL, phone 1-888-833-3572. www.marriott.com/eventcom.

网址：

若想获得更多信息，可访问下列网址。网址变更恕不通知。若你所访问的网址不存在，可使用搜索引擎查找新网址。

1. AVW 试听公司：www.avw.com
2. 美国培训和社会发展协会：www.astd.org
3. Aspen 设备公司 :www.aspenproductions.com
4. Bauer 试听公司：www.bauerav.com
5. CP 公安公司：www.cpcom.com
6. In Concer 设备公司：www.in-concert.com
7. 国际互联网广播协会：www.webcasters.org
8. Janus Displays 公司：www.janusdisplays.com
9. 柯达 Meeting in a Box 公司：www.kodak.com/90/mpi
10. 演讲服务公司：www.psav.com
11. 演讲设施技术公司 : www.projection.com

第16章

学习目标

1. 描述注册及会议的几种入场方式，总结会议中的安保问题。

2. 了解酒店为会议团体提供的几种特殊服务项目。

3. 描述一家提供热情服务的酒店为参会代表配偶及孩子提供的活动项目，并解释会务管理一览表对会议策划的重要性。

增加参会人数：寓娱乐于工作

艾伦·T.布伦纳,CMP,加利福尼亚州蒙特雷会议中心经理

"寓娱乐于工作之中可增加参会人数，如果会议能寓娱乐于工作之中，即穿插一些以娱乐为目的的休闲或娱乐活动，那么这次会议就不会那么单调乏味了。大家聚在一起来娱乐可以超出单纯的娱乐功能，它能够使人振奋精神，情绪高涨。娱乐促进了另一个层面的交流，即随意的、开放的、低风险的、近距离的、更专注的，甚至是有隐密的。会务经理和策划人员要提前安排好娱乐时间，如果会议准备战线拉得很长的话，寓娱乐于工作之中将会是一件十分美妙的事！"

16

会议注册方式及其他服务项目

　　一旦会议的策划人员与酒店已经为会议做好安排，那么下一步就是把会议信息告知会议主办单位的会员，并为他们提供注册方式。由于会议主办单位要负责会议注册（它不同于客房预订，因为客房预订是由酒店负责的），就要求酒店要确保现场一切顺利，并协助会议策划者在会议的其他方面进行协助，包括安保措施及为参会代表家属安排活动。如果出现问题，酒店就会受到参会代表的指责，因此酒店采取一切必要措施确保为参会代表留下良好印象显得尤为重要。在本章中，我们将一步一步地了解注册过程，了解酒店在会前及会中可以帮助会议主办单位开展会议报到及提供其他服务方面的方式。

会议注册

　　会议注册程序的第一步是要把会议信息告知潜在参会者——在某些会议上他们被称为会议代表，会议主办单位可以通过信件，电子邮件、传真、会议主办单位的新闻或者借助互联网告知参会者，如今，许多会议组织在他们的主页上为会议及注册信息建立了链接或创建专门的会议网站（图 16-1）。不管采用何种方式，会议策划者应该完善项目的各种细节，包括会议的举办日期、特殊功能、住宿选择（有些参会人员由会议主办单位负责安排住宿，有些则要求酒店帮忙安排预订或者指定第三方机构负责客房预订）及其他服务，如交通运输、免费巴士，为参会代表的家属安排活动等详细信息。

　　由于注册信息特别重要，所以注册表要清晰地显示会议费用、截止日期、可接受的付款方式。有些注册费用是全包价的（注册费涵盖会议费和住宿费），有些却只包括会议费或仅仅是包含会议项目的小部分费用。如果注册费不是全包价的，就有必要标明额外费用的信息，如特色活动、旅游，参会者的亲属活动等信息。一些会议主办单位为参与者提供他们想要参加的项目，尽可能地降低注册费（如精打细算的参会者，可能倾向于选择相对经济的午宴而不选择奢华的晚宴，即使参加晚宴，他们也会选择参加宴会中活动较少的那种）。

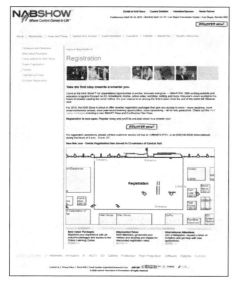

图 16-1　会议信息与注册网站

资料来源：全美广播电视协会授权使用。

　　该网站是 2010 年全美广播电视协会为其在拉斯维加斯举办的会议创建的，成了会议组织如何在网上为潜在参会者提供会议信息的许多案例之一——让他们可以放心在网上注册。会议的网上信息可以在会议主办单位的主要网站上提供，也可以在一些独立的网站如全美广播电视协会（NAB）的网站上提供。或者东道主饭店为会议主办单位及策划人员提供便利，在其网站上留出宣传的页面。

　　许多策划人员青睐于提前注册而不是现场注册。当参会者选择提前注册会议时，参会情况就会较好，因为这样就减少了现场人员拥挤问题的出现，策划人员就可以定制包括代表证和项目入场券在内的会议文件包。最后也是最重要的是，提前注册可以在会前产生现金流。为了鼓励参会者提前注册，一些会议主办单位为参会者提供折扣，或宣传提前注册的好处，即避免会议的一些项目在会议召开之前就出售完毕，参会者因没有提前注册而不能参加。

　　通常，大多数的参会者会通过邮件、传真、互联网（在网上注册的注册者人数逐年增长）提前注册，但是少部分与会者还是会选在现场注册（这可能会有所不同，当然根据会议主办单位具体情况而定）。不管是选择哪种提前注册方式，会议主办单位立即跟进确认是很重要的，明确参会者的支付费用（尚欠余额）和选择的会议项目及活动的详细信息。这样做有助于降低参会者抵达现场出错的可能性。除了确认，一些会议主办单位还给参会者发送注册信息的文件包。

　　发送会前信息是对产品和服务进行营销的一种极好的方式。例如，会议主办单位会提供一张 CD，介绍会议的项目，提供照看孩子等服务的详细信息。酒店也可充分利用该机会，随会前信息一道为参会者提供宣传册或其他打印的宣传资料，以吸引潜在顾客。

　　一旦参会者确定出席会议，策划人员就要着手为参会者准备现场会议文件包。该会议文件包中通常提供以下内容：

- 陈述会议目的及目标的介绍信;
- 会议活动安排表;
- 发言人和演出人员介绍;
- 各类预付项目的优惠券;
- 代表证或姓名标签。

酒店往往向会议策划者提供可包含在文件包中的材料,例如:

- 酒店可为顾客提供的设施;
- 酒店餐厅及会议接待室的开放时间及位置;
- 酒店的入住和退房手续及结账手续;
- 酒店纪念品,如印有酒店标志的笔记本、钢笔。

会议文件包的分发可以通过以下几种方式进行。如果客房已经提前预订了,那么会议文件包就可以留在酒店客房里,或者已经预订客房的参会者也可以在登记入住时在前台领取。尽管前两种方式有助于减少人流量(在多数情况下,会议主办单位为提前注册的参会者预留了单独的区域),大多数策划者喜欢在会议报到处分发会议文件包。通过分发会议文件包,酒店的员工就有机会去接待参会者,回答他们的问题,迅速处理出现的问题。

会议报到处的位置是关键的,取决于参会团队的规模。若是接待小规模团队,在大厅或是会议室的前台就可以预留会议报到处,若是接待大规模团体就需要独立的房间(许多会议酒店的会议室的隔壁就是独立的大厅),抑或对于大型会议而言,会议报到处可能设置在酒店停车场地的帐篷里。不管会议报到处设在何种类型的位置,通常被分在三个地方:一是文件包领取处,即与会代表签到并拿到文件包的地方;二是现场报到处,即代表签到缴纳会费并领取代表证的地方;三是信息或旅游咨询台,代表们可注册相关旅游与其他服务的地方。

拉斯维加斯的恺撒酒店的罗伯特·帕鲁兹,他曾经在我们的一个培训班上把会议报到处定义为"会议总部"。因为所有的参会者会在同一时间去参观它,因此要特别留意人流量和注册的进程。精明的会议服务经理会与策划人员共同合作,确保会场人员流动畅通。对于小型会议,参会者只需排成一列就可以完成报到,然而对于大型会议,就需要他们排成蜿蜒的长队,以尽量减少排队空间(图16-2)(想了解排队方式,详见标题栏为《报到的排队秩序》处的内容)。蜿蜒的队伍长队可以直接为到各报到处报到人们提供便利,同时还可以移除路障,减少人员流动不畅问题出现的概率。此外,这种方式也为参会者提供了面对面的交流机会。

因为没有人喜欢排队,因此要为参会者提供娱乐方式,帮助他们打发时间。一些会议的报到处就设置在电视屏幕旁边,为参会者提供会议及酒店的情况介绍,包括会议室的路标，酒店的设施服务及周边景点。可以在报到处安装电子留言板，随时更新会议相关信息（几乎所有的会议报到处都有传统的留言板，方便与会者们传递信息，然而电子留言板可方便会议员工提供最后的更新结果）。

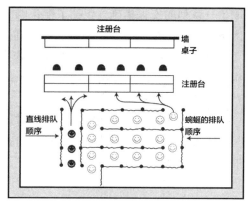

图 16-2　注册场地平面图

资料来源：《专业会议管理》第 15 版，肯尼斯·G.卡莱尔：《驯服登记的野兽》，第 24 章，第 369 页，专业协会管理出版社出版，2010。

报到过程中的第二站，即现场报到处，基本上由会议策划者单独负责处理。然而，为避免突发情况的出现，酒店可提供充足的计算机、打印机等的后备供给，给参会者留下好印象，确保会议所有事情顺利进行。酒店也可以为会议策划者办理登记。

由于会议注册的"高科技"含量越来越高，因此，注册的员工需得到良好的培训，做到能熟练掌握会议注册过程中的计算机程序（如名为实验的 Event XLTM）。同样，员工也该在支付程序及解决问题方面得到培训（或者当他们不能解决问题时知道可以联系谁）。出于以上考虑，会议注册常常是由会议主办单位的员工来负责处理；在其他情况下，市内的会议与游客管理局会协助会议主办单位。在有些城市，会展局免费或者以较少费用为协会提供临时帮助人员。临时工作人员可通过与外部的人力资源公司签约而找到（这些临时工作人员就是"临时工"），如果会议主办单位需要临时工，酒店或会展局可为其提供著名的人力资源公司名单。

图 16-3 是典型的报到过程中的第三站，即旅游及特别服务办理处，该服务办理城市观光游览、地方景点参观、展览设置说明及诸如此类的服务。

会议安保

会议策划者们关注的另一个要点就是如何举办一个安全的会议。他们希望确保参会者及参展商不必担心自己的人身及财产安全。针对安全的高要求，酒店采

图 16-3 旅行社服务台

取了一系列的安保措施，包括了配备电子锁、提供有良好照明设施的停车场和公共区域，以及在展厅安装高科技的警报和监视系统等。

自"9·11"事件以来，为应对恐怖主义的威胁，酒店也采取措施确保客人及设施的安全。从员工佩戴有酒店标志的照片识别代表证开始，实施确保酒店前厅和后勤区域的安全得到加强的计划。

一些酒店为加强安全防范，要求对运货车辆和行李进行排查，而有些酒店，如拉斯维加斯永利度假村为加强酒店的防范，由专门训练过的警犬负责巡逻酒店（拓展阅读《安全保卫狗》）。

根据危险系数的高低，酒店在前台和会议报到处对参会代表的行李和包裹进行抽样检查，如果危险系数提高，酒店就会对所有参会代表及其行李进行检查。

同样，酒店也需为后勤区域如收货区和参展商入口制订安全检查计划。在某些情况下，酒店派人员要跟从参展商从收货区到展览区。在酒店安保防范较高的情况下，参展商可能会被禁止进入收货区。

为协助酒店的会议中心及展览大厅的安保策划，国际大会经理协会 (IAAM) 发布了《安保策划指南》（为其演出场馆、体育馆、剧场策划）及《最佳实践策划指南》（为会议中心和展厅策划）等出版物[①]。这些指南旨在帮助酒店评估安全风险，采取必要措施确保会议的安全。

会议策划者们也可以限制参会者入场，从而实现一个轻松自由的会议。在本章介绍了许多确保安保的方法，在接下来的几段将要介绍几种限制入场的方式。

限制入场

大多数会议，即使没有入场费，也要求参会者必须注册。不管怎样，会议主办单位至少可以根据报到处的资料获得一份详细的通讯录。

拓展阅读

安全保卫狗

在拉斯维加斯的酒店和赌场随处可见安保人员，但是有 8 名"保安人员"格外显眼——2 只拉布拉多犬和 6 只德国牧羊犬在拉斯维加斯的永利酒店巡逻。8 名"保安人员"佩戴吊带和酒店正式员工识别代表证，拥有拉斯维加斯主题特色的名字，如埃斯、梅花杰克、卡西欧、头奖、基诺等，它们在酒店的各个区域内巡逻——两个主入口、公共走廊、行李配送中心和酒店后勤区域。拉斯维加斯永利酒店的保卫处副总经理、前两届市警察局的警长杰瑞凯勒这样描述他的"狗官"：

（续）

它们很有慑力，我们希望"保安们"可以看管我们的员工和客人，因此让它们随处可见非常关键。目前狗已成为我们整体安保措施的一部分。

这些狗都在欧洲受过专门的爆炸物检测技术的训练——由 8 名有着 35 年经验的驯狗师负责。在巡逻的过程中，如果发现可疑的气味，"安全保卫狗"就会向相关负责人反映，安保人员和拉斯维加斯市警察局就会来处理。

尽管这些狗像其他犬类部队一样，经过驯狗师大量的训练后听其指挥，但是永利酒店的安全保卫狗是一种典型的警犬部队，并不跟训狗师回家。相反，它们被安置在由计算机控制、价值 500 美元的养狗场里，并配备一个洗澡池及两个大型户外围栏。

资料来源：霍华德斯图兹：《2 只拉布拉多犬和 6 只德国牧羊犬：拉斯维加斯的安保措施的关键组成部分》，《拉斯维加斯评论杂志》，2005 年 5 月 7 日，图片由拉斯维加斯永利酒店授权使用。

通常，只有相关工作人员和职业者才可进入会场。在现场报到处，工作人员检查参会者的身份，收取会务费，并发放会议证明，通常是一张代表证（图 16-4 展示了两种不同类型的代表证），代表证上印有或写有报到者的姓名、工作单位。由于黏合剂、别针、回形针会损坏衣服，所以用塑料把代表证包裹起来，系上系索，挂在参会者脖子上是比较普遍的做法（如果使用这种代表证，就要在代表证的正反面印上参会者的姓名及重要的信息，以防代表证翻面）。为防止系索搅在一起，一些会议策划者就会把此类代表证放在每个参会者的文件包里。一位策划者告诉我们，他专门购买了饰品架子，把系索代表证挂在上面，这样做不仅防止系索相互搅在一起，还可以使注册处看起来更有条理性和专业性。

还有一种更为复杂的代表证，即在一张塑料卡上凸印着参会者的姓名和地址，与信用卡很相似。会议为参展商提供了"数据采集器"，供他们浏览参会者的代表证。展会结束后，参展商把该设备还给数据采集器公司，后期收到浏览过参展商展位的参会者的打印材料（参展商利用行业展会挖掘新客户，对客户进行跟进就会给企业带来额外的业务。这就是展会得以生存和发展的原因，并因此为会议提供了赞助）。

条码代表证是一种更为先进的身份证明卡，它不仅可以在酒店内确认客人的身份，还可以在付账时使用。例如，通过编码，一些代表证可以授权持代表证者租用视听设备、享用三餐，或享受特殊服务。而且通过代表证上的条码，酒店可以立即结账，从而使酒店的成本核算更精确。

会议或会议组织者越来越多地使用另一种先进的代表证，即射频识别标签（RFID），每一张 RFID 智能代表证有一个极小的芯片（通常为 0.6 厘米或更小）——计算机芯片的一部分，即发射机部件——是以一个标志号进行编码的。该标志号与每个参会者的注册信息相一致，中央服务器将无线网络发射到红外线传感器，其他的代表证便可以借助红外线传感器访问标志号。由 nTAG 互动公司制作的 nTAG 代表证，允许代表证彼此交换数据，寻找各自的利益共同点，促进关系网络的建立。

一些特殊的访问者在战略要点处，如报到处、会议室及宴会厅外面及参展商的展位，可以访问射频识别装置。这些装置在网络区外的很多区域证明是非常有用的。会议策划者利用 ID 代码分析注册信息，跟踪各种活动的进展（这种科技常常用于跟踪教学课程的情况，证明继续教育学分是否已修完），甚至还用于帮助参会者在大型会议或宴会上找到自己的同事或朋友。参展商利用 ID 代码来分析参观其展位的人员流量，锁定潜在目标客户，进而回访他们。

一些公司配备有各类代表证，会议服务经理应该能够向会议策划者提供这些公司的名单。但是，酒店通常不负责提供代表证，因为这是主办会议的工作。然而，一家富有创新精神的酒店就打破了这一惯例，为会议设计了一种组合性代表证——也是一份酒店的免费服务指南。这种代表证可以放在上衣的口袋中。其顶端的空白之处用以书写代表的姓名及工作单位，底端印有酒店的服务项目。

为区分不同类型的参会者，代表证通常印成多种颜色。在有些情况下，除参展商外，所有人员在开展时间之外不能进入展区。代表证上的不同颜色就可以协助保安人员执行这一规定，同时也有助于参展商辨认潜在的客户。

图 16-4　会议代表证样本

资料来源:代表证名由会奖公司授权使用，nTAG 照片由 nTAG 交互公司授权使用。

代金券提供了一种简单的收费方式。如果协会规定参加午宴者每人收取 20 美元，则每张午餐券就代表面值 20 美元的钞票。这些代金券在使用后就必须立即点数，数额由会务组授权员工来核实。

收取代金券非常简单，但应注意，不要让工作人员有任何需临时准备的事项，而且应采用统一的收票制度。

如果会议是凭票入场，则入口处应设有一两套桌椅供收票人使用。若入场券也可以在入口处购买，那么该桌椅还可以供售票使用。有时，入场券和代表证也是在这里领取的。如果预计参会人数较多，这样的服务台就需要多设几个。总之，事先想好并讨论这个问题总比临时去拼凑要省事得多。

服务台的桌椅应摆放在功能厅的门内或门外。摆放时要注意留出一定的空间。

侍者可以收取代金券，如果是自助餐，酒店工作人员可在餐厅门口收券。需要重复强调的是，一名会务组人员也要在门口接待，以调解纠纷、问候贵宾。桌椅的摆放地点也可以作为咨询中心、布告栏和材料发放处。

会议主办者通常会预售票券，并由此从多方面获利。例如，他们的票价可能比他们支付给酒店的费用要高。此外，票券一旦售出，即使未被使用，也不可退款。当会议以统一价格售出全套会议餐券后，这一现象常常发生。

当一些代表丢失或忘记带自己的代金券时，如果酒店工作人员能与会务组成员协商解决问题，就可以避免很多冲突。不要指望保安人员或侍者在你发生这些情况时能够临时解决问题。如果会议主管有权批准各会场的参会人数，那么应该有措施来记录他批准入会的人数。会议主管处理丢失或忘记带票情况的最简单的办法就是多预留出一些票，在他认为合适的时候使用。

有时，酒店必须核实票券的数目，然后把账单交给赞助商，而非会议主办者。这是因为有些公司为会议提供餐饮赞助，从而提升公司在该行业内的形象。除了赞助商不同外，这一过程的程序在任何会议中都是相同的。所以做计划时我们就应确定谁来付账——会议主办方还是赞助商，同时，还要指定一个人来核实票数目。付款方式也应在计划中详细说明。

无限制入场

有时，会议是面向全体公众开放的，但这种情况相对较少。然而，允许所有佩戴代表证的人员入场，在会议厅和功能厅中自由出入却是很常见的。这时，彩色代表证就非常有用了。当人们配有代表证就可以入场，而代表证又很容易领取时，酒店只要在入口处安排一名保安人员或其他工作人员，如大堂经理，就足够了。

在这种无限制的入场中，酒水和食品付款以现金和代金券方式最为常见。

展品的安全

如果会议期间还兼有展览，那么这可能给酒店带来许多潜在的既尴尬又可能造成巨大损失的问题。会议服务经理和负责安保人员就应随时保持联系，因为若要给展品提供所需的保护措施，两者之间的配合与协作必不可少。

当参展商也要参加会议时，酒店安保人员也许需要补充外援。这部分开销应该计算在票价中，由主办单位承担。有许多国家安全公司可为酒店提供外援，但是很多酒店都备有一份可靠的不当值的警察或消防队员的名单，可随叫随到。这些人都经过了基本的安全防卫训练，可以为酒店提供及时而有效的帮助。

所有的保安人员，无论是兼职的还是全职的，有经验的还是无经验的，都应经过培训，并熟悉酒店设施。表16-1的工作须知应人手一份，它列出了保安人员作为酒店员工的职责。

表 16-1 酒店保安人员工作岗位职责

酒店保安人员工作须知

1. 冷静地制服生事者。保安人员应该知道如何在不引起客人注意的前提下制服生事者。
2. 防范火灾。保安人员必须了解在消防人员赶到之前如何组织扑灭小型火灾。
3. 汇报事故。事故报告必须呈交到酒店办公室以备保险公司取证之用。
4. 熟知如何处理炸弹威胁。保安人员必须学习如何在不引起恐慌的前提下，提醒客人注意炸弹威胁。
5. 熟知酒店的紧急疏散示意图。保安人员必须清楚酒店的各个出口，以便在紧急情况下，能及时疏散客人。
6. 行使群体管理权力。保安人员必须了解如何在大规模恐慌中维持秩序。
7. 监督装货。保安人员必须检查装货区，以防酒店财产或展品被盗。

除了以上职责外，保安部员工也应该有执法工作的经历，并熟知地方和国家法律。

在现代化的酒店中，安全管理正成为一个越来越复杂的问题。安全保卫包括四个关键阶段：布展、开展时间、闭展时间及撤展，每阶段都有各自不同的问题。

布展和撤展是最关键的阶段，因为在此期间，许多临时的、身份较难识别的人都可以进入展厅。有些人就会把计算器、会议桌等据为己有。保安人员必须对任何可疑人员提高警惕。例如，如果一个人大热天穿着大衣进入展厅就值得怀疑。保安应立即对其进行得体的查问。总之，保安人员一定要提高警惕、留心观察，发现可疑迹象。

在布展阶段，酒店有必要在装卸区和卡车入口处设立严密的安全检查。任何材料和展品只有附有展览管理处的通行证时才能出入酒店。保安人员通常建议参展商在布展时将展品置于"安全室"内。如果没有这样的房间，参展商应将展品置于展位下，避免过客看到，防止被盗窃。

再者，保安人员最好不要只站在门口，最好有一个或几个人在展区巡逻，这通常对那些想要盗窃的人是个心理威慑。

在展览期间，看管展位的大部分责任就落在了参展商而不是保安人员身上。在大型会议中尤其是这样，因为酒店不可能为每个展位都配备一名保安。参展商若要离开展位一段时间，应该找人替其照看展位。

伯恩斯安全局曾就展览厅内的各类安全问题在全美范围内对参展商和展览管理人员进行了一项关于展区安全管理的调查。200 名参展商认为展区最主要的问题是内部人员行窃，即大堂和展区工作人员利用管理者对其信任偷窃展品。

员工往往在展品拆除过中行窃，因为此时大堂内人来人往，秩序混乱。安全保卫工作此时就至关重要。由于员工了解酒店，他们知道适合藏匿的地点以及哪些是无人看管的出口，因此他们行窃往往轻易得手。

在参展商夜间离开时，展品也极容易被盗，因为参展商下班后都高高兴兴地匆忙离去，往往忘记把贵重的展品放回安全室中。

电子监视器的使用是酒店安全管理系统的一个新特点。人们现在使用防盗器和闭路电视，但是还没有到完全依赖它们的地步。当然，使用这些，安全保卫处肯定会更好控制一些，但是会议主办单位将因此承担更多的花销。因此，许多会议由于预算紧张就不使用这些监视设备。但是，如果展览规模很大，而且展品的价值昂贵，这些电子设备往往会被启用。

其他服务

大会中还有大量其他的服务项目需要会议组委会来安排，或需要酒店的建议和帮助才能执行。组委会和酒店在策划时应指定安排好新闻发布设施（大多数为记者提供采访新闻发布室，为记者或摄影师提供电话及计算机，方便其发布新闻），必须做好计算机、打印机及其他设备的筹备工作。必要时，酒店可能得召集当地的摄影公司、公共速记员及相似的服务公司配合会议的开展。但这些服务大多数并不需要特别安排，只需事先考虑好，告知组委会即可。

会议总部办公室

大型会议通常需要 5 ~ 10 个人来管理，所以会务组要有一个房间作为办公室。酒店注意到这一需求，通常免费提供这样一间客房作为整个交易的一部分。办公室最好邻近会议室并配有办公桌、打字机、复印机以及一位速记员。当然，酒店对这些设备都要收取费用。

索尼斯连锁酒店就想得更周全了，该店为每个大型会议的总部都免费配备一名秘书，负责打字、处理信件、安排展票等。

会议接待室

对会议主办者来说，晚上为代表们安排一些活动有时是个相当棘手的问题。会议经理可以向他们提出的解决办法之一就是使用酒店会议接待室，提供咖啡、侍者、牌桌、电视等，其宗旨之一就是尽量营造一种代表们可以随意聚在一起的休闲氛围，其优点是代表们会留在酒店中消费，而不是在其他地方消费。

酒店的另一项服务是会议主办方"订房优先"。当酒店举行大型会议或展览时，对会议接待室的需求大增。参展商们都争相预订这些套房来举办娱乐活动或进行交易。但会议主管也需要这些房间来招待筹委会及大会成员。在这种会议接待室供不应求的情况下，酒店应该首先满足会议策划者的需求。

会议策划者对酒店会议接待室的分配都有特别的要求，其基本规则通常包括：

• 在会议举行期间，参展商不得在会议接待室举行娱乐活动；

• 非参展商不得使用会议接待室。

住客物品存放

会议参展商或代表们常常会带一些样品或促销材料以便在会议上分发。接收这些客户行李的程序必须与有关员工商讨决定。如果酒店有足够的空间，可以无偿存放这些物品。但是酒店通常不为客人提供大宗物品的存放或长期存货服务。

为了避免误会，酒店可以与会议机构签订协议注明相关规定，例如：

关于展览材料存放的规定

本酒店不提前接收或存放任何展览物品。根据本县的消防部门规定，任何用于存放展览材料的包装箱、包装盒等在展览期间不得存放于酒店。请您预先与展览服务公司安排好展品的接收和存放，并在布展日期当天将其运至酒店。请您同时安排好空箱在展览期间的移出、存放及其在撤展当日再次运回酒店以备装箱。若有任何物品未能在指定日期内迁出，我店可以存放或必须存放这些物品时，我店向会议机构或参展商收取一定金额的存放费用。

酒店应该保留一份登记簿，记录物品的接收日期、存放地点以及存货人和收货者的姓名。

参展商有时会错把运货发送给酒店。那么，这些包裹应暂时存放于装修公司的库房，以备日后发货。如果参展商在会议结束时要求包装并发送货物，酒店可以对这些服务收取一定费用。

电话服务

应事先与会务人员协商安排电话服务事宜；有可能还需要与电话公司直接洽谈。许多会议都希望酒店能为打进会议室及展览厅的电话预先做好准备工作，而会议期间，如果会议室打出的电话毫无节制，酒店也可以予以制止。同样，会议若需要外线电话，酒店也必须预先安排，同时和会务组商讨由谁来支付及何时来支付这些电话费。表 16-2 详细展示了拉斯维加斯湖丽思卡尔顿酒店的电话及通信费用。

打印及复印

会议主办机构在开会前完成大部分的打印工作，但有时在关键时刻还需要进行一些打印。酒店应提供可靠的打印店的名称，有些酒店内则设有自己的打印中心。

酒店也应告知会务组本酒店可以进行哪些类型的复印、工作时间、价格及可以复印的材料的类型。要做到这一点，酒店只要印出一份价格表，提前呈交给会务组或张贴出来就可以了。其实，酒店完全可以设立一个复印室，能进行胶印印刷，并配有模板（蜡

表 16-2　电话及通信费用样本

拉斯维加斯湖丽思卡尔顿酒店会议科技
通信费说明

会议室电话连接：

内部电话：第一通免费

（其他的每通每天收费 $25.00）

D.I.D 电话线：$50.00+ 打电话

（所有通话通过专用交换机计费）

会议电话：$125.00

对讲电话：$75.00

T1 连接：每间会议室或每个位置 $700.00。

每个位置安装 5 个终端（连接一次计费）

客户通信费用

客户对讲机：每天 $35.00（每个对讲机有备用电池和充电器）

纳斯卡通信器：每周 $125.00

通信费每分钟 $1.00.（包括主叫/被叫及长途电话）

许多酒店为会议的举办准备了电话及其他通信设备费用的详细清单，该表详细介绍了拉斯维加斯湖丽思卡尔顿酒店为电话、高速互联网连接及其他通信设备收费情况。

资料来源：拉斯维加斯湖丽思卡尔顿酒店授权使用。

纸）或醇溶碳纸复印器，或一台比较高级的办公复印机，因为这些都可以印制通知或者类似的文件。除会务组寻求打印服务以外，许多参展商也可能在最后关头为他们的展览或销售会议打印一些材料，而这些会议通常是在例会期间举行的。

有些接待大量会议的酒店设立了自己的商务中心，以满足客户复印和打印的需求，并为秘书或开展业务的相关人员提供服务。表 16-3 详细介绍了拉斯维加斯湖丽思卡尔顿酒店会议策划者提供的服务项目（及服务项目的成本）。

表 16-3　行政商务中心服务事项

行政商务中心服务事项 传真机		复印方式 黑白 纸张规格	
本地传真	$1.00/页	1 ~ 200	$0.25/页
国内传真		200 ~ 500	$0.20/页
第一页	$4.00	500 ~ 1000	$0.15/页
其他页	$2.50/页	1000 以上	$0.10/页

（续）

国际传真		法定规格	
第一页	$10.00	1 ~ 200	$0.30/ 页
其他页	$3.00/ 页	200 ~ 500	$0.25/ 页
		500 ~ 1000	$0.20/ 页
		1000 以上	$0.15/ 页
计算机		账簿尺寸规格	
工作站		1 ~ 200	$0.50/ 页
文字处理	$25.00/ 小时	200 ~ 500	$0.45/ 页
打印	$0.25/ 页	500 以上	$0.40/ 页
包括免费上网		双面复印，加收 $0.10/ 页	
办事员		彩印：	
打字	$10/ 页	纸张规格	
数据录入	$15/ 页	1 ~ 100	$2.50/ 页
租用设备		100 ~ 200	$2.00/ 页
传真机	$400/3 ~ 7 天	200 ~ 300	$1.50/ 页
复印机	$400/3 ~ 7 天	300 以上	$1.00/ 页
打印机	$190/2 天	法定规格	
彩印机	$440/2 天	1 ~ 100	$3.00/ 页
根据需求提供其他设备		100 ~ 200	$2.50/ 页
梳式装订机	$4.5/ 个	200 ~ 300	$2.00/ 页
小号梳子	$5.00/ 个	300 以上	$2.00/ 页
中号梳子	$6.00/ 个	双面复印，加收 $0.50/ 页	
大号梳子		彩印及使用钢水纸，加收 $0.10/ 页	
办公用品		透明度	
合法复印纸	$12.00/ 令	黑白	$2.5/ 页
格式化磁片	$1.00/ 次	彩印	$5.00/ 页
常规记事本	$2.00/ 次	* 复印费及传真费不包含税收	
姓名代表证	$2.00/ 个	拉斯维加斯湖丽思卡尔顿	
（塑料套管、夹子、印刷）		拉斯维加斯湖百汇 1610 路	
根据顾客需求提供其他服务		亨德森 NV 89001 号	
		电话：（702）567-4700	
		传真：（702）567-4777	

会场装饰

你可能随时接到电话，索要帷帐、鲜花及植物，以及特殊旗帜和标语。通常展览会的装修承包商会提供这些饰品；他们有这方面的专业技术，也有专业人员来负责处理这些事情。

会议接待室一般需要装饰花卉，你应与某家花商签订协议，以方便服务和付款。而且你事先要向客户阐明他们需要直接付款给你还是给花商。除非你和某个花商签有独家购买协议，否则你不应该在意该花商是否又和酒店的客户另外签有协议。但通常，客户们很乐意在酒店内的精品屋购买饰品，或由酒店推荐合适的商家，因为这样能够确保快捷的服务，尤其是当他们还没有固定的生意伙伴时。

娱乐活动

如果会议中有现场娱乐表演，酒店应该考虑本行业中相关的规定和税收问题，这些规定在各地之间均有差异，所以通常应是协议中主体条款的一部分，由酒店与会议主办单位在事前的洽谈会中商讨决定。

现场的娱乐表演或许还会涉及桌椅的摆放。由于乐队可能需要升降台，表演者也有不同的诉求，所以整个舞台区的布置都要商讨决定。

酒店通常还要为演出者提供化装室，但同时也可能遇到一个问题：演出者往往喜欢在表演现场进行彩排，但在节目开始前，演出室里或许还有其他的会议，因此酒店可能也无法安排现场排演。当节目已经安排妥当，演出室也已经选定时，酒店应该注意到这一问题，因为饭店可能满足不了演出者的这一要求。

拓展阅读

专业会务管理公司服务案例

（包括但不限于）

- 为现场或非现场的特殊主题活动提供富有创意的建议，包括装饰、构想、视听、灯光、专业人员、娱乐、亮点及其他。
- 演出采购：DJ、乐师、演员、喜剧演员、游戏。
- 定制会下旅行：历史遗迹、行业相关、配偶或是仅仅为了娱乐。
- 安排会下演出场地及演出后勤事宜，并提供建议。
- 机场接机：从轿车换为大巴，包括接待和问候VIP。
- 接送服务：从酒店到演出场地。
- 公司野餐：餐饮、娱乐及许可证。
- 现场注册及热情服务。
- 团队建设设计：绳索课程、拾荒式搜索。
- VIP服务实施：主题礼品篮及宣传资料。

资料来源：维维安·K.厄尔巴蕾妮·T.襄唯《会务管理公司：酒店在销售方面的合作伙伴》，国际酒店业营销协会市场营销评论，2005年春，第72页。

优选商家独家

随着会议日趋复杂、要求以及涉及面的增多，酒店的会议策划人员不可能做到面面俱到，提供本章节中所提到的所有服务项目。在这种情况下，来自外部的服务机构开始粉墨登场。会议装饰公司、货运公司、花店、打印复印商、摄影师、场地设计、视听设备专业人员等都是酒店需要的外援。

除上述所说，另外一个酒店所需的外援是特别活动策划师，他们所提供的服务内容不尽相同；比如说，一些餐饮和产品公司，它们打出的广告是"会议策划"，从而给人的感觉就是该公司可以提供会议策划的所有环节的服务，但是事实不是如此。真正的特殊活动策划师为会议的各个环节选择最好的服务机构（花店、餐饮、演员、脚手架等），从而满足客户的需求，并达到预算的标准。为了更好地区分出合格的特别活动策划师，国际特别活动协会（www.ises.com）推出了一个资格认证项目。一个具有 CSEP 证书的策划师能够为酒店会议策划提供所需的所有会议服务。[②]

现如今，会议主办方一般将会议策划的细节性问题，如交通、会场布置以及复杂的主题集会等交给会务管理公司（DMC）来处理。会务管理公司的优势就是每一家会务管理公司专注于某一独特领域，与当地的各个服务机构建立了可靠的商业关系，而且由于通过会务管理公司与服务机构达成的商业合作数量较多，所以可以享受一定的优惠。但是对于特别活动策划师来说，会务管理公司所提供的会议经验和服务不同。

互联网练习

会务管理公司合作打造全球模式

2008 年，总部位于佛罗里达州奥兰多的一家代表北美 50 家会务管理公司的 DMC 网络公司，与位于爱尔兰都柏林代表欧洲及中东地区会务管理公司的奥维森全球 DMC 公司达成联盟。登录下面列出的公司网站，回答以下问题。

• dmcnetwork.com；

• ovationdmc.com。

1. 每一个公司集团的主要使命是什么？

2. 进入会务管理公司网络集团公司所要达到的标准是什么？

3. 简要表述奥维森战略合作伙伴项目。

4. 战略联盟给单个公司带来什么优势？

最佳案例

Marriott

旧金山万豪酒店：内部会务管理

万豪酒店在提供内部会务管理服务方面已经遥遥领先。万豪会议，是万豪酒店一个新的部门，已经在万豪旗下多家酒店成立。度假区酒店是第一批提供酒店内部会议策划的酒店，而现如今，越来越多的城市酒店业加入了这一行列当中。

目前，社会中有这样一个趋势：各类会议越来越复杂，而各家公司的规模却在逐渐缩小，这一冲突迫使更多的会议策划人员依靠外界援助来安排会议的种种细节。越来越多的策划者在会议场所向会

（续）

务管理公司（DMCS）寻求帮助——一种可以为会议从陆上交通到会场布置到复杂的主题集会都进行方方面面筹划安排的公司。

许多酒店把会务管理这一服务视为销售服务的自然延伸，从而也加入这一行列中，它们或者为会务管理公司在酒店内提供办公地点，或者建立自己内部的会务管理公司。这样，酒店就可以向会议策划者提供任何需要的服务——包括从会议的筹备到各项活动的执行等，而且，这样也有利于酒店巩固押金，以及直接将所有费用过户到会议团体的主账户上。

旧金山万豪酒店会务部总监莫里斯·芭芭拉为自己酒店的会务管理项目点赞。她说：

"能和一个供应商一起工作，顾客感到十分高兴。他们都喜欢万豪这一品牌名称以及该名称背后所代表的服务水平。对我们来说，来我们酒店的会议主办方简直太棒了，他们的主账户将所有费用内容基本上都涵盖在内。而且如果他们所要花费的项目都是在酒店内部解决的话，他们将会省掉一大笔钱。"

自然，酒店开展这一领域的服务引起了私有会务管理公司的不满。它们声称酒店的工作人员对既定的会务管理公司既无经历，又无接触。但酒店的加入只会对会议策划者更加有利，因为这将促进竞争，从而使承办会议的机构在会议安排上有了更多创意，并能提供更为优质的服务。

会议策划者无须非要雇用酒店内部的会务管理公司；酒店的服务正如其他服务一样也要投标。但是，许多会议策划者却很喜欢这种"一站式购物"的方便性，而这就可能使酒店内部会务管理公司的数量继续增加，并提供更多的服务以保持其竞争力。

会务管理公司可以是一个个体商铺，也可以是特许经营的连锁机构，甚至可以是大的集团，业务范围比较广泛；其中一些会务管理公司，为特定群体提供服务，比如说法人集团或者奖励会议集团，其他的可能只为协会提供会议服务，也有一些大的会议管理公司能同时为这三种客户提供会议服务。会务管理公司所处的位置也在某称程度上决定了该公司的服务对象。比如说位于加州南部的会议管理公司，主要为圣地亚哥的协会以及棕榈泉的奖励会议项目提供服务。

会务管理公司所提供的服务成本以及支付方式也不尽相同。有些公司是以小时计费，有些是有固定的佣金。大多数会务管理公司在制定佣金时一般是要按照高于成本15%～20%来收取佣金，所以在这一方面有很大的优惠空间，因为公司经常会与服务机构协商制定一个比较低的价格。

除了需要会议策划人员，自身拥有会议服务部门的酒店可以通过与当地的会务管理公司合作而从中获得益处。与一个能够处理会议外部服务细节的会务管理公司合作，使得酒店员工集中在会议和餐饮需求上。相较于把酒店员工集合起来来完成会议的某一要求，与一个了解周边服务机构的会务管理公司的合作能立刻为酒店提供针对该要求的解决方案。

经常与酒店合作的会务管理公司熟知会议策划人员的特定需求，以及向他们提供可靠的会议服务的重要性。酒店愿意将其重要的信息透露给可信的外部公司也说明了酒店想尽力地提供一个更好的会议服务。选择会务管理公司服务可以单独计费，或者按照大多数情况，将费用计入主账单中。

随着外部会务酒店管理服务的成功和数量的增加，许多酒店选择建立自己的会务管理公司（借鉴万豪最佳案例）。比如纳什维尔奥普里兰德酒店以及普安特希尔顿度假中心运营了自身的会务管理公司。博尔德度假中心和金门温泉浴场中，酒店的会务服务部门和餐饮会议服务部合作为酒店提供完整的内部会议管理服务，服务内容除了会议支持和团队组建，还包括酒店外主题活动、娱乐项目、观光、交通服务，以及房间维护和礼品赠送。通过为会议主办方提供"一站式购物"会议服务，酒店增加了额外收入，否则这些利润将流向酒店外部的服务机构。

服务商家为与会代表提供旅游导览以及交通服务，对于会议的成功举办也起到了举足轻重的作用，同样重要的还有当地的人才和建模机构、讲师团以及临时工服务。许多酒店拥有一张列有为会议策划提供相关服务的首选商家清单。在大多数情况下，酒店通过推荐这些商家而获取佣金。

通常，酒店允许它们的优选商家在酒店现场设办公室。这样，商家就有更多的机会来赢得会议中大部分的生意，然后给酒店支付租金及一定比例的销售额。但是，尽管一些会议策划者很喜欢这种店内服务的方便性，许多人对越来越多的酒店坚持让会议主办机构使用其优选商家这一做法表示担忧（拓展阅读《会议策划者眼中的优选商家》）。

有时，酒店不仅仅拥有一系列优选商家，或者自己的会务管理公司，同时拥有独家服务商。这就意味着在酒店内仅有一个特定的商家能够为会议策划提供服务或产品（餐饮、网络/电信设备、装饰和花卉服务、安全、清洁等服务）。当酒店有独家服务商时，会议策划者没有供应商家的选择权——同时将酒店外部的产品或者服务带进酒店。

独家服务商能够为酒店带来更多的收入，从而受到酒店的普遍欢迎，但并不是所有的会议策划者赞同这一做法。酒店可以向会议策划者推销它们的独家服务商家，向他们保证该商家能够为会议提供更好的服务（酒店必须选择能够提供较高水平会议服务的商家，并能指出该商家是酒店以及该区域经常使用的商家）。同时，酒店也可以向会议策划者展示独家服务商所提供的服务或产品（比如音频设备）相较于会议主办方自己购买或者租用的设备的费用要便宜。

会议策划者能更容易地接受独家服务商这一做法，如果他们能够了解使用它们的基本原理。多伦多会议中心销售部副总裁约翰·休斯敦说：

"在谈论使用独家服务商的好处时，我们首先要知道的是它们提供何种服务。供电商必须是特定的，因为酒店不能使任何公司进入酒店，诸如供电系统等关键系统。酒店应该选择熟知酒店内部结构，并深知什么能做、什么不能做的商家。我们肯定不希望在会议期间，灯突然灭了这样的状况出现，只是因为我们觉得跟这个商家合作肯定没问题，但是实际上该商家对于酒店的电压不了解。"

"我们的独家服务商在我们酒店内部设有办公室，同时与我们的通信系统连接。在酒店内部有个仓库专门用来储存它们的产品以应对顾客的临时需求或者突发状况。同时酒店内也有'会议能人'和这些性质的服务商以及具有固定期限的服务商一起工作。"③

有时，酒店是愿意做出让步以争取生意的，例如，如果会务组同意雇用酒店的摄影师，那么酒店就允许会务组自带装饰工。酒店必须在与会议主办机构谈判中告知会议策划者酒店内部是否有独家服务商，以及酒店对此所做的安排——是否同意使用独家服务商——同时在合同中明确列出，以免造成纠纷。

拓展阅读

会议策划者眼中的优选商家

"一份优选商家的名单是否有用要看我的会议在哪里举行。如果就在芝加哥本地召开，我可以使用我自己的商家和优选商家。我和这些商家中的大部分都打过交道，或者认识与他们有生意往来的人。"

"但如果会议不在本地举行，就很有必要有一份优选商家的名单了，这样我就可以了解哪个服务商在当地有着良好信誉，但我仍会亲自打电话来比较一下价格。尽管我不一定会完全照名单用人，但我很感激酒店提供这份名单。"

罗莎妮·M.霍本，财务总监

联合管理公司

伊利诺伊州，内珀维尔

"我喜欢自己寻找服务商，和它们直接洽谈生意。我认为这样可以得到更优惠的价格。如果你通过酒店来预约摄影师，价格会更高一些，因为酒店还要有一部分赢利。但是自己找商家很费时间。再者，如果使用酒店的优选商家，由于它们熟悉酒店的特殊要求，而且还要与酒店保持生意联系，它们往往会提供优质的服务。但是，即使会议策划者选用了酒店指定的商家，它们之间仍可以面谈生意，并直接付账。"

帕特·方甘，会议部经理

加拿大阳光生活

马萨诸塞州，韦尔兹利山

优选商家是个现在很火的问题。越来越多的酒店都提供这一服务，甚至听说一些酒店告诉会务组如果它们不选用这些商家，酒店将另外收取15%的附加费，原因是酒店可以从它们推荐的商家处获取佣金。

"我不喜欢这种优选商家'服务'。我只想使用那些一直为我的会议服务的部门，像装潢公司、花店及视听设备公司等。如果我在一个新城市开会，和当地的任何服务商都没有过业务往来，一份优选商家名单也许会有所帮助，但我不想受它约束。"

"如果酒店告诉会议策划者他们应该选用哪些服务商——或通过附加费来限制他们对服务商的选

（续）

择，这些酒店应该意识到这一行为会影响它们的生意——比如说，我们公司与一个装潢商已有七八年的生意往来，他了解我们的展览计划，和我们同去将要举办展览的城市。在我和酒店洽谈业务时，他向当地的装潢公司详细解释我们的需求，并寻求合适的商家来签约。我需要他的建议而不是酒店的。"

"其他的会议团体可能与一些操作视听设备的人员签有两年或三年的合同。这些人会前往会议地点，操作在当地租用的设备，以确保展览顺利进行。而现在，如果酒店坚持要求会务人员雇用它们的优选商家，而会议团体仍然受合同限制，还要付款给签约的视听公司，双重的服务费对主办机构来说是相当昂贵的。"

珍妮特·巴累托，国家会议管理员

美国教育协会

罗得岛州，普罗维登斯

配偶计划

许多酒店由于没有提倡配偶入会，而忽视了一个潜在的相当有利可图的市场。平均一个会议代表每天在酒店的花费大约是 200 美元，如果他携带配偶，每人一天的花费可能要超过 250 美元。会议代表在携带配偶的情况下，在酒店停留的时间更长，花销也更多，这是大家普遍认可的事实，这两种情况都为酒店带来额外的收益。

酒店所获得的额外的收益称为辅业，一般指的是酒店餐厅、大厅、礼品店和娱乐设施的收益；还包括在会议或者贸易展览期间参展商客房和其他服务的花费。同时，酒店可以通过提供辅助性服务或活动，例如，保姆服务、观光以及其他活动来完善会议安排，增加酒店收入。这些多出的部分对酒店来说无疑是一笔额外的收入，而且配偶不需要另外的客房。对于一个有 500 名代表的会议来说，这就意味着酒店的日收入可增加 25000 美元，这对任何一家酒店来说都不是小数目。

如今，大部分会议都邀请代表们的配偶同来参加。根据《会议与例会》中的最新会议市场报告，每年约有 1100 万名配偶出席各类大会及公司会议。对一些会议团体来讲，每年的会议已经成了一项家庭事务。会议服务人员应该预先做好招待这些额外增加的客人的准备。

在了解了配偶参加会议的重要性之后，下一步就要向会议策划者推销酒店的"配偶计划"了，因为一旦这一计划被采纳，会议策划者就必须增加会议预算了。酒店可以向会议策划者指出，配偶的参与有利于会议的进行。例如，如果有配偶陪伴，与会代表就不太可能去城里玩乐得太晚，从而避免了第二天开会时睡眼惺忪。这样，会议可能更有效率，代表们也会更加思维敏捷，专心致志，更易接受会议的要旨。此外，餐饮以及社交活动的销售额也将显著上升，有利于会议收入的增加。

你应该让会议策划者明白，配偶的参加与否通常会决定会议的出席人数。如果配偶们预计他们可以在会议期间尽情娱乐，就会鼓励自己的丈夫或者妻子出席大会。而且，配偶的加入可以创造出一种亲密的家庭氛围，进而美化会议主办机构的形象。如果进行一项名义测验，结果往往会表明最成功的会议是那些邀请夫妻共同参加的会议。这一点往往是公司决定邀请配偶们参加会议的重要因素。

图 16-5　烹饪课程备受与会代表或其配偶的欢迎
资料来源：法国巴黎利兹酒店照片。

讨论增加的活动的成本的支付方式也是配偶计划吸引酒店的一个方面。大多数情况下，会议主办方会支付所有或者一部分额外活动的花费，但是与会人员也可能自己支付，因为这样的话，会议策划者就不用增加会议预算。诸如观光游览类的活动，会增加到团队活动项目中，花费计入会议费用中，或者与会人员直接从旅行社购票。第三个最受欢迎的支付方式就是为会议外活动寻找赞助。当地的观光胜地，比如特价商品购物中心或者主题公园，可能会为这些活动支付一定的经费，发送优惠券，或者提供来往酒店的交通服务，通过这些方式，旅游胜地可以从与会人员处获得更多的收益。

增加配偶出席人数

一旦会议策划者认同了邀请配偶参加会议的重要性，酒店就可以采取各种方式来促进配偶入会。会议部经理应与会议主办单位密切配合，提出建议，提高配偶的兴趣，进而增加入会人数。以下是一些值得借鉴的方法：

- 为会议主办机构提供酒店的介绍说明及内部材料，并建议策划者将其随邀请函一同寄出。材料包括酒店的菜单、照片以及城市景点等。
- 此外，酒店或许可以从策划者那里索取到一份完整的最新与会代表名单，然后以个人名义给他们发送信函，描述配偶活动安排。再者，告知他们当地的气候以及合适的衣着。
- 建议会议主办单位指定一位配偶计划负责人，并与之合作，共同安排节目、旅游观光，以及其他娱乐活动。
- 在一份比较受欢迎的该会议团体的商业刊物上做广告。你的广告应该充分展示邀请代表的配偶同来参加会议的优点。

客户活动项目

各个酒店最近都在积极采取行动以增加配偶入会的人数；一些酒店甚至设立了配偶服务部门以满足配偶们的各项需求。配偶项目负责人与酒店会议部经理密切合作，可以帮助大会筹委会设计并搭配组合趣味性节目。

大多数酒店无法为会务人员配备一个配偶项目的专门负责人，但每个承办会议团体生意的酒店都至少应准备一份活动指南，该指南应该免费发送给各会议策划者。通过表16-4中我们可以了解一些酒店所提供的活动项目。

拓展阅读

增加入会人数与配偶计划
珍妮特·H.怀特，CEM

回忆与展览管理中最具挑战性的就是如何为与会者及其配偶制作出令人回味无穷的娱乐和社交活动。要做到这一点，你必须既了解当地的资源，又了解你的客人。在一些娱乐胜地，像奥兰多、阿纳海姆等地，我们如果要自己另行安排旅游活动，与当地的娱乐活动来竞争实在是不明智之举。我们通常的做法是看能否购买到打折门票、通票等。但是在那些有着丰富的娱乐活动的地方，我们发现最成功的节目还是那些根据酒店会议部经理或会务管理公司的建议而举行的活动。既然我们了解我们的客人，所以通常是我们提供一个娱乐活动的大体轮廓，会议部经理再为其添加细节并予以实施。例如，我们曾举办一个公司会议，其主题为"沙滩奥运会"。之所以选择这一活动是因为下午去海滩纳凉的人很多，我们举办任何其他的活动的人数都会比这个少，所以我们干脆就把沙滩作为活动地点之一。活动项目包括冲浪、排球、砌沙塔、呼啦圈舞比赛等，在休息时，主办者还发表了一个简短的致辞——既幽默又有意义。随着《税法》的加强，这些附加活动一定要符合美国税法局的要求，即它们应该有一定的教育意义，而不是那种应该纳税的消遣性项目。

表 16-4 创意配偶活动

要制定令顾客难以忘怀的活动，将酒店的地理位置以及顾客的偏好考虑其中是至关重要的。下面所列举的者几家酒店在制定活动时标新立异，提供在当地独一无二的体验，改变了传统的活动项目。

　Las Ventanas al Paraiso 酒店，洛斯卡沃斯，墨西哥

拥有71间客房，推出了龙兰舌酒课程，由专业的龙兰舌酒大师授课。学习内容包括龙兰舌酒历史、分类、蒸馏、以及如何正确地品酒。在正确品尝出三种不同的龙兰舌酒以及通过一个小的测验之后，顾客被授予"龙兰舌酒狂热爱好者"证书。

奥海镇峡谷酒店及温泉中心，奥海镇，加利福尼亚州

酒店位于加州的葡萄酒之乡，拥有312间客房，占地面积为50公顷的大牧场，经常性地推出改善生活质量的短期课程。当地的艺术家在酒店开办了画画、音乐以及使用巴蒂克印花法制作围裙的课程。

（续）

其他的一些课程包括马术、芳香疗法以及高尔夫礼仪。

喜来登野马度假及温泉中心，钱德勒，亚利桑那州

拥有 500 间客房，该酒店致力于打造一个文化交流中心，团队合作将皮马人以及马利科帕人部落文化整合到会议和活动中。酒店内设有陶器制造术、篮子编织工艺以及其他手工艺术作坊，部落的老人会亲自讲解这些工艺。团队建设活动包括为住在附近地区的孩子制作自行车。

春分胜地度假及温泉中心，曼彻斯特，佛蒙特州

这家拥有 183 间客房的酒店所提供的独特的活动是驯鹰活动、射击课程以及驾驶路虎和悍马行驶在 5 公顷的旷野内。

莫宏克山庄，新帕尔茨，纽约

位于纽约的卡茨基尔山，拥有 261 间客房，推出了一系列新奇的团队活动，包括游戏竞赛节目、远程遥控汽车竞赛、三轮车马球赛以及"人类桌上足球赛"。其他的活动还有箴言搜索活动以及"抢凳子"画画作坊，在这个活动中，参加者轮流在画布上作画，除此之外，还有硬纸板船划船比赛。

　　酒店经常向与会人会员或其配偶提供活动项目，以增加与会人数。方框中所提到的酒店推出了创意的活动项目，迎合了广大与会人员的兴趣。

资料来源：汤姆·艾斯勒：《酒店仪式：激励会场团队活动》，《会议与例会》，2006,3. 图片来自春分胜地度假及温泉中心。

　　购物　购物可促进酒店与商家间的友好关系。合理的计划安排非常重要。通常，酒店可以包车送客人们前往购物场所，并安排一名导购来迎接客人。可能的话，酒店还可以安排客人们进行幕后参观。

　　购物时，时间安排也非常重要。这些参加购物的客人们常常会分成小组去逛不同的商店，因此，他们必须清楚集合的时间。此外，还要确保他们都能准时返回酒店参加当晚的活动。

　　观光及城市观光　观光及城市观光也比较受与会人员的欢迎。导游是否称职至关重要，因此，会议部经理应该备有一份曾经有过业务往来的旅行社的名单。

　　任何城市都有旅游景点：大学校园、历史古迹、园林等，而最受欢迎的游览之一是参观民居及其花园。当地的一些居民为了给慈善机构筹集资金，欢迎会议代表们的配偶参观自己的住宅。酒店一般提供两户居民供参观就足够了。同购物游览一样，观光的时间安排也很重要。而且，游览时，最好乘包公共汽车以保证团队成员在一起，不要分乘多辆小汽车。

客座演讲者 许多配偶节目中都邀请一些职业人士做演讲，如医生、律师、厨师、公司总裁、心理医生等，然后观众提问，演讲者答疑。酒店可向会议策划者推荐当地有名的演讲者。演讲话题包罗万象，如从插花艺术、舞蹈课程到如何订立遗嘱等。

其他 当然，可以举办的活动是多种多样的。我们从相关书籍以及同会议部经理交流中收集了一些其他的建议，如戏剧、音乐会、专为配偶们举办的特别商务会议以及告别晚会等。此外，一些地方文化活动比如参观博物馆、画廊以及历史街区，酒店及附近景点的幕后参观；参观当地产业（酿酒厂、巧克力工厂以及著名产品制造厂）的活动也相当受欢迎。根据与会人员及其配偶的兴趣，还可以开办一些素质培养课程如烹饪、时间管理、心态调节、如何着装、家庭生活、养育方式、儿童发展等。

在制定配偶节目时，你一定要了解自己的客人，从而使节目迎合他们的兴趣和品位。比如，位于纽约克洪克森的哈德逊流域温泉疗养度假村就曾推出了配偶活动项目菜单，从而满足会议团体中各个个体的兴趣和个性。策划者可以从菜单户外活动和室内活动选项中选择活动项目。酒店提供的活动包括彩弹射击、攀岩、短途旅行以及葡萄酒或者宴会旅行。如果可能，最好咨询一下前几年的活动项目策划（因为你肯定不想重复去年的节目），然后再判断哪些是最受欢迎的。

你也应精心安排活动的时间。不要在配偶们参加一个会议典礼的同时再安排其他活动。而且，由于很多配偶把会议当成休假，常睡到很晚起床，所以最好把他们的活动安排在下午。此外，他们通常不喜欢一个接一个的紧凑安排，因此每项活动都要有充裕的时间。

儿童活动项目

在过去的几十年间，越来越多的与会人员将商务会议看成是家庭休假。精明的会议策划者应该明白，在职父母们都想有更多的时间和孩子们在一起，所以许多会议组织者邀请全家来参加会议，这是增加入会人数的一个方法（图 16-6）。通过邀请全家来参加会议，酒店可以从中获益，但是酒店也发现均衡家庭服务项目和为商务旅游者提供服务是十分困难的，而商务旅游者也是酒店重要的市场群体。华德迪士尼世界酒店服务及销售部副总裁安妮·汉密尔顿说：

"在我们的度假村正式投入建设之间，我们就知道我们针对的客户主要有两个群体。所以基于这一前提，一个自由度假的客户不可能会出现在会议中心。我们会提前划分这两个群体的客房。团队一般会比较喜欢这种做法，这样就避免了打扰到其他的客人。"[④]

为了增加与会人数，酒店以及策划者所面临的另外一个挑战就是为不同年龄段的儿童提供活动项目和监管。有些酒店为年幼的与会者提供酒店内部的活动项目。例如，凯悦酒店开展了凯悦夏令营，为不同年龄段的儿童提供有组织的娱乐和学习活动。迪士尼世界酒店建立了天鹅乐园夏令营，其中以迪士尼动画人物为主线的娱乐活动可持续到午夜（拓展阅读《著名的酒店连锁为儿童所提供的活动项目总结》中列出了一些著名酒店连锁为儿童以及青少年提供的项目和活动）。

其他酒店也可能提供儿童看护设施或者至少为儿童提供一些持证幼儿保姆。另外一些酒店会与酒店外部的服务机构合作，比如说"儿童任务"，为孩子们提供日托或者娱乐活动。酒店或者赞助商也可以寻求像儿童协会和儿童乐园这样的组织，为不同年龄段的孩子设计专门的活动和节目。其中儿童协会的一个客户就是靠近圣地亚哥的伯纳多牧场酒店，该酒店在暑假以及其他节假日为儿童提供"伯纳多牧场酒店夏令营"，颇受欢迎。

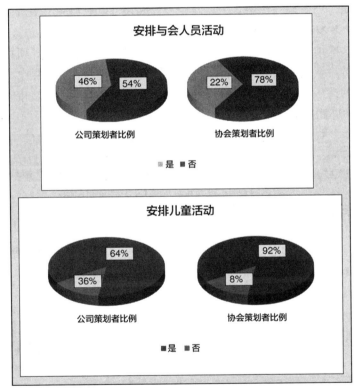

图 16-6　与会人员与儿童活动
《会议与例会》杂志最新会议市场报告显示了公司和协会策划者中与会人员与儿童所占比例。

儿童娱乐活动多种多样，从会议地点有监护的娱乐活动，到野外郊游，到当地的景点游览，均可作为选择，因此，精明的会议策划者既会在父母们忙于开会时，为小客人们安排一些儿童游戏，也会提供一些合适的全家娱乐的活动（例如，一个会议主办单位组织与会家庭观看各类剧目，而其他机构可能为他们安排一次享受全家门票打折的附近景点的游览）。

无论选择哪种活动方式，在接待家庭团队的时候都有一些因素需要考虑，最重要的莫过于责任。酒店必须通过保证设施的安全性和孩童监护人的可靠性来保护客人和自身。所有的孩童保育设施应至少投有 100 万美元的责任保险，而且，大部分酒店要求父母把孩子交付托管时，签署一份全权授权证明书；当孩子在进行任何室内活动，特别是在任何会议地点以外进行考察旅行时，父母们也应该签署同样的证书。酒店对所有直接和孩子们打交道的人员应进行背景调查，同时确保每个工作人员只需要看护少数儿童，以便每个孩子都能得到应有的照料（得到认可的成人员工与孩子人数比例是，一个成人照料 3 个婴儿，一个成人可以照料 4 个幼童，一个成人也可以照料 6 个 8 岁左右的儿童）。

当所有这些细节都制定完毕后，会议策划者就可以将这些服务项目准确地提供给与会者，然后就这些活动和节目的付款问题与之进行商榷。这样做可以消除与会者可能产生的误解，确保大家更愉快地相处，同时证明酒店善于接待家庭团体，从而成为今后举办团体活动或全家度假的考虑对象。

拓展阅读

著名的酒店连锁为儿童所提供的活动项目总结

酒店名称	活动名称	年龄	活动特色
Doubletree	kidsCAREpak	3～12岁	夏季向儿童发送礼品包
Holiday Inn	KidSuites	不限	为儿童提供特别的客房，有自己的娱乐空间
Hyatt	Camp Hyatt	3～12岁	极具地方特色的活动
Four Seasons	Kids for All Seasons	5～12岁	儿童浴衣，监管活动
Hilton	Hilton Vacation Station	2～12岁	零租金，某些度假村的监管活动
Le Méridien	Penguin Club	4～12岁	海边的酒店有监管活动
Loews	Loews Loves Kids	10岁以下	接受过培训的家庭看护要能迎合儿童的需要要求
Omni	Omni Kids	13岁以下	在www.ommkidrule.com网站上提前制订旅游计划
Ritz-Carlton	Ritz Kids	4～13岁	健康儿童菜单；8～12岁儿童礼仪课程
Sonesta	Just Us Kids	5～12岁	免费活动和短途旅行
Westin	Westin Kids Club	12岁以下	"欢乐"食物，免费饮料和泰迪熊
Wyndham	Wyndham Family Retreat	不限	家庭烹饪和游戏活动

会务管理一览表

很明显，要确保会议或例会的成功举办，酒店必须处理好无数细节问题。会务管理一览表恰好可以有效防止酒店员工忽略重要事务，并有利于酒店承办会议所需的一些特别服务项目。

酒店既应该有一份全面的会务管理清单，使其工作人员对整个会议有一个全面的了解，也应备有关于每种典礼仪式的事务列表。许多酒店，如喜来登酒店，会向会议策划者提供会议指南，包括这些会务管理一览表（图 16-7）。如果你在旅行途中，看到一些较为全面的会议指南，不妨保存下来，加以修改，以备将来承办会议使用。

图 16-7　会务管理一览表

许多公司都为会议策划者提供成套的会务说明，包括策划者可以用来核对是否一切细节都已经安排就绪的会务一览表。

资料来源：洲际酒店许可摘录。

小结

为了保证会议各项流程正常运作，酒店的员工往往需要参与其中。当为一个较大型的会议提供服务时，会议部门应该考虑到会议涉及的所有环节，包括建立高效的签到系统，为与会代表和会议展览提供安全保障，安排酒店内部或者外部装饰，娱乐活动以及复印服务。为了提高会议效率，酒店肯定愿意"多走几步路"来协助会议策划者来处理这些会议细节——同时通过配偶计划或者儿童活动来增加与会人员数量。培养这些方面的能力能够使你游刃有余地处理任何类型的会议——包括大型会议和贸易展览。

尾注：

① Michelle Russell, "Planning Convention Center Security", Convene, April 2003, p.46.

② Barbara Scofidio, "Up Front: Special Events Intelligence", Corporate Meetings & Incentive. February 2007, p.6.

③ "Leave Your Vendors Behind: Exclusive and Preferred Providers", Meeting Budget, June 2006, p.11.

④ Susie Amer, "The Family Business", Successful Meetings, March 2007, p.59.

主 要 术 语

成人员工与儿童人数比例 (adult staff-to-child ratio)：儿童看护或者青年活动中成人与儿童的人数比例。普遍接受的比例是婴儿时是 3：1，幼童时是 4：1，8 岁以上儿童时是 6：1。

预注册 (advance registration)：与会人员在会前通过邮件、传真、电话或者网络提前进行会议注册。

辅助服务或活动 (ancillary services or activities)：与会议相关的支持性服务，包括管家、技术人员、译员以及导游。会议经理安排并推销这些活动，比如当地观光游，以完善会议服务。同时在使用酒店内部服务时，这些会议非必要的服务为酒店带来了额外的收益。

与会人员 (attendees)：出席会员的人员；人数可能取决于在会议主办单位注册的人数或者也包括配偶、儿童，顾客以及服务商。

辅业 (auxiliary business)：因为承办一个会议而引进酒店的服务项目。

铭牌 (badge)：印有会议人员姓名以及职位的身份认证卡，便于控制和安全保障。一般会在会议注册的时候发放给会与人员，铭牌可以是粘黏式的、带别针的、带夹子的或者是项链式的，还有可能是数码感应式的。

会议文件包 (convention packet/kit)：一个包含多种会议文件以及会议材料的资料袋，或活页夹、信封或者文件夹。材料包括活动指南、门票、地图等，同时也可能包括酒店信息。有时也将之称为注册包。

会议注册 (convention registration)：会议流程，在此流程中，与会人员需要支付会费，同时接收到关于会议安排的文件包。

会务管理公司（Destination management companies）：专业的管理公司，主要从事于会议、活动以及旅游策划、员工安置、提供交通服务。对该区域的信息了解透彻，从而能充分运用当地服务商，具有丰富经验和服务商资源。

独家服务商 (exclusives)：严格限制特种产品或服务由哪家服务商提供的合约。比如，一家花店或摄影师可能与一家特定的酒店签署了独家服务商合同，那么就意味着该酒店的花卉服务或摄影服务只能由它们家来提供。

地面控制人员 (ground operators)：解决当地交通或者其他当地旅行需求的公司或个人。

配偶计划 (guest/companion program)：为参加会议的人员提供的一系列娱乐项目或活动，比如观光旅游、购物、演讲。

多功能套间 (hospitality suite)：为与会人员以及配偶准备酒店套房或客房，方便、舒适、社交性高。内备有饮品和小食。

系索 (lanyard)：戴在脖子上的绳子，就是挂铭牌的带子。

信息板 (message board)：有时候也称为公告栏，是一块板子，通过公告栏，与会人员可以浏览其他人发布的信息也可以自己发布信息，也可能是电子的或在线信息中心。

在线注册 (online registration)：入会人员可以在赞助商网站上进行会议注册。

现场办公室 (on-site office)：会议期间，会议服务机构在酒店内的临时办公室，从而为会议提供服务。

现场注册 (on-site registration)：与会人员在会议当天（或者会议前或者会议期间）在会议现场进行注册。

新闻中心 (press room)：酒店为新闻社人员专门划分出来的区域，在区域内，新闻社人员获取展商名册、进行访谈或者通过电话、传真或者网络进行报道。

射频识别标签（RFID）：是一个感应标签，在一个接收器和一个小的转换器之间传送信息。

接待部门 (receptive agents)：主要负责接待到来的参观者的旅行社。

注册人 (registrant)：已经完成注册表格并参加会议的个体；或者也可称为与会人员或与会代表。

注册区域 (registration area)：专门进行会议注册的区域。

注册表格 (registration form)：一张纸质或者在线表格，由与会人员填写从而进行会议注册以及便于会议期间的其他安排，其中包括住宿分配。

安全服务承包商 (security contractors)：展览或者会议管理雇用的保障会场或者个体展位安全的公司。可以使用保安、闭路电视以及其他方式。

蜿蜒形排队方式 (serpentine queue)：不像直线排队，蜿蜒形排队要用到障碍物，比如说绳子，来节省空间或者引导与会人员去别的服务台。当排队人数少时，可以减少障碍物数量，最后可能会变成直线排队。

临时工 (temps)：雇用临时工负责会议注册以及其他工作，例如，行政人员、交通控制人员或者安保人员。

复习题

1. 酒店注册和会议注册之间的区别是什么？在为会议代表分发文件包时，通常采用哪三种方式？

2. 大会展览中的安全管理有四个关键阶段，区分这四个阶段，并说明每一个阶段的管理办法。

3. 与可靠的外部服务商合作或者为策划者推荐服务商的重要性是什么？这些安排如何分别为酒店、会议策划者以及外部服务商带来收益？

4. 讨论配偶入会的重要性，并列举可能增加配偶入会人数的方法。

5. 许多会议会将地点选在度假村或者其他家庭度假区，这样的话，与会代表就可以带他们的孩子一起参加会议。当父母在参加会议的时候，酒店应该为儿童提供哪些典型的娱乐活动？

参考文献

1. The Convention Council Manual, Eighth Edition, Susan Krug, Executive Editor,2007.

2. Event Management, by Lynn Van Der Wagen and Brenda R.Carolos, Prentice-Hall,2005.

3. Special Events: The Best Practices in Modern Event Management, Third Edition,by Joe Jeff Gold blatt, JohnWiley & Sons,1997. www.hospitality@wiley.com.

网址：

若想获得更多信息，可访问下列网址。网址变更恕不通知。若你所访问的网址不存在，可使用搜索引擎查找新网址。

1.Association of Destination Management Executives: www.adme.org

2.The DMC Network: www.dmcnetwork.com

3.Global Event Partners—Destination Management Companies: www.globaleventspartners.com

4.International Special Events Society (ISES): www.ises.com

5.Kiddie Corp: www.kiddiecorp.com

6.Marriott Hotels, Resorts and Suites: www.marriott.com

7.National Speakers Association: www.nsaspeaker.org

8.nTAG nteractive: www.ntag.com

9.PC/NAMETAG: www.pcnametag.com

10.USA Hosts Destination Services: www.usahosts.com

第17章

学习目标

1. 了解展览和行业展会的范围，区分各种类型的展会。
2. 了解和讨论展会策划的各种要素，包括展览与行业展会关键人物的主要职责。
3. 解释结算流程、参展商关心的运输、收货问题及展会的举办场所。

Sam Lippman，展会管理及营销总经理

　　"举办展会是一项令人兴奋的、要求高的、复杂的挑战，需要团队协作和沟通。展会业是完全相互依存的行业。主办协会依靠展会的收入维持低会员费，并为他们提供多项利益和服务；展会管理人员依靠展会团队确保展会的成功举办；展会服务承包商依靠健康有序的展会维持生计；酒店经理依靠精确的展厅布置图传递服务，确保每一个展位安排妥当；参展商依靠优秀的员工搭展和撤展。鉴于展会的相互依存性，展会的成功举办需要各方沟通协调。展会经理需提前并时常与展会服务商、设备提供商、员工及参展商进行沟通。展会团队成员之间互动交流有助于实现建立一个为参展商开展成本效益营销，为出席人员提供教育论坛的展会。"

17

展览与行业展会

展览是会议行业的重要组成部分，是大部分贸易大会的关键环节。在贸易大会的年会中，展览所占比重超过了 80%。对技术研讨会、科技会议、专业性会议而言，展览的重要性也不言而喻。很多主办协会将其奉作吸引参会者的重要途径，并作为会议主要的收入来源。此外，行业展会被会议举办方看成是参会者的教育机会——展览教育项目的额外组成，即研讨会的补充。

由于其他方式很难在短时间内让他们面对面接触到如此多的买家，所以参展商们也将展览看成是产品宣传的良机。而且，由于大量行业协会的决策者们将莅临展览会，为使其成为一种营销手段，参展商们可谓煞费苦心。

展览和行业展会的范围

在当前会议的细分市场中，展览及行业展会利润可观，发展迅猛。由于会展业年增长率超过 4%，越来越多的公司正充分利用这大好的机会，一些行业展会逐渐成为重大的国际盛事（表 17-1）。

表 17-1　顶级行业展会

	展览面积（净平方英尺）	参会人数
1. 国际 CES 电子消费展	1804070	143695
2. 国际建筑和公用设备展	1155000	17950
3. 加州男装协会（MAGIC）	1100885	120000
4. 世界鞋及配件展（WSA）	1100250	37500
5. 专业设备市场营销协会展（SEMA）	1063970	125000
6. 国家商业航空协会展（NBAA）	1038600	32052
7. 国际建材博览会	1037000	103921
8. 全美广播电视协会	906000	93159

资料来源：2009 年展会目录。

主办协会通过向参展商收取展位使用费获利。这部分通过展会获得的现金流，可用于资助会议的策划。参展商对展位的预订，通常需要先用支票支付一半费用，余款可稍晚些支付，但是必须在会前支付。

主办协会在此阶段的唯一成本就是对展会的宣传和人员的工资，这是一笔巨大的开销。因此，参展商的预付款就变得尤为重要，这笔资金实际上是为会议的召开融资。仅有的附加收入来自门票和注册费。金额虽少，但出于同样的原因也要提前收取。

展会的重要性还体现在那些拥有巨大会议室的酒店的发展上，这类酒店在承办带有展览的会议方面都大获成功。

几乎所有的会议主办方都希望整个会议在同一个地方（或场地）举行。如果这愿望不能实现的话，一些独立的展览中心就会和邻近的酒店配套使用。大规模的展览需要大型的会议中心，比如芝加哥的麦考密克广场，占地 24 万平方米，拉斯维加斯的会议中心，占地超过了 29 万平方米。

即使在拥有大型会议中心的城市中，内设展览区域的会议酒店也是相当成功的。比如，在拉斯维加斯，尽管该市还有会议中心可供使用，但是一店全程式会议为酒店招揽了大量生意。当规模巨大的会议在会议中心及其附近的酒店举办时，规模较小的会议便会选择 MGM 大酒店（拥有 5700 个房间及超过 5 万平方米的展览面积），或者 Wynn Las Vegas 及其姐妹酒店 Encore（拥有 4750 个房间，2 万平方米的展览面积）或者是曼德勒海湾大酒店（拥有 3754 个房间，约 16 万平方米的展览面积）。所有这些酒店，和其他城里的酒店一样，都配备有辅助性的会议设施。

拉斯维加斯凭借会议设施及旅游景观承揽了众多的会议生意。然而，展会并不仅限于在大型酒店中举行。全国范围内的较小规模的酒店将室内展览区域作为招揽会议生意的利器，并作为赚取丰厚利润的来源。来自展览产业研究中心的研究表明，大约有 1/3 的包括展会在内的会议平均每次只需不到 50 个展位。一种常见的经验指出，每平方米的展位需要额外的一倍的空间与之匹配。比如 50 个 2.4 米 × 3 米（1 英尺 = 0.3 米）的展位需要 372 平方米的占地面积和加上额外的 372 平方米的空间用于过道、出入口以及摆放注册桌案（拓展阅读《决定展览面积公式》）。[①]

展览类型

展览用于标明行业展会上的产品和服务。展览有三种基本类型：案头类展览，主要适用于参展商较少或面积有限的情况；分区类展览，参展商们分得一块地面空间来摆放大型设备和多层类展览；展位类展览，展位通常用管线与帷幕，或石膏抹底墙等搭建。

使用最普遍的是展位类展览。展览展位宽度与纵深一般为 3 米 ×2.4 米或者 3 米 ×3 米，限高 2.4 米，要么就用 1.2 米高的隔板沿后圈出 4 米宽的空间。展位有四种基本类型（图 17-1）：标准型（也叫串联展位），背面与两侧和其他展位相连，限高 2.4 米；环型展位，与外墙相接，限高 4 米；半岛型，由四个或更多的标准展位组成，三面与过道相接；岛型，由四个或者更多的标准型展位组成，四面与过道相接。

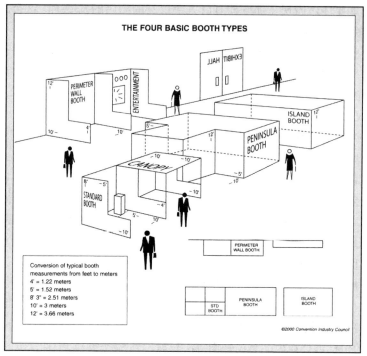

图 17-1　展位的四种基本类型

资料来源：会展产业委员会提供。

拓展阅读

决定展览面积的公式

决定展览面积时应考虑的因素包括：

- 标准和非标准展位的数量及尺寸（岛型、半岛型等）。
- 为其他用途所预留的空间，包括一些特色展、展示区、过道区、休息区等。
- 展览注册区域及管理办公室的布局——如果这些位于展厅的内部，则需要为其预留额外的空间。

展览所占面积是由展位所占的净面积的两倍及其他配套设施所占空间而决定。基本的公式就是展

（续）

位的数量 × 展位的长度 × 展位宽度 ×2。同时，这个公式反过来也是适用的。如果你有 12000 平方英尺的展览场地，想知道适合该展览场地的 8 英尺 ×10 英尺的展位有多少个。比如，你把 12000 平方英尺的展览面积除以 2，再除以 8（展位长度），最后除以 10（展位宽度）或将其除以 160。使用这个公式，你将会发现 75 个展位恰好适合面积为 12000 平方英尺的展览场地。

展览策划

通常专业或行业协会的年会附带行业展会。但是其他的团体与公司也可承办展会，并将其视为一种赢利机会。主办协会或公司可以使用本部人员从内部管理展会，或聘用外来展会管理人员策划、组织、推广及运作展会。

无论是特定协会的展会管理人员，还是第三方人员，都属于国际展览与项目协会（IAEE）——也就是之前的国际展览管理协会（IAEM），一个拥有 7000 余名展会管理人员的专业协会。独立展会组织者协会 (SISO) 也为展会提供有价值信息，同时也提供展会管理实用技巧和操作信息。

一些拥有大量专用展览场地的酒店会为展览服务配备一名主管，作为酒店会议服务经理和主办方展会经理的主要联络人。展会管理涉及专业广泛。地方团体通常鲜有此方面的背景，而协会与公司负责年会的会议策划人在展会运作方面却积累了丰富的专业知识。聘请一名博学的、对展览和展会有专门研究的主管人员，让其协助团体和会议策划人办好展览，对致力于开发展会市场的酒店而言是十分明智的。

展览与行业展会的关键人物

行业展会为参展公司提供向参会人员展示产品与服务的论坛。这实际上是一次生动的营销活动。当前，有 60% 的展会是协会年会附带的，40% 是由一些公司独立赞助的。协会年会及独立公司都利用今天的科学技术来提供虚拟展会——通过互联网和数据供稿使那些远程的与会者参与展会活动。

无论展会的管理方式如何，如果你所在的酒店扮演了东道主的角色，你将会与许多负有不同责任的人一起共事，包括：

• 展会经理（又称展会发起方、展会管理者或展会主办方）；
• 展会服务承包商（又称装潢商）；
• 参展商。

展会经理（又称展会发起方、展会管理者或展会主办方） 他们是负责举办和管理展会的人员，主要负责开列潜在参展商的名单，向参展商或者与会者推销展品，与展会服务承包商签约，监督所有的后勤执行[2]，与你共事的展会经理由以下两种方式雇用而来：

- 直接为协会工作，他们是协会内部人员，负责组织、营销和管理展会（全国餐厅协会就是这种模式），也可能是外部人员，通过与协会签约来管理协会中的展会部分。
- 以私人业主或者企业实体身份出现，以营利为目的主办单独的展会。当前协会的趋势是要么出售展会，获得投资资金，使协会获益，要么就是与多元化的展会公司合作，从中获得利润分成。如美国书商协会将其展会出售给瑞德国际展览公司，以及国家体育用品协会将其展会出售给米勒弗里曼公司。

展会经理的首要任务是把场地销售给参展商。为吸引参展商，主办方需要起草一份招展说明书，列明展会的时间和地点、过去和潜在参会者的情况介绍、场租价格和其他相关信息，以供参展商决策之用。过去展会的参会人数记录对成功招展起十分关键的作用。

拓展阅读

参展商招展说明书

　　因为招展说明书可以促进参展商参展，因此是展会主办方市场营销关键的部分。招展说明书应该包括：

- 封面信，在正式的信笺抬头显示展览主办方（突出联系方式），旨在邀请参展商参展。如果邀请函来自有过展会经验的行业领导者，招展说明书就会十分奏效。
- 本届展会特色（若可以，简要强调展会的教育内容）。
- 往届展会的统计数据及成功回顾（包括参展商和参会人员的感言）。
- 本届展会特征及参展商利益（拥挤的过道的照片是个较好的卖点）。
- 参展人员类别和人口统计学特征清单（地理位置、购买能力及影响力）。
- 参展企业名录。
- 展会产品和服务清单。
- 展位平面图。
- 大体信息（具体时间及布展设施）。
- 定价、付款期限及存款信息。
- 参展商签约的规章制度。

展会服务承包商（又称装潢商）　　按照惯例，酒店提供基本展览场地，可能附带设施，也可能没有。展会经理一般会选择一家展览服务公司作为正式展会服务承包商（又称装潢商），展会经理将会与展览服务公司签订合约，但是这通常并不排除

参展商为其安装和拆卸展位雇用外部的服务承包商。一些公司与在全国设有公司展会的企业签订协议。此类公司，称为参展商指定承包商，他们全年参与多场展会（拓展阅读《展览服务承包商角色的转变》）。展会管理及正式服务承包商需要一封意在使用外部承包商的信函。

拓展阅读

展览服务承包商角色的转变

Don Freeman 是弗里曼公司（Freeman）的董事长，该公司已成为一家提供全面承包服务的公司，服务包括视听解决方案（Audio Visual Solutions），派对租赁（Party Time Rentals）及舞台布置（Stage Rigging）。其所接的客户许多都是在全国移动的展会，Freeman 见证了他的公司在如何满足参展商需求方面的巨大变化。

"自 1960 年接手以来，我所见的最大的变化莫过于展会工作越来越复杂。过去的展会仅用石膏抹底墙或管线与帷幕。我们当时只是一家家具租赁公司，我们甚至都没有做过多少物料处理工作。于是我们着手做全方位服务承包商，现在我们的业务也远超当初了，我们不仅承接标牌和地毯的订单，我们还与客户协商他们想要传递的公司品牌形象。"

如今，参展商需要的不仅仅是展示其主题的图片与标志，他们更关注展会是否凸显其品牌。Freeman 表示：

"我们必须更好地理解我们所服务的展会主办方的目标及每场展会所要达成的目标，然后我们努力寻找实现这些目标的方法，为展会带来价值。"

因此，Freeman 集中力量为展会组织者提供服务，为更好地满足参展商的需求而努力奋斗。该公司不断寻求提升参展商体验的方法，如重新设计参展商服务中心，使其更易于使用，为展会的转移提供便利。然而，有件事是公司始终未变的，那就是公司对顾客的承诺。Freeman 表示：

"目前我们的 3000 名员工接受顾客服务培训，即使他们中有的并不接待外部客户……创造卓越的客户服务并不是有什么秘密，这只是把你所做的一切用到企业文化的建设中时常提醒人们。"

资料来源：《5 分钟访谈：Don Freeman，弗里曼公司董事长》，博览会，2007 年 2 月，第 14 页。

在这章的引言中，Sam Lippman 认为展览服务承包商是展会团队最重要的组成人员。他表示：

"展览服务承包商的客户经理是展览管理者在展览场地的耳目，允许展览管理者监督他们的职责。从第一辆卡车的卸货到会后的拆卸，参展商的满意是展会主办方和展会服务承包商的追求。展商成功参展将会增加下次参展的预算，扩大参展场地及参展次数。对展会主办方及展览服务承包商来说，这意味着将为他们带来更多的收益。"[3]

与主办方的合同中通常要求服务承包商对展厅进行一般化装修（包括入口标牌、过道地毯，以线管和帷幕建起展位等），提供平面图设计和展会现场协调。平面图是有固定比例的，展览场地的图纸包括尺寸、设计、形状、入口、通道、展位数量、走廊、特许区、休息室、电器及水管的无障碍性。

组织、协调和执行所有布展服务工作都是展览服务承包商的工作。他们过去只是修修窗户、做做木工活、粉刷标牌以及搭建展位。而现在的工作更加广泛。他们要负责劳力、管道、电器、标牌、保洁、电话、鲜花、展台主持、视听信息和器材运输（装运）等工作。

实际上，服务承包商是会议进程中的核心人员。他们从会前策划、展厅清洁到将所有参展器材运回本部，都要与会议策划人并肩作战。他们要准备平面图报当地的消防机构批准。他们要与各类供应商诸如视听产品经销商和花商签订合同，而这原本是会议策划人的工作。他们还要提供现场管理人员来督导展位的安装和拆卸。

服务承包商向酒店会议服务的销售人员征询意见也同样重要。此举旨在增进双方的了解，认可各方的做法和职责范围（拓展阅读《展会策划中常见问题》）。展前的洽谈和一系列承包商与会议服务经理的会晤都会大大促进双方达成共识。

拓展阅读

展会策划中常见问题

展览服务承包商在与酒店的合作中发现一些问题，业内首屈一指的展览服务公司 GES Exposition Services，其分支机构遍布全国，指出了在实际会议操作中酒店出现的六大问题：

1. 糟糕的展览布局策划

有多少次当参展商走进其展位，发现一个精美的、巨大的、低垂的枝型吊灯赫然悬于房间的正中央！当然还有可能是立柱或相似的障碍物。究其原因，会议销售人员仅会拿出一张现有的简单平面图交给客户——也不去问一问展览服务承包商为什么会出现这些问题——并以图中根本没有立柱或吊灯的标注作为托词。

2. 管道问题

会后，管道承包商和参展商都无能为力——一个占地 2700 平方米、拥有 140 个展位的展会，参展商要求的所有管线和临时线路竟只有两个进排水口。

3. 电力供应问题

这是一场电子产品展会，电力负荷太大以至于酒店的现有设备不足以提供所需电流的一半，只好请公用事业公司在布展时迁入额外线路。显而易见，电子产品展会对电力负荷要求较高，如果酒店在展会预订阶段就着手衡量用电需求与现有设施的矛盾，事先增加电力供应，就会减少许多令人头疼的问题。

4. 工作量的安排

我们多少次在搭建 100 个或 200 个展位，并安装了所有定制的展品后，发现我们只有 6 小时用来拆卸、打包和运走展品！这种不合理的匆忙导致财产的破损、运输失误，最糟糕的是客户会因不满弃你而去。

（续）

---

5. 重型设备

重型设备不能置于舞厅的地板上，当然也不能放于大理石地面或在地毯上拖来拖去。另外，对于静止和移动的物体而言，地板的承载限度是不一样的。一台安排在舞厅里展示的机器重达 5800 千克，其与地面的接触面积仅为 4 米（长）×2 米（宽），即 8 平方米。参展商最初还打算在其上面再添加一个重达 2700 千克的附件，该附件将被吊到机器的顶部，使设备整体高度达到 6 米。但很遗憾，酒店对此请求持否定态度，不同意使用举起 2700 千克的起重设备。因此，最后展览也没有安装此附件。如果一开始就选择水泥地面的展厅而不是舞厅的话，就可以看到一场完美的展览。

6. 装运货场地控制

这里，我们遇到了运输承包商最头疼的问题。运输承包商的首要任务是按时间表运送物品，时间表并不是根据运输承包商自身便利而制定，而是由主办协会和酒店事先制定。没有哪家酒店有无限的设施来满足货物的接收、储存和处理吨级货物。大部分酒店的装运货场地狭小。一些酒店的货场狭小不堪，但是没有一家的货场足够大，可以容纳各种普通运输工具、展陈房车、独立参展商车辆，这一切使运输承包商处于失控状态。运输承包商承担了及时有序地为展会运送所有物品的责任，他们完成目标的唯一方法便是所有物品的运送均经其手，拥有货场的绝对控制权。

正如我们所说的，会务经理必须与运输承包商在会前会晤，以上所列举的问题都可以通过他们之间的协商和合作得到解决。

展览服务公司与参展商的合同是按照参展商服务手册实施的。服务手册包括信息、价格、展位物品订购表（包括地面铺垫、标牌、值班服务、电气、家具租赁、物品运输）等（图 17-2）。今天的服务承包商频繁借助科学技术的力量与参展商开展商务。通过互联网，展会服务承包商展示展会平面图，允许参展商决定展位使用面积。附带的链接使得参展商可以浏览展商的服务手册，填写运输、地毯、电话线等的表格及满足参展商上网的其他需要。

通常，展会服务承包商还要将一些专业服务如鲜花、餐饮及视听服务分包给专业承包商。但无论怎样，一般情况下，参展商都是与展会服务承包商就所有服务事宜直接签署合同。

展览服务公司的管理人员负责监督整个展会的搬运、搭建和拆卸等工作，自始至终都不能离开现场，随时满足参展商和主办方提出的需求。

由于准备年会过程中的大量协调工作，许多协会与展会独立主办方均会与一家展览服务公司寻求常年签约合作。因此，主办机构与展会服务承包商之间的良好关系是十分重要的，理应得到相关各方的高度重视。

参展商　参展商可以是个人，也可以是公司，他们把展会视作为向主要决策者展示其产品和服务的机会，所以，在选择展会方面十分用心，他们只愿意参加他们认为最好的展会。

图 17-2　参展商服务手册样本

资料来源：感谢内华达州拉斯维加斯的金沙集团。

　　典型的展商服务包一般包括很多图表，类似上面的这张，还有很多信息让承办人了解各类产品和服务。这些表在网上很容易找到，在表上填好信息后可以直接发给场馆。以前这种需求的提交一般要通过信函或传真，现在很多场馆可以让人直接在网上在线填表并在线直接提交需求。

拓展阅读

参展商服务手册

参展商服务手册，即送于已为参展签订合同或者已经预订展位的参展商，须在展会举办之前的90天送到参展商手中。其包括的信息如下：

- 正式服务承包商名单；
- 表格清单和回复的截止期限；
- 搭展和撤展的日期和时间；
- 相关规章制度（消防/安全制度、劳工制度等）；
- 以下项目的价格及展位订购表：

展位所需的设施、地毯和标牌	工作量和设备
公共设施	电话及互联网的链接
展位安全	展位清洁
视听设备	计算机租赁
餐饮	摄影师
花商需求	迎宾人员、监督人员、模特和其他人员
展商保险	手提条码扫描终端机

- 承包商的支付政策、责任、工作量与物料处理的授权；
- 促销机会的信息及订购表（列出租赁、邀请人员及主办方）；
- 参展商注册，家庭地址及其他相关表格。

参展商首先通过招展说明书与主办方接触。做出参展决定后，他们会向主办方预订场地。通过参展商服务手册，参展商被介绍给展会服务承包商购买或租赁其他服务和材料，诸如展位标牌和装修等。

许多参展公司指定一名展位经理来协调整个展览。在一年多里要参加好几个展会的大公司，就会指派一名展位经理负责公司所有展会的协调工作。小公司把组织展览和在展会上的销售任务作为销售经理或客户经理的部分职责。

虽然许多酒店不直接与参展商打交道，但是与参展公司代表组成的参展商咨询委员会合作，对酒店来说，这很有益。委员会成员升级酒店管理理念，指明行业管理的趋势及存在的问题，在展会的规则与程序的制定方面，扮演着展会管理和参展商联络人的角色。

参展商对酒店影响深远，他们要求酒店提供客房、餐饮售卖网点及会议室。精明的酒店会务经理会与主办方合作，确保展会主办方的整体策划考虑到参展商如何影响展会整体战略作用的发挥。

在某些情况下，酒店客房数量有限，大量参展商的到来就会导致参会者另寻他处。为确保有足够的客房接待会议代表，会务经理可能会建议限制参展商注册人数，或者与展会经理一道为参展商另寻客房。

在一些举办过多场会议的城市，如纽约、芝加哥、奥兰多及拉斯维加斯，酒店已解决了此类问题，它们通过扩大会议接待设施，既可以为大规模的团队提供住宿，还可以在室内举办所有展会。这些酒店展会——完全在酒店而不是在专门的会议中心举办——由于酒店展会场地的扩大及原先需要宽敞场地的展会规模的缩小，将会越来越受欢迎。

互联网练习

为了降低生产及传送举办展会所需展位订购表的成本，展会迅速迎接互联网时代的到来。当前，许多主办协会不再通过传真或者邮件的形式提供展位订购表，而是诉诸互联网。

利用搜索引擎，如谷歌，输入"参展商服务手册"或"参展商服务指南"及"参展商招展说明书"等，你将会发现许多主办协会和展会服务承包商发布的帖子。

根据这章为各种类型的服务项目表单所描述的标准，选择三种互联网提供的表单评价其质量及缜密性，然后回答下列问题：

1. 参展商服务手册由主办协会提供，还是公司主办协会提供？谁发布了参展商服务手册——是主办协会还是展会服务承包商？
2. 参展商服务手册中包括平面图吗？参展商是否与展会服务承包商或是主办协会签订合同？
3. 解释参展商招展说明书和参展商服务指南的区别。

几家会议型酒店将参展商服务指南张贴在其网站上。访问盖洛德国家度假会议中心酒店（www.gaylordhotels.com/gaylord-national）的网址，点击"会议"，然后点击"会议服务"，然后点击"参展商服务指南"来浏览酒店的网上参展项目。与你先前研究的服务项目表单相比，这些表单有什么不同？

酒店展会优点颇多。会议策划者青睐这种理念，即参会者们成为酒店的"俘虏"。他们也青睐酒店展会，因为酒店展给他们提供了资金支持。而会议中心依赖展厅和会议室赢利，策划者往往通过预订成片的会议室，增加餐饮等业务来获得免费功能厅。当然酒店也通过额外的生意来获利，但是也必须格外留意为展会预留足够的房间及预留的时间。比如，在旺季，酒店展会就会占用酒店的大部分客房，而这些客房本该售得更高的价格。与此相反，在淡季或是平季，酒店展会将会为酒店赢利做出巨大贡献。

平面图

我们已经讨论过酒店会议厅需要比例图或平面图的问题。显然，展览场地也需要同样的图纸（图 17-3）。大幅的、按比例缩放的精确图纸应标明立柱、门窗、各类障碍物、地面负重能力及层高。由于一些展品很高大、一些则很笨重，所以后两项尤为重要。

　　给协会客户提供工作表大小的图纸效果很好。图纸按比例制作效果十分重要。许多办公室人员为了节省纸张或突出重点而简化图像。一些人稍做改动；一些人大动干戈。但是改动破坏了按照比例缩放这一关键因素。如果比例尺是 1/4 英寸比 1 英尺，一幅经过改动的图纸同样注明这一字样，这样就会误导读者。我们可以想象根据这样一份错误的图纸，布展日会出现何种情况。

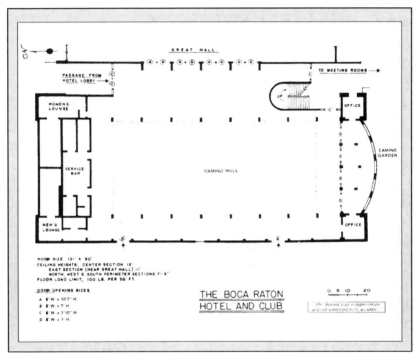

图 17-3　展区比例图
　　这是一份详尽的展区比例图，标明了层高、门区大小和地面负荷限制等指标。请注意尽管提供了比例，但是它只是近似值。
资料来源：佛罗里达州 Boca Raton 酒店俱乐部授权使用。

　　如果你想把平面图用胶印法大量印刷出来，装在会议宣传材料中，一定要叮嘱印刷人员要严格遵照比例印制。虽然印刷人员在复印时通常会按照原样进行，但再度确认也无妨。有时，在特定大小的纸张上对整体进行微小的改动有利于工作的完成，而且一般不会影响整体工作的质量。但是这一现象不能出现在印制比例上。如果印刷人员了解确保比例不变的重要性，你将在后期省掉许多具有昂贵代价的麻烦。

布局

你应该给会议策划者一个展厅（图17-4）的几套方案供其挑选。一个展厅对于一个展览而言，看起来足够大，不会给人以拥挤的感觉，但是如果主办方吸引了足够多的参展商，不够科学的布局会使展会有蒙受损失的危险。不同的布局方式可能会提供加宽的过道、会议区或休息区；或者它可以将参展商分散开来，使展会更整齐、更有效。屏风和临时隔断可用来区分未被占用区域。展会的外观对酒店和会议策划人都非常重要。使展会变得更加气派是你的利益诉求。

这些方案应该尽早提交给会议主管，以便帮助他们准备会议宣传手册。毕竟会议主管要对外销售带有编号的场地，而不是泛泛而谈。在具体位置确定后，改变格局是十分困难的。展会服务承包商也可以帮助提供一些展厅布局方案。

服务承包商应该知道当地的消防机构对过道宽度、房间可容纳人数和退场通道的一般要求和当地的一些特殊规范。在一些地方，当地的消防安全检查员必须对展览布局进行核准。从会议的策划开始就遵守当地的消防规定会省去很多麻烦，这样做可以为策划者避免许多今后令人头疼的变更和解释工作。

拓展阅读

展会的国际比例

每隔四年，瑞士的日内瓦都会举办国际电信展会。该展会由国际电信联盟（ITU）——联合国下设的一个小组委员会协办，该高科技展会以参展商来自36个国家为其显著特征，有超过15万名观众出席，包括来自77个国家的外长及来自上百家跨国公司的CEO及高管。为了吸引这些买家的注意，9亿多美元已投入精心布展中，并聘请世界顶级设计师进行设计。公司的产品凭借当前的高科技进行展示，展会常常以依托电梯和手动扶梯陈列多层次的展品为特色，高层会议厅及酒店的走廊也为人们面对面的交流提供了便利。

影像资料

对酒店来说，保存全套往届在此召开的会议的照片也有利于今后业务的开展。会议主管可以从照片中核对过道宽度、展品高度和整体外观等。但通常，打印出来的资料只显示空房间的景象。照片除了可以指导策划人的布局计划外，还显示过去的主办方对方案的认可。

你最好列出你想让摄影师在照片上突出的特征，并建立起现场有人和无人的平面布局图的档案。

时间表

在进行展会策划时，必须为使用的展览场地制定时间规划，其中包括搬运展览材料、拆箱、安装、拆除包装及开展前的清洁工作等所需的时间（这一过程称为布展）。

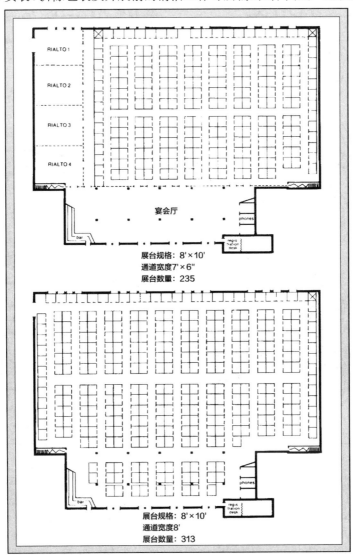

展台规格：8'×10'
通道宽度7'×6"
展台数量：235

展台规格：8'×10'
通道宽度8'
展台数量：313

图 17-4 展厅布局图

该材料选自波利大酒店会议手册，展示了同一房间的不同布局，请留意以上的布局是基于 8'×10' 和 10'×10' 的展厅，也请留意过道的宽度。

资料来源：拉斯维加斯波利大酒店授权使用。

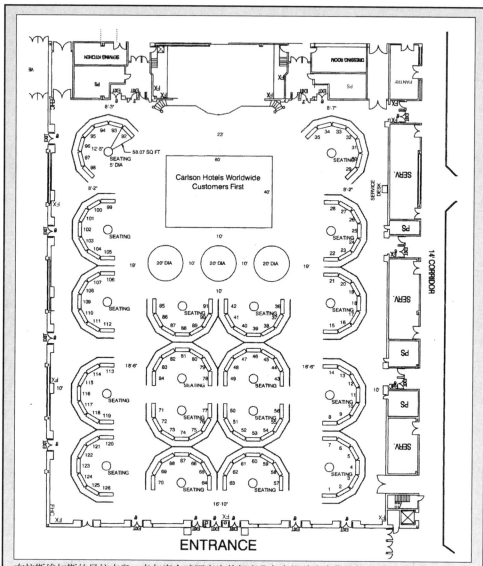

在拉斯维加斯的贝拉吉奥，卡尔森全球酒店为其年度业务会议首度合作伙伴展采用了独特的展位布局。该展位并非采取传统的10'×10'，而是呈饼形，内设一蚕豆形状物体（每个展位的"蚕豆"表示出售相似商品的参展商）。每个展位都是3米宽，对标准型展来说，面积已经足够大了。每一个展位的面积是5.4平方米。从处于中间位置的每个"蚕豆"座位区域到每个展桌的距离是3.9平方米；独特的平面图是销售展位的关键工具。弗里曼，卡尔森全球饭店的展览服务承包商，参照百乐宫的大宴会厅（Bellagio's Grand Ballroom）的布局绘制了该平面图（按比例画出）。

图 17-5　卡尔森全球酒店的独特展位布局

资料来源：卡尔森全球酒店及弗里曼公司授权使用。

展会结束后，具体来说，是展览开放时间过后，展会服务承包商必须计划好后勤工作，诸如运进包装箱，分配到各个展位，安排对展品的运输和储存，并且在下次开展前完成清洁工作（这通常称为撤展）。

大部分展会的布展和撤展都需要 1 ~ 2 天（详见本章附录）。在该阶段劳务成本是最大的支出。参展商最常见的抱怨通常与使用高价劳动力相关，这些高价劳动力是按照加班标准收费的。

为了在谈判中增加筹码，参展商们自发组织成自己的团体。医疗保健品行业的参展商们组成"医保参展商联合会"（HCEA），展览经理们成立了另一个专业的"国际展览与项目协会"（IAEE）。设计和生产展品的公司和个人成立了"展览设计及生产者联合会"（EDPA）。这些组织每年有自己的展会，在展会上提出最新展位设计理念。

展览时间和房源分配

参展商经常投诉两个问题，一个是展厅开放的时间，另一个是客房的分配方法。实际上，这两个方面都是由主办协会决定的，而不是酒店。但是对于会议服务经理来说，了解这些方面存在的投诉还是有必要的。

参展商认为与会代表在会议期间应该有更多的自由时间逡巡展览区域，与参展商们面谈。许多参展商抱怨长时间坐在展位内，很少被问津。他们表示坐一整天，又累又费时，导致参加重要商业约会的时间少得可怜，而这正是他们参加会议的主要目的。

这一切怎么会和会议服务经理相关呢？来自恺撒酒店的比尔·托宾先生对我们如是说："如果我注意到会议议程很紧，就会婉转地让会议策划者增加参展商和外界接触的时间。"

房源分配是导致参展商不满的另一原因。酒店向协会提供的服务之一就是"订房优先"，即协会对所需要的酒店房间与套间享有优先选择权。无论怎样，这是协会的会议。但参展商们不太喜欢这种安排，因为这样会使他们中的很多人留在总部以外的酒店里。由于展商们被迫待在自己的酒店而不是与参会代表们在一起，很自然地，参展商们会发现很难实现"晚间销售"。

酒店该如何做呢？一种解决办法是由酒店将小型会议室出租给参展商供其晚间使用。这样对与会代表、参展商和酒店三方都有益处。

劳动法规

由于从周末开始的展会越来越多，很难避开夜间与周末用工的报酬问题。加班费用与居高不下的劳务成本，使部分参展商不得不重新考虑他们的参展决定。在可能的情况下，酒店应该让参展商尽早开始展览，以避免这些费用。

有些城市如芝加哥、纽约和旧金山等城市，由于其城市、工会及主要的会议中心都有正式的工作安排而被称为"城市联盟"。尽管周边的酒店并不都受城市联盟协议的约束，但是其中一些工会大楼——已准备同意经过谈判，遵守达成的劳资协议的酒店——却受到约束。引人注目的是，劳资协议的对象有卡车司机，负责处理和卸载货物，并监督运输的人；装潢、装备和布展人员，负责安装展位，铺盖地毯、装饰已完成的展位和展览场地；舞台助手，负责舞台、灯光、视听设备的安装及餐饮服务人员（该分类有时候也包括保洁任务在内）。

虽然有些任务如复杂电器的连接和照明设施的安装，请专家来处理是可以理解的。一些城市的劳动法规甚至不允许参展商安装投影仪或打钉。即使这是参展商举手间就可以完成的事情，也要由劳务承包商负责承担。前任"国际参展商联合会"（TSEA）的总裁约翰·爱德华描述了以下场景：

"每一份展会合同都要指定一名正式的承包商，明确一些只有正式承包商才能完成的专有任务。通常这些服务限于管道、电器、运输等，但是一些合同还包括聘请木工、模特经纪和摄影等。我们相信参展商应该有权选择自己的花商、摄影师和模特，而不是被迫使用那些只是符合他们要求的承包商（通常这些分包服务都存在'回扣'现象）。我们需要明确的是，如果我们使用了正式承包商以外的人士，他肯定是在会议或展览主办城市中有信誉的承包商。协会往往会担心参展商会引入未加入工会的参展商，但事实并非如此。"[④]

各地的劳动法不尽相同。比如，在旧金山，舞台助手和装备人员所执行的任务是相似的；在芝加哥，卡车司机可以将电源板搬到地面，但是只有电工才可以把电源板插到插座里。会议服务经理切不可全凭运气，对不同的限定视而不见，要提醒主办协会告知参展商本地适用的劳动法规。会议服务经理也必须及时了解劳动发展状况，告知主办方和参展商如劳动纠纷等潜在问题。为防止主办协会的一些会员组织罢工，因此制订一个应急计划是至关重要的。选择之一就是购买罢工保险，既包括运输费用及赞助费的偿还等损失，也应该包括会议主办方和参展商退还的费用。

任何与会者都必须遵守当地的劳动协议。大部分有经验的会议主办方会注意劳动法规，并遵守这些规定，但要谨防缺乏经验的客户。

保险

意外总会发生，索赔也会接踵而至，保险因此变得尤为重要。会议主办方应该投保，聪明的参展商自己也要投保。

主办方应该主动与自己的保险公司联系投保，包括责任、火灾、盗窃及破损在内的险种。而且，如果时间允许，会议主办方人员还要向参展商通报上述意见。

但事情通常是主办方事到临头了才开始讨论投保问题，然后有人说他们原以为酒店已经投保。因此，这是酒店需要对缺乏经验的会议主办方提醒注意另一个方面。

为了保护酒店自身利益，酒店应向每一位参展商提交一份免责条款（表 17-2），其中包括酒店对于伤害、丢失和破损等情况发生时的免责声明。这些免责声明也要阐明参展商的责任，如果发生参展商损坏酒店财产的事件，参展商应负责偿付修理费用。

表 17-2 展品保险及免责条款

温哥华威斯汀海滨

展品保险

酒店集团承认，酒店及其所有者对酒店内的参展商的展品不提供保险，对这些物品的投保工作应由参展商自行负责。酒店集团将以书面的形式将此条款通知所有允许使用酒店内功能区或展览场所的参观者。

展品及展会的赔偿和免责协议

进入酒店的所有展品、设备和其他物品，一旦出现丢失或损毁，由此产生的损失、损坏和赔偿责任完全由参展商承担，酒店、酒店所有者、酒店分公司、代理人、服务生和职员不负任何责任，其利益受到保护，不得因此受到任何损害。任何由酒店集团授权使用店内展览场所的参展者，其展品、设备和其他物品都必须服从本文所处的赔偿和免责协议，该协议保护对象包括酒店集团和酒店、酒店所有者、子公司、代理人、服务生和职员。

展品保险清晰地解释了酒店和参展商就丢失和损坏所带来的责任。在上面所举的例子中，参展商需要自己投保，同时他们同酒店一样，也要承担由于损坏财产所带来的责任。

资料来源：温哥华威斯汀海滨授权使用。

展览结算流程

酒店应该收取哪些费用？在展会收费方面酒店应该制定自己的收费原则，当然，这些收费原则必须得到客户的认可（表 17-3）。

表 17-3 展位和展台装修收费明细

展位和展台装修收费

预算中要考虑以下两项收费：

1. 酒店收取的展位费；

2. 装修公司收取的装修费。

（续）

1. 酒店收取的展位费

怀基基海滩喜来登酒店收取的场地费是一个浮动价格，以展厅为单位。浮动价格根据参展商每天在每个展厅租用的展位数量来收取，具体计算如下（当我们使用术语"展位"，我们所指的是8英尺×10英尺的面积）

浮动价格	各展厅基本展位单价
各展厅的展位数	（考爱岛/毛伊岛/莫洛凯岛/游廊/）
35～44	30.00美元/每2.4米×3米/每天
26～34	35.00美元/每2.4米×3米/每天
18～25	40.00美元/每2.4米×3米/每天
10～17	60.00美元/每2.4米×3米/每天
05～09	180.00美元/每2.4米×3米/每天
门厅展位价格为：	30.00美元/每2.4米×3米/每天

周五、周六入场和撤展按全价收费，周日到周四入场和撤展按半价收费。

展馆：2000.00美元/每天，外加4.16%的税。

在上述收费中，有两种节省开支的办法：

(1)计算好入场和撤展日期与天数。

(2)根据各展厅的容量设置展台。

考爱岛展厅	拥有44个每2.4米×3米大小的基本展位
毛伊岛展厅	拥有44个每2.4米×3米大小的基本展位
莫洛凯岛展厅	拥有44个每2.4米×3米大小的基本展位
游廊展厅	拥有37个每2.4米×3米大小的基本展位
二楼门厅	拥有28个每2.4米×3米大小的基本展位

2. 装修公司收取的装修费

装修公司选定后，经过装修公司与主办方的协商，装修公司向每个展位收取木杆、帘帐等装修材料费，以及电器线路安装费和其他的设备使用费。

酒店与装修公司的协议如下：

(1)装修公司将提供与协会商定的所有桌椅，酒店不得为展览提供任何桌椅。

(2)各展位的电气规格，包括聚光灯，由装修公司与协会协商决定，酒店不得参与。

(3)设备保管由装修公司负责，在展会开始前和结束后，所有设备应存放在装修公司的库房里。

(4)运输费——装修公司负有以下的责任：

• 接收来自（美国）大陆的展品；

• 存放货物；

• 将展品搬运到酒店；

• 将展品搬运到酒店二楼展厅；

• 将展品撤架转运到酒店库房；

• 将展品运回到（美国）大陆。

资料来源：怀基基海滩喜来登酒店授权使用。

　　通常的做法要求酒店根据场地的大小收取场地费用。酒店可以按照统一的价格来收取，也可以根据售出的展位数量来收取。

　　后一种计价方式是大多数展会策划者较为常用的，因为这样使他们免受表现糟糕的参展商的影响，从而确保其利益。酒店承办展会是否赢利，取决于展会能否成功地售出展位，因此，酒店在推销展位的过程中必然处于被动的位置。

酒店租金

　　以往酒店收取展厅数、餐饮和酒水的费用，但近来酒店也开始通过出售展位来获利。现在展会越来越多地与会议同时举行，拥有足够的展览空间的酒店比较容易接到这种与会议展览同时进行的业务。有些酒店不仅通过出租展位获利，而且扮演起了装潢商的角色，提供需要额外租金的展位的装修、布置等服务。但酒店不可能总是从会议主办方那里获得这一业务，因为大部分协会愿意聘请独立的装修公司来完成这方面的工作。

　　目前，在酒店举办的展会一般有两种类型，一种是在某个会议期间举办的展览，另一种是作为交易会一部分的展览。第一种有时也称为非公开展会，参展者要提前报名，并且与会者只限于协会会员。第二种常常被称为展销会，是面对公众和直接针对消费者的。展会的类型决定酒店收取的租金价格。

　　在召开会议的同时举办展览是目前比较常见的会展安排，不同的展会在场地租金价格上的差别也很大。如前文所述，酒店常常只收取基本场地费。而主办协会由于可以在酒店收费的基础上再加价转租给参展商，从而获得可观的利润，所以愿意向酒店支付合理的价格。虽然没有硬性的数字显示费用随城市、时间和需求的不同而变化，但酒店向主办协会和展览服务公司收取每平方英尺 2.00 ~ 5.00 美元的费用还是很常见的。于是主办协会或展览服务公司将转租的费用抬高——在 15 ~ 30 美元浮动，甚至更高。

　　各大酒店的收费都是在与客户不断协商的基础上确定的。不同的主办团体，酒店集团要进行有针对性的分析。在确定各项收费的价格时，要考虑各方面的因素。以下是酒店在决定收费价格时几个值得考虑的问题：

- 会议主办方对客房的需求量有多少？对会议室的需求量有多少？
- 参加展会的成员在餐饮方面消费量是多少？
- 该展会是否有可能在这里重复举办？
- 在接到该展会（如大型的电器展）方面有没有较难解决的问题？
- 在接待某个展会期间，同期申请举办的其他展会的需求有多大？
- 主办协会需要多大的展位面积？

作为展会一部分的展销会常常是对公众开放的，这种展销会有游船展销会、宝石展销会、古玩展销会等。而像美国滑雪用品展销会就只限于经销商参加。举办展销会的组织者首要目的是营利，其主要获利途径是转租酒店的展位。在这种情况下，主办协会的利润是十分可观的。

酒店向展销会收取的租金常常要高于与会议合办的展会的租金。展销会很少会使用会议室，而且也不能保证参展者将会入住本酒店。例如，一个古玩展销会在拉斯维加斯的希尔顿酒店举行，但大多数古玩交易商却支付不起希尔顿酒店的房价，因此，他们多住在附近价格相对低廉的汽车旅馆。

决定租金高低的另一个因素是：展会带来的大量客流对酒店设施可能造成的损失。但从另一个角度考虑，这种展销会因为吸引大量的参观者，从而在餐饮销售收入方面可能给酒店带来可观的增长。

装修费用（展览服务商费用）

装修公司通常向每个展位收取 100 ～ 150 美元的费用，费用主要包括搭建展台使用的管材隔板、展台后方与两侧的装饰布（表 17-4）。如果提供桌椅和废纸篓，还需要收取额外的费用。有时，装修公司也为参展商提供整套服务。在这种情况下，参展商需为每个展位的桌椅、地毯、电源插座等设施整体付费，而不是为其单独付费。

酒店向各展厅收取的费用主要包括总体照明（不包括展位的照明）、取暖、空调、清洁设施等。额外的照明、展台装修、办公用具、水电气、电话安装与使用、宣传指示牌、说明图表、花草装饰和摄影等，参展商可以直接向装修公司提出要求，并直接向装修公司付费。

表 17-4　展会服务承包商费用

弗里曼公司						
		发票				
	霍华德约翰逊 / 旅游 / 骑士酒店 拉斯维加斯巴利娱乐度假酒店，内华达州					
展位数量: 522	发票代码: 124444-54					
收款单位: AAA	开票日期:					
商标号: 111						
	订单号:					
参展商: AAA						
尺寸说明	品名	时间	数量	单位	单价	金额
6 英尺长 ×42 英尺高的帷幔桌			1	张	123.60	123.60

尺寸说明	品名	时间	数量	单位	单价	金额
8英尺长×42英尺高的帷幔桌			1	张	138.40	138.40
凯西软垫凳			4	张	65.75	263.00
9英尺×10英尺的地毯			1	张	113.00	113.00
地毯垫			90	平方英尺	0.50	45.00
		展位装备总数				$683.00
仓库-装箱-单程 接收时间：05/20/05 下午02：23 预期时间 发货人：AAA 接收人号码：100087 承运人：弗里曼装修公司 计算机参数：4 产品编号：67884-71			2	英担	65.40	130.8
仓库-装箱-单程 接收时间：05/16/05 下午02：46 预期时间：发货人：AAA 接收人号码：100015 承运人：空运特快公司 计算机参数：5 产品编号：W38589624371			2	英担	62.20	130.8
仓库-装箱-单程 接收时间：05/24/05 下午02：46 预期时间：发货人：AAA 接收人号码：200025 承运人：敦豪环球速递 计算机参数：2 产品编号：38589689073			1	英担	62.20	62.20

　　大多数展会服务承包商负责简单的展台搭建而收取固定的费用，为其他服务项目收取额外的费用，包括布置家具、装饰展位。以上摘自一位展会服务承包商的发票，详细列出了展位装修、地毯、地毯垫及运输等方面的费用。

资料来源：弗里曼公司。

展会物料的运输与接贷

　　关于展会运输的注意事项，会议服务经理应该向展会的组织者积极提出建议，以避免节外生枝。这些建议应尽早提出，以便展会主管将这些注意事项及时地通知参展商。从制订会议召开日期的计划表到确保展品都准备好运送，到确保运至展览场地的时间，这些工作就完成了。同时，会议服务经理也应该向参展商提供展品运输路线及储存的说明书（表17-5）。在有些情况下，有些包裹（如与会者手册）也可直接交给酒店的联系人。然而，在大多数情况下，展会所需的物品是由外来公司处理的。于是，向外来公司提供运输注意事项的详细信息及费用就变得尤为重要。

展品运输

　　许多酒店在展会正式开始前，并没有足够的空间来接收和存放参展物品。因此

表 17-5　酒店运输指南

博德斯度假村
（科尔登金门温泉度假村）

物料运输指南

请确保如下展会运输物料的信息置于包裹表面

- 请注明酒店的收件人（包括贵公司人员在内）信息（如乔斯密斯，某某集团的客人）
- 请寄至：亚利桑那州，史柯斯戴尔县，斯科茨代尔路，科尔登温泉度假村 34505 号，邮编 85262
- 餐饮或会议服务经理姓名
- 件数（如 1 ~ 10 件）
- 会议名称及日期

请确保您的包裹在展会举办前 3 天内寄至酒店，不能早于 5 天，因为酒店的储存空间有限。任何提前抵达酒店的物料，每个箱子每天收取 5 美元的储存费，大箱子收取 25 美元。

抵达的包裹按下列进行收费

1 ~ 5 个箱子	$15.00
6 ~ 10 个箱子	$25.00
11 ~ 20 个箱子	$50.00
21 ~ 30 个箱子	$70.00
31 ~ 50 个箱子	$100.00
51 ~ 99 个箱子	$150.00
100 个以上	$200.00
板条箱	每个 $125.00

所有的货物需提前付费，博德斯度假村不接收运费到付货物。

请注意：

博德斯度假村希望您首选联合包裹服务公司 (UPS Express) 及联邦快递公司（Federal Express），无论包裹类型是什么，这两家快递公司仅在 1 天内送达，且通常在早上 10 点和下午 2 点送至度假村。除非特别要求，两家快递公司将在周六进行送货服务。

亚利桑那州，史柯斯戴尔县，斯科茨代尔路，科尔登温泉度假村 34505 号，85262，联系电话：480-488-6720 传真：480-488-7462

为确保展品及展会物料能及时运至酒店，酒店为参展商和主办协会准备了运输指南，在展会举办前将相关信息告知他们，避免任何物料运输问题。有些时候，物料是由运输公司负责或者运至外面的其他存储单位。在本案例中，亚利桑那州博德斯度假村及科尔登金门温泉度假村，提供了将物料运至酒店的指南。请留意抵达日期和储存费用，酒店同时也列出了酒店偏好的快递公司。

资料来源：博德斯度假村（科尔登金门温泉度假村）授权使用。

在组织参展物流方面，运输公司发挥着重要作用。托运是指物流的管理，是关于参展商展品的全程运送及所花费的费用。

运输公司负责接收所有的参展物料。这类公司在酒店以外的地方拥有充足的存储场地，而且收费相对低廉，还可以存储大型物品。此外，运输公司运力充足，可以在布展所需的一两天之内，将所有的材料运至展览现场，而这正是所有的展厅经理努力的目标，即把展前准备时间控制在最短的范围内。在装修展台期间，经理们希望所有的参展物品能尽快进场（图7－6）。

图 17-6　仅使用会场一小部分的展览

展览仅使用了马萨诸塞州波士顿约翰·B.海因斯退伍军人纪念会议中心超过2万多平方米面积的一小部分。

资料来源：马萨诸塞州会展中心授权使用。

展会运输及储存费用由参展商支付。如果参展商不知道参展材料应由运输公司负责存储，它们就会把货直接发到酒店。因此，尽早地选定运输公司，让所有的参展物品直接发到运输公司的库房。这样参展商就可以直接向运输公司发货，由运输公司负责收货、保管，并在布置展厅时将所有的物品直接运到展会现场。等到撤展的时候，由运输公司将这些物品从展厅运回库房，再负责发送给参展商。

目前较为寻常的做法是由装修公司负责展品的运输工作。装修公司向参展商提供货物标签，在这些标签上注明该批展品要参加的展会的名称，以避免展品被送错地方。在展会开始之前，有些装修公司提供给参展商30天的免费存货服务，以保证所有货物都能及时运到展会。

参展物品应在展会开幕前被运抵展厅。在展会结束后，装修公司会通过某种运输方式，如空运或者厢式货车运输，将撤展物品运送到参展商指定的地点。

装修公司应该知道汽车运输路线和货号，以备当货物未能按时运抵时进行核查。如需中途转运，参展商应该把相关事宜向运输公司说明。

接货地址

提供正确的接货地址有利于货物运输和交货。如果酒店将运输工作委托给了运输公司，则参展商应该将所有的货物直接发往运输公司的库房。

货物上必须注明参加的展会名称和日期。即使酒店提供货物存放服务时，展品上也要注明展会名称和日期。那些通过邮局投递的小件包裹上更要写得清清楚楚，这样才能使酒店的库房部清楚分类，井井有条地储存。

展会服务经理经常希望主办协会能在发送展会材料时，标明"请他接收办理"的字样。否则，货物丢失或错失很容易造成混乱，而参展商们在会后咨询的第一个问题总是自己的展品是否已经全部到达。

酒店必须为直接发往酒店的货物准备好处理方案。尽管参展商手册已通知参展商把货物直接发给运输公司，但还是会有人把他们的货物直接发给酒店。如何处理这些货物，酒店应该根据自己库房的大小及展会日期的远近而定。

货物的丢失往往是令人头疼的问题。对展会服务经理来说，出现货物丢失或者是货物正在运输路上的情况时，往往让他们犯难，但是他们必须尽其所能使焦虑而心烦意乱的参展商冷静下来。当然，他们也应该帮助参展商追踪他们的货物，并在货物到达之后迅速将展品安装好。

运输方式

如果能在展会举办地指定一种运输方式，对酒店和酒店的客户都是一件省心的事，以下是几种方案：

- 航空运输 / 包裹投递（连夜快递或两天到服务）将展品迅速发给运输公司，便于追踪，但是该选择方案往往比较昂贵且对包裹的重量和尺寸是有限制的。
- 常规运输公司指卡车公司，即货物（包括几个客户的货物）都发往同一目的地。这是比较经济的运输方式，但是抵达日期也总是难以保证，追踪起来也比较困难。
- 可以专门从货车行或货运公司租赁卡车——或者从参展商，尤其是参加了无数次展会的参展商处租赁，因为他们可能会出租自己的运输工具。
- 寻找展览承包商作为货运代理。

从对酒店集团有利的角度而言，选定一家运输公司负责展品运输，可以便于运货，客户遇到的麻烦也会少些。

当地公司的服务水准不尽相同。你可能需要一个规模大、车辆多的运输公司，你也可能需要一个精明能干、能为客户着想的运输经理，或者你更需要运输公司能在周末工作。不论出于何种考虑，建议你寻找那些始终有着良好信誉的运输公司，以避免在展品进场当天因为交通瓶颈问题犯难。当地周密的安排是保证展会成功的一个重要方面。

有时即使利用了最好的运输公司也并不总是能减少问题的出现。为了降低风险，策划者选择给物料投保。策划者们根据物料价值、物料对展会的重要性，以及运输方式对物料的丢失或损坏的风险进行决策。例如，如果发言者的一包讲稿在运输过程中丢失，保险将会包括替代品的印刷和复印费用。

作为酒店的一员，你也会希望你的装卸区，即接货的地方，在日程安排方面没有冲突。如果你的"装卸区"不仅仅只用作一种用途或是参展商想将货物（如一批汽车）存放在此一段时间，那么日程安排就显得尤为重要。酒店的展会服务经理应该清楚地知道到预期货物数量和类型及用于即将抵达的货物的卸货时间，从而避免与其他货物或收到的货物之间发生冲突。

运输费用

有些货物运抵时需要支付邮费或运费，对此酒店必须有所准备。当货物运抵酒店需要支付运费时，运货的司机会守着货物，等拿到运费后才会同意卸货。如果不能及时付费，这辆货车可能就会占据酒店的卸货平台，使其他的货车无法卸货，从而引起混乱。

展会虽然已经要求参展商预付运费，但难免会出现货到欠费的情况。因此，酒店需要建立一套制度用以代付运费，并在事后追偿。这类事本应由展会主办方负责处理，但酒店也要安排好应对措施。如果酒店不能圆满解决此类事情，会被指责为接货不力。

发运货物也要妥善处理。上面提到的许多参展商选择货到付款，原因之一就是这种运输方式比较方便，可以省去现场称重及估算运费的周折。如果参展商采取这种方式发运货物，酒店一定要问清货物的目的地，因为它们不一定都是要回转原发货地，也可能被运往其他展会。正如此次展会接收的参展物品一样，其中一部分也可能来自另一个展会的货物。

如果与你合作的运输公司经验丰富，可以让你在运输货物方面省心不少。你应该及时提醒运输公司展会结束的日期，让它们提前安排好运输车辆，在撤展当日及时到场装货。将物品从酒店运走且合作良好的公司自然可能会成为下次运输任务的选择，好的服务公司对会议服务经理来说是一件值得欣慰的事，但良好的合作关系还需要精心培养。

展台搭建和拆除的日期要通知展会工作人员。对有些参展商，应该提醒他们超时占用展位的费用，对另外一些"来时急，去时慢"的参展商，酒店也应该采取相应的措施。

小 结

对酒店来说，展会是有利可图的业务，酒店愿意努力为其组织活动。这包括培养一批有能力的销售和服务人员，使他们能够理解展会组织者和参展商的需要。如果有需要，员工能够协助主办协会或参展公司是至关重要的，而酒店在展会中所扮演的角色会有所变化，酒店可能与展会服务承包商和其他外部服务（如花商、安保人员、搭建和拆除展台人员及运输公司）订立合同或根据特殊需求直接协助。不管酒店参与什么，酒店与展会的成功息息相关。展会给酒店带来客房、餐饮业务的同时，还能使参展商和展会组织者成为酒店的回头客——不仅是未来的展会的举办，还有其他会议和休闲活动业务的开展。

尾注：

① Total number of booths = 50 booths

Size of each booth (8' x10') = 80 square feet

Total number of booths multiplied by the size of booths

80 square feet x 50 booths = 4,000 net square feet

Net square feet multiplied by 2 = 8,000 gross square feet

② To view the most recent salary surveys for both association and independent show managers, go to www.expoweb.com.

③ From correspondence with Sam Lippman. Used with permission.

④ Jane Chase, "Exhibitors Have Their Say," Association & Society Manager, Barrington Publications.

主 要 术 语

分类区展览（area exhibit）：参展商在指定的区域内展示设备和其他展品。

展位类展览（booth exhibit）：一个标准的展位面积（面积一般为 10 英尺 × 10 英尺），由参展商使用，一般由管材和帷幔搭建而成。

套装展台（booth package）：参展商以打包价格接受各种各样的服务。如地毯、一张 6 英尺高铺着帷帘的桌子、一个 500 瓦的电源插座，运费可能也包含在每个展位的价格中。

展销会（consumer show）：是面向大众的一种展会，也叫大门展会或公众展会，这类展会可能包括如旅游目的地展、娱乐展、家具展及园艺展，一般不与收取入场费的会议一起举行。

运输（drayage）：将参展物料从码头运至展会指定位置，运走空的货箱，在展会结束后重新打包货箱，把打包好的展会物料运至码头。

运输公司（drayage company）：负责展会的运输事宜并将参展物料返给参展商。

展会（exhibition）：产品和服务的展会，除了刺激销售、加强公关关系，展会还提供面对面地与潜在的买家接触并建立企业对企业（B2B）的关系。

展位经理（exhibit manager）：负责展台或展位的人。

展厅平面图（exhibition floor plan）：表示展位的面积、走廊、展会布局的图纸，是展会服务承包商为展会经理准备，由消防局长批准。

展会服务承包商（exhibition service contractor）：负责举办展会所需一切工作的独立公司或个人，他们的工作包括提供展位和展示设备、租赁家具、地毯、劳动力及货物运输和签收，有时也称装修公司，通常由展会的组织者选定，如果是独家代理，就是指独家承包商。

参展商（exhibitor）：代表公司或团体参加并负责展览的人，通常指展台或展会的员工。

参展商咨询委员会（exhibitor advisory committee）：参展公司的代表，他们作为顾问向展会经理指导有关规则和程序，也给经理们指出行业的趋势及存在的问题。

参展商指定承包商（exhibitor appointed contractor，EAC）：给参展商提供服务的非官方的公司或个人，指搭展和撤展公司（I&D 机构），花商或其他类型的承包商。参展商指定承包商不是仅在一个城市工作，他们全年经常在全国范围内为参展商的无数场展会搭展和撤展。

参展商招展说明书（exhibitor prospectus）：由展会制定的促进展会收益的宣传材料，旨在鼓励当前的和潜在的参展商参加展会。其信息包括展厅的设计示意图、展位的费用、特殊要求及参加展会的申请材料。

参展商服务手册（exhibitor service kit）：通常由展会承包商制定，指参展商要成功举办展览所需要的所有服务信息，内容包括展会信息、劳动和服务的订单、参展商参展需要遵守的规章制度，也被称为参展商手册。

地板承载量（floor load）：地板每平方米所能安全承载的重量。

现场管理者（floor manager）：应展会经理要求，负责监督展台搭建和拆除的人员。

石膏抹底墙（hardwall）：一种用于搭建展会的建材类型，墙壁是由固体材料，如胶合板、塑料、或类似的材料，而不是用管材和帷幕的布料所建成。

免责条款（Hold harmless clause）：要求一方使另一方免受索赔的赔偿性条款类型（包括律师的费用，声明双方都不对物料或是设备的损坏或偷窃负责）。

酒店展会（hotel shows）：在酒店而不是在城市会议中心举办的展会。

搭展和撤展（installation and dismantle）：展品的搭建和拆除，同样，公司也在做这件事。

岛形展位（island booth）：展位或展品四周都是通道的陈列方式。

装卸区（loading dock）：酒店装卸区域，装卸区通常设置在方便货车装货和卸货的区域。

布展（move-in）：展品的搭建时间和日期。

撤展（move-out）：指定展品的拆除时间和日期。

多层类展览（multi-level exhibit）：展品以两层及两层以上的展陈方式，通常是大公司使用，在不占用更多地面空间的情况下扩大它们的展陈空间。

半岛型展位（peninsula booth）：展位或展品三面由通道围成的陈列方式

环型展位（perimeter booth）：位于外墙的展位或展品，也称为墙角型展位。

管材和帷帘（pipe and drape）：悬挂织物的轻量铝合金管道，用于搭建独立的展位。

标准展位（standard booth）：基本是 2.4 米 ×3 米或 3 米 ×3 米，结构上大小相同，顺序相邻且连续的展位。

案头类展览（table top exhibit）：用于空间有限或仅有少数参展商的时候。

专业展会（trade show）：为具有相同与相关产品和服务的产业所举行的展会，一般不对大众开放。

展会经理（trade show manager）：展会的计划、组织和运作的个人，负责租赁会场，征集参展商。他可以是行业协会或公司的职员，也可以是专门从事该工作的独立个人，又被称为展会主办方或发起人。

工会大楼（union house）：工会组织、管理工人的地方。

虚拟展会（virtual trade show）：在互联网上查看展会的产品和服务的展览方式。

复习题

1. 为什么展会对策划人员和酒店至关重要？
2. 在展会中使用的三种展陈方式是什么？描述四种基本的展位结构。
3. 负责展会实施的关键人物是谁？他们各自所扮演的角色是什么？
4. 解释参展商服务手册与参展商招展说明书的区别。
5. 列举参展商服务手册的信息类型与形式。
6. 指出展会服务承包商的两种客户类型，详细描述他们所提供的具体服务。
7. 讨论用工制度和保险制度是如何影响参展商的。
8. 酒店针对展会参与人的结算程序是什么？是哪些因素决定了酒店收费？
9. 讨论展品的运输，包括接货地址、运输方式及运输费用。

参考文献

1. The Art of the Show, by Sandra Morrow, Association for Exhibition Management Foundation.www.iaee.org.

2. Exhibit Marketing: A Success Guide for Managers, by Edward Chapman, McGraw-Hill.

3. Expositions and Trade Shows, by Deborah Robbe, John Wiley & Sons: 2000.www. hospitality@wiley.com.

4. Meeting Manager Standards and Meeting Coordinator Standards, by MPI Canadian.

5. Council and the Government of Canada, the Department of Human Resources Development, Meeting Professionals International. www.mpiweb.org.

网址：

若想获得更多信息，可访问下列网址。网址变更恕不通知。若你所访问的网址不存在，可使用搜索引擎查找新网址。

1. Canadian Association of Exposition Management: www.caem.ca
2. Exhibition Service Contractors Association: www.esca.org
3. Center for Exhibition Industry Research: www.ceir.org
4. Exhibitor Appointed Contractors Association: www.eaca.com
5. EventWeb: eventweb1.com
6. Exhibitor Magazine: www.exhibitornet.com
7. Exhibit Designers and Producers Association: www.edpa.com
8. Exhibitor Net: www.exhibitornet.com
9. Expo Magazine: www.expoweb.com
10. National Association of Consumer Shows: www.publicshows.com
11. Expo Net: Tradeshow Marketing Resource Network: www.exponet.com
12. Society of Independent Show Organizers: www.siso.org
13. The Freeman Companies: www.freemanco.com
14. Trade Show Central: www.tscentral.com
15. GES Exposition Services: www.gesexpo.com
16. Trade Show Exhibitors Association: www.tsea.org
17. Healthcare Convention and ExhibitorsAssociation: www.hcea.org
18. Trade Show News Network: www.tsnn.com
19. Tradeshow Week: www.tradeshowweek.com
20. International Association of Exhibitionsand Events: www.iaee.com

附　录

展销会幕后参观

每年 1 月在拉斯维加斯举办的家用电器展销会（CES）是全美家电行业举办的展销会中的重头戏，展销会由电子工业协会和家电集团组办，主要参展展品包括音频和视频产品、家多媒体产品、家电计算机、电子游戏机、移动电话产品等。由于规模很大，不得不租用多个场地作为展馆，其中包括拉斯维加斯会议中心的展览馆、会议中心的停车场，另外，还有几家拥有展览场地的酒店。

如此规模的展销会自然要求有充分的计划和会前准备。我们通过下列图片，走进展览工作的幕后，更清晰地了解准备展会的具体工作。这些图片介绍的只是该展会的一个展厅的准备工作。

图1 S2展厅 在前一个展会结束后，展厅地面已经清理完毕。地面已经计划好展位，并标上号码。家用电器展销会总的展览面积将会超过92000平方米，接待约1800位参展商。

图2 12月28日到29日，货车将展会所需物品运进会场，这些物品包括用来搭建展位和展台的建材。图中所示的货箱在展位搭建前将被叠放在现场，随着展位搭建工作的进展，这些货箱将逐步被撤走。

图3 12月30日，其他货物，包括参展商的货物和展品陆续进场。第一块参展商标志牌已经挂起，铺地毯等展台装修工作已经展开。

图4 1月3日，展台搭建工作已经初见成效，展位初露雏形。1月4日，展位搭建、展台装修和展厅布置工作顺利进行。

图 5　1 月 5 日，租用的办公用具和最后的装饰物品（如植物和花卉）等最后一批货物进场。当天晚上将铺设展厅走廊地毯，准备第二天开馆。

图 6　1 月 6 日，为期 4 天的展销会开幕。包括购买者、国外参观者和新闻报道人员在内的 10 万人次到场参观。

图 7　1 月 10 日，展会结束后的第一天。工作人员开始拆卸展台。最先卷起过道上的地毯，为搬运货物做准备。展品打包装箱，展位拆除的工作开始。

图 8　1 月 11 日，大部分展品已经被装箱，货车进场将货物从展厅运走。

图片来源：感谢斯蒂芬 A.斯通尼，特别感谢拉斯维加斯会议与参观者管理局以及电子行业协会及家用电器展销会，感谢它们对本章附录提供的帮助。

第18章

学习目标

1. 解释接待业如何处理会议计费。
2. 阐述会后总结的典型执行程序。

制定会议计费程序

　　凯琳·哈德逊, 加州纽波特海滩四季酒店(现纽波特岛屿酒店),
销售经理

　　"在四季酒店, 会议计费程序在会前就已经确定。合同签订后,
会议主办方向酒店索取一份计费明细表, 同时酒店会向会议主办
方提供一份信用申请表。如果信用经理批准了信用申请, 酒店会
为会议主办方建立一个主账户。如果会议主办方的信用申请未获
批准, 酒店将要求对方缴纳保证金, 可以立即支付也可以是在主办方入住酒店前的某一
时间缴纳。一旦在计算机系统中开设客户总账户, 那么主办方的所有费用会计入该账户
中。这些费用由前台受理, 并由前台工作人员每天输入计算机。到客户结账离开酒店时,
信用部将所有费用一起计算, 并做成一个计费明细表。如果会议期间租用了酒店外的场
地或物资, 如娱乐场所或者花卉公司的花草等, 那么就由酒店的会务经理将相关费用计
入会议主办方的总账户中。"

18

会议计费和会后总结

　　房间预订"确认"后，会议服务经理开始搜集有关会议主办方的各种信息，为制定明细单做准备。明细单（概要）是参与会议服务的酒店人员进行内部沟通的一种主要手段。酒店会议服务经理制定明细单时，要包括三个基本内容：房间预订、活动计划、计费。在这三个方面的工作中，坦诚公开地沟通是最为重要的。在本章中，我们将讨论关于计费的问题。

会议计费

　　会议计费十分重要，处理时要慎之又慎。计费问题基本是会议规划经理最为头疼的问题，要圆满地处理好计费问题，需要有良好的沟通。当大家都明白什么应该支付、应该由谁支付的问题之后，一切的问题将迎刃而解。

　　计费是会议计划中首先要解决的问题。计费标准通常在会议主办方入住酒店前几个月就已经解决，不能等到会议结束再来解决这个问题，下列问题必须加以考虑：

- 总账单的支付范围是什么？
- 代表们所产生的费用如何处理？
- 还有没有其他的总账单？
- 总账单由谁签字？
- 如何解决小费问题？
- 提前入住与延期退房的情况如何处理？
- 花卉供应商和视听设备供应商等会外服务公司的费用是由酒店结算还是由会务组结算？
- 不同的客房、会议室和展览场地如何计费？
- 如何安排餐饮消费？
- 运输费如何支付？高尔夫球锦标赛和观光等特别活动如何计费？
- 音响视频、电器和电话如何计费？
- 酒店提供的安保和其他劳工是否计费？

- 会议策划人对名下计费的分类有什么想法？
- 是否需要订金？
- 单据、入场券、宴会邀请函应该由谁提供和收取？

以上所有方面都需要提前安排，每个细节都要有明确规定。每项服务的计费要求应该清楚地在明细单（表18-1）中列出。酒店财务部和其他的部门都希望在计费程序上给它们一个明确的指示。计费明细做得越好，到结账的那天遇到的问题就越少，也不会出现临时抱佛脚的情形。

表18-1　公司和协会付费单样本

样表1　凤凰城亚利桑那巴尔的摩酒店

_____公司

总会计师： 公司保证为所有公司职员支付每人250美元以下的个人费用。从4月28日起，预订67-66-63-62-59-58套房，其中6套由总账单支付，另外两套由酒店免费赠送。

付　　费： 总账单支付所有宾客的客房费、税费和服务费。总账单还包括：接待费、附加费、观光日的娱乐活动费、早餐接送费、牛仔帽费、印花大手帕费、点心费、娱乐活动费、女招待工资等。为每个客人准备额外费用清单。将所有的预算外费用计在客人的各自账单上。在客人离开酒店前结算。

（财务部将所有要转入总账单的账目列出清单）

夜班审计员： 注意：对那些在4月4日参加购物观光的客人或在4月5日午餐前离开的客人每人发放4.5美元。这一安排必须提前24小时通知收款员。资金从总账单支出，不由临时账户支出。

样表2　拉斯维加斯恺撒酒店

_____协会

总账单一： 协会组织的所有活动都计入总账单。本笔资金用于购买250枚恺撒酒店的纪念章，每枚价格为1美元。

总账单二： 开设第二个总账单。本账户用于支付_____协会主任和所有职员的一切费用。

约翰M.先生_____是授权签字人。

个人账户： 房费、税费和其他临时费用由个人支付。

以上为一个公司会议和一个行业协会代表的计费明细单。

资料来源：亚利桑那巴尔的摩酒店和恺撒酒店。

总账单

会议计费方面出现的最大问题就是缺乏沟通，导致理解偏差。计费程序上的沟通应该首先从专用术语开始。

账单用来记录个人或团体的总消费金额。账单有三种类型：

- 总账单：所有费用由会议主办方支付。
- 客人账单：所有费用由客人自己支付。
- 分付账单：费用由会议主办方和客人分担。大多数会议都采用分付账单的形式结账。

设立总账单主要是为了方便会议主办方收取费用。关于哪些费用应该由总账单支付的问题，酒店和会议主办方应该进行协商，其他费用应该由客人个人支付。

越来越多的会议主办方会青睐那些愿意将会议总账单拆分成分账单的酒店。这样会议主办方可以快速、准确地将实际发生费用与账单明细相对照。比如，很多酒店会独立开具一份团队食品和饮料账单，对应开一份个人账单，此外，还会开具另一个包含电话和商务中心等其他琐碎费用的明细账单。有的时候，参展公司会发起某个活动，如午餐会或鸡尾酒会等，这些独立活动发生的费用就需要设立独立账单来记录。

迪尔德丽·布瑞克（Deirdre Bourke），一位会议管理专家兼高级财务执行官给会议执行者提出的建议如下：

- 为酒店提供明确清晰的收费说明，这个收费说明应该附在总账单后面。具体收费内容包括房费和对应的税费、食品和饮料消费、音视频设备使用费、远程通信费用和商务中心使用费等。
- 如果需要独立的账户，那么对于会议执行者人员来说建立一个多类目账户是一个比较简单易行的方式。这样他们可以提前拆分账单，而不是在会议活动结束后忙得晕头转向。
- 会议执行人员需要向酒店确认，所有提交至总账户的费用都有对应的回执，其内容包括收据、签名确认和宴会活动订单。[1]

会议主办方必须以书面的形式确认所有有权使用总账单账户资金的人员名单，这些人员通常会提供授权签单的样本。有签单权限的人通常都是会议主办方的员工。如果某些人被授权可以使用总账单，那么，这些人也就有权签单。如果这些人员在资金使用的某一方面有限制，那么这些权限的限制范围也应该说清楚。

如果总账单的支付范围不明确，将会给会议嘉宾、发言者和活动主持人带来很大麻烦。酒店关心的只是这笔钱应该由谁出，而对最后钱是谁经手完成支付以及如何支付都无所谓。虽然通知到所有的与会嘉宾大会为他们提供的服务范围是会议主办方工作人员的职责所在，但是在所有客人结账离开的时候，接待他们的却是酒店的前台职员或收银员。因此，明确总账单支付明细很重要，可以避免这些后续的工作交接带来的各种麻烦。

让会议主办方的工作人员向酒店和与会客人说明房费、餐饮费、电话费、洗衣费和其他临时发生的费用都由谁来支付。酒店本应该在客人办理入住手续时，告诉他们房费将由会议组织方支付，但是很多酒店认为这是会议主办方工作人员的职责。令人失望的是，很少会会议主办方的工作人员会盯紧这项工作，告诉参会人员哪些费用应该由他们承担。因此，让会议执行者了解这个问题，至少可以提醒他们避免这种可能发生的尴尬局面，或者可以督促他们采取应对措施。

以上这些关于付费安排的工作，对公司会议举办者和行业协会组织者都很重要，因为很多公司会议也有以个人名义来参会的非公司职员。因此，主办方应该将由公司支付和个人支付的费用明细说清楚。这对会议合作个人同样适用。有些公司将所有的费用都计入总账单，有的公司只支付房费和餐费，其他费用均由个人支付。因为有各种不同的情况，因此费用支付明细单中都要明确说明。

对于会议费用支付问题，酒店不应该擅自做主，而是应该按照公司会议主办方的明确指示说明办事。这些指示说明必须以书面形式下达给酒店。通常来说，酒店有了这些由会议主办方提供的书面指示，酒店就可以向参加会议的人员提供一份详细的付费备忘录，告诉他们如何结账，为他们提供便利。

在某些情况下，团体保证金是需要的。要根据信用价值和团队历史来决定是否需要团队保证金。金融和保险会议执行者协会制定了一份付费指南，用来解决会议执行者和酒店人员在使用总账单过程中经常出现的相关问题。本章引用了该准则中的两份表格。表 18-2 是总账单授权书的内容，该授权书主要就以下内容进行了深入系统说明：

- 酒店费用计入何种账户（总账单还是参会者个人账单）。
- 会议主办方认可的支付项目范畴。
- 被授权在总账单收据发票上签名人员的姓名和签字样本（只有那些有授权签字权限的人才可以为团队开签名支票）。

表 18-2　标准总账单样表

保险会议策划者协会			总账单付账授权	会议名称：_____ 日　期：_____ 用餐计划：_____					
说明：以下列出的费用，仅在会议召开期间计入总账单。如果有例外和其他的总账单信息，将另发函通知。									
	总账单	个人账户			总账单	个人账户		总账单	个人账户
房间和用餐计划房间和税费			饭店服务 市内电话				运动 高尔夫球场费		
最高平均价格*客人			长途电话				高尔夫球教学费		

（续）

最高平均价格*配偶			停车			高尔夫驾驶场费		
其他			洗衣、熨衣服务			高尔夫·球童费		
餐饮 餐厅·食物			男服务生			高尔夫·租车费		
			女服务生			网球·场地费		
			游泳池/海滩服务生			网球·教学费		
餐厅·酒水			电视电影			网球·壁球租金		
送餐服务·食物			美容			运动商品		
送餐服务·酒水			理发			温泉/健身俱乐部		
酒吧计费			购物店			赛马训练场		
服务费（附加费）			其他			其他		
其他			其他			**比赛**		
宴会计费			**机场接送**			便餐		
			其他			俱乐部/壁球租金		
						高尔夫/网球用球		
						高尔夫场地租费		
						租车费		
						球童费		
						网球场地租费		
						其他		

*包括税费和服务。

会议主办者___（公司名）

1.（负责/不负责）支付个人账单的拖欠费用。

2.（保证/不保证）以支票或赊账卡的形式支付与会者的酒店费用。

3.（保证/不保证）支付与会者开出的_____美元以内的支票。

4. 以下人员（附名单）的全部房费和临时费用全部计入总账单。这些人需要预先登记
注册，主开时不必自己结账。他们的房费单由会议主办方审批并签字。

5. 授权以下人员可以为总账单费用签字。

姓名_____ _____ _____（印刷）

姓名_____ _____ _____（手写签名）

该付费说明是由　　授权生效。

（会议主办者/日期/电话号码）

会议执行者用这张表告诉酒店他们举办会议的所有消费清单和支付明细。

资料来源：金融和保险会议主办者。

表18-3 是价格和计费公示表的模版。主要是向参加会议的客人说明房费、餐饮费和临时开支的具体价格，以及由会议主办方与酒店协商的付费程序。该说明在会议开幕前的一个月送达与会者手中。使用该说明，可以减少客人在结账时产生的争议，加快客人结账的速度。

支付时间

会议费用支付的方式和时间多种多样，取决于酒店的政策、会议主办方的信誉和名誉、组织的历史背景、组织进行商务活动的频度和其他因素。

酒店会事先尽可能多地获得较多筹备资金，因为总账单的数额可能会是很大的一笔金额，所以酒店的这种行为无可厚非。酒店这样做，不仅仅是担心会议主办者事后无力支付会议需要花费的资金，也是为了加快付款周期，减少酒店的现金流压力。

会议主办方和酒店之间通常采取的付费形式是，合同签署时支付部分款项；会议召开前，根据双方事先确定好的时间支付一部分；会议现场支付一部分；剩下的一部分等会议结束后支付。最后的一部分又可以分为两个部分，在会议结束时立即支付的部分和最后清算完成所有付款部分。很多时候，会议费用会在会议结束后30天左右全部付清。为确保提前支付更加畅通，有的酒店会给那些在签署合约10天内支付所有费用的会议主办方提供折扣优惠。另一些酒店，会给那些用指定信用卡支付的会议主办方提供折扣。比如，在美式计费制度中，为使用信用卡支付的客户提供折扣或者能在其他连锁酒店和所属公司消费的优惠政策。

众所周知，酒店需要根据掌握的客户情况来灵活确定会议费用的支付方式。对于政治团体，不要让他们积欠大笔资金，因为他们的结账时间不确定，很可能会拖欠。但是，对于那些声誉很好、经常合作的公司，就不用担心费用支付问题。

表 18-3　计费和价格公示表

> 各位与会代表:
>
> 　　以下价格经 **ABC** 公司和 **XYZ** 酒店协商达成一致意见，将在各位代表入住 **XYZ** 酒店期间执行。表中所列服务价格是您在会议期间在该酒店消费的价格上限。
>
> 每天房费: 按照修改后的美式计费法（包括两餐）
>
> 　　每天每人 140.00 美元　　　　　　　　　每人每天 230.00 美元
>
> 　　每人每天的服务费 *11.00 美元　　　　　每人每天的服务费 *11.00 美元
>
> 　　每人每天的州税收（3%）4.53 美元　　　每人每天的州税收（3%）美元 7.23
>
> 　　每天总额 155.53 美元　　　　　　　　　每天总额 248.23 美元
>
> 这些费用: 包括住宿、早餐、晚餐。给女服务员的消费和餐厅服务费（修改后的美式计费法新增项目）。
>
> 　　　　　　不包括给男服务生、门童、汽车司机、餐厅接待人员的小费以及其他临时发生的费用。
>
> 美式计费记账制度
>
> 　　酒店酒吧　每人可赊欠 8 美元，欠款将根据菜单价格扣除。
>
> 　　高尔夫俱乐部　在高尔夫俱乐部用餐，将根据所用食物的价格收取附加费。
>
> 　　主餐厅　根据选择的菜品内容，一些费用根据菜单报价收费。
>
> 　　所有额外用餐按菜单收费款项将会计入您的个人账单。

（续）

> 客房服务 房间服务费普通房间按每人 2 美元标准收取，套房为 2.5 美元，包括所有的房间服务。
>
> 说明：美式记账制度包括入住当天的晚餐和结账离开当天的早餐。如果你是团队用餐，须将所有参加
>   团队用餐人员的房间号列单登记，否则只有签字的人才能获得团队用餐的费用。
>
> 交通
>
> 机场到酒店　　成人 6.5 美元
>
> 　　　　　　　儿童 3.25 美元（年龄较小的孩子）
>
> * 本制度适用于酒店收取服务费时参考。

　　会议策划人员必须在会议开幕前的一个月，将价格和计费公示表交给所有出席会议的人员。这种公示表明确地规定哪些费用由会务组支付，哪些费用由个人支付。这份公示说明在很大程度上避免了会议召开期间由于计费问题而产生的误解和矛盾。

资料来源：金融和保险会议执行者协会。

　　很多会议执行者要求在会议召开前，与酒店财务审计部门的人面谈。对此，凯悦酒店集团的做法是，在双方就会议准备工作进行第一次会晤时，就将会议主办方和酒店财务审计部门的人召集在一起，商讨所有的计费程序。这样，在会务工作开始前，双方就增进了彼此的了解，可以提前采取措施，应对潜在问题。

　　会议组织方希望在他们的工作人员对会议期间所发生的消费项目还记忆犹新时，酒店能及时向他们提交最终的财务报告。但实际情况是，会议组织方经常会因为酒

每日会议报告

　　每日会议报告——在有限的预算下安排较多的参会者，即便是一份做得很好的预算也需要反复检查。从现在开始，在每天的会议结束后，你将得到一份每日会议报告。在每日会议报告里皇冠假日酒店的会议主管会将与你的账单有关的财务内容逐条列出。这样就为你提供一个很好的追踪管理你的预算的机会，防患于未然。在每日会议报告中，你也可以就接下来的会议日程提出改进意见和要求，使整个会议按照预定计划更加顺畅地进行。

　　获取更多与皇冠假日酒店成功合作的举办会务活动信息，请联系 1-800-meeting, visit meetings. croweplaza.com 或者联系酒店主管。

图 18-1　每日会议报告

　　皇冠假日酒店制订了一份"成功会议"计划，帮助会议执行者们在预算之内计划举办成功的会务活动。每日会议报告是他们提供服务的一部分，这份报告为会议执行者提供按条目列出的每日花费财务报表，使他们能及时追踪和管理预算。

资料来源：皇冠假日酒店。

店在会议结束时不能做到这点而产生抱怨。如果会议结束时，即使酒店还没有完成总账单的统计，也至少应该让主办方能够看到已经审批过的费用情况。因为这个时候，虽然有部分费用还没有入账，但大部分账目已经很清楚了。希尔顿酒店集团认为如果某项费用在会议总账单中还未及时列出，这些费用账单必须在会议结束 5 天内寄出（为了进一步为会议主办方完善账单核对工作，费用账单格式需要和会议环节中所有的资产分类保持一致）。

最佳案例

每日会议报告
皇冠假日酒店集团

　　为了成功地吸引会议活动和商务活动，酒店必须随时关注会议执行者们的需求。皇冠假日酒店集团根据市场调研的结果确保它们所做的能满足会议执行者们的需要。根据最近的一项调查，皇冠假日酒店集团发现，对调查者来说账单这一块最重要的是准确度，尤其是要有正确的单项列表和协调一致的记账格式。很多被调研的会议执行者建议提供一份会议前的预算账单、会议前的预估账单或者是一份每日账单核查报表等。

　　皇冠假日酒店集团的品牌管理主席凯文·克尔瓦斯基说：

　　"我们时刻关注着会议执行者们的需要。这些调研结果表明皇冠假日酒店推出的'皇冠假日酒店执行办法'和'每日会议报告'等服务都直接满足了会议执行者的需要。"

　　皇冠假日酒店集团为酒店会议主管和会议执行者们提供每日会议报告是"成功会议"计划的一个部分。在会议进行时，一个关于收费的明细类目列表将会提供给会议执行者。这使他们能及时地追踪和管理会议活动预算，也使他们能就一个特殊的项目提出问题或改进意见。

　　这样的每日会议花费追踪汇报让会议执行者可以对接下来的会议进行改进或提出要求，以确保总账单的收费信息能更加准确和及时更新，也使最终账单更加完善（大部分时候，准确的账单可以在主办方离开酒店前做好）。

　　资料来源：新闻简报、西方会议。

　　一个被很多会展服务管理者认可的好的实践，就是让会议执行者们能够仔细核查总账单，与前期预算的每日花费进行对照，将每日的会议活动费用控制在预算范围内。一些酒店集团，比如皇冠假日酒店，提供一份每日会议报告，让会议执行者随时追踪和管理活动经费，使会议活动出现的与原计划之间的偏差和问题能够及时得到解决。这个每日会议报告消除了会议执行者由于不能及时追踪会议实况导致的

对一些问题的不解。由于很多内容在会议组织方离开酒店前就已经列出了，会议总账单会更加准确（不出意外，总账单可以在会议主办方离开酒店前就开出来）。所有宴会花费、视频设备花费和一些服务发票都应该由会议执行者核查和确认签名。因为会议结束几天或几周以后，举办方就很难回忆起举办宴会时具体提供的晚餐次数或者茶歇时提供的饮料数量。因此，会议结束后就及时提供总账单并进行核实十分重要。

当然，酒店也不希望一些琐事的发生影响整个账目完成的进度。对此，有一个很好的解决建议，把这些目前纠缠不清的账目先放在一边，留待以后审查或讨论，先把可以完成的账目做完。有些会议主办方会要求将一部分账目推迟到会议结束后结算，以便后期做出一些调整。推迟结算的资金数额和推迟的时间应该是双方约定条款的明文规定之一，否则，全部账目的结算会受到影响，并有可能受到恶意拖延。

有些会议会通过收取注册费和门票费获得一笔可观的资金收入。对于这笔资金，需要作一些规定，以计算资金数额并确保其安全。如果这些资金被用来支付总账单，所有的项目必须有收据。如果各项费用已经列在约定的计划之内，会议主办方就可以要求酒店以支票的形式返回这些现金。具体怎样处理，需要与酒店的主管人员进行协商，明确相关规定。

随着计算机在财务工作上的使用，财务部门的工作效率得到了很大提升。除此之外，计算机也使其他账单统计工作更加高效（如果酒店使用销售终端机，有些费用可以实时地计入相关账目中），计算机也加快了会议组织者的工作效率。

一位酒店销售主管的经历，能够说明这点（计算机技术同时帮助了酒店和会议执行者）：

"现在与以往的不同之处包括，你可以看到团队的到达和离开行程安排，你可以看到每一个客房的食品和饮料销售情况，因为这些也是会议室和客房的收费项目之一。这样会议执行者可以很快得到一份数据报告，了解他们的会议团队给酒店带来的确切收益。的确，我们还需要在提供更好的会议场所方面下功夫，但由于现在酒店之间的竞争焦点集中在想办法让会议执行者省心省力。而先进的技术正好可以帮助我们实现这一目标。"[②]

在计算机系统的帮助下，酒店可以将账目列表细分到每一项服务，可以在会后1小时内提供全部计费项目的账目明细表。最大限度地减小了计费混乱情况的出现和人工成本。在会议结束后，酒店工作人员和会议执行者对所有会议费用都还记忆犹新时，会议主办方就可以拿到总账单进行检查和核实。

客户信用

酒店工作人员和会议主办方需要关注的另一个重要问题就是客户信用。如果参会人员使用国内信用卡，那对于酒店来说只需考虑接受哪家银行的信用卡。如果酒店对某种信用卡有支付限制，就应该将这些信用卡的种类提前告知会议主办方，这样主办方就可以在参会手册中注明这方面的信息，让参会客人提前知晓。由于大部分酒店对国内外的信用卡的限制都比较少，因此使用哪种信用卡支付通常都不成问题。

客人使用信用卡的额度倒是一个更需要值得关注的问题。如果酒店在信用卡使用额度上有规定，酒店一定要提前向会议执行者说明。这样会议主办方就可以制定相应措施，让参会者和酒店建立起信用关系。

酒店也应该提前制定为客人兑现支票方面的相关政策。酒店要申明可以兑现的最大金额。为没有和酒店建立信用关系的客户提供支票兑现服务是一种优待政策，而不是酒店的义务。很多行业协会、公司都会为会员或者员工兑现支票做担保，但如果存在最大兑现额度，还是需要说明。

小费

将小费作为会议费用的一部分，已经广为接受。在所有的销售提案和随后的签约合同（协议书）中，都会提到小费这一项。但在会议管理中，参与会议活动某些职能部门中，小费问题还是会引起争议。然而，企业通常将小费、赠品和服务费混淆使用，行业会议委员（CIC）分类方法中对赠品、服务费以及小费之间的差异做了明确说明。赠品和小费指的是根据自愿原则给在服务中表现优异的工作的金钱奖励。服务费通常是从总费用中按比例计算出的一部分，是附加给团体费用的强制性收费（这些费用随后会分配给服务人员）。

会议主办方通常会对应该给多少小费、付给谁、什么时候付等问题感到困惑。一位酒店老板是这么说的：

"在美国，要停止付小费这个习惯还需要很长一段时间。我认为会议主办者应该事先解决付小费的问题。如果他对具体项目的小费数额不满，他应该换另一家酒店。换了之后，如果还是不满意，他应该仔细考虑要不要回到先前那家酒店。大部分与小费有关的问题的产生都是由于主办方没有和酒店在安排其他事情之前协商小费事宜造成的。其实，在小费支付问题上主办方最应该遵循的就是酒店方面的意见。"[③]

当会议主办方向酒店咨询小费方面的建议时，酒店也应该积极配合。向主办方解释小费的通常类型和给特殊服务人员的小费数额。虽然小费支付程序和支付金额会因地点和服务类型而异，但通常来说，小费和服务费可以划分为四类：

- 付给酒店钟点工的小费，比如大厅接待服务生、餐厅服务员、客房部服务员、门童等。
- 为会议活动和宴会服务提供的服务费。这些服务费是自动的、带有强制性的，通常会占总账单的一定比重进入审计程序。

- 一次性支付小费。这种小费会计入房费，参会代表们就不必为支付其他小费而费心。
- 给管理人员的特殊小费。管理人员包括会议服务经理、宴会经理及客房务部领班。

我们说的第一类小费，就是给酒店钟点工的小费，主要包括以下几种：

门童服务生	餐馆服务员
行李接待员	鸡尾酒服务员和调酒师
礼宾部服务员	葡萄酒侍应员
泊车员	客房服务员（服务小费包含在房费中的除外）

客房清洁员

其他钟点服务员还可能包括穿梭巴士司机、娱乐服务员（如高尔夫、专业网球、泳池服务员）、儿童看护员等。钟点工的小费可能由参会代表个人支付，也可能由会议主办方员工支付，具体要根据会议方的规定。如果会议组织者支付小费，他应该考虑以下问题，比如团队的规模、会议活动的复杂性和举办会议的目的。因为小费的期望数额会因地点和场地选择的不同而不同。

通常情况下，给钟点工的小费是在服务结束后支付，比如泊车员的小费是在他归还车的时候支付，房间清洁员的小费是完成每天的清洁工作后支付，宴会员工的小费应该在用餐结束后支付。但是，特殊情况下，如果小费是由会议组织支付，小费就可以统一交给部门主管，让他在会议结束后，甚至是在会议总结完成后，统一分配给各个岗位的工作人员。

在这些情况下，对于会议组织者在哪里支付小费这个问题，酒店会议服务经理应该要求主办方为员工制定一个支付提款单加以说明。这些内部的规定文件让酒店有向组织总账务提取小费的权限，让会议主办方不用操控大笔的现金。员工只要向设备收银员、工资结算部门或者财务部门出示提款单，就可以拿到现金。小费的数额可以根据以往的会议活动来测算，也可以按照会议费用的3%~5%来计算，最后将小费支付计入会议总预算中。不论小费是通过支付提款单还是通过部门主管统一分发支付，只要会议执行者能证明这些钱的确分发出去了、落实到个人了都是可以的。

我们的第二类分类，即服务费，是最容易出现问题的。在大部分城市，酒店服务费的收取标准是项目费用的15%~20%，或者更多。很多会议主办者对不管服务质量好坏，统一收取额外的15%的服务费的做法感到十分不满。然而，在多数情况下，酒店也是在按照工会规定的条款办事，这点需要在酒店和会议主办方最初的协商谈判中说清楚，以免引起不必要的误会。

　　值得注意的是，在美国的大多数州，如果某个费用被列为服务费而不是小费，那么这项费用是需要计入客户账单中的，而且要征收营业税。例如，如果一个会议执行者准备一个100人，每人25美元的午宴，附加一个18%，也就是450美元的服务费，那么最终他应该给州政府纳税的消费总额就是2950美元，而不是原来的2500元。

　　为了解决这个问题，有些酒店取消了服务费，而用小费代替。小费可以在用餐费纳税完以后，再合法地加入总账单中。这种计费方式，可以为会议主办方节省一笔不小的费用，因此它们更愿意接受这种付费方式。

　　不论采取哪种收费方式，对酒店来说，最重要的是把酒店的政策规定向会议主办方说清楚，避免会议主办方因为不知情而引起不愉快。如果在食物、饮料或者客房服务方面的强制性收费可以合法地用双方商议的小费代替，可以不用向州政府纳税，双方应该将相关事宜在合同中说清楚。

　　如果酒店在食物和饮料上的小费是按统一百分比收取的，酒店通常会将这些服务费按比例分配给服务人员。当服务费中出现一笔需要支付给工作人员的强制性收取的服务费时，将这笔费用的一部分支付给其他酒店员工的做法是很常见的。比如，皇家棕榈度假酒店，一个坐落于美国亚利桑那州凤凰城的高档度假酒店，在食品和酒水方面收取22%的服务费。这些钱会分给服务员之外的人员，虽然酒店主管、销售员工和酒店所有者不会获得这笔服务费，但咖啡厅主管和会议服务主管会获得服务费的一部分。④

　　很多会议执行者会要求会议服务经理将获得这笔费用的人分类。如果会议执行者知道这笔费用将会支付给服务员工而不是支付给资产所有者当作获取金钱的另外手段，他们会更加愿意支付这笔强制性收取的服务费。事实上，最近由《会议新闻》进行的一项调研显示，半数以上的会议执行者认为知道服务费如何收取和分配是"非常重要的"，另外1/3的参会执行者认为这"比较重要"（图18-2）。

　　然而，会议执行者需要知道酒店管理者抽取部分会议服务费来支付劳动力付出

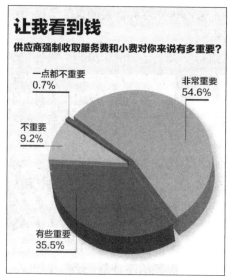

图18-2　让我看到钱

资料来源：Rayna Katz, "Planners Nix No-Choice Tips," Meeting News.

Meeting News最近一项调查显示，在对296名会议承办人的调查中，有90.1%的承办人觉得强制收取小费和服务费是重要的。

也是很正常的。一家著名的旧金山酒店的会议服务主管说：

"工会合同中对19%的小费分摊做了具体说明。会议服务员工、宴会主管或房间整理员是无法获取这笔费用的，只有75%会均匀地分配给服务员（为组织工作的人）。另外25%都被划分到一个叫工资明细的类目下，这样做减少了劳动力的盈亏成本。"⑤

一次性支付小费，即上文所说的第三种小费形式。这种小费现在十分常见，是会议主办者和参会代表们比较喜欢的一种小费支付形式。这意味着他们只需要在登记入住时一次性支付小费，随后就不需要处理小费问题。一些度假地已经采用这种计费方式很多年了，现在一些商业会议筹备酒店也尝试利用这种支付体系。这个体系被称作美式计费法——客房、餐饮和其他小费一次性支付。而目前通常用的是欧式计费法，即房费、餐费和小费分别支付。

如果采取一次性支付小费法，酒店应该将这一做法向会议代表说清楚，避免重复支付小费。通常，会议执行者会在分发给参会代表的文件包中说明这项规定。常见说明形式包括"你的小费完全包含在房间费中""不要以个人形式支付酒店小费"等。同样，酒店应该将这个规定的执行手册发放到员工手中，让他们不要再另外接受客人给的小费。此外，小费使用规定只是个中间传递媒介，政策的有效实行更需要内部做好沟通协调工作。

为了更好地解释一次性支付小费，我们列出了两个著名酒店的规定：

1. 格林贝尔酒店

位于西弗吉尼亚

每天在客人的账单上计入12美元的服务费，以代替客人付给客房服务生和修改后的美式计费法制度下给用餐服务人员的小费。但该服务费不包括客人可能要付给大厅服务员、门童和为享受优质个人服务时需要付给其他人员的小费。

2. 博卡拉顿俱乐部酒店

位于佛罗里达

为了方便会议团体，我们酒店每间客房每天增收14美元小费，这笔费用包括支付给酒店以下工作人员的小费：

• 门童和泊车服务员；

• 客人入住和离开时的行李搬运服务员；

• 客房服务部女服务员；

• 按照规定用餐计划用餐时提供服务的服务员。

若客人按照菜单点菜和酒水，酒店将自动收取消费金额的15%，作为小费计入账户。

其他人员的小费，由会议组成员自行决定。

即使给钟点工的小费已经包括在服务费中了，在很多情况下，会议主办方或活动参与者还是希望清楚地知道哪些服务是需要额外支付服务费的。会议执行者可以给宴会主办者一个提议，告诉他谁的出色工作使会议变得令人难忘，然后向这些员工支付小费。比如，某个代表可能希望向一位提供额外或者超出期望服务的员工支付小费作为奖赏。

小费的最后一种形式是用来奖励一些特殊人员的。会议主办者可能向酒店咨询与小费支付相关的惯例和内部政策。有值得推荐的小费支付规定的酒店应该向主办者提供最基本的小费支付金额参考。表18-4显示了被调查的会议主办者们对特殊服务小费支付情况的看法。

表18-4　特殊服务的小费价格

不同级别的员工的小费情况					
问题：假设以下酒店员工在会议中贡献的力量都是一样的，你愿意给他们支付小费吗？如果愿意，支付的金额是多少？					
人员级别	愿意（%）	不愿意（%）	最高（$）	最低（$）	平均（$）
会议服务主管	75	25	500	25	125
食物和餐饮主管	68	32	500	15	88
服务主管助理	65	35	150	15	58
组织监督者	62	13	200	10	44
酒店总经理	0	100			
会议销售主管	10	90	200	35	69
财务执行主管	17	83	400	15	80
餐厅经理	63	37	400	20	78
前台监管 *	69	31	100	10	36
宴会领班 **	82	18	125	10	42
视听设备操作员	41	59	200	5	44
配电盘操作员 ***	39	61	50	10	22
* 其他小费：糖果（1）					
** 其他小费：每次10美元（1）；每个部门20美元（1）					
*** 其他小费：每个操作员（1）10美元；每个交换机250美元；所有操作员150，美元（1）；糖果（4）；礼物（1）					

根据《会议新闻》的近期调查结果，调查中调查人员主要询问会议主办方愿意给酒店哪种员工支付小费以及小费的平均数额。

资料来源：会议新闻。

附加费和度假费。虽然附加费和度假费与一次性支付小费有些类似，但是它有更多的种类。附加费的实施是为了给酒店带来额外的收益，通常会作为客房账单的一部分。其收费范围包括能源消耗、网络使用、电话和传真、迷你酒吧和行李寄存等服务费用。会议收费可能包括的附加费有电费、视听设备使用费、灯光费、还包括支付宴会员工的费用，甚至包括用信用卡支付总账单的手续费。

和服务费一样，附加费是带有强制性的，很多会议主办者和参会代表认为他们支付了一些他们不需要的服务费用。一位从事服务费和度假费收取工作的 SMERF 会议的执行者的观点如下：

"整个服务费的收取理念都与我们的理念相反。所谓的每日度假费是酒店试图向他们的顾客压榨额外金钱的另一种方式。比如，每天收取 10 美元的附加费，他们会加上一系列美其名曰'为了您的方便'的收费条目。好吧！我所有的行李都在车上，但是我不需要传递员帮我搬运行李。以我的聪明才智我完全可以自己打开酒店的门，也可以自己去开灯。我并不需要在这些事情提供额外帮助。免费的本地通话根本发挥不了作用，因为我不认识在当地的人，不需要给当地人打电话。对于远距离的通话需求，我很早就发现用自己的手机打电话远比用酒店的电话便宜和方便。既然这些都不需要支付，那就用这 10 美元支付每天的报纸？其实我并没有阅读报纸的习惯，所以支付报纸的服务费用并不是为了方便我啊！这就是如果我签合约，我会确定这个具体的费用是除了税费以外'一切全包'的（因为税费的收取不是酒店可以控制的）。"[6]

我们应该认识到，附加费不一定总是包括会议主办方和参加人员用到的其他费用和设施。

如果附加费中没有包含泊车费和自己停车费、健身中心的使用费、温泉浴场费用、网球场地使用费和球拍租借费、运动设备存储费、网络使用费等，一些酒店还会收取使用这些项目的每日费用。这些项目费用的收取和附加费最大的不同之处在于，只有当参会人员使用这些时才会实行。这种情况下，会议主办方就应该让参会人员知道这些额外的收费项目，尤其是当房费和小费都包含在"一切全包"计划中的时候。

度假费，同附加费和一次性支付小费有点类似，最初是由度假区，尤其是那些偏僻地区的度假区收取的。目的是提高收益，因此客户他们没有享受到唾手可得的好处。现在很多度假区都有这项费用，是由度假区自行添加的。为的是支付从客房内部的服务到本地的电话服务再到景区商务中心、健身中心、网球场等设施使用的费用。例如，位于美国亚利桑那州的巨石度假酒店就列出了一系列包含在度假费中的收费内容：

每间小屋每天 29 美元，每个别墅每天 33 美元的度假收费标准适用于所有入住的客房。这个费用包括每天的报纸、夜床服务、代客泊车服务费、所有给行李员、清洁员、私人司机、泳池服务员、门卫除餐饮服务之外的现金小费。夜床服务费还包括黄金浴场温泉日会员费用。这种日会员可以使用衣帽间以及其他设施，包括健身房、桑拿房、蒸汽浴室和欧罗咖啡厅的服务。

其他的度假费用可能会包括以下项目：室内咖啡厅和电影院使用费、接送服务费、运动设备设施使用费、上网费、报纸和代泊车费。近期，在对 395 名会议主办者进行的一项调查中，他们具体列出了 15 项度假费（表 18-5）。

会议主办者经常对平均花费在 12 美元的度假费感到不满，很多人认为这些费用应该取消。他们通常会尝试在签署合同中除去这些费用，如果不行，他们会要求减少度假费或者将这些费用纳入总的客房账单中。

由于度假费的收费越来越流行，而且越来越多，很多会议主办者采取了应对措施，他们坚持在他们的合同中注明相关支付规则，使他们可以不支付那些不需要的服务费。例如，约翰福斯特延森和格力有限责任公司在亚特兰大法律公司的代表，在他的合约中增加了以下条款：

表 18-5 度假费包含的内容

项目内容	比例
健身中心	88%
报纸发送	83%
本地通话	78%
室内咖啡和茶	77%
娱乐设施	73%
夜床服务	57%
上网费用	55%
温泉浴室	34%
接送服务	33%
停车费用	32%
客房清洁服务	26%
热水	23%
传达员	22%
传真服务	21%
健身指导	9%

资料来源：《会议与会展》，《艺术精英"谁应该支付度假费"》。

第一，如果合同中没有特别注释和说明，那么 XYZ 团队就不需要为酒店员工的工作表现和服务条款支付额外费用。除非酒店事先征得 XYZ 组织的同意，将对应的收费工作类型、服务类型写入书面合约中。

第二，凡是 XYZ 团队或者参会代表的书面协议中没有包括的额外附加费、小费和服务费收费项目，不论是 XYZ 团队还是参会代表都不需要支付。[7]

酒店从几个方面采取措施消除会议执行者们的顾虑。比如，万豪酒店不会收取度假费、本地通话费和上网费，为他们的客户省钱。但是希尔顿酒店仍然使用附加费，包括度假费，但这些费用可以让会议主办方选择性支付。同时，所有的特殊收费项目也会在向客户收费前确定。除特殊项目之外，酒店是不可以向客户收其他附加费的。

总之，小费和服务费的收取和其他会议管理问题一样，需要会议主办方和酒店服务主管都细致周到地掌握和理解。尽管小费是一个很敏感的话题，但是如果在能问题产生之前就将细则条款制定好，问题也就不会出现。

国际酒店营销协会建议的支付时间表

国际酒店营销协会颁布了一个标准的支付时间表，这个表有助于解决会议财务结算工作中出现的问题。主要原则列举如下：

· 制定一个正式的会议行程安排表，让会议主办方和酒店在会议开始前，提前确认安排房间。建议进行双方进行对接的时间节点及频次如下：会议召开前 1 年，会议召开前 6 个月，此后每月一次，在会议开始前一个月，每周一次。建议使用客房明细单进行工作审查核实。

- 会议前必须全面核实会议室的使用和计费情况。
- 酒店应该明确可接受的信用卡类型和信用卡支付额度。
- 需要每天公布一次有关所有设备的使用权限申明。
- 会议费用的入账明细需要及时告知夜间审计和出纳人员。
- 对酒店来说，如果会议主办方能为所有参会者提供费用担保是最好的。
- 如果会议主办方拖欠账单超过 30 天，酒店应该通知主办方。
- 财务审计部门、出纳主管或者其他可能接受账单的部门负责人代表应该参加会前筹备工作会议。
- 每项服务结束后，应该向会议主办方提供一份账单使用申明和相关的支撑材料复印件，让他确认签字。
- 建议总账单在会议结束后的 5 天内，全部提交给会议主办方，鼓励提前向主办方提交总账单的部分账单。

以上提供的计费原则最为关键的是双方的沟通。账单的每个细节，酒店财务部门和会议主办方都必须反复沟通，确保准确无误。

会后总结

工作完成后进行总结检讨是十分明智的。通过对已完成工作的检讨，可以学到很多东西。工作检讨的重点应该落在对后期改进提出建设性意见上。会后检讨的目的是对已取得的工作成绩进行总结和对后期工作进行展望，以更好地安排后期会议工作。检讨最终目标是提升会议举办的技巧，使后期的会议能更加顺利圆满地举办。

我们采访的一位会议服务经理对会后检讨工作的看法是：

一个好的、周密的会前洽谈可以使会后检讨工作变得更加精简和令人满意。

我们建议会议检讨分两个部分进行。第一部分，酒店内部检讨会议，参加人员仅限酒店员工。第二部分，全体人员的检讨大会，酒店员工和会议主办方员工都应该参加。

酒店员工会议应该包括酒店的销售主管、会议服务主管和其他所有参与会议服务的部门。会议的目的是检讨举办会议的不足之处，指出哪些地方本可以做得更好，哪些地方的表现值得未来借鉴。通常在这种会议上是要准备一份员工内部的检讨报告，也就是绩效报告。蒂柏·史密斯，一位万豪酒店的销售技巧培训主席说，他们

的公司十分重视会后绩效总结报告:

　　"我们会设计一个表格,记录顾客在酒店消费的每一项活动,将这些信息导入我们的资金系统。这个表格将整个销售过程拆分为活动前、活动中、活动后三个部分,强调销售项目与服务项目之间的灵活对接。"[⑧]

　　第二类会议的参加人员应该包括会议主办人员和他的员工以及酒店员工。如果这个会议是城市范围的,那么会议官方、展会服务承包商、目的地管理公司和视听设备供应商也应该被邀请参加。这种会议召开的目的同样是在大家对会议过程还印象深刻时对会议进行检查回顾。召开这种会议的最佳时间是总账单被核实完刚提交上来时,因为这个时候大家还在酒店,而且都处于高强度工作完成后的放松状态。

拓展阅读

会后检讨
麦克盖博
销售和市场营销 副主席
费城会议观光局

会议检讨已经成为会议专家们检查、评估和分配工作的一项日常工作。城市和酒店仍然要面对一些关于历史的不确切的报道,通常不会有足够可信的信息去决定是否要继续预订筹办团队会议。随着服务行业运转节奏的加快,大家很容易快速投入下一次会议的准备中,而将刚刚结束的会议很快抛诸脑后。一个全面的会后检讨可以挖掘整个会议的价值所在,如果不这样,这些价值大部分时候都不能被发现。在质量和销售前的准备活动中,酒店和会议执行官方通常会要求了解参会团队的背景、购物习惯和额外消费等更多信息。可问题是,通常在会议结束后,城市和酒店都不能为会议执行者提供这些信息。

　　会后总结时,不要回避会议举办过程中的不足之处。而是要将这些不足之处提出来,尝试寻找解决办法,以期在下一次会议活动中得到解决。酒店方和会议主办方都会从这种有不同组织员工参与的会议中收获很多。

　　这种会议也是一个招揽更多生意的好机会。然而,很多酒店员工都不愿意在这个时候开始宣传推销,殊不知,如果一切进行得顺利,这可能是招揽生意的最佳时机。即便不是为了会议本身,也可以为其他类型的会议进行这样的工作。公司企业总是要举办会议的,你可以争取承接它们为其他商业活动所举办的会议活动。

　　此外,这种工作检讨大会对会议的各个方面都应该进行全面深入的讨论。组织执行主管们应该自由地表达他们对酒店员工服务和工作表现的看法。会议执行者应该珍惜这个表达他们观点的机会。如果他们认为酒店是真诚地想要提高服务水平,他们很有可能再度寻求合作。

预期与现实的比较

在会后总结时，有必要将实际效果与预期效果进行比较。准备一份随机的每日会议报告，比较实际使用的客房数与最初预订的客房数量。总结进出酒店的人流量特征：有提前离开或者晚的人吗？准备了足够的人手去接待客人吗？有预订了房间而又没有来报到的人吗？如果存在问题，你又是怎样处理的？将这些出席会议的情况与往年进行比较。

如果客人提前退房，会给酒店带来很大经济损失。但是，这个现象至少可以从侧面反映会议安排和酒店吸引力的不足。如果提前退房的现象比往年严重，整个会议活动就是失败的。当然，责任不全在会议主办方，酒店方面也应该思考怎样做才能使酒店的设施和服务更有吸引力。

如果已经做了改进，提前退房的现象还是存在，执行者就应该尝试让参会人员尽可能准确、真实地估算他们的入住天数。很多会议执行者意识到酒店的运营情况也是他们应该关注的问题。

如果出现客人延期退房的情况，又会对已经与其他团体签署合作的酒店造成不良影响。

酒店出现预订超量的情况很常见，如果再不巧赶上延期退房，对酒店来说无疑是火上浇油。延期退房只是在酒店客房预订超量的情况下才对酒店有不良影响。反之，在酒店入住量未饱和的情况下，却是一件好事，可以为酒店带来更多的收益。

活动的参加人数

不论是酒店员工还是会议执行者对实际参加会议的人数与预期参加的人数之间的比较都十分感兴趣。会前关于就餐方面出席人数的承诺并不能全面反映出席人数情况。如果实际出席会议的人数少于之前预期的出席会议人数，会议主办方还是需要按预期人数的消费数额支付给酒店，或者会尝试要求酒店仅收取实际出席会议人员的消费金额。另外，如果实际出席会议的人数超过预期人数的5%，酒店就不乐意为这部分人提供服务。会议执行方也会因为没有为这些人提供服务而让大家感到失望。酒店也会因为招待不周，而形象受损。

检查可通过会议室的人员分配情况进行。如果一个会议室的占用率仅为30%，是很难顺利地进行会议的。这时，如果有小一点的会议室，就应该加以利用。如果没有可用的小会议室，可以用屏风或者隔板将大会议室分成几个小的隔间。大的会议室可以被用来安排其他活动。

特殊服务

参会人员对酒店服务的反馈情况也是会议主办方和酒店感兴趣的点。每个会议都不尽相同，但是酒店可以从每一个会议的客房服务、餐馆服务以及运动场所的设施、电梯服务等方面总结出经验。因为酒店的名誉与这些服务密切相关，所以要重视客户对这些服务的反馈。一个很有意思的现象是，对酒店形象的塑造至关重要的服务的提供者往往是获得报酬最少的人。例如，电话转接员和前台工作人员比其他酒店员工与客人的接触都要多，但他们的工资却很少。如果他们在整个会议过程中都尽心尽责，表现出较高的专业素养，那么酒店就会给参会者留下良好的印象。

个人意见

如果酒店不怕麻烦愿意花时间去征集酒店员工对会议工作的看法，那么可能会得出不同的结论。酒店员工与会议服务经理看待问题的出发点不一样，可能会有一定的优势。问问行李搬运员、客房清洁员和前台接待员，他们是如何看待会议的，你会收获不一样的东西。

在顾客办理退房手续时，待在出纳员身边，听听顾客对他专业服务水平的评价。有些酒店会向顾客发送会后意见征集邮件。这样做的好处有两个，一方面体现了酒店追求优质服务的诚心；另一方面，也能让酒店发现服务中存在的不足。

例如，大山脉度假酒店使用的服务评估如表 18-6 所示。这个问卷从会议服务的各个方面搜集顾客反馈。对反馈结果的分析发现这种做法帮助酒店留住了不少老顾客。

表 18-6　服务评估问卷

	GRAND SIERRA RESORT AND CASINO · RENO				
	大山脉度假酒店				
姓名： 团队： 日期： 市场主管： 餐饮经理： 服务评估					
会议和会展服务	不满意到十分满意对应指标 1 ~ 5				
1.会议安排的检查和确认工作	N/A	1	2	3	4	5
2.对事件的处理及时性	N/A	1	2	3	4	5
3.服务经理和团队的出现频次	N/A	1	2	3	4	5

（续）

4.会议室布置的准时性和满意度	N/A	1	2	3	4	5
餐饮和宴会服务						
1.宴会活动的检查和确认工作	N/A	1	2	3	4	5
2.服务要求处理的及时性	N/A	1	2	3	4	5
3.餐饮服务员出现频次	N/A	1	2	3	4	5
4.宴会厅布置的准时性和满意度	N/A	1	2	3	4	5
5.餐饮质量满意度	N/A	1	2	3	4	5
6.服务的专业水平	N/A	1	2	3	4	5
视听设备						
1.视听设备设置与期望相符度		1	2	3	4	5
2.视听设备效果满意度		1	2	3	4	5
优先使用网络和网速						
1.优先使用网络的服务和设备质量		1	2	3	4	5
总体印象和建议						
我们在哪方面做得较好？						
我们在哪方面需要提升？						
我们的成员和员工有没有提供超出您预期的服务？						
提供者： 姓名： 日期：						

　　大山脉度假酒店使用这种形式的问卷，让参会代表对会议会展期间酒店的服务质量进行评估。酒店在使用表格前是经过版权所有者允许的。

　　近期，希尔顿酒店雇用第三方电话调研人员搜集会议执行者对酒店服务的反馈意见。销售部门的副主席弗雷德·谢伊说：

　　"没有人会比你的顾客更能告诉你你应该怎样做到更好了。希尔顿聘请盖洛普咨询组织对会议主办方进行电话调查。通过电话调研的结果，酒店在服务责任制文化方面进行了调整。"[9]

　　酒店必须采取行动去了解员工和顾客对会议安排和酒店表现的满意度情况，不管酒店采取何种调研方式，这个工作都是要做的。

会后报告

　　会后报告是目前会议行业备受关注的一个话题，因为一份准确完整的会议报告对会议执行者和酒店员工来说都很重要。会议主办方知道会后报告是十分重要的，当遇到会议谈判时，一个完整的会议记录能够确保今后取得更高的满意度。一家保健产品经销商组织的主管凯瑟琳·罗伯说：

"作为一个会议执行者，我需要从酒店那里得到帮助，知道我的商务活动的价值所在。这样我就可以在谈判中用所取得的历史成绩证明我们的能力。比如，我们的人员会出现在礼品店、餐馆、高尔夫和网球场、温泉等场所，创造不同的价值。我需要对我的会议所创造的总价值有个全面的了解。"⑩

另一个会议执行者说：

"撰写一份清楚完善的会后总结报告和举办一个完美的会议同样重要。一份会后报告是对我们会议经验的总结。这些经验创造了历史，展示了我们举办会议的能力和专业水平。会后报告帮助我们处理和掌控会议进程，报告可以总结会议信息和客观事件，提供改进建议，激励大家更积极地投入工作。"⑪

同样，酒店方面也意识到会后报告可以帮助它们更加准确地评估和改进服务。比如，希尔顿酒店集团会在会议结束 14 天后会提供一份电子版的会后报告（Post-event Report，PER）（表 18-7）。会议官方在举办全市范围内的会议时需要根据准确的历史数据去评估预留房数量，酒店需要通过会后报告来决定它们在此次会议中人财物等方面的投入规模。

表 18-7 希尔顿酒店的 PER 承诺书

当其他酒店仅仅用专属于您的床来吸引您时，我们已经为您制订了一个新的专属计划工具来维持我们的友好关系。因为作为您的合作伙伴，我们知道强大的世界级的管理工具支持才是您真正需要的，它可以帮助您充分利用您的会议和会展经验。

自动预订输入和输出系统 RAPID(Reservations Automated Processing Input and Delivery)

从会议专家订房列表中自动产生基于网络的预订申请。

团队预订识别系统 GRLP（Group Reservation Identification Program）

通过酒店的预订系统多方面参考团队成员的预订情况自动处理批量订房。

个人团队网页 POG（Private Online Group Page）

参加者通过与会议主办方注册页面链接的团队注册网站自主预订。

会后报告 PER（Post-Event Report）

全面分析，会议结束后 14 天之内以电子邮件形式发送。

账户系统 MAP（Master Account Proceeding）

准确，易于理解，会议结束 5 天内寄送。

> PROPRIETARY BEDS AND PROPRIETARY PLANNING TOOLS. SO YOU'LL STILL RESPECT US IN THE MORNING.

希尔顿酒店集团提供给会议主办方的重要工具之一是会议报告（PER），酒店承诺这个报告将在会议结束后 14 天之内以电子邮件方式寄送给主办方。希尔顿酒店还保证在会议结束后 5 天之内提供团队支付明细账单。

资料来源：希尔顿酒店集团。

准确的会后报告也可以提供服务质量。比如，会议服务主管可以根据历史经验来调动员工应对客人入住高峰。

为了确保能够获得会后报告，一些会议主办方会在合同中申明，如果他们没有获得准确的会后报告，他们是不会支付会议费用的。主办方也会要求酒店在会议报告中提供会议协办公司的信息，这些公司包括子公司和附属公司以及参展商。会议主办方认识到会议协办公司在展会中对酒店收益的贡献是可观的。比如，参展商不仅使用客房，还需要使用会议的餐饮和其他配套服务。

因为会议报告是必需的，现在大部分知名的酒店集团都拥有一个针对会议报告制定的公司层面的标准系统。凯悦、希尔顿和万豪酒店集团主动地为所有团体提供会议报告，举办这样的会后报告会占用 100 间客房，高峰期会更多。

当会议结束后，酒店会议服务主管和会议执行人员应该确定一个时间来分析和回顾会议。我们建议现场的总账单回顾时间应该最先确定，因为这个时候会议活动在两方的脑海中都记忆犹新。

会议行业的很多机构都希望看到一个行业通用的关于会后信息的独立数据报告。行业组织提出的一个可行的办法是由酒店将会后信息报告提交给会议组织官方。

值得注意的是，一个关于组织历史的数据或者其他交流信息是不包括宴会费用的。因为互通价格信息的行为是违反《反垄断法》的，这些价格信息就包括客房费用或宴会费用。而交换预留房数量、入住房间数量、食物的数量和规格，以及描述客房服务和餐厅容量的大小、适中程度等信息按照惯例是允许的。

获得准确的会议统计信息如此重要，所有行业中越来越多的组织认为标准化的报告可以促使会议更顺利地进行。对此，会议行业委员会（CIC），这个一直致力于将服务行业的很多东西规范化的组织制定了一个会后报告模板。这个 14 页的模板不仅仅有纸质版，还有网络版，也可以从网上在线阅读。这个会后报告模板使录入数据更加简便，让主办方第一时间掌握会议的成功之处（其中网络版的网址为 www.conventiononindustry.org/APEX/acceptedpractices/posteventreporting.htm）。标题为《行业通用会后报告》的拓展阅读进一步阐述了 PER 的内容以及它对会议主办方和相关组织的重要性。

拓展阅读

行业通用会后报告

由于搜集准确的会议历史信息对评估商业活动十分有必要，标准化的会后报告信息也变得越来越重要。为了确保能够搜集到完整标准的数据进行分析，"实践交流"（APEX），一个会展行业会议的启蒙组织，制定了一个可以采用的会议总结模板。

通过大量的研究，APEX 组织的会后总结部门花了一年实践编写了会后报告（PER），这份报告

（续）

有一套指导方针，包括：

- 会后报告必要的会议具体项目和历史活动索引。
- 主要的会议组织者和每一个利益团队或者相关部门（这些部门需要在会议结束后立刻参与总结会议）之间进行的面对面会谈，这些参会者要集中精力共同完成会后报告的撰写。
- 当 PER 完成后，组织方需要向每一个利益相关方或者相关部门（如行业会议委员组织、酒店官方会议局和会议中心等）发送报告复印件。
- 最近的会后报告应该满足提案要求，这些提案会作为未来处理类似事件的参考依据。

APEX 会后报告需要为所有会议提供，尤其是那些房间数峰值在 25 间或者更多的会议。作为被行业会议委员组织认可的"通用实践"，这份 14 页的模板，可以在 www.conventiononindustry.org/APEX/acceptedpractices/posteventreporting.htm 网站下载，也可以存储在计算机硬盘中，或者获取纸质版，包括使用说明、记录组织活动的格式、合约、酒店客房、客房整理、餐饮、功能区域、展会区、未来活动预约、会议报告的分发、会议服务追踪系统和会后总结常见问题解答。

这份报告对酒店和会议主办者都十分有价值。喜达屋度假酒店的行业关系部门高级副总裁大卫·史宾斯说：

"所有我们想汇报的信息都包含在 APEX 的会后报告中了。如果这个将要成为我们行业的标准，那么为了实现公司内部的目标，就让我们超越它。"

一位西班牙广告协会代理商的项目主管会主管芭芭拉·萨莫拉十分赞赏 PER，她说：

"PER 很全面，无可挑剔。无论是大小组织 PER 都可以作为它们的使用标准。我在大的会议或者小的董事会议都会用它。有了它，供应商和主办方能够更高效地沟通。"

最终评价

在将工作档案分类归档以及将处理数据反馈到财务账单前，不妨问问自己，如果时光倒流，再给你一次机会，你会不会将工作做得更好？你应该根据亲身体验坦率真诚地回答这个问题。如果这个问题让你意识到会议举办过程中存在问题，你应该采取措施避免这种问题的再次出现。

解决这些问题，无非从人事方面和设施上面着手。解决这些问题可以帮助销售主管对你想要的处理和能够处理的事

图 18-2　会议服务经理正在与会议组织者进行会议回顾

在做会议总结时，酒店的会议服务经理应该与会议组织者约定一个时间进行一次会议分析与回顾。我们推荐的最佳时间是在离店前递交账单的时候，因为此时会议的全部流程还清晰地印在双方的脑海中。

资料来源：由洲际酒店集团提供。

情进行优先级排序。如果对这个问题的回答让你感到满意，不要忘记向会议执行者发一封感谢信，并将这个主办方的名字列入你的后续合作伙伴名单中，或许在不久的将来你就会用到。

小 结

正如本章所述，向展会和会议市场销售产品和提供服务需要有周密的计划并关注细节。会议记账程序和会后追踪是建立组织良好声誉和招揽更多合作机会的重要因素。酒店机构必须清楚地列出记账程序，使会议主办方能够快捷、方便、实时地掌握会议收费情况。会展和会议结束后的后续追踪工作是很有必要的，因为它可以发现会议举办的成功和失败之处，建立一个组织举办会议的历史档案。这个历史档案酒店可能在未来的会务活动洽谈中用到。

尾注：

① Deirdre Bourke, "Bill Review Made Easy", Experient Special to PCMA.

② Don Nichols, "High-Tech Comes to Hotels," Association Meetings.

③ Roger Sonnabend, "The Hotelier Looks at the Business of Meetings," 3M Business Press.

④ Meeting News, March 5, 2007.

⑤ Julie Barker, "The Ultimate Guide to Tipping and Gratuities," Successful Meetings.

⑥ "A Good Contract," TRNews, July 2005, p.26.

⑦ Nicole Brudos Ferrara, "Stop Those Surcharges¡" Meetingsnet.com, June 2005, p.36.

⑧ Ruth Hill, "Planner's Lament," Lodging.

⑨ Ibid.

⑩ Ruth Hill, "Confronting the Bull in Today's Market," HSMAI Marketing Review.

⑪ Michele Wierzgae, "Writing a Post-Con Report," Meetings South, January 2006, p.6.

主要术语

美式计费制度（American plan）：计费内容包括房费、餐饮和小费，餐饮包括一日三餐的费用。

授权签名（authorized signature）：会议主办方授权签名的人，可以通过签名来支付团队消费账单。

协办公司（auxiliary business）：为整个会议创造价值的附属公司或者子公司，例如，参展商。通常这种类型的公司会因为"联盟"性质的活动被纳入会议服务组织公司成员中。

付款说明（billing instructions）：注明每个活动应该收费多少，账单该由谁支付。

一次性支付服务费（blanket service charges）：将服务费纳入到房费中，这样参会者在入住期间就不需要支付小费。常见于美国式计费制度。

欧式计费制度（European plan）：在这种计费制度下，房费、餐饮和小费单独计算。

小费（gratuity）：客人为表示对优质服务的赞赏而自愿支付的费用。

客户信用服务（guest credit）：酒店信用部门基于客户的历史信息，提供给客人一定的信用额度。这是酒店提供的优惠服务，而不是义务。

附加收费（incidental charges）：除客房费用和个人税费之外的花费，包括电话，客房服务等。

个人客户账单（individual guest folio）：那些不包含在总账单之内的个人客户的消费，将被计入客户个人账单。

总账单（master account）：组织最初记录的由会议赞助商支付的交易费用。这些费用包括客房费、税费、餐饮费、视听设备使用费、装饰品费用、临时费等。由于参会代表需要支付会议期间的一些费用，因此所有总账单包含的项目应该提前列出，避免重复支付或者无人支付。

总账单支付授权表（master account billing authorization form）：这个表格提供的指导信息包括账单的类型、财务责任权限、主办方授权签字人的名字和签名。

支取提款单（paid-out slips）：内部使用的表单，用它可以从会议总账单中支取现金支付员工的小费。使用支取提款单还使会议主办方可以不用为支付小费而携带大量现金。

会务工作绩效报告（performance report）：酒店用来评估会议绩效的一种内部报告。这种研究报告可以帮助酒店了解这次会议对客户需要的满足程度。

随机每日入住报告（pick-up report）：用来详细记录每天会议结束后客房使用数量的文件。报告包括每天预订的客房总数和实际使用的客房总数。

总结会议（postconvention meeting，简写为 post-con）：在重要场合召开的工作结束后的总结会议，参加人员通常包括主要活动的组织者、主办方的代表、部门主管和其他部门员工以及承包商。会议的目的是评估会议的执行情况并完成会后总结报告。通常，由酒店财务支付部门的代表对总账单进行的最后核实工作也是这个会议的一部分。

会后报告（postconvention report）：是关于会议细节和具体活动的报告。会议报告的搜集可以为之后的工作提供完整的会议历史记录档案。

价格和收费公告（rates and charges bulletin）：这个公告公示客房、餐饮、小费的收费标准以及经过各自相关团队同意的收费程序。

度假费（resort fees）：由酒店自动收取的额外服务费用，收费项目包括室内设施，本地通话服务，度假区内的设施如商务中心、健身中心和网球场等。

会议摘要（resume）：这个一览表为酒店员工提供从会前到会后整个会议的活动概况。这些表包括详细的活动安排，包括每天的、每个时间段的。还包括对各个部门的职责、预订程序、支付程序、娱乐活动和其他一切酒店员工需要关注的事情的详细介绍。因此也被称为职责明细表。

服务费（service charge）：酒店自动和强制性收取的标准餐饮和其他酒店服务费用。

分付账单（split folio）：会议费用由主办方和参会代表分别支付。使用分付账单需要提前沟通，让各个利益相关方都清楚他们所需要支付的费用明细。

附加费（surcharge）：这种强制性的附加费包括：针对客房收取的能源、网络服务、电话服务费用；针对会议室的设备和服务费，包括电费和其他个人额外服务费。

复习题

1. 试分析 "在会议准备工作的各个方面，避免计费问题的发生应该是事先预防而不是事后反思" 这句话的意义。在避免计费问题发生方面，应该采取哪些措施？
2. 会议会展工作中有哪三种不同的计费账单？分别由谁支付费用？
3. 在决定会议组织的支付时间时，需要考虑哪些因素？通常账单都是在什么时候支付？
4. 列出服务小费的四种分类，区分一次性支付小费和特色小费。
5. 简述国际酒店营销协会的支付时间表。
6. 论述会后检讨的重要性。哪些人应该参加会后检讨会议？
7. 会后报告应该包括哪些内容？做会后报告的好处是什么？设计一个会后报告模板，评价分析你的酒店的会议是否做得成功。

参考文献

1. The Convention Industry Council Manual, Eighth Edition.www.conventionindustry.org.
2. Professional Meeting Management, Fifth Edition, Kendall Hunt Publishing, 2006.

网址：

若想获得更多信息，可访问下列网址。网址变更恕不通知。若你所访问的网址不存在，可使用搜索引擎查找新网址。

1.Caesars Palace: www.caesars.com

2.Convention Industry Council: www.conventionindustry.org

3.Convention Industry Council AcceptedPractices: Post-Event Reporting: www.conventionindustry.org/apex/

4.acceptedpractices/posteventreporting.htm.Delphi-Newmarket Software:www.newsoft.com

5.Event Web: www.eventweb.com

6.Experient: www.experient-inc.com

7.Hospitality Sales and MarketingAssociation International (HSMAI):www.hsmai.org

8.Financial & Insurance Conference Planners: www.ficpnet.com

9.The Original Tipping Pagewww.tipping.org

10.Philadelphia Convention and VisitorsBureau:www.libertynet.org/phila-visitor

附　录

会议管理与服务案例研究

下述案例是会展业领导人员所遇到的真实案例。案例中描述的现象和问题都是我们从事会展销售或服务时会遇到的。案例后面的讨论问题可以帮助我们摘取案例中重要的信息，但是我们对案例的分析不一定要局限于这几个问题。从多种角度分析问题可以帮助我们从案例中获取更多的信息。

进行案例分析时可以借鉴以下的一些指导方法：

- 详细阅读每一个案例，标记出重要的信息和事实。
- 按照时间顺序排列导致现状发生的事件。
- 分析案例中所有重要的人物。
- 分析案例所要描述的问题，定义该问题。分析案例是否仅仅描述了一个问题。
- 对问题进行分析。导致问题产生的原因是什么？该问题对哪些人的影响比较大？
- 列举出对你案例分析有影响的重要因素（比如，酒店类型、酒店地理位置、时间）。
- 列举出在制订解决方案时需要重点注意的几个问题。
- 选择解决问题的最佳解决方案。要知道在大多数情况下，第一个想出来的解决方案并不是最好的解决方案。
- 对解决方案进行评估。如果你的解决方案实施之后，能解决案例中的问题吗？所导致的后果是什么？会不会带来新的问题？
- 以其他角色的角度再次对案例进行分析，发现新的问题并提出解决方案。

进行案例分析研究对我们来说受益匪浅，通过案例分析形成的思维方式对于从事酒店业的人来说至关重要。

案例总结

第 2 章：哈密尔酒店领导能力：总经理与销售总监陷入僵局

位于市中心拥有 500 间客房的高档酒店，其总经理急需一位营销顾问来改组酒店的营销团队。年初到至今的客房入住率降低了 4%，同时，年终实际收入较计划收入低 370 万美元，但是营销成本超出预算高达 55000 美元。营销顾问的解决方案要既能让总经理改变他那不切实际的预期，而且也要营销经理能够做出切实的努力。

第 3 章：终极酒店的部门冲突

这个案例描述了营销部和客房部就一个敏感问题而造成两部门之间的冲突，这个问题是营销部应该为团队订房预留多少间客房？为了能圆满完成一个团体订房业务，营销部总监一般会希望客房部能给他们预留数量超过团体订房实际数量的客房；而客房部总监则认为为了团队订房而对短暂停留的常规顾客造成不便是不值得的。

第5章：克服价格阻力——销售部员工

花园美景酒店有263间客房，该酒店以低价签约达成的交易过多，基于这一问题，销售部经理与其员工将这些交易的1/3——大约是5000间夜——替换成了较高价格的短期住宿以及团队住宿交易。销售部正在选择哪些交易是要保持的，同时要选择能替换原有合约交易的新业务，以及销售员工应该如何与以团购价达成交易的现有客户进行商谈。

第6章：恢复收益管理

在与一家新兴酒店的激烈竞争中生存下来，哈勃斯通套房酒店的总经理和销售部员工面临的挑战是恢复酒店的收益管理系统。尽管酒店从年初到至今的客户入住率符合酒店预算，但是酒店平均每日房价（ADR）降低了6美元。还有就是商务客人所占比例要低于计划中所占比例（所占比例是40%，要低于计划的50%）。同时会议部分的客人所占比例要高于计划所占比例（所占比例是15%，高于计划中的5%）。

第7章：不要仅仅推销，要追求客户满意度——把酒店特色变成赢利点

在这个案例中，自身销售员桑德拉沙威与我们分享了一个如何将礼仪和顾客的需求满意度结合起来以达成交易的技巧。新的销售员德鲁也向桑德拉学习了如何将酒店的特色转化成赢利点的技巧。

第9章：客满

谈判对于酒店销售来说是最具挑战性的一个环节——特别是要达到谈判桌双方都满意的结果。在这个案例中，蒙特塞利诺酒店销售部经理与乔恩·斯通万谈判，乔恩是一家国内计算机软件公司的经理，为人十分固执，他想在酒店举办一个地区性会议。谈判的挑战就是如何使酒店和客户达成双赢。

第11章：尽管不超预算，销售业绩仍然不佳

位于主线城市郊区的一家拥有180间客房的经济型/商务酒店，其新任总经理接到区域运营主管交付的艰巨任务：提高酒店的市场渗透率。这个案例重点在于增加团队业务数量以及提高团队平均每日房价（ADR）。

第14章：酒店销售部和餐饮部的销售职能划分

拥有400间客房的一流郊区酒店的年终计划显示酒店的宴会餐饮的收入会超过预算6万美元，而视听收入和房间租金收入将超出预算3万美元。餐饮部总监应该学习不要依赖酒店的销售部，应该自己解决销售问题。

案例研究：第2章

哈密尔酒店领导能力：总经理与销售总监陷入僵局

苏珊·方特诺特驾车行驶在路上，正好处于早高峰时期，难免有点心浮气躁。一会儿

她与哈密尔酒店的销售总监撒德·约翰逊开会，预计将不是很顺利。哈密尔酒店位于市中心，拥有 500 间客房。苏珊是一位营销顾问，哈密尔酒店总经理瑞克·马丁跟她通过电话，瑞克简直要被逼疯了。瑞克在电话里说："太难以置信了，我刚刚得到酒店这个月的收益损失表，显示从年初到至今酒店的入住率降低了 4%，而且营销费用超出了预算 55000 美元。这怎么可能？几个月之间我刚刚提高了四个销售员的销售电话数量，派遣他们参加每一个贸易展览，并且重新制作了我们的宣传材料，从而保证我们的销售员是一流的。但是我们仍然得到这样一个糟糕的结果，我不知道怎么帮助撒德——我是从事餐饮出身的，不是销售。你可以来我们酒店帮我们制订个解决方案吗？"

根据苏珊的实际经验，每一个销售额下降的故事里都有两个主体，这个也不例外。当她到达撒德的办公室并坐在他的桌子前时，撒德几乎立刻坦率地说："瑞克根本不知道发生了什么事情，三个月之前，入住率就开始下降，从那时候他就开始窃听我们销售部的销售电话。我告诉过他要有耐心，事情会有所好转。但是他还是心急了，一个月之前，他为我们增加了销售电话数量，但是这样做所造成的唯一结果就是增加了销售部所有人的压力。"

"是的，他跟我说过，"苏珊说着从她的公文包里取出一个黄色的本子和笔。"他给你们增加了多少？"

"他希望我们能一周拨打 50 通电话，并且一周内要有 2 次在早餐时间上门销售，2 次午餐时间上门销售，还有 4 次在两个饭点之间的时间内的上门销售。这些数量他都是凭空想出来的。简直太荒唐了。"

"那么之前你们的销售员一周能打多少通电话？"

撒德皱着眉说："我不认为增加拨打电话数量能提高销售额，我是从普通销售员升到这个位置的，我自己知道我有多么厌恶我之前的销售总监。她坚持我们每周要打多少销售电话，并且要填写所有的周末或者月末销售报告。所以我总是告诫自己不要这样做。我相信我的员工，我不会总是督促着他们工作。而且，他们也总是很忙。我们酒店是一家一流酒店，所以我总是强调个人服务的重要性。我会确保销售员在他们的客户在酒店住宿期间能照顾好他们。我的座右铭是'让你的客户能时时看到你，让他们知道你关心他们'。当客户遇到问题的时候，销售员必须在场并帮助他解决。"

苏珊笑了："那要这样的话，你的销售员根本就没有多少时间往外打销售电话。"

"是，实际上，在瑞克给我们下达硬性指标之前，我们鲜少会拨打销售电话，"撒德答道。"我从不给我的员工制定数量指标；我们酒店只是自己推销自己。每个人都知道我们的酒店的等级以及我们提供的服务。如果有人想去这个城市的一流酒店，那么就会来我们酒店。"

"你的销售员工每周能完成的销售电话最多能达到 50 通电话的百分之多少？"

撒德说："坦白地说，我不知道，我只是让我们的员工尽力就行。就像我之前说的，我不相信电话数量和文书工作有用，我希望瑞克不要再强迫我们了。"

苏珊在他们的黄色笔记本上做了一些笔记。

撒德继续说道："另外，我们光是去参加贸易展览就忙不过来了！这也是瑞克坚持要我们做的。我只是跟你说，我觉得是因为当他还是餐饮部总监的时候他很喜欢去参加芝加哥的国内餐厅协会展览。现在我们经常性地给我们的贸易展览展位包装或者拆箱，要么就是制订到这儿或到那儿的旅行计划。但是大多数情况下，这些贸易展览根本就不能给我们带来任何交易。参展的人仅仅拿走我们展位上的宣传材料——这是瑞克让我们做的另一个事情！"说着撒德拿起一本在他桌子上的小册子。"看看这个，总共 10 页，什么颜色都有！今年年初的时候，瑞克说我们所有的宣传材料必须是彩色的，所以他废除了所有其他的宣传材料，仅仅剩下这个册子和发送给潜在宴会顾客的一个 30 页的宴会菜单宣传。之前的宣传册是黑白的，现在什么颜色都有。他说一流的酒店就应该有一流的宣传材料。听起来是不错，但是他也不想想这些彩色的东西是有多贵！"

"确实彩色的宣传册很费钱，这是毋庸置疑的，"苏珊赞成道。

"说到费用问题，每一个经理在酒店就餐但是把费用计入我们部门作为'广告和促销费'，这公平吗？如果他们是因为要陪客户吃饭，那也就算了。但是实际情况是他们之所以在酒店吃饭是因为他们不想在员工休息室吃，或者外面下雨又或者他们这个月资金紧张——甚至他们经常带他们的配偶来酒店吃饭当作是管理小费什么的。当然，所有这些费用都计入我们市场部。如果瑞克关心营销费用的话，为什么不解决这个问题？我已经抱怨这个事情不止一次两次了。"

"在其他酒店，这种特权滥用的现象也是经常发生的，"苏珊点头说。"你是如何追踪其他部门的费用的，比如说办公室物资、销售差旅经费等？"

"我只是根据每个月末的收益损失表，看我们的费用是多少，如果是超过了上一个月的，我们下个月的费用就需要削减。"

苏珊记完笔记之后，将笔放在她的下巴上，然后说："我们回顾一下刚才你所说的。我想进一步了解你的员工——瑞克并没有详细告诉我。你的部门总共有多少员工，他们的经验水平分别是多少？"

"我很幸运，我是 2 年前上任的，我们部门开始就有四位高级销售员。有两位已经在酒店工作 5 年了，另外两个是刚刚来我们酒店的，之前在其他酒店有数年的工作经验。"撒德笑着说。"我不需要再对他们进行培训或者指导，我做好自己的工作就好，他们也是做好自己的工作就好。"

苏珊笑着说："听起来你对他们的能力非常有信心，你之前有没有观察过他们给顾客打电话。"

"没有，我为什么要这么做？"

"好吧，我就是觉得你对他们这么有信心，所以我想知道是不是因为你之前看过他们在向顾客推销产品时的实际工作能力。"

"没有，我们总是制定我们自己的销售额，就像我之前说的，我们反正是不会拨打销售电话。我们酒店声名远播，大多数情况下都是顾客给我们打电话。"

"所以说，你不会给你的销售员工制订销售目标和行动计划？"

"是的，我之前说过，我们光是接收来电以及照顾顾客就已经很忙了。我们的员工都是很好的人，他们知道他们应该做什么。"

"我知道了。"苏珊已经在她的笔记本上做了很多笔记。"你知道，瑞克让我提几个帮助酒店提高入住率的建议。4% 听起来似乎不多，但是我确定你也知道考虑你们酒店的平均每日房价以及预计的入住率水平，4% 的下降意味着今年的实际收入低于计划收入大约 70 万美元。我现在有一些初步的建议，可能有点帮助，但是我想先知道你是否有改变这种现状的方案？"

撒德靠在椅背上想了一会儿说："我觉得事实情况是瑞克把事情想得太严重了，当然我很愿意倾听你的意见，但是我觉得情况会逐渐好转，我们只要做好自己的工作就好。我的观点是个人服务是在酒店获得成功的关键。继续将重点放在为前来酒店住宿的顾客提供服务能为我们带来回头客，以及所带来的良好口碑会使得我们会获得更多的顾客。"撒德停了一会儿然后接着说："我觉得瑞克所做的这些命令所带来的弊端要远远多于所带来的好处，所以我的建议是取消电话数量额度限制和参加贸易展览。"

苏珊点头，然后将她的笔记本收回文件包中说道："你对于参加贸易展览很有看法，瑞克希望能降低营销成本，并且提高入住率，我认为应该重点解决三个方面的营销费用：贸易展览、酒店的宣传材料以及广告和促销成本。就酒店的入住率问题，我会想办法判断你的销售员是否具有达到预订目标所需的销售技巧。我可能会建议你对你的员工进行更多的指导，引导他们在哪些方面应该付出更多的时间。"

说完，苏珊站起来，然后与撒德握手告别，说道："我知道对于你来说，一个外部的人对你的工作指手画脚，肯定感觉不舒服。但是我的工作就是尽我所能提供帮助，并且想办法将销售目标变得容易完成。下周我会分别安排跟你和瑞克进行面谈，希望对于我提出的建议你能欣然接受。"

问题讨论

1. 针对缩减酒店的营销费用，苏珊可以提出哪些建议？
2. 苏珊可以提出哪些建议来提升销售人员的销售技巧？
3. 苏珊如何帮助撒德来制定工作指导，从而保证销售人员能够目标明确地努力工作？

案例编码： 370CI

该案例是由酒店业软体网络有限股份公司丽莎·理查兹合作撰写，该公司是一家营销资源和营销支撑公司。

这个案例在《当代酒店营销：服务管理方法》（兰辛，米奇：美国酒店及住宿协会教育学院）中也有出现，ISBN0-86612-158-7。

案例研究：第3章

终极酒店的部门冲突

走过酒店的大厅和餐厅，透过大厅窗户，快速扫了一眼黑压压的城市上空，终极酒店的营销与销售部总监瑞克·罗兰想："暴风雨就要来了。"他说的不仅仅是天气，酒店的暴风雨也要来了。终极酒店是一家三星级的会议酒店，拥有 500 间客房。

瑞克前往会议室参加马上就要开始的月末执行委员会会议，当他走到会议室的时候，步伐不知不觉地慢了下来。他想，"真是太讽刺了，尽管我完成了我花费大量时间精力的一项最大的业务，我还是感到不安。"

做了个深呼吸，瑞克在会议室门口停下了脚步。参加会议的各个人员开始在他的脑海中显现：总经理佛瑞德·富兰克林，为人非常严厉，但是十分公平公正，愿意倾听每一位员工的看法；诺尔玛·洛佩斯，是一位从不说废话的管理员，仅仅关注于基层；克劳德·万·佛雷德是一位喜怒无常的餐饮部总监，带领他们部门熬过了艰难的一个月；卡米彼得罗切利，自称为"有人缘的人"，是酒店的人力资源部总监；最后一位是酒店的客房部总监吉恩莉·考斯维尔，一个急于表现的人，可能是我这个月的死敌，瑞克有点扭曲地想。

深吸了一口气，瑞克走进会议室。瑞克觉得会议进行得很快，很快就到了他发言的时候。富兰克林先生看着他说："瑞克，今天你要说些什么？"

"噢，老天，"瑞克开始发言，尽量让他的发言显得很随意，之前他已经演练过很多次了，"我接了一个大交易。你们都知道，在过去的几个月里，我们一直在努力与 ConveyorMatic 的会议策划者达成合作。好消息是我们成功了，这个人将与我们酒店达成一个大交易。9 月份的第二周，从周日到下一个周四，我们需要预留 250 间客房——这是他们大销路销售员工的硬性销售指标，所以 250 间房间中 240 间的预订量是一定能达成的。"

看见有些人点头并流露出感兴趣的表情，瑞克接着说："克劳德，你肯定会喜欢的。我们会安排三次晚宴、三次午餐、三次升级早餐，以及两次鸡尾酒招待会，届时还会配以多品种餐前小点心，肯定带来丰厚的餐饮销售额——不包括在零售点的花费。预计为酒店带来的收入是 13 万美元，而去年同期来说，仅有 8 万美元。"

"抱歉，瑞克，但是酒店政策中规定提供给团队订房的总数量不能超过 200 间。"吉恩莉开始了她第一轮反对意见。

"吉恩莉，问得好。但是如果我们接下今年的团队活动，那么每年他们会成为固定的客户。另外，这个人在国际会议专家联盟中相当活跃，他可以向其他专家推荐我们的酒店。"瑞克解释说。

"太好了，就么定了吧。"克劳德打断瑞克的话说道，他看起来很放松、很开心。

"今天 5 点我就打算去敲定这个交易，所以我现在将大家召集起来。"瑞克解释说。

"再次抱歉，瑞克，"吉恩莉说，"你应该没有给那个团队什么承诺吧？你知道这对我们的客房分配的影响实在是太大了。"

"不完全是。"说完瑞克立刻看向管理员问道："诺尔玛，你怎么看？"

"我觉得我们需要再衡量一下利润额，确定一下是否真如你说得那样好。"诺尔玛说。

"卡米尔呢？"瑞克继续急切地问道。

"什么？"卡米尔笑着，从一本《每周人力资源》杂志中抬起头。"哦，听起来还不错；我们每天要保证有 10 位或者 15 位员工，并且连续工作四天。这样的话，可能会导致临时厨房员工的周转失灵。"

"瑞克，我们稍微停一下。"吉恩莉又说道，她不打算被转移话题。"我刚才问你是否做出了影响我们客房分配的承诺，你说'不完全是'，这到底是什么意思？"

"这样的——"瑞克低下头并快速含糊地说，"我跟他们说我们可以把一半的房间安排在我们酒店的新裙楼里。"

"什么！"吉恩莉喊道，"你把我的新裙楼给他们了！你让我怎么跟我的老顾客说？我的顾客一般会来我们酒店 6 次，每次住宿 3 ~ 4 天。你难道是想让我跟他们说我将他们踢出了新裙楼？要是这样，还不如直接节省些时间，直接告诉他们去马路对面的酒店去住得了，因为他们知道以后肯定会这样做的。"

"但是我们现在说的是 250 间客房！"瑞克抗议说。

"你给他们什么价格？"吉恩莉不肯妥协。

"因为考虑到餐饮收入，我给了他们优惠价——每晚 79 美元。"

"我的天，直接比我们正常的价格降低了 20 美元。富兰克林先生，请把这些房间还给我，如果酒店为公司预订中心开通优惠价格，我能把价格定在 89 美元，而且我也不用得罪我那些最好的顾客，让他们为这些销售人员腾地方。"

"吉恩莉，现在……"瑞克辩解说。

"现在，没戏！"她快速回道。

"但是吉恩莉，餐饮收入！"克劳德说道，他还想通过这个弥补上个月的预算差额呢。"我们都知道，那些短期客人不在酒店就餐，而这个团队意味着我们可以获得丰厚的餐饮收入。"

"富兰克林先生，你是总经理，还是你来决定吧，"瑞克无辜地说道。吉恩莉和克劳德都赞成地点点头。然后这些人都靠着他们的椅子背，等着他们的总经理做出最后决定。

问题讨论

1. 什么原因会导致总经理否决这一决议？如果总经理真的否决了这一决议，他的员工会需要解决什么冲突？

2. 什么原因会导致总经理赞成这一决议？如果总经理真的同意了这一决议，他的员工会需要解决什么冲突？

案例编码 370CA

该案例由比尔·弗罗尔和兰迪·金德共同撰写，他们两个是《客满：获得更多客房预订业务的正确可靠指南》的作者。

这个案例在《当代酒店营销：服务管理方法》（兰辛，米奇：美国酒店及住宿协会教育学院）中也有出现，ISBN0-86612-158-7。

案例研究：第5章

克服价格阻力——销售部员工

当弗兰走进会议室时，销售员们之间的交谈停了下来，拥有263间客房的花园美景酒店的所有的销售员都在这里了。弗兰是销售部总监，随着她靠近，她发现所有人脸上的焦虑表情。

"听着，同志们，"弗兰鼓励他们说，"今天是一个战略会议，不是反省大会。我知道你们都知道上周我跟总经理开过一次会，他希望我们能对我们的营销计划进行一些修改。这次，我希望大家坐在一起，发现我们的问题，然后通过头脑风暴提出解决方案。"

随着大家逐渐就座，弗兰给大家分发了会议资料。从开始阅读议程，反对意见就出现了。

"放弃5000间夜公司合约交易？这太荒谬了！"安吉拉说，"我们大多数最好的账目都是企业优先。我付出了很大的努力才获得这些业务，我不会放弃的。"

"我们去哪里找客户来替换这5000间夜的业务量？"迈克尔问道，"不可能新业务自己走上门来。"

议论声充满了整个会议室。"还有我该怎么跟我的客户说他们不能再享受他们偏好的房价这件事？"塔尼莎问道，"我不知道怎么说，我认为我不能让他们相信我所说的。"

弗兰举起手说："我们一步步来。酒店的现状就是我们有太多的低价合约业务了，我们需要将1/3的业务——5000间夜——替换成较高价格的短期客人或团队客人业务。我只是希望我们能够评估出哪些业务可以保留，哪些业务能接受较高房价但是仍然是优惠价，以及哪些完全没有必要保留。"

弗兰走到一个活动挂图旁边，去掉马克笔的笔帽。"我们现在制定一下业务评估标准。我们应该关注哪些因素？我先说一个。"她写道，"保留具有显著到达／离开模式的业务。"

她继续将员工的建议写下来。

短暂休息之后，会议继续，弗兰说："大家表现得不错，现在，想想我们怎样用新的业务来替代合约业务，从而提高我们的收入。现在我列出一些我们可以尽力争取的市场部分和资源，然后评估一下我们应该在哪个领域加大宣传力度。大家有什么想法吗？"弗兰再一次来到活动挂图旁边。

这个工作完成之后，弗兰开始解决塔尼莎之前提到的问题：怎么将酒店的公司偏好房价政策的变动告诉客户。大家普遍认为如果能制定出一个专门的解释范本他们会更加舒服和高效。

弗兰安排了两位员工撰写他们在与顾客交谈时可以用到的范本，要么是增加他们的房价，要么就是取消他们的优选房价。休会的时候，她依然能听到一些销售员在抱怨。"我的工作还没有完成。"她想，所以她在计划进一步应该怎么做才能让员工接受房价变动。

问题讨论

1. 销售员可以使用来什么标准来评估一项业务应该是保留还是放弃？

2. 员工根据什么因素来决定用一个新的业务来替代原来的合约业务？

3. 销售员与员工谈论房价变动时使用的剧本可以是怎样的？

4. 弗兰怎样帮助她的员工更好地接受新的房价结构？

案例编码：370CJ

该案例是由酒店业软体网络有限股份公司丽莎·理查兹合作撰写，该公司是一家营销资源和营销支撑公司。

这个案例在《当代酒店营销：服务管理方法》（兰辛，米奇：美国酒店及住宿协会教育学院）中也有出现，ISBN0-86612-158-7。

案例研究：第 6 章

恢复收益管理

哈勃斯通套房酒店是一家全套房酒店，拥有 250 间套房。三个月之前，一家新的建立在哈勃斯通套房酒店旁边的费尔蒙酒店开始营业。早在费尔蒙酒店开业几个月之前，哈勃斯通酒店的总经理劳里就开始催促前台和预订部员工去销售出尽可能的房间。就像她说的："我们要不计代价保持我们的竞争力。"销售部总监派德从一开始就赞成这一做法，但是前台经理乔迪却是从一开始就表示担忧。他担心过高的入住率关注度将使酒店一年半前才开始实施的收益管理系统失去作用。

但是最新的收益损失表显示，乔迪的担忧成真了。尽管从年初到至今的入住率超出计划，但是平均每日房价（ADR）降低了 6 美元。同时，商业业务所占比例低于计划中所占比例——所占的顾客比例是 40% 而不是计划的 50%。会议部分（SMERF）顾客所占的比例要高于计划水平——所占顾客比例是 15% 而不是计划 5%。SMERF 将所有的低价团队业务涵盖在内——社会的、社交的、军事的、宗教的以及兄弟会。

乔迪、派德和劳里正在开会讨论这些最新数据。

总经理劳里首先发言："因为费尔蒙的开业，我们受到了很大的冲击，我们试图保持我们的入住率。但是看起来我们需要进行业务重组。我相信你们已经看到了我给你发的收益损失表。我们丢失了太多商务业务的市场，平均每日房价（ADR）降得也太多了。我很担心。"

"是的，"乔迪说，"但是我是按照您吩咐的做的，我让我的员工将工作重点放在推销客房上。我们获得的高入住率是以牺牲我们的产量管理和收入为代价的。要回到原来的水平，将花费很长时间。"

"费尔蒙酒店开业几个月之前我们就一起讨论过，我们都赞同竭尽全力保持我们的入住率这一做法。这也是这几个月我们一直在做的，"派德说。"你和你的员工工作十分努力，值得表扬，乔迪。"

现在我们需要花费时间重新定位我们的酒店，然后开始重新将公司市场作为目标市场。

"我只是希望现在还来得及去赢过费尔蒙酒店，"乔迪叹息说。

那天晚些时候，乔迪召集了他前台和预订部的工作团队，然后告诉他们酒店打算重新试试收益管理系统。"我知道在过去的几个月里，你们付出了很多额外精力去销售我们的客房。我为你们感到自豪；整个管理团队也为你们感到自豪。我们已经达到了我们的入住率目标。但是不好的地方就是我们的顾客组成比例失衡了，我们丢失了我们的商业市场部分，但是又有太多的 SMERF 顾客。而且我们的平均每日房价下降了整整 6 美元。是时候恢复使用收益管理系统了"

"收益什么？"杰克脱口而出，他是一位新的前台工作人员，"您之前没跟我们说过。"

乔迪回答说："你们有些是新来的，还没有接受关于这个系统的培训，但是我确定我之前跟你们其中一些人说过。"

"当然，你跟我说过一些，"预订员特雷西说道，"实话说，我一直对这个系统不太适应。有一天一个顾客预订套房，我给出的价格是 85 美元，但是一个月之后，他打电话再次预订的时候，价格就变成了 105 美元。然后这个顾客就问我为什么价格上升了——我应该怎么回答？"

"这个你可以给出的答案有很多，但是现在我不打算讨论这个问题。"乔迪说。

比尔是最有经验的前台服务员，他大声说："我一直在使用收益管理系统，就像你告诉我的那样。"他看向他的合作伙伴。"当时从酒店收入大局来看的时候，这个系统真的十分合理。我跟那些好奇的人说我们的房价取决于他们的到达日期。某一段时间相较于其他时间段要忙，这就决定了房价会不同。"

"比尔，你能一直在用收益管理系统真是太好了，"乔迪说。"到正式培训的时候，我们会更加详细地讲解这个系统的用法。从我们大力提高入住率开始，我们的情况改变了很多。关于收益管理系统的培训在我们部门刻不容缓。你们应该有自信，特雷西——你们也是——当你们所报的价格对于我们所提供的服务极具竞争性的时候。这倒是提醒我了，"乔迪停了一会儿，"你们谁住过我们的套房？"

六个员工中的三个举起手，"有多少人曾经住过费尔蒙酒店或者其他竞争者酒店的客房？"乔迪继续问道。这次只有比尔举手。"所以基本没有人知道我们套房和其他酒店的单间有什么区别!"

"我们哪有时间看我们到底卖什么啊?"杰克抗议道。

"也没有时间看其他酒店的客房,"另外一个预订员琳达也说道。

"这就是我担心的,"乔迪说,"接下来的大约两周的时间内,在我重新评估我们培训需求的同时,我会让你们每一个人花一些时间体验我们酒店的套房——特别是体验我们与费尔蒙酒店以及其他竞争酒店所提供的客房之间的区别。"

"我们依然按照 84 美元的特惠价格吗?"特雷西问道,"因为这个价格,我们获得了很多的回头客。"

"有些顾客打电话说我们是在市里最优惠的价格了。"琳达补充说。

但是比尔告诫说:"下周我们没有必要用特惠价格了。家庭装修会议就要开始了,到时候市里酒店基本上都会客满。我们下周可以稍微提高些价格。"

"想法不错,比尔,"乔迪,"我知道颇受顾客欢迎很好,当一个顾客因为价格迟疑的时候,提供优惠价也很有用;但是特惠价是最后一个保留手段以及在应对其他特殊情况时的办法,我们不能太频繁地使用这个方法。同时当遇上像这次会议这样的特别活动的时候,我们需要调整我们的销售战略。"

"说到销售战略,我们什么时候接受你之前说的关于销售技巧的培训?"琳达问道。"我之前听说过但是从没接触过。"

问题讨论

1. 管理团队怎么解决平均房价过低问题?

2. 乔迪可以采取哪些措施使得像杰克和特雷西这样的员工更好地接受和熟悉收益管理系统?

3. 哈勃斯通套房酒店员工的培训应该注重哪些销售技巧?

4. 哈勃斯通酒店怎么挽回失去的一些商业业务?

案例编码: 370CF

该案例是由酒店业软体网络有限股份公司丽莎·理查兹合作撰写,该公司是一家营销资源和营销支撑公司。

这个案例在《当代酒店营销: 服务管理方法》(兰辛, 米奇: 美国酒店及住宿协会教育学院)中也有出现, ISBN0-86612-158-7。

案例分析: 第 7 章

不要仅仅推销,要追求客户满意度——把酒店特色变成赢利点

最近 112 间客房舒适睡眠酒店的销售额一直在下降。房间售出的数量有所下降,而且单从销售额下降来看，是因为销售人员没有经验造成的。如今，炙手可热的销售总监，桑德拉·赛维，开始训练其中新入职的一个销售"菜鸟"德鲁。

在桑德拉的办公室，桑德拉和德鲁第一次见面，桑德拉解释说，"德鲁，酒店销售需要你了解你所销售的是什么商品，以及如何吸引你的潜在客户。"

"那很简单啊——我们在销售房间，"德鲁说。

"你说得对，"桑德拉回答道。"但是没那么简单。要成为一个成功的酒店销售人员，你必须要明确你所销售酒店具有哪些与众不同的特性能给的潜在客户带来利益并且满足他们的具体需要。"

"那您的意思是？"德鲁充满疑问地说道。

"你将会怎样和以前从来没有住过这个酒店的人介绍舒适睡眠酒店？"桑德拉继续问道。

"好，"德鲁说，"它是一家三层楼，带外廊，有112间客房的酒店。这是你想要的答案吗？"

"这只是一个开始，还有其他的吗？"

"嗯，让我思考一下，"德鲁继续说道。"这里有一个游泳池，而且我们的价格也非常合适，并且提供一顿很棒的免费欧式早餐。"

"非常好，"桑德拉说道。"那酒店的地理位置呢？"

"我想我明白你的意思了，"德鲁满怀热情地说道。"我们有一个投币式的洗衣房供客人使用。我们在安静的郊区，但是附近就是商业区。这个地方很安全。它还靠近州边。虽然我们这边没有任何食物和饮料摊点，但是附近也有不少走路就能到达的家庭餐馆和便利店。"

"棒极了！你抓住酒店销售的要点了，"桑德拉称赞道。"你可能还要告诉你潜在客户一些其他的东西：比如最近我们酒店整体翻新了，我们刚刚花了15万美元装修了客房；我们提供免费的电影；我们专门给不吸烟客户提供房间。这些看似是微不足道的小事，但对于有些客人却意味着很多。关键是要找出你潜在客人的需求，再搭配酒店的特有功能去满足客人的需求，向他们展示我们的酒店可以如何让他们受益。"

"所以，酒店销售不仅仅是告诉他们我们有空房间，是吧？"德鲁说道。

"不，那是所谓的诉说销售，"桑德拉摇摇头说。"那是思维定式的销售人员才会做的——正如你知道的，那些急于求成的人会想尽办法卖给你一个并非你想要的二手车。要真正在销售领域获得成功，你必须寻找一个可以让客户双赢的方案。找出他们真正想要的是什么，然后再向他们描述我们的酒店如何能满足他们所需。尽管如此，请你还要记住，那不是仅仅向他们推销一句话。你无法弥补酒店那些没有的东西。您只需朝着在你既有的基础上去满足顾客需要的方面努力，并且向他们讲述酒店所拥有的功能是如何满足他们需要的。那才是你和客户建立长期良好关系的正确方法，从长远来看，也能增加酒店客房的销量。"

德鲁思索了一会儿，说道："这听起来就是常识啊。"

"是的。你将会惊讶于通过简单的聆听你未来客户所需，描述你的酒店可以怎样满足那些需求，再加上一点日常礼仪，就能把酒店销售得很成功，"桑德拉说道。

"日常礼仪？"德鲁说。"我已经具备了呀，我总是说请和谢谢啊。"

"这些还远远不够，"桑德拉说道。"我所说的日常礼仪是那些能够真正让你潜在顾客印象深刻并且让你终身赢得销售业务的你力所能及的简单事情。比如说，你在门口碰到潜在客户，甚至是在停车场，你可以和他们一起步行到前门；不要让他们在前台向你咨询。在引导他们入住酒店的时候，向他们介绍酒店的物业管理人员和酒店的员工。你会对如此微小的事情竟然可以为你和客户奠定良好的基调感到惊讶。"

"那么，你是怎样发现这些潜在客户的需求的呢？"德鲁又问道。

"那很简单啊——问他们！并且，花点时间去了解你的市场。在我遇上一位潜在客户之前我做过一点调查，所以我知道他可能想要什么。这不仅帮助我做好充分的准备，而且说明我不仅仅是在销售，更是在关心我遇到的人的需求。然后，在你提供酒店旅游的时候，简单地询问潜在客户对他们来说，酒店的什么东西是最重要的，并且立即通过介绍酒店的特色和功能向客户传达酒店可以满足客户的所需，是十分有益的。"

"我想这份工作很适合我，"德鲁回答道。

"是的，德鲁。但是你要为做好这份工作好好准备。"桑德拉拿起并打开她的策划书，说道，"我有一个想法。下周我有三家酒店要去拜访。我会告诉你当地潜在的客户情况，你告诉我，你将如何向这些潜在客户销售这个地产。"

"第一家酒店是服务于本地目的地管理者，他们主要处理远距离驱车人员的住宿问题。这些顾客通常使用一个房间 8 ~ 9 个小时，只是为了在继续前进前有足够的时间补充睡眠。他们的时间只想用于放松，而不是社交应酬。他们停留在自己的房间看电视或睡觉。他们想要特大号的床、干净的房间和尊重。他们希望确保不会受到你们的鄙视，因为他们驾驶的是卡车或公共汽车。"

"接着是为一个来自公园和娱乐部的青年足球队组织委员服务的酒店。它向到这里打比赛的城外足球队提供住房。队员通常是 12 ~ 16 岁的男孩和女孩。家长、教练和监护人想寻找在实惠的餐馆和孩子们踢球的足球场附近的安全性高的房屋。幸运的是，我们的地产真的很接近足球场，而且附近也有很多实惠的餐馆。这些客人需要配有双人床和室内洗衣房。此外，他们选择的酒店一定得能容忍这些年轻的运动员。每个人都希望度过愉快的时光，而且这些孩子应该会很吵闹。"

"第三个酒店是服务于当地教会牧师的，他们每年举办两次周末夫妻大会。出席本次会议的夫妇非常注重速度和效率，但是他们想要安全、清洁、设备齐全、配有特大号床的客房和一些适合周末逗留的房屋设施。他们在早饭的时候经常举办一些社交活动，尽管如此，参加完社交活动之后，他们大部分时间会待在离酒店较远的地方。"

桑德拉合上了她的策划书，抬头说，"好了，德鲁，轮到你了。如果我们能够赢得这些潜在客户的业务，一年将带给我们 4000 多间额外的房间预订量。这意味着 125000 美元的收入。为了赢得业务，你将会向这些潜在客户怎么展示我们的酒店？"

问题讨论

1. 德鲁应该如何向这三类潜在客户展示他的日常礼仪？
2. 德鲁应该如何向当地目的地管理者展示舒适睡眠酒店的特点和可以给他们提供的好处？
3. 德鲁应该如何向足球队组织委员展示舒适睡眠酒店的特点和可以给他们提供的好处？
4. 德鲁应该如何向教会牧师展示舒适睡眠酒店的特点和可以给他们提供的好处？

案例编号：370CC

该案例是和比尔·弗洛尔（Bill Flor）和兰迪·金德（Randy Kinder），《没有空房间：获得更多客房业务的实用指南》的作者合作编写的。

该案例同时出现在《当代酒店营销：服务管理的方法》（兰辛，美国酒店及住宿协会：密歇根州教育学院），ISBN0-86612-158-7。

案例分析：第9章

客满

乔恩·斯通是英特尔技术公司的区域经理，英特尔技术是一家位于西雅图，生产计算机软件的公司。他负责策划每年第12区（涵盖了整个太平洋西北部）客户代表参加的年会。这个会议通常仅仅是给公司提供一个宣传教育、社会交际的机会。但是，由于公司推出了多款新产品使得今年的这次会议特别重要。在对比了几个地方之后，乔恩决定在萨克拉门托举办这次年会，并让他的秘书克里斯收集相关信息，并向至少5家位于萨克拉门托的酒店征标。乔恩是一个势在必得的强硬派。为了尽可能少花时间，他系统地研究了这些酒店，并且将选择项缩小到了两个。现在，是时候做出选择了。

乔恩在办公室接到了来自朱莉娅·查韦斯，位于萨克拉门托梦蝶酒店的销售经理的电话。一开始，朱莉娅就在电话里介绍了自己和她的酒店。梦蝶酒店是一个中档酒店，拥有248间客房，超过700平方米的会议室和一个近500平方米、被等分成四个区域的歌舞厅。

"很高兴您选择了梦蝶酒店作为贵公司下次会议选择的场地之一，"朱莉娅继续说道。"我和您的秘书已经进行了长时间的讨论，然后想和您沟通一下以确保我们了解贵公司的需求。您现在方便讲话吗？"

乔恩刚开始他忙碌的一天，对于这个突然的电话有点气恼，但是仍然没好气地让她继续。鉴于乔恩粗鲁的语调，朱莉娅感谢乔恩给她时间，并且小心地继续着。

"据我所知，贵公司将在周六下午到达，周四离开。你们想要订48间客房，单人入住，以及一次有丰盛开胃小菜的开幕式晚会接待，对吧？"

"嗯，"乔恩嗯了一声。

"克里斯告诉我们贵公司想每天早上8点吃欧式早餐，接着8:30进行一般会议，会议室要求课堂风格，中午在一个单独的房间吃午饭。下午 1 点到 5 点，您的客户代表会分成 10 ~ 15 组，而且每组需要独立的会议场地。"

"对的，"乔恩回答道，"除了一点，午饭时间每个人会在自己的房间里。"

朱莉娅已经仔细考虑过了这次销售机会，衡量了各个选择，然后在给乔恩打这个电话前选择了一个合适的价位。她考虑了酒店的销售历史，据此推测英特尔技术公司预计在几天会有 92% 的入住率。她想过，因为这次会议，酒店房间会被占用 20%，同时使用了 65% 的会议空间。从她的角度出发，这不是一次很好的交易。但是朱莉娅想要凭自己的努力，赢得这次业务。朱莉娅深吸了一口气，继续说道。

"好的，我们那几天确实有足够的空房间为贵公司的会议做准备。我们可以在标准 110 美元一间客房的基础上降低价格，以 99 美元一间提供客房，并且每天只要支付 1000 美元就可以使用会议室。但是，我知道现在每个人都想着花最少的钱获得最大的收益。所以，如果您能灵活地将您的时间改为周三到、周日离开的话，我可以以 85 美元的价格提供客房，并且放弃 1000 美元的会议室使用费——如果您能在我们酒店举行告别晚会。"

"这个我无法相信！"乔恩提高音调说，"沿街的索尔顿酒店可以满足我的时间要求而且他们可以以你刚才的报价给我们提供酒店！ 当然，整体上说我更喜欢你们酒店，但是我也得为我的公司考虑。这次会议已经计划了很长时间，我们一些人也已经做了行程计划。我们甚至已经安排好了发言者，现在我不能做出让步，改变计划！ 为什么在那个星期晚些时候价格差异如此之大？"

朱莉娅已经准备好了乔恩的这种反应，并且以尽可能婉转和诚实的口吻说，"我理解您的考虑并且知道很难改变会议行程，但是我还是想要提供给您这个选择。既然我们都是商人，我相信您能理解在整件事情上我也要从我们酒店的财务角度考虑。我们的销售历史显示在这周的头几天我们的入住率最高——90% ~ 100%——但是在这周后几天入住率会下降到 60% 左右；那就是我在后几天能给您一个更低价格的原因。因为我们已经或者预计售出了从周日到周四的房间，从财务角度看，在这周的头几天给您更低的价格，对我们来说是不合理的。"

"这样，"乔恩说，"我感谢你的来电，但是我不知道我可以怎么改变这次会议——即使可以节省一大笔钱。"

"我理解您的处境并且希望未来能和您有商业合作，"朱莉娅回答说，"但是这次我不确定我们能满足您的要求。未来，如果您下次会议来我们酒店，我将给您提供一次免费的鸡尾酒会。我想您还是会对我们的酒店很满意。我们酒店有美味的食物和友好礼貌的工作人员。希望您来城里的时候，能来参观我们的酒店。"

乔恩犹豫了，因为他真心想留在梦蝶酒店而不是其他酒店，他不想就此作罢。"这样如何，朱莉娅，如果我同意更高的价格选择贵酒店，你可以为我做些事情吗？ 如果你能提供免费的会议空间，每间客房我将会付 99 美元。我也想要你刚才提到的免费鸡尾酒会。此外，我希望在我们入住期间，能给我们提供夜床服务，每个房间提供免费的《今日美国》的报纸，然后在他们周日到达的时候，在每个客房用薄荷糖和欢迎便条迎接我的客户代表。"

问题讨论

1. 你认为朱莉娅应该同意乔恩的举办这次会议的条件吗？为什么？
2. 朱莉娅应该怎样和乔恩进一步洽谈他的每项要求，以得到双赢的结果？

案例编号：370CB

该案例是和比尔·弗洛尔（Bill Flor）和兰迪·金德（Randy Kinder），《没有空房间：获得更多客房业务的实用指南》的作者合作编写的。

该案例同时出现在《当代酒店营销：服务管理的方法》（兰辛，美国酒店及住宿协会：密歇根州教育学院），ISBN0-86612-158-7。

案例分析：第 11 章

尽管不超预算，销售业绩仍然不佳

克里斯托弗酒店是一家地处大城市的郊区，有 180 间客房的全国连锁经济商务型酒店。区域执行总监托尼隶属于酒店的新任总经理贾尼斯。

一般情况下，酒店几乎能达到大部分预算目标。然而，当托尼将酒店与该区域其他竞争对手的酒店经营活动对比后，情况就大不一样了。其他的酒店都享有高得多的入住率而且每间客房定价也比他们高。在其基本目标是应该至少要达到 100% 的公平份额市场时，克里斯托弗酒店的市场渗透率只有 84%。托尼计算渗透率是用公平市场份额（基于当地市场的客房比重）除以酒店的实际市场份额。

托尼和贾尼斯还比较了克里斯托弗的集团业务。截至今年，该酒店售出 4796 间团体客房——少于 6500 组团体客房的预算目标。集团业务的平均房价（ADR）比预算低了 4 美元。

托尼告诉贾尼斯，"既然我在这里，我就想和你一起调查这些问题并且帮助提出解决问题的行动计划。我们怎样提高克里斯托弗的渗透率呢，贾尼斯？"

"我想通过考察什么类型的新业务开始，一般分为团体和其他业务，"贾尼斯说。"企业，休闲，政府或正在寻找住房的教育群体，他们组合在一起说明什么？我敢打赌，新的大学正在组建一个体育节目；客队将需要住的地方。"

"你说得对，"托尼说，"这个学校太新，你可能想得太早了，不过这不妨碍我们开始和体育组织的策划者接触。让我们想想过去酒店和这些团体有过什么关系。"他拿出一些报告。"他们有企业集团贡献的 3000 间客房住宿和其他团体贡献的剩下的客房住宿，总共 4796 人次住宿。"

"其他团体？它就是这么列示的吗——'其他团体'？在'其他'类别下难道没有其

他具体分类？"贾尼斯问道。

托尼回答说，"上面就是这么列示的。"

贾尼斯摇摇头又问道，"我们有团体客房的控制日志用来给观察单个的团体分布业绩表现吗？或者是分步报告可以观察团体预订是怎么和预算数一致的呢？"

托尼一通乱翻后，回答说，"以前总经办确实有控制日志和分步报告。他可能没有使用它们来获得最大的优势。他还可以更好地追踪酒店的其他竞争对手的行动。这些信息对成功是非常重要的，特别是在当地区域。在接下来的几个月里，我希望你能实时记录竞争对手在做什么和他们是如何做的。"

"前任销售总监的社会交际做得怎么样？"贾尼斯问。"他和当地教堂、清真寺、用于举办婚礼以及其他特殊商业仪式的犹太教堂有联系吗？和当地的会议中心管理人员有接触吗？和市政官员呢？"

"他把精力更多地集中在大都市的机构官员，而不是本地郊区的政府官员。"托尼答道。"也许他是希望将业务植根于在城镇举办的会议上。他使用了正确的战术，但是搞错了对象。我们这里的竞争者一直和市公园和休闲部门保持接触。至于婚礼和仪式团体，虽然一些大的订单都来自这部分，但是我们一直没有做出过特别针对他们的销售工作。我鼓励你和公司人员去拿下那部分市场。而且不要羞于使用电话簿中的黄页部分。因为，许多销售人员使用它作为最后的手段。只要想想各类业务的代表都在那里。"

"听起来这是一个竞争很激烈的领域。"贾尼斯说道。"我想知道我们与那些团体客户应该的联系是否充分。我们的销售人员有经验吗？"

"这个我不确定，但是那是另外一个值得开拓的领域。现在讨论关于团体客户的平均房价的问题怎么样？"托尼问道。

贾尼斯从总经理办公室的书架上拿起一个标着《利率指引》的管理书册。"我们有这些书册是很好的，然而有指导方针和确保员工知道并且使用它们却是两码事。嗯，它没有出版的日期；你知道，它的最新一期是什么时候出版的吗？"

"不，我不知道，"托尼回答。

"那很重要，我来查一下。也许我们还需要改变我们的客房库存管理的指引，在有可能的情况下，确保我们每一个晚上都能卖出所有的房间。"贾尼斯回应说。

托尼总结道，"我认为你已经有了一个解决克里斯托弗酒店面临的最紧迫的问题的好帮手，贾尼斯。在接下来的几天你为什么不起草一份行动计划呢，而且我们可以一起完善它。"

问题讨论

1. 贾尼斯在计划提高酒店的市场渗透率的时候，应该考虑哪些因素？

2. 贾尼斯应该考虑采取哪些因素来提高酒店团体业务？

3. 贾尼斯应该采取哪些初步措施去评价较低的团体客房的平均房价？

4.贾尼斯如何找出竞争对手在做什么，以及他们是怎么做的？

案例编号：370CH

该案例是和丽莎·理查兹（Lisa Richards）酒店软件网络公司，一家提供营销资源和支持的公司，合作编写的。

该案例同时出现在《当代酒店营销：服务管理的方法》（兰辛，美国酒店及住宿协会：密歇根州教育学院），ISBN0-86612-158-7。

案例分析：第 14 章

酒店销售部和餐饮部的销售职能划分

卡拉·米尔斯是有 400 间客房的一流郊区酒店——伍德菲尔德酒店的总经理。7 月初，卡拉刚刚审查了酒店年终利润预测表。几个地方引起了她的关注。首先，假设酒店下半年能完成预算，根据预算宴会餐饮销售仍将下降 6 万美元。其次，视听收入和客房出租收入将超出预算 3 万美元。于是，卡拉召集餐饮总监艾伦·詹金斯，开会讨论解决问题的方法。

会议一开始，卡拉就对比了预测利润表和预算表，询问艾伦对于宴会餐饮销售收入的下降，他准备做些什么。

"你已经在这里待了 60 天，艾伦。你应该对酒店和周围的环境有了一个较好的感知。告诉我，为什么你那部分销售额下降了？"

艾伦在他的座位上转了转，思考了一下，然后答道："嗯，我想最终还是得归结到销售问题，"他说。"销售人员知道怎么销售客房，但他们似乎并不知道怎么去销售多功能房间。他们似乎没有意识到销售餐饮的机会，或者不知道如何利用这些机会。如果我没有记错的话，我不是因为这个问题来这儿的。从过去的报告来看，这是一个一直存在的问题。"

"好吧。这是一个合理的说法。"卡拉回答说。"销售人员当然应该考虑利用各种各样的机会。当涉及销售我们酒店的服务的时候，销售部和餐饮部总是不够团结。"

"那是因为销售部没有为销售餐饮负责的人。"艾伦打断说。

"那么你来负责，"卡拉回应说。"这样，公平地说，销售多功能房间和处理餐饮事务不是销售人员的主要工作。他们的工作是销售客房。在某些情况下，他们可能多花点力气销售多功能房间。但是，销售餐饮事务最终还是餐饮部的责任，而不是销售部。而且既然你这么关心多功能房间的销售，餐饮部卖出了多少间客房呢？餐饮和客房是相互促进的。"

艾伦往后坐了坐，想了一下卡拉的话，说道："事实上，没有多少。"最后，艾伦说道："关于餐饮部负责他们自己的销售 你说得对。我们是需要做这些。但是我们要忙着接电话，并且以最快的速度处理它们，我们没有时间去关注如何提高我们的销售技能。"

"你不能继续仅仅接受订单，然后期待着你的销售额就会好，"卡拉说。"你需要为你的销售负责。在销售过程中你应该充当一个主动的角色。用你的话说就是，你需要全权管理销售。我来问问：你知道你的销售订单跑哪儿去了吗？还有为什么会失去订单？"

"不，这不是一时的问题。"

"你知道怎么解决这个问题吗？"

"是的，我想我能够找出解决的办法的"，艾伦回答。

"我知道你可以。而且我知道你的员工也有这个能力。我希望你做的是提出一个关于你将如何销售餐饮以及和销售人员一起卖出餐饮的计划。你能把那个计划交给我吧？让我们来看看，"卡拉看了下她的日历，"从今天算起，两周之后，怎么样？"

"我想我可以做到。"

"很好。现在进入下一个议题，"说着，卡拉拿起预测表。"正如你们在预算表上看到的，到年底视听收入和客房出租收入将低于预算 3000 美元——前提是接下来的 6 个月一切都运转良好。那么，你们关于这部分有什么建议？"

艾伦思考了一下这个问题，说："就客房出租来说，我认为问题在于我们为了增加客房预订，占用了多功能空间。我知道我们必须这么做，不过毕竟，这么做让我们损失了一部分钱。"

"但是，你不觉得为了获得更多的过夜客房，权衡之下，那样做是值得的吗？"

"如果那是必要的话，我会同意你的看法。但是我认为这没有必要。"

"你的意思是？"卡拉问道。

"我认为如果我们建立一个根据规模收取房间使用费的滑动制度，我们可以在不用完全失去房间出租的情况下保留过夜客房。"

"对。"卡拉点头说。

"比如说，如果客户占用 80% ~ 100% 的房间面积，他们可以获得免费使用功能房的权利。如果他们占用 50% 的房间面积，他们就可以得到 50% 的价格优惠，以此类推。"

"好主意。那样应该能提高房间出租收入。你也许可以考虑将类似的规模收费制度应用到餐饮收入中。"

"嗯，现在想想，我的员工确实有点太急于降低租金了。可能滑动规模制将帮助他们更有效地解决那个问题。"

"很好。那么，视听租金收入呢？"

艾伦停了下，"我要仔细想想。我知道有一些方法可以增加视听收入，和其他增加房间出租收入的方法。我会在接下来几周思考这个问题，并且把它写进我的计划书的建议里，怎么样？"

"我相信你的判断。两周后我们再一起讨论你提出的方案。"

"好的。到时候见。"

艾伦离开了房间。他和卡拉都觉着他们在解决预算问题上取得了一些进展。而且他们有信心两周内会得出一个计划，防止今后发生类似的问题。

问题讨论

1.在理想的情况下,一个酒店的餐饮部和销售部之间销售职责的划分应该是怎么样的?

2.从酒店的餐饮部职责来看,当部门的重心从简单的生产转变成销售时,餐饮部经理会面临什么样的挑战?

3.伍德菲尔德酒店餐饮部可以怎样重获更多的视听和客房出租收入?

4.伍德菲尔德酒店餐饮部经理采取哪些措施确定预算问题出现的具体原因?如果预算问题出现的具体原因已经确定,他应该如何解决这个问题?

案例编号: 370CG

该案例是和丽莎·理查兹(Lisa Richards)酒店软件网络公司,一家提供营销资源和支持的公司,合作编写的。

该案例同时出现在《当代酒店营销: 服务管理的方法》(兰辛,美国酒店及住宿协会: 密歇根州教育学院), ISBN0-86612-158-7。

译后记

会议业是我国旅游产业中发展最快的新业态。据国际会议协会（ICCA）统计，2013 年我国共举办了 340 次国际会议，位于美国、德国、西班牙、法国、英国、意大利和日本之后，名列全球第八。这既说明了我们与欧美发达国家业已存在的差距，但也展示了我国会展业蕴含的巨大市场潜力和发展空间。为了顺应会展业发展的形势需要，目前在教育部普通高等学校本科专业目录旅游管理类下专门设置了会展经济与管理，培养会展业人才。与旅游管理其他专业相比，会展专业无论在师资队伍，还是在教材建设等方面都缺乏有国际化视野的、有从业经验的专家参与。因此，有选择地引进一些国外会展管理的教材就显得非常必要。

阿斯道夫·阿比所著的这本《会议管理与服务》是美国饭店协会教育学院系列教材中的一种，至今已经出到第八版了。作者是一位行业专家，多年从事酒店的会议接待业务，具有丰富的实操经验。

本书主译者之一，马晓秋自 2005 年开始进入会展行业，在之后的 10 年中，作为一个专业的会议承办人（meeting planner）亲历了中国会展行业的崛起与兴盛，每年均参与数十次大型会议（500 ~ 2000 人规模）的策划、承办与执行，2014 年 11 月作为项目总控全程管理和执行了在北京国家会议中心召开的 2014 APEC 工商领导人峰会。在 10 年的职业会议承办人生涯中，几乎接触了全球所有国际连锁酒店和境内外各类单体独立会议酒店和会议中心设施，与酒店的销售、会议服务经理、宴会经理等会议相关人员常年保持着密切的合作关系，在会议执行期与这些人员日夜工作在一起，作为业内资深专业人士，深谙这个行业和酒店的相关工作人员的工作状态，对本书介绍的内容有很深的切身感受与体会，也能更深刻地理解原文介绍的内容，并能更精准地将行业术语和操作执行文件译成中文，介绍给中国的读者和未来的同行们。

本书的翻译工作是由两位主译者与北京联合大学旅游学院、北京第二外国语学院旅游管理学院两校的旅游管理研究生共同完成的，具体分工如下：

张凌云、马晓秋：第 1 ～ 10 章；黄玉婷：第 11 章、第 15 章；吴平：第 12 章；张雅坤：第 13 章；闫风静：第 14 章；郑先芳、闫风静：第 16 章；郑先芳：第 17 章；闫风静：第 18 章、附录。全书最后由张凌云、马晓秋统稿审校。

中国旅游出版社总编助理付蓉和责任编辑李冉冉为本书的出版倾注了很多心血，在此深表谢忱！

张凌云

2015 年 4 月于北京定福庄

责任编辑：李冉冉
责任印制：冯冬青
封面设计：何　杰

图书在版编目（CIP）数据

会议管理与服务 /（美）阿斯道夫，（美）阿比著；
张凌云，马晓秋译 .—— 北京：中国旅游出版社，
2015.11（2020.9 重印）
书名原文：Convention Management and Service
ISBN 978-7-5032-5437-6

Ⅰ . ①会… 　Ⅱ .①阿… ②阿… ③张… ④马… 　Ⅲ .
①会议—组织管理学 　Ⅳ. ① C931.47

中国版本图书馆 CIP 数据核字（2015）第 263467 号

北京市版权局著作权合同登记号：图字 01-2013-5867

书　　名：会议管理与服务

作　　者：（美）阿斯道夫，（美）阿比著；张凌云，马晓秋译
出版发行：中国旅游出版社
　　　　　（北京静安东里 6 号　邮编：100028）
　　　　　http://www.cttp.net.cn　E-mail: cttp@mct.gov.cn
　　　　　营销中心电话：010-57377108，010-57377109
　　　　　读者服务部电话：010-57377151
经　　销：全国各地新华书店
印　　刷：河北省三河市灵山芝兰印刷有限公司
版　　次：2015 年 11 月第 1 版　2020 年 9 月第 2 次印刷
开　　本：720 毫米 ×970 毫米 1/16
印　　张：39.25
印　　数：2001~2800 册
字　　数：732 千
定　　价：138.00 元
I S B N　978-7-5032-5437-6